U0927370

“公私合营”与中国企业制度变革研究（1949—1957）：以上海工业企业为中心的分析

Research on "Public-Private Partnership" and the Reform of Chinese Enterprise System (1949-1957): Analysis Centered on Shanghai Industrial Enterprises

刘岸冰　著

中国财经出版传媒集团
经济科学出版社
Economic Science Press

国家社科基金后期资助项目
出版说明

后期资助项目是国家社科基金设立的一类重要项目，旨在鼓励广大社科研究者潜心治学，支持基础研究多出优秀成果。它是经过严格评审，从接近完成的科研成果中遴选立项的。为扩大后期资助项目的影响，更好地推动学术发展，促进成果转化，全国哲学社会科学工作办公室按照“统一设计、统一标识、统一版式、形成系列”的总体要求，组织出版国家社科基金后期资助项目成果。

全国哲学社会科学工作办公室

序

20世纪40－50年代是中国社会经济天翻地覆、激剧转型的重要年代，也是近代中国企业制度发生根本转折的年代。这一巨大社会经济转型的政治标志，无疑是中华人民共和国的成立；而经济制度、特别是企业制度全面转型的根本性标志，无疑是对资本主义工商业社会主义改造高级形式的“公私合营”在中国（港澳台除外）的普遍实现。它标志着从1840年鸦片战争后逐渐生成、演化的中国近代企业制度的全面终结，意味着一个旧时代、一种旧制度的彻底结束。

此外，始于20世纪70年代末中国的改革开放，其基本内容无疑包括“改革”和“开放”两个方面，而“改革”从微观层面或者说从企业层面上而言，无疑就是企业制度的改革。那么，为什么要进行企业制度改革？合乎逻辑的推论一定就是原有的企业制度存在着这样或者那样的问题，这些问题需要改变或者说改进。而要改变或者说改进这些问题，其逻辑起点就一定是先要考虑这些“这样或者那样的问题”究竟是怎么会产生和形成的？是在制度形成之初与生俱来的？还是制度形成之后逐渐出现的？于是，对企业制度改革的思考，其逻辑起点就又回到了20世纪50年代的“公私合营”。由此而论，公私合营不仅仅只是一个旧时代、一种旧制度的结束，同时更是一个新时代、一种新制度的开始。

这样，对于20世纪50年代“公私合营”的研究就有了承前启后的划时代的重要意义。

本书作者刘岸冰硕士毕业之后，于2008年进入上海社会科学院经济研究所攻读经济史博士。作为她的指导教师，从其入学之日起，本人就鼓励她关注20世纪50年代新中国的“对资改造”以及“公私合营”，并希望她能够将此作为博士论文之选题。就当时的实际情况而论，她对此问题的了解及理解程度，大致上还只停留在一般的教科书内容的层面。但是，三年博士学习期间，她以极大的学习、研究热情以及专注的投入，从理论到史料，从各种研究文献到浩如烟海的档案馆尘封史料，全身心地投入到了对“公私合营”问题的学习、研究之中。功夫不负有心人，最终她以《公私合营后中国企业制度的历史性转折——上海工业企业的产权、治理结构与经营》一文，顺利地通过了经济史专业的博士学位论文答辩，并取得了经济学博士学位。

毕业之后，作者在工作之余，对于“公私合营”学习和研究的热情始终未有中断。在之后数年的时间里，作者继续钻研相关的经济理论以及学术著述，四处搜寻文献资料，深入挖掘、梳理档案资料，在此基础上，克服种种困难，锲而不舍地将原先不足20万字的博士学位论文扩充成为如今洋洋近50万言的宏篇大作，并最终获得国家社科基金的后期资助，是谓可喜可贺!

作者此书，以大量的档案文献资料为据，以上海的工业企业为中心，系统地论述了20世纪50年代公私合营后企业制度的巨大变化。其中有三方面值得读者注意：

一是此书论述公私合营较为系统完整，这集中地体现在全书的章节安排上。全书从公私合营的思想、政策出发，进而论述公私合营的三大阶段，在此基础上进一步借助现代企业理论，对公私合营企业的产权制度、企业治理结构、经营管理以及剩余分配制度进行了较为全面的框架性分析，最后还有总括全书内容的总结章。

二是较之于现有的同类著作，此书不乏一些饶有新意之论。如第五章中全行业公私合营后企业的财务管理和财务监督，在以前的同类研究著述中很少有如此细致具体的论述。第六章中公私合营后企业福利制度之重造，无论其内容以及论述，均有很好的学术新意。此外在结语章中以及其他一些章节中，也不乏有一定学术新意的论述，值得有兴趣的读者好好领略和体味。

三是此书对于反映研究对象的档案资料的搜集和使用十分明显，有不少资料在以前的研究中还较少有人发掘和利用，其中最为明显的体现就是全书八十余幅的统计图表，以及书末参考文献中的档案目录。作者在这方面不仅下了很大的功夫，而且还使其成为整个研究和著述工作的基础和出发点。

平心而论，研究20世纪50年代中国企业的“公私合营”并不是一件容易之事。它不仅需要研究者对于“公私合营”本身的历史事实要有详尽、透彻的了解，要对产生“公私合营”的中国社会经济环境、政治制度、传统文化等等有着全面、深刻、科学的认识和把握；同时还更要具备足够多的政治学、经济学、历史学、社会学等等的理论知识以及分析方法，对此进行科学的、中肯的、能够经得住历史检验的分析和解读。所有这一切，对于任何一个研究工作者来说都绝对不是一件轻松之事。

衷心希望和祝愿作者不断努力，不断进步，为中国的经济史研究、企业史研究，贡献更多、更好的学术著述。

是为序。

张忠民

2019年1月

目　录

表 目 录

图 目 录

第一章　绪　论

第一节　选题缘起

现代中国企业制度的研究具有理论和现实需要的两大背景。其一是现代企业理论和制度经济学的理论导向；其二是当今中国现代企业制度建设的实际需要。在这两大背景下，中国企业制度演变的历史以及经验总结自然而然进入历史学界和经济学界的视野，并且成为日益受到关注的研究课题。

当代中国现代企业制度的建设，从理论以及历史经验的宏观层面上看，至少有三个方面的研究是不可或缺的。首先是新中国成立后中国企业发展的实际演变情况，其次是世界各国企业制度变迁和演进的成功实践和理论，再次就是历史上的中国曾经形成并存在过相当一段时期的公司制度的发展和演进。从整体上看，所有这三方面的研究对于当今中国的企业改革以及现代企业制度建设具有同样重要的意义。因为如果没有对新中国成立后中国企业的发展状况、国情的透彻了解，就会失却改革的基础和出发点；如果没有对国外成功经验、理论的借鉴，就难以从现代经济学理论上形成对企业制度的总体把握。而同样，如果没有对近代中国历史上曾经出现和生成过的企业制度的全面了解，就会缺乏一种对当今中国建立现代企业制度必要性和必然性的历史认识。

对以往关于中国近代企业制度的研究中，一般地都以晚清时期鸦片战争前后为制度的源起，以 1949 年新中国的成立为近代企业制度的终结。但事实上，1949 年中华人民共和国的成立，只是在国家基本政治制度的国体、政体方面发生了重大变革，而作为国家经济主体构成的为数众多的民族资本主义工商企业，很大程度上还是保持着以私有产权为基础的私营企业制度，并且一直持续到 1956 年全行业公私合营高潮之后，才得以从整体上变革为新中国计划经济体制下以公有产权为基础的新的企业制度的一个主要组成部分。

20世纪70年代末80年代初，中国共产党开始实行改革开放，国有企业被确定为经济改革的重点和中心。显而易见，改革就是因为国有企业制度存在着种种难以解决的困难和问题。三十余年来，中央和地方政府，企业界和经济、历史理论界，都向国有企业改革倾注了大量精力，然而，仍然还有许多理论上的、政策上的、现实中的、甚至文化沉淀上的诸种难题困扰着我们。譬如现有国有企业制度的社会政治、经济根源？它存在的难以解决的弊病是否具有先天性？等等问题。而要解决这些难题，就要研究新中国国有企业的产生、构成及其背景。

关于新中国成立初期国有企业的构成，从1949年中华人民共和国建立时算起，主要有没收前政权的官僚资本，接管外商资本，中国共产党本身已存在或新建设的新国有企业，数量众多的通过公私合营形式改造而来的私营工商企业等等。这在《中国资本主义工商业的社会主义改造》（上海卷、上册）一书中有明确的阐述，该书对新中国成立初期中国共产党对中国当时存在的各类性质各异的工商企业采取了不同政策，也间接表明了当代国有企业的构成或来源：一是“接管了官僚资本的工厂、银行、贸易和交通运输机构，同时建立了国营工厂、银行、商业贸易公司、交通运输机构，使社会主义国营经济迅速建立并逐步发展起来”。二是“在对外商企业方面，采取监督办法。……对公用事业中有垄断地位的外商企业由军管会或市公用局指派军事特派员或业务联络员进行监督”。三是“对于民族资本主义工商业，则实行利用、限制方针，扶持他们恢复生产和经营，然后再进行安排和改造”。①

如今，关于中国近代企业制度的研究深入而广泛，科研成果丰硕，为当代中国企业制度建设提供了许多指导性和建设性的决策咨询。相比较而言，新中国成立初期的中国企业制度研究成果却相对贫乏，尤其是对资本主义工商业实行社会主义改造后中国企业制度发生的历史变革以及由此给中国企业及中国经济带来深远影响的研究成果数量不多。正因为如此，对于中国经济史学科，以及中国经济史的研究来说，系统全面地考察和研究新中国成立初期中国企业制度的变迁、演进以及历史经验，不仅具有学科建设的学术意义和学术价值，而且还具有直接的社会意义和社会价值。

---

① 中共上海市委统战部等：《中国资本主义工商业的社会主义改造》，上海卷（上），中共党史出版社1993年版，第8页。

20世纪50年代新中国对资本主义工商业实行社会主义改造的胜利，是中国共产党把马克思列宁主义同中国革命具体实践正确结合一个光辉范例。因此，本书将在马克思列宁主义等主流理论的指导下，在前人研究和认识的基础上，对20世纪50年代新中国国有企业来源的重大组成部分——数量众多的通过公私合营形式改造而来的原私营工业企业，通过对它们的公私合营以及公私合营后中国企业制度变革的研究，揭示中国近现代在市场经济体制下以私有产权为基础的私营企业制度的最后终结，同时更是新中国计划经济体制下以公有产权为基础的公有企业制度全面确立的开始。

本书的研究对象系指20世纪50年代公私合营后上海工业企业①的产权制度的变革，治理结构的重构、经营管理制度的重塑，分配及剩余分配制度的重建四个方面，并由此揭示公私合营后中国企业制度的历史性转折。综合全文考虑，大致有如下几个问题需要进行说明。

一是本书研究的时间范围为1949—1957年。

要研究20世纪50年代公私合营后中国企业制度的历史性转折及其给中国带来的深远影响，需要结合新中国成立以来的基本国情、党和政府对资本主义工商业的思想、政策演变来考察公私合营前后促成企业制度变迁的各种因素。对资改造政策的形成，公私合营的进程，由此带来的中国企业制度的重构以及对中国经济所产生的历史作用、历史贡献、历史地位等都需要经历一个渐进的历史发展过程，并作出历史的评价。由此，本书研究的时间界定为1949—1957年。公私合营可分为三个阶段：第一阶段是从1949年下半年开始的个别企业公私合营阶段。第二阶段是从1953年下半年过渡时期总路线公布之后的扩展公私合营阶段。第三阶段是1955年底到1956年初的全行业公私合营阶段。到1956年初，全国118个大中城市基本实现了全行业的公私合营。② 时任上海市副市长曹荻秋曾在报告中谈到“原来规定的二年完成的私营工商业改造，一九五六年完成85%，一九五七年全部完成，在短时间内全部实现。”③ 此后，伴随着企业制度的变革，高度集中统一的计划经济体制下的公有企业制度开始确立，中国

---

① 本书由于需要，在文中不同的章节对资本主义工商业及其所属阶级的称呼有的为私营（人）工商业、私营（人）工商业者、私方或民族资本主义、民族资产阶级、资方等，是为了服务不同章节内容连续性、称谓习惯性及合理性的需要，其实都是指党和政府进行社会主义改造下的资本主义工商业及其所属阶级。

② 何沁：《中华人民共和国史》，高等教育出版社2000年版，第91—93页。

③ 上海市工商联：《曹荻秋副市长报告记录》，1956年2月3日，上海市档案馆藏档案：C48－1－113。

企业与中国经济也开始发生一系列的变化，一方面公私合营后的各种效应开始凸显，到1957年年底第一个五年计划结束并超额完成说明了这一点；但与此同时，社会主义改造基本完成以后，一系列经济体制的新问题也开始出现，但由于当时国家政策等政治形势的转变，党和政府并没有采取明显有效的应对措施，致使中国计划经济体制日益走向僵化，历经20余年的经验教训，中国的经济体制才得以在改革开放之后重新变革。

二是本书研究的主体为上海工业企业。

20世纪50年代，中国社会经济制度无论是从国家的宏观经济制度，还是从微观的企业制度，都处在一个历史性的巨变过程之中。上海作为近当代我国资本主义工商业最集中的城市，由于其工商企业数量的巨大，以及其经济总量在全国经济中的举足轻重，很自然地成为社会经济制度变革的重要之地。无论是在新中国成立初期的三年经济恢复时期，还是第一个五年计划的“一化三改”时期，上海社会经济的发展以及经济制度的变革，都毫无疑问地成为党和国家高度关注的中心。同样，在1949—1957年的“对资改造”中，无论是在党和国家的关注程度上，还是在公私合营的具体实践中，上海无疑也成为当时新中国私营工商企业公私合营最为集中、最具有代表性的地区。据统计，1956年，在全国33 404户公私合营工业企业中，上海有16 768户，占全国总数的50.20%；全部职工人数2 429 626人中，上海有713 975人，占29.39%；年工业总产值19 107 595千元中，上海为7 953 660千元，占全国总数的41.62%。① 因此，要对20世纪50年代新中国公私合营及公私合营后中国企业制度的变革有一个较为具体、深入地认识，并由此揭示中国近代以私有产权为基础的企业制度的终结以及新中国计划经济体制下以公有产权为基础的企业制度的全面确立，选择以上海工业企业为对象来进行考察和研究，无疑具有代表性和典型性的意义。

当然，如果本书要对公私合营以及公私合营后中国企业制度的变迁和演进作一全方位的完整性的研究，所涉及的时间、空间具有很大的跨度，需要搜寻、检索、梳理的历史资料更是浩如烟海。如果没有足够的学术耐心和韧劲，是很难从茫茫的史料海洋以及艰难的理论把握中，做好这一项工作的。本书的宗旨和意图就是希冀在前人研究成果的基础上，以自己有限的努力做一抛砖引玉之作，哪怕很有可能被认为还是较为粗疏的。

---

① 中国社会科学院、中央档案馆：《1953—1957中华人民共和国经济档案资料选编》，工业卷，中国物价出版社1998年版，第816页。

三是企业制度的一般内涵。

企业制度的内涵一般包括：企业产权制度、企业组织形式和经营管理制度的体系和组成方式。企业制度的核心是产权制度。企业组织形式和经营管理制度是以产权制度为基础的，三者分别构成企业制度的不同层次。企业制度是一个动态的范畴，它是随着商品经济的发展而不断创新和演进的。企业制度是相对于市场制度和政府直接管理制度而言的。市场制度是根据正确反映供求关系变化的价格信号配置资源的组织形式。政府直接管理制度是指国家采取直接的部门管理，用行政命令的方式，通过高度集中的计划配置资源的组织形式。现实经济生活中，究竟应该采取哪一种制度，要取决于这种制度交易成本的高低。① 一般认为，在一种复杂的市场经济环境下，市场制度和政府直接管理制度的交易费用都比较高，而引入企业制度，作为市场制度和政府直接管理制度的一个中间层次，有利于降低政府的管理成本。

第二节　学术史回顾

20 世纪 50 年代中国私营工商业以“公私合营”为最终形式的“社会主义改造”，是现当代中国社会经济、政治制度变迁和中国企业制度的划时代事件。作为现当代中国史、现当代中国经济史、企业与企业制度史的重要专题，自 20 世纪 50 年代起，海内外学者即对此展开了卓有成效的研究。

综观与公私合营相关的研究，主要集中在以下两个大方面：一是对“对资改造”与相关问题的整体及专题研究；二是对公司合营的总体及专题研究。所有这些研究尽管已经取得一定数量的学术成果，并且为以后的研究和研究者提供了进一步研究的出发点。但不可否认的是，在现有的这些研究中，直接以“企业”或者是“企业制度”为研究对象，或者说从企业、企业制度的层面，对 20 世纪 50 年代公私合营后的中国企业展开整体宏观考察，或者微观探索的著述并不多见。

20 世纪五六十年代，国内学者的早期研究主要是为配合党和国家“对资本主义工商业社会主义改造”的政策与实践，其中绝大部分多为论

① 刘明远、张满银、高淑兰：《现代企业制度》，中国审计出版社 1998 年版，第 14—15 页。

证中国共产党“对资改造”政策伟大胜利的政治性、宏观性研究。其中比较有代表性的著作有：朱剑农的《我国过渡时期的生产资料所有制》（湖北人民出版社，1955），倩华等的《七年来我国私营工商业的变化 1949—1956 年》（财政经济出版社，1957），吴江的《中国资本主义经济改造问题》（人民出版社，1958），中国科学院上海经济研究所、上海社会科学院经济研究所编著的《上海资本主义工商业的社会主义改造》（上海人民出版社，1959），薛暮桥等的《中国国民经济的社会主义改造》（人民出版社，1959），中央工商行政管理局、中国科学院经济研究所资本主义经济改造研究室编的《中国资本主义工商业的社会主义改造》（人民出版社，1962），等等。

在这期间，较有代表性的论文有先后发表在《经济研究》上吴江的《国家资本主义在我国过渡时期初期的发展》（1956 年第 1 期）、管大同的《我国和平改造资本主义工商业的若干问题》（1956 年第 2 期）、《从资本主义经济转变到国家资本主义经济》（1956 年第 2 期）、《关于对资改造调研工作的几个问题》（1958 年第 6 期）、马家驹的《论我国国家资本主义经济中的剩余价值剥削——兼论全行业公私合营阶段上私股和股息的性质》（1956 年第 6 期）、宋则行的《论定息是剩余价值的特殊形态》（1957 年第 1 期）、齐思成的《我国对资本主义工商业社会主义改造的伟大胜利——加强对资产阶级分子的改造》（1960 年第 3 期）；和胡锡奎的《关于我国对资本主义工商业的和平改造与阶级斗争》（《教学与研究》，1956 年第 10 期），谭维等的《我国对资本主义工商业和平改造政策的客观依据》（《财经科学》，1957 年第 1 期），张淑智的《谈谈全行业公私合营后生产关系的根本变化》（《财经研究》，1957 年第 2 期），仝志敏的《试论资本主义工商业全行业公私合营后资本家生产资料所有权问题》（《法学》，1957 年第 2 期）。

20 世纪五六十年代著述的主要特点是紧密结合当时的主流意识形态，对中国共产党关于资本主义、资产阶级的政策的理论来源，以及关于资本主义工商业社会主义改造的原因、过程、阶段、成就进行叙述、梳理和评析。其研究方法多为基于主流意识形态和主流政治、经济理论而进行的一种非实证性的推导研究。基本的理论观点主要有两个方面：一是认为资本主义工商业、资本主义制度是腐朽没落的社会经济制度，中国的资本主义工商业必须在中国共产党人以阶级斗争理论和国家资本主义理论的指导下，对其进行社会主义改造。二是认为社会主义计划经济体制下的公有制经济是人类历史上最优越、最进步的社会经济制度，中国共产党人带领全国人民，以公有制为基础的社会主义经济替代以私有产权为基础的资本主义经济是完全正确的，是中国社会经济乃至人类社会的巨大历史进步。

20 世纪七八十年代，在中国经济史、中国现当代经济史的研究著述中，涉及“对资改造”“公私合营”等内容的通史性著作有李德彬的《中华人民共和国经济史简编 1945—1985》（湖南人民出版社，1987），赵德鑫主编的《中华人民共和国经济史 1940—1966》（河南人民出版社，1988）等。此时期关于“对资改造”“公私合营”研究的专题性著作，主要有景池的《资本主义工商业的社会主义改造》（上海人民出版社，1976），薛暮桥、苏星、林子力等合著的《中国国民经济的社会主义改造》（人民出版社，1978）、中国社会科学院经济研究所主编的《中国资本主义工商业的社会主义改造》（人民出版社，1978）、上海社会科学院经济研究所编著的《上海资本主义工商业的社会主义改造》（上海人民出版社，1980）、吴江的《中国资本主义经济改造问题》（人民出版社，1982）、全慰天的《中国民族资本主义的发展》（河南人民出版社，1982）等。由于这个时期“文化大革命”刚结束不久，受当时社会环境、认识水平和理论水平的影响，主要对包括公私合营在内的全国以及上海资本主义工商业社会主义改造的历史过程以及经验教训，一般采用历史学或政治学的研究方法，进行了相应的阐述和理论上的概括。总之，这一时期的研究比之五六十年代有了很大进步，研究者不仅开始涉足研究生产关系，且更多地从生产力角度出发进行研究，体现了经济史分析方法的特色。而且，这时期的研究还加入了作者一定的历史客观性的评价，对后来的研究者有指导作用。

同时期较为重要的学术论文有吴承明的《资本主义工商业的社会主义改造是马克思主义在中国的胜利》（《经济研究》，1981 年第 7 期），吴云俊的《对资改造的伟大胜利》（《求实》，1981 年第 7 期），袁征的《列宁的国家资本主义理论与中国的对资改造》（《赣南师专学报》（哲社版），1984 年第 1 期），顾纪瑞的《江苏省资本主义工商业社会主义改造的历史过程和主要经验》（《江苏社会科学》，1987 年第 4 期）等等。这些著述与 20 世纪 50 年代研究一个明显的不同和进步就是，它们在总体上肯定“对资改造”“公私合营”在党和国家领导下取得了伟大历史成就的同时，也开始对新中国历史上这一社会经济制度的重大历史变革，进行了一定的反思和“再认识”。

值得一提的是，这段时期随着中共十一届三中全会之后思想解放的推进，曾经亲历当年“对资改造”“公私合营”的党和国家的高层领导人，如薄一波、李维汉等人也开始撰写回忆录，记录他们曾经亲身经历的重大事件。薄一波的《若干重大决策与事件的回顾》上卷（中共中央党校出版社，1991）以党的高级干部和亲历者的身份，对资本主义工商业全行业公私合营进行了反思性的论述，其与中共十一届六中全会通过的《关于建国以来党的若干历史问题的决议》一起，构成了中国共产党在新的历史条件下对"基本完成社会主义改造七年"最新的、较为实事求是的认识。另一位党的领导人李维汉撰写的《统一战线问题与民族问题》（人民出版社，1982）、《回忆与研究》（中共党史资料出版社，1986）两书，更是以直接参与者的身份，对20世纪50年代中国社会发生的这一重大变化，从思想政策、高层决策、具体实施等方面，进行了十分详尽的回忆和评述，无论是从史料价值还是对这一巨变的评析，都具有很高的学术价值。另外，还有李维汉的秘书黄铸稍后时期撰写的《"对资改造"决策的出台》（《中共党史资料》，2003年第2期）、《上海调查与对资改造决策过程》（《中国统一战线》，2003年第6期）等文，也具有较高的文献及学术价值。

20世纪90年代以后，尤其是近年以来，随着对中华人民共和国史、中华人民共和国经济史研究的全面铺开，对20世纪50年代"对资改造"和"公私合营"的研究逐渐成为中华人民共和国经济史研究的重要对象之一，并且形成了从中央到地方的科研院所、高校等多个研究基地，以及包括中共党史、中国现当代史、中华人民共和国经济史等学科在内的庞大的研究队伍。因此，这方面的著述开始逐渐增多，主要可以分为以下几类：

（一）对"对资改造"与相关问题的整体及专题研究

第一，关于新中国国史、经济史的研究成果，对20世纪50年代的"对资改造"及公私合营均有不同程度地论及。学术界对关于新中国国史的研究包括对资改造在内的新中国成立初期的历史进行了较系统的研究，并取得了一系列的成果。这些成果都涉及对资改造的内容，多数类似于教科书，属于简史性质，研究不够深入细致，但是为研究对资改造提供了整体的宏观框架。

关于新中国经济史的研究在改革开放之后也取得了很大的进展。如汪海波的《新中国工业经济史》（经济管理出版社，1986），赵德馨的《中华人民共和国经济史纲要》（湖北人民出版社，1988），杨坚白的《新中国经济的变迁和分析》（江苏人民出版社，1992），武力主编的《中华人民共和国经济史》（上下册，中国经济出版社，1999），董辅礽主编的《中华人民共和国经济史》（经济科学出版社，1999），吴承明、董志凯主编的《中华人民共和国经济史（1949—1952）》（第1卷，中国财政经济出版社，2001)，孙健的《中国经济通史（1949—2000)》（下卷，中国人民大学出版社，2000)，上海财经大学课题组的《中国经济发展史（1949—2005)》（上下册，上海财经大学出版社，2007)，金冲及的《二十世纪中国史纲——百年中国的复兴之路》（第 3 卷，社会科学文献出版社，2009)，杨德才的《中国经济史新论 1949—2009》（经济科学出版社，2009)，郭德宏主编的《中华人民共和国专题史稿》（五卷修订本，四川人民出版社 2009 年版）等等。

第二，一些相关的专题研究著作也陆续问世。首先是中国共产党及其"对资改造"的思想理论、政策的相关研究。如胡绳主编的《中国共产党的七十年》（中共党史出版社，1991)，王珏等撰写的《中国社会主义政治经济学四十年》（四卷本，中国经济出版社，2000)，何永红的《"五反"运动研究》（中共党史出版社，2006)。王顺生等的《三反运动研究》（中共党史出版社，2006)，武力的《中国共产党与当代中国经济发展研究》（1949—2006）（中共党史出版社，2008)，杨奎松的《中华人民共和国建国史研究》（全两册，江西人民出版社，2009)，等等。其次是关于中国资本主义、资产阶级的研究。如吴序光主编的《中国民族资产阶级的历史命运》（天津人民出版社，1993）对资本主义和资产阶级的发展与历史宿命进行了研究。沙健孙主编的《中国共产党和资本主义、资产阶级》（山东人民出版社，2005）用编年体记述 1921—1956 年间中国共产党在认识和处理资本主义、资产阶级问题上逐渐走向成熟的历程和历史经验。再次是相关专题的研究著作。主要有李定主编的《中国资本主义工商业的社会主义改造》（当代中国出版社，1997)，不仅对中国资本主义改造的过程进行了论述，还指出了改造给中国经济带来的问题以及在 20 世纪 70 年代末 80 年代初改革开放之后中国经济制度再一次发生历史性转变的事实。

第三，大量相关研究论文的发表。(1）关于对资改造的政策研究。如柯育芳的《论 1949 年至 1956 年间党对私人资本主义政策的理论依据》（《中央社会主义学院学报》，2007 年第 2 期)，董辉、李海涛的《建国成立初期党对私人资本主义经济政策依据刍议》（《河北大学学报》，2007 年第 1 期)，李晓勇的《论毛泽东关于资本主义工商业社会主义改造的政策》（《天中学刊》，2007 年第 4 期）等。(2）关于资本家心路历程方面的研究。近年来，越来越多的学者对这一问题予以关注。如董宝训的《和平赎买与民族资产阶级的社会心态》（《文史哲》，2004 年第 4 期)，师金吉的《1949—1956 年中国民族资产阶级心理之变化》（《安徽师范大学学报》，2004 年第 1 期)，陆和健的《社会主义改造中上海资本家阶级的思想动态》（《华中师范大学学报》，2007 年第 2 期）等。（3）关于对资改造的评述研究。存在以下几种观点：一是辩证的评价。如黄如桐的《关于资本主义工商业社会主义改造的评价问题》（《党的文献》，1989 年第 3 期）等。二是倾向否定的评价。如路江的《重新认识三大改造》（《经济学周报》，1988 年 6 月 24 日）。三是认为工商社会主义改造的评价应该以生产力标准为准则。如沙健孙的《关于社会主义改造问题的再评价》（《当代中国史研究》，2005 年第 1 期），李仲元的《对资本主义工商业社会主义改造的再思考》（《湖北社会科学》，2006 年第 2 期）等。（4）关于党在对资改造完成后的经验与问题研究方面。如沙健孙的《对资本主义工商业进行社会主义改造的基本经验》（《思想理论教育导刊》，2004 年第 9 期），黄建洪的《论社会主义改造的遗留问题及其解决》（《西安交通大学学报》，2005 年第 5 期），等等。（5）从其他不同视角来进行研究。一是从产权制度的角度。如桂勇、邹旻、刘豪兴的《产权制度的政治重构：以 H 厂的改造为例》（《广西民族学院学报》，2003 年第 4 期）。二是从劳资关系或福利待遇角度。如李方祥的《“五反”运动后国家对劳资关系调整的经济史分析》（《中国经济史研究》，2008 年第 1 期），宋学勤的《社会主义改造与工人福利问题探析——以北京市为中心的考察》（《当代中国史研究》，2017 年第 3 期）；三是从个人对资本主义工商业改造的贡献角度。如李丽萍的《李维汉对资本主义工商业改造的理论贡献》（《华南理工大学学报》，2003 年第 1 期），周旸的《统一战线视阈下的对资改造研究——李维汉对资本主义工商业改造的贡献》（《湖北省社会主义学院学报》，2017 年第 1 期）等。

需要特别指出的是，20 世纪 90 年代初期主要由中国科学院组织全国各省区市单位编撰的关于各省区市对资改造历史资料丛书，包括《中国资本主义工商业的社会主义改造》（中央卷，上下册，中共党史出版社，1992），以及北京、上海、天津等地方各省区市共计 34 卷。其中由中共上海市委统战部、中共上海市委党史研究室、上海市档案馆合编的《中国资本主义工商业的社会主义改造 · 上海卷》（上下册，中共党史出版社，1993），重点反映党和政府领导上海对资本主义工商业改造的历史过程，并通过专题阐述和一些在上海以致在全国有影响、有代表性的行业、企业的发展以及改造全过程的记述，反映社会主义改造的必然性、必要性和成功经验，同时亦实事求是地反映了改造实际工作中的一些缺点和偏差，给当代和后人提供了一份翔实可靠的珍贵史料，具有独特的学术价值。

此外，20 世纪 90 年代由中国社会科学院与中央档案馆合作编著的

《中华人民共和国经济档案资料选编》（中国科学出版社、中国城市经济社会出版社、中国物价出版社、中国物资出版社等），分别出版了1949—1952年卷12册，1953—1957年卷9册，其中工业卷、工商体制卷、劳动工资和职工保险福利卷、综合卷对“对资改造”全过程的资料整理比较集中。此书兼具有资料性和学术性双重性质，不仅对中国经济史、国史研究的深化具有重要的史料价值，而且为深入总结新中国经济建设的经验教训提供了重要依据。此外，苏星、杨秋宝主编的《新中国经济史资料选编》（中共中央党校出版社，2000）也为研究20世纪50年代的中国经济史提供了翔实的资料参考。

（二）对公私合营的总体及专题研究

关于公私合营的总体研究，值得重点关注的是张忠民的《“公私合营”研究——以上海工业企业为中心的分析（1949—1956）》（上海社会科学院出版社，2016）以上海工业企业为中心，利用上海市档案馆原始档案史料，较为全面、系统地、分阶段论述了20世纪50年代公私合营的大体过程，以及由此而产生的中国企业制度的重大历史转折，是迄今为止在公私合营总体研究方面不可多得的一部新见之作，具有重要的参考价值。

关于公私合营的专题研究，一是关于公私合营方式的研究。如马骏杰的《公私合营形式探源》（《党史博采》，1996年第4期），武力的《论50年代公私合营由经营方式转变为改造方式的原因》（《教学与研究》，1997年第7期），高化民的《全行业公私合营高潮评析》（《当代中国史研究》，1999年5—6期）等。

二是关于定息问题的研究。如刘明钢的《关于对资改造中“定息”问题的初步探讨》（《湖北大学学报》，2001年第5期）等。此外还有一些公私合营的相关研究。如范守信的《全行业合营中清产核资、定息、人士安排和改革改组述评》（《当代中国史研究》，1998年第3期），罗君源的《建国以来资本主义工商业公私合营研究述评》（《湖北省社会主义学报》，2012年第6期），等等。

三是对某些城市、某些地区公私合营或对资改造的综合研究，其中以对上海的研究最为集中。如高晓林等的《对建国初期私营工商业研究的思考——兼论上海私营工商业研究的重要性》（《学术交流》，2005年第1期），冯筱才的《政治生存与经济生存：上海商人如何走上公私合营之路》（谢国兴主编：《改革与改造：冷战初期两岸的历史、土地与工商业变革》，台北“中央研究院近代史研究所”，2009），刘岸冰的《从“高管层”变动看公私合营企业权力的转移》（《当代中国史研究》，2009年第4

期）、《上海市公私合营企业定息研究》，（《当代中国史研究》，2013 年第 2 期）、《公私合营高潮中上海私营工商业者的增资研究》（《当代中国史研究》，2017 年第 5 期）、《全行业公私合营后上海工业企业的定息及其用途研究》（《中国经济史研究》，2019 年第 1 期），张忠民的《20 世纪 50 年代上海新公私合营企业的工资改革》（《当代中国史研究》，2011 年第 5 期）、《1953 年上海十四家私营工业企业扩展"公私合营"研究》（《社会科学》，2013 年第 12 期）、《1954 年上海私营工业企业的扩展"公私合营"研究》（《中国经济史研究》，2014 年第 3 期）、《扩展公私合营下的企业制度变革——以上海 1954 年扩展公私合营为例》（《史林》，2014 年第 3 期），赵学军的《经济体制变革中的"混合所有制"——20 世纪 50 年代私营工业企业"公私合营"再探讨》（《中国经济史研究》，2016 年第 6 期），叶扬兵的《私营工商业改造中资本家"摘帽子"问题初探》（《中共党史研究》，2016 年第 9 期），等等。

对上海之外其他省市"对资改造"或"公私合营"的研究。如沈君积的《广西资本主义工商业的社会主义改造》（《广西民族学院学报》，1990 年第 1 期），范守信的《试论 1955 年部分地区资本主义工商业的全行业公私合营》（《党史教学与研究》，1990 年第 5 期），欧阳楚龙等的《试析湖南全行业公私合营》（《湖南党史月刊》，1990 年第 3 期），陈立英等的《社会主义改造与沈阳资本主义工业的历史变迁》（东北大学出版社，2008），杨凤城等的《全行业合营中经济改组的制度分析——以北京市工业为例》（《中共党史研究》，2010 年第 1 期），刘娟的《兰州资本主义工商业全行业公私合营高潮的原因》（《山东工商学院学报》，2011 年第 4 期），梁义的《资本主义工商业的社会主义改造举隅——以山东中兴公司为案考察》（《党的文献》，2015 年第 1 期），刘恩云的《贵州资本主义工商业社会主义改造的历史考察》（《贵州商学院学报》，2016 年第 1 期），等等。这些研究的主要学术贡献就是从地域特色视角对各自不同的研究对象进行了各有特点的考察。

四是对一些具体的工商行业以及典型企业公私合营的个案研究。此类研究主要是以某个行业或企业为具体研究对象，从不同视角论述了它们公私合营的过程以及在此过程中产生的一些问题和情况。如冉志的《民生轮船公司的公私合营》（《西南师范大学学报》，1998 年第 5 期），刘红红的《公私合营：我国私有制改造的成功形式——以永济裕民铁工厂为例》（《运城学院学报》，2006 年第 4 期），张徐乐的《公私合营：制度变迁中的上海私营金融业》（《史学月刊》，2007 年第 11 期）、《上海新华信托储蓄商业银行公私合营探析——兼论公私合营银行的历史地位与作用》（《中国经济史研究》，2009 年第 2 期），王敦琴的《建国初私营企业走公私合营之路的历史必然性——以大生、荣氏两大企业集团为例》（《社会科学家》，2009 年第 11 期），李理的《建国初期汉口〈大公报〉公私合营模式研究》（《湖北社会科学》，2012 年第 9 期），赵晋的《私营工商业的公私合营——以上海刘鸿生章华毛纺公司为个案的考察》（《史林》，2015 年第 4 期），华君夫、赵思渊的《政治与技术：从重庆大新药厂看建国初期医药企业的公私合营》（《科学与管理》，2016 年第 5 期），等等。

上述四项研究著述之外，从研究者的队伍来看，除了专业的研究人员之外，一批年轻的硕、博士们也加入了“对资改造”和“公私合营”的研究行列，因而一定程度上提升了这个专题研究的热度和深度。

首先，关于“对资改造”和“公私合营”的思想、政策、原因等方面的研究。例如赵志勇的《对资本主义工商业社会主义改造的再认识》（天津师范大学 2000 年硕士论文），邹铁力的《中国共产党的私营经济理论与政策研究》（东北师范大学 2002 年博士论文），贺朝霞的《论建国以来中国共产党对资本主义问题的认识》（东北师范大学 2002 年博士论文），柯育芳的《1949—1956 年党对私人资本主义政策研究》（武汉大学 2004 年硕士论文），高晓林的《上海私营工商业研究（1949—1956）》（复旦大学 2004 年博士后论文），宋紫的《毛泽东与中国私人资本主义问题研究》（湖南师范大学 2005 年博士论文），孙芹丽的《对建国后党的民族资产阶级政策演变的思考》（上海交通大学 2005 年硕士论文），朱红霞的《建国初期中国共产党对资本主义工商业社会主义改造政策研究》（华中师范大学 2009 年硕士论文）等。

其次，关于不同地域、不同行业或企业个案的“公私合营”与“对资改造”研究也有涉及。如李丹莹的《济南市资本主义工商业的社会主义改造研究》（山东大学 2006 年硕士论文），解瑞平的《桂林市资本主义工商业的社会主义改造研究》（广西师范大学 2006 年硕士），李平的《建国初期南昌私营商业的发展与社会主义改造》（南昌大学 2007 年硕士论文），史长瑞的《裕大华纺织资本集团社会主义改造研究》（华中科技大学 2008 年硕士论文），王国栋的《关于青岛工业公私合营问题研究》（山东大学 2008 年硕士论文），李敏昌的《历史与现实的审视：中国资本主义工商业社会主义改造研究——以湖北为例》（华中师范大学 2009 年博士论文），袁森的《1949—1956 年民生公司的“公私合营”》（复旦大学 2011 年硕士论文），李美玲的《北京市资本主义工商业社会主义改造研究》（中国地质大学2017年硕士论文)，屈一鸣的《过渡时期贵州省资本主义工商业社会主义改造研究》(贵州财经大学2017年硕士论文)，林冬梅的《20世纪50年代中华书局的社会主义改造研究》(曲阜师范大学2017年硕士论文）等。

最后，关于“公私合营”和“对资改造”多学科视角的综合研究也开始出现。如王作懋的《国家权力与公私合营——以裕大华纺织资本集团为中心的研究》(武汉理工大学2006年硕士论文)，梁义的《制度建设与社会转型——以建国后国家对中兴公司的社会主义改造为例》(山东大学2009年硕士论文)，刘岸冰的《公私合营后中国企业制度的历史性转折——上海工业企业的产权、治理结构与经营》(上海社会科学院2011年博士论文)，赵晋的《落日余晖：新中国初期的私营工商业（1949—1954)》(华东师范大学2014年博士论文）等。

硕士、博士们关于“对资改造”和“公私合营”的研究主要在以下几个方面有所改变。(1）研究地域有所扩大；(2）个案研究有所增多；(3）研究者本身试图解决问题的意识开始变得强烈；(4）运用新的方法诸如经济学、社会学等分析框架与研究方法来研究。例如桂勇的著作《私有产权的社会基础——城市企业产权的政治重构（1949—1956)》(立信会计出版社，2006）为解读中国20世纪的“大转折”提供了另一种文本。它超越了常用的纯粹文献研究，采用跨学科（社会学、历史学、经济学）的研究方法，充分吸收了制度经济学、经济社会学乃至政治经济学的理论，充分运用了上海黄浦区档案馆所藏企业档案，偏重于将宏观层面的文献资料和微观层面的典型材料结合起来进行分析，特别是采用了社会学中的个案研究方法作为主要分析工具，在同类著述中是较有新意之作。

海外学者致力于新中国20世纪50年代中国经济史的研究已成为一种趋势，其中亦有涉及对资改造、公私合营以及相关问题研究的。主要集中的国家是美国、日本、俄罗斯、法国、澳大利亚和加拿大等国家。他们的研究角度和方法、涉及的多方面的领域、收集到的细致的资料以及研究成果，对国内的研究者有一定的借鉴之处。但是由于立场、观点和价值取向的差异，其研究也存在一定的局限性。

美国学者对新中国20世纪50年代的经济研究逐渐关注，从不同角度涉猎此时期的经济发展状况以及经济政策成为他们研究的新领域。如美国费正清、迈克法夸尔的《剑桥中华人民共和国史——革命的中国的兴起(1949—1965年)》(上卷，中国社会科学出版社，1990）主要体现在第三章“恢复经济和第一个五年计划”的有关内容上。T. 罗斯基的《中国向工业化的过渡》、帕金森主编的《从历史角度看中国的当代经济》，德恩伯格主编的《中国的经济经验：比较透视》，刘大中与叶孔嘉合著的《中国大陆经济、国民所得与经济发展：1933—1959年》，吉尔伯特·罗兹曼主编的《中国的现代化》，莫里斯·迈斯纳的《毛泽东的中国及其发展》等等。日本学者方面，久保亨的《现代中国的历史》（东京大学出版会，2008）、《进化的中国资本主义》（岩波书店，2009）均从各个角度不同程度地涉及20世纪50年代的“对资改造”。本桥渥研究中国过渡时期的经济，1993年他出版了《现代中国经济论——过渡时期经济与“文革”经济批判》一书。三本毅研究中国经济政策史，先后出版了《中国恢复时期的经济政策》《中国的经济政策》《中国经济政策史》等书籍。夕百夕和的《现代中国经济论——中国型社会经济体制的形成》等。俄罗斯学者编著的《中国的社会经济制度与经济政策：1949—1975》、穆罗姆采娃的《中华人民共和国的工业化问题》、斯拉德科夫斯基的《中华人民共和国工业发展的问题与矛盾》，具体研究上海公私合营背景的有加德纳的《上海的“五反”运动：巩固城市政治统治》等。法国学者兰克力、萧小红等近年来也有相关著述问世，研究的对象主要有北京、上海、四川的相关企业等。其中法国国立东方语言文化学院中国系教授萧小红的《赎买二十年与资产阶级身份：1957年有关私营工商业改造的一场争论》（周武主编：《上海学》第二辑，上海人民出版社，2015），主要利用近年来发现的未刊档案资料，对公私合营高潮后的“定息”以及“和平赎买”问题进行了个案论述，是近年来海外学者在上海对资改造和公私合营研究中较有深度的学术著述。

我国台湾学者以“中央研究院近代史研究所”谢国兴的研究最为集中，发表的著述有《工商业联合会与社会主义改造高潮（1953—1956）》、《近代国家的应变与图新》（台北唐山出版社，2006）、《在社会主义改造的尽头折返：定息问题及其余波》（谢国兴主编：《改革与改造：冷战初期两岸的粮食、土地与工商业变革》，台北“中央研究院近代史研究所”，2010）；连玲玲的《上海百货公司的社会主义改造，1949—1956》（谢国兴主编：《改革与改造：冷战初期两岸的粮食、土地与工商业变革》，台北“中央研究院近代史研究所”，2010）等。此外亦有研究生的论文以此为选题等等。

综上所述，60多年来，国内外学术界关于对资改造、公私合营的研究总体上渐有深入，尤其是近年来的研究，取得了长足的进展和丰富的成果，但仍存在一定的局限性，主要体现在：

1. 从历史学视角的研究多于从经济学视角的研究。

公私合营的研究对象是生产力和生产关系的矛盾统一过程，这决定了它在本质上是一门经济学科，它的研究方法必须是经济学的方法。它与以经济为研究对象的其他经济学科的区别之一在于，它以研究经济发展的具体过程为前提，即按照经济发展的历史顺序，在动态中揭示经济运动的轨迹。这也决定了它具有历史科学的特性，他的研究方法必须具有历史学方法的特点。因此，经济史学的研究方法是将经济学方法与历史学方法融为一体。然而综观以往关于对资改造和公私合营的研究，运用历史学的方法来研究对资改造远多于运用经济学的方法。尤其是运用现代经济学理论，直接系统研究对资改造的终结形式——公私合营的著述则相对较少。现代经济学理论发展日新月异，尤其是新制度经济学的发展为对资改造和公私合营的研究提供了理论分析工具，今后应向这方面深入，使这种不平衡的研究状况得到改善。

2. 从宏观经济的角度研究多于从微观经济角度的研究。

宏观与微观之于整体与局部。研究对资改造或和公私合营，必须研究当时的国民经济与部门经济的关系，国民经济和地方经济的关系，生产方式与生产力、生产关系的关系等。在此基础上，还必须分时期、地区、部门、行业、企业进行微观方面的专题研究，然后以此为基础，进行综合的宏观研究。没有地方经济和部门经济的微观深入研究，那么从整体上关于对资改造和公私合营的研究是不可能透彻的。就目前的研究情况来说，关于对资改造的研究还集中在宏观的背景、对资改造的政策以及对政策实施的反思、对“对资改造”历史地位的再认识等方面，而从企业和企业制度变迁的视角进行研究的著述少且并不充分，忽视了企业和企业制度才是这场巨大变革的主体和重心。

3. 从国家权力的视角来研究对资改造的居多，而忽视了经济行为本身也有自身的特点和规律。

经济研究要从生产力和生产关系，经济基础和上层建筑的关系中去探索规律。对资改造这一段经济史的研究无疑要遵循这一总的指导原则。在这一原则指导下，有必要对生产力的各个方面，如投资规模、结构和布局，劳动力、劳动对象和劳动手段、经济效益，经济波动以及人口、就业和消耗等进行相对独立的深入研究；对于生产关系和上层建筑的各个方面，如路线、方针、政策，经济成分、经济运行机制、国民收入分配以及政治运动对经济的作用等，也要进行各有侧重的探讨。显然从近些年的研究来看，大多数成果关注的重点倾向于国家权力视角，对经济行为自身特点的研究关注不多，且运用经济学理论研究经济行为与上层建筑的关系也比较少。

4. 研究对象的整体性与阶段性特点不明确。

从整体上看，已有对公私合营的研究，主要还是将公私合营作为“对资改造”的一个阶段或者一个环节进行论述，其主要的关注重心主要集中于全行业公私合营高潮时期，而从个别企业公私合营、扩展公私合营再到全行业公私合营时期的全阶段全方位的研究不多。事实上，要对20世纪50年代新中国的公私合营有一个全方位的认识，分析其发展演进的总体进程，以及在此过程中表现出来的阶段性特点以及对中国企业制度的转折乃至对中国经济发展的深远影响等方面，才是公私合营研究的中心之所在。

5. 研究方法的局限以及研究者主客观条件的限制。

已有的研究，在研究方法上主要运用历史学、政治学、社会学、政治经济学等研究方法。虽然近些年一些中青年学者在新的研究方法的使用和研究内容等方面体现出新的努力的趋势，但由于受到学识功底、认识能力和资料条件等各种主客观条件的限制，还有提高、深入的空间。具体表现在：一是研究者对“对资改造”这一历史整体过程把握不够，对背景知识了解不周全，从而缺乏全局观。二是挖掘资料不够，尤其是少用档案原始资料，因而缺乏从第一手资料中总结出有特色的观点，而只是停留在附和别人的研究成果，或重复没有新意，或浅尝辄止没有深度的层面。三是研究者的理论知识掌握不够全面和透彻，因此并不能恰当或自如地运用理论分析工具指导自己的分析。四是青年学者尤其是硕士、博士们的研究缺乏延续性，这也是当前学术界普遍存在一个的问题。一般来说，研究的延续性是决定研究者研究主题高度与深度的重要因素，而广大硕士、博士们的研究多是为了完成毕业论文获得学位，大部分人毕业后继续从事毕业论文后继研究的人不多，这也是青年研究者的研究成果无法回避的重要缺陷性之一。

综上所述，近年来关于20世纪50年代与公私合营有关的各类研究正在逐步深入，但是仍存在一些缺陷，主要表现在：定性研究多，定量研究少；综合研究多，个案研究少；单一学科角度研究多，多学科角度研究少。因此今后的研究应该主要致力于：一是研究的方法和角度要进一步拓展；二是进一步发掘新的史料，从新史料中探索新观点；三是加强理论研究与现实生活的挂钩，实现理论研究为现实经济发展服务。随着时代的发展，经济理论的更新，不同年代的研究会得到不同的结论。现阶段，公私合营的研究应在创新理论和发掘新兴档案史料的结合下进行，如此，我们的研究才能更前沿，更有深度和意义。

由上述现有研究状况及不足之处可以看出，如何从企业及企业制度变迁的视角，全面地梳理公私合营的背景、阶段性过程、特征以及公私合营后中国企业制度在产权、治理结构、经营管理、剩余分配方面的巨大变革，以及这一巨大变革对于现当代中国社会、经济所产生的历史影响。

第三节　理论分析框架

本书试图以主流经济学理论作为分析工具，因此在对前人关于20世纪50年代资本主义工商业改造研究情况进行综述的时候，有必要就本书主要运用到的现代企业理论与制度经济学理论进行若干回顾。

国外在20世纪60年代兴起和发展的新制度经济学，成为经济学界最瞩目的成果之一。此后制度经济学理论出现突破。1960年科斯的《社会成本问题》一文发表，诞生了著名的“科斯定理”，它把交易费用、产权界定与资源配置效率联系了起来，从此将产权制度问题纳入经济学分析之中，这是新制度经济学用经济学方法研究制度的一个巨大成果。另外科斯等人在此基础上对产权与制度变迁、契约经济学、制度、制度变迁与经济绩效等问题进行继续探讨，对推进制度经济学的发展做出了重大贡献。塞茨德姆的关于企业产权结构理论一书为企业产权理论形成奠定了基础。公司治理结构方面，钱德勒从经济学角度论述了企业管理这只“看得见的手”在美国企业发展中所产生的重要作用。康格更是从提高经济效益的视角分析了公司治理结构的重要性。①

国内新制度经济学的兴起大潮主要是在20世纪80年代后期90年代初期，即国有企业改革的一个重要举措——建立现代企业制度前后的这一段时期。我国经济学界结合我国的国有企业对制度经济学理论从不同角度进行了介绍和考察。最典型的代表是张五常将西方学者已有的交易费用理论和产权理论应用于企业制度的研究，形成了以其为代表的企业性质理论。张维迎结合我国企业实践对企业制度的一系列问题进行了阐述。此

---

① 科斯：《财产权利与制度变迁——产权学派与新制度学派译文集》，上海三联、上海人民出版社1991年版；［美］科斯等：《契约经济学》，经济科学出版社1999年版；［美］诺思：《制度、制度变迁与经济绩效》，上海三联出版社1994年版；［美］哈罗德·塞茨德姆：《所有权、控制与企业——论经济活动的组织》，经济科学出版社1999年版；［美］钱德勒：《看得见的手——美国企业的管理革命》，商务印书馆1987年版；［美］杰伊·康格等：《公司治理结构——增值新战略》，上海交通大学出版社2002年版。

外，吴敬琏也利用西方经济学理论对企业改革的各项内容进行了探讨。此外，还有的对在公司治理结构中涉及的委托—代理问题、治理模式的比较等方面的研究获得了一定的进展。①

一、制度与经济绩效

尽管现代经济学中对制度这个概念的使用频率很高，但是旧、新制度经济学代表人物，在他们看来，所谓制度，无非是规范个人行为的各种规则和约束。②

舒尔茨 1968 年给制度下的定义是“我将一种制度定义为一种行为规则，这些规则涉及社会、政治及经济行为”。③ 在《制度、制度变迁与经济绩效》一书中，诺思开宗明义地写道：“制度是一个社会的博弈规则，它们是一些人为设计的、型塑人们互动关系的约束”。④ 日本的青木昌彦在其代表作《比较制度分析》一书中从博弈论角度给制度下了如下定义：“制度是关于博弈如何进行的共有信念的一个自我维护系统。制度的本质是对均衡博弈路径显著和固定特征的一种浓缩性表征，该表征被相关域几乎所有参与人所感知，认为是他们策略决策相关的。这样制度就以一种自我实施的方式制约着参与人的策略互动，并反过来又被他们在连续变化的环境下的实际决策不断再生产出来。”⑤ 显然，青木昌彦的这个制度定义与其他几位制度经济学家并没有实质性区别。

综上所述，制度无非是约束和规范个人行为的各种规则和约束。

衡量制度绩效的指标是多重的。经济增长显然是其中最重要的标准之一。在这方面，一个较好的制度应该使经济外推到现有技术的生产可能性边界上，同时也建立一种鼓励创新的机制，以使生产可能性边界本身向外

---

① 张五常：《经济解释——张五常经济论文选》，商务印书馆 2001 年版；张维迎：《产权、激励与公司治理》，经济科学出版社 2005 年版；张维迎：《从现代企业理论看国有企业改革》，载《改革》1995 年第 1 期；吴敬琏：《现代公司与企业改革》，天津人民出版社 1994 年版；张维迎：《所有权、治理结构与委托—代理关系》，载《经济研究》1996 年第 9 期；梁能：《公司治理结构：中国的实践与美国的经验》，中国人民大学出版社 2000 年版；李维安：《中国公司治理原则与国际比较》，中国财政经济出版社 2001 年版；孙永祥：《公司治理结构：理论与实证研究》，上海人民出版社 2002 年版。

② 本书不考虑旧制度经济学的代表人物与观点。

③ ［美］舒尔茨：《制度与人的经济价值的不断提高》，《财产权利与制度变迁》，上海三联书店 1994 年版，第 253 页。

④ ［美］道格拉斯 · C. 诺思：《制度、制度变迁与经济绩效》，格致出版社、上海三联书店、上海人民出版社 2008 年版，第 3 页。

⑤ ［日］青木昌彦：《比较制度分析》，上海远东出版社 2001 年版，第 28 页。

扩张。但是，经济增长并不是衡量制度绩效的唯一标准。平等、人的健康与教育、社会发展、稳定、和谐等，都是衡量制度绩效的指标。这些指标本身就包含了人类所追求的价值。而且，在多数情况下，非经济绩效的提高可以促进经济绩效的提高。

制度耦合是一种制度结构系统高度有序、各种制度安排之间协调一致的状态。而制度冲突与制度真空则是制度结构中存在大量矛盾和漏洞的状态。当制度结构中存在制度冲突和制度真空时，制度结构的整体绩效就会被削弱。制度效率递减与生产过程中的技术性质（物质环境），人们对制度的需求有关。

二、产权理论

关于产权，许多学者都强调指出，财产权利主要作为一人的关系而非一物的关系而存在。例如，费希尔认为，“产权是享有财富的收益并同时承担与这一收益相关的成本的自有或者所获得的许可……产权不是有形的东西或事情，而是抽象的社会关系。产权不是物品。”① 新制度经济学家认为：产权首先是一种制度，而制度作为一种游戏规则和约束人们行为的选择集，为经济活动者提供了一个交易行为赖以进行的互动框架。这意味着，财产权利实际上为不同行动者间的相互制约、相互影响提供了一个框架。

传统的资本主义企业（这里主要是指所有者与经理合一型的企业）的“私人所有”是指“所有者在该企业中拥有的一组权力。这些权利定义了传统的资本主义企业。”这样的一组权力包括对企业收益的占有权、对团队成员的雇用和解雇权以及出售上述这两种权力的权利。②

产权的变迁实质上是对产权“体系”进行重新界定的过程，这就与“权力”问题紧密相连。因此有必要对产权与权力问题进行阐述。所有权问题具有很大的模糊性。因此，在特定条件下，产权完全界定的不可能性造成了法律、经济机制本身的相对无力。问题的关键在于社会力量的对比、斗争及各自的意愿。各种力量的斗争决定了诸项财产权利分布的具体状况，而国家暴力在其中具有特别的重要性。事实上，权力运用的结果，就是在难以界定的那一部分权利中为权力握有者取得优势。产权的定义首

---

① ［南］斯韦托扎尔·平乔维奇著，蒋琳琦译、张军校：《产权经济学——一种关于比较体制的理论》，经济科学出版社 1999 年版，第 28—29 页。

② ［南］斯韦托扎尔·平乔维奇著，蒋琳琦译、张军校：《产权经济学——一种关于比较体制的理论》，经济科学出版社 1999 年版，第 62—63 页。

先是与个人“权利”联系在一起的，“产权”不过是“权利”之一种。在强调个人权利的政治哲学传统中，对财产的所有权利是最为重要的一项个人权利。如果由于权力因素的介入，“自由”本身不再存在，那么私有财产也将丧失存在的基础。这意味着，产权问题在本质上是一个权力斗争的问题。产权的变动，与当事各方之间的权力关系的形成、发展及变迁是一致的。

三、公司治理结构理论

公司治理结构狭义地讲是指有关公司董事会的功能、结构、股东的权利等方面的制度安排；广义地讲是指有关公司控制权和剩余索取权分配的一整套法律、文化和制度性安排，这些安排决定公司的运营目标。公司治理结构只是企业所有权安排的具体化，企业所有权是公司治理结构的一个抽象概括。① 离开企业所有权谈公司治理结构是没有意义的。因此，20 世纪 50 年代的公司治理机构必须在产权从私有到公有实现转移之后，才能实现公司治理结构的具体化。

从长期看，企业必须有能力最大化自己所创造的总价值，否则就难以生存。给定资源投入，一个企业创造的总价值越大，其生存能力就越强。为了实现企业价值的最大化，企业的制度安排必须解决两个最基本的问题：第一个是经营者选择问题，即如何保证真正有企业家才能的人来管理企业。公私合营后企业的管理人员一般是政府派来的公方代表为主与私方代表为辅的管理团体。相比于市场经济情况下，公私合营企业的管理人员并非真正有管理经验和才能的企业人，他们大多是从未接触过企业管理的政府公务人员或干部。在这种状况下，政府一方面要对公私合营企业拥有绝对的所有权和管理经营权，最大程度上确保企业的效益；另一方面也是为了改造私营工商业者，利用他们的企业管理经验，于是采取了公方担任企业正职，私方原来的管理人员担任企业副职的组合管理模式，这在当时的时代，这样的企业经营者组合是最优的。第二个问题是激励约束问题，即如何使企业成员（特别是企业经营者）努力工作，并对自己的行为负责，这就是所谓的激励约束机制。激励约束机制之所以重要，是因为存在信息不对称，包括冗长的委托—代理链的信息不对称和管理者个人行为的信息不对称。在所有权和控制权相分离的公私合营企业中，也存在着委托人与代理人之间的利益冲突，公司治理结构作为这一冲突的解决方案也仍

---

① 钱颖一：《企业治理结构改革和融资结构改革》，载《改革》1995 年第 1 期。

然要承受代理费用。[①] 公私合营企业作为与国有企业并无实质性差别的企业，自然与国有企业有着几乎相同的特征。一方面，作为几亿委托人之一，对每个人来讲，对代理人的监督相当于公共物品，谁也没有积极性在这方面作过多投入。另一方面，在全国人民这个初始委托人到企业代理人之间有着过多的环节，因而有着过长的委托—代理链；每经过一个委托—代理的环节，来自初始委托人的强烈的激励、监督动力和信息就会部分衰减，以致到了企业这个末端几乎丧失大部分。鉴于公私合营企业存在以上两个方面的缺点，党和政府对公私合营企业的代理人和监督人实行了激励约束机制，这个激励约束机制不同于当下实行的类似年薪制、股权期权、红利等激励机制，在当时的年代，实行的是提升晋级（行政级别）、特权消费、入党、提干培养或培训、奖励或表扬与降级降薪降低福利待遇、批评或通告批评、不予提拔培养等独特的行政管理式的激励约束机制。当时工人群众刚刚从被压迫被剥削的地位解放出来，对新政权、新和平深感来之不易并怀有深厚的感情，渴望加入党组织并成为政府公职人员，对种种不公、腐败现象深恶痛绝，因而都能积极表现，由此对公私合营企业的监督更加有力，企业代理人因而也能勤于业务，尽量表现到最好。

公私合营企业的由外而内的治理结构核心正是围绕经营者的选择和激励问题两个方面进行制度安排的。一个有效的公司治理结构必须在满足个人理性约束和激励约束机制的条件下最大化企业的总价值，必须是一个多赢的制度安排。公私合营后企业的治理结构在当时的社会背景下是否存在合理性也许只能在未来一段时间内或相当长时间内是否取得经济绩效来检验了。

以上关于产权、公司治理结构等企业理论说明：制度决定着经济绩效。构成制度要素的运行效率如何，直接决定了企业经济绩效的高低。20 世纪 50 年代的公私合营企业，在经历了一场浩大的对资改造运动后，原来的私有企业经过改造演变成为公私合营企业，企业产权从私有变为公有，企业的治理结构从内部到外部都发生了质的变化，而且企业的经营管理制度、分配制度都与私有企业决然不同。总体上，中国企业制度发生了本质上的转型，结束了私有经济时代，开辟了崭新的公有经济时代。

① 史金平：《国有企业：委托代理与激励约束》，中国经济出版社 2001 年版。

第四节　内容框架及资料情况

本书将在已有研究的基础上，综合各学科理论研究方法，利用上海市档案馆藏的典型行业、企业原始档案，不仅考察国家权力与公私合营过程之间的关系，而且着重分析公私合营后中国企业制度在产权、治理结构、经营管理及剩余分配制度方面的巨大变革。换言之，本书关注的是制度层面下的公私合营企业在特定政治条件下经济制度的变迁，并由此对公私合营后的企业制度转型与经济绩效进行研究和分析，提供解读公私合营的一种新视角。

一、框架简介

本书以现代企业理论和制度经济学为理论导向，在党和政府对资本主义工商业实行社会主义改造的这个大时代背景下，以 20 世纪 50 年代公私合营后企业制度的历史性转折为主线，分析公私合营后中国企业制度在产权、治理结构、经营管理及剩余分配方面的历史性重构。具体来说，全书的研究框架和基本内容大致可以分为七章。

第一章是绪论。主要介绍了五个方面的问题，即选题缘起、学术史回顾、理论分析框架、内容框架与资料情况以及基本思路与研究方法。简略地介绍了本书研究的缘起；全面总结了前人研究状况，并指出其成绩与不足；介绍了本书的理论分析工具；阐述了本书的内容逻辑框架结构和基本资料利用情况；以及全书的研究思路、路径和方法。

第二章归纳和论述了“公私合营”政策的演变。即在党和国家对资本主义、资产阶级、资本主义工商业的理解和认识以及在此基础上形成的思想、政策和法令等等。主要包括中国共产党在新中国成立之前，新中国成立初期对资本主义经济的思想和政策，“三反”“五反”前后对资本主义工商业思想政策的变化，党的过渡时期总路线的提出，以及以“公私合营”为最终形式实现对资本主义工商业改造的思想和政策等等，他们是中国共产党所领导的公私合营在中国得以广泛充分展开，并最后取得胜利的基本政策和理论依据，奠定了本书对公私合营与中国企业制度变迁进行研究的基础。

第三章论述了“公私合营”阶段的演进。考察公私合营演进的三大阶段，即个别企业公私合营阶段、扩展公私合营阶段，以及全行业公私合营阶段各自的基本情况和演进特点。全面论述了新中国的公私合营如何在党和国家的领导之下，由个别到扩展、由部分到全部，分时期、分地域，步步推进，最后以全行业公私合营的高潮结束整个公私合营战略过程，为企业制度的转折提供了重要的前提和基础。

第四章分析了公私合营后企业产权结构的变革。具体内容主要是个别公私合营和扩展公私合营时期，公股通过对企业的资产进行清理估价，核定公私股份等确立了对公私合营企业的领导权；全行业公私合营高潮之后，各工业行业、企业通过裁并组合，公股获得企业支配权后实现企业经营权力的转移。公私合营企业的产权已经从根本上完全纳入国营经济和计划经济的体系，私有产权从形式到内容都已从不复存在。

第五章探讨了公私合营后企业治理结构的重构。公私合营后，企业的治理机构从内部到外部都发生了一系列变化。首先从企业内部来说，治理结构的变化主要是企业“高管层”的变动，即私营企业时期的重要职位如董事长、总经理等由原来全部为私方担任转变为公方为主、私方为辅，即公私合作共事。此外，为发挥公私双方与广大职工群众的积极性，公私合营企业也建立了独特的激励约束机制，诸如提升晋级、奖励表扬、特权消费等措施对企业代理人进行激励，共同致力于企业的发展。从企业外部来说，参照国营企业治理模式，建立了多层级的从高到低的中央政府、中央部委、地方政府、政府委办、工业局、专业公司、中心厂（独立厂）、代管厂等各级委托—代理关系，即新的科层结构，它们之间各司其职，不同程度地对公私合营企业负责。

第六章考察了公私合营后企业经营管理制度的重塑。个别企业公私合营时期和扩展公私合营时期，国家对公私合营企业的领导基本上是通过政府的业务主管机关，对企业的产供销进行统一计划管理，这两个时期合营企业经营管理模式的基本特征，一是主要听命于国家计划；二是与市场的联系日趋减少，合营企业开始由私营企业时期市场经济条件下独立自主的经营主体逐渐向计划经济体制下的单一的生产单位过渡。全行业公私合营后，企业生产经营管理制度的重塑主要是以国营企业为参照，建立了计划经济体制下企业的组织、各种生产与管理制度、供销网络以及财务管理与财务监督等一系列社会主义企业经营管理制度。

第七章研究了公私合营后企业分配制度的重建。公私合营后，企业的收益分配也有很大改观。首先是个别企业公私合营和扩展公私合营时期企业在剩余分配制度上从“四马分肥”到全行业公私合营后最重要形式的“定息”制度的最终实行；此外，工资制度也进行了改革，福利制度也发生了重大变化等等。

第八章结语即公私合营后中国企业制度的历史性转折。该章在全书论述的基础上认为：公私合营的过程其实质是新政治架构下公私力量的博弈，其最终让位于公方的结果凸显了强大行政权力支配下极度弱化的资本权利。对于中国经济来说，企业制度转型在当时确实提高了经济效益。从企业制度变迁的视角来看，公私合营后一是产权制度的根本变革，二是企业治理结构的重构，三是经营管理制度的重塑，第四是薪资及剩余分配制度的重建。这四方面的革命性变化最终奠定了中国企业制度的划时代转折。公私合营在终结私有产权制度、私营经济时代的同时，开启了社会主义公有制和高度集中统一领导下的计划经济时代。它们是公私合营后中国企业制度的发展路径和历史走向，给中国经济发展带来了深远的影响。

二、文献资料

有关20世纪50年代的历史资料比较多，目前主要见于几处：一是原始档案资料、报纸、杂志和当时的调查统计资料；二是学者们对新中国国史、经济史、资本主义发展史和近当代工业行业、企业、工业品等史料性著述；三是中共中央相关政策文献资料；四是20世纪50年代与“对资改造”和“公私合营”相关的著作或论文。

（一）档案资料

本书写作资料主要来源以原始档案史料为主，即大量查阅上海市档案馆20世纪50年代关于“对资改造”与“公私合营”的背景资料及改造过程资料、并对之进行分门别类的梳理。例如，按工业结构类别分为轻工业、重工业等；按工业行业分为钢铁业、橡胶业、卷烟业等，按业务类别分为生产、销售、财务等。此外还有综合类与单个企业的史料等等。档案史料的一手性与丰富性，给本书的研究提供了一定的便利。然这些档案资料虽然全宗数量众多，但就现有条件下我们能查阅到并且可以利用的程度而言，还是比较零星、散乱，难成系统，而且往往由于关键性的档案资料缺失导致有些档案资料的可利用的价值性不高。这就需要我们在尽可能搜集有关、有用档案的基础上，对它们进行必要的甄别、梳理和仔细的对比、校勘、解读，并辅之以其他文献资料。

（二）史料性著述

在研究过程中，笔者大量阅读了新中国相关国史、经济史、企业史、工商业史、文史资料、志书等史料性著作，对相关的资料集、典型企业的发展史进行了比较深入的了解，获得了研究20世纪50年代“公私合营”

与“对资改造”的大量的重要资料。例如，中国社会科学院、中央档案馆编的《中华人民共和国经济档案资料选编·工业卷（1949—1953)》（中国物资出版社，1996)，《中华人民共和国经济档案资料选编·工业卷（1953—1957)》（中国物价出版社，1998)，《中华人民共和国经济档案资料选编·劳动工资和职工保险福利卷（1953—1957)》（中国物价出版社 1998 年版)，《中国资本主义工商业的社会主义改造》（中央卷，上下册，中共党史出版社 1993 年版)，中共上海市委统战部、中共上海市委党史研究室、上海市档案馆合编的《中国资本主义工商业的社会主义改造》（上海卷，上下册)（中共党史出版社 1993 年版)，上海社会科学院经济研究所编著的《上海资本主义工商业的社会主义改造》（上海人民出版社，1980)，上海社会科学院经济研究所编的《刘鸿生企业史料》（上海人民出版社，1981)，《上海轻工业志》编纂委员会编的《上海轻工业志》（上海社会科学院出版社，1996)，《上海机电工业志》编纂委员会编的《上海机电工业志》（上海社会科学院出版社，1996）等史料性著述为本人的研究提供了大量的一手资料，成为本书研究过程中的重要素材来源之一。

（三）党中央相关政策文献

公私合营是党和政府对资本主义工商业改造的重要步骤，因此研究这一论题自然离不开党和政府的各类政策文献资料，它们在“对资改造”以及“公私合营”的政策依据与制度变迁等方面提供了重要的理论指导与实践引导。如中共中央文献研究室、中央档案馆合编的《共和国走过的路：建国以来重要文献专题选集（一九五三——九五六年)》（中央文献出版社 1991 年版)，毛泽东的《建国以来毛泽东文稿》（多册，中央文献出版社 1987 年版)，陈云的《陈云文选（一九四九——九五六)》（人民出版社 1984 年版)，李维汉的《李维汉选集》（人民出版社 1987 年版)、《回忆与研究》（上、下册，中共党史资料出版社 1986 年版)，薄一波的《若干重大决策与事件的回顾》（上、下卷，中共党史出版社 2008 年版）等，这些文献无论是在相关政策还是在背景资料方面，均对本书的写作有颇多帮助。

（四）相关著作与论文

研究 20 世纪 50 年代关于资本主义工商业改造的著作与论文虽然不是很多，但是学习和借鉴他们研究的长处为我所用是非常必要的。如桂勇的《私有产权的社会基础——城市企业产权的政治重构（1949—1956)》（立信会计出版社 2006 年版）其研究的独特视角给我提供了启发。此外，笔者还注重对重要的学术期刊如《经济史》（中国人大书报资料中心编)、

《中国现代史》（中国人大书报资料中心编）、《中国经济史研究》、《中国社会经济史研究》、《中国当代史研究》、《中共党史研究》、《经济研究》、《上海经济研究》、《文史哲》、《上海工商》等涉及新中国成立初期对资本主义工商业改造与企业制度变迁理论的最新学术研究成果，对它们进行充分的学习和消化，分析他们的学术观点、研究方法，吸取他们的研究精华为我所用。总之它们为本书的研究提供了最新的学术前沿观点和理论指导，是本书内容框架构建不可缺少的主要参考资料。

除上述资料之外，笔者还注意阅读关于现代企业理论与制度经济学的书籍，以此作为指导本书的理论依据。并注重结合前四类资料，加强对档案文献史料的去粗取精，去伪存真，由此及彼、由表及里地处理和甄辨。并在此基础上结合上述资料，寻找本论文的新视角，形成这本书的研究框架和研究内容。

第五节　基本思路与研究方法

本书利用上海市档案馆馆藏原始档案资料，以上海工商企业为例，运用企业理论和制度经济学理论为指导，试图在新的时代背景下，在前人研究和认识的基础上，揭示和分析 20 世纪 50 年代公私合营后中国企业制度发生的这一历史性转折。因此，本书的基本思路是：问题的提出—公私合营的演进阶段—企业产权制度变革—企业治理结构重构—企业经营管理制度的重塑—企业分配及剩余分配制度的重建—公私合营后中国企业制度的发展路径和历史走向。

本书的基本思路之一是公私合营的阶段性发展及其特点与党和国家思想政策演变的紧密关系。公私合营从根本上来说，完全是中国共产党在其自身的思想政策领导下，自上而下的主动性的社会制度变革。其实质就是党和国家有关思想、政策的实践过程。正是在党和国家的思想、政策指导下，20 世纪 50 年代的过渡时期，新中国通过国家资本主义形式对资本主义工商业进行的社会主义改造，从战略上分为初级和高级两种形式。初级形式是国家对私营工商业实行委托加工、计划订货、统购包销、经销代销等；高级形式是个别企业公私合营、扩展公私合营以及全行业公私合营。从 1949 年新中国成立之初的个别企业公私合营，到 1953 年过渡时期总路线颁布之后的扩展公私合营，再到 1956 年全行业的公私合营高潮，公私合营的三个阶段也是一个从个别到局部、再从局部到整体的演进过程，由此对社会经济产生了深远的影响。

本书的基本思路之二是关于公私合营后企业制度的变革主要包括四个方面，即企业在产权制度、治理结构、经营管理和剩余分配方面的制度变革。随着公私合营三个阶段的推进，个别企业公私合营与扩展公私合营时期，国家逐步确立了公股的领导地位；私有企业的董事会、经理制作为公私协商机构，在一定程度上得以保留而且在经营管理上，与市场的联系日益被阻隔，产供销方面听命于国家计划；分配制度上实行“四马分肥”。到全行业公私合营后，公私合营企业的产权已经转移到政府手中；企业治理机构实行多层级的委托—代理制；党和政府运用激励约束机制实现企业从上到下的激励约束管理，企业经营在供产销、财务管理等各方面均建立了一套不同于私营经济时期的企业制度；企业分配制度已经变成了“定息”制度。此时期的公私合营企业已经基本完成了从市场经济下的私营资本主义向名为“公私合营企业”，实与“全民所有制”的国有企业并无实质性区别的计划经济体制下的社会主义企业的历史性转变。

本书的基本思路之三是公私合营后中国企业制度的发展路径及与中国经济发展的关系。公私合营在终结私有产权制度、私营经济时代的同时，开启了社会主义公有制和高度集中统一领导下的计划经济时代。这一新时代、新制度将在后来的一段时间内，彰显出被其替代的旧时代、旧制度更多的优越性和先进性。诸如企业的经济效益得以提升，企业的面貌也大大改观。主要表现在职工群众热情高涨、劳动生产率提高、产品成本降低、企业净产值大大增加，生产力得到解放和发展。这就是公私合营后中国企业制度的发展路径和历史走向，给中国社会经济发展带来了深远的影响。

此外，本书在研究方法上除了采用通常的历史学、政治学、社会学等研究方法之外，还将重点运用现代经济学和制度经济学理论分析历史事实，既符合历史学的研究范式，也遵循经济学本身的研究模式。尤其是对公私合营后企业的产权、治理结构、经营管理、剩余分配的制度变迁、发展路径、历史影响等方面的论述和分析，不仅可以使我们更加透彻和准确理解新中国对资改造过程中公私力量的博弈关系，而且可以使我们更容易把握20世纪50年代中国社会特有的政治和经济架构下推动的“对资改造”，公私合营的整体进程和演进脉络的阶段性特点，以及公私合营后中国企业制度发生历史性转折对中国社会、经济的意义及深远影响。

第二章　公私合营政策之演变

上海是我国资本主义工商业最集中的城市。它曾经是外国资本主义侵略我国的主要基地和国内封建主义、官僚资本主义压迫我国人民的重要据点。在这一历史环境中产生、成长起来的上海民族资本主义工商业，就必然具有在旧中国社会历史条件下民族资本主义工商业的基本特点。新中国成立后，上海民族资本主义工商业，同全国各地的民族资本主义工商业一样，都实现了社会主义改造。

20 世纪 50 年代我国对资本主义工商业的社会主义改造，采用的基本路径是通过国家资本主义的形式。公私合营作为国家资本主义的高级形式和对资本主义工商业社会主义改造的终结形式，其缘起和发展，从根本上来说取决于中国共产党执政的政策主张。而这一政策主张，又与新中国建立前后中国共产党对资本主义工商业、资产阶级基本政策的演变有着紧密的关联。

第一节　公私合营前上海私营工业的基本状况

上海是全国私营资本主义工商业最集中，最具代表性的城市。其中纺织业、制药业、面粉业、卷烟业、机器制造业等，工厂规模大，设备新，技术先进，花色品种多，在全国范围内一直占有重要地位，商业、进出口业、金融业、交通运输业、房地产业等行业，发展迅速，在全国亦遥遥领先。新中国成立前，上海工商各行业的盛衰影响着全国。因为在当时，上海已成为全国的经济中心。

一、上海私营工业的发展历程

上海私营工业是在近代中国半殖民地半封建社会中产生和发展起来的。鸦片战争后，英国、法国、美国等主要资本主义国家依据不平等条约，先后在上海割占大片土地作为租界，并以此为主要据点，对中国进行军事、政治、经济、文化侵略。他们在上海建立洋行，培植买办，一方面源源不断地把工业品运到中国来推销，另一方面又从中国低价收购大量农副产品和工业原料出口。外国资本主义就是通过这样的经济侵略，逐步破坏中国东南沿海地区的手工业，加速了这一带自然经济的瓦解和商品经济的发展，使商品市场迅速扩大，劳动力市场逐渐形成，为上海私营企业的产生准备了客观条件。

上海近代私营企业的生产关系首先是在外资企业中形成的。外国资本主义侵华势力从19世纪40—60年代在上海创办了一批直接或间接为扩大进出口贸易服务的船舶修造工厂、出口商品加工工厂、银行、公用事业和主要为外国商人服务的日常生活需要服务的日用品工厂。从60年代起，清政府大张旗鼓举办“洋务运动”，又在上海陆续建立了一些军用和民用企业。

上海私营企业最早出现于19世纪60—70年代。在这期间，工业方面有发昌机器厂、建昌铜铁机器厂、邓泰记机器厂的船舶修理企业，高记木厂等木材加工企业以及上海机器织布局等的设立。19世纪80—90年代初，上海私营资本主义企业开始逐渐增多。据不完全统计：1880—1894年，工业企业增设了三十多家。其范围已扩展到缫丝、玻璃、火柴等多种行业。[①] 上海私营资本主义工商业，同全国其他地区的私营资本主义工商业相比，产生的时间较早，数量较多。根据“私营资本经营的近代工业简表”内的材料来看，1872—1894年间，全国兴办的民族资本主义近代工业企业共有75家，其中有38家设立在上海。[②]

然而，由于时代局限，上海私营经济从产生之日起，就受到外国资本主义和本国封建主义势力的压迫和打击。他们在两者的夹缝中，战战兢兢、小心翼翼地开始成长起来。到19世纪末20世纪初，由于清政府放宽了对民间设厂的限制，民族资本主义开始走向初步发展。辛亥革命后，清政府被推翻，新政府采取了奖励民办企业的措施，同时由于第一次世界大战爆发，各帝国主义国家无暇东顾，民族资本主义的发展获得了又一个春天。这一时期私营资本主义经济的发展成果是颇为显著的。据不完全统计：1918年纱厂增为10家，1921年更增加到19家；棉纱产量则由1919

① 上海社会科学院经济研究所：《上海资本主义工商业的社会主义改造》，上海人民出版社1980年版，第2页。

② 孙毓棠：《中国近代工业史资料》，第一辑，上册，科学出版社1957年版，第14页。

年的117 949件增为1921年的217 960件。面粉工业也因产销两旺而增设了不少新厂。1915年全业共有工厂16家，1916年增为18家，1919年又增加到19家，至1921年，全业已有工厂21家。其他如造纸、染织、印刷、制药、榨油、卷烟、缫丝等工业，在1916—1921年间也都不同程度地扩大了产销，增设了新厂。此外，还在上海开设了一批与社会经济生活密切相关的新行业，如搪瓷业、橡胶业、水泥业等。私人商业也获得了不同程度的发展，颜料和五金等商业发展尤为迅速。例如五金行业在1862—1913年五十余年只开设130余家，而在1914—1918年的五年中就增设了110余家；全年营业额平均每年达5 000万元左右，约等于第一次世界大战爆发前每年营业额的五倍多。① 在这期间，私营工业由于资本的积聚和集中，形成了一些规模颇大的企业。荣宗敬、荣德生兄弟开设的众多面粉工业与纺织工业厂，形成了在全国私营资本主义企业中较大的荣家茂新、福新、申新企业集团。1918年，华侨郭乐、郭泉、郭顺兄弟募集华侨资本在上海设立永安公司等。

1927—1937年的十年内战与1937—1945年的全面抗日战争爆发时期，民族资本主义备受摧残和打击，处于破产或半破产状态，新中国成立前几年由于国民政府的垂死挣扎，致使民族企业的发展道路异常艰难，甚至处于衰败处境。尤其是1929年开始的资本主义世界经济大危机波及上海，加上1932年“一·二八”日本侵略者进攻上海，私营工业遭受惨重损失，许多工厂停业、倒闭，市场萧条，商店生意冷淡，陷入全面困难的境地。1934年全市私营资本经营的工厂、商店、银行钱庄倒闭的有425家，因经营困难而改组的有1 383家；1935年全市又倒闭了395家。较大的私营资本企业也陷入破产或半破产境地。②

自1948年起，某些原先尚能乘隙得到不同程度恢复和发展的行业纷纷停工、减产或歇业。棉纺织工业到1948年5月，全业实开纱锭虽然还有1 319 806枚，而棉纱产量已减为全年396 164件。1949年情况继续恶化，实开纱锭减少到只有1 169 557枚，棉纱生产全年也只有369 301件。制药工业在1946年已有很多工厂倒闭，至1948—1949年，剩下的工厂中又有70%—80%陷于停闭和半停闭状态。面粉工业的产销1946—1947年间本已步步下降，1948年以后，由于资金周转更为困难，各厂只好进一步

① 上海社会科学院经济研究所：《上海资本主义工商业的社会主义改造》，上海人民出版社1980年版，第9—10页。

② 中共上海市委统战部等：《中国资本主义工商业的社会主义改造》，上海卷（上），中共党史出版社1993年版，第5—6页。

停工减产。1949年1—5月，全业开工率只有13.48%。①

二、上海私营工业的基本状况

上海私营工业在旧中国虽然没有得到充分的发展，但是，它经过长期经营，还是在外国资本主义、国内封建主义和官僚资本主义压迫的夹缝中，奠定了一定的基础，具备了一定的规模。根据现有材料统计：全市私营工厂在1949年新中国成立前夕有20 164家，年产总值折合人民币共达245 900万元，雇用职工428 300人。在全国私营工业中，厂数占16.37%，年产值占36.01%，职工人数占26.06%。② 我国很大一部分同社会经济生活有密切关系的私营资本主义工业长期集中在上海。据调查，1949年初，上海私营资本棉纺织工厂共有纱锭一百余万枚、织布机有一万余台，占全国私营资本棉纺织工业纱锭总数的50%左右，织布机总数的60%左右。全国私营资本卷烟工厂的设备有70%—80%集中在上海。上海私营资本面粉厂的面粉产量占到全国私营资本面粉工厂面粉产量总数的38.5%。③ 其他如私营资本的丝织、毛织品、橡胶、制药、搪瓷和铝器等工业也分别在全国占有很大的比重。中国规模较大的一些私营资本主义企业，如申新纺织公司、福新面粉厂、永安纺织印染公司、大隆机器厂、大中华橡胶厂、南洋兄弟烟草公司、永安公司、大新公司、新新公司、先施公司以及协大祥、宝大祥、信大祥三家棉布庄都开设在上海。

上海私营资本主义经济是在旧中国半殖民地半封建社会的社会环境中产生和发展起来的。这个历史条件使他们很大一部分是商业资本和银行资本，有的为外国资本主义在中国推销商品和收购原料服务，有的进行公债、黄金、外币、地产和一般商品的投机。特别是在1937年七七事变后日本全面发动侵华战争至1949年上海解放这段时期内，由于通货膨胀、物价上涨、投机盛行，不少产业资本也经常在商业利润的引诱下，流入商品流通领域而转化为商业资本。所以，上海私营资本主义经济中，产业资本长期以来未能取得对商业资本和银行资本的优势。1949年全市各业私营资本总额折合人民币为38 554万余元，其中工业资本额为21 824万余元，占54.02%；商业和银行资本总额为16 739万余元，占45.98%。这些数字是根据设有工厂、商店、银行和钱庄的资本进行统计的，散在市场上从

---

① 上海社会科学院经济研究所：《上海资本主义工商业的社会主义改造》，上海人民出版社1980年版，第28—29页。

②③ 上海社会科学院经济研究所：《上海资本主义工商业的社会主义改造》，上海人民出版社1980年版，第31页。

事商业和金融投机活动的资本并未包括在内。① 如果把未统计进去的资本和金融资本也包括在内，那么可以肯定产业资本是弱于商业资本和金融资本的。

上海私营资本主义的工业结构中，轻纺工业占主要部分。1895 年以后，无论中外资本在上海投资的重点都集中于棉纺织业。据初步的估算，1895—1898 年间，中外各国投资于棉纺织业的资本总额在 650 万两以上，占这一时期上海工业总投资的 60% 左右。② 显然由于纺织业投资暂时的饱和，因而，1898—1911 年间，无论中外资本都出现了投资方向的转移，于是，缫丝、面粉、造纸等工业门类迅速开拓，从而初步奠定了近代上海工业的基本结构特征——以棉纺织业为主体的轻纺工业占主导地位。

由于中国特殊的时代背景和社会环境，上海资本家阶级因为资力薄弱并考虑到发展重工业投资多、收效慢、获利小、技术上有困难、国内矿产原料采掘工业不发达等不利因素而不敢轻易尝试，主要是经营投资少、收效快、获利大、筹设较易的轻工业。因此上海民族资本主义的工业机构中，始终是消费资料的生产大于生产资料的生产。1949 年全市工业生产资料的总产值只占两大部类总产值的 15. 6% ，而消费资料的总产值却占到了 84. 4% 。按部门来看则更为具体。如以全市重、轻、纺三个工业系统 1949 年总产值为 100，则纺织工业占到 62. 4% ，轻工业占 24% ，重工业只占 13. 6% 。③以上两类统计数字都包括官僚资本在内，官僚资本经营的大都是生产生产资料的重工业，所以，如仅就私营资本工业的情况而论，生产生产资料的重工业所占的比重还要小，生产消费资料的轻、纺工业所占的比重还要大。

上海民族资本主义工业受到外国和本国官僚资本的双重压迫，因而迫使资本家发愤图强，努力提高生产率，引进和改进机器设备，不断开发新产品和提高产品的质量，以增强市场竞争力。如在化学工业中，五洲皂厂延聘化学专家，解决了许多技术上的关键问题，终于生产出了品质优良的“固本”牌肥皂，使英商制造的“祥茂”牌肥皂相形失色，销路锐减。④ 规模较大的私营资本主义企业，还较多地吸收了近代科学的企业管理方法，了解消费者的具体需要，熟悉市场情况，严格管理制度，讲究服务质

---

①③ 上海社会科学院经济研究所：《上海资本主义工商业的社会主义改造》，上海人民出版社 1980 年版，第 34 页。

② 熊月之：《上海通史》，晚清经济卷，上海人民出版社 1999 年版，第 385 页。

④ 上海社会科学院经济研究所：《上海资本主义工商业的社会主义改造》，上海人民出版社 1980 年版，第 37 页。

量，力求在竞争中取胜。如创办了多类企业的刘鸿生，聘请留美会计师设计了一整套成本会计制度，在他经营的企业内普遍施行，对每道生产工序都精打细算地核算成本，对各个企业的生产成绩、原物料耗用、工资、制造费、厂务费以及各分事务所的销货数量、营业费用和利润等逐项进行比较分析，通报所属企业，作为改进生产经营的参考。此外，商业投机和金融投机活跃于近代市场，也阻碍了私营资本主义工商业的正常经营和发展。

第二节　利用、限制：新中国成立初期的资本主义工商业政策

早在 1934 年江西苏区时期，毛泽东就认为："在红色区域内的经济成分，是由国营事业、合作社事业和私人事业这三方面组成的。"① 到抗日战争时期，毛泽东在《中国革命和中国共产党》中谈道："在中国的民族资产阶级，主要的是中等资产阶级，他们虽然在一九二七年以后，一九三一年（九一八事变）以前，跟随着大地主大资产阶级反对过革命，但是他们基本上还没有掌握过政权，而受当政的大地主大资产阶级的反动政策所限制。在抗战时期内，他们不但和大地主大资产阶级的投降派有区别，而且和大资产阶级的顽固派也有区别，至今仍然是我们的较好的同盟者。"② 1940 年 9 月，毛泽东在其《新民主主义论》中，提出了"新民主主义经济"这个名词，认为未来的新民主主义"一定要走'节制资本'和'平均地权'的路，决不能是'少数人所得而私'，决不能让少数资本家少数地主'操纵国民生计'，决不能建立欧美式的资本主义社会，也决不能还是旧的半封建社会。谁要是敢于违反这个方向，他就一定达不到目的，他就自己要碰破头的。"③

1948 年 9 月 8—13 日，中共中央在西柏坡召开了中央政治局扩大会议。毛泽东在会上的报告指出："我们政权的阶级性是这样：无产阶级领导的，以工农联盟为基础的，但不仅仅工农，还有资产阶级民主分子参加的人民民主专政。"④ 周恩来在会议的发言中也对新中国资本主义工商业

---

① 毛泽东：《我们的经济政策》，《毛泽东选集》，人民出版社 1956 年版，第 128 页。
② 毛泽东：《中国革命和中国共产党》，《毛泽东选集》，人民出版社 1966 年版，第 635 页。
③ 毛泽东：《新民主主义论》，《毛泽东选集》，人民出版社 1966 年版，第 671 页。
④ 金冲及：《二十世纪中国史纲》，第二卷，社会科学文献出版社 2009 年版，第 644 页。

的政策进行了说明。他说："在人民政权的节制之下，在无产阶级领导的新民主主义制度之下保留资本主义，这是受节制的资本主义。"①

事实上，在新中国成立前夕，中国共产党仍视民族资产阶级为"同盟者"，将"利用、限制"作为对资本主义工商业的思想和政策，主要体现在毛泽东的《新民主主义论》《论联合政府》《目前形势和我们的任务》以及中国共产党七届二中全会的相关决议之中。

1949 年 3 月，在我国人民民主革命取得全国胜利的前夕，毛泽东在中共七届二中全会上说："在革命胜利后的一个相当长的时期内，还需要尽可能地利用城乡私人资本主义的积极性，以利于国民经济的向前发展。在这个时期内，一切不是于国民经济有害而是于国民经济有利的城乡资本主义成分，都应当容许其存在和发展。""但是中国资本主义的存在和发展，不是如同资本主义国家那样不受限制任其泛滥的。它将从几个方面被限制——在活动范围方面，在税收政策方面，在市场价格方面，在劳动条件方面。我们要从各方面，按照各地、各业和各个时期的具体情况，对于资本主义采取恰如其分的有伸缩性的限制政策。"② 这个讲话为革命胜利以后党对资本主义企业和对资本家的政策奠定了基础。接着，党的其他领导人刘少奇对七届二中全会的精神进行了丰富和发展。这些讲话连同周恩来、朱德、邓小平、陈云等领导同志的意见，在新中国成立前后全党的实践中不断切磋、升华，最后形成完整的对资本主义工商业的改造的一般政策。这个政策包括对资本主义企业的利用、限制和改造政策；对资本家的团结、教育和改造的政策；国家资本主义政策。

新中国成立之初，党和国家对资本主义工商业政策的中心内容仍是 1949 年党的七届二中全会上提出的"对私人资本主义必须采取利用、限制的政策"，资本主义工商业仍是中国共产党领导下的新中国国民经济的一个重要组成部分。正如毛泽东说的"今天的斗争对象主要是帝国主义封建主义及其走狗国民党反动派残余，而不是民族资产阶级。对于民族资产阶级是有斗争的，但必须团结它，是采用既团结又斗争的政策以达团结它共同发展国民经济之目的"。③ 可见，在当时的社会情况下，要恢复国民经济，争取财政经济情况好转，巩固新生政权，必须利用私营工商业的力量，因此中共在政策上是以利用和限制为主。

---

① 金冲及：《二十世纪中国史纲》，第二卷，社会科学文献出版社 2009 年版，第 645 页。

② 毛泽东：《毛泽东选集》，第四卷，人民出版社 1991 年版，第 1431 页。

③《在全国统战会议工商组讨论会上的一份发言记录稿上的批语》，1950 年 4 月，载中共中央文献室：《建国以来重要文献选编》，第一册，中央文献出版社 1987 年版，第 292 页。

这里必须要提到的就是新中国成立初期具有法律意义的经济政策——《中国人民政治协商会议共同纲领》里的相关规定。共同纲领除序言外共计七章六十条，其中对新中国企业制度的安排与规定，主要包含以下这么几层含义：一是新中国的微观经济形态有五种经济成分，其第四章“经济政策”第二十六条明确规定，“私人资本主义经济和国家资本主义经济”是新中国五种社会经济成分中的一部分。二是在新中国的五种经济成分中，国营经济是整个社会经济的领导力量，“各种社会经济成分在国营经济领导之下，分工合作，各得其所”。三是“凡是有利于国计民生的私营经济事业，人民政府应鼓励其经营的积极性，并扶持其发展”。四是“国家资本与私人资本合作的经济为国家资本主义性质的经济。在必要和可能的条件下，应鼓励私人资本向国家资本主义方向发展”。①

可见，共同纲领不仅明确和肯定了私人资本以及国家资本主义，而且为此后以国家资本主义的形式改造私人资本奠定了基本的法律依据。因为就中国共产党本市的革命目标和理想来说，资本主义经济是必须要消灭的，用计划经济代替市场经济，用社会主义公有制取代资本主义私有制是新中国成立之后中国共产党人继续前行的努力目标和方向。

1950 年 6 月，毛泽东在中国人民政治协商会议第一届全国委员会第二次会议上的闭幕词中指出：“只要战争关、土改关都过去了，剩下的一关就将容易过去的，那就是社会主义的一关，在全国范围内实行社会主义改造的那一关。只要人们在革命战争中，在革命的土地制度改革中有了贡献，又在今后多年的经济建设和文化建设中有所贡献，等到将来实行私营工业国有化和农业社会化的时候（这种时候还在很远的将来），人民是不会把他们忘记的，他们的前途是光明的。我们的国家就是这样地稳步前进，经过战争，经过新民主主义的改革。而在将来，在国家经济事业和文化事业大为兴盛了以后，在各种条件具备了以后，在全国人民考虑成熟并在大家同意了以后，就可以从容地和妥善地走进社会主义的新时期。”②可见，毛泽东虽然谈到了“对资改造”，但此时期对资本主义工商业的政策主要还是“利用与限制”，“改造”在此后的一段时间内也还没有提上日程。

---

① 《中国人民政治协商会议共同纲领》，《私营工商业的社会主义改造政策法令选编（1949—1952）》，上辑，财政经济出版社 1957 年版，第 13—14 页。

② 《做一个完全的革命派》，1950 年 6 月 23 日，在中国人民政治协商会议第一届全国委员会第二次会议上的闭幕词，载中共中央文献室：《建国以来重要文献选编》，第一册，中央文献出版社 1987 年版，第 416 页。

新中国成立初期，国家对私营工商业实行了调整与发展的政策。其中打击投机资本、平抑物价是政府限制私营资本危害国计民生的一项重要举措，其主要意图是为私营工商业的发展创造更好的社会环境。但是，在物价平稳后，私营工商企业却出现了趋于低迷的现象，这就严重影响了私营经济在国民经济恢复中作用的发挥。

上海私营工商业发展的低迷主要是从1950年春夏之交开始的，全国经济生活中出现了市场萧条，私营工商业经营困难，部分私营工商户关门、歇业，造成新的失业现象。商品滞销，市场成交量大大低于商品上市量，工厂产品卖不出去，工业生产锐减。1950年5月与1月相比，私营工业的棉布减少38%、绸缎减少47%、呢绒减少20%、卷烟减少59%、烧碱减少41%。工厂开工不足，有的出于半停工产状态，有的停产。大量私营工商业关门停业。1950年1—4月，在14个大城市中，有2 945家工厂关门；在16个大城市中，有9 347家商店歇业。仅上海4月份歇业的工厂商店就达1 567个，5月份达2 948个，而同期开业的仅105家。这种现象导致失业人员剧增。根据全国总工会的估计，1950年3—4月间全国新增加的失业职工约10万人。①

造成私营工商业陷入困境的原因很多，其中最重要的一点就是，政府在与资本家较量的过程中，对私营工商业的打击过猛，限制过多，这就给还没有从新中国成立前伤痕累累、备受摧残的发展道路上缓过劲来的私营工商企业再次承受一剂“强心针”，因而无力招架，大多数企业只能选择“关门大吉”。针对私营工商业遇到的困难，稳定他们的生产经营情绪，1950年夏，中央多次召开会议进行研究，做出了调整工商业的决策。毛泽东在1950年4月13日中央人民政府委员会第七次会议上说：“今后几个月内政府财经领导机关的工作重点，应当放在调整公营企业与私营企业以及公私企业各个部门的相互关系方面，极力克服无政府状态。”他强调：共同纲领规定，国家应当在“经营范围、原料供给、销售市场、劳动条件、技术设备、财政政策、金融政策等方面”，调剂各种社会经济成分，使它们在国营经济领导之下，分工合作，各得其所。这个规定，必须充分实现，方有利于整个国民经济的恢复和发展。现在已经发生的在这方面的某些混乱思想，必须澄清。② 因此，中央财经委员会于当年5月召开了全国七大城市工商局长会议，讨论合理调整工商业问题。在七届三中全会

---

① 任杰、梁凌：《中国政府与私人经济》，中华工商联出版社2000年版，第183—185页。

② 《人民日报》，1950年4月15日。

后，人民政府在统筹兼顾的原则下，开始全面调整工商业。上海的主要政策是调整公私企业、劳资关系和产销关系。这三者又以调整公私关系为主。

首先是调整公私关系。当时许多私营企业生产无原料，产品无销路，所以国营商业部门开始向私营工厂提供原料、委托加工、计划订货、收购产品，也就是开展加工订货业务。国家给这些企业一定的工缴费用，其中就有资本家的利润在内。这时，国家更扩大对私营工业的加工订货和产品的收购，对私营商业在经营范围和价格上给出路，使之有利可图；调整税收负担，工商税目由 1 136 种减为 358 种；适当收缩国营商业的部分机构等。其次是调整劳资关系。主要是在私营企业中确认工人的民主权利，推动建立劳资协商会议，根据“发展生产、繁荣经济、公私兼顾、劳资两利”的方针，通过劳资协商，签订集体合同；并开展失业工人的救济工作。经过调整关系，解决了许多难题，缓和了劳资矛盾，促进了企业生产。最后是调整产销关系。中央召开一系列专业会议，公、私方代表在一起根据以销定产的原则，协调制订各行业的产销计划，合理分配生产任务，逐步克服私营企业生产中的无政府状态，使产销趋于平衡。

经过政府的大力调整，不但使私营工商企业渡过了难关，而且有很大的发展。1951 年同 1950 年相比，私营工商业户数增加 11% 以上，生产总值增加 39%，零售额增加 36.6%。这一年资本家所得利润超过在国民党统治下 22 年的任何一年。① 同样，上海私营工业总产值增长 52.9%，盈余总额增加 219.3%；私营商业零售总额增长 43.87%，盈余总额增加 85.4%。1951 年的利润率，按照资产净值计算，私营工业为 30.76%，私营商业为 40.53%。② 市场的活跃进一步刺激了私营工业的发展，11 月份与 1 月份相比，上海私营工业的棉纱产量增长 77%、水泥产量增长 305%、玻璃产量增长 283%、颜料增长 74%、面粉增长 70%、呢绒增长 13%、化学胶增长 50%。③ 随着资本主义工商业的恢复和发展，有些一度弃厂弃店出走的资本家重新回来了。陈云说：“我们做了很多工作，只有两个重点，一是统一，二是调整。统一是统一财经管理，调整是调整工商

---

① 何沁：《中华人民共和国史》，高等教育出版社 2000 年版，第 50 页。

② 中共上海市委统战部等：《中国资本主义工商业的社会主义改造》上海卷（上），中共党史出版社 1993 年版，第 14 页。

③ 任杰、梁凌：《中国政府与私人经济》，中华工商联出版社 2000 年版，第 189 页。

业。”“只此两事，天下大定”①。

国家对私人资本主义的调整政策，反映了政府对私人资本主义的利用与限制，其得出的经验一方面为中共处理与私人资本主义的关系提供了借鉴，更为重要的一面是为以后实行资本主义工商业改造这项更重大的政策奠定了基础。

第三节　利用、限制、改造：1949—1953 年的资本主义工商业政策

1951 年末 1952 年初，国民经济得到恢复和发展，国家财政情况也开始好转，但资本主义工商业在经营中暴露了不少问题，严重影响了国家经济秩序的正产发展。由此，党和国家开始对资本主义工商业的政策有了新的认识。

尽管第一次调整工商业政策实行之后，资本家的利润大大增多，但是他们中的不法分子却不满足于获得一般利润。出于资产阶级唯利是图的本性，他们采取向干部行贿等手段来牟取暴利。这种情况的严重发展，使中共中央决定在党政机关中开展一场反贪污、反浪费、反官僚主义的“三反”运动，在私营工商业者中开展一场反行贿、反偷税漏税、反偷工减料、反盗骗国家财产、反盗窃国家经济情报的“五反”运动。

在“三反”运动中，面对日益暴露和揭发出来的各种严重问题时，毛泽东严厉要求“对于一切犯法的资本家，无例外地均应抓住其小辫子，分别轻重大小，予以不同的惩治或批判。一部分罪大恶极者，没收其资产。这是人民政府在全国胜利后第一次大规模惩治资产阶级的犯法行为，这是完全必要的。请你们依据当地具体情况，精密地组织这一场斗争。”②

打击不法资本家行为并不是要立即消灭资产阶级。1952 年 3 月，毛泽东在同黄炎培谈话时指出：“进行‘五反’，这不是对资产阶级的政策的改变，目前还是搞新民主主义，不是社会主义；要削弱资产阶级，不是要消灭资产阶级；是要打它几个月，打痛了再拉，不是一直打下去，都打

---

① 《陈云文稿选编（一九四九——一九五六年）》，人民出版社 1982 年版，第 125 页。

② 《转发饶漱石关于华东各地三反斗争情况的报告的批语》，1952 年 1 月 13 日，载中共中央文献室：《建国以来重要文献选编》，第三册，中央文献出版社 1989 年版，第 40 页。

垮。"① 中央还提出"五反"最重要的是达到"群众拥护、市场繁荣、生产有望、税收增加"的结果。

根据上述政策，人民政府对私营工商业者按照"过去从宽，今后从严；多数从宽，少数从严；坦白从宽，抗拒从严；工业从宽，商业从严；普通商业从宽，投机商业从严"的原则进行处理，把他们分为守法户、基本守法户、半守法半违法户、严重违法户和完全违法户五类，区别对待，打击重点是极少数反动资本家。定案处理的结果，在"五反"运动中，全国共有99.97万户工商业者参加，约有3%属于严重违法户或完全违法户，其中大多数是退回其违法所得或罚款，受到刑事处分者1 509人，占参加运动总户数的0.15%，其中判处有期徒刑者1 470人，判无期徒刑者20人，判死刑者19人（其中死缓5人）。② 这样，既有利于清除工商业者的"五毒"，又有利于团结工商业者发展生产和营业，并开始造成政府逐渐有可能完全控制私营工商业的局面，为后来公方顺利开展资本主义工商业改造创造了有利条件。

此时，毛泽东对资本主义工商业以及资产阶级的态度有了明显的转变。1952年6月6日，他针对中央统战部为第三次全国统战工作会议起草的《关于民主党派工作的决定（草稿）》中仍把"民族资产阶级说成中间阶级"的说法，明确指出："在打到地主阶级和官僚资产阶级以后，中国内部的主要矛盾即是工人阶级与民族资产阶级的矛盾，故不应再将民族资产阶级称为中间阶级"。并且，还将《关于民主党派工作的决定（草稿）》中的中间阶级、中间阶层的提法，改为"资产阶级、城市上层小资产阶级（即雇有少数几个工人或店员的小资本家）、一部分从地主阶级分化出来带有资本主义色彩的分子以及和这些阶级、阶层相联系的知识分子"。③ 可见，此时期的毛泽东已将资产阶级和资本主义列为斗争和消灭对象了。而与此相适应的，就是在原有的对资本主义工商业的"利用、限制"政策基础上对资本主义工商业实行"社会主义改造"。

1953年5月，李维汉通过当年春天对武汉、南京、上海等私营工商业集中地带的详细调查后，向中央报送了关于《资本主义工业中的公私关系问题》的报告，6月中旬经过中央政治局两次讨论，得到了毛泽东等中央领导层的高度肯定，李维汉在该报告中谈道："对人的改造前途，我在

---

①② 何沁：《中华人民共和国史》，高等教育出版社2000年版，第50页。

③ 《对〈关于民主党派工作的决定（草稿）〉的批语》，1952年6月6日，《建国以来毛泽东文稿》，第三册，中央文献出版社1989年版，第458页。李维汉：《回忆与研究》，下册，中共党史资料出版社1986年版，第729页。

《报告》中提出要把资产阶级分子改造成为社会主义社会的公民。讨论时有同志表示怀疑，毛泽东通知肯定了我的意见，说：改造成什么呢？变农民、手工业者？不分土地，农民也当不成，前途只有改造成工人阶级的一部分。以后，根据中央讨论的精神，把对资本主义工商业的方针概括为利用、限制、改造，明确写进我向全国统战会议的报告《关于利用、限制、改造资本主义工商业的意见（草稿）》。这样，经过六月政治局两次扩大会议的讨论，作为资本主义工商业利用、限制、改造的方针，从指导思想上确定下来了。”①

1953 年 9 与 7 日，毛泽东邀请党外人士座谈，发表了《改造资本主义工商业的必经之路》的重要讲话，其讲话的基调就是“利用、限制和改造”。②

10 月 27 日，中共中央统战部部长李维汉在中华全国工商业联合会会员代表大会上的讲话中，更是详细进行了阐述：“中华人民共和国成立以来，人民政府对于私营工商业采取了利用、限制和改造的政策。第一是利用，即利用其有利于国计民生的积极作用；第二是限制，即限制其不利于国计民生的消极作用；第三是改造，即有区别地引导其逐步走上国家资本主义的轨道，以便于条件具备时最后实现社会主义的改造。”③

到 1954 年，中共对资本主义工商业的政策载入了《中华人民共和国宪法》。其第一章总纲第十条规定：国家依照法律保护资本家的生产资料所有权和其他资本所有权。国家对资本主义工商业采取利用、限制和改造的政策。国家通过国家行政机关的管理、国营经济的领导和工人群众的监督，利用资本主义工商业的有利于国计民生的积极作用，限制它们的不利于国计民生的消极作用，鼓励和指导它们转变为各种不同形式的国家资本主义经济，逐步以全民所有制代替资本家所有制。④

对资本主义工商业的“利用、限制、改造”由此正式成为中国共产党对资本主义工商业社会主义改造的总政策，同时被载入《中华人民共和国宪法》，成为新中国的最高决策。

可见，在我国的具体历史条件下，国家根据资本主义经济既有积极作

---

① 李维汉：《回忆与研究》，下册，中共党史资料出版社 1986 年版，第 743 页。

② 李维汉：《回忆与研究》，下册，中共党史资料出版社 1986 年版，第 744—755 页。

③ 《在中华全国工商业联合会会员代表大会上的讲话》，1953 年 10 月 27 日，李维汉：《统一战线问题与民族问题》，人民出版社 1981 年版，第 69 页。

④ 《中华人民共和国宪法》（一九五四年九月二十日第一届全国人民代表大会第一次会议通过，一九五四年九月二十日中华人民共和国第一届全国人民代表大会第一次会议主席团公布），载中共中央文献室：《建国以来重要文献选编》，第五册，中央文献出版社 1993 年版，第524 页。

用、又有消极作用的特点，制定了对资本主义企业实行利用、限制和改造的政策。对资本主义企业的利用，就是因为资本主义企业既然在一定时期内具有能够为人民和国家生产工业品、沟通物资交流、为国家培养企业的技术与管理人才、积累资金等积极作用，国家就有必要在这一定时期内允许它们存在，并且帮助其中有利于国计民生的部分让其有一定程度的发展。对资本主义企业的限制，就是因为“它既然具有剥削工人，盲目生产经营，进行投机活动，从而妨碍国营经济的发展并破坏国家的经济计划，以及助长城乡资本主义自发势力等消极作用，国家就有必要通过劳动保护政策、价格政策、税收政策和管理企业盈余分配的分配，同时采取控制原料、商品货源和市场，以及管理资本主义企业的开歇业和活动范围，取缔资本家的一切非法行为等办法，限制资本家阶级的剥削，限制资本主义经济的盲目生产经营和投机活动。”① 利用和限制固然可以在一定程度上使资本主义企业为社会主义建设服务，但是，如果不根本改变资本主义的生产关系，就不可能彻底克服资本主义经济与社会主义经济之间的矛盾、资本主义企业内部的矛盾以及它本身的落后性，所以，又必须逐步对它进行改造。对资本主义企业的改造，就是逐步地把生产资料的资本主义私有制改变为社会主义全民所有制，把资本主义经济改变为社会主义国营经济，这是中国共产党的努力方向。

资本主义企业的积极作用与消极作用是同时存在的。因此，党对资本主义企业的利用、限制和改造的政策是一个有机的整体：既要利用，又要限制，在利用与限制的同时，逐步对它进行社会主义改造。除了对它的经营管理逐步进行适当的改革，还必须逐步改革资本主义的生产关系，从而逐步消灭资本主义经济的固有矛盾。

党对资本主义企业的利用、限制和改造的政策，是通过国家行政机关的管理、国营经济的领导和工人群众的监督来实现的。国家行政机关运用政权的力量，通过对资本主义企业的管理，促使它接受国家的利用、限制和改造。国营经济运用物质力量，造成推动它从事正当生产或经营的条件，而且通过同资本主义企业在它的外部或者内部建立不同程度的合作，领导资本主义企业接受国家的利用、限制和改造。工人群众则在资本主义企业内部运用自己的组织力量，团结资本家进行正当的生产或经营，揭发、批评资本家的抵抗限制和改造的消极行为，监督他们老老实实地接受

---

① 上海社会科学院经济研究所：《上海资本主义工商业的社会主义改造》，上海人民出版社1980年版，第59—60页。

国家的利用、限制和改造。

在改造资本主义企业的同时，在政治上、思想上改造资本家，能够使这两方面的改造互相影响，互相促进。资本家是资本的所有者，在政治上、思想上对他们进行改造，可以减少他们对企业改造的抵抗，有利于企业的社会主义改造；反之，资本主义企业是资本家进行资本主义经济活动的阵地，是资本家阶级思想意识的经济基础，改造资本主义企业，会使资本家阶级的思想意识失去赖以存在的经济基础，推动资本家在政治上、思想上接受社会主义改造。因此，必须把企业的改造和人的改造结合起来进行。中国共产党根据资本家阶级具有两面性的特点，制定了对资本家实行团结、教育和改造的政策。党的这个政策，是正确处理人民内部工人阶级同资本家阶级在经济战线、政治战线和思想战线上的政策。

政府对资本家阶级私有生产资料的国有化，是通过赎买的政策来实现的。资本家所占有的生产资料，本来就是资本化了的剩余价值，是工人的无偿劳动所创造的，把它收归全民所有，按理不需要付出任何代价。但是，中国共产党运用了马克思列宁主义关于无产阶级在一定条件下可以对资本家阶级采取赎买政策的思想，并根据我国的具体国情决定：我国所实行的赎买不取决于资本家阶级占有生产资料的价值，而取决于对资本主义企业的利用、限制和改造的需要，取决于对资本家的团结、教育和改造的需要；赎买不是由政府专门拿出一笔钱来付给资本家，而是由工人阶级在一定时间内，是为了满足人民和国家的需要而生产的同时，也为资本家阶级生产一部分利润，作为向他们赎买的代价。赎买政策的采取，其目的仍是为了团结资本家阶级，以便在一定的时间内发挥资本主义经济有利于国计民生的积极作用，并且换取对资本主义企业与资本家的社会主义改造的顺利进行。

资本家由于资本主义思想根深蒂固，必然会有各种反抗限制和改造的行为，必然会有同社会主义相抵触的思想和行动，因此，有必要对他们进行教育，以减少他们对社会主义改造的阻力，并逐步提高他们接受改造的自觉性，直到他们的世界观得到根本改造。对资本家的教育，主要有两种方法：一是引导他们参加各种实践；二是领导他们进行各种学习。所谓实践的方法，包括资本家接受政府对资本主义企业的利用、限制和改造政策的实践，在政治运动和社会活动中的实践，在工作和劳动中的实践等。党对资本主义企业实行改造、资本家在国家干部的领导下参与企业的管理，或者以国家工作人员的身份参加企业的工作以后，他们可以在日常的业务和劳动的实践中接受社会主义的教育，这是一种更为重要的实际的教育。

所谓学习的方法，就是为资本家创造学习条件，如举行讲演会、座谈会；在适当的时候，让他们参加学习班或到政治学校进修，引导资本家相互进行批评与自我批评；在可能和必要的时候进行整风学习等。① 通过学习，使得资本家和他们的眷属逐步了解由资本主义过渡到社会主义是不可抗拒的社会历史发展规律，了解爱国主义与社会主义的关系，了解国内外形势和党的政策，了解资本家阶级接受党的领导和走社会主义道路将使他们有光明的前途。

对资本家的改造包括两方面：一方面使他们最后放弃私有的生产资料，放弃剥削，依靠自己的劳动收入生活；另一方面改造他们的思想，即改造政治立场和思想认识。资本家放弃了剥削，又经过一定时期的思想改造，如果他们的思想、言论、行动基本上符合社会主义的利益，那么他们由剥削者到劳动者的根本改造就算大体上实现了。②

而与此同时，中国共产党一项更中心的思想政策，即中国共产党在过渡时期的总路线，在经过一段时间的酝酿、讨论后，即将形成并正式面世。

第四节 “一化三改”：1953 年过渡时期总路线的提出

经过新中国成立后三年的努力奋斗，到 1952 年下半年，国家的发展形势一片向好，主要表现在，土地改革的任务即将基本完成；朝鲜战争在和谈的主要问题上与美国达成协议，不久可望结束；恢复国民经济的工作，只用了三年就实现了预计划的目标，获得了进行有计划经济建设的条件。按照“三年准备、十年计划经济建设”的构想，中共中央决定自 1953 年开始实施发展国民经济的第一个五年计划，这是实现由农业国向工业国转变的重要开端。

1953 年是至关重要的一年。而在此前后，中国社会经济面貌和现实发展的情况却带来了一些新的问题。在 1952 年，由于工商业调整以及“三反”“五反”运动的开展，中国经济内部的关系发生了一些重要变化。首先是公私经济所占比重有了根本性的变化：在全国工业（不包括手工业）

① 上海社会科学院经济研究所：《上海资本主义工商业的社会主义改造》，上海人民出版社 1980 年版，第 64 页。

② 上海社会科学院经济研究所：《上海资本主义工商业的社会主义改造》，上海人民出版社 1980 年版，第 65 页。

总产值中，国营工业从 1949 年的 34.2% 上升到了 1952 年的 52.8%（合作社营、公私合营工业占 8.2%），私营工业从 63.3% 下降到 39%。[①] 这些变化所体现出来的实质，一是表明社会主义性质的国营经济在整个国民经济中的领导地位更为强化，不仅控制着关系国计民生的重要行业和产业部门，而且在现代工业中超过私营工业占据了优势。二是私营工商业经过一系列调整，有相当一部分通过加工订货、经销代销、公私合营等多种形式被纳入国家资本主义轨道，在不同程度上由国家进行管理和监督。

而在这段时间，中国社会经济中也出现和积累了一些新的矛盾。工业的恢复与新项目建设的陆续开工，要求商品粮和其他工业原料的生产有较大幅度的增长，而土地改革后个体农民扩大再生产的能力十分有限，不能满足大规模工业化建设的需求。国家开始进行有计划的经济建设，要把有限的资源、资金和技术力量集中到重点建设上来，而此时私营资本主义经济则要求扩大自由生产和自由贸易来发展自己。这就不可避免地造成国营经济同私营资本主义经济之间的矛盾。这些问题的发展，需要党和国家采取新的方针政策来解决社会经济中的矛盾。由此，对国民经济实行系统的社会主义改造的设想和任务逐渐提上日程。

而党对此的认识是随着实践的发展而逐渐深化的。毛泽东曾在新中国成立前夕提出："我国在经济上完成民族独立，还要一二十年时间。我们要努力发展经济，由发展新民主主义经济过渡到社会主义。"[②] 当时的设想是，先经过 10—15 年的新民主主义经济建设，工业发展了，国营经济壮大了，再实行工业国有化和农业集体化。正如 1950 年 6 月毛泽东所说的："我们的国家就是这样地稳步前进，经过战争，经过新民主主义的改革，而在将来，在国家经济事业和文化事业大为兴盛了以后，在各种条件具备了以后，在全国人民考虑成熟并在大家同意了之后，就可以从容地和妥善地走进社会主义的新时期。"[③]

而经过一段时间的发展之后，社会主义因素一直在不断增长，已经远远超过私营工商业的发展，控制力日益增强，不仅在政治上，而且在经济上已居于领导地位，非社会主义因素已不断受到限制和改造。可以说，此

---

① 中共中央党史研究室：《中国共产党历史（1949—1978）》，第二卷，上册，中共党史出版社 2011 年版，第 184 页。

② 毛泽东：《在中共中央政治局会议上的报告和结论》，1948 年 9 月，《毛泽东文集》，第 5 卷，人民出版社 1996 年版，第 146 页。

③ 毛泽东：《在全国政协一届二次会议上的讲话》，1950 年 6 月 14 日、6 月 23 日，《毛泽东文集》，第 6 卷，人民出版社 1999 年版，第 80 页。

时期，我国新民主主义社会是属于社会主义体系的和逐步过渡到社会主义社会的过渡性质的社会。对此，周恩来在1953年9月举行的全国政协扩大常委会上就曾明确指出："集中地说，我国新民主主义建设时期，就是逐步向社会主义过渡的时期，也就是社会主义经济成分在国民经济比重中逐步增长的时期。"①

党中央在酝酿提出过渡时期总路线的过程中，相比农业、个体手工业较早地解决了过渡到社会主义的形式，资本主义工商业是最后一个找到过渡途径的。事实上，党内一直在探索对资本主义工商业进行改造的形式。早在1948年9月，时任中共中央政治局委员张闻天在东北局提交中央的一份报告提纲中提出，国家资本主义"是私人资本主义经济中最有利于新民主主义经济发展的一种形式"，应该"有意识地加以提倡和组织"。②1949年6月，刘少奇在《关于新中国经济的建设方针》的党内报告提纲中认为，国家资本主义经济是十分接近社会主义的经济，可在一定程度上成为国营经济的助手。③ 1950年6月，陈云在总结调整城市工商业的经验时，提出对于私营工厂通过有计划地组织"加工订货"的办法"把他们夹到社会主义"④ 的观点。1952年9月，以毛泽东为首的党中央参照当时的国情，并根据自身的判断第一次提出"从现在逐步过渡到社会主义去"的指导思想和设想。1952年10月，周恩来在会见一些资本家代表人物时谈道："将来用什么方法进入社会主义，现在还不能说得很完整，但总的来说，就是和平转变的道路。……如经过各种国家资本主义的方式，达到阶级消灭，个人愉快。"⑤ 以上这些中共领导人对资本主义工商业过渡到社会主义的形式的探讨，虽然并不详尽和清晰，但是体现了中共领导高层解决这个问题的雄心和信心。

为了更加确切掌握资本主义工商业的情况，以便进一步推进解决这个问题的途径。1953年春，时任中央统战部部长李维汉率领调查组，赴武

---

① 周恩来：《社会主义改造与国家资本主义》，1953年9月11日，《周恩来统一战线文选》，人民出版社1984年版，第255页。

② 张闻天：《关于东北经济构成及经济建设基本方针的提纲》，1948年9月15日，《张闻天选集》，人民出版社1985年版，第407页。

③ 刘少奇：《关于新中国的经济建设方针》，1949年6月，载中共中央文献研究室：《刘少奇论新中国经济建设》，中央文献出版社1993年版，第145—146页。

④ 陈云：《调整公私关系和整顿税收》，1950年6月6日，《陈云文选》第二卷，人民出版社1995年版，第93页。

⑤ 周恩来：《团结民族资产阶级，发展国民经济》，1952年10月25日，载中共中央统一战线工作部、中共中央文献研究室：《周恩来统一战线文选》，人民出版社1984年版，第238页。

汉、南京、上海等私营工商业比较集中的大城市进行实地调查研究。调查组广泛听取了当地财经、工商、税务、银行、工会等部门的情况汇报，召开了由中南局、华东局及相关省、市负责人参加的座谈会，深入考察了新中国成立后头三年私人资本主义的发展变化，总结了工业方面国家资本主义的发展经验，获得了新的比较明确的认识。

调查结束后，同年5月，李维汉向中央和毛泽东报送了《资本主义工业中的公私关系问题》的报告。报告指出：新中国成立后三年来，私人资本主义经济经历了深刻的改组和改造，国家资本主义已有相当的发展，呈现从统购、包销、加工、订货至公私合营等一系列从低级到高级的形式，在国民经济中的地位已凌驾于纯粹资本主义经济之上，仅次于国营经济，居于现代工业的第二位；指出经过各种形式的国家资本主义，不同程度地改变了资本主义企业的生产关系，其中高级形式的国家资本主义公私合营，是最有利于将私营企业过渡到社会主义去的形式；在价值分配上，其大部分已为国家和工人阶级所掌握，企业新产生的价值，首先分为工人的工资、企业的利润和国营企业利润三个部分，三分天下工人阶级有其二；而后企业利润又分为国家的税收、资本家的股息和红利、工人的奖金和福利、企业的公积金，四马分肥，工人阶级得其大半。国家资本主义企业中的工人，已经不是单纯为资本家生产，同时是为国家生产。报告在详尽分析各种形式国家资本主义的地位、作用之后，明确建议经过国家资本主义特别是公私合营这一主要环节，实现资本主义所有制的变革。指出：国家资本主义“是我们利用和限制工业资本主义的主要形式，是我们将资本主义工业逐步纳入国家计划轨道的主要形式，是我们利用资本主义工业来训练干部、并改造资产阶级分子的主要环节，也是我们同资产阶级进行统一战线工作的主要环节。抓住了这个主要形式和主要环节，在经济和政治上都有利于领导和改造资本主义和资产阶级分子的其他部分。”①

这个调查报告，在调查研究的基础上解决了如何改造资本主义企业的具体途径问题，成为过渡时期总路线内容的重要组成部分，并受到党中央、毛泽东的高度重视。1953年6月，毛泽东两次主持中央政治局会议，讨论李维汉的报告，以及中央统战部在这个报告基础上起草的《关于利用、限制和改造资本主义工商业的若干问题》的文件。经过讨论，中央政治局确定了经过国家资本主义改造资本主义工业的方针。从1949年3月中共七届二中全会提出“利用、限制”私人资本主义，到1953年6月政

---

① 李维汉：《回忆与研究》，下册，中共党史资料出版社1986年版，第741—742页。

治局会议明确为“利用、限制、改造”的政策，这是以毛泽东为首的中国共产党指导思想上的一个飞跃。从此，国家对资本主义工商业和民族资产阶级的社会主义改造道路终于明确化和具体化了。对此，毛泽东曾清晰指出：“有了三年多的经验，已经可以肯定：经过国家资本主义完成对私营工商业的社会主义改造，是较健全的方针和办法。”①

在1953年6月15日的会议上，毛泽东对过渡时期总路线和总任务第一次作了一个比较完整的阐述。即“在十年至十五年或者更多一些时间内，基本上完成国家工业化和社会主义改造。所谓的社会主义改造的部分：（一）农业；（二）手工业；（三）资本主义企业。”他还对总路线进行了定性式的总结以及对与总路线相对立的错误意见进行了明确表述。“总路线是照耀一切工作的灯塔。”对公有制经济与资本主义工商业经济要“有所不同和一视同仁，公私兼顾、劳资两利和发展生产、繁荣经济，前者管着后者。”“几点错误观点：（一）确立新民主主义的社会秩序；（二）由新民主主义走向社会主义；（三）确保私有财产。”此外，他还认为“对于将资本主义逐步过渡到社会主义的认识——社会主义成分是可以逐年增长的，资产阶级的基本部分是可教育的。”② 可见，消灭资本主义所有制的政策和目标已经提上了日程，下一步就是正式开展国家资本主义的工作了。

1954年9月，在庆祝新中国成立四周年的口号中，中共中央向全党和全国人民郑重宣布了这条总路线。12月，在毛泽东亲自修改审定的中宣部关于过渡时期总路线的学习和宣传提纲中，形成了对过渡时期总路线的完整准确表述。这条总路线是：“从中华人民共和国成立，到社会主义改造基本完成，这是一个过渡时期。党在这个过渡时期的总路线和总任务，是要在一个相当长的时期内，逐步实现国家的社会主义工业化，并逐步实现国家对农业、手工业和对资本主义工商业的社会主义改造。这条总路线是照耀我们各项工作的灯塔，各项工作离开它，就要犯右倾或‘左’倾的错误。”③

1954年9月20日，第一届全国人民代表大会，用法律的形式把过渡时期的总路线作为全国人民在过渡时期的总任务确定下来，写入了《中华

---

① 毛泽东：《改造资本主义工商业的必经之路》，1953年9月7日，《毛泽东文集》，第7卷，人民出版社1999年版，第291页。

② 《在政治局会议上的讲话提纲》，1953年6月15日，载中共中央文献研究室：《建国以来毛泽东文稿》，第四册，中央文献出版社1990年版，第251页。

③ 中共中央文献编辑委员会：《毛泽东著作选读》，下册，人民出版社1986年版，第704页。

人民共和国宪法》。① 党在过渡时期的总路线，即“一化三改”的总路线，包括两方面的基本内容。一是逐步实现社会主义公有化，这是总路线的主体；二是逐步实现对农业、手工业和资本主义工商业的社会主义改造，这是总路线的两翼。其中对资本主义工商业社会主义改造的基本路径是通过国家资本主义，而国家资本主义的最终实现形式就是“公私合营”。

毛泽东认为：“宪法中规定，一定要完成社会主义改造，实现国家的社会主义工业化。这是原则性。”“国家资本主义，是讲逐步实行。国家资本主义不是只有公私合营一种形式，而是有各种形式。一个是‘逐步’，一个是‘各种’。这就是逐步实行各种形式的国家资本主义，以达到社会主义全民所有制。社会主义全民所有制是原则，要达到这个原则就要结合灵活性。灵活性是国家资本主义，并且形式不是一种，而是‘各种’，实现不是一天，而是‘逐步’。这就灵活了。”②

总的来说，中国共产党在过渡时期总路线的提出，是根据马克思列宁主义关于从资本主义到社会主义的过渡时期理论，参照当时中国的具体国情，来确定中国从新民主主义逐步过渡到社会主义的路线、方法和步骤的。

随后，党中央向全党和全国人民进行了关于过渡时期总路线的宣传和教育工作。首先在党内迅速统一了认识，并在全国人民中取得了广泛的理解和拥护，使得党和国家的工作全面转向动员一切力量为把我国建设成为一个伟大的社会主义国家而奋斗的新阶段。

1953 年 6—8 月，党中央举行全国财经工作会议。会议听取和讨论了高岗、李富春分别作的关于经济建设计划的报告，李维汉关于利用、限制、改造资本主义工商业的意见的报告。周恩来在会上传达了 6 月 15 日毛泽东在中央政治局会议上提出的党在过渡时期总路线的内容，指出：我们在各个方面执行任务、检查工作和批判错误的时候，都必须以党的总路线为指针。毛泽东到会作了团结全党实现过渡时期总路线而奋斗的讲话。这次为期两个月的会议，是党的高级干部学习和贯彻总路线的一次动员大会。

自 1953 年底开始，在工矿企业和全国农村广泛开展了对总路线的学

① 《中华人民共和国宪法》（一九五四年九月二十日第一届全国人民代表大会第一次会议通过，一九五四年九月二十日中华人民共和国第一届全国人民代表大会第一次会议主席团公布），载中共中央文献室：《建国以来重要文献选编》，第五册，中央文献出版社 1993 年版，第 524 页。

② 《关于中华人民共和国宪法草案》，1954 年 6 月 14 日，载中共中央文献研究室：《建国以来毛泽东文稿》，第四册，中央文献出版社 1990 年版，第 502—503 页。

习和宣传活动。11 月 25 日，中华全国总工会下发《关于学习、宣传与贯彻过渡时期总路线的指示》，要求务必使每一个职工和家属懂得，只有实现国家社会主义工业化和对农业、手工业和资本主义工商业的社会主义改造，才能使中国由落后的农业国变成一个社会主义工业国，才能满足工人阶级和全体劳动人民日益增长的物质和文化需要。工人阶级对实现这一伟大艰巨的历史任务，担负着主要的责任。按照总工会的要求，私营企业中的工会组织和职工群众要积极行动起来，一方面对资本家进行教育，并协助其改善经营管理，发展有利于国计民生的生产和经营；另一方面对资本家实行监督，使他们遵守国家的政策法令。通过这两个方面的举措来引导资本主义工商业者走上国家资本主义的道路。

1953 年 12 月，中共中央批准了中央宣传部制发的《为动员一切力量把我国建设成为一个伟大的社会主义国家而斗争——关于党在过渡时期总路线的学习和宣传提纲》。按照此提纲，各级党组织将过渡时期总路线的宣传教育活动推向政府机关、国营企业、中等以上学校以及各民主党派和人民团体。许多城市多次举办报告会，向文化教育、新闻出版、科学技术、医药卫生工作者宣传总路线。各地各机构的学习活动，在推动贯彻过渡时期总路线方面取得了很好的效果。

在当时的认识条件下，这次全国范围内的大规模的学习和宣传过渡时期总路线的活动，“切实解决了由新民主主义逐步过渡到社会主义的思想转变问题，明确了中国走社会主义道路是历史的必然选择，进而把党内外的思想认识基本统一到过渡时期总路线上来，坚定了中国人民沿着社会主义道路实现国家工业化的信心。在统一思想的基础上，过渡时期总路线成为团结全党、全国人民为建设一个伟大的社会主义国家而共同奋斗的行动纲领。”①

可以说，过渡时期总路线对于资本主义工商业的社会主义改造，其内容、方向、路径是十分明确的，只有一个问题，那就是改造的时间是不甚明确的，具体表现在：一是“相当长”的时期到底是多长，其伸缩性比较大；二是“逐步实现”，到底采取什么样的方式和步骤才算是“逐步”，其回旋余地也比较大。

对于第一个时间问题，当时设想，基本完成社会主义工业化和社会主义改造，将经过相当长一个时期。具体估算，大约需要三个“五年计划”

---

① 中共中央党史研究室：《中国共产党历史（1949—1978）》，第二卷，上册，中共党史出版社 2011 年版，第 196 页。

的时间，加上经济恢复时期的三年，则为 18 年。到那时，中国就可以基本上建设成为一个伟大的社会主义国家。1953 年 9 月 7 日，毛泽东在同民主党派和工商界部分代表谈话，向他们解释党对资本主义工商业实行社会主义改造的方针、政策时明确谈到了完成社会主义改造的时间问题。毛泽东说："国家资本主义是改造资本主义工商业和逐步完成社会主义过渡的必经之路。这一点无论在共产党和民主人士方面，都还没做到，此次会议的目的，应当做到这一点。""稳步前进，不能太急。将全国私营工商业基本上（不是一切）引上国家资本主义轨道，至少需要三年至五年的时间"。"至于完成整个过渡时期，即包括基本上完成国家工业化，基本上完成对农业、对手工业和对资本主义工商业的社会主义改造，则不是三五年所能办到的，而需要几个五年计划的时间。在这个问题上既要反对遥遥无期的思想，又要反对急躁冒进的思想。"① 对此，周恩来也曾经谈到过。他说："所谓相当长的时期，究竟多少年，不可能说得那么准。毛主席说，要经过几个五年计划。过渡时期的长短，决定于是否基本上完成了国家工业化和对农业、手工业、资本主义工商业的社会主义改造。这要看我们的努力。……总结起来说，至少要三年到五年，才能基本上纳入国家资本主义轨道。这并不是完成社会主义改造，完成社会主义改造还要几个五年计划，两者不可混同。"② 可见，从当时的情形看，在面对如此一项重大的经济制度变革，在决策的时候，以及实施之前，就要确定一个清晰而明确的时间进度表，无疑是比较困难的，也是不现实的。

第五节　扩展公私合营与全行业公私合营政策

我国对资本主义工商业的改造是通过国家资本主义的途径来实现的。国家资本主义的性质和作用，是根据国家的性质而定的。在我国，国家资本主义就是社会主义国营经济同私人资本合作的经济，按照其中社会主义因素多少等情况，又可分为初级和高级两种形式。初级形式是国家对私营工商业实行委托加工、计划订货、统购包销、经销代销等；高级形式是公私合营。

---

① 毛泽东：《改造资本主义工商业的必经之路》，1953 年 9 月 7 日，《毛泽东文集》，第 6 卷，人民出版社 1999 年版，第 291 页、293 页。

② 周恩来：《过渡时期的总路线》，1953 年 9 月 8 日，载中共中央文献研究室：《建国以来重要文献选编》，第四册，中央文献出版社 1993 年版，第 349、361 页。

中国对私营资本主义工商业实行社会主义改造所采取的国家资本主义的高级形式，大体上经过扩展公私合营和全行业公私合营两个阶段。

为了有计划地推进以扩展公私合营为主要形式的对资改造，中央决定各级党委要加强统一领导，并责成中央统战部分管这项工作。1953 年 9 月 25 日，中共中央在中央财经委员会（政务院财经委员会）下成立第六办公厅，简称中财委（资），1954 年 10 月改称国务院第八办公室。中央统战部部长李维汉先后担任中财委副主任、国务院八办主任，协助周恩来、陈云同志主持工作。① 1954 年 1 月 6—16 日，中共以中财委（资）的名义，召开了全国扩展公私合营工业计划会议，会议最后形成了《中财委（资）关于一九五四年扩展公私合营工业计划会议的报告》以及《中财委（资）关于有步骤地将有十个工人以上的资本主义工业基本上改造为公私合营企业的意见》，1954 年 1 月 30 日，中财委（资）将该报告和意见上报中央，3 月 4 日，中共中央批准了该报告和意见。由此形成了扩展公私合营的具体政策。

意见对公私合营企业进行了界定："国家资本主义的高级形式——公私合营，是社会主义成分在企业内部同资本主义成分合并，并居于领导地位，因此它使生产关系发生重要变化：企业由私有变为公私共有，资本主义所有制丧失其对企业的原有支配地位；工人的地位改变了，公方和工人群众结合一起掌握企业的领导，资产阶级分子（资本家及其代理人）则处在被领导的地位，并受到经常直接的教育和改造；产品分配除较小部分利润外，脱离了资本家的掌握。"

意见还对公私合营企业中"资金和公股的来源"进行了规定："（1）国家现金投资；（2）将'五反'退补余额及私营工厂中的敌伪财产拨充公股（关于敌伪财产的处理办法，建议由政务院政法委员会研究决定）；（3）公私合营企业的上缴利润的一部分；（4）利用公私合营企业的公积金；（5）利用公私合营银行在私营工厂的股权；（6）利用投资公司吸收游客和商业转业资金，投入公私合营企业"。发展公私合营的方针，是要以国家投入的少量资金和少量干部，去充分利用原企业的资金、干部和技术来改造资本主义工业。

扩展公私合营的具体方式，主要有："（1）国家投入资金和干部于私营工厂（主要是大厂和重要厂），实行合营；（2）先经私私联营或合并，再进行公私合营；或私私合并与公私合营同时进行；（3）国营小厂与私

① 李维汉：《回忆与研究》，下册，中共党史资料出版社 1986 年版，第 749 页。

营大厂合并，实行合营；（4）公私合营大厂吸收私营小厂，实行合营；（5）公私合营厂或公私合营投资公司投资私营厂，实行合营；（6）国营大厂投资若干私营小厂，作为附属厂；（7）公私合营筹建新厂。此外，还可能有其他方式。”等等。

扩展公私合营中关于公私关系的政策问题，主要有四个方面：一是清产定股，要依据实事求是、公平合理的原则。二是对企业原有实职人员的安排使用，合营时一般要包下来，并参酌原有情况量才使用，使之各得其所。三是合营企业中的公私关系，以公方为主，同时承认私方的合法权益不可任意加以改变，对私方代表（资本家及其代理人）的地位和职权，要参酌他们的原有职位，经过协商，适当安排。四是利润分配，股息红利得占企业利润的1/4左右，私股应得部分必须分给，并听其自由支配；定值定息办法，除利润特别高的企业之外，一般不宜采用。①

扩展公私合营时期值得一提的就是《公私合营工业企业暂行条例》的颁布，为合营企业的运行以及公私合营的进一步推广提供了可依据的政策法规。

《公私合营工业企业暂行条例》共七章二十八条。内容虽然较为简略，但它对公私合营企业的性质与公私合营企业的股份、经营管理、盈余分配、董事会和股东会议、合营企业的领导关系等均做出了明确而具体的规定。

条例内容涉及中央关于“公私合营”的政策问题主要有八项：一是对资本主义企业实行公私合营，应当根据国家的需要、企业改造的可能和资本家的自愿。人民政府对扩展公私合营工业需要有计划、有步骤、有区别地进行。二是企业实行公私合营，应当包括企业原来的实有资产，不容许有任何分散资产、逃避资金的行为。三是公私合营企业受公方领导，由人民政府主管业务机关所派代表同私方代表负责经营管理。四是合营企业对于企业原有的实职人员，一般应当参酌他们原来的情况量才使用，使他们各得其所。五是原私营企业的工资制度，一般都是混乱且不合理的，公私合营以后必须在这方面逐步进行改革，逐步向相当的国营企业看齐。六是企业实行公私合营以后，必须改革旧的资本主义的经营管理制度，推行社会主义的先进的经营管理制度。七是合营企业每年的利润，在依法缴纳所

① 《中共中央批准中财委（资）〈关于一九五四年扩展公私合营工业计划会议的报告〉暨中财委（资）〈关于有步骤地将有十个工人以上的资本主义工业基本改造为公私合营企业的意见〉》，1954年3月4日，载中共中央文献研究室：《建国以来重要文献选编》，第五册，中央文献出版社1993年版，第146—163页。

得税后，就企业公积金、企业奖励金和股东股息红利三个方面，加以合理分配。股东的股息红利，加上董事、经理和厂长等人的酬劳金，可占全年盈余总额的25%。八是合营企业的董事会是公私双方协商议事的机关，应当适当发挥它的作用。①

《公私合营工业企业暂行条例》的颁行是扩展公私合营的成果，同时也推动了扩展公私合营工作的实施，引起企业生产关系在多方面发生了深刻变化：（1）企业由资本家所有变为公私共有。（2）资本家开始丧失企业经营管理权。（3）企业盈利按“四马分肥”原则分配。

扩展公私合营虽然取得了很大成就，但是也存在一些问题，一方面由于扩展公私合营时期实行公私合营的企业多为大型的重要企业，合营后的企业原料供应、产品销售皆得到有关部门的大力支持，生产任务饱满，而大量未合营的私营中小工厂生存空间严重挤压。生产经营普遍困难，部分企业停工、停薪、停伙，甚至关门、失业。② 另一方面新的公私合营企业在产权、治理结构、经营管理以及剩余分配等都存在一定的问题。

1954 年 12 月，中共中央提出统筹兼顾、归口安排、按行业改造的方针。各个行业以大带小，以先进带落后，先对中小企业进行改组、合并，然后实行公私合营。1955 年下半年，随着农业合作化高潮的到来，资本主义工商业也加快了改造的步伐。

11 月 16—24 日，根据毛泽东的建议，中共中央政治局召开了有关各省区市代表参加的对资本主义工商业改造问题的工作会议。在会上，刘少奇、周恩来、陈云相继发表了讲话。其中 11 月 16 日陈云代表中央就资本主义工商业社会主义改造的问题提出了六点意见：一是要对各行各业的生产进行全国范围的统筹安排；二是各个行业内部，必须有或大或小的改组；三是要实行全行业的公私合营，这在目前是合适的、必要的。这并不是哪个人空想出来的，是经济发展的结果；四是应该推广定息的办法，即把原来分给资本家的利润，改变为按照固定资产价值付给定额利息；五是要组织专业公司，专业公司是领导公私合营工厂和私营工厂的一个机构，应该是国家的公私；六是要全面规划，加强领导，首先要有生产规划，其次是要有社会主义改造的规划，规划应该分行业，分先后缓急，分地区，分进度，分期分批，不要一声号令，就立刻全面铺开。陈云还指出：“各地方

① 《关于〈公私合营工业企业条例〉的说明》，1954 年 9 月 2 日，李维汉：《统一战线问题与民族问题》，人民出版社 1981 年版，第 97—101 页。

② 李维汉：《回忆与研究》，下册，中共党史资料出版社 1986 年版，第 757 页。

党委和中央有关各部，应该在明年一月底做出一个对本地区本部门的资本主义工商业改造的轮廓计划，规定先改造哪几个行业，后改造哪几个行业，哪一年改造到多少，哪一年完全改造好。中央准备在明年三月，提出一个对资本主义工商业改造的初步规划。”①

在此会议举行期间，毛泽东于22日、23日、24日三次出席会议，并在24日的闭幕会上就资本主义工商业改造问题发表了讲话。毛泽东认为，在我们党内，特别是领导机关，总是思想落后于实际情况。资本主义工商业问题，几个星期以前很悲观，以为资本家是不能改进的，是不好惹的，但是经过这几天，以在座的同志而论，似乎资本家又变了一点。②

1955年11月27日，中共中央专门向各省市发出《中共中央关于各地传达讨论和学习〈中共中央七中全会关于资本主义工商业改造问题的决议（草案）〉、陈云同志的报告和毛泽东同志等中央负责同志的指示的指示》。③ 1956年2月24日，中共中央政治局对此决议草案作了个别修改并追认为正式决议。决议指出：“我们现在已经有了充分有利的条件和完全的必要把对资本主义工商业的改造工作推进到一个新的阶段，即从原来在私营企业中所实行的由国家加工订货、为国家经销代销和个别地实行公私合营的阶段，从原来主要的是国家资本主义的初级形式推进到主要是国家资本主义的高级形式。在一切重要的私营行业中实行全部或大部的公私合营。”决议还指出，“全行业公私合营，是从资本主义所有制过渡到完全的社会主义所有制的具有决定意义的重大步骤。”④

至此，可以说，资本主义工商业的全行业“公私合营”高潮的思想政策及纲领性文件已经完全准备就绪，一场声势浩大的，疾风劲雨式的公私合营高潮即将在全国范围内掀起。

1956年初，北京的资本家首先向国家提出全行业公私合营的申请，并且天天敲锣打鼓，送喜报，表决心，要求国家批准公私合营。政府只好采取一次批准、全面合营的办法，即先承认公私合营，以后再进行清产核资、生产安排、企业改组和人事调整。1月10日，北京市资本主义工商业

① 《资本主义工商业改造的新形势和新任务》，1955年11月16日，《陈云文选》，第二卷，人民出版社1995年版，第283—293页。

② 中共中央文献研究室：《毛泽东年谱（一九四九——一九七六）》，第二卷，中央文献出版社2013年版，第471页。

③ 《中国资本工商业的社会主义改造》，中央卷（下册），中共党史出版社1992年版，第978页。

④ 《中共中央关于资本主义工商业改造问题的决议》，1956年2月24日，《中国资本工商业的社会主义改造》，中央卷（下册），中共党史出版社1992年版，第1054页。

全部实现了公私合营。

1956年1月26日，即全行业公私合营高潮的当月，中共中央颁发了《中共中央对目前资本主义工商业改造应注意的问题的指示》，指出："目前私营工商业和手工业社会主义改造已经进入全国高潮，中央认为各地有必要注意下列各点：一是北京市所采取的现为全国各地仿行的办法，即，先批准公私合营，以后再做行业的生产安排、企业改组、人事安排等工作，这种办法在对公私合营工作有了相当准备的地方是可以这样做的。但这绝不是表示公私合营工作已完成，而只是合营的开始。因此，批准公私合营以后，仍然需要对各行各业妥善地进行生产和人事安排。二是对一切已经批准了公私合营的企业中，原有的制度，包括进货办法、销货办法、管理制度、会计制度、工资制度，暂时原封不动地保留下来，不要改变。"①

此后，从1956年2月到1956年10月，中共中央、国务院以及其他相关国家部门陆续下发，批转了一系列关于如何具体实施全行业公私合营的报告、政策、文件等。其中重要的政策规定诸如《国务院关于目前私营工商业和手工业的社会主义改造中若干事项的决定》（1956年2月8日）、《国务院关于私营工业实行公私合营的时候对财产清理估价几项主要问题的规定》（1956年2月8日）、《国务院转发中央工商行政管理局〈关于公私合营及私营企业一九五五年度盈余分配问题的意见〉》（1956年3月5日）、《国务院关于私营企业实行公私合营的时候对债务等问题的处理原则的指示》（1956年3月30日）、《中共中央关于公私合营及私营企业一九五五年度盈余分配的指示》（1956年4月16日）、《中共中央关于安排原私营企业实行公私合营时候的私方在职人员的指示》（1956年7月10日）、《中共中央关于公私合营企业定息办法的若干指示》（1956年7月）、《国务院关于新公私合营企业工资改革中若干问题的规定》（1956年10月12日）等。其主要内容集中在公私合营企业的财产清理估价及债务处理、盈余分配及定息问题、公私合营企业的人事安排、新公私合营企业的工资改革等方面。对此，李维汉进行了总结："在高潮到来一年间，我们进行了紧张的工作，根据中央的指示精神，制定了一系列有关的政策文件，妥善处理私股财产、定息、生产安排和人事安排等问题，有力地推进了对企业和资产阶级分子的双重改造，促进了企业生产经营的正常发展和提高。"

---

① 《中共中央对目前资本主义工商业改造应注意的问题的指示》，1956年1月26日，载中共中央文献研究室：《建国以来重要文献选编》，第八册，中央文献出版社1994年版，第88页。

这其中主要包括七个方面的工作：一是提出了“从宽从了”的方针，妥善处理合营企业的清产核资工作；二是继续贯彻赎买政策，定息五厘，高薪不动；三是根据“量才使用、适当照顾”的原则，安排在职资产阶级分子的工作；四是调整公私关系；五是普遍开展政治理论教育；六是逐步解决私方人员的福利待遇问题；七是企业原有的经营管理制度，半年不动。① 其中最重要的是第一项和第七项工作。

以上这些政策性的通知、指示和规定，构成了公私合营期间全国各地遵循的原则和办法，并成为20世纪50年代公私合营各阶段工作开展的政策依据。

综合20世纪50年代国内外社会环境，党和政府决定把公私合营作为对资本主义工商业的最终改造形式，这在当时大致存在以下几方面的原因。

1. 国内外复杂的社会环境。

新中国脱胎于半殖民地半封建社会，经济、文化极端落后；经过人民大革命，形成全国空前的大团结。新中国成立后六年经过一系列的政策，国民经济在一定程度上有所恢复和发展，并取得了一定的成效。

首先，农业社会主义改造使得工农结成联盟，孤立了资产阶级。1955年10月，中共召开扩大的七届六中全会，通过了《关于农业合作化问题的决议》，对富农经济采取了从限制到逐步消灭的政策。农业改造最伟大的成果，毛泽东曾经在阐明农业合作化同资本主义工商业改造的关系的问题时，他说：“我在三中全会说过，不要四面出击。因为那时全国大片地方没有实行土改，农民还没有完全站到我们这边来。土地改革，使我们在民主主义的基础上同农民结成了联盟，使资产阶级第一次感到了孤立。现在的农业合作化使我们在无产阶级社会主义的基础上，而不是在资产阶级民主主义的基础上，巩固了同农民的联盟。这就会使资产阶级最后地孤立起来，便于最后地消灭资本主义。”②

其次，毛泽东作为国家的最高领导人，他的个人意志对加快资本主义工商业改造起了重要的促进作用。1955年10月27日和29日，毛泽东两次约见工商界的代表人物谈话，都是勉励民族资产阶级要认清社会发展规律，掌握自己的命运，走社会主义的道路。第二次谈话结束后，毛泽东去杭州，除召集部分省委书记座谈农业发展规划外，就是主持起草《中共中央关于资本主义工商

---

① 李维汉：《回忆与思考》（下），中共党史资料出版社1986年版，第767—771页。

② 薄一波：《若干重大决策与事件的回顾》，上册，中共党史出版社2008年版，第287页。

业改造问题的决议》。[①] 此后，在毛泽东的主持下，陆续召开了中央工作会议和全国工商联执委会议，之后各地掀起了资本主义工商业改造高潮。

最后，新中国成立后六年对资本主义工商业实行利用、限制和改造政策取得了不少成果。我国对资本主义工商业的社会主义改造，从接收大城市之日就开始了，将私营企业中的战犯、汉奸、官僚股权收归国有，实行公私合营；统一财经管理、平抑物价时，为取缔投机倒把，人民银行与私营银行、钱庄开始实行联营，随后又实行公私合营，这实际上就拉开了改造资本主义工商业的序幕。接着 1950 年调整工商业，其主要措施之一就是国营企业向私营工厂加工、订货或包销、收购私营企业的产品。此措施原为帮助私营企业克服困难，但是实际上却把私营企业纳入了国家资本主义的初级形式，限制了它追求暴利、盲目发展的消极作用。陈云同志谈到加工订货时说："这是逐步消灭无政府状态的手段，通过这种办法，把他们夹到社会主义。"[②] 1952 年的"三反""五反"运动，对资产阶级唯利是图、损人利己、投机取巧的本质，作了充分地揭露。资产阶级经历"三反""五反"后，在思想上政治上取得的进步，为后来顺利推进社会主义改造提供了重要的条件。正如毛泽东在 1956 年发布的《关于资本主义工商业改造问题的决议》指出的："一九五二年的'三反''五反'的斗争，开始造成了我们国家有可能完全控制资本主义工商业的局面。"[③] 1952 年后，国营经济壮大，社会经济结构出现了重大的变化：一是私人资本主义经济在国民经济中的比重迅速下降。1949 年私营工业产值在全国工业总产值中还占 63.3%，1952 年就下降到 39%。二是初级形式的国家资本主义得到很大的发展。到 1952 年底，加工订货、统购、包销和收购产品的产值已占私营工业总产值的 56%。1953 年，党中央在提出过渡时期总路线的同时，总结了恢复时期改造资本主义工商业的经验，确认经过国家资本主义是改造资本主义工商业的必由之路。1953 年 10 月起，国家陆续对粮食、油料、棉花等主要农产品及生活必需的工业品实行了统购统销政策；对其他重要农业和副业产品也加强了收购工作，致使我国整个市场关系发生了根本性质的变化。1954 年开始部分公私合营，1955 年开始全行业公私合营。毛泽东说民族资产阶级"有半只脚踏进社会主义"，是形象化概括了新中国成立头六年改造资本主义工商业的成果和已经达到的进程。[④]

---

① 薄一波：《若干重大决策与事件的回顾》，上册，中共党史出版社 2008 年版，第 288 页。

② 《陈云文选》，第二卷，人民出版社 1984 年版，第 93 页。

③ 薄一波：《若干重大决策与事件的回顾》，上册，中共党史出版社 2008 年版，第 290 页。

④ 薄一波：《若干重大决策与事件的回顾》，上册，中共党史出版社 2008 年版，第 294 页。

国际环境主要是两方面的内容。一是世界社会主义阵营形成，中苏两党关系加强。世界反法西斯战争结束之后，苏联只用几年的时间就迅速恢复了被战争严重破坏的国民经济，国力更加强大。在东欧和亚洲，出现一系列人民民主国家。世界被压迫民族的解放运动也蓬勃兴起。苏联和各人民民主国家组成了一个可以同帝国主义抗衡的社会主义阵营。民族解放运动的发展，社会主义阵营的形成，为中国革命的最后胜利和新中国巩固和发展，提供了有利的国际环境。此外，新中国成立初期，中苏两党高层领导人互访，理解渐渐增强，而且苏共领导人做出了将大力援助中国建设的承诺。这些都为中共进行社会主义建设提供了后盾力量。

二是世界“冷战”局面开始出现，美国采取敌视新中国的政策。二战后不久，由于全球战略中的利害冲突，曾是反法西斯盟友的美苏两国，关系迅速恶化。1946 年 3 月，英国前首相丘吉尔在美国富尔敦城发表演说，攻击苏联扯起了“横贯欧亚大陆的铁幕”，号召讲英语的民族团结一致，共同对抗苏联。这个讲话吹响了战后“冷战”的前奏曲。一周后，斯大林发表谈话，指责丘吉尔的方针“是进行战争的方针”，一年后，美国总统杜鲁门在国会宣读咨文，声称美国要领导“自由世界”抵制“极权政体”国家的侵犯。这标志着美苏战时同盟关系的正式破裂和世界“冷战”局面的正式形成。这种局面对中国的影响是巨大的。

为了把中国变成美国的附庸，从抗日战争末期开始，美国就采取了“扶蒋反共”的政策。随后，出钱出枪，援助国民党大打内战。当人民解放战争即将取得全国胜利时，美国虽然决定从中国内战中脱身，但拒绝承认新中国，并力图拼凑反新中国的共同战线，以使新中国在世界上限于完全孤立的境地。中国共产党曾经考虑，如果美国断绝同国民党的关系，也可与其建立外交关系。为此，当南京解放后仍然滞留那里的美国驻华大使司徒雷登提出希望前往北平会晤中共高层领导人时，中共中央立即表示认可。但美国总统杜鲁门最终否决了司徒雷登的意见，因为杜鲁门坚持的原则是：美国在中国“不能同一个共产党政权打任何交道”，不能“表现出对共产党人的任何手软。”① 根据这样的原则，美国对新中国长期坚持执行政治上的孤立、军事上的包围、经济上封锁的政策。

因此，正是因为严峻的国际形势和国内各方面形势发展的趋势要求，需要国家集中权力，团结一切可以团结的力量，全力以赴发展经济，确保

---

① 陶文钊：《1949—1950 年美国对华政策与承认问题》，载《历史研究》1993 年第 4 期，第 127、133 页。

新政权的稳定和安全。

2. 国家对私营工商业全面控制的可行性。

为了利用、限制和改造资本主义企业，为了团结、教育和改造资本家，党和政府制定了实行国家资本主义的政策。国家资本主义是国家同资本主义经济发生这种或那种关系的一种经济，它的性质和作用是由国家的政治条件和经济条件来决定的。按照资本主义成分同社会主义成分合作的程度以及国家资本主义企业中社会主义因素的多寡，我国国家资本主义企业可以区分为初级和高级两种。

初级的国家资本主义企业，生产资料还是属于资本家所有并由他们经营管理，它同社会主义国营经济只是通过订立合同，在企业外部建立合作。在初级的国家资本主义中，国营经济通过安排它的生产经营，可以有效地利用它为国家生产工业品、沟通物资交流等积极作用。国营经济通过安排国家资本主义企业的生产或经营，同时又对它规定了适当的利润，并在一定程度上把资本主义的生产和流通纳入国家计划的轨道，这就可以有效地限制它对剩余价值的剥削和生产经营的盲目性。在初级的国家资本主义中，还可以建立不同程度的工人监督。因此，初级的国家资本主义虽然基本上还是资本主义，但它的生产关系也得到了某些初步的改造。高级的国家资本主义属于公私共有，社会主义经济成分进入了企业的内部，并且居于领导地位。在高级的国家资本主义企业中，生产经营可以直接纳入国家的计划，资本家对工人的剥削还进一步受到限制。这样，国家就能够更充分地利用它的积极作用，同时也更有效地限制它的消极作用。更重要的是，高级的国家资本主义可改造生产资料的资本主义私有制，为它的最后消灭创造有利的条件。

国家资本主义的高级形式——全行业公私合营的到来并不是偶然的，1956 年 2 月周恩来指出："这是过去六年来所进行的各项工作的综合结果"①。他的这一说法，言简意赅，总揽全局，说明了党和政府在此之前对私营资本主义工商业改造的一系列政策、措施的合理性与全面控制私营工商业的可行性，深刻揭示了对资改造高潮到来的原因。这些可行性的政策、措施主要表现在以下几个方面：

首先，新中国成立初期通过加工订货、统购包销和经销代销等方式，

---

① 马齐彬：《中国共产党执政 40 周年（1949—1989）》，中共党史出版社 1989 年版，第 109 页；彭思考：《社会历史发展的"综合结果"——1956 年我国实现对私营工商业社会主义改造的动因》，载《唯实》1991 年第 1 期。

有利于将资本主义工商业导入国家资本主义，为后来工商企业的公私合营准备了条件，在实际步骤上迈出了社会主义改造的最初一步。加工订货使得国营经济与私营经济直接联系，在推动企业发展的同时，还使得它们的生产、经营直接或间接纳入了国家计划轨道。商业方面则对私营批发商和私营零售商的货源、价格的控制，使得供、销两端都为国家掌握，实际上也使得私营资本主义商业的部分生产和经营活动纳入了国家计划的轨道。

其次，统购统销政策的实行和“五反”运动的开展，有力地推动了资本主义工商业的社会主义改造。国家对私营资本主义工商业采取加工订货、统购包销等一系列利用、限制措施的同时，逐步对粮食、棉花等主要农产品实行计划收购和计划供应。1951 年 1 月政务院颁布了《关于统购棉纱的决定》，规定“凡公私纱厂自纺部分的棉纱及自织的棉布，均由国营花纱布公司统购”①。随后，政务院又发布关于实行粮食棉布的计划收购和计划供应的命令。国家对粮、棉、油等主要农副产品的统购统销政策的实行，不仅有效地保证了人民生活和国家社会主义建设所需要的物资供应，克服了私营资本主义经营的混乱状况和囤积居奇、贱买贵卖等弊病，而且有力推动了对资本主义工商业的社会主义改造。

为打击破坏国家经济建设的私营工商业者的各种行为，1952 年 1 月，党和政府开展了一场轰轰烈烈的“五反”运动，各地对违法工商户进行定案处理，重点打击严重违法和完全违法者。同时，对不利于国计民生的私营工商业如投机商号、居间剥削行业、迷信品行业，则予以削弱或淘汰。经过这场运动，社会主义国营经济的领导地位得到了巩固和加强，为把私营资本主义工商业进一步纳入国家资本主义轨道创造了条件。

最后，部分私营工商企业的先行合营，为以后的全面公私合营提供了示范，也总结了经验。在改造的初期阶段，一些关系国计民生的重要行业的私营企业，先行实行了合营。合营后，公私合营企业的生产资料由国家和资方共同占有；生产基本上纳入国家轨道；企业的利润按所得税、企业公积金、工人福利基金和留给资方的利润等四方面分配，使资方的剥削受到了一定的限制。此外，企业中还建立了党和工会的基层组织。公私合营后的企业，产品产量增加，质量提高。成本降低，企业管理大大改进。同时，职工群众的劳动条件和生活福利也有了改善。合营前，多数企业亏损，生产难以维持，股东无利可得。合营之后，企业面目焕然一新，企业

① 彭思考：《社会历史发展的“综合结果”——1956 年我国实现对私营工商业社会主义改造的动因》，载《唯实》1991 年第 1 期。

年年有盈余，资方年年有股息红利可得。[①] 这批先期实行公私合营的企业为后来企业的社会主义改造，积累了许多经验，起到了良好的示范作用，在社会上产生了很大的吸引力。同时先行合营的大中型企业，为后来进行大规模的全行业合营准备了吸收、溶化众多小企业的骨干力量。因为这些企业的资方大多是民族资产阶级的代表人物，他们在同行中率先接受改造，走上社会主义道路，对于带动其他众多的私营工商业者的进步、促进大批中小企业实行公私合营，显然具有十分重要的意义。

3. 和平改造民族资产阶级的可能性。

经济学家瓦理斯和诺斯（Wallis and North，1986）通过发现证明：用于交易的经济资源已具有相当规模并还在继续扩大，生产成本是转型成本与交易费用的加总。[②] 因此可见，用和平以外的方式譬如武力来解决公私之间的矛盾以达到党和政府重塑社会经济结构的目的，是具备无比的阻力和很大成本的，从长远来看并不利于新政权的稳定和经济的发展，故综合来看，采取和平改造资产阶级的方法是上上之策，在经济学意义上具有异常深远的意义。

另外，民族资产阶级是工人阶级的同盟阶级，战争时为中国革命做出了很大贡献，新中国成立后为进一步巩固政权，因此必须实行和平改造的政策。新中国成立初期国民经济的现状，需要利用私营工商业有利于国计民生的积极作用，以利于国民经济的恢复和发展；而且在政治上有利于争取和稳定民族资产阶级，有利于团结各民主党派和各界爱国人士，巩固和发展统一战线，顺利实现向社会主义的过渡。

政府在对资改造之前，曾经召集过工商界人士，多次进行勉励，促使资产阶级自我反省。同时也深刻分析过和平改造的可能：一是因为在阶级力量对比上，无产阶级占绝对优势。无产阶级掌握着国家政权，还建立了强大的社会主义国营经济，又同农民结成了巩固联盟，加上私营企业工人监督的加强，工人农民两头一夹攻，促使资本家不得不接受改造。二是因为民族资产阶级这时还有两面性，既有剥削工人阶级取得利润的一面，又有拥护宪法，愿意接受社会主义改造的一面。新中国成立后经过各种斗争和教育，使大多数资本家认识到只有接受改造才有出路。三是中国共产党对民族资产阶级采取了正确的政策，政治上对资本家团结、教育、改造，

---

① 马齐彬：《中国共产党执政40周年（1949—1989）》，中共党史出版社1989年版，第109页。

② 诺斯：《制度、制度变迁与经济绩效》，格致出版社、上海三联书店、上海人民出版社2008年版，第38页。

经济上对资本主义经济利用、限制、改造，又采取逐步过渡的形式，在政治待遇、生活、工作等方面做出妥善安排，使资本家在大势所趋的形势下接受了改造。具体来说，在我国的条件下，国家资本主义企业也是实现党对资本家的团结、教育和改造政策的重要基地。因此，在我国，工人阶级团结资本家的赎买政策是同国家资本主义政策联系在一块的，赎买主要是通过各种形式的国家资本主义来实现的。同时，在初级的国家资本主义中，国营经济为它安排生产经营；在高级的国家资本主义中，政府安排资本家的工作，对失去工作能力者也加以妥善的安置。① 此外，国家对资本家的教育主要是结合企业的改造进行的。资本主义企业成为初级的国家资本主义，政府对它的消极作用的限制，对其生产关系的初步改造，工人群众在企业中对资本家的违法行为的揭露或批评，这些都有利于对资本家的思想改造。当企业转变为高级的国家资本主义以后，资本家就可以在企业的社会主义经营管理实践中接受教育。由此可见，通过国家资本主义还可以对资本家进行教育与改造。

4.《宪法》为“对资改造”奠定了法律基础。

任何一项政策的制定和制度的推行，都有相关的法律作为依据和保障。1954 年《中华人民共和国宪法》第一章总纲第四条规定：中华人民共和国依靠国家机关和社会力量，通过社会主义工业化和社会主义改造，保证逐步消灭剥削制度，建立社会主义社会。第六条：国营经济是全民所有制的社会主义经济，是国民经济中的领导力量和国家实现社会主义改造的物质基础。国家保证优先发展国营经济。第十条：国家依照法律保护资本家的生产资料所有权和其他资本所有权。国家对资本主义工商业采取利用、限制和改造的政策。国家通过国家行政机关的管理、国营经济的领导和工人群众的监督，利用资本主义工商业的有利于国计民生的积极作用，限制它们的不利于国计民生的消极作用，鼓励和指导它们转变为各种不同形式的国家资本主义经济，逐步以全民所有制代替资本家所有制。②

宪法的规定确保了对资本主义工商业改造的合法性，也体现了党和国家对资本主义工商业改造强烈的信心和决心。

综上所述，新中国成立之前，中国共产党视民族资产阶级为“同盟

---

① 上海社会科学院经济研究所：《上海资本主义工商业的社会主义改造》，上海人民出版社 1980 年版，第 69 页。

② 《中华人民共和国宪法》（一九五四年九月二十日第一届全国人民代表大会第一次会议通过，一九五四年九月二十日中华人民共和国第一届全国人民代表大会第一次会议主席团公布），载中共中央文献室：《建国以来重要文献选编》，第五册，中央文献出版社 1993 年版，第 524 页。

者”。新中国成立之初，中共对资本主义工商业的政策是“利用、限制”；1951年末1952年初，随着“三反”“五反”运动的推进，党和国家对资本主义工商业的政策扩展为“利用、限制、改造”；1953年下半年过渡时期的总路线出台，对资本主义工商业的社会主义改造提上日程并写入《中华人民共和国宪法》；1953—1956年，党和国家先是实行了“吃苹果”式的扩展公私合营政策，并颁行了《公私合营工业企业暂行条例》，为后续合营企业的运行提供了政策法规依据，后实行了“吃葡萄”式的全行业公私合营政策，并下发了一系列相关的政策、文件、报告等材料。所有这些政策性的规定、指示、通知等思想政策依据，构成了整个公私合营期间全国各地遵循的原则和办法。就这样，20世纪50年代中国私营工商业的公私合营，在全国私营工商企业与私营工商业者的参与下，迅速地在全国开展起来。

第三章 “公私合营”阶段之演进

1953 年党的过渡时期总路线公布之前，党和政府基本上是根据《共同纲领》提出的“公私兼顾，劳资两利”和在国营经济领导下“分工合作，各得其所”，对私营工商业实行“利用、限制、改造”的政策。即利用其有利于国计民生和恢复发展经济的积极作用，限制其不利于国计民生的消极作用，改造其从旧社会带来的不符合新民主主义社会要求的弊病。严格地讲，这个阶段还不能算作对资本主义工商业实行社会主义改造，只能说它为后来的对资改造准备了比较充分的条件。1953 年下半年到 1956 年为扩展公私合营阶段与全行业公私合营阶段。在这两个阶段，党和政府对私营工商业的政策是先选择行业比较集中或有代表性的企业进行公私合营的试点，即通过“公私合营”的形式，先是逐步地、有选择地、有计划地“合营”，然后在 1955 年末 1956 年初顺势而为迅速地实现了全行业“公私合营”。

因此，具体地说，从 1949 年 10 月到 1956 年，公私合营的演进过程大致经历了三个不同发展阶段。1949 年 10 月至 1953 年 9 月的个别企业公私合营阶段；1953 年 10 月到 1955 年的扩展公私合营阶段；1955 年末到 1956 年的全行业公私合营阶段。

第一节 1949—1953 年：个别工业企业的公私合营

从全国来看，新中国最早出现的公私合营企业是 1949 年末。而在上海，最早实行公私合营的工业企业大约是 1949 年 12 月底。到 1949 年末，全国大概有公私合营工业企业 193 户，职工人数 105 370 人，年工业生产总值 2. 2 亿元。[①] 见表 3 – 1。

---

① 《中国资本主义工商业的社会主义改造》，中央卷（下册），中共党史出版社 1992 年版，第 1339 页。

表 3-1　　　　1949—1953 年全国公私合营工业企业情况

项目		1949 年	1950 年	1951 年	1952 年	1953 年
实有公私合营企业	家数（户）	193	294	706	997	1 036
	职工（人）	105 370	130 890	166 330	247 760	270 110
	总产值（亿元）	2. 20	4. 14	8. 06	13. 67	20. 13
	指数 1 949 = 100	100	188. 7	367. 2	622. 5	916. 9
新增公私合营工业	家数（户）	193	111	447	322	183
	总户数（亿元）	2. 20	1. 56	2. 62	3. 01	2. 59

资料来源：《中国资本主义工商业的社会主义改造》，中央卷（下），中共党史出版社 1992 年版，第 1339 页。

到 1952 年，全国范围内的公私合营工业企业的生产总值较 1949 年增加了 5. 8 倍。从行业来看，机器工业和工场手工业中公私合营企业的生产总值已经达到了 13 万亿元，在全国工业生产总值中所占的比重达到 5. 7%。航运业中著名的民生轮船公司、中兴轮船公司等重要企业已经实现公私合营，规模较大的海运业和长江航运业中，有占 32. 73% 船舶吨位正处于筹备公私合营的过程之中。从地区范围来看，中国最大的工商业城市上海，公私合营工业占全市工业生产总值的比重，1950 年占到 1. 87%，1952 年则增加到 4. 72%。其他如武汉的公私合营工业 1952 年已占该市工业生产总值的 18. 2%，杭州也占到了 12%。此外，还有不少地区在公私合营后，企业的质量提高，成本降低，产量大幅上升。如上海的天原、天利化工厂、南洋烟草公司、民生轮船公司，湖北的华新水泥公司等。另据上海交通银行的统计，上海 17 户公私合营工业企业 1951 年实现盈余 355. 8 亿元，平均利润率高达 38. 2%。①

可见，与数量众多的私营工商企业相比，公私合营企业在全国工商企业中所占的比重显然还是很低的。这些自新中国成立以来最早实行公私合营的原因，主要原因是企业中存在相当比重的“敌伪资产”。据相关资料统计，“公私合营企业大多是没收敌伪投资的结果，如据全国各地已得材料 695 户的统计，这一项占了公股的 53%，如加上没收的反革命分子财产 9. 18%，则占了 62. 18%”。②

① 《资本主义工业中的公私关系问题》，1953 年 5 月，李维汉：《统一战线问题与民族问题》，人民出版社 1981 年版，第 46—47 页。

② 《资本主义工业中的公私关系问题》，1953 年 5 月，李维汉：《统一战线问题与民族问题》，人民出版社 1981 年版，第 48 页。

李维汉曾经回忆，“在过渡时期的头三年，通过各种形式国家资本主义的发展，社会主义经济的领导和控制力量日益增强，资本主义经济体系正在逐步受到控制和削弱；这些私营企业已经不再是纯粹私人资本主义性质，而是在人民政府管理之下的、同社会主义经济相联系的、并受工人监督的国家资本主义企业了。其中的公私合营企业在全国范围内虽还处于萌芽状态，但它是由社会主义成分直接领导、同私股代表共同经营的企业，是最有利于领导企业和资产阶级分子向社会主义过渡的形式，因此是值得我们重视”。① 总的来说，1953 年之前，国家对私营工业企业的公私合营采取的态度实际较谨慎的，其原因除了当时政治、经济的具体情况之外，更多的是党和国家还没有将战略完全转移到对资本主义工商业的社会主义改造上来，由此导致对私营企业在实行公私合营的过程中，政府对公私合营企业的权力安排、治理结构、经营管理、人事安排、盈余分配以及资金投入等一系列制度都还没有形成明确清晰的制度安排。

上海的个别企业公私合营阶段大体上从 1949 年下半年起到 1953 年 9 月止。这一阶段在上海万余户私营工商企业中，大概有数百户率先成为国家资本与私人资本共同合资、合营的企业，即“公私合营”企业与“公私合资”企业。两者的共同之处在于企业中除了私股之外，还有数量不等的公股。不同之处在于，公私合营企业中国家不仅向企业派有董事、经理等公方工作人员，同时还直接参与企业的经营管理。而公私合资企业中尽管存在公股，但是国家并不派员参与企业具体的经营管理。

就上海来说，到 1953 年 9 月中央推行扩展公私合营为止，上海的公私合营企业增加了 66 户，资本总额（旧人民币，下同）接近 6 000 亿元，其中公股约占 58.91%，职工 33 491 人，分属 22 个机关单位掌控。其中工业企业 49 户，计重工业 10 户，建筑材料工业 8 户，纺织工业 10 户，轻工业 19 户，文教事业 19 户，公用及其他事业 7 户。详见表 3 – 2。

表 3 – 2　　1953 年 9 月上海 66 家公私合营企业一览

类别	企业户数	企业名称
重工业	10	上海钢铁公司、华丰钢铁公司、精艺机器厂、天原电化厂、天利氮气厂、信义机器厂、新中工程公司、华通电机厂、安全电机厂、联合电机厂

① 李维汉：《回忆与思考》，下册，中共党史资料出版社 1986 年版，第 740 页。

续表

类别	企业户数	企业名称
建筑工业	8	扬子木材厂、天业油毛毡制造厂、荣大水泥厂、启明木业公司、振苏砖瓦公司、华东钢铁建筑厂、上海钢窗厂、大安木材厂
纺织工业	10	信和纱厂、新生纱厂、新丰印染厂、光中染织厂、元通染织厂、鼎鑫纱厂、新光内衣厂、中国丝业公司、仁余染织厂、大统织造厂
轻工业	19	中国标准铅笔厂、永星化学工业股份有限公司、工信会计用品公司、惠工缝纫机制造厂、明星家用化学制造厂、天丰造纸厂、鼎丰仪器厂、天山化学工业公司、上海科学化工厂、华孚金笔厂、九福制药厂、关勒铭金笔厂、鸿丰面粉厂、南洋兄弟烟草公司、民谊制药厂、中西大药房、中央制药厂、上海油脂二厂、科发药厂
文教事业	12	华东美术印刷厂、展望周刊社、新文艺出版社、新美术出版社、少年儿童出版社、文汇报馆、新民报馆、新闻日报馆、衡山电影院、长宁电影院、延安电影院、北京电影院
公用及其他事业	7	闸北水电公司、祥生汽车公司、上海市轮渡公司、太平保险公司、新丰保险公司、中国国货联营公司、华义贸易股份有限公司
合计	66	

说明：表中重工业、建筑工业、纺织工业、轻工业共47户，文教事业中的华东美术印刷厂应属印刷工业，公用事业中的闸北水电公司应属电力工业，故而公私合营工业企业应为49户。

资料来源：上海市工商行政管理局：《公私合营企业情况表》，1953年，上海市档案馆藏档案：B182-1-584；上海市人民政府工商行政管理局：《公私合营企业参考资料》《上海市公私合营企业报告》，1953年10月，上海市档案馆藏档案：B182-1-520。

其中，在1949年到1953年9月合营的这66户公私合营企业中，以1951年合营的数量最多，为29户，其次是1952年与1949年，分别为11户、10户。以1952年“五反”运动为界，至1953年9月，这两年总的合营企业总数为19户，远少于1951年全年的合营企业数。详见表3-3。

表3-3　1949—1953年9月上海公私合营企业增长情况一览

年份	当年合营企业（户）	累计合营企业（户）
1949	10	10
1950	6	16
1951	29	47
1952	11	58
1953	8	66

资料来源：上海市人民政府工商行政管理局：《上海市公私合营企业报告》，1953年10月，上海市档案馆藏档案：B182-1-520。

1953 年 6 月，中共上海市委对上海市公私合营和公私合资企业进行了详细而全面的调查。其中调查了合营的南洋烟草公司、天原、天利电化淡气厂、中西药房和即将合营的统益纱厂，并分别召开有关资本家、高级职员和公股干部的座谈会，征求意见，进行研究。调查的结果显示："目前合营企业的基本情况是：生产有发展，企业有盈余，私股权益未予保证；'公不公，私不私'，生产经营不正常；公股代表关得太紧而把私股放在一边；公私关系比较紧张，私股普遍表示不满和消极。造成这种现象的基本原因是合营企业的性质、地位不明确，生产经营、管理、盈余分配等问题缺乏明文统一规定，现在大半是依照有利于公股的办法解决。""国家应根据国家计划的需要，及视企业对于国计民生的关系、企业的规模、国家资金和干部的条件以及公私股权的比例和私股主要代表人的政治影响等不同情况，划分几种合营形式，分别采取不同对待办法，以便更好地进行领导。"① 调查建议对公私合营企业以及公私合资企业可以分为四类三种形式：

第一类是"凡属有关军事、国防等重要工业，私股无法独立经营或不宜由私股独立经营，而设备较好的大型厂；或由政府租赁生产或代管；以及公股占绝大多数，或占半数以上，但为唯一大股东等大企业，可归这一类。"

第二类是"凡属与国计民生关系比较密切，其产品国家需要掌握分配之企业，及公股比例较大为国家需要之企业，可由公股为主进行经营管理；……并参加货币管理。"

"以上两类企业可标称公私合营企业，是在国家直接监督经营与掌握之下，成为国家经济计划的一部分"。

第三类是"凡属与国计民生有关而将来为国家所需要的大的与比较大的工厂，可由公私共同经营管理，即由公股派人参加企业的生产经营管理；……这类企业可标称合营企业。"

第四类是"在现有合资企业中，凡属性质不很重要而公股比例不大的中、小型工厂，或性质比较重要，将来应予合营而目前国家在资金和干部方面均暂无法顾及，私股经营尚较正常的企业，可由私股按私企条例进行管理。……这类企业对外一般不称为公私合营企业。"

调查还认为合营企业的管理权要解决三个问题，即董事会的职权、分支机构的管辖及人事权。其中董事会的职权上："合营企业必须成立董事

---

① 《中共上海市委关于上海市公私合营和合资企业问题的报告》，载中共上海市委统战部等：《中国资本主义工商业的社会主义改造》，上海卷（下），中共党史出版社 1993 年版，第 203—208 页。

会，作为企业的权力机关。……董事会的职权，一般可按私企条例规定，做到公私双方董事‘有职、有权、有责’，但是董事会应受上级业务主管机关的领导。董事一般可按公私股权比例分配，董事长正副职可照合营不同方式，采取公私交叉担任的办法。董事会应定期召开，一般应采取协商办法解决问题。”分支机构的管辖上，“合营企业的总分支机构应有双重领导，即董事会的垂直领导与当地业务主管机关的领导”。人事管理权上，“公私合营企业的厂长、经理以上干部由董事会任免，报请有关主管部门备案；科长以上干部由厂长提名任免，报请董事会备案；科长以下干部由厂长任免。主管机关向合营企业增派或抽调干部，应通过董事会下达。”①

此外，调查还认为，“对合营企业的生产计划，应按国家计划的需要，由主管部门通盘考虑核定，并负责解决在供产销方面存在的问题。”“公私合营企业既要保证私人资本有利可图，又要使企业生产得到扩大，职工生活福利得到改善。”“从上海资本主义工业数量很大，其中重要的企业不少的情况来看，今后增加正式公私合营企业是必要的。对于现有合资、合营企业应早日解决上述问题，加强领导，调配干部，管好企业，做出成绩，树立榜样，以诱导私人资本，使乐于合营。……因此，目前需要根据企业对于国计民生的关系和规模、设备等情况，对于上海私营企业，进行系统的研究，以便今后按照国家经济计划的需要和资金、干部等情况，有步骤地有计划地发展国家资本主义性质的经济。”②

个别企业公私合营时期，私营工业企业实行公私合营的原因一般来说有三个方面：一是当时国家经济建设发展的实际需要而实行的公私合营；二是个别私营工业企业由于无法维持正常生产经营而致使国家对其采取公私合营；三是由于一些私营工业企业中存在较多地由各种途径而来的“公股”，而导致对这些私营工业企业采取公私合营。

公私合营工业企业中公股的来源渠道多种多样，其中最主要的通过各种途径的股权没收和国家对企业的新增投资。1953 年 10 月的《上海市公私合资企业报告》对此进行了归纳。

一是没收前政权及前政权官员的股份及资产，以此为主实行公私合营的企业为 22 户。如民谊药厂因为没收汉奸股份而由军管会进驻后解散原董监会，并在 1950 年 4 月进行公私合营。1951 年 8 月经公私协商组成清估

①② 《中共上海市委关于上海市公私合营和合资企业问题的报告》，载中共上海市委统战部等：《中国资本主义工商业的社会主义改造》，上海卷（下），中共党史出版社 1993 年版，第 203—208 页。

小组，对财产及股份进行清估。12月重估财产调整资本为13.5亿元，华东区财政部所持公股占23.17%，代管股0.03%，私股已登记者69.95%，未登记者6.4%，冻结股0.01%，怀疑股0.44%。所组成的董事会公股董事3人，私股董事8人；监事2人，其中公私股各1人；董事长为公股董事，总经理为私股董事。并规定“董事会为公司最高执行机构，决定一切市场业务及人事之任命。”①

二是政府根据需要对私营企业的投资或国家公有部门投资转为公股，以此途径为主实行合营的有43户。如华孚金笔厂1951年10月由中共华东局党产管理委员会决定，以中共华东局党产处名义投资50亿元（旧人民币），在1951年10月24日由党产处处长代表投资公股与私股代表签订公私合营协议，自1952年起实行公私合营。②

三是私营企业因积欠国营企业债务转为公股，以此为主合营的有1家。此外，还有一些“五反”期间私营企业退赃部分转化的公股亦掺杂其中。③

个别企业公私合营阶段是新中国成立之后对私营工业实行公私合营的最初阶段，虽然此时期公私合营合营企业数量不多，党和国家的领导层也还尚未将对资本主义工商业的社会主义改造提高到战略层面，因而对公私合营工业企业的制度安排还处于一种探索阶段，尚未定型的状态，主要体现在：一是公私合营企业的制度建设尚无专门法规条文可依，使得“公私合营企业的生产经营、管理、盈余分配等问题缺乏明文统一规定，因而在处理公私合营企业问题上往往感到缺乏依据”。④ 二是由于缺乏经验，合营企业的直属领导机构多且政出多门。上海公私合营企业的最高领导机构是上海市委地方工业处，但直接对应的大小上级主管部门有20余个。“有的还是双重领导，有的经常改变领导关系，而一般领导单位多系业务单位，各有一套，互不通气，虽然有关政策方针原则是由市委、市财委决定，但一般具体工作缺乏一个统一的机构领导，造成企业中你管他也管，或部分环节无人管的混乱现象”。如“九福制药厂由工业局、卫生局双重

① 《公私合营民谊药厂股份有限公司清估报告》，1951年，上海市档案馆馆藏档案：A37－1－131。

② 《公私合营华孚金笔厂第一次股东会议记录》，1952年2月27日，上海市档案馆馆藏档案：A37－1－137。

③④ 上海市人民政府工商行政管理局：《上海市公私合营企业报告》，1953年10月，上海市档案馆馆藏档案：B182－1－520。

领导。民谊制药厂属化工局与上海医药公司双重领导”。[1] 正是由于此种原因，在扩展公私合营时期，上海市委在中央的批准下组建了上海市人民政府重工业局、轻工业局、纺织工业局，以实行对公私合营企业的统一管理和领导。三是在企业治理机构上，强调了对私方及其代理人的团结和利用上。如指出董事会的形同虚设，提出“今后应把公私合营企业的董事会作为公私协商的机构”[2] 等等。

随着 1953 年过渡时期总路线的颁布，个别企业公私合营阶段即将向扩展公私合营阶段迈进，公私合营也作为国家资本主义的高级形式和对资本主义工商业社会主义改造的终结形式被提上了党和国家的战略层面。

第二节 1953—1955 年：扩展公私合营的推进

1953 年下半年至 1955 年的扩展公私合营阶段，是个别公私合营阶段的延续，同时又将公私合营推进到一个有计划的、大批量的公私合营阶段，为后来全行业公私合营的高潮到来准备了条件和积累了经验。

一、扩展公私合营的缘起

“三反”“五反”之后，以毛泽东为首的中央领导层开始思考向社会主义过渡的问题。他们认为从当时开始用 10—15 年的时间基本上完成向社会主义的过渡，而不是 10 年或者以后才开始过渡。并且还认为：“中国的资本家可能多数同意在上述条件下把他们的工厂交给国家。”[3] 但对于具体采用什么样的方式和步骤实现这一任务和目标尚无进一步的论证。

为了解决这一问题，在毛泽东及党中央的安排下，1953 年春，时任中央统战部部长李维汉率领调查组“始终以国家资本主义问题为中心”，到武汉、南京、上海等私营工业比较集中的大城市进行实地调查。其成果是“深入考察了新中国成立后头三年私人资本主义的发展变化，总结了工业方面国家资本主义的发展经验”。调查结束后，同年 5 月，李维汉向中央

---

① 上海市人民政府工商行政管理局：《上海市公私合营企业的参考资料》，1953 年 10 月，上海市档案馆藏档案：B182－1－520。

② 上海市人民政府工商行政管理局：《上海市公私合营企业报告》，1953 年 10 月，上海市档案馆藏档案：B182－1－520。

③ 中共中央文献研究室，中央档案馆：《建国以来刘少奇文稿》，第 4 册，中央文献出版社 2005 年版，第 526 页。

报送了关于《资本主义工业中的公私关系问题》的报告。报告在详尽分析各种形式国家资本主义的地位、作用之后，“明确建议经过国家资本主义特别是公私合营这一主要环节，实现资本主义所有制的变革”。这个调查报告，受到党中央和毛泽东的高度重视，6 月中旬，中央政治局召开两次扩大会议进行讨论，肯定了这个调查报告。就在 6 月 15 日的第一次讨论中，毛泽东宣布了党在过渡时期的总路线。① 到 8 月份，毛泽东关于总路线的思想已经形成完整表述。② 同年 12 月，在总路线宣传提纲的修改稿中，毛泽东最终确定了关于过渡时期总路线的完整表述。而且毛泽东还认为，过去三年多，党对私营工商业改造“做了一些工作，但忙别的去了，用力不多，现在起要多做些工作”，而且“有了三年多的经验，已经可以肯定：经过国家资本主义完成对私营工商业的社会主义改造，是较健全的方针和办法”，是“逐步完成社会主义过渡的必经之路”。③

党的过渡时期总路线公布以后，随着国家社会主义建设的积极开展和国民经济计划化的日益加强，国家对资本主义工业的改造，就不能停留在初级的国家资本主义阶段，而必须根据可能的条件有计划地在他们当中发展高级形式的国家资本主义——公私合营，以适应社会生产力发展的要求。

1954 年，在资本主义工业中有计划地扩展公私合营的条件比以前更为成熟了。因为：通过党在过渡时期总路线的广泛宣传，劳动人民的社会主义热情日益高涨，改变生产资料资本主义所有制已经成为广大群众的要求；通过对粮食、油料、棉布等重要工农业产品实行统购统销，资本主义经济力量已经进一步削弱，它的活动范围已进一步缩小；尤其是随着加工订货等初级形式的国家资本主义的广泛发展，对于接受加工订货的企业，国家行政机关的管理、国营经济的领导和工人群众的监督都有了进一步加强，企业的生产技术和经营管理也得到了一定程度的提高和改革，为这些企业进一步实行公私合营做了准备。此外，在过去几年中，不仅政府对公私合营工作已经积累了比较完整的经验，培养了一批干部，而且许多企业公私合营以后，一般都是生产增加、利润增长、劳动条件改善、技术管理

---

① 李维汉：《回忆与思考》，下册，中共党史资料出版社 1986 年版，第 741—742 页。

② 《党在过渡时期的总路线》，1953 年 8 月，载中共中央文献研究室：《建国以来毛泽东文稿》，第四册，中央文献出版社 1990 年版，第 301—302 页。

③ 毛泽东：《经过国家资本主义完成由资本主义到社会主义的改造》，1953 年 9 月 7 日，载中共中央文献研究室：《建国以来毛泽东文稿》，第四册，中央文献出版社 1990 年版，第 324—327 页。

显著改进，很快显现了公私合营企业的新面貌，公私合营企业比私营企业优越，已经越来越广泛地为人们所认识。① 不少资本家经过国民经济恢复时期社会主义改造政策的认识有了不同程度的提高，再看到公私合营企业优越性的日益显露，逐渐消除了对公私合营的顾虑和抵触，这就在一定程度上减少了在资本主义工业中扩展公私合营的阻力。

为了有计划推进对资本主义所有制的改造，随后，中央有关部门开始筹划公私合营的试点和准备工作，包括专门领导机构的设立。1953 年 6 月 14 日至 8 月 13 日，中央召开了全国财经工作会议。1953 年 11 月，中央在中央财经委员会下设立第六办公室，1954 年 10 月改为国务院第八办公室，李维汉先后担任中财委副主任、国务院八办主任，协助周恩来、陈云同志主持这方面的工作。在此前后，1953 年 10—11 月又召开了中华工商联会员代表大会。② 与此同时，为了准备在 1954 年召开的全国扩展公私合营工业计划会议，中央又向各省区市下达了及时上报 1954 年扩展公私合营计划的任务。而作为资本主义工商业最为集中的城市上海，不仅进行了相关调研工作，而且及时上报并实际启动了当时最早的一批扩展公私合营试点企业，为国内其他地区的扩展公私合营提供了经验。

二、14 家扩展公私合营企业的试点

上海扩展公私合营试点的准备工作大约开始于 1953 年 6 月。1953 年 7 月，上海市委工业生产委员会成立。最初，上海市委确立了扩展公私合营 17 家试点企业的具体计划。其中纺织行业 5 家，分别为恒大纺织厂、新裕纺织厂、统益纱厂、崇信纱厂、鼎新染织厂；轻工业 5 家，分别为正泰橡胶厂、中南橡胶厂、江南造纸厂、顺风珐琅厂、茂昌冷藏公司；重工业 7 家，分别为新安电机厂、华成电器厂、大同铁工厂、上海机器厂、中华铁工厂、中国柴油机公司、郑兴泰汽车机械制造厂。这些企业大多为在上海比较有影响的大中型企业。③

以上 17 家企业被选为试点企业的原则主要有三点：一是工厂规模较大，行业多为国家所需；二是平时工作比较有基础；三是在股权机构上，

---

① 上海社会科学院经济研究所：《上海资本主义工商业的社会主义改造》，上海人民出版社 1980 年版，第 180 页。

② 李维汉：《回忆与思考》，下册，中共党史资料出版社 1986 年版，第 749、751 页。

③ 《中共中央关于上海市年内扩大合营十七个厂的意见给华东局的复示》，1953 年 12 月 15 日，《中国资本主义工商业的社会主义改造》，中央卷（上），中共党史出版社 1992 年，第 486—487 页。

或者以没收“敌伪股权”为基础，已经具有较大的公股比例；或者是存在数额较大的对公欠款。① 此外，还有一条原则就是资本家自愿。在上海首批试点扩展公私合营企业中，存在两种情况：“一种是资本家主动要求合营，一种是我们要合营，资本家尚未提要求。如是第一种情况，我们和资本家进行谈判，首先表示同意，要他们回去准备和提供各种资料，提出合营中清估资产、人事安排等意见。等他提供资料和意见后，再加以研究，在另一种情况下，应根据不同条件，采取各种方式，经过正面或侧面启发，酝酿成熟后，再正式与之谈判。”事实上，上海首批扩展公私合营试点企业中，“不少是第二种情况，实际上是我们主动找他们合营，但通过工会等关系启发酝酿后，资方都向我作了书面请求”。②

上海市委选定的17家试点企业确定后，随即上报华东局和中央。最终中央审定认为中国柴油机公司、郑兴泰汽车机械制造厂、中华铁工厂三家企业目前“不宜考虑合营”和“暂缓合营”，因此，上海经中央批准最早实行扩展公私合营的试点企业就正式确定为14家，其中纺织工业5家，轻工业5家，重工业4家，在当时的文件中被正式称为“十四个扩展公私合营试点厂”。据资料显示，这14家试点企业共有职工15 269名，年工资总额1 563亿元，年生产总值18 003亿元，分别占全市私营大型工业企业职工总人数、工资总额、年生产总产值的3.86%、4.17%和3.87%。③

扩展公私合营试点工作的具体过程和步骤基本上分为两个阶段，第一阶段是从酝酿合营到宣布合营；第二阶段是合营后清产核资定股，订立合营企业章程。整个试点工作第一阶段工作到1954年2月结束，第二阶段工作到1954年9月基本结束。

合营第一阶段的主要工作：一是由主管部门确定拟合营企业的名单，并得到领导部门批准；二是由拟合营企业资方提出合营申请；三是有关部门派出合营工作组进驻合营企业，指导合营筹备工作；四是在企业中组建公私合营筹备委员会或工作小组，发动群众，了解情况，收集材料，进行合营准备；五是公私协商，确定合营方案，签署合营协议书，并报请领导

---

① 中共上海市委私营工业部：《对今年四十个新合营厂试点工作中若干政策性问题的初步意见》，1953年12月28日，上海市档案馆藏档案：A36－1－11。

② 中共上海市委私营工业部办公室：《对做好公私合营工作的意见（草稿）》，1954年5月3日，上海市档案馆藏档案：A36－1－12。

③ 《一九五四年度上海市扩展合营企业概况表》，1954年，上海市档案馆藏档案：B182－1－520。

部门批准；六是召开合营大会，正式宣布实行“公私合营”。①

合营第一阶段的主要工作一方面是公方、私方通过反复的“协商谈判”，达成合营协议，并在此基础上召开合营大会，宣布公私合营。到1954年2月，14家试点企业除了茂昌冷藏公司因涉及国外资产进展缓慢外，其余13家厂经过“了解企业情况，贯彻总路线教育，以搞好生产为中心深入广泛地发动群众，与资本家进行协商取得合营中重大问题的协议，以及召开合营大会等步骤”，都先后宣布公私合营。② 以下为1954年2月2日签订的鼎新染织厂合营协议书。

中央纺织工业部华东纺织管理局、鼎新染织厂股份有限公司合营协议书③

（1954年2月2日）

中央人民政府纺织工业部华东纺织管理局接受鼎新染织厂股份有限公司为响应国家总路线总任务号召，改变企业生产关系，发挥生产潜在力量，申请公私合营。业已批准。兹经公私双方代表协议如下：

1. 公私合营自公元1954年2月2日起，定名为“公私合营鼎新染织厂股份有限公司。”所属一、二两厂定名为“公私合营鼎新染织厂第一厂”和“公私合营鼎新染织厂第二厂”。

2. 以原公司股份中之公股及代管股之股权，一并作为公股计算。并依据1950年重估财产经中央工商行政管理局核定数字，根据实际变动之资产负债应作之调整为合营清资清股之标准。其详细计算办法，另行协商订定之。

3. 在合营筹备期间组织筹备委员会。主管协商有关合营一切事宜及进行清资清股工作。其组织成员由公股派代表3人，私股派代表4人，及一、二两厂工会各派代表2人，合计11人共同组织之。设主任委员1人，由公股代表担任之，副主任委员1人，由私股代表担任

① 《十四个扩展公私合营试点工作初步总结（草稿）》，1954年，上海市档案馆藏档案：A36-1-11。

② 中财委（资）转发上海市委《关于扩展十四个公私合营工厂试点工作的总结》，1954年5月，载《中国资本主义工商业的社会主义改造》，中央卷（上），中共党史出版社1992年版，第622页。

③ 《中央纺织工业部华东纺织管理局、鼎新染织厂股份有限公司合营协议书》，1954年2月2日，载中共上海市委统战部等：《中国资本主义工商业的社会主义改造》，上海卷（上），中共党史出版社1993年，第274—275页。

之。俟清资清股工作结束，新董事会成立后，即予撤销。

4. 公布合营后，根据政府法令，召开股东大会，产生新董事、监察人。成立董事会，董事长由公股担任，副董事长由私股担任。在新董事会未建立前，原董事会仍可听取筹备委员会之报告并提供意见。

5. 自协议书签订后，公布合营之日起，由华东纺织管理局领导。总管理处秉承华东纺织管理局指示，负责行政管理事宜。

6. 合营后，总管理处设总经理1人，副总经理2人。一、二两厂各设立工厂管理委员会。一厂设厂长1人，副厂长1人，二厂设厂长1人，副厂长2人。以上人选，经公司董事会协商，报请华东纺织管理局核派之。

7. 合营后，原有实职人员，由合营公司任用之。一般待遇不变。

8. 本协议书经公私股代表签字后，即行生效。

9. 本协议书由华东纺织管理局抄送上海市人民政府工商行政管理局备案。

10. 本协议书正本一式二份，由华东纺织管理局，鼎新染织厂股份有限公司，各执一份。副本××份送有关机关。

中央人民政府纺织工业部华东纺织管理局

代表　鲁　铭

代表　王可复

代表　杨　勇

鼎新染织厂股份有限公司

代表　孙照明

代表　孙备明

代表　胡养吾

代表　闵祥麟

代表　高蔼周

合营第二阶段的主要工作另一方面是资方的人事安排问题。在14家试点企业经理、厂长的安排中，出于公股代表数量有限，以及工厂实际经营管理上的考虑，由私股代表担任总经理以及厂长等正职的比例明显要高许多。“十四个厂原有厂长、经理、董事长七十七个人中职务原封未动者四十三人，调动者绝大部分系为经理、厂长之间的调整，实际撤下来的只有三人，其中一个是管制分子，一个是流氓……十四个厂中我们仅在五个厂派了正厂长，其他皆担任副厂长，大部分的正厂长职务还是由资本家担任的（资本家的薪水等也一般不变）。”① 可见，在扩展公私合营的试点阶段，在企业高管层的安排上，除了企业法定代表人的董事长多由公股代表担任之外，经营管理层面的经理、厂长，甚至正职的厂长、经理，私方人员还是占了很大比例。尽管如此，但不容忽视的是，合营企业高管层的任命已经完全脱离了企业股东会、董事会的职权范围，而是由中共上海市委领导下的政府主管部门完成，这从上文的《中央纺织工业部华东纺织管理局、鼎新染织厂股份有限公司合营协议书》第6条可见一斑。

合营第二阶段的主要工作是清产、核资、定股和拟定公私合营章程。市政府在1954年3月初选定统益纱厂、江南造纸厂、新安电机厂三家企业进行先行试点。

清产核资定股的工作步骤是首先成立工作机制和制定方案，工作机构多称之为“清产工作组”或“清产清估委员会”，成员一般由公司股份代表和企业党政工团成员等组成，下设清点组、估价组、统计（综）组，分别负责资产清点、资料统计以及资产估值三方面的工作。

清产核资开始之前先制定《资产清估方案》，须由政府主管部门批准后方可具体执行。“清产”即核点实物。实物核点之后就是对实物的估值，也就是“核资”。估值方面存在的问题有三：一是以什么为估值的基准价格？二是如何计算实物的折旧与残值；三是实物中的呆滞物品如何计算价值？三家典型厂的试验经验是“在清产、核资、定股工作中，清点工作较易进行，公积金处理原则肯定后定股问题亦较简单，中心问题是核资问题，而核资问题中又以估算超龄机器使用价值与评议价格问题最为复杂。”② 根据三家厂的经验总结得出由此可以进行推广的经验是：“一般可以按1950年重估时核定数字为基础，根据资产折旧实际变动情况，对过高过低，重复遗漏，不合理部分作适当调整。”这就是后来推广实行的“重点估价”办法。③

清产核资之后的“定股”涉及很多具体的政策性问题，14家试点企业在这方面也进行了一些尝试，并取得了可以推而广之的经验。这些经验

---

① 中财委（资）转发上海市委《关于扩展十四个公私合营工厂试点工作的总结》，1954年5月，《中国资本主义工商业的社会主义改造》，中央卷（上），中共党史出版社1992年版，第623页。

② 《十四个扩展公私合营试点工作初步总结（草稿）》，1954年，上海市档案馆藏档案：A36-1-11。

③ 中共上海市委工业生产委员会：《下半年公私合营企业清产定股工作的初步意见（初稿）》，1954年8月14日，上海市档案馆藏档案：A38-2-22。

主要包括股权处理、公私股比例、对私营企业资产的计算、负债处理、股东垫款处理、分息分红问题、公积金处理等的处理。试点企业的基本做法和经验是这样的：一是股权处理问题上，职工股原则上暂不处理，资本家要收回者，亦不反对；外侨股现在维持原状，将来由政府查收处理；代管股可作公股计算，但仍用代管股名义，由国家代管；对寄居国外资本家股权处理问题，如工厂主要资本家在国外者，在合营时应通过其资方代理人或董事会，写信给本人，征得其同意。如在国外之资本家已将其在沪企业投资全部抽走而有实据者，则留沪股东可代表该厂做出决定，呈报工商局查核后，再与之进行合营。二是对私营企业资产的计算问题上，企业对外投资，确为有效资产或呆账性质的，可作为私股资本，实际上已不存在的，应剔除；递延资产应视现在实际存在价值，折实计算；无形资产一般不予计算；关于职工借款，对过去的职工借款，一般允许资方作为资本，但如属当时应发职工费用（如工资、奖金、福利等），而以借款名义暂支者，应予销账，从资本中剔除之；对预收定金或应付未付之金额，应作为企业负债，从资本中剔除之；对合营前未完成生产任务的盈亏计问题在合营结账时，在制品以售价按其完成程度估值，并依照该厂通常废品率拆除废品部分的估值；以职工集体福利基金建筑或购置的设备，一般应属工会所有，不作资方财产。关于分息分红，无盈余者不分；有盈余者，一般讲应按私企条例先弥补亏损，“对大部分股东要求分息分红的厂，可酌予照顾，允其发一部分股息红利”；“分息分红应以不影响生产与资金流转为原则”；关于负债处理，“原则上推动资方自己解决”，办法有争取投资，由资方自己偿还或者冲抵私股资产。关于股东垫款，一般的进行说服动员争取转为投资；对不愿投资而资金情况又不允许抽回者，仍算垫款挂账，但在资本额中应减除之；个别厂如资金许可，可允许其抽回一部分。①

对企业公积金的处理是定股阶段最重要的工作之一。这是因为“上海一般私营厂的公积金占全部资产1/3到1/2左右，比重甚大，个别企业公私合营时期有的全部保留作为合营企业公积，有的合营后重新留一部分公积，有的搁置起来至今未作处理”，因此，“对此问题之处理得当与否，对资方之实际利益与今后企业发展影响较大”。对公积金的处理主要有三种意见：一是全部转为私股资本；二是仍作为合营后企业的公积金；三是部分转为私股资本，部分作为合营企业公积金。最终的做法是都依照中央批

① 中共上海市委私营工业部：《对今年十四个新合营厂试点工作中若干政策性问题的初步意见》，1953年12月28日，上海市档案馆藏档案：A36－1－11。

准的《中财委（资）关于扩展公私合营工作中若干政策问题的情况和意见》中对企业原有公积金的处理建议进行，即“将企业原有的公积金列作私股，但可根据企业原来的职工集体福利设施情况，经公私协商同意，从公积金中提出适当部分作为企业的集体福利基金”。①

另外，对呆滞材料和呆滞资产的处理也是定股的重要内容，其处理也有三种意见：一是如合营后原企业公积金全部转为私股资本，对呆滞材料与呆滞资产可不列入资本，作为公积。在处理中可参照国营企业清资核产中对呆滞材料与呆滞资产之规定；二是如果企业合营时仍适当留一部分公积，对呆滞材料与呆滞资产的处理，可据实折价列入资本，不作公积；三是呆滞资产既不作公积，亦不作为资本，作为私股资本准备。并且指出，“上述三种处理办法，也可同时并用”，并且特别指出，对其处理“必须慎重，应结合各业各厂的具体情况与资方充分进行协商，分别处理”。②

定股中的公股确定，在第一阶段协商合营时先按照账面计算；到清产定股阶段则根据清估后的资产及资本科目，按比例调整。调整后的公股最终主要由四部分构成：一是企业原有的公股；二是合营前企业的各种对公欠款转化而成的公股，其中最主要的是“五反”欠款以及其他未交罚款等；三是各种计入公股的代管股；四是少数企业合营后国家新投资形成的增股。所有这些构成了公私合营企业的公股。“公私协商之公私股比例达成协议后，送交上级机关批准，正式定股。”③

定股完成之后，公私合营最后一项工作就是订立企业的公私合营章程。章程大体上都具有基本相同的格式，其内容包括了一般公司章程的主要章节，如“总则”“股份”“董事会和股东会议”“盈余分配”以及“附则”等。但在“经营管理”章节，则明确规定了公股的领导地位，从法规层面确保了公私合营企业在国家公股的领导地位。同时，还增加了公私双方的协商，工人代表参加民主管理等内容，这些都是私有产权下的公司章程所不曾有的。企业章程订立之后，最后还必须报送主管部门批复同意。④

---

① 《中财委（资）关于扩展公私合营工作中若干政策问题的情况和意见》，1954 年 7 月，《中国资本主义工商业的社会主义改造》，中央卷（下），中共党史出版社 1992 年版，第 657 页。

② 中共上海市委私营工业部：《对今年十四个新合营厂试点工作中若干政策性问题的初步意见》，1953 年 12 月 28 日，上海市档案馆藏档案：A36－1－11。

③ 中共上海市委工业生产委员会：《下半年公私合营企业清产定股工作的初步意见（初稿）》，1954 年 8 月 14 日，上海市档案馆藏档案：A38－2－22。

④ 参见上海市人民政府纺织工业管理局：《公私合营广勤纺织股份有限公司章程》，1955 年 8 月，上海市档案馆藏档案：Q199－13－204。

到1954年9月，14家公私合营试点企业的公私合营工作前后历经10多个月后基本宣告结束。公私合营后的14家企业登记资本4 043.38亿元，其中公股1 667.49亿元，占登记资本的41.24%；私股2 375.89亿元，占登记资本的58.76%。其中有5家公股所占比重占到登记资本51%以上，5家占到41%以上。①

三、1954—1955年扩展公私合营

1954年1月6—16日，政务院财政经济委员会召开了扩展公私合营工业计划会议，此为1954年扩展公私合营的开端。会议确定了这一年在工业中实施扩展公私合营的工作方针是："巩固阵地，重点扩展，做出榜样，加强准备"，即在巩固原有公私合营工厂的基础上，首先将一些规模较大、产品同国计民生关系密切的工厂实行公私合营，为以后进一步扩展公私合营的工作树立更多的榜样；在扩展公私合营的工作中，必须事先作好周密的计划，做好细致的准备工作。会议最后形成了《关于一九五四年扩展公私合营工业计划会议的报告》以及《关于有步骤地将十个工人以上的资本主义工业基本上改造为公私合营企业的意见》。3月4日，中共中央批准了上述意见和报告。② 这两个文件成为1954年扩展公私合营工作的指导性文件。

为了加强对口领导，顺利推行扩展公私合营工作，中共上海市委以及上海市人民委员会在1954年先后设立了一些相关组织机构。1954年2月27日，成立了"上海市人民政府工业生产委员会"，同时还设立了"上海市人民政府重工业管理局""上海市人民政府轻工业管理局""上海市人民政府纺织工业管理局""上海市人民政府地方工业局"，③ 等等。在此之前，即1953年12月，上海市委就向华东局并中央呈送了《中共上海市委关于上海市私营工业进行社会主义改造工作的初步意见》，其中上海市委计划在1954年、1955年两年内，对上海29 836户私营工业中"轻工业、

---

① 中共上海市委私营工业部：《对做好公私合营工作的意见（第二稿）》，1954年3月5日，上海市档案馆藏档案：A36-1-12。

② 《中共中央批准中财委（资）〈关于一九五四年扩展公私合营工业计划会议的报告〉暨中财委（资）〈关于有步骤地将十个工人以上的资本主义工业基本上改造为公私合营企业的意见〉》，载中共中央文献研究室：《建国以来重要文献选编》，第五册，中央文献出版社1993年版，第146—162页。

③ 上海市人民政府：《通知》(54) 沪府秘字第七六五号，1954年2月25日，上海市人民在政府：《通知》沪人办（54）字第〇五七二号，1954年3月24日，上海市档案馆藏档案：A38-2-10。

纺织业100人以上大厂，重工业及名牌货50人以上厂共616个分批地进行合营。然后再以两年时间，以国营、合营厂为核心，继续通过产销联营、生产联营、专业公司、合营、合并等各种形式，将全市5 700余大型工厂进行整顿，全部变为高级形式的国家资本主义。这就是说在1957年之前，在国家第一个五年计划期间内，上海私营大型工业将基本上完成社会主义改造第一步的任务”。①

在此计划下，1954年的扩展公私合营在上海市委直接领导下，由市委私营工业部分工负责，除了1953年已开展的扩展公私合营试点的14家工厂继续进行典型试验外，计划再分三批进行，分别称之为第一批、第二批和第三批。详见表3－4。

表3－4　　1954年计划合营厂分批情况

次序	厂数	职工数	党员数	团员数	登记资本金额	估计资产金额	1952年账面净值	1953年总产值	“五反”退款	需投资数
第一批	44	19 834	1 065	1 927	6 964.53	17 281.94	12 366.51	19 341.40	1 442.18	842.18
第二批	74	31 079	1 258	3 256	6 946.21	18 195.38	11 914.68	43 851.33	1 702.80	816
第三批	73	40 990	1 963	4 394	9 803.66	27 528.77	17 553.36	44 198.46	1 819.35	725.60
总计	191	91 903	4 286	9 577	23 714.40	63 006.09	41 834.55	107 391.19	4 964.33	2 383.78

资料来源：《上海市工业生产委员会关于派员试点工作及对私营工业进行社会主义改造工作的报告、意见（提纲、草稿）》，1954年，上海市档案馆藏档案：A38－2－107。

1954年2月底，上海第一批43家扩展公私合营工业企业名单公布，并正式启动公私合营进程，在后来的公私合营进行过程中，又先后增至44家、46家。② 公私合营企业入选标准跟1953年的14家试点公私合营企业的标准类似，仍旧是国家建设所需且企业规模较大，有一定工作基础，企业私方具有一定代表性，公股及代管股占一定比重。

依据国家关于公私合营的基本原则以及14家试点企业的经验，1954年第一批扩展公私合营企业也是以私方“自愿”合营为原则。

1954年扩展公私合营全面开展之后的实施步骤与1953年开始的14家

---

① 《中共上海市委关于上海市私营工业进行社会主义改造工作的初步意见》，1953年12月31日，载中共上海市委统战部等：《中国资本主义工商业的社会主义改造》，上海卷（上），中共党史出版社1993年版，第264页。

② 中共上海市委工业生产工作委员会：《一九五四年上半年公私合营工作基本总结与下半年公私合营工作进行步骤（修正稿）》，1954年9月，上海市档案馆藏档案：A38－2－22。

试点企业大致相同：一是主管部门确定拟合营企业名单，并得到领导部门批准；二是拟合营企业资方提出合营申请，并得到政府有关部门批准；三是有关部门派出合营工作组进驻合营企业；四是组建合营工作小组，发动群众，了解情况，收集材料，进行合营前的准备工作；五是公私协商，确定合营方案与合营协议书，并报请领导部门批准；六是召开公私合营大会，正式宣布“公私合营”；七是清产核资定股，拟定合营章程，全面实现企业从私营到公私合营的转化。① 其中合营大会至关重要，它一来是企业正式宣布实现公私合营的标志，二来又表示公私合营中心工作的“清产核资定股”的开始起步。

合营时最实质性的内容是公私双方协商谈判以及签订合营协议书。协商谈判的重要问题主要有三个：一是人事安排，主要是董事长、总经理或经理、厂长的人选；二是公私股比重及债权、债务的处理，包括“五反”欠款转公股、股东垫款处理、合营后国家追加投资等；三是如何分息、分红。它们与合营结束工作中的清产核资定股一起，成为公私合营后企业制度变革的主体内容。

下面是上海市人民政府纺织工业管理局与私营荣丰纺织厂股份有限公司签订的公私合营协议书。其协议书全文如下：

上海市人民政府纺织工业管理局　私营荣丰纺织厂股份有限公司合营协议书②

上海市人民政府纺织工业管理局（以下简称市纺管局）对于私营荣丰纺织印染厂股份有限公司（以下简称公司）以为生产关系，发挥企业潜在力量，来贯彻国家在过渡时期的总路线任务，要求将公司改为公私合营之申请，业已批准。兹经双方代表协议如下：

一、公私合营，自公元 1954 年 7 月 1 日开始，定名为“公私合营荣丰纺织印染厂股份有限公司”制造厂为“公私合营荣丰纺织印染厂”，附设机器为“公私合营荣丰机器厂”。

二、以公私股份中原有之公股、代管股，及政府投资人民币 96 亿 7 989 万 5 600 元，一并作为公股。私股以企业全部财产合营，公

① 《上海纺织工业五个试点厂的总结（草稿）》，1954 年 2 月 20 日，上海市档案馆藏档案：A36－1－11。

② 《1954 年私营荣丰纺织厂股份有限公司公私合营协议书》，1954 年，上海市档案馆藏档案：A38－2－270。

私比例，于清产核资后确定之。清产核资工作，参照1950年重估财产经上海市私营企业财产重估评审委员会核定数字，结合目前实际情况及变动情形，在公平合理的原则下，由公私双方代表及工会代表组成清产核资委员会具体协商。清产核资委员会俟新董事会成立后撤销之。

三、公私合营后，根据政府法令，召开股东大会，成立新董事会。董事会为协商机构，董事长由私股担任。在新董事会未成立前，原董事会仍可听取清产核资委员会之报告，并可提供意见。

四、公私合营后，设总经理一人，副总经理一人，副经理一人，厂设厂长一人，副厂长一人，附设机器厂设厂长一人，副厂长二人，以上人选，经公私双方协商，报请市纺管局核派之。

五、公私合营后，公司在市纺管局领导下，秉承市纺管局之请示，负责厂的行政管理事宜。

六、合营后，原有实职人员，由合营公司任用之，一般待遇不变。

七、本协议书自签订日起生效，如有未尽事宜，悉依政府法令办理之，俟合营章程订立，经主管机关批准后，本协议书生效。

八、本协议书一式三份：市纺管局与公司各执一份，由公司呈送上海市人民政府工商行政管理局备案一份，副本若干份，分送各有关机关。

一九五四年六月二十六日

公股代表：马义生　高栋林　王凤吾

私股代表：章荣初　韩志明　洪佐尧

1954年扩展公私合营工作最核心的工作，其主要内容一是清产核资定股；二为订立公私合营章程。

上海工业企业扩展公私合营的清产定股工作，其基本原则是“贯彻实事求是公平合理的精神，应按合营时企业实有财产的现值进行计算……一般可以按1950年重估时核定数字为基础，根据资产折旧实际变动情况，对过高过低、重复遗漏、不合理部分作适当调整。”清产定股的领导“应在公方领导，私方负责，职工参加，公私协商，上级批准的原则下进行。在具体的组织领导方面，各厂在公私合营筹备委员会下成立清产定股小组，具体进行工作。为了广泛地吸收资本家代表人物的意见，切实贯彻公平合理的原则，并使我们在处理这一工作中掌握主动，我们已分别行业以市轻、重、纺三个工业管理局的主管部门为主，吸收产业工会及工商联、同业公会代表参加，成立小组，作为研究和审查各公私合营厂清产定股工作的公开机构。各厂清产定股结果，应经行业小组讨论研究后，报请管理局核准决定。”并且“对下半年合营的106户，要求边合营、边清产定股。”具体而言，实行了三种做法，第一种，在合营筹备时期一面发动群众搞好生产迎接合营，一面完成清产定股工作；第二种，合营筹备时期做好发动群众清点工作，合营后再进行估价、协商确定股份比例；第三种是在宣布合营前做好清产定股的一切准备工作，待合营后进行清点估价和定股。这三种做法可以依据不同情况进行。①

清产定股工作在一个厂的具体做法，大致可以分为三步：第一步准备；第二步发动群众全面清点；第三步公私协商确定公私股比例。

清产核资定股的最后一项工作是定股。“定股时应充分与资本家协商，资本额及公私股比例达成协议后，应送交市各工业管理局批准始为正式定股”。② 以下为1954年11月1日合营的大明誊写用品制造厂公私股权比例：

大明誊写用品制造厂公私股权比例③

合营日期：1954年11月1日

公股资本金额：1 209 407 857元　41.23%

其他股资本金额：9 667 953元　0.33%

私股资本金额：1 714 514 746元　58.44%

共计金额：2 933 590 556元　100%

（一）公股来源：原有公股209 407 857元

国家投资：1954年11月29日　1 000 000 000元

共计：1 209 407 857元

（二）旧企业待处理资产处理后应按旧企业下列原有公私比例分配：

原有公股：10.83%

---

① 《中共上海市委对市委工业生产委员会关于扩展合营企业清产定股工作试点情况与今后意见的报告的批复》，1954年9月16日，载中共上海市委统战部等：《中国资本主义工商业的社会主义改造》，上海卷（上），中共党史出版社1993年版，第350—352页。

② 《中共上海市委对市委工业生产委员会关于扩展合营企业清产定股工作试点情况与今后意见的报告的批复》，1954年9月16日，载中共上海市委统战部等：《中国资本主义工商业的社会主义改造》，上海卷（上），中共党史出版社1993年版，第353页。

③ 《上海大明誊写用品制造厂公私股权比例》，1954年11月1日，上海市档案馆藏档案：B163－1－424。

其他股：0.50%

私股：88.67%

与公私合营协议书的签订主体是公私双方不同，合营章程订立主体是合营企业本身，从理论上说“合营章程”是企业的根本大法，故而要经过企业内部各方多次、反复磋商讨论后方能最后确定，此后必须上报政府主管局审核批准。因此，公私合营章程的制定相比公私合营协议书的签订似乎要困难一点。直到1954年12月，大部分当年实行扩展公私合营的企业还没有正式将其提上议事日程。为此，上海市相关部门还专门召开会议，督促一定要在1955年1月完成所有扩展公私合营章程的订立。1954年年底，《公私合营信谊化学制药厂股份有限公司章程（草案）》出台，《章程》主要分总则、股份、经营管理、盈余分配、董事会与股东会五个方面进行了规定。具体内容如下：

公私合营信谊化学制药厂股份有限公司章程（草案）①

第一章　总　　则

第1条：本公司由上海市人民政府核准为公私合营企业，由上海市人民政府轻工业管理局领导。

第2条：本公司实名为公私合营信谊化学制药股份有限公司。

第3条：本公司以制售国产新药、药典制剂、成药及药用原料、工业原料日用品等为营业范围。

第4条：本公司应遵照国家计划，逐步完成社会主义改造。

第二章　股　　份

第5条：本公司资本总额实为人民币______亿元，分为______亿股，每股人民币10元。

第6条：本公司股票概用记名式，盖用本公司图（章）以后给之。

第7条：股东将姓名、籍贯、住址报明本公司，填入股东名簿。

第三章　经营管理

第8条：本公司由上海市人民政府轻工业管理局委派代表同私方

① 《公私合营信谊化学制药厂股份有限公司章程（草案）》，1954年，上海市档案馆藏档案：B163-1-378。

代表负责经营管理，公方居于领导地位，私方应接受公方领导。

第9条：本公司采取工厂管理委员会的形式，实行工人代表参加管理制度。

第10条：本公司设总经理、副总经理、经理、副经理各一人，其行政职务由上海市人民政府轻工业管理局同私方代表协商决定，并加以任用。

第11条：本公司对工资制度，福利设施，参酌本公司具体情况与国营企业有关规定，逐步改进，逐步地向相当的国营企业看齐。

第12条：本公司在生产、经营、财务、劳动、基本建设、安全卫生方面，均遵照人民政府有关主管机关之规定执行。

第13条：本公司有关公私间事项，公私双方协商办理，遇有重大问题不能取得协议时，报请人民政府主管机关核定，或提交董事会协商及报请人民政府机关核定。

第四章　盈余分配

第14条：本公司全年盈余总额在缴纳所得税以及之余额，就公积金、奖励金、股东股息红利三方面，依照下列原则加以分配：

（一）股东股息红利加上董事经理等人之酬劳金，占全年盈余总额20%。

（二）奖励金：参酌国营企业的有关规定，与本公司原来福利情况，适当提取。

（三）后付股东股息红利与提取奖励金以及之余额作为公积金。

第15条：本公司公股分得之股息红利，依照规定上缴，私股分得之股息红利，由私股股东自行支配。

第16条：本公司每年所得利润中，如由获得国家之特殊优待而产生之超额利润，应缴还国家。

第17条：本公司公积金以发展生产为主要用途，依照国家计划，投入本企业或投入其他合营企业或投入依照“公私合营工业企业暂行条例”第二条规定投入私营企业，实行公私合营。

第18条：本公司奖励金以举办职工集体福利设施与奖励先进职工为主要用途，由行政与工会商定预算，提交工厂管理委员会与职工代表会议通过后使用。

第五章　董事会与股东会

第19条：本公司董事会系公私双方协商议事之机关，设董事____人，内公股代表____人，由人民政府主管机关派任，私股代表____

人，由私股股东推选，并经上海市人民政府轻工业管理局同意。

第 20 条：私股董事任期为 3 年，连选得连任。

第 21 条：董事会设董事长一人，副董事长一人，由董事中互选之。

第 22 条：董事会对下列事项进行协商：

（一）公司章程之拟订或修改；

（二）有关投资增资；

（三）盈余分配方案；

（四）其他有关公私关系之重要事项。

第 23 条：董事会听取本公司生产经营情况与年度决算报告。

第 24 条：董事会重要协议应由合营企业报告上海市人民政府和轻工业管理局经批准后开始有效。

第 25 条：董事会每年召开私股股东会议一次，报告董事会工作，协商处理私股股东内部之权益事项，并通过私股股东会议，对私股股东进行教育和改造。

1954 年 12 月 5 日到 1955 年 1 月 8 日，国务院第八办公室与地方工业部联合召开了为时 35 天的第二次全国扩展公私合营工业计划会议，会议原计划的议题是交流 1954 年扩展公私合营工作经验，研究和部署 1955 年以及 1955—1957 年的扩展公私合营工业计划。但会议一开始，各地代表即纷纷对 1954 年的扩展公私合营，以及各地私营工商业所面临的生产经营困难，提出了许多不同的意见和看法，其主旨是将 1954 年的扩展公私合营比喻成，中央仅吃“苹果”，不吃“葡萄”，把一大堆“烂葡萄”甩给地方，又小又烂，怎么办?① 意思即中央将大的好的私营工业企业先期合营，剩下的又小又差的私营企业丢给地方，并且与原有私营企业合作关系中断，各地政府因此焦头烂额，难以为继。

在此种情况下，要继续按照原有议程开会是不可能的，因此会议改变议程，首先讨论私营工业的生产安排问题，然后再讨论制订今后扩展公私合营工作计划的问题，最终决定采取双管齐下的办法：一方面是从中央到地方都尽可能地加强对尚未合营的私营工业的扶持和帮助；另一方面则是在 1955 年的扩展公私合营中，除了已经较有实施经验的个别企业的公私合营之外，还开始特别注重考虑个别企业公私合营与按行业合并、联营、改造的“合并合营”或者是“合并合营”相结合的办法，甚至是对某一

① 林蕴晖等：《凯歌行进的时期》，人民出版社 2009 年版，第 443 页。

个工业行业所有的私营工业企业实行全行业公私合营的办法。

1955年3月，中共中央批转了地方工业部党组《关于扩展公私合营工业计划会议对私营工业生产安排问题的报告》，报告明确提出，1955年"根据需要与可能，通过各种形式，对私营工业按行业逐步进行改组、改造。……已具备合营条件者，可以进行公私合营；条件尚不成熟者，可以逐步经过企业的合并、改组创造条件，然后有准备地合营"。①

1955年上海的扩展公私合营，涉及轻工业、纺织业、重工业等多个行业。在1954年11月确定的1955年扩展公私合营计划中，计划合营44个工业行业的私营工厂532户，占全市10个以上职工私营工业1953年总户数的4.71%。合营的方针和方式"必须逐行逐业从全业安排着眼组织专业管理，辅以单独合营、合并合营、吸收并裁等方式进行"。② 此如资料所言："1955年合营工作总的精神，虽然仍要贯彻'积极改造，稳步前进'的方针，但合营的方式已经不像以前'先大后小，先好后坏'的一个厂一个厂合营的'吃葡萄'方式。"③ 还有"相当一部分是按行业，但将中小厂成串进行合并合营的，如纺织方面毛纺，轻工业方面石英粉，重工业方面石油配件、汽车配件、造纸机、染料等。在重工业方面有些是围绕试制新产品将经济改组、技术改革与合并合营工作结合在一起进行的"。再加上"五五年的合营工作是在五四年合营工作基础上进行的，在市区领导上已经取得了应有的经验，在合营工作中有关的政策性问题，心中有数了，在合营工作的具体做法上也可以接受五四年的经验教训，加以改进。"④

1955年上海私营工业企业的扩展公私合营，虽然其基本原则仍然是"国家需要""企业改造的可能"以及"资本家的自愿"，但与1954年的扩展公私合营相比，还是出现了以一些新的情况。其中最显著的是，在1954年的扩展公私合营中，大厂还是占有较大的比例，合营厂百人以上的工厂占合营户数的73.4%，占全市百人以上的大厂20%左右。在合营方

① 《中共中央批转地方工业部党组〈关于扩展公私合营工业计划会议对私营工业生产安排问题的报告〉》，1955年3月3日，《中国资本主义工商业的社会主义改造》，中央卷（下），中共党史出版社1993年版，第774—783页。

② 上海市委私营工业调查委员会：《报告》，1954年11月2日，上海市档案馆藏档案：A66-1-101。

③ 上海市玻璃搪瓷工业公司编：《上海私营搪瓷工业社会主义改造资料（初稿）》，1959年2月，上海市档案馆藏档案：B157-1-173。

④ 《一九五五年上海对资本主义工业进行改造的具体部署（初稿）》，1955年，上海市档案馆藏档案：A38-2-457-11。

式上主要还是单个企业的合营。几个工厂合并合营的仅占合营企业比重的16.8%，个别企业吸收进地方国营以及老合营厂的更是只占3.8%。①1955年的扩展公私合营与1954年相比，其中一个比较大的不同是合并合营或者是合营合并的增多，甚至出现了诸如轻纺工业8个行业，重工业2个行业的全行业公私合营。

以重工业为例，其清产核资比1954年有两大明显改进之处：一是大部分厂在清产定股上采用了“在公方领导下，政策见面，私方负责，职工参加，公私协商，公开进行”的办法；二是同业公会层面的清产定股小组在制定行业统一标准，协商处理行业估价原则、各厂工作中的问题等方面发挥了作用。② 上海市第一重工业局系统1955年下半年扩展公私合营49家工厂，清产定股工作从8月初开始到10月初就已经基本全部结束。各项清估工作，由资方具体负责，公私双方充分协商，基本上做到了公平合理。10月上旬，重工业局对各厂清估工作进行检查，并对所发现的偏高偏低问题进行纠改。其中既有对清估过低的调整，如厂房装修费用不计入估价的予以计入等等，也有对清估过高的予以降低，如对进口刀具估值的重新核定等。③

1955年上海市的私营轻纺工业扩展公私合营工作，除吸收1954年的合营工作经验外，还选择了若干行业进行全面性的公私合营，主要原因是“由于1954年年终突出地反映出私营工业在供产销方面的困难，迫切的问题是要把私营工业管起来，首先要对各种经济成分统筹兼顾，安排生产，孤立的个体合营将可能更多的增加，生产安排上的困难一切应从整个行业产品的全面的改组改造出发”，④ 故而1955年上海市政府选择了棉纺、麻纺、卷烟、造纸、面粉、碾米、搪瓷等行业进行全面合营。通过全行业合营，总结1955年行业合营的特点、好处及经验如下。⑤

首先，1955年企业合营的8个合营行业，具有以下共同特点：

一是全部为国家加工订货，几年来已先后纳入了中级形式的国家资本主义轨道。

---

① 《一九五五年上海对资本主义工业进行改造的具体部署（初稿）》，1955年，上海市档案馆藏档案：A38－2－457－11。

② 《今年重工业系统准备合营厂清产定股工作情况》，1955年10月26日，上海市档案馆藏档案：B4－1－36。

③ 上海市第一重工业局：《各厂清产定股全面检查情况汇报》，1955年10月26日，上海市档案馆藏档案：B4－1－36。

④⑤ 《上海市私营轻纺工业社会主义改造总结报告（草稿）》，1955年9月20日，上海市档案馆藏档案：B5－1－19－1。

二是企业全部为大厂，不分行业虽有若干小厂，但裁并工作并不复杂。

三是企业内部群众基础的党团员有1.2万人，占总职工人数6万人的20%。

四是这些行业除了搪瓷外，均早设有中央的或地方的专业管理机构，几年来已熟悉和掌握了他们的情况。

以上这些特点，均是造成全面合营的条件，因此，全面合营实际上是几年来各方面的工作积累的结果。

其次，从行业或产品考虑合营计划，能产生以下许多好处：

一是无论从国家，从社会，还是从企业来看，都可能收到最大的增产节约的效果。许多合并合营厂都适当解决了生产不足和设备落后的困难。如面粉和碾米两业，以前企业年年亏本，国家浪费很大，通过两业相互调整，裁掉小厂，归并大厂后，不但做到生产平衡可以不再亏本，而且在加强经营管理的条件下就有盈余的可能，国家则更可节省大量运输保管及加工成本费用。

二是可以少派干部，可以不投资或少投资。由于合并合营，国家可以节省干部。由于全面合营，对一些原来没有公股的，可以通过全面协商互相调换股权，这样就可做到大部分厂甚至全行业均不要国家新增投资。而事实上，这些行业都是资金有余，生产不足，更不需要国家投资。

三是行业或产品的生产安排和全面的性质改变同时得到解决，这样使得政府在对私改造计划上能有一定的方向、步骤，能够缩小对私营行业的管理面，能够减小对私营行业生产安排的困难。

四是可以充分运用和发挥资本家的积极作用，许多问题可以通过资本家从行业内部协商提出方案，减少政府和资本家之间的正面矛盾。经验证明，只要政府注意掌握了领导，资本家提出方案，大多是可行的，许多复杂、困难的问题，通过资本家内部斗争都能够得到解决。

最后是关于全面合营的经验问题，主要有以下几点：

一是全面合营是有条件的，必须在供产销方面没有问题，必须在合营之前完成裁并工作，不能为合营而合营，更不是为全面合营而全面合营。

二是全面合营，仍然要强调自愿原则。企业有无合营条件，这样在对资本家斗争中，可以使自己站在主动和有利的地位，“因为在行业中容易遇到个别资本家的顽抗破坏，如立成纸厂的业主，原兴业纸厂资本家以索回租金和安插兄弟、兄弟媳妇和小老婆、小舅子进厂工作为要挟，否则不合营，以为国家非要他合营不可，我们则申请放弃该厂合营，撤回派出干部，给资本家的疯狂抵抗以正面打击。”

三是全行业公私合营中，部分小厂和落后厂必须适当合并。合并中应该掌握以下几个问题：一是对当前生产有利；二是并厂、并人、并任务，原有厂房利用、机械保存并作为合并厂财产是并厂的主要条件，这样双方都不吃苦。三是合并厂应首先提出和保证质量，只许提高不得降低，因此在合并厂之厂名和商标上亦应根据这一原则考虑，小厂并大厂应保留大厂厂名，商标好的保留，一般的取消。四是合并厂有并股、并厂和并股不并厂之分，凡不并厂房又工厂较小者，可作分厂或车间以减少领导单位。

到1955年9月底，在全国范围内已经有945个私营工业企业实行了公私合营，其中上海为176个，占全国已公私合营工业企业总户数的18.6%。经过改组合并，成为599个公私合营企业。此外，还有10个私营工业企业转变成为地方国营企业。①

四、扩展公私合营后企业的改变

经过1954—1955年有计划地扩展公私合营后，上海公私合营工业企业有了很大的发展。全年共有211家私营工厂实行了公私合营。他们都是规模较大、设备比较齐全、产品同国家建设和人民生活关系比较密切的企业。重工业方面，主要集中在电机、造船、机器等行业；轻纺工业方面，主要集中在棉纺、橡胶、造纸、制药、搪瓷、热水瓶等几个行业。其中100人以上的工厂占211家的70%左右。公私合营工业企业的产值在各该行业中的比重大都占1/3左右。公私合营工业企业的产值在各该行业中的比重大都占1/3左右，在个别行业中甚至占了一半以上。连同1953年以前几年实行公私合营的工业企业一起，到1954年底，上海公私合营工业企业已达244家，其中属于中央工业管理部门直接领导的有43家，属于上海地方工业管理部门领导的有201家。244家工业企业共有职工118 222人，1954年总产值185 127万元。同过去几年比较起来，这一年公私合营的发展大大前进了一步。以1954年的情况同1953年比较，上海公私合营工业在全市工业中的比重：户数由0.2%增至0.9%，职工人数由4.8%增至14.7%，总产值由5.8%增至20.3%，公私合营工业企业中的私股资金也由1953年的3 800万元增加到1954年的25 000万元，即较1953年增加

---

① 中国社会科学院、中央档案馆：《1953—1957中华人民共和国经济档案资料选编·工业卷》，中国物价出版社1998年版，第309、310页。

了5.6倍。①

经过1954—1955年上海资本主义工业社会主义改造的深入和扩展，特别是经过1954年以后公私合营工作有计划的扩展，上海资本主义工业的绝大部分已经转变为各种形式的国家资本主义，其中大部分已经转变为高级形式的国家资本主义——公私合营。因此，上海工业中各种经济成分的比重起了很大的变化。这从以下数字可以得到说明：

首先从资金来看，私营工业资金逐步转为公私合营工业的私股资金。在1950—1953年间，公私合营工业的私股资金只有200亿—300亿元，分别占当年全市私营工业资金的1%—2.3%。1954年有私营大型工厂211家改变为公私合营工厂，公私合营工业中的私股资金由1953年的3 800万元增为2.5亿元，增加了5.6倍，公私合营工业中的私股资金占当年全市私营工业资金的17.7%。1955年又有棉纺等二十几个行业实行全行业公私合营，公私合营工业中的私股资金又增加为4.3亿元，较1954年增加了72%，在当年全市私营工业资金中的比重上升到36.5%。② 私营工业资金逐渐转化情况见表3－5。

表3－5　　1950—1955年上海市私营工业资金逐年转化情况　　单位：万元

年份	金额			比重			定比（以1950年为100）		
	合计	公私合营工业股	私营工业	合计	公私合营工业私股	私营工业	公私合营工业私股和私营工业	公私合营工业私股	私营工业
1950	99 800	1 100	98 700	100	1.1	98.9	100.0	100.0	100.0
1951	147 300	2 000	145 300	100	1.4	98.6	147.6	181.8	147.2
1952	140 300	2 300	138 000	100	1.6	98.4	140.6	209.1	139.8
1953	166 400	3 800	162 600	100	2.3	97.7	166.7	345.5	164.7
1954	141 200	25 000	116 200	100	17.7	82.3	141.5	2 272.7	117.7
1955	117 700	43 000	74 700	100	36.5	63.5	117.9	3 909.1	75.7

资料来源：上海社会科学院经济研究所：《上海资本主义工商业的社会主义改造》，上海人民出版社1980年版，第192页。第198页。

---

① 上海社会科学院经济研究所：《上海资本主义工商业的社会主义改造》，上海人民出版社1980年版，第192页。

② 上海社会科学院经济研究所：《上海资本主义工商业的社会主义改造》，上海人民出版社1980年版，第192页。第197页。

其次从产值来看，国家资本主义工业，特别是高级的国家资本主义工业的产值有了很大的发展。在国民经济恢复时期的最后一年1952年，国家资本主义工业在上海工业企业总产值中的比重是44.8%，其中公私合营工业仅占5.6%；到1955年，国家资本主义工业在上海工业总产值中的比重已上升到59.7%，其中公私合营工业的比重上升最快，为30.2%。同期内，社会主义工业日益壮大，它在整个工业总产值中的比重已从1952年的27.7%上升到1955年的35%。而私营工业自产自销的产值则从1952年的27.5%下降到1955年的5.3%。[①] 至此，上海资本主义工业已经基本上变成各种形式的国家资本主义，社会主义国营工业进一步巩固了在整个工业中的领导地位。几年来上海工业企业总产值中各种经济成分的比重见表3-6。

表3-6　1952—1955年上海市工业企业总产值中各种经济成分的比重

项目	1952年	1953年	1954年	1955年
总计	100.0	100.0	100.0	100.0
社会主义工业产值	27.7	28.3	33.2	35.0
国家资本主义工业产值	44.8	46.5	58.1	59.7
其中：公私合营工业产值	5.6	5.8	20.3	30.2
私营工业加工订货等产值	39.2	40.7	37.8	29.2
私营工业自产自销产值	27.5	25.2	8.7	5.3

资料来源：上海社会科学院经济研究所：《上海资本主义工商业的社会主义改造》，上海人民出版社1980年版，第198页。

上海工业中公私经济比重的变化，国营经济的迅速壮大，国家资本主义从初级到高级的全面发展，乃是这一阶段上海工业经济发展中的主要特点。特别是1955年下半年开始对资本主义工业的社会主义改造采取了全行业公私合营的办法，这对下一阶段资本主义经济全面实行全行业公私合营，具有非常重大的意义。

资本主义工业企业实行扩展公私合营后，企业的生产关系发生了重要的变化。首先是企业的生产资料所有制发生了变化，即企业由原来的资本家所有改变为公私双方共有。资本主义企业的生产资料原来属于资本家所

---

① 上海社会科学院经济研究所：《上海资本主义工商业的社会主义改造》，上海人民出版社1980年版，第198页。

有，公私合营以后，资本家所有的资产经过清理核算成为合营企业的私股，国家投资则作为公股。私股部分仍然具有资本的性质，公股部分则属于全民所有。但是，这两种不同的所有制在企业中并不居于同等的地位。由于国家政权无产阶级专政的性质和社会主义国营经济在国民经济中的领导地位，在企业中居于领导地位的不是资本主义成分，而是社会主义成分。因此，资本家的私股尽管还没有失去资本的性质，但已失去了独立的地位，服从于社会主义资金的运动。企业的生产经营在社会主义成分的领导下能够按照国家计划，并主要是为了满足国家和人民的需要来进行，当然同时也给私人资本生产一部分剩余价值，但已改变了原来私营时期一味追求剩余价值而经营的状况。

随着生产资料所有制的变化，在公私合营企业中，工人和资本家的地位及其相互关系也发生了变化。在初级的国家资本主义企业中，工人是处在既属于国家的领导阶级、又受雇于资本家的两重性的地位。公私合营以后，虽然企业的财产有一部分还属于资本家所有，资本家还要分取企业盈余的一部分，工人的劳动还有一部分为资本家创造剩余价值，他们还没有最后摆脱雇佣劳动者的地位，然而，由于企业内部社会主义成分的存在并居于领导地位，公方代表同工人结合在一起成为企业中的领导力量，企业的生产已经直接纳入国家的计划，工人的劳动主要是为了完成国家计划并为国家创造社会主义的积累，因此工人已经在很大程度上不再是雇佣劳动者。原来在企业中担任实职的资本家和资本家代理人，在企业实行公私合营以后，经过国家的任命，在公方代表的领导下，参加企业的管理工作，但已改变了他们在私营时期支配企业的地位。在这种情况下，劳资矛盾虽然并没有完全消失，它却已经有可能不表现为工人同资本家之间的直接对立，而通过公私关系来体现，并由公私双方通过协商的途径进行处理。①

企业生产资料所有制的改变，使企业的分配关系也随之发生了变化。在公私合营企业中，股息和红利部分，由过去资本家单独占有改为按公私股份比例分配，资本家在盈余分配中所得的份额也就相应缩小了。企业的公积金，在私营时期是归资本家支配的。公私合营以后，公积金的所有权属于合营企业，必须按照国家计划使用，成为社会主义积累的一种来源。在私营时期，从盈余中提存的职工福利奖金，由于按资本家的意图处理，往往不能得到合理使用。公私合营后，公方代表根据国家的规定，把它用

① 上海社会科学院经济研究所：《上海资本主义工商业的社会主义改造》，上海人民出版社1980年版，第185—186页。

于举办职工集体福利设施和奖励先进职工，使它发挥了应有的作用。①

但是，合营企业是半社会主义性质的，企业仍然存在两种所有制的对立。公私、劳资矛盾并未解决，同时又产生一些新的矛盾。只有打破企业界限，实行全行业公私合营，才能从根本上改变资本主义生产关系。1954年12月，中共中央提出统筹兼顾、归口安排、按行业改造的方针。各个行业以大带小，以先进带落后，先后对中小企业进行改组、合并，然后实行公私合营，1955年前后，上海的企业先后实行了全行业公私合营，为全国的私营企业改造提供了新经验。

第三节　1955—1956年：全行业公私合营高潮的出现

一、扩展公私合营难以解决的问题

上海资本主义工业经过新中国成立以后几年来的改造，大部分已经走上初级或高级国家资本主义的道路。到了1954年，在上海工业总产值中，国家资本主义工业的产值（包括公私合营工业的产值和接受加工订货的产值）所占的比重从1952年的44.8%上升到58.1%，私营工业自产自销的产值则从1952年的27.5%下降到8.7%，这一变化，充分说明国家对资本主义工业的社会主义改造有了很大的进展。而这一进展，又可说明通过国家资本主义的各种形式，逐步改造资本主义经济是有成效的。② 资本主义经济走上国家资本主义道路以后，进一步接受社会主义国营经济的领导，逐步改变原有的生产关系和经营方法，较能适应国家计划建设和人民的需要。但是，如前所述，从半殖民地半封建社会里形成的上海资本主义工业的落后性和盲目性，在国家有计划建设进行过程中暴露得非常突出，生产业务上存在一定的困难。政府对资本主义工业扩大加工订货和有计划地扩展公私合营，既改造了资本主义工业，也解决了他们的一些困难，但是还存有一些问题，主要是：

（1）众多同行业中部分企业实行公私合营后，其他未实行公私合营的资本主义企业的落后性更显突出，生产经营困难。在上海资本主义工业

① 上海社会科学院经济研究所：《上海资本主义工商业的社会主义改造》，上海人民出版社1980年版，第186页。

② 上海社会科学院经济研究所：《上海资本主义工商业的社会主义改造》，上海人民出版社1980年版，第191页。

中，规模大、生产经营条件好的工厂只是少数，而为数众多的是中、小型工厂。中、小型工厂不仅在生产上是分散的，而且一般是设备简陋、技术落后。当同业中少数规模较大、生产经营条件较好的工厂先行公私合营后，生产很快发展，而多数没有实行公私合营的工厂，就更相形见绌，甚至在供产销等方面发生困难。如上海搪瓷工业，在1955年，国家由于市场上对搪瓷品的需要增加，要求各厂挖掘生产潜力，提高生产定额。当时五家公私合营工厂都改变了劳动组织，改进了经营管理，提高了劳动生产率，而私营工厂却停留在原来的水平上，平均生产定额都低于公私合营化工厂。由于生产率低，成本高，质量差，产品不能符合国家和人民的需要。因此全行业十八家私营工厂中就有14家发生不同程度的困难。为了维持这些工厂的生产，国家银行每月要给它们贷款60多万元。其他如造漆、制笔等工业也存在类似的情况，期待政府对它们进行安排和改造。①

（2）个别工厂实行公私合营不能改变资本主义工业行业生产组织上的不合理状况。上海资本主义工业从历史上遗留下来的生产组织上的很多不合理状况，如生产设备占全国毛纺工业70%的上海私营毛纺工业，内部生产设备和生产组织很不平衡，染大于织、织大于纺，纺、织、染整的全能工厂少，单纺、单织、单染整的工厂多。工业过程分散，一件产品的完成，需要经过几个工厂往返加工，浪费严重，需要在行业内进行适当的经济改组。又如上海的私营面粉工业和碾米工业，不合理情况更为突出。面粉工业具有现代化的生产设备，而原料销路主要不在上海，以致生产能力过剩；而碾米工业的情况则完全相反，设备落后，生产能力显著不足。但是这两个行业由于资本主义所有制的限制，生产设备无法合理调剂。由此可见，这种资本主义工业生产上的不合理状况，仅通过加工订货是无法改变的，即使一个一个企业实行公私合营也不能加以改变。

（3）政府在通过加工订货安排资本主义工业生产，并同步进行经济改组的过程中，仍会遇到资本主义生产资料所有制的障碍，使安排和改造工作不能取得预期的效果。例如，上海制笔工业盲目发展，厂数很多，但大部分是设备简陋、技术落后的小厂，产品质量低劣，以致大量积压，浪费原料和资金，造成严重困难。1955年3月全国“三笔”（金笔、钢笔、铅笔）会议后，政府在对上海私营制笔工业统筹安排时，同时进行了行业的经济改组，也就是在行业内进行了私私之间的合并改组以利于安排生产。可是有些资本

---

① 上海社会科学院经济研究所：《上海资本主义工商业的社会主义改造》，上海人民出版社1980年版，第192页。

家却不肯合并，有些工厂虽然实行了合并，但在清产核资、人事安排以及盈余分配等问题上，矛盾重重，难以解决。所以，仅仅安排加工订货或在私营的基础上进行经济改组来解决资本主义工业存在的问题，仍然是困难的。①

这些情况说明，有必要对资本主义工业进一步加以改造。从 1955 年起，国家根据“统筹兼顾、全面安排”的方针，全面地考虑了对资本主义工业的安排和改造，即从逐个工厂发展到从整个行业来考虑安排和改造。即从逐个工厂发展到从整个行业考虑安排的要求，将对资本主义工业的经济改组、生产安排和扩展公私合营逐步地结合起来。1955 年下半年，政府选择了若干同国家社会主义建设和人民生活有密切关系的行业，进行了按行业实行公私合营的试验。在轻、纺工业方面，有棉纺、毛纺、卷烟、造纸、面粉、碾米、搪瓷、冷藏制冰等 8 个行业，共计 169 家工厂、62 075 名职工、1954 年生产产值 79 660 万元，实行了全行业公私合营。在重工业方面，由于产品制造过程和协作关系复杂，除了按行业实行公私合营外，有的还按产品实行公私合营。1955 年共有船舶、轧钢、机器锻铁、铣牙、动力锅炉、电器、机器、汽车配件、水泥、染料、石粉、造漆、电讯等 13 个行业，共计 108 家工厂、6 529 名职工、1954 年生产总值 11 284 万元，按行业或按产品实行了全行业或行业中的部分企业的公私合营。②

表 3－7　　1955 年上海 8 个轻纺工业全行业公私合营概况

行业	工厂数	（1955 年）职工人数	（1954）年产值（元）
棉纺	23	37 291	433 215 300
毛麻纺	57	5 532	81 063 500
卷烟	16	9 587	114 544 700
造纸	24	3 505	34 292 500
米面	23	2 616	79 219 800
搪瓷	23	2 792	26 462 000
冷藏	3	122	803 100
合计	169	62 075	796 600 900

说明：碾米与面粉原为两个行业，此表将其合并统计。

资料来源：上海市玻璃搪瓷工业公司：《上海私营搪瓷工业社会主义改造资料（初稿）》，1959 年 2 月，上海市档案馆藏档案：B157－1－173。

---

① 上海社会科学院经济研究所：《上海资本主义工商业的社会主义改造》，上海人民出版社 1980 年版，第 192 页。

② 上海社会科学院经济研究所：《上海资本主义工商业的社会主义改造》，上海人民出版社 1980 年版，第 194 页。

当时，上海有关部门之所以选择这八个轻纺工业行业实行全行业公私合营试点，在于这八个工业行业的私营企业具备提前实行全行业公私合营的共同特点：一是行业内的所有工厂已经全部接受国家加工订货，很多工厂都已经建立起经国家有关部门派员驻厂的制度，在全行业公私合营前已经全部进入当时称之为国家资本主义的中级形式。二是行业内的工厂较为齐整，裁并整合工作不是很复杂。三是行业产品大多关系国计民生。四是行业内各企业党员、团员比重较大，工作基础普遍较好。五是八个行业中，除了搪瓷业和冷藏业外，均已经设立中央或地方的专业管理机构，有关部门对合营行业的情况几乎了如指掌。

在组织领导上，全行业公私合营高潮前的上海全行业公私合营工作是在上海市委统一领导下，由各区区委，上海市人民政府四办、八办，以及各专业公司、同业公会、工商联，会同各工厂企业进行。

二、全国范围内公私合营高潮的出现

全行业公私合营高潮来临的背景，一方面是全国范围内粮食及主要工业原料的统购统销以及农业合作化高潮的出现；另一方面是以毛泽东为代表的党和国家高层领导频繁作为，再加上全国工商业者自身的积极呼应以及媒体等社会各界大张旗鼓的宣传鼓动等。在此种情况之下，一个以全国工商业者“自发”“自愿”为表象，自下而上地形成了一股全行业公私合营的高潮和洪流，俨然“暴风骤雨”，这就是全行业公私合营的高潮。

其实，从 1955 年下半年起，包括上海在内的国内各大城市陆续开始出现全行业公私合营的势头。

全国范围内的公私合营高潮首先出现在新中国的首都北京。

1956 年元旦过后，首都北京率先掀起全行业公私合营的热潮。1 月 4 日，全市 324 家国药店申请全行业公私合营。1 月 8 日，全市有 20 多个行业、800 多家商店同时被批准实行公私合营。9 日、10 日两天，又有私营企业职工 5 万多人、私方人员 2 万多人结队游行，申请公私合营。全市各城区的工商户纷纷在大街上悬挂“迎接公私合营”“庆祝公私合营”的红幅。1 月 10 日，北京市人民政府召开资本主义工商业公私合营大会，宣布 35 个工业行业的 3 990 家工厂，42 个商业行业的 13 973 户坐商，共计 17 963 户私营工商企业全部被批准实行公私合营。从 1 月 11 日到 14 日，在短短的三天到四天时间里，北京市就基本上完成了 17 000 多户公私合营企业的清产核资工作。[①] 1月17日，中共中央向各地批转了北京市委《关于最近资本主义工商业改造情况的报告》。中央在批语中指出："对资本主义工商业的社会主义改造，正在日益普遍地形成一个广大的群众运动。全行业公私合营，不仅是私营企业中广大职工当前的迫切要求，也已经成为资本家在党的政策教育之下和职工推动之下的几乎普遍的愿望。从庆祝合营的爆竹声中和锣鼓声中我们可以听出群众要求加快社会主义改造步伐的脉搏。北京市委由于对群众的社会主义热情具有敏锐的感觉，因而及时地、正确地改变了自己的工作规划和常规的做法，采取了对申请合营的迅即宣布批准，先接过来再进行清产核资等工作的积极方针和办法，这是完全正确的和必要的。"批语还指出："批准合营还只是整个合营工作中的一个步骤，此后的清产核资、人事安排和经济改组都是很繁重的工作。对于这些工作，既要根据需要和可能加快速度，同时必须讲究质量，至于各地的进行步骤和具体办法，应当由党委根据当地实际情况研究决定，不必也不宜强求一致。"[②]

中央对北京市委的批示以及北京在短短几天之内对全市数以万计的私营工商业者全部实现全行业公私合营的先行经验，对包括上海在内各省市的党政领导以及私营工商业者无疑是一个巨大的激励和鼓舞，其对全国各地造成了不可估量的冲击和影响。全国各地，尤其是私营工商业集中的城市，各级地方政府领导以及私营工商业者似乎谁都不甘心落后，不甘心被落下。于是，在各地党政领导下，在各级工商联、同业公会、工会组织的直接参与和组织下，一场以私营工商业者自发、自愿、以敲锣打鼓，争送红喜报，争取早日进入社会主义为主要形式的全行业公私合营高潮最终在全国各大中小城市全面掀起。"从北京开始发起全行业公私合营后，全国各地的私营工商业很快都公私合营了，天天敲锣打鼓，放鞭炮。"[③]

到1956年1月，全国各地工业企业的公私合营达到高潮。仅一个月内，实行公私合营的工业企业就达到5.54万户，按总产值计算已经达到88.7%。北京、天津、上海等118个大中城市资本主义工商业几乎在一个

---

① 中共中央党史研究室：《中国共产党历史》，第二卷（1949—1978），上册，中共党史出版社2011年版，第353—354页。

② 《中共中央批转北京市委〈关于最近资本主义工商业改造情况的报告〉》，1956年1月17日，《中国资本主义工商业的社会主义改造》，中央卷（下），中共党史出版社1993年版，第1015页。

③ 《公私合营中应注意的问题》，1956年1月25日，《陈云文选》，第二卷，人民出版社1995年版，第294页。

月内先后全部实现了公私合营。① 详见表3-8。

表3-8　　1956年上半年全国私营工业公私合营进度

	一月底			三月底			六月底		
	户数（万户）	职工人数（万人）	总产值（亿元）	户数（万户）	职工人数（万人）	总产值（亿元）	户数（万户）	职工人数（万人）	总产值（亿元）
已批准合营	5.54	92.96	61.09	6.31	104.36	65.15	6.96	112.8	68.23
未合营	1.62	22.54	7.73	0.85	11.14	3.67	0.2	2.7	0.59
已合营占比	77.3%	80.5%	88.7%	88.2%	90.4%	94.7%	97.3%	97.7%	99.1%

资料来源：中国社会科学院、中央档案馆：《1953—1957中华人民共和国经济档案资料选编·工业卷》，中国物价出版社1998年版，第341页。

“到1956年底，全国原有的私营工业8.8万余户，有99%的企业实现了所有制的改造。在总户数中，除少数企业转入地方国营工业或划归手工业、商业以外，其余按行业合并组成3.3万多个公私合营工业企业。”②

三、上海工业企业的全行业公私合营高潮

上海私营工业企业的公私合营经过1954年、1955年两年的扩展公私合营，相当一部分私营工业企业，特别是一些影响较大的大中型企业纷纷实现了公私合营，但从工业企业的数量和分布来看，没有实现公私合营的工业企业还是占绝大多数。以轻纺工业为例，1955年扩展公私合营之后，公私合营企业户数还只有298户，仅占企业总户数的1.56%，而未合营的私营工业企业多达18 886户，占企业总户数的98.44%。其中绝大多数是中小工厂，10人以上的工厂有7 227户，10人以下的工厂11 659户。③

1955年底，面对全国上下争先恐后的紧急形势，上海全行业合营的步伐开始加速。一些工业行业已经开始积极提出全行业公私合营的申请。1955年11月24日，上海制笔工业同业召开全体大会，在“经过全部资方长达六个小时空前热烈的讨论后”，一致通过决议申请全行业公私合营。

① 中国社会科学院、中央档案馆：《1953—1957中华人民共和国经济档案资料选编·工业卷》，中国物价出版社1998年版，第340—341页。

② 中共中央党史研究室：《中国共产党历史（1949—1978）》，第二卷，上册，中共党史出版社2011年版，第355页。

③ 上海市人民委员会轻工业办公室：《上海市私营轻纺工业社会主义改造总结报告（草稿）》，1955年9月20日，上海市档案馆藏档案：B5-1-19。

12月5日，上海市第一轻工业局接受了私营制笔工业所提出的全行业公私合营的申请，并决定由制笔工业公司、轻工业工会、制笔工业同业公会筹备委员会等有关单位，成立制笔工业全行业公私合营筹备委员会，下设学习教育、清产定股、规划、劳动工资、人事安排和秘书等六个工作组，分别负责进行全行业公私合营的筹备工作。①

但即使如此，上海市的高层领导仍然感到公私合营的速度还是不够快。1955年11月24日，时任上海市委书记的柯庆施在全国工商联一届二次执委会汇报会上声称："现在的主要问题是如何能更快地解决。去年一年只搞了200个，这样的速度不行了。"②

12月17日，上海市副市长许建国在《关于上海私营工商业进一步实行社会主义改造问题的报告》中说："今年，上海私营工商业的社会主义改造工作已开始进入了新的阶段。这个新阶段的主要标志，就是从个别企业的公私合营，发展到全行业的改造和按行业实行全部或大部的公私合营。""在全国工商联开会以后的这个很短的时间内，申请全业公私合营的工商业者增加了很多，如私营工业有制笔等12个行业，商业有棉布等23个行业，其中有很多已先后经各专业局批准合营。此外还有工业的21个行业，商业的20个行业中一部分资本家集体或按组申请合营。""对上海资本主义工商业的社会主义改造，必须有领导、有计划、有秩序、有步骤地开展。必须广泛地发动各行各业的职工群众，推动工商界积极准备公私合营的条件，在条件完全成熟之后，有秩序地进行全行业的公私合营；条件还不够成熟的时候，不要急于求成，应防止可能产生的盲目急躁的情绪。……上海私营工商业的情况复杂，除了企业合营这一个主要方式以外，还应该允许其他方式同时存在，就是在同一个行业之内，也可以采取几种不同的方式。"③

12月18日，上海市委又再次向中央及上海局报告："资本主义工商业的改造问题已成为各界极有兴趣的议题。这是对资本主义工商业进行社会主义改造极为有利的新形势""到本月8日为止，在全市78个（调整后

---

① 上海市制笔工业公司：《上海市制笔工业社会主义改造资料初稿》，1959年2月，上海市档案馆藏档案：B159－1－75。

② 《柯庆施在全国工商联一届二次执委会汇报会上关于上海私营工商业改造问题的发言》，1955年11月24日，载中共上海市委统战部等：《中国资本主义工商业的社会主义改造》，上海卷（上），中共党史出版社1993年版，第497页。

③ 《许建国关于上海私营工商业进一步实行社会主义改造问题的报告》，1955年12月17日，载中共上海市委统战部等：《中国资本主义工商业的社会主义改造》，上海卷（上），中共党史出版社1993年版，第524—533页。

的数字）轻、重工业行业中，全业申请合营的有 11 个行业（约 2 218 户），占 78 个轻、重工业行业的 14% 强。……已批准合营的资本家情绪更为兴奋，纷纷参加报喜队和职工一起敲锣打鼓，四出向工商联和同业报喜。”“私营厂店的职工更欢天喜地，更加发挥了他们的生产积极性和创造性。已批准合营的，就敲锣打鼓，到处相互道喜祝贺，已经批准合营的私营工厂、商店和同业公会、工商联、工会等团体的门窗上都贴满了大红喜字。”“目前，资本主义工商业社会主义改造新的群众运动还刚刚开始，从运动的广度来看，行动起来的行业数和户数，只有 1/3 左右，还有 2/3 的行业（厂/店数比例更大）没有行动起来，这些行业的资本家，还存在不少思想问题。”“根据现有条件来看，上海的资本主义工商业改造，1956 年工业方面，全行业合营，可以完成 80% 左右，……1957 年私营工商行业的改造，可以全部完成。”①

12 月 24 日，上海市第一届人民代表大会第三次会议通过《关于上海市私营工商业进一步实行社会主义改造的决议》，号召上海全市私营工商业者加强学习，提高认识，认清社会发展规律，把个人前途和国家前途结合起来，掌握自己的命运，真诚地、积极地接受社会主义改造，和全国人民一道，走大家共同富裕的社会主义道路。②

12 月 28 日，为加强对资本主义工商业社会主义改造工作的领导，上海市委成立了资本主义工商业改造问题小组，由曹荻秋、刘述周、蔡北华等十人组成，简称“对资改造十人小组”，具体负责公私合营工作。时任上海市副市长曹荻秋为组长，刘述周为副组长，蔡北华为办公室主任。③

进入 1956 年之后，上海私营工商企业的全行业公私合营步伐进一步加速，最终将公私合营推向了最高潮。

1956 年 1 月 3 日，上海市私营工商业者家属代表发表了《告全市工商界家属书》，满腔热情地表示：“我们工商界家属姐妹们也必须看清楚国家的前途，积极接受改造，坚决走社会主义道路，这样才能与全国人民一道

---

① 《中共上海市委关于上海资本主义工商业改造的情况和问题》，1955 年 12 月 18 日，载中共上海市委统战部等：《中国资本主义工商业的社会主义改造》，上海卷（上），中共党史出版社 1993 年版，第 543—549 页。

② 《上海市第一届人民代表大会第三次会议关于上海市私营工商业进一步实行社会主义改造的决议》，1955 年 12 月 24 日，载中共上海市委统战部：《中国资本主义工商业的社会主义改造》，上海卷（上），中共党史出版社 1993 年版，第 557 页。

③ 《中共上海市委关于成立资本主义工商业改造问题小组的通知》，1955 年 12 月 28 日，载中共上海市委统战部：《中国资本主义工商业的社会主义改造》，上海卷（上），中共党史出版社 1993 年版，第 562 页。

获得幸福美好的生活。”① 当日的《人民日报》社论称：“在全国私营工商业最集中的上海，到处可以看到‘庆祝批准公私合营’的大红横幅和耀眼的金黄‘囍’字。到处是工人和资本家们组织的报喜队。许多被批准公私合营，或者被批准筹备公私合营的私营商店工厂和商店，都张灯结彩，举行庆祝仪式。”② 而据上海市工商行政管理局统计，截至1956年1月4日，上海78个工业行业27 983户（1954年统计数）私营工业企业中，已经有52个行业的10 853家私营工业企业提出了全行业公私合营申请，另外还有4 996户私营工业企业个别提出了公私合营申请。两者相计，已有占上海私营工业企业总户数56.63%的15 849户私营工业企业提出了公私合营申请。③

1956年1月10日，就在北京率先宣布全市私营工商业实现全行业公私合营的当日下午四时二十分至四时五十五分，毛泽东在上海市党政领导的陪同下，视察了原先属于荣家企业系统的公私合营申新九厂。④ 1月14日，中共上海市委邀请上海工商界上层人士300余人举行座谈会，商讨如何加速私营工商业改造问题。市委书记陈丕显首先表示：“北京在几天内申请合营完毕，几天内就批准合营了。我们上海，在座的很多是市人民代表，原来都同意许副市长在人代大会上报告中提出的三个阶段，北京则把我们的准备阶段冲掉了。我们同意许副市长报告准备二年内合营完毕。北京原也准备二年的，结果在1月上旬就完成了两年任务。北京冲破了自己的计划，同时也冲破了上海的计划。北京批准了公私合营就挂牌子，我们则批准了后还有一个筹备阶段，牌子还不挂。”在随后的发言中，上海市副市长、市工商联主任委员盛丕华明确表示，问“我们意见如何？要快，快到什么程度？昨晚我们已经谈了”。全国工商联和上海市工商联副主任委员荣毅仁在随后的发言中直接表示：“从日前申请合营的热情来看，我们要最快的在一星期内争取全市公私合营。”其他与会的各工业行业同业公会负责人也纷纷表示，保证在7天内完成全行业公私合营申请工作，有的甚至提出“全行业8 000多户条件成熟，3天内可以完成”。陈丕显最后

---

① 《上海市私营工商业者家属代表会议告全市工商界家属书》，1956年1月3日，载中共上海市委统战部：《中国资本主义工商业的社会主义改造》，上海卷（上），中共党史出版社1993年版，第572页。

② 《人民日报》社论：《进一步做好对私营工商业的改造工作》，1956年1月3日。

③ 上海市工商行政管理局：《私营工商业企业申请合营综合统计表》，1956年1月4日；《私营工商业个别申请合营统计表》，1956年1月4日，上海市档案馆藏档案：B182－1－955。

④ 中共中央文献研究室：《毛泽东年谱》（一九四九——一九七六），第2卷，中央文献出版社2013版，第509页。

总结表示“你们所提出的一星期内提早完成合营工作，我在这里表示：市委没有什么可以不同情不拥护你们意见的。毛主席告诉你们，也告诉我们，工商业的改造，工商界的命运，要自己掌握。就这道理来讲，我们也没有理由拒绝一个星期的要求”。“当然，这个工作量还是很大，二年计划不是一年完成，从1956年算起，是20天完成，从今天算起，是一个星期到10天完成。这速度是干社会主义、干革命的速度。这样的速度才叫作革命的高潮。”①

1月15日上午，上海市工商联召开临时代表会议，会上一致决议：“要在1月20日前的六天中，做好本市全部资本主义工商业一次申请公私合营的准备工作。”②

1月16日，曹荻秋在全市干部大会上不无兴奋地宣称：“告诉大家一个好消息，市委决定上海市社会主义改造任务提前完成，准备在六天内(本月20日以内)，将全市社会主义改造任务完成。”同时还计划“要召开资本家家属会议，准备18日召开。还要召开青年资本家积极分子会议，召开资本家子女会议”。并且，打算“21日全市准备50万人的庆祝大会”。③

15日下午，全市各行业即开始了紧张的传达、推动工作。16日下午，即有40个行业提出了全行业公私合营申请；17日，上海市全部工业行业全部提出了全行业公私合营申请；到18日晚上，全市242个工商行业中，除了已经批准公私合营的之外，全部提出了全行业公私合营申请。

从1月15日到1月20日，上海市工商联、各行各业同业公会、各私营工商企业，可以说是争分夺秒，夜以继日，期间的变化和进展完全可以说是以日相计、以时相计。上海市第一轻工业局1956年1月18日《私营企业申请公私合营日报表》显示，该日全局又有979户私营工业企业申请公私合营，至1月18日累计申请公私合营户数已经达到6 805户。当日新增申请公私合营户中，以文娱公司所占数量最多，达到了754户；毛刷公司其次，为175户。其他如印刷公司、火柴公司、罐头食品公司等，基本

① 《中共上海市委召集工商界人士座谈私营工商业公私合营问题的记录》，1956年1月14日，载中共上海市委统战部：《中国资本主义工商业的社会主义改造》，上海卷（上），中共党史出版社1993年版，第589—601页。

② 上海市工商联：《市工商联推动资本主义工商业接受公私合营的工作经验》，上海市档案馆藏档案：C48－1－113。

③ 曹荻秋：《关于上海在六天内完成社会主义改造任务的有关方针、政策及具体做法问题的讲话》，1956年1月16日，载中共上海市委统战部等：《中国资本主义工商业的社会主义改造》，上海卷（上），中共党史出版社1993年版，第605—617页。

上在18日前就已经全部提出了公私合营申请。①

1月19日，经过各级部门5天的连续紧张工作，上海市工商业联合代表会代表上海全市工商业者正式起草了递交上海市人民委员会的全行业公私合营申请函。20日，上海市人民委员会召开第十次会议，一致同意刘述周副市长关于对私改造工作中的步骤问题，通过《上海市人委关于批准全市资本主义工商业公私合营的决议》："决定在全市资本主义工商业申请公私合营大会上，一次批准全市工商业公私合营。"② 当天上午，上海市工商联先是在当时的中苏友好大厦广场举行了有各行各业代表参加的"上海市资本主义工商业申请公私合营大会"，一致通过了《上海市工商联关于全部实行公私合营的申请书》。随后，全体代表参加了"上海市资本主义工商业公私合营大会"，并正式递交了《申请书》："我们上海市工商业联合会根据全市全部私营工商业的自愿和委托，谨向政府提出申请，除过去已经实行公私合营的行业和企业以外，希望对其余的85个工业行业的35 163户和120个商业行业的71 111户，批准全部实行公私合营。"上海市副市长曹荻秋随即代表上海市人民委员会宣布："接受全市资本主义工商业者的公私合营申请，并全部予以批准。"③

1月21日，上海市各界人民举行了隆重的庆祝社会主义改造胜利大会。《解放日报》在这一天发表了振奋人心的社论，称"今天，是上海市社会主义改造获得伟大胜利的一天；今天，是上海人民永远难忘的一天；今天，是翻天覆地的一天"，"因为上海市资本主义工商业全部公私合营了，郊区农业和全市手工业实现了社会主义的合作化了。从今天起，上海全市人民欢欣鼓舞地进入了社会主义社会。从今天起，'资本主义'这一个经济学上的名词，已经成为上海历史上的词汇了。在这些欢乐的日子里，上海街头到处红旗飘扬，犹如万花齐放……"④

---

① 上海市第一轻工业局：《私营企业申请公私合营日报表》，1956年1月18日，上海市档案馆藏档案：B182-1-955。

② 《上海市人委关于批准全市资本主义工商业公私合营的决议》，1956年1月20日，载中共上海市委统战部等：《中国资本主义工商业的社会主义改造》，上海卷（上），中共党史出版社1993年版，第643页。

③ 《上海市工商联关于全部实行公私合营的申请书》，1956年1月20日；曹荻秋：《在上海市资本主义工商业公私合营大会上的讲话》，1956年1月20日，载中共上海市委统战部等：《中国资本主义工商业的社会主义改造》，上海卷（上），中共党史出版社1993年版，第644—645页、648页。

④ 《解放日报》社论：《庆祝上海市社会主义改造的伟大胜利》，1956年1月21日，载中共上海市委统战部等：《中国资本主义工商业的社会主义改造》，上海卷（上），中共党史出版社1993年版，第650页。

2月3日，上海市副市长曹荻秋在一次报告中高兴地谈道："自一月十四日到二十日的六天中，社会主义改造的高潮，达到了顶点，一个高潮接着一个高潮。"此后，他又谈到"原来规定的二年完成的私营工商业改造，一九五六年完成85%，一九五七年全部完成，在短时间内全部实现。"①

全行业公私合营的重要实现形式：一是大中型厂对中小厂实现规模化的吸收合并。吸收合并的基本原则是，在行业内选择一些基础条件较好，产品有发展前途的大中型厂作为中心厂或是基点厂，将另外一些分散、零星的中小厂，按照生产的协作关系以及产品生产的需要，吸收合并进这些中心厂或基点厂；二是以企业改组、裁并下的行业整合。通过行业整合，上海各工业行业的企业数量较之于之前有了大规模的减少，而企业的规模则较之于以前得到了超常规模的迅速扩大。

经过1956年全行业公私合营高潮，工业企业中的公私合营企业已经增加到工业企业总户数的98.1%，生产总值也急剧上升至66.5%。几乎所有的私营工业企业都已经实现了公私合营。而在全国，1956年清产核资的结果，全国公私合营企业私股投资总额为24.2亿元，其中工业为16.9亿元，商业和饮食业为5.9亿元，服务业为0.36亿元，交通运输业为1.02亿元。全国拥有定息的私方人员共有114.2万人，其中在职人员为71万人。② 由此观之，1956年全行业公私合营高潮对上海工业乃至全国工业企业制度历史性变革的深远影响。

四、对全行业公私合营高潮的评析

（一）对经济制度与经济体制的影响

第一，全行业公私合营，国家可以按照自己的意志，按照行业内各企业的生产及产品的上下游关系，以规模化生产经营为基本原则，通过对该行业内全部私营企业实行统一的产权及资产重组，实现行业内企业在合并、改组基础上，实现生产能力重新配置和组合的行业整合。这种生产资源的重新配置和组合，在市场经济的条件下，一般都要通过较长时间的私人资本的集聚和兼并才能实现，但在全行业公私合营下，国家得以在全行业甚至是全部工业企业中配置资源，进行经济改组，不仅在企业制度上实现了重大转折，而且使得产业机构和企业规模也实现了计划经济体制下的

---

① 上海市工商联：《曹荻秋副市长报告记录》，1956年2月3日，上海市档案馆藏档案：C48－1－113。

② 李维汉：《回忆与思考》，下册，中共党史资料出版社1986年版，第768页。

资源整合和配置。这种行业和企业要素的重新组合，即当时和以后相当一段时间内通常被称为的“经济改组”的形式，成为20世纪50年代后期和60年代上海工业经济最主要的发展路径，同时也是计划经济体制和公有企业制度下最重要的制度创新。

第二，全行业公私合营的办法可以加快公私合营的进度，节约国家为实行公私合营而投入的干部和资金。在个别企业公私合营时，除非这些企业原来已有公股，否则国家总要对这些企业投入资金，这就会分散国家的财力，减少国家对新建大型企业的投资。全行业实行合营，国家的投资和干部的配备，不是以个别企业为对象，而是以整个行业为对象，这样，就可以大大节约资金和干部，加快公私合营的进度，以适应社会主义改造和国家社会主义建设的要求。实行全行业公私合营以后，社会主义成分不是只存在于一个企业中，而是在整个行业的所有企业中树立了领导地位，发挥了主导作用，全行业的生产经营从此就可以完全纳入国家计划的轨道；整个行业的经营管理能够按照社会主义原则进行改革。

第三，全行业实行公私合营，更便于对资本家进行集中教育和改造。由于资本主义企业面广分散，对资本家，特别是对中、小工厂的资本家的教育改造工作，是存在一定困难的。单个工厂实行公私合营并不能完全解决这个困难。全行业实行公私合营以后，能够按行业系统把资本家组织起来，对它们进行政治思想工作，使他们能够较普遍地得到教育和改造的机会。资本家阶级中的一些骨干分子也可在更为有利的条件下来发挥他们的作用和影响。

第四，全行业实行公私合营，加速了中国新的企业制度的建立和发展。企业制度是关于企业组织、运营、管理等一系列行为的规范和模式的总称。全行业公私合营后，公私合营企业经历了产权转移、企业治理结构的重构、经营管理制度重塑，企业分配制度的重建等一系列制度变革，虽然这些制度还处于“摸着石头过河”的阶段，但它是具有中国特色的企业制度变革，从此开启了新中国企业制度转折后中国社会、经济发展的新阶段。

由此可见，全行业公私合营，从资本主义经济改造工作的深度和广度来看，都比单个企业实行公私合营大大前进了一步。

（二）全行业公私合营中资方的心路历程

随着全行业公私合营的实现，国家最终完成了对资本主义工商业的和平赎买。在这场深刻而剧烈的社会变革中，私营工商业者固有的政治地位、经济利益和价值追求受到了全面冲击。出于不同的动机，私营工商业者的不同阶层对社会主义改造的反应程度和方式也各不相同，他们或在表面上积极响应，或被动顺从，或消极抵触，或顽固抵抗。整体上来讲，私营工商业者接受改造是被迫的，是在当时具体历史环境下的一种无奈选择，是为适应新的社会政治生态环境生存需求而做出的被动回应。与此同时，工人阶级在社会主义改造中逐渐成为企业的主人，并参与企业的经营管理，他们积极响应政府的政策，与政府、私方一道共同致力于企业的发展。

中国民族资产阶级在社会主义改造时期的内心世界，用“波涛汹涌”和“辗转反侧”来形容并不为过。同时，私营工商业者作为中国历史上最后一个剥削阶级也开始了由剥削者到自食其力的普通劳动者的脱胎换骨的转变过程，以致人们在惊叹企业制度转折带来的巨大的经济效益时，却很少关注这场深刻的社会变革中民族资产阶级的心路历程及其配合党和政府的改造大计而带来的国家经济面貌提升所做出的贡献。

20 世纪 50 年代的社会主义改造主要采取的是政治动员型的推进模式，民族资产阶级的社会边缘地位和利益表达机制不完善，因此很大程度上他们只能被动地接受涉及自身利益的政策输出。事实上，“和平赎买”并不是建立在等价交换价值的基础上的，因此，买卖双方的地位实际上是不平等的。这就决定了民族资产阶级在对接受和平赎买的成本与收益进行权衡时更多地不是考虑经济的损失，而是政治的得失。与经济相比，政治上的成本与收益的比较要更加扑朔迷离，理解了这一点，也就不难理解民族资产阶级面对和平赎买的忐忑与矛盾。出于保护自我的需要，民族资产阶级不得不把强烈的心理冲突小心翼翼地掩盖起来，从而呈现出众多的表现形式。对此，董宝训的《和平赎买与民族资产阶级的社会心态》一文①有详尽的分析。

一般情况下，不同的资本家由于意识形态的程度不同，其反应的程度和方式也是不同的。大致来说：可以分为四种类型：第一类是资本家的中上层。这一类是私营工商业的主体，其情况也最复杂，在他们中间又可以划分为四个层次：一是带有功利性的“进步分子”；二是中间分子；三是落后分子；四是顽固分子。总地说来，资本家中上层对社会主义改造的态度是：表现积极接受改造的和表现坚决反抗的均占少数，绝大多数私营工商业者是不同程度的矛盾和疑虑。第二类是中小资产阶级，他们是资产阶级的多数。这部分人的特点是对自己所扮演的社会角色认知模糊，无法对

① 董宝训：《和平赎买与民族资产阶级的社会心态》，载《文史哲》2004 年第 4 期。

自己进行合适的社会定位，因而有一种强烈的自我丧失感。“自称是武大郎攀杠子，上下够不着”。合作社“没有我的事”，公私合营“没有我的份”，心里“搅拌，矛盾很大”，感到身不由己，前途迷茫，抱着能躲就躲的态度。他们大多对社会主义改造怀有较大的顾虑，担心企业的前途和个人的生活，抱怨“国家光芒万丈，个人前途无光”。第三类是小资产阶级。这类人都具备小私有者和劳动者的双重品格。自身社会角色的模糊性导致了他们角色定位的迷失与困惑，因而在行动上缺乏方向感。他们认为总路线与己无关，手工业搞合作化还可以再干几年，万一没有出路，可以再当工人。第四类是商业资本家。由于当时对商业资本主义的积极作用认识不足，国家对私营商业的改造主要采取排挤的方式，因此在改造过程中表现在资本家身上的身份危机最为突出。这些人大多怨天尤人，不满情绪强烈，认为国家“待遇不平”，前途“漆黑一片”。许多资本家对改造采取消极抗拒的态度，宁愿坐耗资金，迟迟不肯行动。有的资本家虽已表示愿意接受改造，但情绪自始至终是抵触的；有的提难题，说怪话，散布不满；有的受趋利避害的心理支配，表面上假装积极，私下里却忙着“安排后事”，抱着能拖一天是一天的态度，商业资本家自叹：“走到社会主义，比工业更难”。①

在上述各种心态的驱使下，不同阶层的资本家自觉或不自觉地、主动或被动地、自愿或勉强地加入了推进公私合营的大潮。各地大私营工商企业纷纷向各地政府提出合营申请或咨询有关合营事宜。中小私营工商企业则纷纷开始联营并厂，其动机各有不同。有的是希望通过联营并厂，争取达到公私合营的条件；有的希望壮大企业规模，争取更多的政治地位；还有的则是企图借此分散资财，抽走资金，抗拒改造。此外，合并合营中，私营企业之间的明争暗斗也十分复杂和激烈。

可见，无论是私营工商业者自身的真实想法，还是党和国家对此的基本判断，以及在相关的政策文件中，有一点大概是基本一致的，那就是中国的私营工商业者最终选择公私合营，根本上来说是一种迫不得已的唯一明智选择。对于资本家阶级来说，合营既是迫不得已，但又是自愿的。这看起来似乎是矛盾的，但事实上却是历史的真实写照。一方面，迫不得已是迫于国家的强大压力，作为执政的中国共产党人对此直言不讳。刘少奇曾指出：“现在我们有极大的社会主义经济优势，资本家不接受改造就要垮台，就要破产，接受改造就统一安排，也就有饭吃。所以，从国际条件

① 董宝训：《和平赎买与民族资产阶级的社会心态》，载《文史哲》2004年第4期。

来看，从国内条件来看，造成了一种形势，逼着资本家非走这条路不可。”① 李维汉也说：“资产阶级在几年的社会主义改造中臭了，并且是众叛亲离，首先是工人判了，其亲属、子女起了变化，左右的代理人、技术人员、知识分子都有所改变，整个阶级孤立，只有国家资本主义一条路可走。……当知道工人阶级是采取国家资本主义来逐步改造它们时，将之比作‘文昭关’‘无痛分娩法’，‘改造好比剃头，不动才不流血’。天津资本家形容自己的处境是‘上了贼船’——这方面说明其阶级仇恨，另一方面说明一个真理：只有‘跟着走，能有出路’，‘逆着办，只有下水’，‘船在河中，只好认头’——这点看得深刻。”② 另一方面，关于自愿，即在具体的公私合营实施过程中，即使是国家对某一私营企业有强烈的公私合营愿望，那也一定要私营企业的资本家自己提出公私合营申请，明确自愿地表示合营愿望之后，才可以具体实施。尽管这种自愿的申请是可以通过各种形式的工作来实现的。在个别企业公私合营和扩展公私合营时期，私营工业企业实现公私合营的基本原则是“私方自愿”，而到了全行业公私合营阶段，如果没有成千上万的私营工商企业，以行业为单位自觉自愿，并且是热火朝天、争先恐后地提出全行业公私合营申请，那也就不可能有全国范围的公私合营高潮，更不要说在短短几天内实现了。

通过全行业的公私合营，国家最终实行了私营工商业的社会主义改造，企业性质从私有变成了公私共有，而实际上企业产权完全属于国家所有。民族资产阶级在完成这一脱胎换骨改造的同时，其内心世界经历了痛苦、无奈、挣扎与新生的复杂过程。私营工商业者在新的社会政治生态环境下开始了新的工作和生活，成为社会主义建设的劳动者。对此而言，资本主义工商业与资本主义工商业者在公私合营以及在“对资改造”中的历史地位和历史作用是显而易见的。对此，时任上海市副市长的曹荻秋有一个比较公允的说法：“工商业者最大的贡献，最集中地表现在最大多数人能够愉快地接受社会主义改造，从国家资本主义的低级形式到高级形式，从个别合营到全部合营。我们要认识到这不是一件简单的事情，因为企业合营是对资本主义所有制的一个变革，是一个革命，实际上是社会主义革

① 《关于资本主义工商业的社会主义改造问题》，1955 年 11 月 16 日，《刘少奇文选》，下卷，人民出版社 1985 年版，第 180 页。

② 李维汉：《在一九五四年扩展公私合营企业计划会议上的报告》，1954 年 1 月 6 日，《中国资本主义工商业的社会主义改造》，中央卷（上），中共党史出版社 1993 年版，第 536 页。

命高潮中的一个部分，而工商业者在这方面作出了成绩。”①

(三) 全行业公私合营前后工人阶级的反应

在全行业公私合营的过程中以及合营之后，工人阶级一直发挥着主力军的作用。在资本主义工商业改造的大潮中，他们的阶级觉悟和政治意识都大大提高，充分发挥了当家做主的主人翁意识，积极响应政府关于“合营与生产两不误”的号召，不仅热情高涨，踊跃参加各项合营工作，同时在生产上也呈现出了不同于私营企业时期的新面貌。

工人阶级通过政策学习后，深刻地体会到私有制是以前备受剥削的根源，想到合营之后就可以把私有制企业转变为国家领导的企业了，因此在工作中表现更加积极。很多老年工人在清点财产时这样说：“做工做了三四十年，还是第一次看到企业的财产也有自己的一份”。② 各厂工人对合营工作热情表现的事例还有很多。如上海华明烟厂锡包部一职工说：“我恐怕清点时财产遗漏，在清点前，将组内的工具和器具仔细作了检查，回家后还是不放心，一夜没睡着觉，第二天到厂内再次作了复查，核对了之后，才放心等候清点组来正式清点。”又如元华烟厂的职工在学习时，就表现出特别认真的态度，出席率达到97.95%，打破该厂历次学习出席的记录，由于职工认识提高，大家在清点工作期间，工作虽然紧张，都不感觉疲劳。华美烟厂等技术工人因为该厂并入了多个小厂，机器比较残旧，检查工作比较复杂，在试点前夕，晚上十点还不回家，大家在厂里聚集到一起，研究如何鉴定机器及性能的掌握。③ 正是由于广大工人阶级的热情和积极工作，才使得工业企业的合营工作开展顺利而迅速。

各企业公私合营后，工人阶级对自身地位和责任及今后企业生产的目的都有了进一步的认识，劳动态度也有了明显改观。如上海卷烟行业的元华烟厂在1955年8月份被批准公私合营之后，工人生产热情大大提高，生产成本降低。7月份坏烟每箱原为3.81斤，8月份减少到1.40斤；烟灰指标7月份每百斤16两，8月份降低到11.2两，梗中带叶7月份为5.05斤，9月份减少到了3.48斤，叶中带梗7月份为1.93斤，9月份减到1.17斤，蒸叶车含水量9月份也超额完成指标。④ 华成烟厂本来每天产生的碎叶子，各工段合计有100多斤，经过工人集思广益，改进操作方法

---

① 《曹荻秋在上海市工商联1956年会员代表大会上关于进一步做好企业改造和个人改造工作的报告》，1956年4月2日，载中共上海市委统战部：《中国资本主义工商业的社会主义改造》，上海卷（上），中共党史出版社1993年版，第725页。

②③④ 上海工商行政管理局等：《上海私营卷烟工业社会主义改造》，1958年3月，上海市档案馆藏档案：B182－1－1035。

之后，损耗率大大降低，出丝率提高1%左右。包装用的衬纸也经过工人改进切纸方法，大大节约了纸张，按照1955年9月份标准来计算，每月可节约人民币1 508.70元。① 华美烟厂工人努力学习国营厂先进操作法，节约原材料和提高产品质量，如学习了国营厂用煤操作法，每箱卷烟用煤的耗用量由10千克减少到8.42千克，另外二车间学习上烟四厂先进操作法之后，烟支质量合格率由38.42%提高到57%。大东烟厂合并合营后，生产上出现了新面貌。合营前五个厂平均用电每箱为3.66度，合营后为2.31度，用煤每箱由28.77千克降低到20.225千克。②

全行业公私合营后，公私合营企业的生产关系、阶级关系都发生了根本变化。工人群众由私营企业产权制度下的被雇佣者转变成为企业的主人，并同国家派去的干部直接管理和监督生产；企业中的私方人员除仍具有资本家的身份以外，同时还具有国家公职人员的身份，资产阶级的两面性仍然存在，但积极作用已经成为主要的一面，消极作用还存在，但将逐步得到克服。正如有文献资料所言："自从（1956年）1月20日上海工商业全部实行公私合营之后，生产关系起了根本的变化，广大职工的生产热情空前高涨，掀起了波澜壮阔的社会主义竞赛，大大推进了工业生产，推动了企业的改革改造，广大职工群众在社会主义竞赛中的动人事例，教育和感动了合营企业的私方人员，许多私方人员也投入了社会主义竞赛的热潮，并且在具体工作中，获得了成就，为国家和人民做出了贡献。"③

---

①② 上海工商行政管理局等：《上海私营卷烟工业社会主义改造》，1958年3月，上海市档案馆藏档案：B182－1－1035。

③ 《上海市工商联关于行动起来，积极投人社会主义竞赛，争取立功的号召》，1956年9月21日，载中共上海市委统战部：《中国资本主义工商业的社会主义改造》，上海卷（上），中共党史出版社1993年版，第805页。

第四章　公私合营后企业产权制度之变革

企业产权制度是指企业的财产制度，是企业制度的核心，它决定了企业财产的组织形式和经营机制。公私合营后，公私合营企业的制度变迁主要体现在清产定股下以公股为主导的所有者和经营者相一致的产权变革，“公私共事”下的企业（组织结构变革）治理结构变革，以市场为主导的产供销管理到以国家计划为主导的企业经营管理制度变革，以及从“四马分肥”到“定息”制度的盈余分配变革四大方面。其中最主要、最核心的部分是企业产权制度的变革。

自1949年下半年开始的个别企业公私合营阶段，到1953年下半年开始的扩展公私合营阶段，再到1955年下半年开始的全行业公私合营阶段，可以说，公私合营企业产权制度变革的大方向和大趋势是相同的，但是在制度变革的阶段上和具体的实现步骤和方式却呈现出一定的差别。其原因主要是随着政府通过在实践中的不断摸索和形势发展的需要，而对资本主义工商业的社会主义改造有着不同的思想，并形成了相应的政策，从而推进了公私合营的大潮。具体来说，在个别企业公私合营阶段，企业的产权制度变革主要体现在大部分还停留在私营企业制度阶段，而对企业产权的界定不很明晰；在扩展公私合营阶段，主要体现在公股领导下以企业清产核资为主要方式的公有股份领导地位的确定，这时的公私合营企业是半社会主义的性质；全行业公私合营高潮阶段，企业产权制度的变革已经不止局限于一个或者多个企业，而是在全国全部行业的私营企业中同时发生。国家通过对公私合营企业清产核资定股“从宽处理，尽量了结”政策的推行，以及裁并改合等产权整合形式，很快实现了对公私合营企业的全面控制和把握，并且通过“定息”，最终实现了对全国公私合营企业产权的全面公有化，而此前在市场经济环境下形成的企业的各类产权关系从此宣告终结，公私合营企业进入完全社会主义化时代。

第一节　个别企业公私合营时期的产权制度变革

一、以“私营企业制度”为参照

上海的个别企业公私合营阶段基本上是从 1949 年年底到 1953 年 9 月。此间上海大约有 60 多家私营企业先后实行了公私合营。这些公私合营企业在产权制度变革上一个很重要的特点就是在某种程度上依然以私营企业制度为参照，导致公私合营企业除了企业名称的变化之外，其在本质上与私营企业并无太大差别。

个别企业公私合营阶段，由于新政府派出的公私合营企业公方代表缺乏经验和对新生事物的认识，致使《公私合营企业条例》迟迟未颁行，因而当时的公私合营企业从设立到章程的制定上，基本上只能参照政务院 1951 年颁行的《私营企业暂行条例》，这就在一定程度上使得公私合营企业仍具有私营企业制度的存留，而合营企业的资方也认为公私合营企业从法律的形式上还具有一定的领导权、治理结构、经营管理、剩余分配权等等。

1951 年制定的《公私合营华孚金笔厂股份有限公司章程》第一章“总则”的第一条如是规定：“本厂参照私营企业暂行条例及其施行办法之规定组织之，定名为公私合营华孚金笔厂股份有限公司。其经营与管理均受上海市人民政府工业局之领导。”由此可见，公私合营华孚金笔厂是接受公方领导，但是在第二章的“资本及股份”中却没有任何“公股”与“私股”领导与被领导关系的规定。而第六条却规定：“本厂股票应记载私营企业暂行条例施行办法第六十八条所规定各款事项，由董事三人签名盖章，并加盖本厂图记，编号发行之。”第三章“股东会”中第十五条为：“股东表决权为每股一权”，第十六条为“股东会之决定事项，除私营企业暂行条例及其施行办法另有规定者外，以有代表股份总额过半数之股东出席，并以出席股东表决权过半数之同意行之。可否同数时，取决于主席。”第十七条规定：“股东会在讨论有关公私关系问题时，公私股东间应尽量采取协商方式。遇有双方不能成立协议之事项，应报请领导机关或主管机关裁定之。”第四章的“董事监察人及职员”中第二十条规定：“本厂设董事七人，监察人一人，其中公股董事四人；私股董事三人、监察人一人（无表决权）。公股董事由政府选派，私股董事之选任，以出席股东表决权过半数之同意行之。”董事会的职权如下：“一是召开股东会并执行股东会决议案，计划本厂业务进行方针；二是编制本厂年度预算决算；三是议定及修改本厂各种制度和规则；四是任免厂长及副厂长，并领导其执行业务等等”。由此可见，公私合营华孚金笔厂在制定《章程》时，虽然在董事会上规定了公私方采取协商的方式对企业重大事项进行决策，但却在规定董事会成员构成条款的时候，特意安排了四名公方代表，三名私方代表，这样就造成董事会在行使表决权的时候占到优势地位。而且还规定在公私协商不成时，报请上级领导机关定夺，而这个上级领导机关就是公方。这些条款的内容规定，无不体现了公方的领导地位，但在《章程》中，却没有任何关于公股处于领导地位，或者公股优于私股的明确规定，反而处处存留“私营企业制度”的影子。如《章程》第六章“附则”中第三十四条规定：“本章程如有未尽事宜，悉依私营企业暂行条例及其施行办法及现行法令规定办理。”①

1951 年 12 月 25 日制定的《公私合营公信会计用品社股份有限公司章程》第一章“总则”中第一条也规定：“本公司暂照私营企业暂行条例及其施行办法之规定组织之定名为公私合营公信会计用品社股份有限公司，呈请主管机关核准登记。”第三条规定：“本公司接受上海市财政经济委员会地方工业之领导。”在第二章“资本及股份”中第七条规定：“本公司股票应记载私营企业暂行条例施行办法第 68 条所规定各款事项由董事会三人签名盖章并加盖本公司面记编号发行之。”第三章“股东会”中第十七条规定：“股东会之决议事项除私营企业暂行条例及其施行办法另有规定者外以有代表股份总额过半数之股东出席股东表决权过半数之同意行之可否，同数时取决于主席。”第四章“董事监察人员职员”第 33 条规定“本公司设经理及厂长各一人，均由董事会聘任之，其余职工由经理、厂长任免之。”②

公私合营科学化工厂 1951 年 12 月 5 日的董事会决议案显示，董事会已在同年 7 月间召开股东会修改公司章程及改选董监事，其中修改的参考依据仍然是《私营企业暂行条例》。③

---

① 《公私合营华孚金笔厂股份有限公司章程》，1951 年，上海市档案馆藏档案：A38 –1 –123 –21。

② 《公私合营公信会计用品社股份有限公司章程》，1951 年 12 月 25 日，上海市档案馆藏档案：A38 –1 –123。

③ 《公私合营上海科学化工厂合营后董事会决议情况的材料》，1953 年 10 月 26 日，上海市档案馆藏档案：A38 –1 –125 –31。

1951 年 2 月 1 日，《公私合营南洋兄弟烟草股份有限公司公私合营协议书》根据《私营企业暂行条例》，规定该公司“以股东大会为最高权力机关”，“董事会为最高决策机构”。①

由上可以发现，不论是公私合营公信会计用品社、公私合营华孚金笔厂还是公私合营科学化工厂，其公司章程都大同小异。由此可见，个别公私合营时期的企业章程依据多是依据《私营企业暂行条例》，在这些公私合营企业的章程中，规定企业按照私营企业条例登记，同时又明确企业接受公股的领导，这就是个别公私合营阶段中“私营企业制度”形式上的存留与企业实际运营“采用国营企业经营管理模式”的矛盾之处，反映出政府在此时期对公私合营企业在产权、治理结构、经营管理及剩余分配方面还没有形成明确且清晰的制度目标，一切还处于探索阶段的明显特征。

个别公私合营阶段公私合营企业只能暂时按照《私营企业暂行条例》的做法，使得合营企业的公方代表在工作中深受束缚和感到十分为难。他们认为：“公私合营的条例没有发表，对公私合营厂的政策原则、利润分配等问题均不明确，要修订章程合同也感到困难。领导上叫我们创造也创造不出”，“领导是对工作指示不明确，又没有公布‘公私合营企业条例’，致工作上没有依据”。② 而且，合营企业以“私营企业制度”为参照的做法，还使得企业资方不自觉地从私有产权制度的立场出发，从企业的公司股份比例出发，从企业的领导权、治理结构、经营管理、收益分配等方面更多地考虑争取自身的利益，这就必然与公股及上级主管部门的领导地位和意志相违背，正如时任上海地方工业局局长的梅洛所言，“尤其是在公股比例小的企业，私股若坚持付诸表决，就有脱离国家领导的危险。”③ 也正是因为此方面的原因，促使政府开始提高警惕，并思考在扩展公私合营企业时期明确公股的领导地位。

二、清产核资的粗疏

1952 年 9 月，上海市人民政府财经委员会对上海市工业局、华东轻工业管理局领导的公私合营工业企业，进行了一次清产核资。清产核资的标

---

① 《公私合营南洋兄弟烟草股份有限公司关于第一届董监事第一次联席会议记录》，1951 年 2 月 1 日，上海市档案馆藏档案：A38 - 1 - 125 - 24。

② 中共上海市委私营工业部：《关于九个公私合营厂的情况汇报》，1954 年，上海市档案馆藏档案：A36 - 1 - 11 - 113。

③ 梅洛：《关于公私合营企业董事会问题的意见》，1953 年 11 月，上海市档案馆藏档案：A48 - 1 - 4。

准是参照国有企业的清产清估办法。参加清产核资的公私合营工业企业基本上可以分为三类：一类是“部分合营企业，曾经参照上海市私营企业清产估价调整资本之规定，进行过一次资产清点估价，估价标准系按 1950 年底价格，但其资本额尚未进行调整”；二类是“另一部分合营企业亦已按私营企业清产估价，调整资本方法进行清点估价，且资本额亦已调整确定”；三类是“再有一部分合营企业，系解放后政府新投资的，政府参加合营之时，对原有资产均进行估价，其估价方式大部分采取通估方法。”①

与此次个别企业公私合营时期清产核资不同，上述三种情况虽然都已进行过清产核资，但是由于情况有别，也呈现出不同于以往的问题。在第一类企业中，虽然经过两次估价，但是由于估价标准不同，估价时间有先后，估定价格也有高有低，但是在清产核资后资本额并未调整，因此第一、第二次的估价差额，可以通过资本额的调整而调整。第二类企业，此次进行的清产核资，其结果是大部分企业的资产价值都比此前估价要高。如上海市工业局系统参加清产核资的 17 家公私合营企业中，其中有 13 家企业的资产在再次清产核资后，升值达 389 亿元。第三类企业，在参照国营企业的估价标准再一次估价后，“发现合营时估价均失之过高，如永星化工厂合营时高估资产十三亿元”。② 这类企业在上海市工业局系统的 17 家公私合营企业中占了 4 家。

以民谊药厂为例，该企业 1949 年 10 月因汉奸敌产被上海军管会接管后，没收股份转为公股，占整个企业股份的 33. 8% 。后又吸收私人投资，在第一次对企业进行资产清估时，新私人投资方将企业原有全部净资产按 1949 年 8 月价格估为 1. 2 亿元，并由此使得公股在企业股份中所占的比重从原来的 33. 8% 下降至 23. 4% 。1952 年再次重估时，此前的资产清估被认为是有意大大压低了企业原有资产的估价，其差额被认为达到 4 倍以上。最后决定在 1952 年 11 月 29 日召开的董监事会议上进行决议，推派公私代表成立小组，重新进行审核估价。③

正是因为“过去合营时，企业资产大部分未经清点，究有资产若干，心中无数，新旧程度如何更不了解，因而所估价格，亦失其依据”，因此在后来的清产核资时才会出现上述所述的情况。有的合营企业因为一些特别的原因，在实施公私合营时甚至未经过任何的清产核资，闸北水电公司

---

①② 中共上海市轻工业委员会统战部：《关于公私合营企业清产估值问题的报告》，1953 年 12 月，上海市档案馆藏档案：A37 - 1 - 131。

③ 中共上海市轻工业委员会：《关于合营时资产高低估价之处理意见》，1952 年，上海市档案馆藏档案：A37 - 1 - 131。

就是其中一例。据相关资料记载，上海市工业局系统下17家合营企业有13家资产被低估总计价值389亿元的状况。①

三、企业产权界定模糊

清产核资工作的粗疏不仅影响到公、私股份之间的权益比重，更影响到公私合营企业的最终定股。事实上，这种股权不清，产权未定的现象在个别公私合营阶段成为一种非常普遍的现象。大量出现这种现象的一个最主要的原因就是，公私合营企业最开始的时候，“一般都按照政务院颁布的企业中公股公产清理办法，并参照私企条例重估财产办法进行财产清估工作。由于国营企业清产估价标准与私营企业重估财产的估价标准不同，致发生高估或低估及公私股的比例问题。且税局认为清产之后的增值部分应补缴所得税，因之私股颇有意见”。② 公私合营九福制药厂、永星化工厂、中国标准铅笔厂、利华造纸厂、惠工缝纫机厂、民谊药厂、华孚金笔厂等，都有这样的类似问题。

个别公私合营时期的公私合营企业股权的确定之所以出现股权未定的问题，究其原因最主要的是因为当时公私合营的程序大多是先进行合营后进行清产核资定股，而当清产核资定股因各种原因遇到阻碍时，由于政府在这方面的经验非常缺乏，很多情况下因为考虑太多或政策未形成而导致最终拖延了下来。由此导致的结果就是，虽然企业已合营，但是清产核资定股工作却并没有进行；或者虽然企业已合营很久，但合营企业的总股本以及公私股份比例并未最终确定，并由此影响企业分红，这也是很多公私合营企业虽已合营但却很少进行分红的重要原因之一。公私合营上海科学化工厂合营后，自1951年9月3日到1953年6月10日共计召开了4次董事会会议，每次都有厂长汇报企业过去经营概况，并提出下一阶段的经营计划公董事会讨论并决议。③ 南洋兄弟烟草公司合营后，因为资产及投资问题，公股股权一直未能确定，由此并影响股息分红。④ 由此可见，个别公私合营时期，政府更倾向于企业生产的恢复和发展，而企业的产权、股

---

① 中共上海市轻工业委员会统战部：《关于公私合营企业清产估值问题的报告》，1953年12月，上海市档案馆藏档案：A37－1－131。

② 上海市人民政府工商行政管理局：《上海市公私合营企业报告》，1953年10月，上海市档案馆藏档案：B182－1－520。

③ 《公私合营上海科学化工厂合营后董事会决议情况的材料》，1953年10月26日，上海市档案馆藏档案：A38－1－125－31。

④ 《本局所属公私合营企业存在的急需解决的问题》，1953年，上海市档案馆藏档案：B182－1－520。

权等制度变革方面的意识还处于模糊阶段，至于这方面的政策更是还处于探索阶段。

此外，个别公私合营阶段股权模糊不清的另外一个原因是合营企业不仅存在被没收股份并归入公股，而且还有其他各种股份归入并因为产权归属问题而产生各种变化。如统一纱厂，原先只有1%不到的公股，后来在清理过程中，可归入公股权益的其他股增加到了一半以上，其中包括代管股22.5864%、冻结股0.5441%、怀疑股1.7516%、隐匿股28.876%、未登记股0.5113%；而真正可以归入私股名下的股份仅占45.123%。[①]

随着1953年过渡时期总路线的颁布，个别企业公私合营阶段即将向扩展公私合营阶段迈进，1954年9月2日，政务院第二百二十三次政务会议通过了《公私合营工业企业暂行条例》。个别企业公私合营阶段产权制度的变革，诸如存留“私有企业制度”特征，清产核资工作粗疏、产权界定模糊等特点，都随着《公私合营工业企业暂行条例》的颁行而产生了重大变化。《条例》的第一章“总则”中第三条即就公私合营企业的领导权开宗明义的指出：“合营企业中，社会主义成分居于领导地位，私人股份的合法权益受到保护。”第二章“股份”中第五条即对公私双方的清产核资定股作出了明确规定：“对于企业实行公私合营，公私双方应当对企业的实有财产进行估价，并将企业的债权债务加以清理，以确定公私双方的股份。”[②] 由此可见，接下来扩展公私合营时期关于公私合营企业产权变革的主要变化就是“清产核资定股”以及公股领导地位正式在法规和实际工作中得以确立。

第二节　扩展公私合营时期的产权制度变革

上海的扩展公私合营开始于1953年9月起的14家试点企业。之后在1954年又分两批先后扩展合营了152家私营工业企业。1955年之后，扩展公私合营的企业和行业大大增加，合营工作已从“吃苹果”进入了“吃葡萄”的阶段，轻、重、纺织共计有21个行业进行了公私合营。扩展公私合营时期企业产权制度的变革，主要体现在公股领导下的清产、核

---

① 上海市工商行政管理局：《上海市公私合营企业的参考资料》，1953年4月，上海市档案馆藏档案：B182-1-520。

② 《公私合营工业企业暂行条例》，载《山西政报》1954年第17期。

资、定股工作的具体展开上。

扩展公私合营时期清产定股工作总的原则是“公平合理，实事求是”，具体的办法是“公方领导，私方负责，职工参加，充分协商，上级批准”。其领导方法是在公私合营筹委会下面设立清估组，党内明确统一领导，党、团、工会骨干及公股代表成立核心，领导清估具体工作，必须做到“内外结合，统一思想，统一步调”。工作步骤大致分为四个阶段：一是准备，二是清点，三是估价，四是定股。其关键之处在于“做好摸底工作（其中第一次摸底在清点，估价之前；第二次摸底在资本家提出估价意见之后），掌握政策，充分体现协商精神”。同时估计整个清产核资时间大约需要一个半月到两个月。①

扩展公私合营下私营工业企业的产权变革主要是通过“清产、核资、定股”来实现的。其合营前后的产权变化大概如图 4－1 所示。

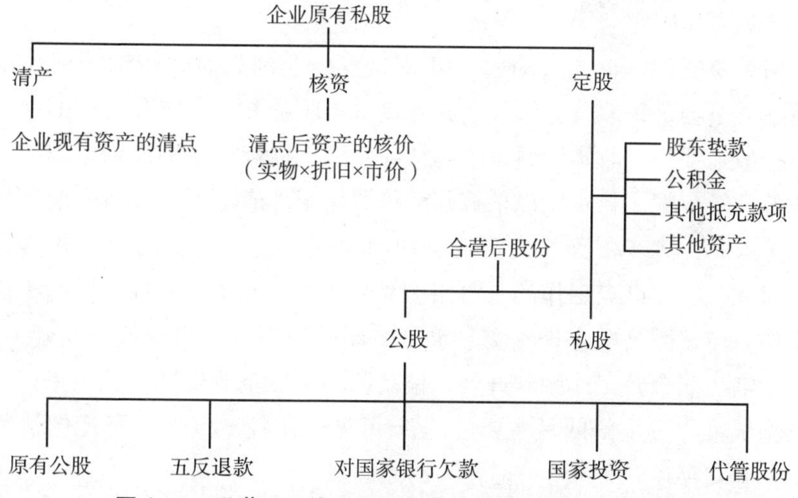

图 4－1　私营工业企业公私合营中的清产核资定股示意

资料来源：转引自张忠民：《“公私合营”研究（1949—1956）——以上海工业企业为中心的分析》，上海社会科学院出版社 2016 年版，第 253 页。

由图 4－1 可见，清产核资定股可以分为对企业原有资产的清点与估价，以及合营企业股份的确定两个方面。在清产核资中，最重要的是对企业原有资产的实物清点以及价值估算，其中的核心问题是实物资产的原置值、折旧与现值如何估算和核定的问题。定股中，对私股来说，经清点核

① 《做好清产定股工作方案研究提纲》，1954 年，上海市档案馆藏档案：A36－1－11。

实的私人资本全部转为合营企业的私股没有太大的问题，比较难处理的是股东垫款、公积金，以及其他抵充款项等是否转为以及如何转为合营企业股份的问题。对公股而言，主要是各项对公欠款是否转为公股，以及代管股的处理和国家对合营企业再投资的问题。

一、清产核资

1953 年下半年，在 14 家试点扩展公私合营企业清产核资开始进行之前的第一项工作就是“与资本家进行协商谈判中关于财产问题”，即“向资本家讲清应以其企业的全部财产进行合营，注意防止资本家以分红分息、抽脱股东垫款、还清债务等方式分散资金的活动。在企业有盈余，长期未分，资方坚持要分的情况下，为了适当地照顾资方的实际利益，可同意其分红分息，但必须以首先弥补企业亏损，不影响资金周转为原则。……公私股具体比例，可待合营后依据公平合理原则，实事求是地清估资产后再作确定。”①

清产核资工作正式启动后，14 家试点企业都先后“组织了清估小组或清估委员会，采取公方领导、私方负责、职工参加、充分协商的办法进行。一般地要经过收集资料、了解情况、清点物资、鉴别使用年限和估价定股等几个步骤。核资中以估算超龄机器使用价值与评议价格问题最为复杂”。②因此，清产核资首先要解决的问题就是资产清估的原则和依据问题。对此，领导试点工作的上海市委私营工业部认为：“对工厂的清估资产工作，应按照公平合理，实事求是的原则处理。偏高偏低对我皆不利，偏低影响当前合营工作顺利开展，偏高影响今后企业发展。总地来讲，今冬典型试验厂防止偏低是主要的。”③ 可见，在各试点厂在资产的清估工作中，确实存在“偏紧”“偏严” 的倾向。

对于资产清估的基本依据，上海相关部门在 14 家试点企业的基本做法是“分别采取普遍重估和在一九五〇年重估财产基础上局部清估两种办法进行，以取得经验”。④即“普遍重估”，也称“全面清点、全面估价”以及“全面清点、重点估价”两种不同的办法。

所谓“全面清点、全面估价”要求对合营企业的所有资产，不仅要逐

---

①②④ 中财委（资）转发上海市委《关于扩展十四个公私合营工厂试点工作的总结》，1954 年 5 月，《中国资本主义工商业的社会主义改造》中央卷（上），中共党史出版社 1992 年版，第 624 页。

③ 中共上海市委私营工业部：《关于合营工作中的总结及有关材料》，1953 年 12 月 28 日，上海市档案馆藏档案：A36－1－11。

件清点实物，而且在清点之后还要根据折旧及市价，逐件进行价格评估。这样一种方式，看起来考虑比较周全、详尽，但在一些试点企业推行了一段时间后就发觉，这样的做法不仅太费时间，导致合营工作进度缓慢，同时过分纠结于“折旧”“价格”等细节，会使衍生问题越来越多，情况越来越复杂，事情越来越难处理。

“全面清点、重点估价”则是“对原企业财产虽作全部清点，但对其使用年限与价格不一一进行重估，只将双方认为需要重估部分，有重点的予以重估，以求早日定股”。① 对于大部分不列入重估部分的资产，基本上就按照1950年重估财产价格执行，其目的就是为了不使繁杂的清产核资影响公私合营的工作开展进程。而最终事实也证明，全面清点、全面估价，不仅工作量大，而且折旧、价格标准复杂、情况多样，非常难以控制和掌握，实际操作不仅费时费力，更是严重影响到合营的总体进度。以致14家试点企业“宣布合营已有半年功夫，清产定股工作尚未结束，除领导上抓得不紧外，在作法上神秘化、复杂化的教训必须接受”。②

具体来说，“清估财产时一般依据1950年重估财产经工商局核定数字，根据资产折旧及其他实际变动情形作适当调处，有些厂1950年重估财产时偏高偏低较大，必须重估者，应予重估”。（1）在清估时，一切财产都应拿出来，实事求是的处理，有多少算多少，在原则上全部合营，如有特殊的情况，实在用不着的，则可以协商，个别处理。对清估后作价入股问题，应本公平合理实事求是的原则，由双方协商解决。（2）对一般资本主义工厂，在合营时清估资产中升值部分，可依法征所得税，如资金有困难，可暂予挂账，将来仍由私资方面负责。（3）超龄机器，有使用价值者，按其使用价值大小，据实折价。（4）对经过清估资产升值部分征税、超龄机器折价、公积金及呆滞材料、呆滞资产的处理，要联系起来作通盘考虑。③

所谓以1950年重估财产为基础，即以清产核资的时间节点为1950年12月31日的企业实有财产重估。此项工作开始于1951年下半年，中央政府为此制定了《私营企业重估财产调整资本办法》，上海市为此还特别成立了由副市长盛丕华为主任委员的“上海市私营企业财产重估评审委员

①② 中共上海市委工业生产工作委员会：《1954年上半年公私合营工作基本总结与下半年公私合营工作进行步骤（修正稿）》，1954年9月，上海市档案馆藏档案：A38－2－22。

③ 《中共上海市委私营工业部关于对1953年十四个新合营厂试点工作中若干政策性问题的初步意见》，1953年12月28日，载中共上海市委统战部等：《中国资本主义工商业的社会主义改造》，上海卷（上），中共党史出版社1993年版，第255—256页。

会”，各行业按照同业公会分别成立了分委员会以及财产重估工作委员会，各厂也相应设立了由企业经营、生产负责人、技术人员、物料、仓库、会计主管人员，以及工会代表和其他有关人员组成的财产重估工作委员会。与此同时，各行业财产重估评审分委员会还在反复讨论、协商的基础上制定出了本行业“大部分财产之重估价格”，经上海市财产重估评审委员会核定后，再统一下发各私营企业执行。各企业依据相对统一的标准对本企业所有财产实行重估后，再将重估报表报送行业重估评审分委员会，审核后转市评审委员会审查通过，最后对企业下达“审查通知书”。此项工作一直持续到1953年初才告一段落。由此可见工作的认真、细致，以及重估结果之总体可信。因而，有评价认为“1950年重估财产”的工作，自1951年下半年开始，一直延续到1953年初才告一段落，故而以此财产重估为清产核资之基础，不仅能做到基本合理而且还节省不少人力、物力，并大大减少和缩短了工作时间。①

1953年下半年到1954年，上海公私合营企业的清产核资工作大多采用“全面清点、全面估价”的做法，“以致虽力量花得大时间拖得长，却未能达到及时定股的目的”。照此下去，“若一般合营企业的清产定股工作均按上述办法进行，势必在合营初期影响集中主要力量搞好生产，同时也影响合营工作的开展”。因此，一方面在根据中财委（资）的指示精神，即“清产定股工作的主要目的，在于及时确定公股比例和摸清企业资产的主要情况”。另一方面在吸取了最开始的14家扩展公私合营企业的经验和教训（清产定股工作到1954年8月底才基本结束），1954年全国扩展公私合营工作开展之后，合营企业的清产核资工资开始全部采用“全面清点、重点估价”的办法，即“对原企业财产虽作全面清点，但对其使用年限与价格不一一进行重估，只将双方认为需要重估部分，有重点的予以重估，以求早日定股”。② 同时在做法上可以1950年重估财产的核定数字为基础。

1954年上半年，第一批合营的46个厂，7月初各管理局根据试点情况与问题进行了全面的布置工作，8月份大体完成准备和清点摸底工作，预计9月底10月初基本结束清产核资工作。为按预定计划完成清产核资

---

① 《上海市棉纺织工业同业公会通知》，棉纺（51）辅字第2205号通433号，1951年9月5日，《上海市私营企业财产重估评审委员会审查通知书》，字第2号，1953年1月9日，上海市档案馆藏档案：Q199－13－204。

② 中共上海市委工业生产工作委员会：《一九五四年上半年公私合营工作基本总结与下半年公私合营工作进行步骤（修正稿）》，1954年9月，上海市档案馆藏档案：A38－2－22。

工作，下半年扩展合营的106户企业，从合营筹备时期就被要求“边合营，边清产定股”。[①] 但实际上，由于清产定股工作量大，政策性强，无论是第一批还是第二批企业，进展均较为缓慢。究其主要原因，私方对此虽有意见和不满，但亦无可奈何。正如公私合营上海正泰橡胶厂在1954年9月20日上海市人民政府轻工业管理局清产定股工作扩大会议上所做的工作报告中总结的：“我厂自1954年2月1日正式合营以后，即于三月间筹备展开清点财产工作。四月底基本结束，此后由于我们存在松懈情绪，任其自流，未能一鼓作气，及时布置开展估价工作，迨七月间，经市局一再催促，始抓紧推动，八月十五日依限完成估价工作”。[②]

在此种情况下，同年9月，中共上海市委批复并上报华东局及中央《中共上海市委工业生产委员会关于扩展合营企业清产定股工作试点情况与今后意见的报告》，认为“前一阶段由于领导上缺乏经验、抓得不紧，清产定股工作进展较为缓慢”，“今后在已经取得典型经验的基础上，边合营，边清点，抓紧进行这一工作是完全必要的。清产定股中对某些不关重要的具体项目的折算，因没有十分科学的标准做依据，过分认真的计较是没有必要的，遇到这类情况，一般应当经过吸收职工参加，公私充分协商之后，采取实事求是的精神，迅速地达成协议，以免拖延时日对工作不利”。并且提出清产定股工作的要求，“主要应该是初步摸清企业底细，确定公私股比例，同时为合营后建立必要和可行的财务管理制度创造条件。在做法上，应放手发动群众，力求简化手续，缩短时间”。因此，在下半年扩展合营中清产定股工作的基本做法是：（1）清产定股工作，应贯彻实事求是公平合理的精神，应按合营时企业实有财产的现值进行计算。根据试点企业情况，合营时之现值与1950年重估核定数字相差不大，故一般可以按1950年重估核定数字为基础，根据资产折旧实际变动情况，对过高过低、重复遗漏、不合理部分作适当调整。（2）清产定股工作，应在公方领导、私方负责，职工参加，公私协商，上级批准的原则下进行。在具体的组织领导方面，各厂在公私合营筹备委员会下成立清产定股小组，并在党委直接掌握并在内部建立核心的情况下，具体进行工作。各厂清产定股结果，应经行业小组讨论研究后，报请管理局核准决定。

---

① 《中共上海市委对市委工业生产委员会关于扩展公私合营企业清产定股工作试点情况与今后意见的报告的批复》，1954年9月16日，载中共上海市委统战部等：《中国资本主义工商业的社会主义改造》，上海卷（上），中共党史出版社1993年版，第351—352页。

② 杨少振：《公私合营上海正泰橡胶厂清产定股工作报告》，1954年9月12日，上海市档案馆藏档案：B4－2－36－116。

清产定股工作在各厂的具体做法，大致可以分为三步。即第一步准备；第二步发动群众全面清点；第三步公司协商确定公私股比例。其中第一步准备工作中，需要做好以下几项工作：（1）资料准备：①1950 年重估资产情况及四年来实际变动资料；②机器设备概况折旧情况资料；③其他有关资料、初步了解哪些需要重新清点，哪些可以用复查解决。（2）技术准备：①制定清点有关表格卡片；②确定设备及原物料未用、有用、好用、坏的以及呆滞材料的分类标准。（3）建立清点组织，集中参加清点人员进行必要的训练。讲清政策，学习清点及填表填卡等具体技术。第二步根据试点企业的经验，清点工作有两种做法：①以局部试点取得经验后全厂展开；②采取分类分批进行清点。①

报告还特别指出了根据试点企业得出的重要经验，即“清点后不必进行全面重估。对固定资产中的机器设备及房屋等项有与 1950 年重估相差甚大或重复遗漏部分可进行重点估价”。清点估价后其实有财产与 1950 年核定数字相较变动很大需要调整者，机器附属设备价值估定应以合营时重置价值为依据；房屋及其他建筑物可根据 1950 年重估价值为基础，结合其结构种类、经济效用、已使用年限、目前使用情况及工程质量等因素并参照市场价格经公司协商确定；与生产有关的土地，参照公私合营估价标准协商估定；流动资产一般按合营时账面核实计值；职工福利金及职工福利金举办的集体宿舍、休养所建筑物依据资金来源及性质分类协商处理；合影前债权债务由公私双方根据具体情况协商处理；残破失效的机器与呆滞的机物料以及其他与生产无关之资产等，可经过公司协商参酌可能出售价格打一定折扣后，折价入股或作待处理财产随时进入股本。②

1954 年 10 月 16 日，中共中央统战部、中财委（资）转发华东局统战部《对华东区扩展公私合营工业清产定股的初步意见》，进一步明确，此前试点厂大多采取的“全面清点、全面估价”的做法，“未照顾到企业合营不久，条件还不具备的实际情况，以致虽力量化得大，时间拖得长，却未能达到即使定股的目的。若一般合营企业的清产定股工作均按上述办法进行，势必在合营初期影响集中主要力量搞好生产，同时也影响合营工

---

① 《中共上海市委对市委工业生产委员会关于扩展公私合营企业清产定股工作试点情况与今后意见的报告的批复》，1954 年 9 月 16 日，载中共上海市委统战部等：《中国资本主义工商业的社会主义改造》，上海卷（上），中共党史出版社 1993 年版，第 350—353 页。

② 《中共上海市委对市委工业生产委员会关于扩展公私合营企业清产定股工作试点情况与今后意见的报告的批复》，1954 年 9 月 16 日，载中共上海市委统战部等：《中国资本主义工商业的社会主义改造》，上海卷（上），中共党史出版社 1993 年版，第 353—354 页。

作的进展”。“根据中财委（资）的指示精神和典型厂经验，清产定股工作的主要目的，在于及时确定公股比例和摸清企业资产的主要情况。在做法上可以1950年重估财产的核定数字为基础；采取‘全面清点、重点估价’的办法。这样，可以及时消除资本家的顾虑，体现党的政策，搞好公私关系，以有利于对企业进行社会主义改造。”而“华东局统战部所提的对清产定股的初步意见，可作为内部掌握的依据，并结合各地具体情况研究执行”。上海这一“以1950年重估财产的核定数字为基础；采取‘全面清点、重点估价’的办法”最终成为被推广至全国各地的参考经验。①

1955年扩展公私合营时期的清产核资，大多遵循1954年的基本做法，而且在程序上更加简化，时间上更为快速了。主要表现在：一方面进一步明确和贯彻了公方领导下，政策见面，私方负责，职工参加，公私协商、公开进行的基本做法。另一方面充分发挥行业同业公会清产定股小组的作用，对于行业中估价中遇到的特殊问题，不断反复协商；对于某些工厂估价中的不恰当问题，也及时协商处理。② 这样做有两方面的优点：一是在同一行业内从一开始就有一个相对统一的估价原则和基本做法，有利于各厂估价工作的协调与统一；二是很大程度上可以加快工作进度，并且尽可能减少各企业之间在估价工作开展中的自相矛盾的做法。

以扩展合营阶段的永安棉纺织印染公司为例，该公司1955年8月底之前各厂及仓库完成全部清点工作，同时各厂在清点阶段，估价工作交叉进行；9月5日前各厂完成全面估价、整理、核算、编表等工作；9月20日前完成协商阶段；9月25日前完成全部合营工作。③ 又以全行业合营的卷烟工业为例，1955年7月初，开始清产定股的内部准备工作，8月底各项准备工作完成后即将拟定的表册及资料分发各厂。各厂于9月初旬即先后开始清点估价，到9月底，除大东烟厂外，各厂清产定股工作都告完毕。大东烟厂也在当年11月份完成了清产定股工作。其中如华成烟厂，在当年的9月2日先进行了财产清点试点，9月4日在公私合营筹备委员会领导下，设立了“清产定股委员会”，9月8日清点工作全面展开。该

---

① 中共中央统战部、中财委（资）转发华东局统战部《对华东区扩展公私合营工业清产定股的初步意见》，1954年10月16日，《中国资本主义工商业的社会主义改造》中央卷（下），中共党史出版社1992年版，第705—708页。

② 《今年重工业系统准备合营中清产定股工作情况》，1955年10月26日，上海市档案馆藏档案：B4-1-36。

③ 《永安棉纺织印染公司的社会主义改造》，载中共上海市委统战部等：《中国资本主义工商业的社会主义改造》，上海卷（下），中共党史出版社1993年版，第1221页。

厂“由于准备较充分，群众热情高，全部清点工作仅二、三天即告完成。有的部门一天即清点完毕。”“9 月 21 日召开清产定股委员会及技术人员、老年工人扩大会议，自上午开始至下午 6 时止，初步完成估价工作。”①

1954 年扩展公私合营的企业多为规模较大的企业，然而，1955 年扩展公私合营中若干行业的全行业公私合营，有相当一部分合营企业都是规模较小、生产设备比较简陋的中小型工厂。故而在清产核资中，出现了一个较为普遍的现象，即清产核资之后的企业资产较之于原来的账面资产有较大程度的缩水。这其中的原因主要有两个：一是对原有账面资产中虚账部分的剔除，它们大多要使账面资产下降相当一个比重；二是对清点后资产的估价，其中不仅要剔除一些非生产用资产、呆滞资产等等，而且还有残值重计、折旧估算等等。因此，一般来说，清产核资后的企业资产大多较原来的账面资产缩水 10% 以上。

以上海市第一重工业局 1955 年的扩展公私合营为例，根据 1 099 个自报查账户，清产核资的情况在清估前资产总值为 77 548. 043 元，清估后资产总值为 59 768. 548 元，清产核资后的资产净值较原账面资产价值下降了 22. 93% 。其中机器清估前 16 617. 514 元，清估后 13 299. 832 元，较原账面下降 19. 96。② 重工业系统各厂资产缩水的重要原因有三点：一是对机器使用年限等的估算偏紧；二是大量中小厂合并之后，某些机器、资产、财务处于淘汰或无用境地，只能作为呆滞资产处理；三是对原料、半制成品等价格估算偏低；四是虚账因素。机器估算方面，清估时机器价格较低，比 1950 年重估财产时要低 30% 左右，1953 年市场机器价格有所回升，但 1954 年价格又有所下降，这就给机器估值带来很大麻烦，开始估值时一般采取宁低毋高的思想，后来又进行调整，最后根据上海市委指示，即“机器一般按照账面，有突出不合理的进行适当调整”的精神，最终下降为 21% 左右。其中个别企业下降幅度很大，如仪表公司机器下降为 32% ，纺织机械公司下降为 29. 14% 。另外还有一些机器价格不合理的情况，如仪表公司的民丰厂，四尺半车床账面 1 447 元，永生厂却要 1 800 元，而清估时的市价为 600—700 元。纺织机械公司的求精厂一部 12 尺车床账面要 18 000 元，而清估时市场价只要 8 700 元，类似这种情况在清估时都被要求调整。原料方面，各厂原料过去一般是向私商购进，价格较高，

---

① 上海市工商行政管理局等：《上海私营卷烟工业社会主义改造资料》（初稿），1958 年 3 月，上海市档案馆藏档案：B182 - 1 - 1035。

② 《上海市第一重工业局关于新合营厂清产核资的报告》，1955 年，上海市档案馆藏档案：B173 - 1 - 259 - 76。

后来向国营专业公司购进，价格下降很多，因此在清估是资产下降比重就很大。如孙立记电缆厂积存的矽铜片账面有 17 461 元，估值后照国营公司价格比较下降60%多。虚账方面，大量私营厂的账面资产虚列账目较多，如已列支的费用、资方呆账、困难职工的借支等，有的企业亏损的数字，在负债表上并未表明。因此在财产估值中，按实际情况进行处理，即能收回的则作为资产，收不回的就不作为资产，无法确定收回或收不回的暂作待处理。经过这样的核实处理后，资产缩水也很多。具体情况详见表 4－1。①

表 4－1　　1955 年上海市第一重工业局各公司财产清估前后对比情况（自报查账户）

单位：元

公司	户数	清估前资产总数	清估后资产总数	下降%	清估前机器数	清估后机器数	下降%
上海市轻工业机械制造公司	63	3 863.000	3 139.000	18.74	1 071.000	867.000	19.05
上海市旋转电机制造公司	72	9 098.905	6 429.820	29	1 978.229	1 906.989	24.00
上海市第一机床制造公司	31	3 166.000	2 458.000	22.36	1 040.000	820.000	21.15
上海市机电仪表制造公司	43	3 513.000	2 573.000	26.76	384.000	260.000	32.20
上海市通用制造公司	178	6 518.000	5 257.000	19.35	1 827.000	1 562.000	14.50
上海市内燃机配件制造公司	67	3 777.629	2 920.000	22.69	955.571	753.787	21.15
上海市石油机械制造公司	46	2 259.568	1 798.695	20.41	835.704	708.048	15.21
上海市第二机床制造公司	104	7 827.000	6 052.000	22.68	1 958.000	1 547.982	20.99
上海市动力设备制造公司	50	3 004.000	2 319.000	22.80	886.000	723.000	19.40

① 《上海市第一重工业局关于新合营厂清产核资的报告》，1955 年，上海市档案馆藏档案：B173－1－259－76。

续表

公司	户数	清估前资产总数	清估后资产总数	下降%	清估前机器数	清估后机器数	下降%
上海市自行车制造公司	102	6 568.000	5 254.000	20.01	1 363.000	1 100.000	19.30
上海市铸锻工业公司	148	9 445.000	7 025.000	25.62	800.000	611.000	23.62
上海市电力设备制造公司	149	12 928.98	9 911.981	3.37	2 336.370	1 672.885	19.86
上海市纺织机械制造公司	45	5 881.864	4 647.665	20.92	236.863	1 014.630	12.97
合计	1 099	77 548.043	59 768.548	22.93	16 617.514	13 299.832	19.96

资料来源：《上海市第一重工业局关于新合营厂清产核资的报告》，1955 年，上海市档案馆藏档案：B173－1－259－76。

二、定股

清产核资工作完成之后的下一步工作就是定股。定股就是在清产核资基础上，对合营后企业总股本以及总股本中公股、私股各自所占份额的确定。

在 1953 年 14 家扩展公私合营试点企业中，上海市委在“清资核产关系公私股比例的确定，资本家在这方面与我们的斗争是很尖锐的”总体认识下，对合营企业“定股”的基本原则是，“股东垫款可争取转为股份或转账，少数亦可同意抽回；资方私人债务与生产无关者可推动资本家自行料理，已投入生产者可争取转为股本或转账。公私股具体比例，可待合营后依据公平合理原则，实事求是地清估资产和再作确定。对资本家希望政府多投现金的要求，要耐心予以说明。”①

另外，根据 14 家试点企业关于“定股”的经验，“定股时应充分与资本家协商，资本额及公私股比例达成协议后，应送交市各工业管理局批准始为正式定股。”②

---

① 《中财委（资）转发上海市委〈关于扩展合营十四个公私合营工厂试点工作的总结〉》，1954 年 5 月，《中国资本主义工商业的社会主义改造》，中央卷（上），中共党史出版社 1992 年版，第 624 页。

② 《中共上海市委对市委工业生产委员会关于扩展公私合营企业清产定股工作试点情况与今后意见的报告的批复》，1954 年 9 月 16 日，载中共上海市委统战部等：《中国资本主义工商业的社会主义改造》，上海卷（上），中共党史出版社 1993 年版，第 353 页。

一般地，合营前私营企业的股份大致上可以分为三类，即私股、公股和其他股。其中其他股情况最为复杂，主要是有些是企业职工持有的职工股，有些则是或者持有人身份不明，或者一时难以处理的外侨股、代管股、冻结股等。以1954年第二批扩展合营企业广勤纱厂为例，合营前270万股的总股本（每股旧人民币1万元）中，就包括了公股、私股、代管股、冻结股、合营企业股、联系股等7种。①

在14家试点企业中，有些经验是值得借鉴的。详细情况分述如下：

（1）关于股权处理问题。

首先是职工股的处理问题。一些企业对于其他股中职工股的处理，一般采用的是“原则上暂不处理，资本家要收回者，我亦不反对”的办法。如华成电机厂职工股占10%，铁工厂职工股占5%，采取的都是这一办法。

其次是外侨股问题。采用的办法基本上也是“现在维持原状，将来由政府查明处理”。如统益纱厂7.56%的外侨股，崇信纱厂6.14%的外侨股，采用的都是这一办法。

最后是代管股问题。代管股则是“根据中财委1953年2月24日通知的规定可做公股计算，唯仍用代管股名义，由国家代管。”而对于所有者已经寄居国外的资本家股权的处理，则采用了多种办法。“如工厂主要资本家在国外者，在合营时应通过其资方代理人或董事会，写信给本人，征得其同意。如在国外之资本家已将其在沪企业投资全部抽走而有实据者，则留沪股东可代表该厂做出决定，呈报工商局查核后，再与之进行合营。”②

（2）对原企业某几项资产的计算问题。

在1953年14家扩展合营试点企业中，定股中的私股定股，比较难处理的是企业的对外投资，递延资产与无形资产，职工借款，应收、应付款中的呆账，以及企业合营之前的私股股东垫款、企业历年的公积金问题等，在合营中如何计算、处理，以及是否转为和如何转为合营企业股份的问题。

对原企业对外投资合营时处理问题。这一问题基本上采用了三种办法：一是如果对外投资确为有效资产，可算作合营后企业的私股资本；二是如对外投资实际上已不存在，则从账面资本上予以剔除；三是如原企业

---

① 《广勤纺织公司股东名册》，1954年7月20日，上海市档案馆藏档案：Q199-13-204。

② 《中共上海市委私营工业部关于对1953年十四个新合营厂试点工作中若干政策性问题的初步意见》，1953年12月28日，载中共上海市委统战部等：《中国资本主义工商业的社会主义改造》，上海卷（上），中共党史出版社1993年版，第252页。

对外投资属于呆账，则暂做私股的资本准备。

对递延资产与无形资产的处理。14 家试点企业采取的办法是对递延资产视现存实际价值，折实后列入资产计算，对无形资产则一般不予计算。

对职工借款的处理。对过去的职工借款，一般允许资方将其列为资本，但如果属于当时企业应向职工发放的工资、奖金、福利等费用而以借款名义暂支者，则应予以销账，并从账面资本中剔除。

对企业原有的应收款、预付款中的呆账，应从账面资本中剔出后列为私股之资本准备。

对预收定金或应付未付之金额，则列为企业负债，从资本中剔除。

对合营前未完成生产任务的盈亏计算问题。在合营结账时，在制品以售价按其完成程度估值，并依照该厂通常废品率拆除废品部分的估值。

对企业以职工集体福利基金建筑或购置的设备，一般应属企业工会所有，不列入企业的资方资产。①

（3）对于企业负债的处理。

14 家试点企业中分为两部分。首先一部分是那些负债超过资产的企业，如江南造纸厂，其中对私欠债占有很大的比重，处理意见是资方对私负债原则上由资方自己解决，具体办法可以是或争取新的投资，或由资方先行偿还一部分，或继续拖欠，但债务人仅为企业私股。其次一部分时候那些负债一般不大的企业，对私负债可以先行挂账，合营后由合营企业复杂，但在谈判合营与清估资产中计算公私股份比重时，则在私股的资产内予以扣除。②

（4）对于股东垫款的处理。

14 家试点企业采取的办法主要有三个：一是进行必要的说服动员，争取将股东垫款转为股东投资；二是对不愿意投资而资金情况又不允许即予抽回者，仍然以股东垫款名目挂账，但在资本额中予以减除；三是视企业资金情况许可程度，允许一部分股东垫款抽资。③

---

① 《中共上海市委私营工业部关于对 1953 年十四个新合营厂试点工作中若干政策性问题的初步意见》，1953 年 12 月 28 日，载中共上海市委统战部等：《中国资本主义工商业的社会主义改造》，上海卷（上），中共党史出版社 1993 年版，第 253—254 页。

② 《中共上海市委私营工业部关于对 1953 年十四个新合营厂试点工作中若干政策性问题的初步意见》，1953 年 12 月 28 日，载中共上海市委统战部等：《中国资本主义工商业的社会主义改造》，上海卷（上），中共党史出版社 1993 年版，第 254 页。

③ 《中共上海市委私营工业部关于对 1953 年十四个新合营厂试点工作中若干政策性问题的初步意见》，1953 年 12 月 28 日，载中共上海市委统战部等：《中国资本主义工商业的社会主义改造》，上海卷（上），中共党史出版社 1993 年版，第 254—255 页。

（5）对于企业原有公积金的处理。

对企业原有公积金的处理比其他各项更为复杂。由于上海一般私营厂公积金的比重甚大，大多要占到企业全部资产的1/3到1/2左右。这些私营企业的公积金，主要有三个来源：一是从企业历年盈余中的提取；二是历年盈余未分或少分投入基本建设后列为的公积金；三是1950年重估资产时，曾有一项规定提取若干作为公积金（上海曾规定将重估后的增值部分提取30%—70%作为公积金）。在14家试点企业中，公积金所占比重最高的为统益纱厂，达到资本额的95%（公积金832亿元，资本额868亿元），恒大纱厂的公积金更是达到其资本额的150%，资本比重的20%。①

14家扩展公私合营试点企业在清产核资定股之初，对公积金的处理曾经有过三种不同的意见：一是在合营时将全部转为资本计算。理由是此项公积金本质上是私有财产，不让其转为资本，无充分理由。二是企业提存公积，原为扩充事业及弥补损亏之用。原因是虽为私有财产，但与一般股本不同，企业在继续经营的情况下，仍应作为企业公积，不应作为资本。三是主张采取调和办法，既照顾私资实际利益，又适当照顾企业今后发展，通过协商适当留一部分公积。②

至于各地领导部门所关心的企业合营前的私股股东垫款以及企业历年的公积金如何计算，以及是否可以列入、怎样列入合营企业股本或公积金的问题，1954年7月，中财委（资）及时下发了《关于扩展公私合营工作中若干政策问题的情况和意见》，对在清产核资中意见分歧较大的公积金处理列出了五种不同的处理意见：一是公积金原属资本家所有，清产估值以后，资产净值全部转为私股；二是公积金属企业所有，合营后转为合营企业的公积金；三是将公积金同企业原有的呆滞材料、呆滞资产一并考虑，灵活处理；四是将企业原有的公积金列作私股，但可根据企业原来的职工集体福利设施情况，经公私协商，从公积金中提出适当部分作为企业职工的福利基金；五是国家对合营企业的投资按照企业原有资产中资本额和公积金的比例分成两部分和企业原有的资本和公积金合并，构成合营企业的资本额和公积金。并且特别指出："这个文件中提到的中财委第六办

---

① 《中财委（资）、中央统战部对〈关于扩展合营工作中若干政策问题的情况和意见〉的批语》，1954年7月，《中国资本主义工商业的社会主义改造》，中央卷（下），中共党史出版社1992年版，第656—657页。

② 《中共上海市委私营工业部关于对1953年十四个新合营厂试点工作中若干政策性问题的初步意见》，1953年12月28日，载中共上海市委统战部等：《中国资本主义工商业的社会主义改造》，上海卷（上），中共党史出版社1993年版，第253—256页。

公厅的意见，是经中央批准的意见。”①

中财委的意见，其考虑的出发点主要有三方面：一是私营企业的公积金主要来自企业历年盈余及资产增值，即使是从不久前公布的《中华人民共和国宪法（草案）》的精神来看，也是“承认公积金属资本家所有比较适当”；二是从上述认识出发，将企业原有的公积金在合营之后转作私股，在政策效果上，公私界限分明，对资本主义工业纳入公私合营以及私营企业的积累公积，都会起到推动作用；三是经测算，公积金转作私股与仍转作合营企业公积金，国家从合营企业得到的盈余每年可能会减少，但是由于坚持和保证了私股的合理权益，“在政治上更为主动，算大账，似乎还是上算的”。②

由上可见，中财委的意见的基本内容与精神与前述14家试点企业所主张的第一、第三种意见大致上不相上下。其核心问题是，私营企业合营前的公积金，如果在合营时扣除一些必要的部分之后，全部或大部分转作私股，那么它们仍然全部是私股股东的权益；而如果是转作合营之后的企业的公积金，那么它们的权益就为合营之后的公股和私股按照各自的股份比例而共同享有。

中财委的这一文件给包括上海在内的扩展公私合营企业对公积金的处理提供了重要的政策依据。上海市委在有关文件中特别强调：“公积金的处理，应遵照中央批准《中财委（资）关于扩展合营工作中若干政策问题的情况和意见》报告中对企业原有公积金的处理问题的规定进行处理。”但同时也特别强调，在具体执行提取职工福利基金时，应注意生产资金周转可能与集体福利设备情况实事求是地提取，以免影响生产。③

私股股东垫款处理，中央没有具体政策规定，上海对此的基本处理原则是“股东垫款全部争取转为投资，如资方坚持抽回一部分，我们亦可同意今后资金允许抽回一部，余均转为投资”，“但如企业资金困难，可作为

---

① 《中财委（资）、中央统战部对〈关于扩展合营工作中若干政策问题的情况和意见〉的批语》，1954年7月，《中国资本主义工商业的社会主义改造》，中央卷（下），中共党史出版社1992年版，第657—658页。

② 《中财委（资）、中央统战部对〈关于扩展合营工作中若干政策问题的情况和意见〉的批语》，1954年7月，《中国资本主义工商业的社会主义改造》，中央卷（下），中共党史出版社1992年版，第659页。

③ 《中共上海市委对市委工业生产委员会关于扩展合营企业清产定股工作试点情况与今后意见的报告的批复》，1954年9月16日，载中共上海市委统战部：《中国资本主义工商业的社会主义改造》，上海卷（上），中共党史出版社1993年版，第355页。

私股股东垫款转账，合营后视盈余情形陆续提付”。①

（6）关于对呆滞材料与呆滞资产的处理。

14家企业主要有三种意见：（1）如合营后原企业公积金全部转为私股资本，对呆滞材料与呆滞资产可不列入资本，作为公积。在处理中可参照国营企业清资核产中对呆滞材料与呆滞资产之规定［即（一）本企业系统内非生产或经营所需要的呆滞材料；（二）材料品质不良或规格不合无法改造利用者或能予改造利用但不合经济原则者；（三）不使用或未使用的固定资产］。（2）如果企业合营时仍适当留一部分公积，对呆滞材料与呆滞资产的处理，可据实折价列入资本，不作公积。（3）呆滞资产既不作公积，亦不作为资本，作为私股资本准备。②

如何合理估值企业合营前的资产，以及如何将这些资产计入合营后企业的私股权益，并由此反映的核心问题，党和政府如何安抚好私营企业所有者的情绪，体现的是对企业原私有产权权益的认可和尊重，涉及的核心问题是企业私有产权在公私合营过程中的主要权益，这一权益同时也是企业私有产权以及私有产权持有者在合营企业中所有一切权益的基本出发点。在这一点上，中财委及上海市委关于公私合营企业的定股意见和政策措施无疑是有益且有效的。

公私合营企业的公股定股，主要由三部分组成：一是企业原有公股，它们多为国家因各种原因没收而来的股份，如大丰纱厂原有公股34 665万元中，没收反革命顾某的股份就占了33 332.5万元。③ 二是国家计划在公私合营之后对企业的增资，之前所述191家计划合营企业，国家计划新增投资2 383.78亿元。三是以“五反”退款为主体的各种对公欠款，这部分款项几乎各厂都有，而且数额大多不小。在1954年初计划的三批扩展合营191家企业中，“五反”退款高达4 964.33亿元。1954年3月12日《中共中央关于处理“五反”运动遗留问题的指示》中明确指出：“为配合对资本主义工业的社会主义改造，对国家需要的、有改造条件的十人以上的私营工厂，已经或准备列入扩展公私合营计划者，其退补可作为公股

---

① 上海市人民政府纺织工业管理局：《关于章华毛麻纺织厂合营中重大问题的意见》，1954年5月13日，上海市人民政府工业生产委员会：《给上海市人民政府纺织工业管理局函》，1954年6月16日，上海市档案馆藏档案：A38－2－222。

② 《中共上海市委私营工业部关于对1953年十四个新合营厂试点工作中若干政策性问题的初步意见》，1953年12月28日，载中共上海市委统战部等：《中国资本主义工商业的社会主义改造》，上海卷（上），中共党史出版社1993年版，第253—256页。

③ 中共安达总支，大丰、公永总支：《安达、大丰、公永合营谈判几个主要问题的方案》，1954年5月3日，上海市档案馆藏档案：A38－2－222。

利用的，可暂缓催缴。"①

除了上述这些产权边界基本清晰的私股、公股之外，还存在一些或者由于持股人身份暂时不明，或者由于各种原因暂时无法分类、处理的其他股份，在核资定股中都将其统称并界定为“代管股”，对这些代管股实施代管的是合营企业的公方。故而，这些归入代管股名义下的其他股份，其股权的权益也就暂时由公股代行。也就是说，这些代管股的权益实际是归入公股名下，但是对于代管股的收益还是另行暂存。这样，在合营企业公私股份比重及其权益的实际计算中，企业公股名下除了公股本身之外，还包括了各种“代管股”“冻结股”等的股权权益。以1954年上海三家铅笔厂合并合营为例，在中共上海市轻工业党委会上报的合并合营方案中，合并合营后新企业的公股“以公私合营中国标准铅笔厂迄至一九五四年六月底为止的公股资产净值部分加上海、长城两厂之现有公股及交通银行之代管股全部作为公股的投资，估计合营后公股占20%左右”。② 而中共上海市委工业生产委员会对此的批复意见同样是“合营合并后的公私股投资问题，以原中铅、上海、长城之公股及代管股作为公股投资”。③ 另外还有一些企业真正的公股数额较少，只是加上各种代管股后，才使得名义上的公股比重有显著上升。如大丰、公永纱厂党总支在上报企业现有公股占总股份10.49%时，就是将占总股本9.09%的代管股，以及占0.05%的冻结股一并计算在内，而真正的公股实际上仅占企业总股份的0.99%。④

可以说，公股与私股的确定过程，同时也是公私合营企业公私股份比例确定的过程。在1953年的14家试点企业中，对公私股份比例问题都进行了一些原则性的规定。第一类是公股接近企业全部资产的，如新安电机厂资产约120亿元，“五反”欠款即有115亿元，资方周某提出要求照顾，处理意见是“五反”欠款可以不全部作为公股，留一部分仍作欠款，但公股要占80%以上。第二类是合营后的增股问题。如中华铁工厂资方提出合营公私双方按照同一比例增股，如私股无力，可由公股补足。处理意见是暂不确定，将来由董事会根据实际需要与可能协商处理。一般讲合营后增

---

① 《中共中央关于处理“五反”运动遗留问题的指示》，1954年3月12日，《中国资本主义工商业的社会主义改造》，中央卷（上），中共党史出版社1992年版，第585—586页。

② 中共上海市轻工业党委会：《关于中铅、上海、长城三铅笔厂合营与合并工作的情况和问题的请示报告》，1954年6月17日，上海市档案馆藏档案：B159-2-1。

③ 中共上海市委工业生产委员：《对中共上海市轻工业党委六月十七日请示的批复》，1954年7月4日，上海市档案馆藏档案：B159-2-1。

④ 中共安达总支、大丰、公永总支：《安达、大丰、公永合营谈判几个主要问题的方案》，1954年5月3日，上海市档案馆藏档案：A38-2-222。

股问题不必提出，也无须在合营协议书或合营章程中明文规定。第三类是合营前的产品在合营后发生退货罚款处理。可由私股在合营前提留一部分准备金（不宜太多），由私资负责，多退少补。第四类情况是对合营前未完成任务的罚款处理。原则上可转为公股，在市财委宣布减轻罚款后，按宣布的原则罚。第五类情况是，资方犯五毒，“五反”时正在加工，未结案，现由外地提出控诉，资方也承认（华成电机厂等十几个厂为福建省农民造抽水机获暴利）由法院调处。第六类情况，也是最为普遍的情况就是“一般厂在谈判合营时可暂以账面计算公私股比例，声明合营后再清估资产，根据‘实事求是、公平合理’原则调整之。”①

表 4-2　　1954 年上海市轻工业管理局公私股权比例　　单位：亿元

厂名	资本总额	公股资本	占比（%）	其他股资本	占比（%）	私股资本	占比（%）
江南造纸厂	268.24	106.58	39.73	—	—	161.66	60.27
正泰橡胶厂	807.72	463.20	57.35	—	—	344.52	42.65
顺风搪瓷厂	49.59	20.18	40.69	—	—	29.41	59.31
茂昌冷藏厂	526.73	323.72	61.46	0.10	0.02	202.91	38.52
信谊药厂	800.00	108.92	13.62	6.55	0.82	684.53	85.56
五洲药房	615.99	67.44	10.95	18.36	2.98	530.19	86.07
中国仪器厂	61.09	9.70	15.88	—	—	51.39	84.12
中央口琴厂	22.20	5.00	22.52	—	—	17.20	77.48
金钱牌热水瓶厂	19.68	10.26	51.60	2.39	12.02	7.23	36.38
益丰搪瓷厂	157.70	46.28	29.35	4.58	2.90	106.84	67.75
宏文造纸厂	708.61	89.08	12.57	4.88	0.69	614.65	86.74
金星金笔厂	140.00	20.00	14.29	0.43	0.31	119.57	85.40
大华制针厂	3.80	0.76	20.02	—	—	3.04	79.98
永利五金厂	8.00	5.00	62.50	—	—	3.00	37.50
金钢铰链厂	37.35	2.13	5.71	—	—	35.22	94.29
利用锁厂	25.86	8.36	32.31	—	—	17.50	67.69
中国钟表厂	84.20	6.56	7.79	5.88	6.98	71.76	85.25
上海造钟厂	8.57	2.00	23.31	—	—	6.57	76.69

① 《中共上海市委私营工业部关于对 1953 年十四个新合营厂试点工作中若干政策性问题的初步意见》，1953 年 12 月 28 日，载中共上海市委统战部等：《中国资本主义工商业的社会主义改造》，上海卷（上），中共党史出版社 1993 年版，第 252—253 页。

续表

厂名	资本总额	公股资本	占比（%）	其他股资本	占比（%）	私股资本	占比（%）
恰茂冷藏厂	72.76	10.11	13.90	1.40	1.92	61.25	84.18
华丰搪瓷厂	88.41	14.19	16.06	18.91	21.38	55.31	62.56
义生搪瓷厂	29.73	22.41	75.38	—	—	7.32	24.62
永生热水瓶厂	102.87	10.02	9.75	0.33	0.32	92.52	89.93
中星热水瓶厂	38.89	7.00	18.00	—	—	31.89	82.00
久新搪瓷厂	101.41	30.34	29.91	0.24	0.24	70.83	69.85
益泰铝器厂	107.86	8.83	8.19	—	—	99.03	91.81
绿宝金笔厂	17.92	5.28	29.49	—	—	12.64	70.51
博士金笔厂	18.33	3.23	17.62	3.74	20.40	11.36	61.98
文士金笔厂	15.19	13.05	85.91	—	—	2.14	14.09
金联金笔厂	5.76	2.59	44.92	—	—	3.17	55.08
大同英雄金笔厂	19.17	2.00	10.43	—	—	17.17	89.57
大明造纸厂	156.16	87.26	55.87	1.13	0.73	67.77	43.40
中和造纸厂	81.74	31.27	38.26	—	—	50.47	61.74
华丽铜版纸厂	75.00	10.00	13.33	—	—	65.00	86.67
中国化工社	277.25	62.07	22.39	—	—	215.18	77.61
梅林罐头厂	95.11	72.30	76.02	0.21	0.22	22.60	23.76
普发仪器厂	19.70	5.00	25.38	—	—	14.70	74.62
大明实业社	29.33	12.09	41.23	0.10	0.33	17.14	58.44
宏大橡胶厂	36.72	13.72	37.37	—	—	23.00	62.63
双龙橡胶厂	67.29	5.19	7.71	0.15	0.23	61.95	92.06
大中华橡胶厂	1 365.21	257.22	18.84	6.74	0.49	1 101.25	80.67
通用药厂	46.95	11.60	24.70	16.86	35.92	18.49	39.38
天丰药厂	65.00	5.21	8.02	2.62	4.04	57.17	87.94
新亚药厂	123.36	11.21	9.09	9.27	7.51	102.88	83.40
新亚卫生材料厂	22.61	2.98	13.19	1.44	6.37	18.19	80.44
丽来化工厂	59.76	26.56	44.44	—	—	33.20	55.56
中南橡胶厂	134.72	127.99	95.00	—	—	6.73	5.00
合计	7 619.74	2 165.89	28.42	106.31	1.40	5 347.54	70.18

说明：1. 中南橡胶厂的公私股权比例尚未经最后批准，故未列入。

2. 1955 年 3 月 1 日起，中国人民银行实行币制改革，在全国开始发行新人民币（第二套），同时收回旧人民币（第一套），新人民币 1 元 = 旧人民币 1 万元。因此，此处的单位为旧币制。

资料来源：《上海市轻工业管理局 1954 年各合营厂公私股权比例表》，1954 年，上海市档案馆藏档案：B163 - 1 - 431。

14家合营试点企业关于公私股份比例确定中的这些原则和做法在之后的扩展公私合营中大多也基本得以延续并施行。

三、公股领导地位的确立

清产核资定股以后，合营企业的公、私股份得到了最终的确定。然而，合营企业的产权以及产权制度的最终确定，与私有产权制度下取决于企业股权比例的多寡，或者说控股或持股比例的规则并不一样。事实上，合营企业产权制度变革最重要的核心问题是，公股与私股在企业中的产权权益并不取决于各自股份所占比例的多寡，公股与私股之间已经再也不是以往私有产权制度下同股同权的关系，而是一种不论公股数量多少，都始终处于绝对领导地位，私股无论比例大小，始终是位于从属的被领导地位的这样一种不对等关系。这是公私合营企业产权制度与私有企业产权制度最根本也是最核心的不同之处。

以永生热水瓶厂为例，其合营后清产定股结果，经审查后批准如下：公股资本金额1 002 670 825元，占9.75%；私股资本金额9 252 170 249元，占89.93%；其他股资本金额32 882 290元，占0.32%；共计股本金额10 287 723 364元。[①] 再以广勤纱厂为例，在企业合营后354亿元的总股本中，公股3.75亿元，占1.06%，私股296.10亿元，占83.65%，其他股占15.29%。但《公私合营广勤纺织厂股份有限公司章程》明确规定，“本公司接受中华人民共和国纺织工业部华东纺织管理局领导，在本企业中，社会主义成分居于领导地位，私人股份的合法权益受到保护”，“董事会设董事长一人，由公方董事担任，副董事长一人，由私方董事会推选之”，但在11人的董事会中，私股董事可以多至11人，公股董事仅有2人。其原因也在于合营企业董事会已“为公私协商议事机构”。[②] 私有产权制度下的控股权与表决权已经不具有任何实际意义。

1954年9月2日，李维汉曾在关于《公私合营工业企业暂行条例》的说明中指出，“合营企业不是普通的合股企业，它是社会主义经济直接领导下的、社会主义成分同资本主义成分合作的企业。在合营企业中，公方居于领导地位，私方要接受公方的领导，这是确定不移的。”[③] 对于这

---

① 《各合营厂公私股权比例表》，1955年，上海市档案馆藏档案：B163-1-431。

② 《公私合营广勤纺织厂股份有限公司章程》，1955年8月，上海市档案馆藏档案：Q199-3-204。

③ 《李维汉关于〈公私合营工业企业暂行条例〉的说明》，中国社会科学院、中央档案馆：《1953—1957中华人民共和国经济档案资料选编·工业卷》，中国物价出版社1998年版，第493页。

种最后在《公私合营工业企业暂行条例》中已经固定下来的公股的领导地位以及私股的被领导地位，企业资方若是从私有产权制度的惯性思维出发，往往并不能得到充分完全的理解。有材料称："在公私合营工业暂行条例颁布时，工商业者对合营企业中公私关系还存在平分秋色，相提并论的看法。对如何服从公方领导认识不清。"①

一般地，在私有产权制度下，企业的产权归属以及企业的股权控制是按照多数股权的原则来实现的。也就是说，企业归产权人所有，谁掌握有企业的多数股权，谁就是企业的实际控制人。但是在公私合营企业的产权变革中，私有产权定律完全失却了其效用。此时期，公私合营企业产权的基本内涵主要包括两方面的内容：一是公股不论数量多少，都是企业的实际掌控方，其基本依据就是党和国家的政策法令；二是私股的产权权利依然存在，但也仅限于公股给予的"协商"权利，以及国家政策法令规定下的剩余索取权益，即扩展公私合营阶段的"四马分肥"中的"一马"——股息红利以及后来全行业公私合营阶段的"定息"。

事实上，早在扩展公私合营启动之初，"对合营企业社会主义成分居于领导地位必须肯定"就在各种政策文件中得到了明确的肯定。② 时任中共中央统一战线工作部部长的李维汉在向中央的报告中明确指出："实行国有化，不需从股权比重做文章——这样政治经济都有利。"③ 所谓"不需从股权比重做文章"，就是公股对企业的控制和领导，不需要私有产权制度下的控股比例来保证，公股对企业的控制与领导地位，可以通过党的政策文件的规定以及政府相应的法令、法规等条文来完全实现。正是在这一指导思想下，1954 年 9 月 2 日，政务院通过的《公私合营工业企业暂行条例》第二条即规定："由国家或者公私合营企业投资并由国家派干部，同资本家实行合营的工业企业，是公私合营工业企业"；第三条明确规定："合营企业中，社会主义成分居于领导地位，私人股份的合法权益受到保护"；第九条、第二十二条则更为具体："合营企业受公方领导，由人民政府主管业务机关所派代表同私方代表负责经营管理"，"合营企业应当分别划归中央、省、直辖市、县、市人民政府主管业务机关领导"。④

---

① 上海市工商联：《市工商联推动资本主义工商业接受公私合营的工作经验》，1955 年，上海市档案馆藏档案：C48－1－113。

② 中共上海市委私营工业部：《对做好公私合营工作的意见（草稿）》，1953 年 12 月，上海市档案馆藏档案：A36－1－12。

③ 李维汉：《关于将资本主义工业纳入国家资本主义轨道的意见》，1953 年 12 月 9 日，李维汉：《会议与研究》（下），中共党史资料出版社 1986 年版，第 890 页。

④ 《公私合营工业企业暂行条例》，《山西政报》，1954 年第 17 期。

由此可见，与私有产权下的《公司法》相比，《公私合营工业企业暂行条例》对合营企业产权制度变革最重要的规定有两点：一是彻底颠覆了私有产权制度下的企业股权理念及运行法则，公股不需要凭借其数量，而只需凭借其质量（共产党领导下的人民政权的出资），就具有了法定的、绝对的控制权，而且这一控制权是绝对毋庸置疑的；二是从上述的产权变革出发，企业在产权的委托—代理上，史无前例的具有了超越股东会、董事会之上，政企合一的领导机关，这就是“中央、省、直辖市、县、市人民政府主管业务机关”。任何一家合营企业都毫无例外地必须划归中央、省、直辖市、县、市人民政府的某一个主管业务机关领导。正如《解放日报》在宣传公私合营时着重强调的：“在公私合营企业中，社会主义成分和公方代表居于领导地位，资本主义成分和私方则居于被领导地位，这是不可移易的。”①

如果说个别企业公私合营时期，一些合营企业的章程中关于企业的领导权以及股东会、董事会的地位和作用往往还摇摆不定的话，那到扩展公私合营时期，这些关于产权的表述在公私合营企业制定的企业章程中就已经非常明确和清晰了。依照《公私合营工业企业暂行条例》，公股在企业中的领导地位就形成了一种必然的程式化表述。以《公私合营博士金笔厂股份有限公司章程》为例，该章程第二条明确指出：“本企业之领导机关为上海市人民政府地方工业局，在本企业中社会主义成分居于领导地位，私人股份的合法权益受到保护，根据国家宪法规定，逐步完成社会主义改造”。第二十二条再次强调：“本企业受公方领导，由上海市人民政府地方工业局所派代表同私方代表负责经营管理”。② 由此可见，一些在个别公私合营时期如果说还不甚特别明确的有关公私合营企业产权制度变革的核心问题，或者说在一些合营企业的《章程》中尚摇摆不定的问题，就此已经得到明确地、彻底地解决。③

要指出的是，公股对于公私合营企业拥有绝对领导权的依据，如李维汉在报经政务院会议审议《公私合营工业企业暂行条例》所做的说明中所强调的“社会主义成分在合营企业中的领导地位和领导作用以及这种领导

---

① 《解放日报》社论：《做好1954年度扩展公私合营的工作》，1954年10月18日，载中共上海市委统战部等：《中国资本主义工商业的社会主义改造》，上海卷（上），中共党史出版社1993年版，第369页。

② 《公私合营博士金笔厂股份有限公司章程》，1954年，上海市档案馆藏档案：B159－2－14。

③ 张忠民：《“公私合营”研究——以上海工业企业为中心的分析（1949—1956）》，上海社会科学院出版社2016年版，第268页。

地位和领导作用的不断增强，不是取决于国家投资的数量，而是取决于国家政权性质和社会主义经济在国民经济中的地位，取决于企业中公方代表同职工群众的结合和他们对于资本家及其代理人的教育改造工作，取决于这种领导能够确实地推动企业向前进步。”① 由此可见，公私合营企业的产权变革不是以私有产权以及私有产权理论为基础的制度变革，而是以“剥夺剥夺者”为基础的公有产权对私有产权的革命性、颠覆性、彻底性的变革。它们与后面章节中将要分析的企业治理结构、经营管理以及剩余分配制度一起，共同构成了公有制对私有制，国有产权对私有产权完整的制度“赎买”的变革。

第三节 全行业公私合营后的产权制度变革

全行业合营的方针，中央早在1954年夏就已提出。1954年初，中央各有关部、局负责人来上海与上海市委共同组织了一个调查队，对上海工商各行业进行了深入细致的全面调查工作。同年夏，工作结束之后，调查队初步提出了全行业合营的建议。他们认为：“上海工业情况复杂，生产组织极不合理，各业企业大小不一，厂与厂之间条件好坏悬殊甚大，不采取‘全业合营，统一安排’的办法，不能解决存在问题。”② 上海市委对这一建议也表示同意。

1955年春，全国公私合营计划工作会议召开，并发出关于对资本主义工业“统一安排，就业改造”的指示，与此同时，中共上海市委员会也发出“紧缩和加强上海”的方针。上海实行合营的行业和企业大大增加，合营的方式已经不是像以前“先大后小”“先好后坏”的一个一个厂合营的“吃苹果”方式，而是发展为按行业改造，全行业和一连串的中小型厂进行合并合营的“吃葡萄”的方式。具体操作过程中遵循的三个原则是：“国家需要”“企业改造的可能”“资本家的‘自愿’”。1954年底，上海市委经多次讨论，并经中央最后审查确定，1955年以轻纺织的棉纺、毛麻纺、卷烟、造纸、碾米、面粉、搪瓷、冷藏制冰八个行业，重工业若干行业共计21个行业进行全行业合营和以产品为中心的合并合营试点工作计划（见表4－3）。

---

① 《关于〈公私合营工业企业暂行条例〉的说明》，1954年9月2日，李维汉：《统一战线问题与民族问题》，人民出版社1981年版，第95页。

② 上海市工商行政管理局：《上海私营卷烟工业社会主义改造第一部分（第三册）》，1958年3月，上海市档案馆藏档案：B182－1－1035。

表4-3　1955年上海轻纺八个行业实行全行业公私合营前的情况

行业	厂数（家）	1955年职工数（人）	1954年产值（元）
棉纺	23	37 921	433 215 300
毛麻纺	57	5 532	81 063 500
卷烟	16	9 587	114 544 700
造纸	24	3 505	34 292 500
米面（碾米与面粉）	23	2 616	79 219 800
搪瓷	23	2 792	26 462 000
冷藏制冰	3	122	803 100
共计	169	62 075	796 600 900

资料来源：上海市工商行政管理局：《上海私营卷烟工业社会主义改造第一部分（第三册）》，1958年3月，上海市档案馆藏档案：B182-1-1035。

以上选定作为全行业合营试点的八个轻纺工业，一般来说，都具有以下几个特点：一是全部为国家加工订货，几年来已先后纳入了终极形式的国家资本主义轨道；二是企业整齐。有些行业全部为大厂，部分行业虽有若干小厂，但裁并工作并不复杂；三是产品重要，关系国计民生较大；四是企业内部群众基础好，党、团员有12 000人，占总职工人数6万人的20%。五是这些行业，除搪瓷和冷藏制冰外，均很早设有中央的或地方的专业管理机构，几年来已熟悉和掌握了他们的情况。以上这些条件，都是实行全行业合营的有利条件。关于合营的方式，根据各行业各厂的具体情况，分别采取的是哪种方式进行：一是系统合营。即将同属于一个系统而有条件合并的工厂，合并为一个厂。二是合并合营。即将2个或2个以上的独立厂合并为一个厂。三是单独合营。资金比较雄厚，设备比较齐全，可以不与他厂合并者则单独进行合营。关于合营工作进行的步骤，大体上可以分为三个阶段：一是按行业进行合营筹备工作，公私双方成立合营工作组，提出方案，协商方案，主要解决裁并改合，清产定股及人事安排等问题。二是各厂成立合营筹备委员会，各厂党委统一领导，并由专业公司密切配合推动，按厂具体进行各项合营工作，如训练干部、教育群众、清产定股、人事安排及搞好生产等。三是召开群众大会，正式宣布合营。①

一、1955年全行业公私合营试点中的“清产定股”

（一）清产核资与账面资产缩水

1955年试点性质全行业公私合营企业的清产定股，其主要遵循的方

① 上海市工商行政管理局：《上海私营卷烟工业社会主义改造第一部分（第三册）》，1958年3月，上海市档案馆藏档案：B182-1-1035。

针、政策与各项工作原则等，基本沿袭了1954年扩展公私合营以来的大体做法，但是由于是全行业的公私合营，故而行业及同业公会在清产核资中所起的作用更为明显。

以上海卷烟工业为例，1955年4月间，上海市人委“四办”即通知全行业合营八个行轻纺行业的公方合营工作组，提出各行业的清产定股办法初步意见。上海烟草工业公司于当月草拟了《上海市私营卷烟各业实行公私合营清产定股办法》。“四办”在研究了八个行业的草拟办法后，制定了统一的《关于公私合营工业企业清产定股的具体办法》，7月中旬分发各个行业的公方工作组，作为各行业修订清产定股内部方案的参考。烟草工业公司据此在7月下旬拟定《上海市私营卷烟工业行业合营清产定股暂行办法》，经四办批准后，发至各合营厂公方代表，作为清产定股的内部方案。并在8月间据此草拟了清产定股方案的初步协商意见，以书面形式送交同业公会私方合营工作组参考研究。同业公会根据公方提出的初步意见，进行了讨论准备。

8月30日，同业工作组召开会议，公私双方进行了清产定股的讨论与协商。讨论的内容包括组织领导、清产范围、估价原则、存在问题、定股原则。在协商过程中，公私双方对组织领导、估价原则和定股原则三方面没有大的意见分歧，均顺利达成协议。但对于清产范围和若干具体问题的处理，公私双方则进行了反复的协商。资方提出的意见主要集中在对企业逃外资产、账外财产、股东欠款、垫款等问题的如何处理上。如对企业实有财产，认为属于新中国成立前的应从宽处理，属于新中国成立后的可以从实计算等。经过反复协商，才正式拟定了《上海市卷烟工业同业公会1955年公私合营厂清产定股方案》，于9月初转发各厂，作为各厂清产估价的依据。清产核资总的三项方针政策：一是各厂清产定股必须以合营时的全部实有财产为范围，不允许有任何分散资产，逃避资金的行为，并将各厂债权债务加以清理，以确定公私双方股份；二是对实有财产的估价，必须遵照中央“公平合理”的原则，参酌财产的实际尚可使用年限和对企业生产作用的大小“实事求是”的协商进行，如因任务不足闲置机器仍按生产用机器估价，呆搁在企业机器应折扣估价。三是财产估价应以现值为校准，在公私双方协商同意的情况下，一般可按1950年重估核定数字为基础，根据资产折旧及其实际变动情况，对过高过低，重复，遗漏、不合理部分作适当调整，尽量做到正确。

清产定股工作的组织领导上，总的原则是根据“公方领导，私方负责，职工参加，公私协商，主管业务部门批准，报有关上级机关备案”的原则，在各厂公私合营筹备委员会之下，分别按照合营方式，成立清产定股委员会。单独合营厂单独成立清产定股委员会，合并合营厂合并成立清产定股委员会，被并厂也需成立清估小组，在清产定股委员会领导下，进行清产估价工作。清产定股委员会设委员，由公私股代表、工会、职工代表，工程技术人员等组织之，为清产定股的协商机构，委员会推选主任委员，一人为副主任，委员 2—3 人，下设办公室，在清产定股委员会领导下，办理清产定股的实际工作。①

以华成烟厂为例。7 月下旬圈养行业尚未批准全行业公私合营之前，烟草工业公司即派遣了由 5 名科级干部组成的工作组下厂。8 月 11 日全行业合营批准后，8 月 11 日公方代表正式到厂，9 月 2 日成立由公私代表及党、团支部书记、工会主席、职工代表共 15 人组成的公私合营筹备委员会，9 月 4 日在筹备委员会下设立清产定股委员会。清产定股委员下设组织、秘书、宣传、资料核算四个工作组。随后清产核资工作分为清点和估价两个阶段进行。

清点工作分为“清点准备”和“清点工作”两部分。

清点准备一是由秘书组参照上海烟草工业公司下发的《清产定股暂行办法》，并根据该厂实际情况，对清点范围、步骤、清点小组与进度以及完成日期制订具体的清点计划。二是在组织组的领导下，推定专人负责组织各块清点大组，并由工会动员全场技术工人及熟悉业务的职工大约一百余人参加由宣传组配合下进行清估业务和政策学习。三是资料核算组，根据账册，预先填好财产清点表。四是组织组根据财产分布情况，分六块准备清点。为使范围明确，并绘制清点地图，划分清点界限，各块都事先做好财产归类集中等准备工作。五是资料组事先准备好清点用品、工具、清点表、清点证等，集中待领。六是组织成立清点指挥部，所有工作人员都集中于工厂供销科办公。

由于事先准备充分，清点工作不仅进程不仅比较顺利，节约了不少时间。9 月 2 日即选择财产中制品及制成品进行清点试点，9 月 8 日全面展开。清点工作采取“块块负责，条条对口”办法进行。清点结束后，还对有遗漏的零星物件进行补正，最后还进行了抽查工作。整个清点过程仅持续了两三天即告完成，并且基本达到“点而不乱的要求”。

估价工作也分为“估价准备”和“进行估价”两个部分。

---

① 上海市工商行政管理局：《上海私营卷烟工业社会主义改造第一部分（第三册）》，1958 年 3 月，上海市档案馆藏档案：B182－1－1035。

估价准备工作主要是三项内容。(1) 由组织组组织技术人员和老年工人，根据各厂实际情况，详细斟估机器、电动机等耐用年限、性能及使用情况。(2) 由资料核算组在清点完成后，整理报表，根据清点时所估定使用情况，参照上海市烟草工业同业公会“1955 年公私合营厂清产定股方案”原则并结合各厂实际情况，通过公私协商，拟订各厂清产定股方案，呈报上烟公司批准后，即作为该厂估价时的原则依据。

由于准备工作充分且细致，估价工作进程顺利。9 月 21 日召开的清产定股委员会及技术工人、老年工人扩大会议，自上午开始至下午 6 时止，即初步完成估价工作。具体进行方式是由资料核算组提出初步编造的估价资料，按条逐项通过，如有问题，即在会上反复研究，协商解决，当时不能解决的问题，则留待会后由公私双方另行研究协商，进行复估。

卷烟工业行业其他单独公私合营企业的清产核资也大体如此。但单独合营厂之外合并合营厂的清产核资则有所不同。在卷烟工业的全行业公私合营中，大东南烟厂、华美烟厂、大东烟厂除了自身企业的公私合营之外，还分别合并进了同行业原来独立的 2 家、3 家和 5 家私营厂商。这些合并合营厂的清产核资定股，采取的是单独合营厂不尽相同的办法。首先，合并合营厂合并成立清产定股委员会，各被合并厂则各自成立清估小组，在清产定股委员会领导下，进行清产定股工作。其次，合并合营厂的清产定股采取“分厂清点估价，集中协商，集中定股的办法”。即先由各厂自己负责清点，然后由合并合营厂组织联合检查小组，小组成员包括各合并厂公、私、工三方面代表，对各合并厂进行复估。最后是集中协商，集中定股。①

1955 年扩展公私合营中的全行业公私合营工厂企业，由于选择的行业比较恰当，故而其清产核资工作一般进展多较为顺利。如上述卷烟工业，清估工作工作大致上从 1955 年 8 月底、9 月初开始，至 9 月中旬已经告一段落。除了合并合营企业大东烟厂因厂内进行肃反运动，工作略有推迟外。除了合并合营企业大东烟厂因厂内进行肃反运动，工作略有推迟外，其他各厂一般在 9 月底大体上均已完成清产定股工作。大东烟厂之后也在 11 月上旬完成了清产核资定股工作。②

与 1954 年扩展公私合营的清产核资相比，1955 年扩展公私合营中的全行业公私合营的清产核资在准备工作以及实施时间上均有了很大的改

①② 上海市工商行政管理局：《上海私营卷烟工业社会主义改造第一部分（第三册）》，1958 年 3 月，上海市档案馆藏档案：B182－1－1035。

善。以搪瓷工业行业为例，“54 年个别合营的搪瓷厂，一般具有职工人数多，产值大，厂龄久，资产足，产品名牌等特点，堪称业内精华。在这些厂中进行清产核资工作，客观上存在资负复杂，清理费时，主观上要求通过这些厂的清产核资工作，掌握清估规律，得出经验推向全国。因此，在工作进行中采取了审慎细致的做法，动员较多人力历时 9 月始告完成。”① 1955 年搪瓷工业全行业公私合营，按照国家对资本主义工商业进行公私合营清产核资工作总的政策方针，即“实事求是、公平合理”，结合全业合营行业特点，确定其清估原则一般以现值为标准，但对已经 1950 年重估财产的厂，如果 1950 年重估财产的结果接近现值，并经双方同意，一般不再重新全面估价，即以 1950 年核定数字为基础，根据资产折旧及其他实际变动情况作必要的调整。各裁并厂采取“分厂清点，分厂估价，统一协商，统一确定公私股权”的办法进行。家厂不分问题采取“生活资料从宽，生产资料从严”的原则，属于生活资料部分，一般均加以照顾不列作清点范围。工作过程上，局搪瓷处在 8 月上旬即拟定了《搪瓷业全业合营清产估价工作初步计划》和《清点手册》等文件，内容包括有关政策原则，组织分工，和具体工作要求等。同业公会清产核资小组根据估价原则提出行业性的具体估价方案，据以作为各厂在估价中的准绳。“在做法上废除了 54 年个别合营时内部摸底和资本家提方案的背靠背方式，而把估价政策全部敞开，以使正确估价迅速定股之效”。整个搪瓷工业行业的清产核资工作，从 8 月中旬开始准备、学习，8 月下旬开始全面清点工作，到 8 月 31 日，顺利完成了清点财产的工作。9 月上旬，各厂根据行业估价方案按企业实有财产进行估价，“于 9 月 20 日左右各厂估价工作全部完成”。② 前后大约经历了一个月左右的时间。

在 1955 年全行业公私合营试点工作中，出现了一个非常普遍的现象，就是清产核资后的账面资产缩水问题。

以搪瓷工业行业为例。全业合营各厂清估前原账面资产总值合计 8 594 954. 66 元，应剔除虚账 595 203. 20 元，原账面实有金额为 7 999 751. 46 元。清估后资产总值 7 371 198. 62 元。减少金额 628 552. 84 元，降低率为 7. 86% 。③ 而卷烟工业行业的账面资产缩水比搪瓷业则更为严重（见表 4 –4）。

①②③ 上海市搪瓷工业公司：《上海私营搪瓷工业社会主义改造资料》，1959 年 2 月，上海市档案馆藏档案：B157 –1 –173。

表 4－4　**1955 年度搪瓷工业行业各合营厂清产核资情况**　单位：元

厂名	原账面金额	虚账剔除数	原账面实有金额	清估后资产金额	清估差额	增减	流动负债	待处理资产准备
泰丰搪瓷厂	840 084.52	81 376.04	758 708.48	730 042.23	－28 666.25	－3.78%	9 090.33	18 151.09
勤丰搪瓷厂	302 047.49	32 620.57	269 426.92	227 779.94	－41 646.98	－15.45%	136 626.47	—
华业搪瓷厂	282 880.88	46 297.79	236 583.09	237 236.47	＋653.38	＋0.28%	98 770.73	1 446.58
李昌制胚厂	274 342.28	22 261.82	252 080.46	219 848.01	－32 232.45	－12.78%	30 825.38	—
铸丰搪瓷厂	486 098.10	63 698.25	422 399.35	362 440.83	－59 958.52	－14.19%	190 145.46	—
徐绍祺制胚厂	65 547.93	4 915.93	60 632.00	52 568.77	－8 063.23	－13.28%	1 170.41	5 640.00
新华搪瓷厂	720 144.18	92 349.32	627 294.86	590 750.93	－36 543.93	－5.83%	13 005.51	150 720.82
新生搪瓷厂	404 676.11	58 498.25	346 177.86	317 697.13	－28 480.73	－8.22%	62 671.32	31 663.73
九丰搪瓷厂	739 222.99	12 986.14	726 236.85	694 207.74	－32 029.11	—	27 795.24	6 418.83
许昌记搪瓷厂	413 290.30	44 475.14	368 815.16	357 805.81	－11 009.35	－2.98%	260 916.15	22 405.05
鸿福搪瓷厂	260 190.72	14 286.70	245 904.02	201 931.88	－43 972.14	－17.87%	89 065.20	6 857.70
中华搪瓷厂	1 190 915.94	39 429.15	1 151 486.79	1 109 601.41	－41 885.38	－3.64%	33 428.64	16 484.71
永利制胚厂	49 151.61	6 633.16	42 518.45	39 023.50	－3 494.95	－8.22%	3 004.50	—
大成搪瓷厂	228 420.06	21 925.19	206 494.87	192 871.14	－13 623.73	－6.6%	106 022.92	—
永兴制胚厂	150 337.08	7 506.11	142 830.97	102 516.76	－40 314.21	－28.23%	27 015.36	15 957.54
美丰搪瓷厂	202 415.70	1 756.00	200 659.70	174 287.06	－23 372.64	—	140 580.80	2 061.46
锦隆搪瓷厂	1 010 894.12	860.45	1 010 033.67	929 417.17	－80 616.50	－7.98%	9 122.73	19 650.66

续表

厂名	原账面金额	虚账剔除数	原账面实有金额	清估后资产金额	清估差额	增减	流动负债	待处理资产准备
和平搪瓷厂	205 962.03	18 606.44	187 355.59	149 348.62	-38 006.97	-20.29%	38 623.39	—
伟大搪瓷厂	161.807.10	1 183.94	160 623.16	145 406.56	-15 216.60	-9.47%	42 924.34	8 407.17
群立搪瓷厂	105 554.67	12 832.24	92 722.43	86 755.39	-5 967.04	-6 421%	32 298.85	4 285.79
立丰搪瓷厂	147 659.71	1 177.11	140 482.60	140 632.84	-5 849.76	-4%	73 162.94	10 343.48
仁錩制胚厂	187 304.88	5 625.85	181 679.03	164 505.15	-17 173.88	-9.45%	3 788.92	12 586.23
民丰珐琅厂	166 006.26	3 401.11	162 605.15	144 523.28	-18 081.87	-11.12%	—	12 024.89
合计	8 594 954.66	595 203.20	7 999 751.46	7 371 198.62	-628 552.84	-7.86%	1 450 055.59	345 105.73

资料来源：上海市搪瓷工业公司：《上海私营搪瓷工业社会主义改造资料》，1959 年 2 月，上海市档案馆藏档案：B157 -1 -173。

卷烟行业各合营企业清估资产较之于原账面资产大幅缩水的现象，在当时被认为是具有普遍性的问题。卷烟业全行业清估结果资产总值为17 079 000元，负债总额为1 993 000元，资产净值为15 086 000元，比账面减值570余万元，为账面的72%。[①] 详见表4－5。

表4－5　　1955年上海卷烟工业行业清产核资情况

项目	原账面金额（元）	清估金额（元）	清估较账面增减之金额（元）	清估占账面之百分比（%）
资产总额	22 767 000	17 079 000	－5 688 000	75.02
负债总额	1 917 000	1 993 000	76 000	103.96
资产净值	20 850 000	15 086 000	－5 794 000	28.33

资料来源：上海市工商行政管理局：《上海私营卷烟工业社会主义改造第一部分（第三册）》，1958年3月，上海市档案馆藏档案：B182－1－1035。

卷烟行业各合营企业清估资产较之于原账面资产大幅缩水的现象，在当时被认为是一个非常普遍的现象，“估价的结果，低于账面记载，这是一种必然的情况”，卷烟行业清估后的资产净值低于原账面记载的27.65%，“与其他行业的情况来比较也是差不多的，这是符合工商业整个情况的”。卷烟业估价较账面降低较大的原因有以下几种情况：

一是固定资产的折扣率。固定资产清估后的减值总数共计355万余元，占原账面金额的66.99%，其中折扣率最大的为土地。

二是呆滞资料的折价。在原账面中，一般都按照原值计价，资产清估时均按照实际可售价格进行作价。全行业原账面共计35万元，估价结果为21万余元，减少了13.8万余元，平均折扣率为账面的60.37%。

三是待摊费用的处理。按照清估方案的规定，企业原来列入资产项下的广告费、修理费、商标费等未摊数额不再列入企业资产，因此导致清估的折扣率数额甚大。全业账面原金额51万余元，清估后为2.7万余元，减值48万余元，全行业总计达到账面资产总额的5.37%。

四是债权债务的处理。根据资产清估以“实有财产”为准的原则，清估时对各厂债券的部分，凡无确实把握收回者均列入待处理资产，不作为实有资产计算。全行业逾期应收账款，对外投资，预付货款，同业借款，

① 上海市搪瓷工业公司：《上海私营搪瓷工业社会主义改造资料》，1959年2月，上海市档案馆藏档案：B157－1－173。

资方借款及其他应收款项共计 43 万元列入待处理资产。债务部分由于账面记载不实，部分对公对私债务账面未曾列入，清估时经核实补入账，共计增加 7 万余元。①

卷烟行业清估后各厂资产净值与清估前比较见表 4 -6。

表 4 -6　　1955 年卷烟行业各厂清估账面资产净额比较

厂名	原账面金额（万元）	清估金额（万元）	清估较账面减低金额（万元）	清估金额占原账面百分比（%）	备注
华成	799. 4	594. 0	205. 4	73. 85	
华美	358. 9	212. 8	146. 1	59. 29	包括并入厂数字在内
大东南	506. 2	449. 7	56. 5	88. 82	
大东	109. 9	74. 9	35. 0	68. 15	包括并入厂数字在内
华明	80. 0	57. 5	22. 5	71. 88	
中孚	104. 6	30. 4	74. 2	29. 06	
元华	44. 6	33. 9	10. 9	75. 67	
锦华	81. 2	55. 5	25. 7	68. 35	
合计	2 085. 0	1 508. 6	576. 4	72. 35	

说明：中孚原账面金额包括国外资产和股东欠款 30 余万元，清估后列入待处理资产，后五反未缴退款 21 万元，原账面未列入。清估后列入账务部分，因此原账面实际资额仅有 50 万元左右，再扣去清估后减值 20 万元，实际折扣为 60% 左右。

资料来源：上海市工商行政管理局：《上海私营卷烟工业社会主义改造第一部分（第三册）》，1958 年 3 月，上海市档案馆藏档案：B182 -1 -1035。

由此可见，1955 年试点性质的全行业公私合营中，企业的清产核资一般来说控制比较严格，由此导致的直接结果就是各合营企业资产净值的大幅缩水。但是，需要指出的是，账面资产，清估后企业的净资产的大幅缩水，对合营企业资本额的最后核定影响并不大。总体上，“合营后全业各厂合计，最后核定资本额与合营前相差无几，为合营前的 99. 8%”。② 详见表 4 -7。

①② 上海市工商行政管理局：《上海私营卷烟工业社会主义改造第一部分（第三册）》，1958 年 3 月，上海市档案馆藏档案：B182 -1 -1035。

表 4－7　1955 年上海卷烟行业各厂全行业合营中的资本核定情况

厂名	合营前资本额（元）	合营后资本额（元）	占百分比（%）
华成	5 400 000	5 400 000（注）	100
华美	3 080 000	2 124 000	68.96
华美	1 800 000		
裕华	980 000		
金蕾	240 000		
华星	60 000		
大东南	3 290 000	4 586 000	139.40
大东南	3 240 000		
友利	50 000	1 350 000	100.00
大东	416 000		
大华	250 000		
大通隆	30 000		
瑞伦	192 000		
国华	300 000		
福和烟行	162 000		
华明	120 000	575 000	479.17
中孚	750 000	545 000	68.67
元华	270 000	274 000	101.48
锦华	1 340 000	745 000	55.60
合计	15 600 000	15 569 000	99.80

说明：1. 以上各厂合营后资本额系 1956 年 4 月最后核定的资本额；

2. 华成烟厂清估后，资产净值超过原资本额 40 余万元，该厂因感到流动资金不够，经过协商，决定合营后，资本额不增加，溢余 40 余万元拨作准备金。

资料来源：上海市工商行政管理局：《上海私营卷烟工业社会主义改造第一部分（第三册）》，1958 年 3 月，上海市档案馆藏档案：B182－1－1035。

由表 4－7 可见，从整个卷烟行业的整体上来看，清产核资定股后的企业资本与企业原账面资本并无明显变化，但是从单个企业来看，合营前后资本额的变化还是非常显著的。最高的如华明烟厂，核定后的资本额按原来账面资本增加了近 4 倍，大东南烟厂也增加了近 40%。低的如锦华烟厂，合营后核定的资本额仅为原资本额的一半多一点，中孚烟厂、华美烟厂也仅及原资本额的 70% 不到。由此可见各企业清产核资定股中存在的巨大差异。

清产核资定股数字上的高低不仅涉及公私双方经济利益上的“吃亏”和“合算”，更重要的是影响到对资本主义工商业社会主义改造以及对资本主义工商业者的政治大局。在当时的情况下，较为普遍的情况是企业的公方和职工大多偏向于趋紧估算，“由于我们掌握较紧或估价时大意，而发生偏低的方面”，其指导思想是不能让资本家占便宜，不能让公家吃亏。由此导致的结果往往是资产估值偏低、控制过严、资产缩水过多。而政府行政主管部门，特别是领导机构，其指导思想主要是着眼于顺利推进公私合营的大局，故而大多倾向于不宜过严、过紧。如中孚烟厂在清估时，公方干部对于机器设备的估价偏重于机器的废旧程度，而没有充分考虑好其他好的方面，以致将卷烟机的耐用年限 29 年估计为 20 年。在公私协商中，资本家不悦地表示：“机器虽坏，一般也能卷出香烟来。”后来经过向上级汇报，企业公方根据上海烟草公司的指示，仍按耐用年限 29 年进行估值，“资本家感到‘公平合理’”。又如金蕾烟厂的全部传道设备及烘烟木 3 196 只，合并合营时不能使用，清估时未列入估价。水汀引擎 2 部（一部 50 匹，账面 4 860 元；一部 25 匹，账面 2 207 元）因残旧不堪，清估时也作为废铁处理了。按照《上海市卷烟工业同业公会 1955 年公私合营厂清产定股方案》关于“呆滞机器”的估价原则规定：“凡合营前在使用而合营后不使用之机器，或合营前不使用，而合营时使用之机器，均作为使用于生产上机器，均按生产用机器估价”的原则，本可适当予以照顾，参酌实际情况列入估价，但由于“清估时掌握较紧”，对金蕾这些固定资产未予适当处理估价，因此“引起了金蕾资方很大的不满”。10 月 15 日上海市人委“四办”“八办”在联合召开的轻纺八个合营行业的同业公会负责人会议上指示各业公会组织小组，“讨论各厂清产定股问题，并进行普遍检查，如有问题，可以尽量提出，以便重新研究，必要时可以进行调整”。会后，公会将这一会议精神在各厂进行了传达，金蕾烟厂资方即要求对这些财产进行复查估价，经公私多次协商，最后同意予以重估，根据实际情况，增加了 4 350 元。这样处理后，金蕾资方“基本上才感满意”。①

上层领导机构依据“实事求是、公平合理”的总原则，实行对全行业公私合营试点企业清产核资定股的较为宽松的政策，到 1956 年全行业公私合营高潮时，终于演化成为中央所制定的清产核资定股的“宽”“了”政策。

---

① 上海市工商行政管理局：《上海私营卷烟工业社会主义改造第一部分（第三册）》，1958 年 3 月，上海市档案馆藏档案：B182－1－1035。

（二）全行业公私合营试点中的定股

上海卷烟业各厂的定股工作，是由清产定股委员会公私双方代表进行协商，确定公私股比例的。定股结果仅元华、锦华两厂没有公股。公股来源除五反退补转作公股外，代管股也作为公股计算。各厂股份除公私股股份之外，还有公私合营股，合营股的来源主要是：（1）同业的投资，如锦华、大东。（2）合营企业的投资。（3）私人股份归还企业（合营前有些厂以企业资金划作私人股份，此类股份合营后都划还企业，作为企业共有的公私合营股）。定股结果，元华厂没有公股，同时也无公私合营股。根据市委指示，原定以同业互换股份解决，但后因卷烟业进行第二次经济改组，元华厂计划并入南洋烟厂，因此无须进行换股。各厂公私股及合营股比例见表4－8。

表4－8　上海卷烟业各厂清产核资后公、私股比例　单位：万元

厂别	总计（万元）	公股（万元）	占比（%）	合营股（万元）	占比（%）	私股（万元）	占比（%）
共计	15 569 062	66 370 043	4.26	544 212	3.50	14 361 149.57	92.24
华成	5 400 000	101 104	1.87	76 980	1.43	5 221 916	96.70
华美	2 123 667	12 524	0.59	47 920	2.26	2 063 223	97.15
大东南	4 586 495	2 762 943	0.60	9 242	0.20	4 549 623.57	99.20
大东	1 350 000	174 355	12.92	208 267	15.42	967 378	71.66
华明	575 000	122 542	21.31	1 803	0.32	450 655	78.37
中孚	515 000	225 546	43.80	—	—	239 454	56.20
元华	273 900	—	—	—	—	273 900	100
锦华	745 000	—	—	200 000	26.85	545 000	73.15

说明：本表系1956年4月定股比例核定的数字。

资料来源：上海市工商行政管理局：《上海私营卷烟工业社会主义改造第一部分（第三册）》，1958年3月，上海市档案馆藏档案：B182－1－1035。

根据表4－8数字看，定股之后，公股所占比重不大，全业合计，公股仅占4.26%，各厂中公股占10%以上的只有中孚、华明及大东三个厂，其余各厂，公股所占比重极小。各厂公私股比例的确定，是按照“清估后，公股有多少算多少，国家不增加投资”的原则执行的。公股比重的大小，并不影响公股在企业中的领导地位，因为“合营企业不是普通的合股企业，它是社会主义经济领导下的社会主义成分同资本主义成分合作的企

业。在合营企业中，公方居于领导地位，私方要接受公方的领导，这是确定不移的。”①

在1955年带有试点性质的全行业公私合营中，各合营行业的公私股份比例中，公股所占的比重一般都比较低。在一些行业中，还有为数不少的企业根本就没有公股的存在。仍以搪瓷行业为例，全行业合营各厂清产核资定股时，资本总额4 313 910.43元，其中公股股份765 106.13元，占资本总额的17.73%；合营股股份313 220.56元，占资本总额7.26%；私股股份3 235 583.74元，占资本总额的75.01%。②

这些行业中的私营企业，如果之前就已经存在数量不等的公股，那么公私合营就具有产权制度上的依据；但如果合营企业没有任何公股，那对这些企业的公私合营，就只能通过合营企业之间（包括老合营企业）“对调股权”的办法，来实现对这些私营企业的“公股”，或者是“合营股”投入，从而实现公股与私股的公私合营。因此，“对调股权”，即国家对没有公股的私营工业的私营工业企业实行公私合营时，用已经公私合营企业的股权，与待合营的私营企业的股权实行等价对调，通过公私合营企业对私营企业股份的持有，间接实现公股的进入，从而在法律和产权制度上保证公私合营的实行，就成为全行业公私合营试点时期，合营企业产权制度变革中的一种特有现象。③

二、全行业公私合营高潮后的企业产权制度变革

（一）“宽”“了”政策的确定与实施

在一个相当短的时间内，全行业公私合营高潮的出现和掀起将全中国几乎所有的私营工商企业都卷入了公私合营大潮。公私合营高潮中一次性批准的大量的私营工商企业，大多数是私营中下企业，由此，企业的产权制度变革面临一个前所未有的清产核资定股的巨大考验。

全行业公私合营高潮后的清产核资定股，与之前个别企业公私合营阶段以及扩展公私合营阶段不同，由于是全行业公私合营，大量的中小企业，甚至不少的作坊、个体户也被带进公私合营，由此而来的全行业公私

① 上海市工商行政管理局：《上海私营卷烟工业社会主义改造第一部分（第三册）》，1958年3月，上海市档案馆藏档案：B182-1-1035。

② 上海市搪瓷工业公司：《上海私营搪瓷工业社会主义改造资料》，1959年2月，上海市档案馆藏档案：B157-1-173。

③ 参见张忠民：《“公私合营”研究（1949—1956）》，上海社会科学院出版社2016年版，第275—278页。

合营的清产核资较之前扩展公私合营时期的清产核资定股更为复杂，工作量及工作面也更为繁杂。而且，全行业公私合营的实行，也使得私股在合营企业中究竟占有多大的比重，对于企业的产权及治理结构已经完全无足轻重。针对这种情况，对于全行业公私合营高潮后公私合营企业的清产核资定股，中央及时提出了甚为宽松的“宽”“了”方针。

1956 年 1 月 24 日，中共中央发出《关于私营企业实行公私合营的时候对于财产清理估价中若干具体问题的处理原则的指示》（简称《指标》），明确提出了在对私营企业实行清产核资时采取“宽”和“了”的方针。指示认为：“鉴于实行全行业合营的时候，我们面对着为数众多的包括大、中、小的企业，他们的财产关系甚为复杂，在处理的时候需要有更多的灵活性，因此在由国务院公开发布的‘关于私营企业实行公私合营的时候，对财产清理估价几项主要问题的规定’只能就私营企业的生产资料和财产方面的主要问题加以规定，而把其余一些比较次要的，需要更多地照顾具体情况的问题，放在党的内部指示中加以规定。”这个问题就是此《指示》的核心内容，即“宽”“了”政策。

指示明确规定：“在对私营企业实行清产核资的时候，应当采取‘宽’和‘了’的方针。所谓‘宽’，就是对于清产核资中有关公私关系方面的问题，凡是可以从宽处理的即可从宽处理。所谓‘了’，就是对于企业原来的各种债务和财产关系包括敌伪财产、对公欠款、抽走的资金和呆滞物资在内，根据从宽处理的方针、国务院的规定和内部指示，尽可能地加以了结，以利于对资本家和其他私营工商业者进一步进行教育和改造。”①

在“宽”“了”方针的指导下，指示对如何具体操作进行了十一项规定，主要包括对于不需要的机器设备和呆滞物资要适当估价，尽可能不列作待处理资产；企业的土地，不论是否同生产有关，均要适当估价；对公、私债务，原则上由原企业进行清理偿还，偿还有困难的，可转为公、私投资或合营企业的负债；股东垫款，原则上可转为投资，生活有困难的，允许酌量退还；资不抵债的企业，如果需要照顾，可以适当减、免“五反退补”、罚款等对公欠款；1953 年以来应分而未分盈余，应当参酌企业财务情况，进行适当分配；对于私营企业隐匿的敌伪财产、抽逃的资金、在海外的资产，可以责成资本家自行清理报告，从宽处理；等等。

---

① 《中共中央关于私营企业实行公私合营的时候对于财产清理估价中若干具体问题的处理原则的指示》，1956 年 1 月 24 日，《中国资本主义工商业的社会主义改造》，中央卷（下），中共党史出版社 1993 年版，第 1022—1024 页。

1956年2月8日，国务院全体会议第二十四次会议通过了《国务院关于私营企业实行公私合营的时候对财产清理估价几项主要问题的规定》。规定指示："私营企业实行公私合营的时候，应当根据公平合理、实事求是的原则，对企业的实有财产进行清理估价，确定私方的股额。"在此项原则下，对私营企业的财产清理估价进行了13项规定。内容包括：对机器设备、房屋、土地、工具器具、成品在制品、原物料与机物料、商品以及呆滞物资等的清估规定，对企业的公积金、职工福利基金、待处理财产等的财务处理规定。其中还特别提到了凡根据1950年12月政务院财政经济委员会《私营企业重估财产调整资本办法》进行过重估财产的企业，重估结果比较合理的可以作为估价的基础，同事根据资产折旧和其他变动的情况，作适当的调整。凡在此规定公布之前，应进行过财产清理估价的公私合营企业，对原来清理估价的结果，不应该变更。此外，还特别强调了"公私合营企业对私股的待处理财产，应该尽可能加以清理，作价入股。""对企业原有的债务关系、财产关系和其他问题，需要尽可能在财产清理估价的时候清理了结"。时任国务院副总理陈云同志更是从战略上指出了这一政策的重大意义，"为了在战略上确保这一改造事业的胜利，在策略上必须有所让步、有所妥协"，那就是"在社会主义改造中，对资产阶级不要'两面夹攻'，应当'网开一面'，在清产核资、人事安排、工资福利等问题上要照顾资本家的合法权益"。① 由此可见，中央对"宽""了"政策的真正贯彻和实践，更反映了中央为实现对资本主义工商业社会主义改造大业即将胜利完成在策略上的一种让步和妥协。

在上海，1956年2月4日，中共上海市委根据中央和国务院的指示，下发了《关于做好私营企业实行公私合营后清产核资工作的通知》，通知指出"由于最近批准合营的私营企业面广户多，情况复杂，因此清产核资工作任务是十分繁重的"，并从三个方面对这项工作作出指示：一是强调"对清产核资工作，必须贯彻中央'宽''了'方针"，这样做的好处是"能大大地加快社会主义改造的速度，有利于生产经营的改进，也有利于对资本家和其他私营工商业者进一步进行教育和改造"。二是"清产核资工作，在做法上要力求简单易行，又要不粗率，以免发生偏高偏低的现象"。主张"把这一工作主要交给企业主自点、自估、自报，同业评议，行业合营工作委员会批准，这个办法根据北京的经验，不仅可行，而且是可以做得好的。另一方面又必须充分发挥职工在清产核资中的监督作用，

---

① 李维汉：《回忆与研究》（下），中共党史资料出版社1986年版，第764页。

如果发现私方填报资产不实时可以提出意见，但为避免不必要的面对面的斗争，应该把意见提交同业公会和合营工作委员会组织复查。同时做好这一工作，还必须发挥工商联、民建会、同业公会的组织力量和工商界中先进分子的作用。”三是“做好清产核资工作的首要关键，在于加强思想政策教育”。要求“必须组织资本家及其他私营工商业者、职工和干部认真学习的国务院《关于私营企业实行公私合营的时候对财产清理估价几项主要问题的规定（草案）》；反复讲明政策，提高思想认识，明确交代做法。针对不同的思想情况，进行具体的教育。”①

2月11日，上海市人民委员会第十一次会议通过了针对上海实际情况的《关于执行国务院〈关于私营企业实行公私合营的时候对财产清理估价几项主要问题的规定〉的具体办法》。对清产核资中四项内容，即“清点”“估价”“财务”“做法”进行了详细指示，尤其是“财务”情况进行了明确且详尽的规定。关于“清点”，主要的办法是“自报”，按1955年底账面数量清点后填写。“估价”是对机器设备、房屋、土地等的估价按照国务院的相关文件规定进行，通延资产，按现有实际存在价值计算，低值零星物品，酌情统估。而对情况最为复杂的“财务”处理，该办法共列有14项内容，其基本原则和精神一如前述中央指示和国务院规定。只是在细节上更为具体。“做法”则共分为五步：一是由原企业私方自点、自估、自报、职工协助、监督；二是同业评议；三是行业合营工作委员会批准，报主管机关备案；四是各业务主管部门与行业合营工作委员会对清估工作应加强领导；五是职工对私方填报资产如有意见可向合营工作组反映，必要时由合营工作组协助企业进行复查。②

上海市的一些业务主管机构，也根据此办法等，制定了一些相应的措施和办法。如对企业海外资产的处理，中国人民银行上海市分行就据此规定以人民银行为主管部门，各公私合营企业统一执行下述具体内容：一是资产登记凭原始单证，或账面记载，或私方填报；二是海外资产应尽速调回或尽量争取调回；三是调回的海外资产折合成人民币后再列入企业股

---

① 《中共上海市委关于做好私营企业实行公私合营后清产核资工作的通知》，1956年2月4日，载中共上海市委统战部等：《中国资本主义工商业的社会主义改造》，上海卷（上），中共党史出版社1993年版，第669—670页。

② 《关于执行国务院〈关于私营企业实行公私合营的时候对财产清理估价几项主要问题的规定〉的具体办法》，1956年2月11日，载中共上海市委统战部等：《中国资本主义工商业的社会主义改造》，上海卷（上），中共党史出版社1993年版，第688—691页。

份；四是海外资产的核资评估可不予复查。[①]

再如同上述国务院文件中关于部分私营企业应缴退款、罚款的问题，上海市人民委员会“八办”，同样在1956年2月27日，发函至上海市工商行政管理局，要求其对尚未缴清退款、罚款的73个单位，其应缴退款、罚款，按前此上海市人民委员会的具体执行办法执行。[②] 1956年7月17日，上海市人民委员会再次向各区、局、专业公司、银行等发出通知，重申“兹将‘关于公私合营企业实行公私合营的时候对公欠款转作公股投资的处理手续’发给你们，希知照，并转知所属依照执行”。[③] 在这一对公欠款转公股投资的实施中，上海市委、上海市人民委员会是实施办法的制定者，各专业局是对公欠款转为公股投资的负责及批准单位，交通银行上海分行为代行国家公股股权的持有和管理单位，原持有对公欠款债权的债权单位。各专业局在批准企业对公欠款转作公股投资时需填注一式四份“通知单”，分送主管公股股权单位，即交通银行上海分行，债权单位，主管专业公司；公股股权单位与债权单位在互转销相应科目后，主管专业公司即通知相应企业将批准金额在账面上转为公股投资。而在此之前，如上海市第一轻工业局所属各行业中的新公私合营企业，已经完成清产核资中的对公欠款转公股投资。[④]

由此可见，在公股产权的处理上，市有关部门是领导单位，专业局是实施批准单位，但是公股股权的持有单位既不是市，也不是局，而是代表国家的交通银行。而行使公股股权具体权益，即对企业实行具体治理和管理的却是专业局下属的各专业公司和各企业以公股代表为核心的企业管理团队。这就是公私合营企业在产权制度以及企业治理机构方面所呈现出来的历史性变革。

（二）全行业公私合营企业的清产核资

全行业公私合营高潮时期清产核资的原则，同过去个别企业公私合营时一样，仍然是“公平合理、实事求是”。不同的是，在全行业公私合营时期，政府根据全行业公私合营的新情况，又提出了“从宽处理、尽量了

① 中国人民银行上海市分行：《中国人民银行上海市分行关于新公司合营企业在财产清理估价中对海外资产清理的说明》，1956年3月2日，上海市档案馆藏档案：B159－2－14。

② 《上海市人民委员会国家资本主义办公室函》，沪委资（56）字第77号，1956年2月17日，上海市档案馆藏档案：B182－1－963。

③ 上海市人民委员会：《关于私营企业实行公私合营的时候对公欠款转作公股投资手续的通知》，沪会北（56）字第4298号，上海市档案馆藏档案：B182－1－963。

④ 上海市第一轻工业局：《关于对公欠款转为公股投资的处理意见》，沪一轻石（56）字第1141号，1956年8月7日，上海市档案馆藏档案：B159－2－14。

结”的方针。全行业公私合营高潮时期企业清产核资的做法同过去个别企业公私合营时的做法有所不同。过去清产核资是一家一户地由国家派遣工作组会同资本家逐项进行清理估价，因而需要较长的时间才能完成。而全行业公私合营时期企业的清产核资其中一个最重要的变化就是在总体的实施时间上有了很大程度上的加快。

1956 年 1 月 16 日，时任上海市委对资改造十人小组组长、上海市副市长曹荻秋在上海全市干部大会上曾说："清产核资工作需要多久呢？北京三天，估计上海如果按照北京的办法，时间不会太长，但是三天是不够的，因为北京量少，问题没有上海复杂。那么上海需要多久？早到五—七天，迟到十天，可能完成。"① 而事实上，据 1956 年 2 月 11 日上海市委给中央的报告称："批准合营后，我们没有立即转入清产核资，而是继续抓思想教育工作，抓搞好生产经营，抓调整组织，解决合营后的遗留问题（行业归口、手工业、工业、商业间的归口调整），做好清产核资的准备工作。"② 由此可见，公私合营的高潮过后，接下来的清产核资工作并非一件易事。

上海公私合营高潮后新合营企业清产核资的全面展开，大致是在全市全部私营工商业公私合营后的一个月。其基本精神是"从宽处理、尽量了结"，即"宽""了"政策。适应全行业公私合营高潮的特点，上海市公私合营企业清产核资采取了在工人群众的监督和帮助下，交由资本家自点、自估、自报，经过同业评议，最后由行业合营工作委员会批准的方式。把清产核资的工作交由资本家自己来做，这是政府对他们的信任，也是对他们的考验。这样做法的好处是，可以调动资本家的积极性，使清产核资工作能够加快速度和顺利进行。③

1956 年 2 月 20 日，上海市委对资改造十人小组下发了关于布置清产核资工作的通知，明确总的要求是："清产核资工作应在搞好生产经营下进行，从 2 月 20 日开始，至 3 月 15 日基本上结束。"其中，"2 月 20 日至 27 日前后，做好清产核资的思想教育、组织准备工作。""2 月 28 日至 3

---

① 曹荻秋：《关于上海在六天内完成社会主义改造任务的有关方针、政策及具体做法问题的讲话》，1956 年 1 月 16 日，载中共上海市委统战部等：《中国资本主义工商业的社会主义改造》，上海卷（上），中共党史出版社 1993 年版，第 618 页。

② 《中共上海市委关于上海市对资本主义工商业改造综合情况的报告》，1956 年 2 月 11 日，载中共上海市委统战部等：《中国资本主义工商业的社会主义改造》，上海卷（上），中共党史出版社 1993 年版，第 681 页。

③ 上海社会科学院经济研究所：《上海资本主义工商业的社会主义改造》，上海人民出版社 1980 年版，第 249 页。

月 25 日，进行清点、估价、填报评议和审核工作。"《通知》还特别指出了"关于财务清理问题，这是清产核资工作中较为复杂和较为主要的问题，因此在处理公私债务、企业和职工之间的财务关系问题，必须很好掌握，以避免发生不必要的纠纷。"① 由此可见，全行业公私合营高潮后清产核资工作的主要内容是以企业主为主的"自估、自填、自报"，以同业公会为主的"评议"，以及"财务清理"三个部分。

全行业公私合营高潮后新合营企业的清产核资是在各级"合营委员会"或"合营工作组"的统一负责下实施的。还在正式下达清产核资通知之前，即 1956 年 2 月 4 日，上海市委就明确指示："原有区合营工作组，要求于春节前，根据按行业对口的原则，由区对资改造办公室负责，主管业务单位协助，进行适当调整。工业按中心厂、独立厂，商业按区店派出公股代表，并吸收职工、资本家组成合营工作组，如行业的户数过少，可由几个相类似的行业合并组成综合的合营工作组。"② 而在此之前，各工业行业大多已经按照行业设立了覆盖及指导全行业公私合营的"公私合营工作委员会"。

以上海私营制药工业行业为例，该行业 158 家私营工厂在全行业公私合营高潮形成之初的 1955 年 12 月 26 日，就向上海市人民委员会提出了全行业公私合营申请，1956 年 1 月 1 日，正式获得批准。在提交全行业合营申请的同时，该行业即成立了"公私合营工作委员会"，下设"清产核资定股组"。158 家新合营企业按业别分成 15 个组，领导组内每个成员厂的清产核资定股工作。各新合营企业在"合营工作委员会"下，设立有"清产定股委员会"或者"清产定股小组"，其组织示结构如图 4 – 2 所示。

由于全行业公私合营是以行业为基础申请和批准的公私合营，因此，全行业公私合营清产核资工作的一个重大特点便是以行业为中心，自上而下，统一实施。除了组建行业统一的清产核资定股工作机构之外，另一项重要的措施便是拟订行业清产核资定股工作计划和清点手册等工作，这对加快行业清产核资定股工作的统一、快速推行起到了重要作用。如制药行业清产核资组 1955 年 12 月中旬即拟定了具有工作指导意义的《制药工业

---

① 《中共上海市委关于调整区合营工作组、派出公股代表和做好人事安排工作的通知》，1956 年 2 月 20 日，载中共上海市委统战部等：《中国资本主义工商业的社会主义改造》，上海卷（上），中共党史出版社 1993 年版，第 692—695 页。

② 《中共上海市委关于调整区合营工作组、派出公股代表和做好人事安排工作的通知》，1956 年 2 月 4 日，载中共上海市委统战部等：《中国资本主义工商业的社会主义改造》，上海卷（上），中共党史出版社 1993 年版，第 671 页。

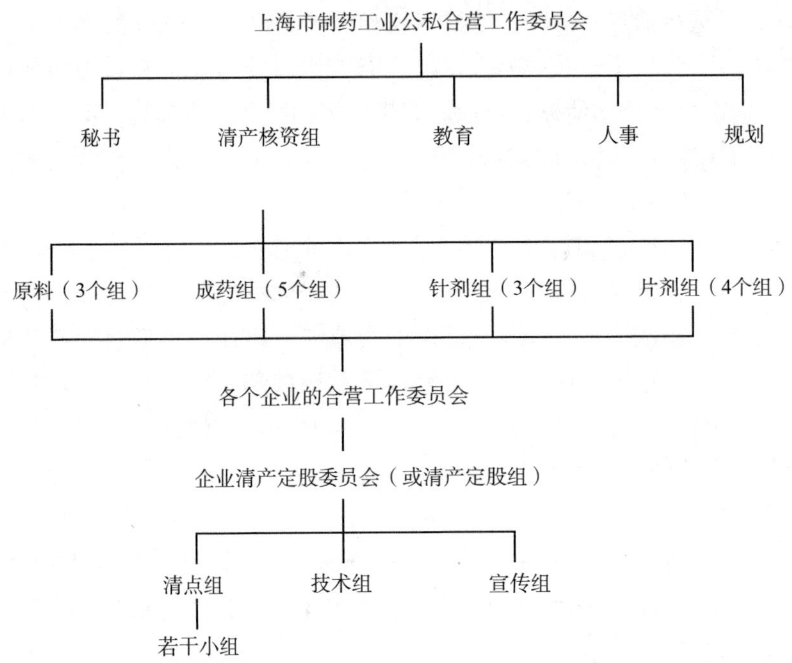

图4－2　上海制药工业全行业公私合营清产核资组织示意

资料来源：上海市医药工业公司：《上海市私营制药工业清产核资定股定息调查报告》，1959年2月，上海市档案馆藏档案：B89－1－195－48。

全业合营清产定股工作计划》和《制药工业清点手册》分别发给了企业。在拟订的计划中，指出了清产核资工作要求、具体政策原则、做法和步骤、组织领导与分工、工作进度和培养干部等事项。“清点手册”则从如何进行清点的角度，对工作计划作了补充，是工作计划的具体反映。

清产核资定股大致上可以分成三个阶段：第一阶段是清产核资，第二阶段是财务处理，第三阶段是公司股份定股。而清产核资又可以分成三个阶段：一是资产清点，二是资产估价，三是对清点估价的评议。

资产清点基本上是在“自报”的原则下，以企业资方为主展开的。

全行业公私合营企业的清产核资工作由于事先准备工作做得比较充分，对干部、资本家、职工都反复进行了政策教育，并采取了“典型试验、分批进行”的办法，因而各企业的清点工作进行得都比较顺利。多数的企业的资本家在工人群众的协助和监督下，根据“不重复、不遗漏、清点和生产经营两不误”的要求，进行了资产的清点。绝大部分企业都在当天完成了清点工作。在清点工作中比较复杂的是家厂（店）不分户的生产资料与生活资料的划分问题。家厂（店）不分户的许多用户，如锅碗、桌椅、自行车、时钟及房屋等，有的是企业出资购置，有的是家庭出资购置，但家厂（店）合用，很不容易划分清楚它们是生产资料还是生活资料。在清点这些企业的资产时，各行业公私合营工作委员会除了加强对资本家的政策教育外，按照“从宽处理”的精神，根据企业生产和家庭实际需要的情况，对生产资料和生活资料作了合理的划分。凡是确为企业生产经营上所需要的，原则上归企业；属于家庭专用的生活资料归原业主所有；生产上和家庭生活上兼用的，以首先照顾家庭需要为原则，但为了不影响生产，企业照旧可以借用。①

上海市第一轻工业局是在全面清产核资工作开始之前即以开始准备工作。一是思想准备及政策的教育。同业公会组织了资本家、资方代理人和家属认真学习国务院和上海市人民委员会的两个规定及有关文件，以使他们提高思想认识，打消顾虑，解除疙瘩，为工作打好基础。二是组织准备工作。为了加强清产核资工作的具体领导，各公司的合营工作委员会一般分设了辅导和评议二个工作委员会（组）。前者办理清点估价宣传联络工作，后者负责自报审核工作。据统计各行业辅导工作组共成立了197个，辅导工作人员有459人；评议工作组共成立了98个，评议工作人员有319人。另外还组织了工商界青年突击队，参加人数达300人左右，帮助职工人数较少的企业进行清点填报，还设立了问讯站15处，由公会指派专人负责解释清产核资的各项政策等。三是材料准备工作。合营工作委员会通过了公私双方的民主协商，对清产核资有关问题拟订出了清产核资工作方案，清点估价的注意事项，呆滞存货的分类和固定资产及流动资产估价参考标准，来解决有关具体工作中的复杂问题。②

在展开企业清点工作之前，为防止“一次摊开”可能产生的混乱现象，上海市第一轻工业局各行业合营工作委员会首先考虑本行业的特点，选择了具有代表性的几个厂进行试点，以便树立榜样，吸取经验教训来指导全行业工作顺利开展。如文教行业根据产品特点选择黄浦区的恒丰油墨厂，前进文具工艺社、天然制墨厂、亚光订书钉工业社四个不同类型厂进行了试点工作。火柴、食品、文体等其他行业也确定了5个试点厂。在总结试点厂经验的基础上，各公司制订出行动计划，于2月25日正式开始全面清点财产。清点时间安排上，一般企业的财产清点工作大部分选择了厂休息日或停电日，部分厂对生产工作事前作了适当安

① 上海社会科学院经济研究所：《上海资本主义工商业的社会主义改造》，上海人民出版社1980年版，第250页。

② 《上海市第一轻工业局清产核资工作总结》，1956年8月，上海市档案馆藏档案：B5－2－108－55。

排，达到边生产边清点，不影响正常生产。资方负责人都制订出了清产核资工作计划，并主动争取职工协助。工会也派出了老年工人、技术工人、财务人员协助。清点方法上，各厂根据企业不同的情况采取了不同的清点方法，有的“条条清点”，有的“块块清点”，也有的“条条块块相结合清点”。[①] 由于准备工作充分，大部分厂的财产清点如期完成。以搪瓷工业为例，全面清点工作是在3月10—14日间进行的，自报查账户及个体户在3月10日完成，民评户在3月14日完成。“由于职工的协助监督，中心厂及同业公会下厂辅导，以及发挥了私方的积极性，因此清点工作都能如期完成。”[②]

资产估价相比资产清点要更为复杂，进度方面稍显迟缓。各行业的估价标准，都是根据国务院关于私营企业实行公私合营时对财产清理估价的几项主要问题的规定，和上海市人民委员会关于执行国务院规定的具体办法，以及各行业的参考价格资料决定的。一般原材料、半成品、成品等资产，比较容易估价，而机器设备的估价则多有困难。因为上海资本主义工业原有的机器设备大都是各资本主义国家制造的，其中有的买来时就是旧的，有的是以各种旧零件拼凑而成，没有标准的价格；还有不少超龄机器，它们虽然在1950年年底经过重估，但几年来大部分机器国内已能自己制造，并且生产效率不断提高，因而机器价格逐步下降，如果完全按现值估价，将远远低于账面价格，可能会产生企业的账面资产价格大量下降和财务困难的后果。根据“从宽处理”的精神，各行业对机器设备大都按其实际新旧程度股价，而不是单纯根据已使用的年限折旧估价；凡账面与现值相差不远者，一般仍按账面作价；账面与现值相差甚巨而必须调整者，其调整幅度按照各业的具体情况由公私双方协商决定。其他房屋建筑物和可资利用的铺面装修等，也都按其实际新旧程度估价。这些都充分贯彻了“从宽处理”的原则。[③]

在估价工作中，多数资本家经过前一段的政策教育，认识到由他们自估自报是政府对他们的信任，也是对他们的考验。他们在工人群众的监督和协助之下，基本上能够按照“公平合理、实事求是”的原则进行。但

① 《上海市第一轻工业局清产核资工作总结》，1956年8月，上海市档案馆藏档案：B5-2-108-55。

② 《上海搪瓷工业社会主义改造资料》，1959年2月，上海市档案馆藏档案：B157-1-173。

③ 上海社会科学院经济研究所：《上海资本主义工商业的社会主义改造》，上海人民出版社1980年版，第251页。

是，也有一部分资本家存在着疑虑和抵触情绪，在估价中出现了忽高忽低的现象，其中低估又比高估为多。低估的主要有以下几种情况：有些资本家认为在清产核资中低估的结果只是少拿些定息，而人事安排则关系到今后的工作地位和待遇，因此以低估来表示“积极”，企图借此得到较高的职位或高额薪金；有些资本家抱着“以退为进”的态度，认为高估了拉下来不好看，不如先低估等再评议时调高，可以“名利双收”；也有个别资本家出于抵触情绪，故意低估资产。在清产核资中发现高估偏向的大多是一些资产不抵负债户的资本家，他们极力提高估价，企图以此避免企业被作为破产处理。这种低估或高估的做法，都是同“公平合理、实事求是”的原则不符合的。各行业公私合营工作委员会除反复地向资本家交代政策并依靠广大职工加强监督外，还通过同业评议纠正部分企业在资产估价中的偏高偏低现象。①

以制药行业为例，在进行财产估价前也进行了相当长一段时间的准备工作：一是成立估价组织机构；二是拟定行业的财产估价方案。由于制药行业是先行行业，政府对于估价的正式规定和办法尚未公布，也没有其他行业可以借鉴，因此拟定估价方案具有一定的困难，“因为方案内容不当，前后经过了七次多修改”。三是编制生产标准价目表；四是调研和辅导工作。这里要提到的是为了搞好财产估价工作，专业公司从老合营厂抽掉了7个科级以上有经验的干部，配合同业公会做了企业摸底工作，并在此基础上，于1956年1月19日提出工兼商户、资不抵债户、职工维护户、家厂不分户、对公对私负债、职工欠款、拖欠工薪、公积金、股东垫款等9个问题的调查报告，对清估工作具有很大的指导意义。五是思想准备工作。关于估价的步骤，制药业是这样安排的：一是拟定行业估价方案；二是企业拟订估价方案；三是估价填表。在估价工作三步过程中又分三批进行：第一批试估4户；第二批试估6户，第三批全行业展开。试点厂的选择上，开始选择了在行业中诸如业别、规模、财务状况、经营方式等方面具有一定代表性的厂，后来便于全面吸收经验，减少了一般户，增加了可能亏损或自产倒挂户。试点户的估价工作从2月23日开始至3月26日结束。此后就试点工作的经验在全行业内进行了交流，开始了全行业的估价工作。即使如此，估价工作还是遇到了很多困难，主要集中在资产的估价、折扣的标准等问题的不同处理上。以上海市轻工业二局所属行业为

① 上海社会科学院经济研究所：《上海资本主义工商业的社会主义改造》，上海人民出版社1980年版，第252页。

例，日用化学工业公司有10户左右发电厂估价未按市委规定办理而按账面计算需要返工；玻璃工业公司同业公会在资产估价中要求在基层厂内组织清核小组，拟由资方清点，劳方审核，已向同业公会指出纠正；刀剪公司资产倒挂户多有依赖思想，不主动积极想法解决，需要纠正；吕明钟厂资方为表现进步，拟将财产低估，一套价值4 000—5 000元的时候模子，拟估价3 000元，由此造成资方之间意见分歧；玻璃公司晶华玻璃厂1950年因按国家需要迁至青岛，仍留在上海的炉灶价值10万元，但公司打算不再使用，若按残值处理价值16 000元，此又该如何出价等等。①

再以榆林区为例，据对该区丝织行业39户新公私合营企业统计，清点估价中属于正常的有31户，占总户数的78.5%。估价偏高的3户，占总户数的8%，偏低的5户，占13.5%；纺织机械行业33户中，估价正常的有26户，占78.8%，偏高的5户，占15.1%，偏低的2户，占6.1%。总体上看，估价正常的都达到了总户数的78%以上。②

评议是在前两个阶段的基础上，以行业同业公会为主体进行的。

评议是在估价之后开展的一项工作，它的主要任务是“校正各个企业财产的估价（反映在报送的财产估价表上），力求企业财产估价公平合理，实事求是”。以制药行业为例。该行业自1956年2月下旬进行资产估价以来，3月中旬开始对全行业153户新公私合营厂（5户手工业个体户未包括在内）的资产清估进行行业评议。为此，同业公会在估价的组织基础上成立了评议委员会（简称评议组），从业内聘请了13位专业技术人才（业内专家）加强了专门技术力量。评议委员会下设3个大组，分别是业别组织、专门技术组织和辅导问讯组。其中业别组织下设6个小组，分别为：针剂大组（4个小组）、片剂大组（4个小组）、成药大组（6个小组）、原料大组（3个小组）、民评组。专门技术组织下设机器设备小组、存货小组、仪器工具小组、土地房屋小组、财务及其他小组。各组的分工是这样：业别组织按地区和业别设立了17个小组，“负责对本业各户估价评议工作监督、检查、协商、催促、召开会议等工作，并按户实行工作包干制。”5个专门技术小组的职责主要是“审查各业估价报表、方案，从而发现企业估价中存在的问题，从技术角度结合政策，对估价不合理的问

---

① 上海市第二轻工业局：《各公司清估工作进度》，上海市档案馆藏档案：B163－1－537。

② 中共上海市榆林区委对资改造办公室工业组：《清产核资情况》，1956年4月9日，上海市档案馆藏档案：A38－2－488。

题提出意见。”① 经过评议委员会召开各业别组、专业技术组等扩大会议和吸收日用化学用品公司的先进经验后，决定采取“二审协商一评制”的工作方法，顾名思义，它是经过二次审查和协商，然后评定，其具体步骤如下：

第一步是审查。各专门技术小组对各企业送来的清估报表，即资产清点估价报告表、固定资产估价登记表、流动资产估价登记表、估价方案、财产清理汇总记录、财产清理估价评议记录、财产清理估价财务处理记录，根据其中的估价方案等，分别进行审查，提出意见或问题，填入财产清理估价评议记录“专门技术小组意见”栏目，然后转交有关业别组。

第二步是协商。各业别组接到专门技术小组交来的各种企业报表和签注的意见后，进行审查和归纳。然后结合本组发现的问题，与有关企业资方进行协商，把协商意见填入财产清理估价协商记录表内，如果双方有分歧，不能取得同意，不强求统一，可保留意见以后再处理。为了便利开展工作，审查和协商往往交叉进行，个别协商与集体协商交叉进行，通过此次协商之后，各企业对协商中同意改动的事项进行修改工作，以备再报，再审，再协商，再调整。

第三步是互评。互评又称二审或审议，是采用集体方式进行协商的阶段。这个阶段由业别小组分头召开会议，由本组的资方来进行相互评比，相互讨论。会上先由被评厂资方报告评估经过，依据或原因，问题和自己的处理意见，然后开是互评。一次互评会议不能解决问题，就再召开一次，力求解决问题。如仍不能解决的问题则提交评委会处理。

第四步是评定。这一步先由业别小组长归纳情况与问题，再由业别大组长负责汇总，在评委会召开的评定会议上，先由业别大组长汇报，然后评委会评议并解决未了事项。评委会结束之后，评议委员会一方面发财产估价调整表给各企业进行调整；另一方面评委会按业别汇总评议结果，汇总评议后全行业的资产总额。至此评议结束。②

通过行业评议委员会的评议，行业资产发生了或多或少的变动。仍以制药行业为例，其资产总额通过评议下降幅度较大。见表4－9。

---

①② 上海市医药工业公司：《上海市私营制药工业清产核资定股定息调查报告》，1959年2月，上海市档案馆藏档案：B89－1－195－48。

表4－9　上海制药行业153户全行业合营评议前后资产变动情况　单位：元

序号	资产项目	原账面金额	评议金额	增减额	增减百分比
1	房屋及项目	3 567 300.51	3 273 071.84	294 228.67	8.25%
2	土地	941 621.39	377 560.21	564 061.18	－59.90%
3	机器设备	4 568 981.15	3 582 308.80	986 671.35	－21.60%
4	工具仪器	2 384 816.12	1 710 099.38	674 716.74	－28.29%
5	原料物料	4 652 526.72	4 021 679.26	630 847.46	－13.56%
6	制成品在制品	3 714 363.25	2 791 177.21	923 186.04	－24.85%
7	资方呆账	260 608.44	115 964.87	144 643.57	－55.50%
8	职工借支	187 337.13	64 014.63	123 322.50	－65.83%
9	应收账款	514 134.84	280 415.52	233 719.32	－45.46%
10	其他	1 726 888.46	10 229 723.00	1 497 156.46	－12.77%
11	总额	32 618 578.07	26 446 015.72	6 072 562.29	－18.67%

说明：评议仅限于1—6项资产，至于7—10项资产几乎全部通过财务处理工作来处理。

资料来源：上海市医药工业公司：《上海市私营制药工业清产核资定股定息调查报告》，1959年2月，上海市档案馆藏档案：B89－1－195－48。

通过评议行业资产增加的如：上海市第一轻工业局，其下属11个专业公司共计6 129户，根据评议结果的统计，资产总值的自报数为94 206千元，评议数为95 452千元，调高金额1 246千元，调高幅度为1.32%。同业评议数和自报数是大体接近的，调高的原因主要是通过评议后针对资方自报中宁低勿高的项目予以纠正。① 再以搪瓷工业为例，全行业公私合营高潮中划入的协作厂共计40户，清产估价后进入行业评议的四人以上的协作厂29户，其原清估资产为196 511.92元，通过评议变更为502 251.94元，增加金额5 740.02元，计增加1.15%。②

清点估价工作结束后，即进入财务处理阶段。相比于资产清估，财务处理涉及企业多年来的公、私债务处理问题，企业与职工的债产债务处理问题，资不抵债倒挂户的处理以及数量众多的被裁并企业的清产核资以及财务处理问题等，情况十分复杂。财务处理工作“可以说是整个清产核资工作中最复杂、最重要的一项工作。企业在清产核资方面发生的一些问

① 《上海市第一轻工业局清产核资工作总结报告》，1956年8月，上海市档案馆藏档案：B5－2－108－55。

② 《上海搪瓷工业社会主义改造资料》，1959年2月，上海市档案馆藏档案：B157－1－173。

题，能不能‘了’及如何‘了’及如何‘了’就要看财务处理”。[①]

上海市各行业处理企业在私营时期的财务关系时，采取了以下几个原则：企业的对公债务，原企业能归还的应该负责归还，归还有困难的，可在原企业财产中扣除，转为公股股份，或仍作为企业的负债，或向有关部门申请减免；对私债务，由原业主与债权人协商处理，在债权人同意下可转为企业投资，或经债权人同意可以少还，以求尽量解决；向劳动人民借来的小额款项，原业主应尽可能归还；职工的欠薪，原则上必须归还，但在处理时，劳资双方可根据企业的经济情况、职工的实际生活和产生积欠的原因，协商处理。如1956年上海市第二轻工业局在清产核资阶段进行财务处理步骤时，先由基层户进行私私、劳资、公私，联系协商提出财务处理意见，分送同业公会和合营工作组，以同业公会为主提出审查意见，合营工作组提出补充意见，再送专业公司和局共同审查。[②] 以此确保财务处理工作的公平、公正与合理。

对资产不抵负债户的处理，是财务处理的重要一环。全市资本主义企业原有资产不抵负债户6 645家，倒欠资金6 518.5万元。其中工业2 901家，倒欠金额4 950余万元；商业3 614家，倒欠金额368.5万元。[③] 这些企业大都是由于经营管理不善、产品质量低劣、企业盲目扩展、生产任务不足而造成亏损；有的是由于积欠税款、罚款数目很大以致资产不抵负债的；有的企业资本家原来一贯依靠非法经营、投机倒把谋取盈利，在国家加强管理后无法再进行投机而造成负债。根据中央“从宽处理、尽量了解”的方针，上海市在处理这些资不抵债户时，尽量缩小破产面，并对不同对象加以区别对待：对经营作风一贯恶劣为同业所不满者，依法予以处理；对一般的资不抵债户，则通过协商酌情减免债务，尽可能保留其小部分财产作为私股股份，予以照顾。这些资不抵债户的资本家本来大都顾虑重重，唯恐依法处理后企业破产，因此，各行业通过教育解除他们的顾虑，动员和鼓励他们积极设法归还债款，或同债权人协商予以减免，协商不能了结时，再采取同业互助或政府照顾的办法尽量了结。

上海市第二轻工业局所属14个专业公司的新公私合营企业，在清产

① 上海市医药工业公司：《上海市私营制药工业清产核资定股定息调查报告》，1959年2月，上海市档案馆藏档案：B89－1－195－48。

② 《上海市第二轻工业局清产核资工作情况》，1956年，上海市档案馆藏档案：B163－1－531－39。

③ 上海社会科学院经济研究所：《上海资本主义工商业的社会主义改造》，上海人民出版社1980年版，第252页。

核资后的财务处理方面遇到很多问题，诸如企业的债权债务问题，尤其是职工欠薪的处理非常迫切；一些小企业生产经营从无账册，国家失业救济金从未缴过，但由于无账，所欠数字也无从查考；有企业提出私股分红要求，分红批准是由区工商科还是合营工作委员会审批，或者是待清产核资后再分红，尚不明确；有企业资方已被逮捕，其家属为国营厂工人，不愿意出面清点协商，该如何清点填报；对私债务中，债权人不知下落，无从联系，该如何处理；资不抵债户要求减免对公负债，是由各厂直接向有关部门提出还是向专业公司提出，再由专业公司向有关部门联系后批示，尚不明确；1953—1955 年未分配盈余，是否可以抵充股东宕账，职工方面是否可以从职工集体福利基金中提出 20%—30% 作为奖金发给每个职工，尚不明确；职工挪用企业款项发生宕账，职工方面是否可以从职工集体福利基金中提出 20%—30% 作为奖金发给每个职工，尚不明确；职工挪用企业款项发生宕账，是作为职工借支办法处理，还是由劳资协商解决，如资方同意减免但部分职工不满意，该如何处理；各厂财务问题，如资方同意减免但部分职工不同意，该如何处理；各厂财务问题，如应收应付账款之减免，是否需要规定一个手续，以免日后引起争执；等等。①

针对企业财务处理中可能会遇到的各种问题以及如何统一应对，1956 年 3 月 30 日，国务院下发《关于实行公私合营的时候对债务问题的处理原则的指示》，其总的指导原则是："在私营企业实行清产核资的时候，对企业在私营时期遗留下来的有关公私之间和劳资之间的债务问题，应该本着从宽处理的精神，尽量予以了结，做到一般私股能够保留适当的股权，以免造成负债过多户的大量破产现象。"在此原则下，指示具体对资方对企业的增资，企业积欠的税款，企业借用银行贷款本息，"五反"退补，拖欠职工工资等等，或者转为公股，或者酌情给予减免好，或者由公私合营企业负担等等。总之，"有关公私之间和劳资之间尚未了结的债务问题，也应该按照上述精神在清产核资的时候，尽量处理了结。以后不再追算旧账。"②

上海市关于全行业公私合营清产核资的"从宽处理、尽量了结"的方针，时任上海市专业局局长周克在 1956 年 2 月 23 日的各厂公股代表大会

---

① 《上海市第二轻工业局关于清点估价工作安排》，1956 年，上海市档案馆藏档案：B163－1－537。

② 《国务院关于实行公私合营的时候对债务问题的处理原则的指示》，1956 年 3 月 30 日，《中国资本主义工商业的社会主义改造》，中央卷（下），中共党史出版社 1992 年版，第 1074—1075 页。

上进行了阐述。他说：“从公私关系上能宽就宽，既不能让国家吃亏，也不要资本家吃亏，债权债务问题，能了就了，不要拖个尾巴”。“谈到‘了’时，如果资本家没有‘了’，还留着一条尾巴拖拉着，将来还要算账。现在‘了’完了，资本家可以安心工作，向前看，而不走回头路，改造成国家干部，对我们来讲，同志们少伤脑筋。”① 这就是“宽”“了”方针的精神实质。

上海市轻纺工业企业公私合营过程中，清产定股的实际目的在于统计企业财产，便于计算公、私股比重以及合营后的财务管理，因此除对清估工作出贯彻“公平合理，实事求是”的精神外，在实际执行中的一般问题应该从宽，违法问题应该从严。主要体现在：（1）对企业财产清理必须限制在企业的实有财产以内，不应去追查账外资产，不要去算老账，不要去追究海外资金，遇到弄不清的问题，可以列入待处理财产，待有条件时再行清理。（2）关于股东垫款和资本家欠款问题，必须根据具体情节，分不同情况进行处理。（3）关于公私股比重问题：一般在生产上不需要投资的工厂，原则上有多少定多少，不必要固定一定的比例。今后如果用合营企业的公积金转投资或采用由企业中变换股权办法解决公股问题，则今后的合营企业完全可以不要国家直接拿出资金了。②

以正泰橡胶厂为例，其在清产核资工作中，对企业的债权、债务、其他资产的清理与核定是按下列标准进行的：（1）合营前债权债务公私双方根据具体情况协商处理，此系总的原则。（2）应收款项无把握收回者，照账面列为待处理资产。（3）冻结外汇列为待处理资产，如最近有收回希望者，总作价入股。（4）合营前职工欠款，核实列作投资，虚账列作待处理。（5）合营前企业欠职工福利金作为私方负债，在其资产内扣除由合营企业归还。（6）应收贷款，赔偿准备款，应付税金和应付费用的未列账款等须酌提准备。（7）企业对外投资，凡在继续经营，情况了解者，按账面作价，将来再做调整；凡亏蚀倒闭情况不明者，列为待处理资产。（8）企业分支结构——分支结构在外埠分开单独经营尚未决定者，暂列为待处理资产，待分支结构正式宣布合营时转出。（9）“五反”退补款、交行代管股、国家投入资金，上海公交公司翻胎厂的资金，均作公股投资者。另外公积金问题，公积本应归劳资双方所共有，因正泰橡胶厂福利情况还好，

---

① 上海市医药工业公司：《上海市私营制药工业清产核资定股定息调查报告》，1959 年 2 月，上海市档案馆藏档案：B89－1－195－48。

② 《上海市私营轻纺工业社会主义改造总结报告》，1956 年，上海市档案馆藏档案：B15－1－19－1。

经过公私双方协商，决定由私方转为投资。①

再以上海制药行业为例，其财务处理工作主要内容包括三个方面：一是私私之间债权债务处理问题；二是劳资之间的互欠处理问题；三是企业对国家负债处理问题。其具体原则是："在企业清理偿还债务方面，先公而后私，在对私负债中，首先偿还欠职工款及劳动人民的小额债务，然后才了结对工商界之间的欠款。"其中对公负债处理原则是："对公债务，当前有偿还能力者应归还，无偿还能力者在原企业财产中扣除，转合营企业负债处理，对企业欠工会各项经费、劳保失效金等，原则上应缴清和归还，如有困难，通过劳资协商，可酌情减免。""对企业积欠职工工资，原则上是应归还的，处理时可根据其具体情况，进行充分的劳资协商。""关于职工垫款，要求企业全部归还，如企业有困难不能归还者，在原企业财产中扣除，由合营企业归还。""关于职工欠款，能还者还（可按原计划分期归还），有股份的职工应以股份冲抵，生活有困难，无能力偿还者，通过劳资协商适当减免。"对私私之间债权、债务处理原则是："资方及代理人宕账，原则上一次或分次偿还，如有困难，而企业尚有垫款者予以抵偿，无垫款者或者垫款数额不足者可考虑扣除其股份，但应按照资方今后能在企业工作起见，给予保留一定的股份"；"原企业对私人债务，原则上由原企业清理偿还或转作合营企业负债，如偿还有困难而债权人愿意将债权转为企业投资者，可鼓励其转为股份。"法院罚款和税收款项处理原则是"除倒挂户外，一般户必须交纳，如果企业流动资金不足，交纳有困难，可转合营企业负债处理之。"②

财务处理的具体处理上，一般户的财务处理问题少，工作也较简单。而困难户和倒挂户的财务处理则要复杂得多，对其的处理工作是财务处理的重点。上海制药行业的财务问题，在清点和估价工作中附带着做了企业财产的了解和辅导工作，为此在财务处理采取了如下方法：一是分类排队。将倒挂户和可能倒挂户（资金困难户）分开，然后按其对公、对私、对劳三方面债权或债务分类排队。二是归纳。根据以上分类排队情况，按户归纳三类：甲类为一般易处理的户，乙类为资金困难户及财务处理问题性质复杂的户，丙类为倒挂户。三是辅导。根据以上分类、排队、归纳情况和问题。按户对公、对私、对劳问题分别进行辅导工作。其辅导方式可

---

① 《公私合营上海正泰橡胶厂清产定股工作报告》，1956 年，上海市档案馆藏档案：B4 –2 –36 –116。

② 上海市医药工业公司：《上海市私营制药工业清产核资定股定息调查报告》，1959 年 2 月，上海市档案馆藏档案：B89 –1 –195 –48。

分为小组讨论、召集座谈会和召集座谈会三种。四是核对资料。由专业公司向各有关单位取来对账资料后，交予同业公会，由同业公会负责召集各厂会计人员进行核对对公负债数额是否有出入，如果有出入，由专业公司与有关单位进行联系澄清或解决。五是发表、填写和审查。该表是由合营工作委员会设计分发各企业，是财务处理的书面反映。

一般来说，每个合营企业的财务处理工作可以分为以下五步。第一步是企业和私方拟订财务处理方案（口头或书面），在这个方案中说明自己的打算，并经同业审查；第二步是首先解决对公对私对劳三方面的债权或债务问题；第三步是各企业资方将财务处理的初步情况或结果，填写财务处理记录一式5份，1份自留，2份交企业工会，2份交同业公会清产核资组，由清产核资组再报专业公司；第四步是企业根据清产核资组和专业公司审查意见进行调整工作；第五步是调整和审批。①

上海制药行业158家新公私合营企业中除5家个体户之外的153家企业参加财务处理。其中，甲类户即一般户109家，乙类户即资金困难户21家，丙类户即倒挂户23家。据1956年6月专业公司总结资料统计，153家企业对公负债总额共计2 380 164.57元，其中21户资金困难户对公负债605 194.96元。

对困难户的财务处理是财务处理工作重要且复杂的部分。依据中央和上海市的关于清产核资文件的指示精神，并结合私方、工会、公会、区工联、清产核资工作组等各方面的意见，决定对公负债的处理方法分别为转作公股、转合营企业负债以及给予减免三种。此外，专业公司还做出了如下规定：一是“五反”退款转公股，对财政局照顾数均予剔除；二是对欠税务局本金概不减免，数额较大者转作公股；三是对国有企业欠款问题，因多系退货造成，如有重制返工或回收的可能一概转为合营企业负债处理；四是银行借款本息概不减免，作合营企业负债处理，担保赔款依数额大小分别转作公股或负债或部分减免；五是对积欠工会经费及失效金，凡滞纳金部分予以减免，本金部分参照同业公会和清产核资工作组的意见后再决定减免与否；六是对公负债，凡私方经与有关单位谈妥减免数后，概与同意；七是对私负债一般同意同业公会意见。据此，专业公司对困难户的对公负债、对私负债处理情况见表4－10。

① 上海市医药工业公司：《上海市私营制药工业清产核资定股定息调查报告》，1959年2月，上海市档案馆藏档案：B89－1－195－48。

表 4－10　上海制药行业新公私合营企业 21 家困难户对公负债处理意见

处理意见	转作公股（元）	占比（%）	转合营企业负债（元）	占比（%）	减免数（元）	占比（%）	总计（元）
私方	198 730.82	32.84	312 097.33	51.57	94 366.81	15.59	605 194.96
公会	398 730.82	65.88	110 969.34	18.34	95 494.80	15.78	605 194.96
公司	414 335.32	68.46	91 491.62	15.12	99 368.02	16.42	605 194.96

资料来源：上海市医药工业公司：《上海市私营制药工业清产核资定股定息调查报告》，1959 年 2 月，上海市档案馆藏档案：B89－1－195－48。

在专业公司最后核准的对公负债减免数 99 368.00 元中，其中“五反”退款照顾数 1 994.29 元，工人经费及失效金 12 408.40 元（占原额 16 340.44 元之 75.9%），银行担保赔款 52 621.02 元（仅一户占原额 121 621.02 元之 67.94%），其他劳保费、药费、税金、滞纳金等 2 344.31 元。

21 户困难户对私负债总额 694 824.76 元，私方、同业公会、专业公司各自处理的意见见表 4－11。

表 4－11　上海制药行业新公私合营企业 21 家困难户对私负债处理意见

处理意见	转投资（元）	占比（%）	转合营负债（元）	占比（%）	冲抵及减免（元）	占比（%）	总计（元）	占比（%）
私方	345 018.30	49.66	223 610.96	32.16	126 195.50	18.16	694 824.76	100
公会	345 788.30	49.77	221 329.55	31.85	127 706.91	18.36	694 824.76	100
公司	345 788.30	49.77	224 224.23	32.27	124 812.23	17.96	694 824.76	100

说明：专业公司核定数不同于公会及私方之原因系劳资协商折扣工资最后协议减免数低于私方原定额。

资料来源：上海市医药工业公司：《上海市私营制药工业清产核资定股定息调查报告》，1959 年 2 月，上海市档案馆藏档案：B89－1－195－48。

21 家困难户转合营企业负债部分，其中应付账款计 46 402.7 元，资方欠薪及垫款计 20 506.26 元（占原额 95 947.85 元之 21.37%），职工欠薪及垫款计 62 033.99 元（占原额 131 662.12 元之 47.11%），公会及工商联的会费计 768.20 元（占原额 2 866.79 元之 26.81%）。

由上可以看出，专业公司对困难户的财务处理是比较宽松和照顾的，确实体现了全行业公私合营清产核资中“宽”“了”的政策精神。

相比困难户的财务处理，23 户倒挂户的财务处理工作更为复杂，形势更为严峻。

通过清产核资，23 家资产倒挂户在剔除虚假资产及冲抵其他各项资产减值后，企业实有资产 1 099 882. 10 元，负债总额 2 288 070. 98 元，两者相计，资不抵债倒挂金额 1 188 188. 88 元。财务处理中，对其公、私负债同样采取了或转合营企业负债，或转合营企业投资，或冲抵减免的三种处理方法。见表 4 – 12。

表 4 – 12　　上海制药行业新合营企业 23 家倒挂户财务处理情况

处理方式	负债总额		其中			
	（元）	占比（%）	对公（元）	占比（%）	对私（元）	占比（%）
处理前	2 288 070. 98	100. 00	1 253 847. 47	100. 00	1 034 223. 51	100. 00
转合营企业负债	294 425. 28	12. 90	103 058. 78	8. 20	191 366. 50	18. 50
转合营企业投资	1 012 133. 85	44. 20	565 483. 51	45. 10	446 645. 34	43. 19
冲抵减免	981 511. 83	42. 90	585 300. 18	46. 70	396 211. 67	48. 31

资料来源：上海市医药工业公司：《上海市私营制药工业清产核资定股定息调查报告》，1959 年 2 月，上海市档案馆藏档案：B89 – 1 – 195 – 48。

由表 4 – 12 可见，23 户倒挂户财务处理的结果，全部 228 万余元负债总额中，绝大部分被转成了合营企业投资以及冲抵减免，前者的比重达到了负债总额的 44. 2%，后者的比重达到了 42. 9%。冲抵减免的总金额达到 98 万余元，而全部负债总额转合营企业负债 29 万余元，只占整个负债总额的 12. 9%。如此，清产核资后企业的实有资产 1 099 882. 10 元，负债 294 425. 28 元，两者相减剩资产净值 805 457. 72 元，其中转公股 565 488. 51 元，占处理后资产净值的 70. 22%。由于对公、对私负债减免而保留对私股资本额 239 688. 81 元，占处理后资产净值 29. 28%。对私保留股额中，纯由私私协商处理后而保留下来的私股股金 153 768. 81 元，占私股保留额的 64. 65%，由于对公负债减免后，照顾私人负债转投资 66 991. 90 元，占私股保留资本额的 27. 93%。保留的原资方股额 19 208. 10 元，占私股保留额的 5. 02%。[①] 由此实现了资产倒挂户在财务

① 资料来源：上海市医药工业公司：《上海市私营制药工业清产核资定股定息调查报告》，1959 年 2 月，上海市档案馆藏档案：B89 – 1 – 195 – 48。

处理后，不仅没有破产，反而还有少量私股股金留存，这不得不说明全行业清产核资工作“从宽处理，尽量了结”精神得到了实实在在的贯彻。

由于采取了应对措施，资不抵债的户数大为减少，除对个别户进行破产处理外，大多数经过协商，都适当减免了对公欠款、职工欠薪以及对私债务，使他们在资产负债相抵后还保留了一部分私股。工业方面，重、轻、纺等五个专业局所属行业，倒欠金额共达 4 700 余万元，处理后仍保留了私股 330 万元。商业方面，在原来倒欠的 3 600 多家中，做破产处理的只有两家。同时，即使是作破产处理的企业，在企业依法清理后，政府仍吸收其全部从业人员（包括在职资本家在内），妥善地安排他们的工作。① 这种“从宽了结”的做法，有利于对资本家的团结、教育和改造。并且，上海对资不抵债户从宽处理的做法得到了中央的充分肯定。中央认为“根据上海市处理的经验，在工业中私营企业原有资不抵债户占 10%，从宽处理结果压缩到 2% 以下。其办法为破产户留下不超过原有资金的 10%，比如原有资金 5 000 元，可以留下 500 元作股定息，因而资本家在合营企业中工作得到了安置，满足了资本家最主要的职业要求，因此皆大欢喜。此种办法，政府所费不大，政治影响很好。”② 由此可见，就清产核资工作总体而言，中央所确定的“从宽处理，尽量了结”的方针，最集中体现在财务处理工作上。

以上海市第一重工业局为例，其清产核资在 1956 年春节前后即组织了干部力量，并加以训练，准备了机器参考价格和各种表格，在 2 月 8 日由局长向各公司干部作了政策动员报告，2 月 20 日召开了各公司经理、同业公会正副主任委员、合营工作委员会的干部会议，布置了具体的步骤和要求。而且还选定旋转电机和第一机床公司先行清产核资。与此同时，各公司向干部也作了方针、政策与步骤的动员报告，同时召开了各厂会计会议，具体布置了如何来帮助资方填表的问题。3 月初学习了清产估价的解答报告，这样各厂资方在职工的协助和同业公会的辅导下进行了清产核资工作。然后由同业公会进行评议、复查，到 2 月，除因其他因素未清点的 440 户之外已经全部结束。3 月 3 日局长向经理与同业公会主任又布置了财务处理工作。各公司经过 20 多天的积极工作，以摸情况，先了私的后解决公的，重点抓住处理倒挂户掌握“宽”“了”精神并予以解决。到 4

① 上海社会科学院经济研究所：《上海资本主义工商业的社会主义改造》，上海人民出版社 1980 年版，第 253 页。

② 《中共中央关于对私营企业债务处理问题给四川省委的复示》，1956 年 6 月 5 日，《中国资本主义工商业的社会主义改造》，中央卷（下），中共党史出版社 1993 年版，第 1111 页。

月底，各公司清产核资，包括财务处理、盈余分配等问题等全部结束。①

由表4－13可见，上海市第一重工业局根据1 099个自报查账户，清产核资的情况在清估前资产总值为77 548 043元，清估后资产总值为59 768 548元，下降22.93%。其中机器清估前16 617 514元，清估后13 299 832元，下降19.96%。致使下降幅度的原因主要有：一是机器估价；二是原料、半制成品；三是工具模型；四是虚账因素。②

表4－13　　上海市第一重工业局各公司清估财产前后情况（自报查账户）

单位：元

公司	户数	清估前资产总数	清估后资产总数	下降（%）	清估前机器数	清估后机器数	下降（%）
上海市轻工业机械制造公司	63	3 863 000	3 139 000	18.74	1 071 000	867 000	19.05
上海市旋转电机制造公司	72	9 098 905	6 492 820	29.00	1 978 229	1 906 989	24.00
上海市第一机床制造公司	31	3 166 000	2 458 000	22.36	1 040 000	820 000	21.15
上海市机电仪表制造公司	43	3 513 000	2 573 000	26.76	384 000	260 000	32.20
上海市通用机械制造公司	178	6 518 000	5 257 000	19.35	1 827 000	1 562 000	14.50
上海市内燃机配件制造公司	67	3 777 629	2 920 206	22.69	955 571	753 787	21.15
上海市石油机械制造公司	46	2 259 568	1 798 696	20.41	835 704	708 048	15.21
上海市第二机床制造公司	104	7 827 000	6 052 000	22.68	1 958 000	1 547 982	20.99
上海市动力设备制造公司	50	3 004 000	2 319 000	22.80	886 000	723 000	19.40
上海市自行车制造公司	102	6 568 000	5 254 000	20.01	1 363 000	1 100 000	19.30

①② 《上海市第一重工业局关于新合营厂清产核资情况的报告》，1956年，上海市档案馆藏档案：B173－1－259－76。

续表

公司	户数	清估前资产总数	清估后资产总数	下降（%）	清估前机器数	清估后机器数	下降（%）
上海市铸锻工业公司	148	9 445 000	7 025 000	25.62	800 000	611 000	23.62
上海市电力设备制造公司	149	12 928 982	9 911 981	23.37	2 336 376	1 672 885	19.86
上海市纺织机械制造公司	45	5 881 864	4 647 665	20.92	1 236 863	1 014 630	17.97
合计	1 099	77 548 043	59 768 548	22.93	16 617 514	13 299 832	19.96

资料来源：《上海市第一重工业局关于新合营厂清产核资情况的报告》，1956 年，上海市档案馆藏档案：B173－1－259－76。

财务处理上，上海市第一重工业局在清点估价评议的基础上，各厂开始清理债权债务，据局属 4 106 户初步统计，倒挂户 627 户，清估后资产 1 032 万元，负债 2 070 万元，其中对公 1 440 万元，对私 287 万元，其他负债 343 万元，倒挂 1 038 万元。倒挂原因主要，一是经营管理不善，生产无计划，技术水平不能适应新产品的要求，质量低，次品多，交货脱期罚金，拖欠税款而增加滞纳金。如第一机床有 6 户由于交货脱期罚金达 3.3 万元，拖欠税款 11.3 万元，税滞纳金 12.4 万元。二是经营作风恶劣，“五反”前有严重犯法行为，午饭退款甚巨，旋转公司、第一机床 35 户中，“五反”欠款有 87.1 万元，占负债 28%，占倒挂金额 74%，如克立厂倒挂 10 万元，“五反”退款 16.7 万元。三是 1955 年机器行业普遍任务不足，“坐吃山空”，如振叶姜昌等厂。①

针对以上倒挂原因，财务上的处理意见是，根据中央“宽”“了”方针，结合市委十人小组对于有关财务处理的具体指示精神，同时还根据资本家在接受社会主义改造中的态度和一贯表现以及企业对国家的贡献大小等不同情况分别对待，给予不同处理方法，主要有如下几类：一是如资本家是同业公会骨干积极分子，在各项运动中表现进步，则给予一定的私股；一般户中表现尚好，且对私对公债务一般能够设法减免的给予适当保留私股金额，一般占资产 5%—10%。如钱镛记电机厂开设 40 余年，经营

① 《上海市第一重工业局关于新合营厂清产核资情况的报告》，1956 年，上海市档案馆藏档案：B173－1－259－76。

积极，该厂资产60万元，负债70万元，倒挂10万元，经与债权人协商减免了对私负债及工会经费及滞纳金后另外再从税款滞纳金减去部分，照顾他6万元，占资产10%。二是资本家已被捕，由其家属或代理人管理，或资本家虽在厂但表现一般以及表现不好的，在清产核资中不积极的，为同业所不满，一般采取资产与负债轧平办法，不照顾私股。如腾达厂资方在日伪时期替日寇制造过手榴弹壳子被政府逮捕，释放后作风恶劣，对私债务60多户……因而采取轧平。三是资本家作风一贯恶劣，在改造期间内，又无悔改表现且对私债务还有纠纷，不能立刻解决经合营工作委员会讨论送法院依法处理。如庄明记厂对私负债已由法院判决在案，目前债权人不同意减免，这也要送法院解决。四是对倒挂户的适当照顾。少数厂私股没有倒挂，但是对私对公负债很大，像这些厂资方也比较进步，因此采取适当照顾的办法。例如旋转公司照顾10户，金额23 757元，减免了工会经费及对公方面部分滞纳金。①

上海全行业公私合营高潮后的清产核资工作，既没有如曹荻秋1月16日报告所言，争取在十天内完成，也未如2月20日上海市委十人小组《通知》中所计划，在3月15日前基本完成。据1956年3月20日上海市委给中央的报告中所称："本市新公私合营企业的清产核资工作，从1月20日批准全行业公私合营以后就开始准备，到2月20日以后这事进行动员，选择若干行业进行试点，3月初逐步展开，至3月8日为止，工业方面，27 260户中，已进行清点估价的占48%；商业方面，59 176户，除夫妻店不进行清产核资外，计有24 329户，已进行清点估价，约占清产核资户的45%；少数先行行业已进行同业评议工作。""清产核资工作的量大，问题复杂，涉及的面广，为保证胜利完成。"而曹荻秋1956年5月8日在全市党员干部大会上的报告称："这次清产核资工作，从2月20日开始，至4月底基本上结束，先后经过2个多月，时间这样长，是出乎我们最初的预料的。开始有人认为北京3天完成，上海也可以在最短期内完成。但是，事实证明，清产核资是一件复杂细致的工作，特别是上海的工商业面广户多，工作量大，问题复杂，要在短时间内做好它是不可能的。"但实际上，正如其在《报告》中所言，清产核资工作实际上并没有完全结束，指示"清产核资工作，目前已进入审批"，故而他在报告中要求，在5月

---

① 《上海市第一重工业局关于新合营厂清产核资情况的报告》，1956年，上海市档案馆藏档案：B173－1－259－76。

份内“结束清产核资工作”。[①] 1956年8月，上海市人民委员会对资改造办公室副主任蔡北华在上海市人代会一届四次会议的发言中说：“关于清产核资工作，在合营高潮以后，我们着重做好清产核资的各项准备工作。自2月20日开始至6月间，基本上完成了新合营企业的财产清理估价和财务处理等工作。”[②] 上海全行业公私合营后新公私合营工业企业清产核资情况见表4－14。

表4－14　上海全行业新增公私合营工业企业清产核资情况（截至1956年8月底）

单位：万元

项目	已进行清产核资的企业					未进行清产核资的企业	
	户数	合营时账面资产净值	清产后核定数	其中：私股	核定数占合营时账面数	户数	合营时账面资产净值
工业	18 986户	64 072（－4 552）	54 347	48 288	84.8	514户	71

说明：总产值按1952年不变价格计算。

资料来源：中共上海市委统战部等编：《中国资本主义工商业的社会主义改造》，上海卷（下），中共党史出版社1993年版，表16。

在上海市被批准实行全行业公私合营的203个行业、8.8万余家中，进行清产核资的企业共6万余家，其中并不属于资本主义经济而被带进合营的手工业户和不雇职工的小商店，都由业主自行清点估价，不作评议。其余2万余家没有职工的小商店及摊贩经过调整，采取合作商店、合作小组等形式进行改造，都不进行清产核资。[③]

尽管清产核资工作量大且手续繁复，上海新公私合营企业清产核资的实施时间较之于原先的估计及计划有较长的延期，但是在中央“从宽处理，尽量了结”的方针和“公平合理、实事求是”的原则下，通过资方自点、自估、自报，以及同业评议，职工协助监督，最后由行业合营工作

① 《曹荻秋关于对资改造工作情况及今后工作的报告》，1956年5月8日，载中共上海市委统战部等：《中国资本主义工商业的社会主义改造》，上海卷（上），中共党史出版社1993年版，第745、746、750页。

② 《蔡北华关于上海市私营工商业社会主义改造工作的发言》，1956年3月20日，载中共上海市委统战部等：《中国资本主义工商业的社会主义改造》，上海卷（上），中共党史出版社1993年版，第796页。

③ 上海社会科学院经济研究所：《上海资本主义工商业的社会主义改造》，上海人民出版社1980年版，第250页。

委员会审批的方式进行的清产核资，以及“宽”“了”政策下比较宽松的财务处理，保证了全行业公私合营后合营企业清产核资的顺利推进，为对资本主义社会主义改造的最后胜利奠定了基础。

（三）清产核资后的定股

清产核资及财务处理后的最后工作就是公私合营企业的定股。合营企业定股的主要依据是资产清估后的企业净资产值。如前所述，在全行业公私合营的清产核资中，相当一部分企业资产清估后的总资产价值以及净资产价值，较之于原来的账面资产多有不同程度的下降。

以上海市轻工业、重工业、纺织工业为例，1956 年根据初步资料的统计，工业中重工业下降 20.43%，轻工业下降 18.89%，纺织工业下降 17.19%。根据 65 个行业清估后同业评议的结果来看，资产总值下降在 10% 以下的有 7 个行业，10%—15% 的 10 个行业，15%—20% 的 27 个行业，20%—25% 的 16 个行业，25% 以上的仅 5 个行业。重工业中各业下降幅度集中在 15%—25%，轻工业集中在 15%—20%，纺织工业则在 15% 以下的较多。见表 4 - 15、表 4 - 16。

表 4 - 15　　上海市全行业公私合营后轻、重、纺工业清估后资产下降情况综合

单位：万元

类别		总计	重一局	重二局	轻一局	轻二局	纺管局
资产总值	账面	66 560.07	7 754.80	14 699.00	10 116.1	1 321.24	20 787.93
	清估后	53 748.05	5 976.85	11 889.04	8 819.5	10 101.64	17 066.09
	下降百分比	19.36%	22.93%	19.12%	12.82%	23.52%	17.29%
土地	账面	962.18		365.70	169.9	426.58	
	清估后	360		137.30	69.2	153.49	
	下降百分比	62.58%		62.45%	59.25%	65%	64.73%
房屋	账面	4 091.77		1 485.6	1 020.80	1 585.37	
	清估后	4 010.09		1 422.6	998.2	1 589.29	
	下降百分比	4.48%		4.24%	2.21%	+1%	+3.31%
机器	账面	9 876.00	1 661.75	3 438.9	2 388.8	2 386.54	
	清估后	8 328.36	1 329.98	2 979.00	2 078.9	1 940.38	
	下降百分比	15.68%	19.96%	13.37%	12.97%	19%	11.05%

续表

类别		总计	重一局	重二局	轻一局	轻二局	纺管局
原物料	账面	6 154. 84		1 635. 3	2 413. 1	2 106. 44	
	清估后	5 532. 60		1 404. 9	2 230. 1	1 897. 60	
	下降百分比	11. 12%		14. 09%	3. 44%	10. 1%	

说明：1. 重一局、纺管局部分资料未及统计；

2. 总计中除资产总值类外，其余各类不包括重一局及纺管局资料。

资料来源：上海市工商行政管理局：《关于新公私合营企业清产核资情况的资料》，1956 年，上海市档案馆藏档案：B182 -1 -951 -80。

表 4 -16　　上海市全行业公私合营后轻、重、纺工业行业清估后资产下降幅度排队

下降幅度	重工业	轻工业	纺织工业
下降 10% 以下的 7 个行业		白铁制品、毛刷 2 业	木纱、手帕、帽商、飞花、篷帆 5 业
下降 10%—15% 的 10 个行业	度量衡 1 业	日用五金、医疗器械、皮革、体文、文教、印刷 6 业	制袜、衬衫、织带 3 业
下降 15%—20% 的 27 个行业	化工、缝纫机、消防器材、木材加工、板箱、造漆、螺丝、建筑材料、钢铁加工、电镀、轻工业机械、通用机械 12 业	电筒汽灯、钟表、铝器、制药、日用化学、冷藏、玻璃、徽章、珐琅、制笔、火柴、食品 11 业	毛巾被单、内衣、帽工、制线 4 业
下降 20%—25% 的 5 个行业	元钉铁丝、电讯电器、电镀、有色金属、第一机床、内燃机配件、石油机械制造、第二机床、动力设备、自行车制造、电力设备、纺织机械 12 业	搪瓷、热水瓶 2 业	印染、制绳 2 业
下降 25%—30% 的 5 个行业	旋转电机、机电仪表、铸铁 3 业	橡胶、刀剪 2 业	
总计 65 个行业	28 个行业	23 个行业	14 个行业

资料来源：上海市工商行政管理局：《关于新公私合营企业清产核资情况的资料》，1956 年，上海市档案馆藏档案：B182 -1 -951 -80。

工业方面造成资产下降的因素主要有：一是土地。一般下降幅度为

50%—70%，幅度最大，如制药、电讯电器，橡胶、化工、钢铁加工、缝纫机、织布等；少数行业下降幅度在70%以上，如日用化学下降74%，铝器下降79%，个别下降幅度也有30%以下的，如钟表下降19%。二是机器。一般下降幅度在15%—20%，有些在10%左右，一小部分行业在20%—30%，如日用五金、橡胶、旋转电机、玻璃等。三是房屋。下降幅度较小，一般在5%—10%，有些在5%以下，部分行业由于资本家在合营高潮中以房屋增资的关系也有上升，但幅度大部分在10%以内。四是工具、模型。主要是对部分暂时不适用的工具模型折扣较大，范围在4—6折不等。五是原物料、成品等。下降幅度在一般在5%—10%，少数在15%以上。六是应收账款和资方、职工借支等。结合财务处理后下降幅度较大，据部分行业调查均在40%以上，但由于负债减免的因素相冲抵，对资产下降总幅度影响不大。

造成资产下降的原因，主要有以下几种：一是价格下降。根据国务院规定的精神，估价应以现值为基础，但很多资产几年来价格均有降低，如机床平均下降20%—25%，部分甚至下降达40%—50%，虽然根据规定“凡账面与现值出入不大时可以不调整加以照顾（一般掌握10%—15%的幅度）”，但是仍比原账面下降很多。原物料也有类似情况，如矽铜片以前4 000多元每吨，清估时1 200多元每吨。二是没有减除折旧及报废制度。私营企业，尤其是中小型企业很多没有折旧制度及报废制度，历年来账面未减除折旧或及时报废，清估时都根据已使用年限一次减除折旧或报废品残值计算，因而导致账面资产下降。其余机器、工具、房屋等都存在类似情况。三是调整不合理因素。价格特别高的进口机器，如黑市购进的原物料，一般参照国营牌价计算；房屋估价中剔除不能收回的顶费、押租和不增加使用价值的装修费用；以及调整机器的使用年限等。少数企业还存在虚报资产的情况，清估时对此进行了纠正，在执行中少数行业有偏紧现象。四是呆滞机器、工具、模子、原物料以及副次品等根据尚可使用情况酌情打折扣，一般折扣较大，有的甚至按残值计算，存在偏紧情况。五是债权减免。财务处理的时候，对收回有困难的债权进行减免，如应收账款、资方及职工借支等。

总之，资产净值缩水的原因很多，但最主要的是清点估价中“部分行业也产生了一些偏低或偏高的现象，而偏低现象是更多些”。这种情况在全国各地很普遍，以致国务院在关于清产核资复查工作的通知中特别指出：“私营企业实行全行业公私合营以后，对企业财产的清理估价，各地大体上采取资本家自估、自报、同业互评等方式，工作一般进行得很顺利。但根据各地情况，一般有偏低现象。造成偏低原因，主要是资本家表示积极，故意压低，也有的心存疑虑，宁低毋高；其次是同业互评时，彼此挤压；而职工、干部在协助监督时，怕国家吃亏，抓得比较紧。”① 表4－17是上海制药行业153家新公私合营企业清估前后资产变动情况。

表4－17　上海制药行业153家新公私合营企业清估前后资产变动情况

项目	原账面金额（元）	清估后金额（元）	清估增减金额（元）	增减占本项目（%）	增减占金额（%）
资本总额	32 518 578.01	26 446 015.72	－6 072 562.29	18.67	18.67
房屋设备	3 567 300.51	3 273 071.84	－294 228.27	8.25	0.91
土地	941 621.39	377 560.21	－564 061.18	59.90	17.30
机器设备	4 568 981.15	3 582 309.80	－986 671.35	27.80	3.03
其他固定资产	2 384 816.12	1 710.097.28	－674 716.74	28.29	2.08
原物料	4 652 526.72	4 021 679.06	－630 847.46	13.56	1.94
产成品	3 714 365.25	2 791 177.21	－923 186.04	24.85	2.84
应收账款	514 134.84	280 415.52	－233 019.32	45.46	0.72
资方宕账	260 608.44	115 954.87	－144 643.57	55.50	0.44
职工借款	187 337.13	64 014.63	－123 320.50	60.83	0.38
其他资产	11 726 888.46	10 229 723.00	－1 497 165.46	12.27	4.60

资料来源：上海市医药工业公司：《上海市私营制药工业清产核资定股定息调查报告》，1959年2月，上海市档案馆藏档案：B89－1－195－48。

就上海全行业公私合营工商企业而言，据曹荻秋称，到1956年5月上海新公私合营企业“清点估价的初步结果来看，私股估价有12亿多（私营工商业资本额去年年底估计为13亿多），总的是下降的，下降幅度，工业约二成，商业约一成，但各业下降幅度不一，其中重工业下降22%，轻纺工业下降20%左右”。其中工业企业的土地现值较账面价值下降幅度最大，达40%—50%，机器价值一般下降20%左右，工具模型有下降40%—50%不等的，房屋价值通常下降了10%左右。但这在当时还是被认为：“这次清产核资的结果，从下降的数字来看是比较大的，但是，从分析下降的因素来看，是合理的。”“资本家一般感到满意，叫喊的人不多，但是也不能

① 《国务院关于对清产核资进行一次复查工作的通知》，1956年4月28日，《中国资本主义工商业的社会主义改造》，中央卷（下），中共党史出版社1993年版，第1109页。

说，每一户都是合理的。总的情况是正常的，良好的，进行是顺利的。”①

清产核资定股中的私股股份，即私股在合营企业股份中所占的比重，由清产核资后的净资产所决定。表4－18是上海制药工业行业根据清估后资产净值对企业的公私定股。

表4－18　　上海制药行业153户新公私合营企业财务处理后初步定股情况

类别	清估后资产净值（元）	公股（元）	%	合营股（元）	%	私股（元）	%	其他股（元）	%
原料	4 212 446.54	530 564.27	12.59	361 042.13	5.57	3 253 462.62	77.24	67 377.52	1.60
针剂	4 756 962.60	354 177.80	7.45	123 344.04	2.59	4 251 448.08	59.30	27 992.32	0.58
片剂	6 442 210.49	295 373.55	4.58	231 379.31	3.59	5 711 390.74	88.66	204 066.89	3.17
成药	6 523 604.75	269 287.21	4.13	616 105.96	9.44	5 526 611.87	84.56	111 599.24	1.87
合计	21 935 224.42	1 449 403.33	6.61	1 331 871.80	6.07	18 742 912.31	55.45	411 035.97	1.87

资料来源：上海市医药工业公司：《上海市私营制药工业清产核资定股定息调查报告》，1959年2月，上海市档案馆藏档案：B89－1－195－48。

由表4－19可见，在上海制药工业153家新公私合营企业中，共计2 207万余元股份中，私股1 899万余元，占全部股份的比重高达86.07%；公股即使加上代管股、合营股总共也只有300万余元，仅占全部股份总额的13.93%。而真正的公股更是只占到股份总额的6.14%。公、私股份在全行业公私合营后合营企业中所占比例的悬殊，在当时是十分普遍也是非常常见的事情。再以上海市重工业局、化学工业局下属公私合营企业为例，其私股股份一般都要占到公私合营企业的80%—90%（见表4－20）。

表4－19　　上海制药行业153户新公私合营企业最后定股情况

合计（元）	公股（元）	%	合营股（元）	%	私股（元）	%	其他股（元）	%
22 071 462.94	1 355 990.71	6.14	1 374 941.92	6.23	18 997 620.76	86.07	342 909.55	1.56

资料来源：上海市医药工业公司：《上海市私营制药工业清产核资定股定息调查报告》，1959年2月，上海市档案馆藏档案：B89－1－195－48。

① 《曹荻秋关于对资改造工作情况及今后工作的报告》，1956年5月8日，载中共上海市委统战部等：《中国资本主义工商业的社会主义改造》，上海卷（上），中共党史出版社1993年版，第746—747页。

表4-20　1956年上海市重工业局、化学工业局部分企业公私定股比例

厂名	合营企业资本（元）	公股股本（包括原企业接管股）（元）	占百分比（%）	其他资本（包括代管股、未登记股）（元）	占百分比（%）	私股资本（元）	占百分比（%）
亚美机电一厂	229 656.09	22 707.00	9.89	—	—	206 949.09	90.11
亚美电器厂	259 907.00	52 990.00	20.39	—	—	206 917.00	79.61
环球电器厂	90 224.48	8 000.00	8.87	—	—	82 224.48	91.13
大中原电阻厂	64 250.25	9 250.25	14.4	—	—	55 000.00	85.6
泰新染料厂	97 000	30 000	5.32	—	—	436 450.00	77.46
茂兴轧钢厂	1 040 000.00	165 714.63	15.934	—	—	874 285.37	84.066
大沪轧钢厂	569 711.40	359 711.40	63.14	—	—	210 000.00	36.86
万里造漆厂	279 258.74	10 000.00	3.6	—	—	269 258.74	96.4
上海造漆厂	896 170 400	148 524	8.5046	—	—	880 263.55	98.225
振华造漆厂	1 746 400	148 524	8.5046	—	—	1 554 954	89.0376
天一造漆厂	330 000	89 056	26.99	—	—	240 944	73.01
上海钟击管音器材厂	42 310.00	7 000.00	16.54	—	—	35 310.00	83.46
润华染料厂	171 000	8 264.40	4.83	76 205.06	44.57	86 530.54	50.60
天泰化学工业厂	550 492.86	49 532.97	9	2 269.07	0.41	498 690.82	90.59
上海国华染料厂	178 722.46	73 997.54	41.4	—	—	104 724.92	58.6

资料来源：《上海市重工业局、化学工业局属部分工厂1956年公私定股比例表》，1956年，上海市档案馆藏档案：B76-1-114。

公私合营企业公股的来源渠道很多。一般是以敌厂、“五反”退款及对公欠款等作为投资，这是一般的方式，但在必要情况下也可用酌量现金作为投资，投资方针力求节约。其中有下列情况的企业可以考虑采用国家投资的方式：（1）重点厂必须插入者；（2）原有厂必须进行扩建或增添设备，以改进扩大生产和适应需要；（3）为了保证安全生产，需要少量投资者。① 例如上海普发仪器厂1954年11月合营时，公股来源全部由国家投资，为500 000 000元，占公私股权比例的25.38%。② 上海金联金笔厂

① 《上海市工商行政管理局关于上海市私营轻工业逐步实现社会主义改造的意见》，1956年，上海市档案馆藏档案：B182-1-520-87。

② 《上海市轻工业管理局所属普发仪器厂公司股权比例合营协议书、清产定股计划、意见、情况报告》，1956年，上海市档案馆藏档案：B163-1-357。

合营时，公股来源也是全部由国家投资，为258 794 493元，占公私股权比例的44.92%。① 上海梅林食品厂原有公股占公私股比例的1.96%，合营后，国家投资7 200 246 800元，公股共计7 230 701 394.41元，占合营后的公私股比例76.02%，其中有“五反”退款转作公股投资。② 大明誊写用品制造厂合营前原有公股209 407 857元，占公私股份比例的10.83%，合营后公股资金达1 209 407 857元，占公私股权比例的41.23%，其中国家投资1 000 000 000元。③ 国家不仅对相关企业进行直接投资，而且还颁发了《关于“五反”退款转作公股投资等的处理规定》，使投资转化规则化和有序化。亚美电器厂合营后公股金额52 990.00元，占公私股比例20.39%。其中“五反”退款转作投资计17 990元，国家现金投资计35 000元。上海大沪轧钢厂合营后公股金额359 711.40元，占公私股比例的63.14%，其中“五反”退款转作投资计334 711.40元，国家现金投资计25 000.00元。④

国家对资本主义工业扩展公私合营的投资，其目的一般在于逐步实现对资本主义工业的社会主义改造。在方针上，国家通常只投入必需的少量的资金，主要充分利用资本主义原有资金。国家的资金和公股，以平均约占合营工业总产值的15%为原则。另外，国家投资还应切实掌握其经济效果，增强其对于生产的作用，防止浪费资金，防止资本家借企业合营分散资财，抽走资金的行为。⑤ 表4-21是全行业公私合营之前公私合营企业的公私股构成情况。此表说明了随着年份的增长，公股与私股都有所增长，这一方面说明国家通过注入资金投资企业增加了公股数量，便于国家进一步参与企业的经营管理；另一方面公股的增长使得公私合营企业的经济效益在逐年上升，在当时也说明了有公方参与的企业的经济效益高于无公方参与经营管理的企业。

---

① 《上海市轻工业管理局为批准金联金笔厂公私股权比例由》，1956年，上海市档案馆藏档案：B163-1-411。

② 《上海市轻工业管理局所属梅林食品厂合营协议书、公私股比例、清产定股报告、资产情况调查》，1956年，上海市档案馆藏档案：B163-1-420。

③ 《大明誊写用品制造厂公私股权比例》，1956年，上海市档案馆藏档案：B163-1-424。

④ 《上海市化学工业局合营处、局属各厂1956年公私定股比例表》，1956年，上海市档案馆藏档案：B76-1-114。

⑤ 中国社会科学院、中央档案馆：《1953—1957中华人民共和国经济档案资料选编．工业卷》，中国物价出版社1998年版，第276—277页。

表4-21　　公私合营企业构成　　单位：百万元

项目	1949年	1952年	1953年	1954年	1955年
资本总额	130	537	693	1 400	1 875
其中：公股	87	282	402	634	761
私股	36	182	210	640	930

资料来源：国家统计局：《社会主义建设统计资料汇编》，1956年。

私营工商业者对于公私合营的态度是有别的。一些资产负倒挂的私营企业，由于多年亏损，发不出工资，无法提供给工人必要的福利，企业前途陷入水深火热之中。在国家宣布公私合营政策之后，自然喜不自禁，巴不得快点将“烂摊子”交给国家，这些企业的资方情愿拿定息也不再愿意管企业之事了。况且合营之后，政府承诺给资方安排稳定工作，资方不仅拿着工资和定息，而且还得到积极支持公私合营的美誉。类似于这种资产负倒挂的企业，国家基本上全部接收为公私合营企业，且对其大量投资使之重新进入正常经营生产的轨道。因此这类型的公私合营企业，国家投入的资本全部充当国家公股，公股占了公、私股比例的很大部分，在公私合营后成为实质上的国企。如公私合营信谊药厂股份有限公司定股结果是这样的：① 原有私股5 339 500万元，原有公股60 500万元，准备金530 000万元，公积金72 367万元；负债2 257 229万元（包括安全卫生基金及集体福利企业奖励金）；私股增资：988 796万元；公股增资：11 204万元；国家投资：600 000万元；后与公股代表商量，经公股代表指示，以清估后全部资产拿出负债，结余数字照25%计算作为盈余分配，10%作为公司奖励金，65%仍作私股投资。② 而另外一些经济效益好的私营工商企业者，虽然心里不愿意公私合营，但是也迫于国家行政压力，不得不走上合营道路，按照政府的政策进行清理资产，核定公、私股比重，以此作为领取股息的依据。

① 新中国成立之初，为进行经济建设，首要任务就是尽快统一全国货币，对现行币制进行改革。为此，中央人民政府决定，自1955年开始进行币制改革，并明确规定：1955年3月1日起在全国范围内发行新人民币，新旧人民币兑换比率为1∶10 000。1955年4月23日财政部、中国人民银行总行发出联合通知：“根据中华人民共和国国务院关于发行新的人民币和收回现行的人民币的命令，新人民币已自三月一日起全国范围内发行。同时全国各机关、团体、企业和个人的一切货币收付，交易计价、契约、合同、单据、凭证，账簿记载及国际间的清算等均已遵照命令规定，以新币为计算单位。因此，文中此处为旧币制。

② 《公私合营信谊化学药厂股份有限公司定股方案》，1956年，上海市档案馆藏档案：B163-1-378。

从全市范围来看，1956年经过清产核资定股后，上海公私合营工业企业（包括1956年以前实行公私合营的工业企业在内）的私股资金共计9.2439亿元，占股百分比为82.4%。①

由此可见，清产核资定股是企业产权实现从私方到公方转移的重大步骤。在大多数公私合营企业中，公股虽然所占比重小于私方，但这并不说明企业的产权依然由私方所控制，恰恰相反，无论合营企业中的公股占多少比重，企业的产权实际上已经向国家转移。公、私股权的比重只能成为私方获取股息的凭据和政府推进社会主义改造进程的政策依据。这种以少数甚至是极少数公有股份，实现对数量极大的私有股权的和平“合营”，并由此实现对公私合营企业的绝对控制和历史性的改造，恰是全行业公私合营后产权制度重大变革之特征与意义之所在。

（四）对公私合营高潮时期私营工商业者的增资处理

最后，全行业公私合营的清产核资定股中还有一项比较特殊的产权处置事项，这就是对在全行业公私合营高潮中一些资方对公私合营企业新投资的退还处理。

1956年，当私营工商业社会主义改造达到最高潮的时候，私营工商界热情高涨，一些等待观望的私营工商业者都开始正式考虑合营，原来已在考虑的私营工商业者则积极性更高，不仅申请公私合营的步伐加快，而且企业生产经营的积极性也大大提高，尤其是他们为了表示对国家政策的支持和对全行业公私合营的拥护，以及“表示他们对这个有伟大历史意义的全市公私合营的献礼”，② 纷纷以各种方式，诸如现金、实物、股东垫款、股息红利、应付未付盈余、公债、企业欠资方薪金、企业欠私人款项等对公私合营企业进行增资。

据统计，到1955年12月31日，丝绸、制药、国际贸易等35个工商行业，增资户共有298户，投入企业增加资本额共计3 280 941元（其他黄金、美钞、房屋价值尚不计在内），其中丝绸、制药工业等30个工业增资户共有219户，增资金额计263万余元。到1956年9月，上海市私营工商业增资户共计3 522户，增资总金额1 510万元。其中以房地产增资的比重最大，商业方面占增资总金额的45%左右，工业方面占60%—70%左右（百分比数字原文如此）；以机器工具、原物料、商品等增资的比重

---

① 上海社会科学院经济研究所：《上海资本主义工商业的社会主义改造》，上海人民出版社1980年版，第250页。

② 上海市工商业联合会：《上海市工商业联合会关于社会主义改造高潮增加投资后目前困难的情况综合》，1956年，上海市档案馆藏档案：C48－2－1625－53。

占15%—20%；以现金、金、银、外币等增资的比重最小，约占10%左右。[①] 其具体表现有如下几种：

1. 以个人或家庭所有的私人资财，如积蓄已久的黄金、美钞、银圆、房产、机器设备、原物料等都拿出来投入企业增加资本。

上海建华仪表厂资方表示“听到传达毛主席指示，心情比较愉快，后来又听到陈（毅）市长谈家常，心情更愉快了。一月十日行业在（上海）大舞台开会批准公私合营，我想到自己外行没有技术，如果一拖再拖，九十个职工、七个资方、一万多元一月的开销，实在吃不消。”后来和家人商量，认为“能够改造，走和平的道路是再好也没有的”。于是，在1月18日江宁区政协传达工商界临时代表会议的大会上发言时，“内心热情发出”，将私蓄黄金63两及人民币4 000元合成一万元投入企业，并表示“我不能有什么技术上的贡献，只是作为表示拥护的意思。”[②]

丝绸工业华益稠厂资方在加工订货时期和改进产品技术，降低次品率等方面得到国营公司的帮助后，心里充满了感激。他说，“很多事实回忆起来对我有很大帮助，因此我在行动上就不再享乐腐化，决心搞好生产，接受改造，自总路线公布后更认识到自己的前途，而在学了毛主席对全国工商联执委的指示后，思想认识更提高了一步，就越发觉得个人前途无限美好，企业合营批准后，我就把过去没有人知道的价值二万元的存货也说了出来（投入企业增资），过去认为独得的技术秘密也向职工同志作了详细说明，我这样做以后，觉得身心很愉快。”[③]

上海机床标准件制造厂资方在自愿将个人生产资料投入企业请求专业公司批准的函中这样写道：“我以万分热情欢天喜地地申请公私合营，表达我的衷心愿望，因此，自觉自愿地把个人的生产资料投入企业。”这些生产资料包括3个不同尺寸的车床和2个不同功率的马达，合计人民币4 739.96元。专业公司最终批准同意增资企业。[④]

还有一些私营工商业者是在所在企业职工鼓励，家属推动的情况下打消顾虑，以高度热情迎接公私合营高潮到来的。如彩印工业新华印刷厂资方在合营高潮到来之前，思想存在顾虑，主要有两点：一是因为自己年老

---

① 《上海市人委转发市人委对资改造办公室〈关于退还在社会主义改造高潮中私营工商业者增资的情况和问题的报告〉》，1956年9月27日，载中共上海市委统战部等：《中国资本主义工商业的社会主义改造》，上海卷（上），中共党史出版社1993年版，第815页。

②③ 上海市工商业联合会：《上海市工商业联合会关于劳工袜厂等9个资方的积极表现事例》，1956年，上海市档案馆藏档案：C48－2－1626－39。

④ 《公私合营上海机床标准件制造厂资方关于自愿把个人的生产资料投入企业请批准的呈》，1956年8月17日，上海市档案馆藏档案：S8－4－59－10。

体弱，怕合营工作不能胜任；二是对和平改造方针半信半疑，怕斗争。在家属的劝说和职工的鼓励以及公私合营合营高潮的实际教育下，他完全消除了顾虑，愉快地投入运动中。他说："我年老力衰，但从一月十四日至二十日的整整一周，东奔西走，很少休息，居然胜任，不知力量从何而来。"而且"内心喜悦难以形容，所以决定将准备养老及企业困难时补贴的一笔钱七千元投入企业，并且打消了退休念头，再干几年。"① 内衣织造工业百达内衣厂资方通过家庭会议协商后将兄弟七人私人所有的黄金420两全部投入企业；大纶成线厂资方将私人所有的100幢房子全部投入企业作为增资；丝绸工业美文绸厂将个人所有的锅炉等设备价值15 000余元投入企业作为增资。②

2. 将已垫入企业款项转作投资。

棉布织染工业汇昌厂资方以实际行动来迎接企业合营高潮。他第一次表示愿将过去企业垫款112 000元、股息红利260 000元及房屋百余幢投入企业，其后又表示愿将个人存港私蓄50 000元（港币）及价值20 000元的阴丹士林染料移回国内，作为企业增资。③日用化学品工业好来药物公司资方将股东垫款二万多元全部转入企业；制药工业佑奇药厂资方在全行业筹备合营时，思想有顾虑，企图将股东垫款14 600元抽回一半，听了动员报告后有了转变，不但不抽回，还主动将垫款转入企业股本，并且还将私人储存的六桶染料（约价值五六千元）投入企业，他的行动还带动了企业另一位资方也将垫款5 000多元投入了企业。④1956年1月17日，制袜工业同业公会邑庙区民生袜厂资方在向上级申请增资企业的信中写道："今天听了报告，心中喜悦"，并表示"我们的垫款2 300元，当然要增资企业迎接公私合营"。⑤

3. 将企业分配的盈余、购买的公债转为增资。

国际贸易业仲文行资方将1952年分得的盈余7万多元全部转入企业；联再行资方将企业分给他的盈余3.4万多元投入企业。丝绸工业云林绸厂资方兄弟四人将历年来已分配的股息红利共9.7万多元转作资本。⑥陵原袜厂资方在社会主义改造进入高潮之后，"很受鼓舞"，表示愿意把她个人

---

①③ 上海市工商业联合会：《上海市工商业联合会关于劳工袜厂等9个资方的积极表现事例》，1956年，上海市档案馆藏档案：C48－2－1626－39。

②④⑥ 中共上海市委：《上海部分资本家在社会主义改造中增加投资情况的一些资料》，1956.5—1956.9，上海市档案馆藏档案：A33－2－456。

⑤ 《上海市制袜工业同业公会账面资产倒挂户情况，同业互助资料及公私合营高潮私方增加企业投资报告表》，1956年3月，上海市档案馆藏档案：S48－4－109。

买的公债2 300元投入企业。全市工商业全部公私合营以后，她又把100多枚银圆、一两黄金和一些现款投入了企业。之后不久她又表示合营后她不准备拿股息，移作企业增资，以便多一份力量来支援加速国家社会主义建设。①

4. 用国外资金或原物料增资。

部分私营工商业者还将国外资金或原物料设法取回，增加企业资本。如国际贸易业永叶行资方听了上海市关于全行业公私合营的动员报告后，向工会表示要写信去香港将9 000港币汇回来作为投资；中国安利贸易公司资方将私人存在香港的150担染料（约值港币20万元）投入企业作为增资。②

据统计，到1956年初，增加企业投资的轻工业、重工业、纺织业三个系统，共有81个行业，增加投资人数5 390人，增加投资总金额31 898 179.76元。具体增资情况如表4－22所示。

表4－22　　1956年上海81个工业行业增资情况

项目	金额（元）	占百分比（%）
现金	502 271.40	1.575
银圆	6 424.40	0.020
公债	274 944.00	0.862
股东垫款转入	16 081 482.18	50.416
股息红利转入	3 246 706.53	10.178
黄金（1 928.163两折合）	182 151.59	0.571
美元（9 947.31元折合）	23 442.22	0.073
港币（15 894元折合）	6.755	0.021
外汇（700元折合）	1.735	0.005
饰物	10 851.21	0.034
房屋（5 501/2幢1 067间 107 975.964平方公尺折合）	5 199 030.08	16.3
土地（1 440.5978亩折合）	960 235.16	3.01

① 上海市工商业联合会：《上海市工商业联合会关于劳工袜厂等9个资方的积极表现事例》，1956年，上海市档案馆藏档案：C48－2－1626－39。

② 中共上海市委：《上海部分资本家在社会主义改造中增加投资情况的一些资料》，1956.5—1956.9，上海市档案馆藏档案：A33－2－456。

续表

项目	金额（元）	占百分比（%）
私有机器设备	1 400 997. 97	4. 392
私有工具	115 034. 18	0. 36
私有原物料	659 162. 00	2. 066
私有用具	43 392. 87	0. 136
股票	194 126. 80	0. 608
其他	1 437 650. 70	4. 507
欠薪转入	1 551 786. 65	4. 866

资料来源：上海市工商业联合会：《上海市工商业联合会关于发还“行业合营高潮中私方增资部分”的意见》，1956 年，上海市档案馆：C48 – 2 – 1625 – 1。

由上观之，私营工商业者在公私合营高潮中的增资不仅数量巨大，而且形式多样，一方面表现了私营工商业者对全行业公私合营的支持和拥护，愿意接受改造的事实；另一方面也为后续国家对增资的分类处理以及定股定息工作带来了一定的影响。

全行业公私合营高潮私营工商业者的增资情况经中央调查后，指出“其中一些人确是出于自愿而且在增资后其家庭生活并不发生困难，但大部分人是在动员的情况下被迫增资或勉强增资的，结果使他们的家庭生活发生了困难”。由此，中央认为这样就会造成“国家在经济上所得甚少，而在政治上则非常不利”。[①] 于是，全国工商业各界开始调查私营工商业者增资后的真实生活状况。上海市工商业联合会也通知工商业各界了解，是否存在由于在公私合营高潮中将自己所有的财产投资给企业而造成生活困难的情况。据调查，上海有板箱作业、螺丝工业等 21 个工业行业，共有 42 户、50 人存在生活困难情况，这 50 个人的增资折合金额为 387 089 元，占上海市工业方面 81 个行业总增资额 31 898 179. 94 元的 1. 2%。这些增资又可分为 6 种类型，其中属于房屋、土地的折合金额为 265 291. 50 元，占困难户增资金额的 69. 54%；属于股东垫款、企业欠薪、年奖等转入投资的有 39 096. 14 元，占 10. 1%；属于股息红利等转入投资的有 11 234. 75 元，占 2. 9%；属于黄金、现钞投入投资的有 14 278. 16 元，占 3. 7%；属于公债转入的有 200 元，占 0. 05%；其余属于生产生活资料等

① 《中共中央关于退还工商业者在高潮中增资问题的指示》，1956 年 4 月 28 日，《中国资本主义工商业的社会主义改造》，中央卷（下），中共党史出版社 1993 年版，第 1108 页。

的有 56 988.45 元，占 14.7%。[①]

私营工商业者向同业公会或专业公司提出申请，要求发还一部分或全部增资，或有其他要求的，主要有以下四种情况：

一是因为高潮时期一腔热情，考虑不够周到。这在要求退回增资的私营工商业者中很普遍。如板箱作业源兴厂资方将股东垫款 2 400 元增资企业，现因儿子读大学需要钱添置生活用品等物，要求拨还 300 元。[②]

二是家庭生活确实困难。如东木业资方将 5 间房屋投入企业，现因家庭经济情况困难，要求拨还全部房屋作其生活资料。梁金记机器厂资方在合营高潮时将自己欠薪 1 300 余元，垫款 700 元以及私人房屋土地估价 2 932 元均作为投资。但之后因收入不够家中十人开支，负债不能偿还，故要求其私人财产作为投资的 2 932 元房屋土地作价给予退回。[③]

三是是本人碍于面子没有提出申请，公家了解其生活困难代其申请要求拨还增资的。如亲衫服装业信美厂资方在合营高潮时将股东垫款 604 元，欠薪 678 元投入企业，可是其家中有 6 个子女，再加上旧债很多，而其月收入只有 75 元，不够维持生活，甚至家中用具大部分卖光，只剩下一张床，自己睡桌板，但即使如此，他也没有提出申请返还增资。公家了解其困难后，代其向专业公司提出申请，拨还了其增资。[④]

四是部分私营工商业者未申请发还增资，但要求公司为其安排工作。如康元制罐厂资方六人，过去的生活来源全靠房屋租金维持，在公私合营高潮期间，该六人将房屋、土地、马达等价值 183 348.24 元投入康元厂，现要求公司能给予分配工作。[⑤]

为避免以上情况的持续发生影响对资改造工作的进一步开展，在调查了解全国私营工商业者在公私合营高潮中增资企业后的各种反应与真实现状之后，1956 年 4 月 28 日，中共中央发布了《关于退还工商业者在高潮中增资问题的指示》。要求：（1）凡在高潮中因增资而使家庭生活发生困难的，应将其增资部分，一律主动退还。只有对个别增资后生活并不困难而本人坚决表示不接受退还的人，才可不退还。（2）凡应退还的增资项目，不论是黄金、美金、宝石、戒指、人民币、房产等，都应将原物坚决全部退还。如因故不能退还原物时，也应公平合理地折价偿还。“指示”还特别强调在进行这一工作时，“应在干部和工商界群众中进行适当的政

①②④⑤ 上海市工商业联合会：《上海市工商业联合会关于社会主义改造高潮增加投资后目前困难的情况综合》，1956 年，上海市档案馆藏档案：C48－2－1625－53。

③ 《公私合营梁金记机器厂资方关于要求退还在合营高潮时投入企业的私人财产的函》，1956 年 12 月 20 日，上海市档案馆藏档案：S8－4－59－12。

策教育，对退还增资的工商业者，在政治上、工作上不得加以歧视，不应讥为落后”，而且，还对在公私合营高潮中动员别人增资的积极分子，首先“应肯定他们用心是好的”，同时，也要教育他们“从工作中吸取必要的经验教训，防止某些人对他们的抨击”。①

1956年6月4日，中共中央再次发布《中共中央关于退还工商业者在高潮中增资问题的补充指示》（简称《指示》）。《指示》进一步明确指出：对于工商业者在高潮中对公私合营企业的增资，“不论是现金或者其他实物，都应当一律退还原主。其中有些实物，如机器、原料等，如果由于企业生产的合理需要，或者由于使用的情况（如已经安装的机器，或已经消耗的原料等）而不能退还原物时，应当折价退还”；对于高潮以前工商业者的增资和在高潮中以原在企业的垫款作为增资而并非以现金、实物增资的，《指示》规定“不退”；而对个别工商业者在中央明确告以退还增资的政策后，仍然坚决要求不退还他们的增资的，公私合营企业或者专业公司必须报经主管业务部门审核批准，才可以接受他们的要求，不予退还。而不属于这一情况的，则坚决全部退还。②

为进一步贯彻中央的指示精神，上海工商业联合会于1956年6月28日召集棉布织染、内衣、彩印、铅印、纸制品、热水瓶、电筒汽灯、玻璃、日用化学、造漆、钢铁炼制、仪表等12个工业行业的负责人以及三个商业行业的负责人座谈了关于退还“行业合营高潮中私方增资部分”的意见。与会行业代表各抒己见，主要有如下不同声音：（1）大部分资方认为“不退还大家很愉快，现在要退还反而顾虑重重，有思想问题，亦有具体问题”。思想问题方面，有的反映“当初投资完全出于自愿并没有想到因有五厘定息才投资，退还思想有波动，认为一番诚意被抹杀”，具体问题方面，有的资方说：“一部分私有原料没有缴货物税，现在退还反而负担支出一笔货物税”。还有的认为资方增资“完全是出于自愿，这次是否是政府来试探一下工商界的心理”。还有的说：“我们拿出来后，不希望再拿回去，我们不希望名利双收”。“能不退还还是一律不退”。（2）有的认为这次退还是“锦上添花”。主要是他们认为“在高潮期中的增资大部分是比较殷实的资方，穷的不可能增资，现在退还给他们是锦上添花，有名有利”。（3）个别行业反映“政府一定要退，我们一定不接受”。这些行

① 《中共中央关于退还工商业者在高潮中增资问题的指示》，1956年4月28日，《中国资本主义工商业的社会主义改造》，中央卷（下），中共党史出版社1993年版，第1108页。

② 《中共中央关于退还工商业者在高潮中增资问题的补充指示》，1956年6月4日，《中国资本主义工商业的社会主义改造》，中央卷（下），中共党史出版社1993年版，第1110页。

业大多是行业内部已经就此问题进行过讨论，结论是“拒绝政府退还增资”，有的甚至表示“宁愿放弃定息”。（4）个别企业户及外迁厂表示能够退还最好退还。仪器及内衣业个别户经过公私协商及专业公司批准已有退回的。此外，各行业还一致认为“政府决定退还增资，说服动员工作一定要由市工商联负责解决”。①

讨论会认为增资发还问题主要集中在股东垫款、欠薪、倒挂户、新老合营户以及实物投资如何具体区分等方面。大家对发还原则和办法的意见综合如下：大部分行业的意见是“根据自愿原则，想抽回同意发还，要投资同意投资，不勉强”。还有一部分行业的意见是“原则上发还，自愿投资者同意投资”。个别行业，如棉布织染业、日用化学工业等提出了自己行业内部讨论后的发还原则。最后，讨论会就增资发还工作具体做法方面提出了四点建议，一是在此工作进行之前由工商联召开大会交代政策，说明道理；二是这项工作由工商联统一掌握，各行业处理办法原则上应该保持一致；三是对于发还工作，由各行业同业公会先提出意见，送市工商联和专业公司经同意后执行；四是发还工作应争取在企业定股以前办理完毕。②

1956年7月13日，上海市工商联发布《关于高潮增资处理的几项意见》。主要对各类增资进行了具体规定：（1）凡在合营高潮期间，以个人私营，包括现金、公债或实物投入企业作为增资者，应当一律发还。（2）凡属于实物增资的部分中，如有原料、物料或机器设备等属于生产需用，已经在用或已经消耗者可以与企业协商作价以现金退回。不属于生产需要者以原物退回。（3）凡在高潮以前已经投入企业的现金，如股东垫款、实物、历年积欠工资，在清产时以转账形式转作投资，已按市人民委员会关于清产核资的规定办法中财务第八条处理③，不再另行处理。（4）凡因资产倒挂，在合营之后，以现金、有价证券或实物清了债务，弥补倒挂者不属于高潮增资性质。（5）凡因同业资负倒挂，以现金、有价证券或实物协助弥补倒挂者，属于同业互助性质，不同于高潮增资。（6）凡坚持不退回

①② 上海市工商业联合会：《上海市工商业联合会关于发还“行业合营高潮中私方投资部分”的意见》，1956年，上海市档案馆藏档案：C48－1－1625－1。

③ 注：上海市人委关于执行国务院《关于私营企业实行公私合营的时候对财产清理估价几项主要问题的规定》的具体办法关于“财务”第八条规定：股东垫款，一般鼓励转为投资，作为私股股份；如其生活确有困难或有其他特殊情况者酌情退还，如目前不能退换的可转为合营企业的负债。1956年2月11日，载中共上海市委统战部等：《中国资本主义工商业的社会主义改造》，上海卷（上），中共党史出版社1993年版，第690页。

者，应由本人向主管部门提出申请，经核准后转作投资。①

此后，各行业同业工会参照上海市工商联发布的《关于高潮增资处理的几项意见》，结合各行业的具体情况，陆续制定了自己行业的增资退回办法。如上海市制袜工业同业公会就制定了本行业《关于合营高潮新投资的意见》，意见中规定：（1）股东垫款、欠资方薪金、欠私人款项、应付未付盈余：已作投资的一般不动，个别有困难可提出申请酌予考虑；（2）现金：原则上全部退还，如已买公债，以公债退还；（3）实物：企业一般不动。个人的如尚未用，以原物归还，如已用到则作价退还，如原为生产资料一律不动。但如确有困难可提出申请酌予考虑。②

以上海制袜工业行业增资退还为例，据统计，截至1956年8月25日，上海制袜工业公私合营高潮期间增资总户数41户，有关人数46人，增资总金额157 780.93元，增资退回户数28户，有关人数31人，增资退回总金额65 943.50元。（注：增资退回，指的是已经退回的及与会意见认为应退回的。）具体来说，现金8 288.75元全部退回，银圆297元、公债7 098元、黄金5 046.12元、饰物2 510.23元、私有原物料4 746.78元、股票50元全部退回，房屋60 021.09元退回18 448.60元，土地7 014.63元退回1 600.62元，私有机器设备56 356.46元退回16 889.34元，私有工具3 983.65退回968.06元，其他2 368.22元是否退回没有说明。③

到1956年8月，据上海市工商业联合会统计，上海市第一轻工业局、第二轻工业局、第一重工业局、第二重工业局、纺织工业局、建筑工业局6个系统公私合营高潮增资退回总金额3 993 980.59元，具体情况见表4－23。

表4－23　　上海市工商业联合会填报的高潮增资退回情况统计

系统	行业数	增资户数	有关人数	增资总金额（元）	增资退回户数	有关人数	增资退回总金额（元）
一轻	16	279	388	2 162 594	220	297	678 668.69
二轻	19	281	371	2 505 307	192	250	717 912.57
一重	14	223	255	1 408.810	143	162	643 791.00
二重	13	231	247	1 495 832	140	144	377 486.00

① 上海市工商业联合会：《关于高潮增资处理的几项意见》，1956年7月13日，上海市档案馆藏档案：C48－2－1625－7。

②③ 《上海市制袜工业同业公会账面资产倒挂户情况、同业互助资料及公私合营高潮私方增加企业投资报告表》，1956年3月，上海市档案馆藏档案：S48－4－109。

续表

系统	行业数	增资户数	有关人数	增资总金额（元）	增资退回户数	有关人数	增资退回总金额（元）
纺织	15	506	643	3 650 985	315	416	1 372 641. 33
建筑	3	49	57	231 504	40	45	203 481. 00
合计	80	1 569	1 961	11 455 032	1 050	1 314	3 993 980. 59

资料来源：《上海市工商业联合会填报的高潮增资退回情况统计表》，1956 年 9 月 7 日，上海市档案馆藏档案：C48 – 2 – 1625 – 42。

由表 4 – 23 可见，自 1956 年 4 月 28 日中央发出指示坚决退还高潮中私营工商业的增资后，上海工商业各有关部门即着手清理退还，并取得了一定的成绩。到 1956 年 9 月底为止，上海市全部工商业已退还的有 2 234 户，占增资总户数的 63%；已退还的资产约占 50%。① 至于尚未退还的增资户，有很多原因，具体来说，有以下五类情况：一是他们有的是工商界代表人物和积极分子，为了积极响应国家对私营工商业者的改造，坚决要求不退；二是有的增资项目为出租房屋、厂房、店面、机器工具、原物料等，退还后增资者不能使用也无收益，而增资后则可拿定息，又丢了包袱，因此表示不愿退还；三是有的增资原为企业的账外资财，是在企业清产估价时列为增资入账的；四是有的厂房、店面、机器、原物料等在增资后已为企业所使用，偿还有困难；五是有的原来是资不抵债户以增资抵债，现已了结，退还有困难。综合以上情况和原因，上海部分企业的增资退还工作尚未完全结束。

为了迅速结束退还增资，做好定股发息工作，1956 年 9 月 27 日，上海市人委对资改造办公室《关于退还在社会主义改造高潮中私营工商业者增资的情况和问题的报告》指示“各有关部门对退还增资工作进行一次检查，对干部说明政策，督促各企业从速处理了结”。同时，对退还增资存在的问题，其意见是“应分别情况，进行处理”，并对不同的情况处理进行了指示。10 月 15 日，上海市人委对此报告做出批示：所提的增资意见“原则上是正确的”，希望各行业遵照中央的指示和这一报告中的意见，

① 中共上海市委统战部等：《中国资本主义工商业的社会主义改造》，上海卷（上），中共党史出版社 1993 年版，第 589—601 页。

“迅速将高潮中工商业者的增资予以退还”。①

此外，政府还对从个别企业公私合营到扩展公私合营，再到全行业公私合营时期的对外投资及跨地域、跨行业产权关系进行了终结处理，这是公私合营企业的又一重大产权制度变革的方面。②

综上所述，所谓“公私合营”是建立在以公方为领导地位的并由国家派出公方人员同私营工商企业主实行所谓联合经营的一种模式。在这里，公私合营与一般意义上以股权多少决定企业控制权的做法完全不同。实行公私合营的企业，公私股权比例的大小并不能作为企业领导权、控制权的依据。合营企业中的公股（即国有股权）不论占多大份额，企业的领导、控制权实际上都牢牢掌握在国家手中，企业的主要负责人大多是国家公股派出的公方代表。③

公私合营之前，资本主义工商企业在自由竞争的市场环境下，拥有对企业生产资料的所有权，并对企业的财产所有权、经营管理权、人事调配权等拥有绝对的掌控权，因此，此时期资本主义企业的产权为资本家所有，私营资本主义在市场经济下自由地竞争和发展。公私合营后，国家通过清产核资，公私合营企业“高管层”开始变动、企业股权比例也开始发生变化，从而使得企业产权逐渐从私营工商业者的手中向国家转移，最终国家成功实现对私营工商企业资源的全面控制和垄断，使得原本面向市场、作为自主机体的私营企业，都已经成为国家计划经济体制下，不需要自主意识和自主需要、而只是在国家统一计划下各自分工不同、但都是按照国家计划指令运行的一个经济部门。这就是有中国特色的、以国家行政权力作为强大后盾获取私营工商业的企业产权，并最终实现了公私合营企业产权制度变革，并由此决定并影响着企业治理结构、经营管理制度、剩余分配制度的变革。

① 《上海市人委转发市人委对资改造办公室〈关于退还在社会主义改造高潮中私营工商业者增资的情况和问题的报告〉》，1956 年 9 月 27 日，载中共上海市委统战部等：《中国资本主义工商业的社会主义改造》，上海卷（上），中共党史出版社 1993 年版，第 815 页。

② 参见张忠民：《“公私合营”研究（1949—1956）》，上海社会科学院出版社 2016 年版，第 306—311 页。

③ 参见张忠民：《经济历史成长》，上海社会科学出版社 1999 年版，第 324 页。

第五章　公私合营后企业治理结构之重构

在现代企业理论中，公司治理结构是一种对公司进行管理和控制的体系。是指由所有者、董事会和高级执行人员即高级经理三者组成的一种组织结构。现代企业制度区别于传统企业的根本点在于所有权和经营权的分离，或称所有与控制的分离，从而需要在所有者和经营者之间形成一种相互制衡的机制，用以对企业进行管理和控制。现代企业中的公司治理结构正是这样一种协调股东和其他利益相关者关系的一种机制，它涉及激励与约束等多方面的内容。简单地说，公司治理结构就是处理企业各种契约关系的一种制度。

20 世纪 50 年代中国公私合营企业的治理结构可从企业内部和企业外部进行考虑。内部治理结构，又称法人治理结构，是出资人及其主要代表人物和经理阶层三者对控制权的分配安排以及前两者对后者的约束激励。在这一层面上，侧重于权利的分配和激励机制的健全。而公私合营企业内部则主要是公私关系的调整和约束激励机制的建立。外部治理结构是在内部治理结构的基础上建立的一套约束激励机制。公私合营企业的外部治理结构主要是政府、部、局、公司、厂等上下级之间逐层的委托—代理关系，各级委托人、委托代理方对公私合营企业进行管理和控制，并通过激励约束机制进行层层激励和约束，并协调处理好各级管理部门与公私合营企业之间的关系。

因此，20 世纪 50 年代公私合营企业治理结构之变动主要包括两个方面的内容：一是由于产权变革而引起的企业原有内部治理结构的重构，诸如原有董事会、股东会及其职能的变化，企业新科层结构的建立、人员的任命以及公、私方人员的关系与作用等；二是公私合营企业治理机构的外延，即集国家行政权力、经济权力于一身，“政企合一”的主管局、“专业公司”等企业上级主管部门的出现和形成及其在企业治理中的作为。它们是完全不同于市场经济体制下企业治理结构的新兴制度安排。在个别企业公私合营、扩展公私合营以及全行业公私合营时期，公私合营企业治理结构都有着并不完全相同的表现形式。

第一节　个别企业公私合营时期企业治理结构之变动

一、参照国营企业经营管理模式

个别工业企业公私合营时期，公私合营企业治理结构变动的主要特征与合营企业的产权制度在章程形式上参照“私营企业制度”正好相反，正如很多部门在相关文件里承认的，此时期合营企业的治理结构实际上是“采用国营企业的经营管理办法”,① 如“在经营管理上，政治工作上完全采取国营厂一套办法”，“在我们工厂（天原、天利厂）职工、干部思想中，早没有公私合营的空气了，厂里完全是国营一套”，“新光内衣厂中也没有一个资方代表，董监事是一些小股东，工厂行政管理完全像国营的做法”。② “一般是派有公股代表和干部的企业中，公股有包办代替管理一切”，“有很多企业是由党员厂长、公股代表主管，一切管理方法照国营办”。③

早期的公私合营企业之所以大多会出现“采用国营企业的经营管理办法”，是因为当时公私合营企业的各项工作不仅缺乏相应的法规条文、政策文件指导，更因为公私合营企业的公股干部大多是因为公私合营的需要，而从各行各业抽调至合营企业，他们面对不熟悉的工作环境、缺乏相关工作经验等诸多问题，在这种情况下，学习国营企业的相关做法就成为公私合营企业中公股干部的首要选择。但即使如此，对于不少缺乏实际经验，但同时又想把工作做好的公股干部来说，对于怎样经营和管理公私合营企业还是比较艰难。有的公股干部甚至感叹道：“领导上怎么放心得了，一年多凭我们不懂业务的干部去瞎搞。”④

在当时的情况下，将公私合营企业等同于国营企业管理，不仅是公私合营企业本身，公私合营企业的上级主管部门也是如此态度。“1952 年 9 月，上海市工业局（兼华东轻工业管理局）领导之企业，包括公私合营企

①③　上海市工商行政管理局：《上海市公私合营企业的参考资料》，1953 年 4 月，上海市档案馆藏档案：B182 - 1 - 520。

②④　中共上海市委私营工业部：《关于九个公私合营厂的情况汇报》，1954 年，上海市档案馆藏档案：A36 - 1 - 11 - 113。

业在内，在上海市财委统一布置下，进行清产核资。”① 从中即可看出，在当时的政府主管部门中，公私合营企业很大程度上归于或等同于国营企业管理。如此，在实际等同于“国营企业管理”的企业治理结构变革下，企业原有的股东会、董事会的职能以及权限的大幅度的弱化，企业董事会逐渐开始由私营企业时期企业的最高决策机构向公私合营之后合营企业公私双方的协商机构演进。

1951 年 2 月 4 日政务院通过的《企业中公股公产清理办法》中，已有最早关于公私合营企业股东会、董事会的相关规定。该办法第一条即明确指出：“本办法所称企业，系指公私合营企业，及有公股公产的私营企业。”而在接下来的各条款中，关于公私合营企业的相关条文。如第十条：“在公私合营企业中，各主管机关应由所派公股代表及董事监察人，通过公私合营企业的股东会及董事会、监察人等行使管理权。”第十八条：“股东会在投票表决时，一般应按股权多少计算，但在讨论有关公私关系问题时，应尽量采取公私协商方式，求得公平合理的解决。”第十九条：“公私合营企业应经股东会产生新董事及监察人，负责执行及监察该企业的业务经营及财务状况。公私董监人数，一般应按公私股权比例，由公私双方协商分配。公股董监依照第十一条之规定由政府选派；私股董监由股东会之私股股东选举。董事会在讨论有关公私关系问题时，亦应尽量采取公私协商方式，求得公平合理解决。”第二十条：“公私双方如遇有不能成立协议之事项，应报上级财政经济委员会或工商行政机关裁定。”② 可见，在此清理办法中，对于公私合营企业股东会的办事方式，即可以说按照股权多少投票表决，但同时又说在讨论公私关系问题时，应尽量采取公私协商。至于公私合营企业的董事会，究竟是企业的决策、领导机构，还是协商机构，并没有明确的说法，但对董事会处理事情的方式所用的措辞清晰地显示已经是“尽量采取公私协商方式”。如 1951 年的《公私合营公信会计用品社股份有限公司章程》第二十条就明确表示：“股东会在讨论有关公私关系问题时，公私股双方股东应尽量采取充分协商方式，遇有双方不能成立协议之事项应报请主管机关裁定之”。第二十八条规定：“董事会在讨论

---

① 中国上海市轻工业委员会统战部：《关于公私合营企业清产估值问题的报告》，1953 年 12 月，上海市档案馆藏档案：A37－1－131。

② 《企业中公股公产清理办法》，1951 年 2 月 4 日，《中国资本主义工商业的社会主义改造》，中央卷（上），中共党史出版社 1992 年版，第 210—214 页。

有关公私关系时，公私双方董事应尽量采取公私协商方式”。①

1952 年之前，公私合营企业中的资方在对关于企业治理结构主要表现形式的股东会、董事会的认识上，明显地与前面所述上级主管部门以及公股代表主导的“等同于国营企业管理”有明显的区别。如民谊药厂在 1950 年公私合营时，对其企业组织形式的表述明确表示：“以董事会为公司最高执行机构，决定一切生产业务及人事之任命”。② 而在当时公私合营企业的公司章程或者公私合营协议的文本中，对于股东会议及董事会的规定，大多还是沿袭以前的习惯性规定。可见，无论是股东会还是董事会，至少在企业章程的文本中大多还规定享有一定的职权。如 1951 年 2 月 1 日南洋兄弟烟草股份有限公司第一届董监事第一次联席会议通过的《南洋兄弟烟草股份有限公司公私合营协议》就明确规定：“本公司以股东大会为最高权力机构，所有股东大会决议案由董事会负责执行，董事会下设总管理处，遵照董事会决议，统一领导各地分公司业务”。“董事会为最高决策机构，有审核、决定、监督、任免各种权限”。③ 企业资方不仅认为“公私合营企业应有股东会和董事会的组织，且必须按时召开”，“董事会为公私合营企业的最高领导机关”，合营企业“经理人和厂长由董事会指派，服从董事会的领导，负企业经营管理的责任，并对董事会负责”。④

1951 年的《公私合营公信会计用品社股份有限公司章程》也对股东会与董事会的权限进行了规定。其中第十三条规定，“本公司股东会分常会及临时会两种。常会于每年决算后三个月内由董事会于一个月前召集之；临时会经董事会或监察人认为必要或持有股份总数二十分之一以上之股东联名请求董事会时于十五日前召集之。”第十四条，“股东会职权如下：一是选举董事及监察人；二是议定公司章程；三是核准公司每年度营业计划；四是核准公司每年度预算决算；五是核准公司每年度盈余分派或损失弥补之议案；六是议决公司资本之增减；七是议决公司之解散或合作”。董事会的组成与职权是这样的：“本公司设董事七人，其中公股 3

---

① 《公私合营公信会计用品社股份有限公司章程》，1951 年，上海市档案馆藏档案：A38－1－123。

② 《公私合营民谊药厂股份有限公司清估报告》，1954 年，上海市档案馆藏档案：A37－1－131。

③ 《公私合营南洋兄弟烟草股份有限公司第一届董事会第一次会议会议录》，1951 年 2 月 1 日，上海市档案馆藏档案：A30－1－125。

④ 《篑延芳、吴蕴初“关于公私合营企业的意见”》，上海市工商行政管理局：《上海市公私合营企业的参考资料》，1953 年 4 月，上海市档案馆藏档案：B182－1－520。

人，私股4人，监察人2人，其中公股1人，私股1人”。“董事会职权如下：一是召开股东会并执行股东会决议案，计划公司业务进行方针；二是编制公司年度预算决算；三是议定及修改公司各种制度和规划；四是任免公司经理及厂长并领导其执行义务；五是其他有关公司业务重要事项之审议”。同时章程还规定“本公司接受上海市财政经济委员会地方工业之领导”的条文等。①

1951年12月14日通过的《上海市公私合营天山化学工业股份有限公司章程》也规定，董事会的职权包括“聘任或任免总经理、协理”，“会同监察人举行联席会议以解决公司重要业务问题及审定公司重要事项”，“公司设总经理一人，协议一至二人，由董事长提请董事会同意任免之”等。但公司章程同时也增加了“本公司接受上海市人民政府财政经济委员会地方工业处领导”的条文。②

1952年2月通过的《公私合营鼎丰仪器厂股份有限公司章程》对董事会的职权规定为：“任免本公司经理、副理、厂长、副厂长”；“议定和修改本公司各种制度和规划”；“编制本公司营业报告预算决算，拟定盈余分配方案，提交股东会”等。③

1952年12月28日修订的《上海市公私合营明星家用化学品制造厂股份有限公司章程》，对企业董事会的职权同样规定为：“召开股东会议并执行股东会之决议案；计划公司营业的进行方针；编制公司年度预算、决算；议定和修改公司的各种制度和规则；聘任或解任公司厂长并领导其执行任务，其他有关公私业务的重要事项的审议。”“公司设厂长一人，副厂长一人，由董事长提请董事会同意任命之。”但同时章程还规定“本公司接受上海市人民政府工业局领导”的条文。④

由此，可从公私合营协议或公司章程看出，早期的公私合营企业，尤其是合营企业私方似乎对企业的股东会、董事会在公私合营企业中的作用还是存有相当期望的。但事实上，合营企业的股东会、董事会的职能已经不同于此前的私营企业了，否则，国家就无法实现对公私合营企业的控制

---

① 《公私合营公信会计用品社股份有限公司章程》，1951年，上海市档案馆藏档案：A38－1－123。

② 《上海市公私合营天山化学工业股份有限公司章程》，1953年11月，上海市档案馆藏档案：A38－1－123。

③ 《公私合营鼎丰仪器厂股份有限公司章程》，1952年2月14日，上海市档案馆藏档案：A37－1－137。

④ 《上海市公私合营明星家用化学品制造厂股份有限公司章程》，1952年12月28日，上海市档案馆藏档案：A37－1－136。

和领导。因此，在当时的情况下，对于公私合营企业股东会、董事会的职能更多的倾向且实际上的做法是作为公私双方协商的机构，即“今后应把公私合营企业的董事会作为公私双方协商的机构，通过它来解决公私关系上的问题，以达到团结教育和改造资本家的目的”。①

从合营企业的资方与公方两方面来看，前者更希望合营后的企业董事会仍旧拥有私营企业时代的职权，后者则认定企业董事会只能是合营企业的公私协商机构。事实上，在当时的情况下，尤其是在 1952 年之后，一些公私合营企业就很少召开股东会、董事会，即使偶尔召开，也只是象征性地讨论一些无关紧要的话题。如天原、天利化工厂自从公私合营后，就一直没有重新成立过董事会。② 也有一些公私合营企业虽然设立有董事会，但是董事会“一般尚不够健全”。③1953 年 4 月，上海市工商行政管理局在一份内部资料显示：“目前大多数合营企业的董事会不健全，甚至没有建立，已有的也是有名无实，有职无权，形同虚设”。④

另外，即使在那些公私合营后设立了董事会的企业，企业的董事会也大概分为两种情况：一种是公私合营企业的董事会由原来的董事会加以改组而来，公股的董监事名额系公私双方经过协商后确定，但由于应该派出公股代表的政府各有关单位，如业务主管机关、交通银行、工商行政机关等，都未能及时落实和指派具体的公股代表，从而使得合营企业的新董事会迟迟无法正式成立。另外一种是企业的新董事会虽然已经宣告成立，但是并不能按时按期召开会议，自主地讨论和决策企业的重大问题和事项。合营企业如果遇到重大问题，习惯上还是先经企业公私双方协商后，在交由董事会形式上通过。甚至还有不经过企业董事会讨论决定，而由政府主管部门直接向企业布置生产工作的。鼎丰仪器厂 1951 年正式公私合营，按照鼎丰仪器厂公司章程规定，公司股东会常会应在总决算后三个月内由董事会召集，但实际上自 1952 年 2 月 14 日召开第一次股东大会及第一次董监联席会议之后，直到 1953 年 2 月 6 日上海市有关部门召开合营企业私股代表座谈会时，一直没有召开过董事会，“因此有些问题无法解决”。这些问题包括私股代表职务问题，“五反”退款问题，盈余分配问题，私

①③④ 上海市人民政府工商行政管理局：《上海市公私合营企业报告》，1953 年 10 月，上海市档案馆藏档案：B182－1－520。

② 中共上海市委私营工业部：《关于九个公私合营厂的情况汇报》，1954 年，上海市档案馆藏档案：A36－1－11－113。

股代表与公股代表工作关系问题等。[①] 可见，当时公私合营企业的新董事会形同虚设似乎已经成为一种比较普遍的现象。

关于合营企业中资方的职权问题。1953 年 2 月 6 日，上海市有关部门曾经召开了一次“公私合营厂私股代表座谈会”。会议上大家意见最集中的就是企业董事会以及董事会中的私股代表的职权问题。南洋兄弟烟草股份有限公司在 1951 年 2 月公私合营时，于 2 月 1 日召开了第一届董监事第一次联席会议。公股代表汪道涵被选为临时主席。会议讨论并决议通过了公司的公私合营协议案，推举公股代表汪道涵为公司董事长、私股代表简玉阶为副董事长，私股代表简日林为公司总经理。通过了汉口分公司、广州分公司、香港分公司的经理人选，以及总管理处的各处负责人人选等。[②] 但此后，一直到两年多后才再次召开一次董事会。很多厂在 1953 年度也是“只开过一次、两次，甚至一次未开过，虽然章程上大都规定了二、三月开一次。很多重大问题处理了，人事变动了，但没有经过董事会”。[③] 早在 1949 年 10 月 25 日即实行公私合营的公信会计用品社，合营之初“由新华印刷厂兼管，因私企条例尚未公布，故只组织临时管理委员会。当私企条例公布后，正式订立合营章程，组织董事会，规定每月开会一次，但至今（1953 年 2 月）未履行过”。[④]

很多公私合营企业的董事会难以遵循规定如期举行，有多方面的原因。如民谊药厂，“‘三反’‘五反’未最后定案，对资本家如何处理安排未确定”，“原来章程制定的分红办法，基本上和私营条例一致，对私方太有利了，想等四马分肥的办法公布，拖下来了”；“若干股权未清理明确，等等”。[⑤]其中公股董事频繁调动以及公股董事因公职而不能按时出席董事会，成为董事会难以如期举行的重要原因之一。华通电机厂公股董事长有一段时间为汪道涵担任，但因“公股董事调动很多，会开不起来”。[⑥]

由于不能按时召开股东会、董事会，诸如股东会、董事会主要职能的

---

① 《公私合营鼎丰仪器厂股份有限公司第一次股东大会记录》，《公私合营鼎丰仪器厂股份有限公司第一次董监联席会议记录》，上海市档案馆藏档案：A37 – 1 – 137。

② 《公私合营南洋兄弟烟草股份有限公司第一届董监事第一次会议会议录》，1951 年 2 月 1 日，上海市档案馆藏档案：A30 – 1 – 125。

③⑤ 梅洛：《关于公私合营企业的董事会问题的意见》，1953 年 11 月，上海市档案馆藏档案：A48 – 1 – 4。

④ 上海市工商行政管理局：《一九五三年二月六日召集本局公私合营厂私股代表座谈会记录》，上海市档案馆藏档案：B182 – 1 – 520。

⑥ 中共上海市委私营工业部：《关于九个公私合营厂的情况汇报》，1954 年，上海市档案馆藏档案：A36 – 1 – 11 – 113。

"核准本公司每年度营业计划；核准本公司每年度财务预算、决算；核准本公司每年度盈余分配"、"任免本公司经理、副经理、厂长、副厂长"等,① 基本也就是仅仅局限在条文上，根本没有落到实处。如永星化工厂，"董事会自 1951 年 12 月后即未召开过，股东大会也由于以上等问题未能召开，因此股息也未能如期发出。"②

以上海市轻工业党委 1953 年末所领导的 20 个公私合营企业为例，20 个企业中行政上属中央轻工业部直接领导的有 7 个单位（南洋烟草公司、上海油脂二厂、永星化工厂、明星家用化学品厂、科发药厂、民谊药厂、天丰纸厂），属上海市工业局领导的 10 个单位（关勒铭金笔厂、华孚金笔厂、中国标准铅笔厂、公信会计用品社、鼎丰仪器厂、科学化工厂、天山化工厂、大统织染厂、惠工缝纫机厂、九福制药厂），其余 3 个分别为原属华东新闻出版局领导的华东美术印刷厂、大东印刷厂，上粮公司领导的鸿丰面粉厂。其中除公信会计用品社外，都是百人以上的大型企业。但是在对待企业董事会的问题上，轻工业党委如是说："我们不重视董事会，常常半年一年不开会，三反之后就更不开，原因是不懂得董事会是最好团结和斗争的场合，许多问题，我们理由是充足，在董事会上公开讨论，完全可以取得胜利的，通过董事会之后，资本家就无话可说。……有的同志，怕董事会职权太大了，妨害我们的领导，其实为了限制董事会的职权，可在章程上加上一条'须接受上级行政机关的领导'，有的厂在协议书上，把董事会的职掌列举过多了，并规定股东会为最高权力机关则是不对的。有的同志，认为董事会股东会是形式主义，反正公股占优势，它什么作用也没有。"③

由此可见，在个别企业公私合营时期，在公私合营企业的治理结构中，昔日的董事会不仅仅只是形同虚设，甚至于虚设都谈不上，这在当时已经成为一件稀松平常的事情。董事会及董事会制度不健全，但企业的生产经营一切照旧，这只能表明，公私合营企业的决策、管理职权基本上已经从昔日私有产权制度下的董监会、经理阶层转移到了公方代表以及上级主管部门手中。也正是因为如此，上海市工商局才会在一份报告中声称，

① 《公私合营鼎丰仪器厂股份由公司章程》，1953 年，上海市档案馆藏档案：A37 - 1 - 137。

② 上海市工商行政管理局：《本局所属公私合营企业存在着的急需解决的问题》，上海市档案馆藏档案：A36 - 1 - 520。

③ 中共上海市轻工业委员会：《公私合营工作总结》，1953 年 12 月，上海市档案馆藏档案：A48 - 1 - 4。

公私合营企业“极大部分均采用国营企业的经营管理方法”。①

当然，在个别企业公私合营时期，也还是有一些公私合营企业尚能比较正常地召开董事会，并做出相应的董事会决议。如公私合营上海科学化工厂，该厂在1951年公私合营前后，曾经于1951年6月14日、7月3日（合营前）、9月3日（合营后）、11月5日、12月5日召开过5次董事会。并且先后通过了1950年盈余分配案、修改公司章程案以及调整资本方案等。尽管此后一年多，企业又一直没有召开董事会，但时隔一年半之后，又在1953年5月15日再次召开董事会，并且就1951年、1952年盈余分配，以及公司章程修改等重大事项做出了董事会决议。②

二、合营企业科层重建中的私方任职与职权

个别企业公私合营时期，合营企业治理结构变革的另一主要体现是企业科层重建中公、私方人员的任职安排，以及私方人员在合营企业中的实际职权问题。

总的来说，从1949—1951年早期的公私合营企业中，私方在公私合营企业科层中的地位和作用还较为明显。“在公私股职权方面，合营之初，有些厂系没收反革命财产，公股占有绝大优势，私股已不在厂，因为一开始就由公股掌握领导权（如天丰、科化、油脂等）。但一般的在开始为了稳定所有原职人员，对原有经理、厂长等都保持不动，我们只派一个副职去。甚至有时公股比重超过半数的，正职也让私股继续担任，只是公司章程上说明了接受上级主管部门的领导，另一方面也由于我们派不出得力的干部，怕新去的人既不熟悉业务，又不熟悉群众，一下子把原有厂长拉下来，自己又不能掌握生产徒然引起消极反抗情绪，反而被动。由于派去的人政治上较弱加上我们对资本家消极的一面缺乏警惕，有些资本家就以我们的宽容为可欺，依旧大权独揽，甚至捣鬼。在若干工厂合营初期形成了这样的局面：公方派去一两个干部集中全力在发动群众，组织或整顿工会、建立党团，大力克服资金、原料或销路的困难，提高生产，而厂内经营管理却大部分或全部仍让资本家照老一套在搞。资本家看到公家一来，困难给解决了，生产提高了，他自己的地位丝毫未受惊动，就非常满意，

---

① 上海市人民政府工商行政管理局：《上海市公私合营企业报告》，1953年10月，上海市档案馆藏档案：B182－1－520。

② 公私合营上海科学化工厂：《合营后董事会决议录》，1953年10月26日，上海市档案馆藏档案：A38－1－125。

以至任所欲为起来。"[①]

这种情况到了1952年的"三反""五反"中开始发生了较大的转折，私方在公私合营企业的职权开始发生了较为明显的变化。主要体现在，一些企业的私方人员在"三反""五反"中的问题，既"未定案，也未定职"，原有的职务未予恢复，长期处于一种"未定"的状态。[②] 由此造成在一部分公私合营企业里，由于各种原因，企业负责人中只有公股代表，而没有私股代表，其中包括较有影响的天山化工厂、科学化工厂、永星化工厂、明星家用化学品厂、大统织染厂、天丰造纸厂、上海油脂二厂等。天丰造纸厂合营后的董监联席会上，私股代表曾经提出是否能参加工厂管理工作，但因为公方迟迟不予回复，故而一直"未予确定"。[③]

可以说，此时大部分公私合营企业的领导权实际上已经完全掌控在公股及上级部门手中，私股代表实际上已成为附属与陪衬，或者说是"被领导"的地位。之所以会出现的主要原因是公、私方考虑问题的出发点不同。合营企业的私方人员从其惯有的私有产权制度的思维逻辑出发，认为既然是公私合营，那么国家作为出资的一方，私方作为出资的另一方，出资双方权益平等、股权平等，共同组成董事会领导企业，私方理应享有私有产权制度下应有的权利义务，并且应该按照私有产权下的企业制度办事。但事实上，这些私方人员没有考虑到国家形势已经开始发生实质上的变化，即新中国的公私合营是对旧有产权制度的彻底颠覆，公私合营的理论基础不是旧有的私有产权制度，而是阶级斗争理论和社会主义改造理论。正是出于这一点，合营企业的公方人员才会认为，既然是公私合营，公股及公方代表就理所当然地在公私合营企业中居于领导地位；既然是公私合营，企业的私股以及私方人员理所当然地就应该无条件服从公股领导，听从公股代表安排。如果私方人员坚持私有产权制度的思维行为，就会被认为是争权夺利。

资方人员在公私合营企业中实际职权的变化，最集中地体现在与董监事会职能弱化相适应的是私股董事、经理人员职权的弱化上。在私有产权制度下，企业管理层的任命都是由董事会或总经理任命。但在个别公私合

① 中共上海市轻工业委员会：《公私合营工作总结》，1953年12月，上海市档案馆藏档案：A48-1-4。

② 上海市工商行政管理局：《本局所属公私合营企业存在着的急需解决的问题》，上海市档案馆藏档案：A36-1-520。

③ 上海市工商行政管理局：《上海市公私合营企业的参考资料》，1953年4月，上海市档案馆藏档案：B182-1-520。

营阶段，这种情况已经被颠覆了。从现存的资料中，可以看到公私双方在企业管理层任命问题上的分歧，集中体现在当时企业管理层的任用权已经完全掌控在企业公方以及上级主管部门手中。如九福制药厂“‘三反’‘五反’后资方职位未确定”；鼎丰仪器厂，资方“副厂长等职位未确定”；中国标准铅笔厂，“个别私资人员之职务未确定”；华孚金笔厂，前私股经理公私合营后，“职位未确定”，等等。① 即使是担任了企业的高层管理职务，私方人员的实际职权以及工作还是会受到各种有形、无形的束缚。这其中有来自明确的私股处于被领导地位的产权定性制度安排上的，也有来自公方人员的形式态度与行事方式。

可见，在个别公私合营阶段的公私合营企业中，由于公私双方考虑问题的习惯性思维差异，私方则是以私有产权制度为依据，认为公私合营就应该同股同权，股份面前人人平等；公方则是以阶级斗争理论、社会主义改造理论为基本依据，认为工人阶级和资产阶级不可能平等，公股再少也是领导，私股再多也是被领导。由此在公私合营企业治理结构重构过程中形成的一大新问题就是，如何在公股领导下，发挥私方人员应有的作用。

第二节　扩展公私合营中的企业治理机构变革

扩展公私合营阶段，无论是从 14 家试点企业治理结构变革的扩展启动，还是从 1954 年 9 月《公私合营工业企业暂行条例》出台后企业治理结构变革的全面展开，这一切都随着国家政策的进一步明朗，表明 20 世纪 50 年代中国企业治理结构变革已形成社会主义改造洪流中的不可扭转之势。

一、14 家试点企业治理机构的变革

20 世纪 50 年代对资本主义的社会主义改造意味着企业权力结构的政治性转换，在政治力量作用的背景下，中国的资本主义因素开始趋于消亡，私有企业被实质或名义上的公有企业所逐渐取代，其最明显的表现就是由于产权转移而导致的企业高层经营管理人员的变动，即由私方所有、经营的企业转变为政府以公有产权为依据，选派公方代表来掌控企业的经

① 上海市工商行政管理局：《本局所属公私合营企业存在着的急需解决的问题》，上海市档案馆藏档案：A36－1－520。

营管理权，从而实现企业性质的转变。

因此，在全国范围的私营工业企业扩展公私合营时期，上海自1953年下半年率先开展了14家私营工业企业的扩展公私合营试点。在这些试点合营企业的治理结构变革中，最为显著的就是对企业资方人员的安排实行了较为宽松的安置政策。其主要表现在，除了对于一些企业资方趁合营前安插代理人的问题，在合营时并未加以过多的追问，而只是在合营之后再根据这些人的技术以及工作能力重新分配工作，"并得以与服务时间较长的原资方代理人有所区别"；以及对于资本家的额外支出问题，一般的暂时维持原待遇，不予降低外，① 还对试点企业资方人员高层管理职务的安排给予了很大的照顾。

因公私合营是一项新的工作，因此国家在开展此项工作的过程中，"自始至终掌握'稳'的原则，以搞好为主，在合营前进行了较充分的准备工作。"② 为此，1953年10月，中央政府特选择了上海14家公私合营试点工厂进行实践，以向未来的公私合营厂提供经验和教训。在公私合营试点过程中，政府不仅在公私合营企业中安排公方代表，而且相比私方人员，公方管理人员比重增加，这也是确保公方所有权及经营管理权益的保证。这可从上海14家公私合营工厂合营前后董事长变动情况可见一斑（见表5－1）。

表5－1　关于14个合营工厂合营前后董事长变动情况（1954年3月8日）

厂名	合营前	合营后		备注
	董事长	正董事长	副董事长	
上海机器厂	李祖薰	公	私	
大同铁工厂		公	私	原是独资经营，故无董事会
华成电机厂	袁宗耀	公	私	
新安电机厂	周惠俊	公	私	
中南橡胶厂	庄怡生	公	私	
顺风搪瓷厂		未定		原是股东少，故无董事会

① 《中共上海市委私营工业部关于对1953年十四个新合营厂试点工作中若干政策性问题的初步意见》，1953年12月28日，载中共上海市委统战部等：《中国资本主义工商业的社会主义改造》，上海卷（上），中共党史出版社1993年版，第254页。

② 《十四个扩展公私合营试点厂工作初步总结》，1954年，上海市档案馆藏档案：A36－1－11。

续表

厂名	合营前	合营后		备注
	董事长	正董事长	副董事长	
江南造纸厂	俞寰澄	未定		两厂合并
益中造纸厂	詹明珠	未定		
正泰橡胶厂	刘汉麟	未定		
茂昌蛋业给藏股份公司	郑汝兴	私	公	现未正式宣布合营，协议书未签订
统益纺织厂	张樗春	公	私	
崇信纱厂	翁衡卿			
鼎新染织厂	孙照明	公	私	
恒大纺织厂	荣毅仁	私	公	
新裕纱厂	谢寿夫	未定		

说明：此卷档案的主要内容包括十四个扩展公私合营试点厂工作初步总结；对今年（1953年）14 个新合营厂试点工作中若干政策性问题的初步意见；14 个合营厂公积金、股东垫款、职工福利金、盈余分配调查材料；做好清产定股工作方案研究提纲等。

资料来源：《十四个扩展公私合营试点厂工作初步总结》，1954 年，上海市档案馆藏档案：A36 –1 –11。

由表 5 –1 可以看出：（1）14 个公私合营厂合营前，有董事会组织者 12 个厂，无董事会组织者两个厂。（2）合营后董事会都确定有正、副董事长之职，据上述已确定正、副董事之职的 10 个厂情况，除了藏昌和恒大两个厂的正、副董事长由私股担任外，其余 8 个厂董事会的正董事长都由公股担任。

一般而言，董事会对企业决策的掌控占有绝对地位。公私合营后，在企业最高的经营决策管理权力方面，政府的公股占了绝对的优势，这就充分显示公方领导私方已成为不争的事实，从而宣告资产阶级掌控企业的经营管理大权已成为历史，生产资料公有制代替了生产资料私有制。因为生产资料所有制发生变化，企业中人与人之间的关系也发生了变化。公私合营企业中有公方代表、私方人员和工人群众三种不同身份的人。公方代表由政府主管业务机关委派、领导企业，并同私方人员共同经营管理企业。公方代表和私方之间是领导与被领导的关系。所以，在公私合营企业中，资本家已由过去的主管者变为在公方代表领导之下参加管理。只是在公私关系的问题上，仍以资本家的身份同公方代表进行协商。公私合营中工人群众的地位也发生了重要变化，既然企业的财产有一部分仍归资本家所有，工人也就没有最后摆脱雇佣劳动者的地位，剥削关系还存在。但企业的财产也有一部分归国家所有，工人也就没有最后摆脱雇佣劳动者的地位，剥削关系还存在。但企业的财产也有一部分归国家所有，企业的管理权实际上由国家来掌握，按国家计划进行生产经营，工人的劳动主要是为完成国家计划，满足社会需要，为国家创造利润，工人已在很大程度上不再是雇佣劳动者，工人的工资已具有一定程度的按劳分配的内容。同时，工人也参加企业的民主管理，和公方代表一道，实际上已经发挥企业的监督作用。

此外，在公私合营企业中，体现高层经营管理权力转移的另一方面表现是合营前后厂长安排的变化情况见表5－2。

表5－2　关于14个合营工厂合营前后厂长的变动情况（1954年3月8日）

厂名	合营前		合营后	
	厂长	副厂长	厂长	副厂长
上海机器厂	胡天翼		颜耀秋（私股）	（第一）彭建武（公股）（第二）胡天翼（私股）
大同铁工厂	朱凯农		许平（公股）	
华成电机厂	（总厂）陈体容（分厂）陈贤方		周锦水（私）陈贤方（私）	赵庆辉（公）周才业（私）陈体容（私）陈宋隰（公）
新安电机厂	无厂长，由经理孙鼎负责		张煜（公）	孙鼎（私）蒋有伦（公）
中南电机厂	王清华		王清华（私）	尚未确定和变动，派员琅珅已下厂，职务未定
顺风搪瓷厂	朱思明		刘鸿生（公）	（朱思明被管制中，故现未定职务）
江南造纸厂	程梅生	刘章勤、戴焕喜、詹守成	戴焕堂（私）	（原厂长程梅生现任本厂材料科科长）余增荣（公——原本厂党支书）刘章勤（私）戴焕喜（私）詹守成（私）
益中造纸厂	詹守成		詹守成（私）	徐伟雄（公）
正泰橡胶厂	（总厂）杨少振	袁树森、洪福荣	分厂四个厂长（私）陈锄（公）	杨少振（私）袁树森（私）洪福荣（私）（关于四个分厂厂长，现都仍由原代理人负责着）

续表

厂名	合营前		合营后	
	厂长	副厂长	厂长	副厂长
茂昌蛋业冷藏股份公司	（总厂）金绍南 （北厂）姚均和 （南厂）郑方正	（总厂）邱慰人、袁恒通	朱康（公） 郑方正（私） 姚均和（私）	（总厂）金绍南（私）袁恒通（私）
统益纺织厂	陆志霄	朱淮	陆志霄（私）	童健（公）朱淮（私）
崇信纱厂		王汝骏	李捷（公）	王汝骏（私）
鼎新染织厂	（一厂）陆君惠 （二厂）华耿初	范润生　韩嘉祥	陆君惠（私） 华耿初（私）	刘明（公）韩嘉祥
恒大纺织厂	张文		张文（私）	朱纯宗（公）
新裕纱厂	凌东林	李光廷、李学瑞	凌东林（私）	李光廷（私）李学瑞（私）

资料来源：《十四个扩展公私合营试点厂工作初步总结》，1954 年，上海市档案馆藏档案：A36－1－11。

由表 5－2 观之，①14 个公私合营厂合营前（包括 8 个分厂和合并的益中厂）厂长 22 人、副厂长 13 人，共 35 人。②14 个公私合营厂合营后（内中南厂暂保留，茂昌厂未正式合营宣布的）厂长 23 人、副厂长 28 人，共 51 人。③14 个公私合营厂合营后公股共派代表 16 人（内二人系本厂原党支书提拔的）下厂，除一人尚未明确任职外，则在正、副厂长 51 人占 29.41%，其中任厂长者 6 人，占 23 人中的 26%，其中任副厂长者 9 人，占 28 人中的 32.14%。④合营前原来厂长 22 人中，合营后仍任厂长者 14 人（63.63%），调任副厂长者 6 人（27.27%），因系管制分子而未定职务者一人（顺风厂）；因考虑进行管制而调任材料科科长者一人（江南厂），原来副厂长 13 人中，除茂昌总厂准备调动外，其余都保持原来副厂长之职。

公私合营后，在实际的技术操作，指挥生产等经验方面，公方代表远不及资方人员。因此在保证生产经营的前提下，大部分的厂长都由资方代表担任，因而不少企业的资方人员在生产经营中发挥了业务专长，积极献计献策，在增加产量，改进工艺，提高质量，节约原材料，改善企业经营管理等方面都作出了成绩。据 30 个厂统计，在当时开展的厂际劳动竞赛中有 43 名资方人员获奖，其中东海瓷器厂私方改进炉窑结构，每年可节约用煤 30 吨。美成电器厂私方改进线缆组设备，使电讯电缆产量提高 1 倍。①

① 中共上海市委统战部等：《中国资本主义工商业的社会主义改造》，上海卷（下），中共党史出版社 1993 年版，第 1053 页。

可见，在公私合营企业生产进行过程中，由于政府派来的公方代表对实际的生产经营管理不甚熟悉，因此在实际的与生产挂钩的管理工作中，公方与私方厂长所占比例基本平衡。鉴于很多资方在改造过程中表现良好，因此在企业中大部分保留了原位，少部分进行了岗位调动，这种做法还是得到了资方的接受。虽然资方保留了原职位，但在实际的工作进行中，公方还是占有主导地位，这是毋庸讳言的。

再次，我们还可以从企业合营前后经理人员的变动情况一窥企业高层经营管理权的转移（见表5－3）。

表5－3　关于14个合营工厂合营前后经理制的变动情况

（1954年3月8日）

姓名	合营前			合营后	
	总经理	副经理	其他经理	总经理	副经理
上海机器厂	颜耀秋			经理制已取消，颜现任厂长	
大同铁工厂	（代理）朱凯农			经理制已取消，朱现任厂长	
华成电机厂	周锦水	周才业		经理制已取消，周锦水现任总厂厂长	
新安电机厂	孙鼎			经理制已取消，孙鼎现任第一副厂长	
中南橡胶厂	庄怡生		业务经理：庄东昇 财务经理：张木森	暂未确定，亦未变动，现尚保留	
顺风搪瓷厂	徐朝佐			因徐有政治问题，已判徒刑中，制度尚保留中	
江南造纸厂	戴焕堂			经理制已取消，戴焕堂现任厂长	
益中造纸厂	詹雨田			该厂与江南造纸厂同时合并合营，经理制取消，詹职现不详	
正泰橡胶厂	洪福楣		协理：杨少振、洪福荣、刘汉荣 襄理：袁树森、季洪标	李华（公股）	陈锄（公股） 杨少振、洪福荣、刘汉荣（私股）
茂昌蛋业冷藏股份公司	郑源兴	郑方正、唐鼎臣		庄大名（公股，现未派下）	郑源兴、郑方正、唐鼎臣（私股）

续表

姓名	合营前			合营后	
	总经理	副经理	其他经理	总经理	副经理
统益纺织厂	董春芳	何致广、高方		董春芳（私股）	李汉田（公股）何致广（私股）
崇信纱厂		高方			
鼎新染织厂	孙备明	高蔼周		孙备明（私股）	鲁铬（公股）高蔼周（私股）
恒大纺织厂	戚海山	沈性之		戚海山（私股）	沈性之（私股）
新裕纱厂		童润夫		童润夫（私股）	张芳春（公股）

资料来源：《十四个扩展公私合营试点厂工作初步总结》，1954 年，上海市档案馆藏档案：A36－1－11。

由表 5－3 观之，（1）14 个公私合营厂合营前，总、副及其他等经理共计 29 人，其中总经理 13 人、副经理 9 人、协理 3 人、襄理 2 人、业务及财务经理各 1 人。（2）合营后已取消经理制的有 5 个厂（上海大同、华成、新安、江南），暂时未定，未动，现保留的有 2 个厂（中南、顺风），已确定并不取消的有 7 个厂（正泰、藏昌和五个棉纺织厂）。（3）在 7 个仍保持经理制的厂中，共委派公股代表 6 人，在全部总、副经理 19 人（占三分之一强）中任总经理者 2 人，任副经理者 4 人。（4）在 7 个厂中，公股不担任经理的有 1 个厂（恒大），棉纺织厂的总经理全部仍由私股方面担任，原私股总经理合营后调任副经理的有 2 个厂（藏昌、正泰），原私股经理在合营后不担任者有统益厂的商方和正泰厂的 2 个襄理。

由上可见，对试点企业资方人员高层职务安排得宽松，如上海市委的报告所称，虽然“在进行合营谈判中资本家与我们的斗争是尖锐而且复杂的，主要表现在企业的管理权与财产权的问题上。经过整理过去六十几个合营企业工作的影响，一般在企业中有实职实权的资本家及其代理人，对合营后企业发展、生产提高、分红分息都深信不疑，最关心的是人事安排问题，他们担心‘个人地位’，怕‘大权旁落’。”上海有关部门从“这个问题解决的正确与否对整个合营工作的进展影响最大”的认识出发，采取了如“既要明确社会主义成分的领导地位，又要量才适用原企业管理人员的方针。十四个原有厂长、经理、董事长七十七个人中职务原封未动者四十三人，调动者绝大部分系为经理、厂长之间的调整，实际撤下来的只有三人，其中一个是管制分子，一个是流氓……十四个厂中我们仅在五个厂派了正厂长，其他皆担任副厂长，大部分的正厂长职务还是由资本家担任的（资本家的薪水等也一般不变）。”①

扩展公私合营试点企业对资方人员较为宽松的职务安排，特别是对合营厂正厂长职务如此大面积地安排由资方人事担任，对扩展公私合营的全面展开无疑树立了榜样。当纺织行业的扩展公私合营试点厂，“统益、鼎新两个厂在召开庆祝合营大会时，纺织与印染的资本家及代理人全部到会，在会上都很重视宣布委派的干部”。②

但即使如此，上海市委在此后的工作总结中还是认为：“十四个厂的合营工作中，还是存在不少缺点的。如在人事安排中单纯注意了大胆使用的一方面，对如何便利于对企业进行改造则考虑欠周，有些厂经理制取消得太早，致有些经理不好安插；运用基层组织，发挥基层组织的作用还不够；对如何发挥原有企业人员（特别是资本家代理人、高级人员）的积极性，使其在我党领导下有职有权地进行工作，这方面的问题研究总结的还不够多”。③

扩展公私合营试点时期对资方人员较为宽松的人事安排，与扩展公私合营之初的政策背景有相当的关联。在当时党和国家领导人的设想中，公私合营企业的资方还是要给予一定的权益。因为合营企业与国营企业毕竟不同，前者还有一个过渡到完全社会主义企业的问题。这也就是1953年9月毛泽东曾经说过的：“现在多数公私合营厂的缺点（主要是资方无权和不发红利）必须改正，否则将阻塞国家资本主义的道路。”④ 1953年10月，李维汉在一次讲话中也强调：“企业原有实职人员，一般应参酌原有情况量才适用，并使他们在工作上有职有权，尽职尽责。企业中过去有功绩但已丧失工作能力的老弱，可采用适当办法加以照顾。”⑤

---

①③ 《中财委（资）转发上海市委〈关于扩展十四个公私合营工厂试点工作的总结〉》，1954年5月，载《中国资本主义工商业的社会主义改造》，中央卷（上），中共党史出版社1992年版，第623页。

② 《纺织工业五个试点厂的总结（草稿）》，1954年2月20日，上海市档案馆馆藏档案：A36－1－11。

④ 《经过国家资本主义完成由资本主义到社会主义的改造》，1953年9月7日，载中共中央文献研究室：《建国以来毛泽东文稿》，第四册，中央文献出版社1990年版，第324—327页。

⑤ 《在中华全国工商业联合会会员代表大会上的讲话》，1953年10月27日，李维汉：《统一战线问题与民族问题》，人民出版社1981年版，第73—74页。

二、扩展公私合营全面展开后的企业治理结构变革

从产权制度而论，一家企业从私营转变为“公私合营”，那合营企业的治理结构，似乎也应该是公股股东与私股股东共同对企业进行经营管理，也就是当时所称的“公私共事”。但如前章所述，公私合营企业产权制度变革的主要内容之一就是公股在合营企业中法定的绝对领导地位，因此在扩展公私合营全面展开后，无论是私股代表的职务安排上（主要是“董事长”“总经理”的安排），还是私股代表职务的权限，以及企业董事会的职能等，都深刻体现出与产权制度相适应治理结构的制度变革。

（一）董事会与其职能的变化

扩展公私合营时期，合营企业治理结构变革的重要内容之一仍然是董事会、股东会的设立及其职能的变化。在扩展公私合营阶段，合营企业凡原来为股份有限公司形式的，合营之后大多仍然保留有董事会，但董事会的权限和职能开始发生了根本性的变化。

1954年3月3日，中共中央转发了天津市委《关于公私合营工厂利润分配和建立健全董事会的报告》的指示，其中明确指出：“关于合营企业的董事会，一般有条件的都可以设立，使之成为公私双方协商议事和我们对资本家进行团结、教育工作的机构，但不应使它成为对企业生产经营的最后决定机构。对合营企业的董事会应加强领导，定期召开会议，与私股代表协商有关公私关系的重要事项。”①

1954年颁行的《公私合营工业企业条例》其十一条规定：“公私双方代表在合营企业中的行政职务，由人民政府主营业务机关同私方代表协商决定，并且加以任命。他们在企业行政职务上，都应当有职有权，守职尽责”；其第五章“董事会和股东会议”第十九条规定：“合营企业的董事长是公私双方协商议事的机关，对下列事项进行协商：一是合营企业章程的拟定或者修改；二是有关投资和增资的事项；三是盈余分配方案；四是其他有关公私关系的重要事项。董事会听取合营企业的生产经营情况和年度决算报告。董事会重要协议，应当由合营企业报告人民政府主管业务机关并请求批准。”② 以上《公私合营工业企业条例》对公私合营企业的治

① 《中共中央转发天津市委〈关于公私合营工厂利润分配和建立健全董事会的报告〉的指示》，1954年3月3日，载中共中央文献研究室：《建国以来重要文献选编》，第五册，中央文献出版社1993年版，第132—134页。

② 中国社会科学院、中央档案馆：《1953—1957中华人民共和国经济档案资料选编·工业卷》，中国物价出版社1998年版，第484—486页。

理结构进行明确的规定，体现了两个鲜明的特点，一是企业管理层的任命权，二是企业董事会的职权。

早在1954年初上海第一批扩展公私合营企业开始之时，上海市私营工业部就曾明确指出："根据社会主义成分居于领导地位，同时对私人资本的合法权益予以保障，适当发挥私资积极性，以利于对企业对资本家进行改造的精神，将董事会权力机构原则上改变为议事、协商机构，在规定具体职权时，一方面明确公私双方争执不下者，由上级主管部门决定，公私双方协商一致者亦必须经上级主管部门核准；肯定决定权属于上级行政主管部门，另一方面在董事会中应充分发挥协商精神，给他们发言权"。① 此后的1955年1月7日，上海市委私营工业部又在相关文件中再次明确强调："合营企业的董事会是公私双方协商议事的机关，不是过去权力性机关，因此，对私方董事名额可比公方董事名额多一些。对原有董事应加以照顾，不应过多的取消，这样便于广泛接触资本家，有利于对资本家的教育改造与分化瓦解。"②

扩展公私合营时期，合营企业的董事会的设立以及董事会的权限、职责都是由合营企业的《章程》或者"公私合营协议书"所规限的。而这两份文件都是必须经过上级相关部门的层层审核、批准后，方可正式颁布并施行。在这些由主管政府机构与合营企业共同订立并经上级部门审核的这些重要《章程》或"公私合营协议书"里，企业董事会已经完全不同于私营企业制度下的惯例规定，而是彻底被界定为公私双方的"议事机构"或"协商机构"。

如在上海市人民政府纺织工业管理局与私营荣丰纺织厂股份有限公司签订的"1954年公私合营协议书"中就针对董事会及其职权明确写道："公私合营后，根据政府法令，召开股东大会，成立新董事会。董事会为协商机构，董事长由私股担任，副董事长由公股担任。在新董事会未成立前，原董事会仍可听取清产核资委员会之报告，并可提供意见。"③

扩展公私合营时期，合营企业的董事会已经从私营企业时期企业的权力组织机构演变成了协商议事机构，这就导致很多被派到公私合营企业的

---

① 上海市私营工业部：《对做好公私合营工作的意见（草稿）》，1954年5月，上海市档案馆藏档案：A36-1-12。

② 《中共上海市委私营工业部上报市委关于1954年合营结束工作及结束工作中二个有关政策性问题的请示报告》，1955年1月7日，载中共上海市委统战部等：《中国资本主义工商业的社会主义改造》，上海卷（上），中共党史出版社1993年版，第424页。

③ 《上海市人民政府纺织工业管理局、私营荣丰纺织厂股份有限公司〈1954年公私合营协议书〉》，1954年6月26日，上海市档案馆藏档案：A38-2-270。

公方领导自然而然地认为，股东会、董事会已经完全成为一个可有可无的机构，而事实上，这两个机构真的成为一种摆设。但这在当时的上海市市长陈毅看来并不应该是如此。在他看来，虽然公私合营企业的治理结构发生了实质性的转变，但是董事会、股东会作为合营企业的协商机构，发挥其协商功能，充分调动资方的在企业的管理、技术等方面的经验、特长等主观能动性，这对公私合营企业的发展是有好处的。1954 年 7 月 15 日，陈毅在华东区工业公私合营工作座谈会上的讲话谈道："公私合营工厂公股方面，某些党员对总路线的了解不够，对党的政策了解不够，他们认为最好不分红，就是要分，最好慢分和少分一些，这是不对的，这是违反党的政策的。生产好转有盈余就应分红，按照政策合理分红；既然分红，就应该由人家自己去支配。有些同志认为最好不开董事会，就是开会也草草了事，这是不对的。董事会应该开，应该开好。对资本家的合法权益必须尊重，对技术人员应该重视。我们要放大眼光看问题，要按照党的政策办事，不要专在小圈子里打转。今天 400 多厂刚开始公私合营，就造成一种坏的影响，使大家视为畏途，这对整个社会主义改造是一个很大的妨碍。"①

即使在 1954 年上海市委向华东局中央报告关于公私合营初期进行改革改造工作的文件中也还是对董事会、股东会等机构的职能转变，私方的权限以及公私方就合营企业各项工作的协商进行了明确的说明和界定，表达了对公私协商基本原则的支持和肯定。文件中这样写道："在调整组织的同时，须明确公私股代表的分工，对私股代表应在公股领导下，按其具体情况和擅长分配适当工作，并做到'有职有权，守职尽责'，公股代表不要事无巨细，甚至把提款盖图章都一手包办起来，同时须有老老实实虚心学习和遇事协商的精神，对私股代表的一切有益的意见应采取支持的态度。"②

但实际上，大部分合营企业的董事会及其职能并不是停留在向上级汇报的文件中那般和谐。1954 年 8 月，根据上海市委指示召开了华丰钢铁厂、华通电机厂、天原天利化工厂、新生纱厂、光中印染厂、新光内衣厂、鼎丰仪器厂、惠工缝纫机器厂、永星化工厂 9 个公私合营厂的厂长、

---

① 《陈毅在华东区工业公私合营工作座谈会上的讲话》，1954 年 7 月 15 日，载中共上海市委统战部等：《中国资本主义工商业的社会主义改造》，上海卷（上），中共党史出版社 1993 年版，第 318 页。

② 《关于公私合营初期进行改革改造工作的报告（草稿）》，1954 年 11 月，上海市档案馆馆藏档案：A38－2－103。

工会主席座谈会，会上谈到公私合营企业“资方代表有职无权，董事会形同虚设”：一是如天原天利厂，自新中国成立后合营以来，“董事会迄今未成立，‘三反’中处理资方经理厂长，也未征集吴蕴初（企业创始人）意见，吴对此均甚不满”。二是“有许多厂有董事会，但有的不开会，如华通厂因公股董事调动很多，会开不起来，资方发牢骚说‘公私合营不公不私，再是大公小私，后是大公无私’”。再如“华丰董事会原规定一月一次，‘五反’后一年未开，有的是流于形式，如光中厂干部说‘开董事会时我们报告厂内生产，政治情况资方不关心，报告财务情况时，他们很关心，最后就说年红可分，就表面上捧场一番而散’。”三是除“三反”组织改革中资方被降职外，个别厂资方未参加实际的行政管理。如光中厂资方要求公股代表替他及他的女儿介绍职业，实际上是要求参加行政管理。四是有的厂，如华丰、华通、天原天利都为与国防有关的重工业厂，由中央工业部直接领导，有关工作指示及生产计划数字等中央均规定保密，因此资方就无法过问。因而，中共上海市委私营工业部认为“这个问题我们认为值得研究”。①

一般来说，有关组织董事会的问题，总的基本原则是根据1954年的《公私合营工业企业条例》中第五章“董事会和股东会议”的内容来执行。其中第二十条规定：“规模较大、股东较多的合营企业，一般应当设立董事会。公私双方董事的名额由公私双方协商协定。公方董事由人民政府主管业务机关派任，私方董事由私股股东推选。董事会应当定期开会。”第二十一条规定：“规模小、股东少的合营企业，可以不设立董事会；有关公私合营重要事项，由公私双方代表协商处理，他们的重要协议，应当由合营企业报告人民政府主管业务机关并请求批准。”第二十二条规定：“董事会可以定期召开私股股东会议，报告董事会的工作、处理私股股东内部的权益事项。在不设立董事会的合营企业中，公私双方代表可以协商召开私股股东会议，报告有关公私关系的重要事项、处理私股股东内部的权益事项。”② 而在上海市委工业生产委员会的一些文件材料中，我们也可看到上海根据《公私合营工业企业暂行条例》的规定而做出的相应执行办法：公私合营企业董事会名额的分配，可以不按公私股份比例分配，而是由公私双方协商确定。“公股可视情况派若干人参加董事会，数字不作硬性规定。”其中最重要的是董事与董事长人选经公私双方协商之后，还

---

① 《关于9个公私合营厂的情况汇报》，1954年，上海市档案馆藏档案：A36－1－11。

② 中国社会科学院、中央档案馆：《1953—1957中华人民共和国经济档案资料选编·工业卷》，中国物价出版社1998年版，第486页。

须进行相应的审批。“关于董事与董事长的审批手续问题。私方董事由私股股东推选，公方董事由局自行决定，报我委（市委工业生产委员会）及有关单位备案。董事长人选，按过去各厂人事安排划分的范围，分别的上报审批或备案。上报审批各厂，除主送我委，尚需抄送市委组织部与市委统战部。”可见，与此前以私有产权制度为基础的私营企业相比，公私合营企业的董事会已经不再是企业的最高决策和领导机构，虽经某些合营企业的私方为合营后的董事会职权积极争取过，但是实际效果却是无济于事，而是确定向着合营企业公私双方的协商机构转变，且其地位和职能都已经发生了根本性的变化。

与董事会的职能变化相适应的是，公私合营企业经理人员的任命也不再是听命于企业的董事会，而是企业的上级主管部门，即集体行政领导、行业领导以及国有股权代表三位一体的专业公司、专业局。即扩展公私合营时期，企业从私有产权主导下的私营企业转变为公股占据领导地位的公私合营企业，这是企业治理结构上最重要的变革之一。

处在原来私有产权与市场经济条件下的私营企业，企业的高管层主要由三类职务人员构成，一是董事会领导，即董事长、副董事长；二是总经理、经理；三是厂长、副厂长。其在企业的地位、职权等排序依次是董事长—总经理—厂长。公私合营之后的企业，因为公股处于绝对的领导地位，而且企业的最终决定权已经收归政府主管部门，作为私营企业治理结构顶层的董事会、总管理处等原企业的旧有科层结构必然趋于消亡，而处于私营企业高管层顶端的董事长、总经理的职务、职权也必然会随之趋于弱化直至最后消亡。只是政府由于考虑到过渡和社会主义改造成本等因素，决定“在合营初期，对原有经理制一般不予更动”。而合营之后的工厂，作为计划经济体制下的生产单位，厂长将负有最主要的领导权限和最重要的管理责任。这就充分说明，随着政企合一的计划经济体制的逐步建立，在合营企业的治理结构变革中，私方人员及其往日在私营企业中积累的经营管理经验，以及在合营企业中的地位和作用定会随着公私合营的进一步推进而弱化。

（二）公、私方人员的人事安排

1953 年 5 月，李维汉在向中央的报告中明确提出扩展公私合营企业的治理结构必须完全以公股及公股代表处于领导地位，重大问题的最后决定权不在企业，而在上级主管机关。“公私合营企业的管理应允许资本家及其代理人参加，并应和他们商量和解决一切需要商量和解决的问题，但公股（不论股权的大小）代表的领导地位必须明白确定，不可动摇，除重大问题外，经过协商，公股代表有决定权，但容许私股代表向上级主管机关申诉。重大问题的争议，则取决于业务主管机关。董事会的形式应该保留，但需要经过董事会通过和决议的问题，应在事先协商妥当，然后提交董事会通过和决定，董事会中有讨论不决之事，公股董事在一般问题上同样有决定权，私股同样可以向上级主管机关申诉，但重大问题的争议，亦同样须取决于业务主管机关。”① 公私合营企业的治理结构必须如此，是因为“公私合营企业不是普通的合股企业，首先应确定社会主义成分在企业中的领导地位，以便将企业的生产、投资逐步列入国家计划。同时，公私代表应互相尊重对方的权益，协商办事；在重大问题上公私双方如有争议，应报请主管机关解决。企业利润应当合理分配，私股所得听其自由支配。企业资产的清理和估价，应依具体情况，本公平合理原则实事求是地进行之。”②

扩展公私合营开始的初级阶段，企业的原高层管理人员考虑最多的是合营后自身的职务安排。但大多数情况下，他们对于企业合营后企业科层制组织机构的变化，特别是企业高层管理人员的任职，大多已有一定的思想准备。1954 年 8 月，在 1954 年下半年 106 户扩展公私合营企业资本家会上，私方人员对公私合营企业高管层安排的想法和要求是，“一般的都要求公股代表任正职，私股代表任副职”，③ 就是一个很好的例证。然而，在扩展公私合营阶段就合营企业科层组织结构进行安排之时，还是会有一些私方对之抱有幻想，并从私有企业产权制度的安排出发去考虑合营后企业的人事安排并提出相关意见。如恒丰纱厂资方在协商公私合营后企业的董监事人选安排时就提出：“董监名额及人选由公私股代表协商后，提请股东大会选任之。”荣丰纱厂“反映讲：‘公私合营时资方职务不会动，像鼎新已公私合营，原来资方职务都不变动，但董事会不要变成协商机构。’”④ 还有一些私方期望在合营企业中仍然能够掌握一定的实际经营管理权，甚至试图凭借自己的多年在厂工作的资历、经验以及对企业的了

---

① 《资本主义工业中的公私关系问题》，1953 年 5 月，李维汉：《统一战线问题与民族问题》，人民出版社 1981 年版，第 57 页。

② 《在中华全国工商联合会会员代表大会上的讲话》，1953 年 10 月 27 日，李维汉：《统一战线问题与民族问题》，人民出版社 1981 年版，第 73—75 页。

③ 中共上海市委工业生产委员会办公室：《106 户合营户资本家座谈会讨论中反映的一些问题》，1954 年 8 月 12 日，上海市档案馆馆藏档案：A38－2－104。

④ 中共上海市榆林区恒丰总支委员会：《恒丰纺织厂有关合营谈判方案（草案）》，1954 年 5 月 7 日；中国纺织工会上海市委员会办公室：《纺织业第二批公私合营厂情况汇报》，纺工沪办（54）字第 69 号，1954 年 4 月 7 日，上海市档案馆馆藏档案：A38－2－222。

解，与公方代表讨价还价，或者使用一些手段。如“中国电工厂合营后要资方提公私股厂长分工方案时，资方提了自己抓实权，公股吃空白汤团的全面抓的方案”，还有“个别厂资方表现了消极对抗”。①

广勤纱厂合营前人事安排情况是：董事长兼总经理为周某，协理兼厂长为邓某，协理代厂长为王某，协理为任某。公私合营后，资本家、支部与区委、纺织工业管理局三方就该厂的人事安排问题进行了协商。资本家意见为“经理制不动，公股任正职”。支部与区委意见为，董事长：周某（私股），副董事长：公股；厂长：程某（公股兼），第一副厂长：周某（私股），第二副厂长：邓某（私股）。纺织工业管理局意见为：董事长和经理均为周某（私股），副董事长与副经理均为程某（公股），厂长也为程某（公股），第一副厂长为私股。可见，该厂在人事安排上，两级管理部门，其中支部与区委的意见剔除了经理制，但在纺织工业局的意见里却采纳了资本家的意见，保留了经理制。这其中一个很现实的原因就是“该厂资本家实职人员相互矛盾严重，周某、王某二派相持不下”，为了企业的正常运营和维护公私关系的考虑，最终由纺织工业管理局决定“仍保留经理制，王（某）、任（某）合营后仍任协理，暂不变动，区委已同意”。② 从中也反映了公私合营企业不仅直接受所属管理局的领导，而且还要接受所属区委员会的领导，但最终的决策方是所属管理局。

尽管私方存在大力地争取企业实际权力的现象，然而，合营主管部门以及合营企业公方在这方面的原则始终是坚定不移的。这就是合营企业的“人事安排必须由党委组织部门、统战部门、行政业务部门一起研究，作通盘考虑”。“一般讲对资本家要参酌原有职务多分配他们担任经理与董事会的工作，原不担任厂里职务者一般不分配到厂里任职”。在对待企业原有私方高层管理人员的政策中，基本的原则是“厂内原有实职人员一般的保持原职原待遇”，但对原有的职权一般就避而不提了。③

公方在坚持公股、公方领导地位的原则和前提下，具体的“董事长”“总经理”等企业高层管理人员的安排，不同的企业通常会有不同的做法。一般地，具有行业代表性和影响力比较大的企业，得到具有照顾倾向的人事安排的可能性比较大。下面以1954年上半年第一批扩展公私合营的43家企业

---

① 《第一批合营厂工作总结报告（初稿）》，1954年，上海市档案馆藏档案：A36-1-11。

② 《上海市人民政府纺织工业管理局对广勤纱厂人事安排及投资问题意见》，1954年7—11月，上海市档案馆藏档案：B133-1-31。

③ 中共上海市委私营工业部：《对做好公私合营工作的意见（草稿）》，上海市档案馆藏档案：A36-1-12。

中的8家重点工厂，即大隆机器厂、泰利机器厂、新民机器厂、上海水泥厂、安达纱厂、大丰纱厂、章华毛纺厂、信谊药厂的人事安排为例进行说明。①

市委：

我们对第一批合营厂中8个重点厂人事安排的意见，综合报告如下：

一、安达、大丰（永安与大丰合并为一个厂）二厂

（一）原来人事情况

安达纱厂：

常务董事：刘靖基

总经理：刘靖基　副总经理：华笃安

经理：陈述曾

厂长：袁敬壮

大丰纱厂：

董事长：刘靖基

总经理：刘靖基

经理：吴明然　副经理：苏季泉

厂长：宣慰民　副厂长：陈纵箴

（二）我们对合营后人事安排的意见

董事长：刘靖基（私股）副董事长：（公股）

总经理：刘靖基（私股）副总经理：曾子坚（公股）华笃安（私股）

经理：陈述曾（私股）吴明然（私股）副经理：苏季泉（私股）

安达厂长：袁敬壮（私股—原厂长）　副厂长：潘训曾（公股）

大丰厂长：宣慰民（私股—原厂长）　副厂长：陈纵箴（私股）

大丰与安达合并为一个厂，董事会与安达合二为一。

大丰原厂长宣慰民，区意见降为副厂长，由公股任厂长，与纺管局意见不一致。

二、章华毛纺厂

（一）原来人事安排

董事长：刘鸿生

① 《中共上海市委工业生产工作委员会关于第一批合营厂8个重点厂人事安排的意见》，1954年5月，上海市档案馆藏档案：A38-2-1-104-83。

经理：刘念智　副经理：张子威　杨立人

厂长：彭汉恩　副厂长：陈时鼎

（二）我们对合营后人事安排的意见

董事长：刘鸿生（私股）副董事长：（公股）

经理：刘念智（私股）　副经理：周紫东（公股）

厂长：（公股）因周紫东副总经理已兼党委书记再兼厂长有困难，请市委组织部考虑派一处长级干部任厂长。

副厂长：彭汉恩（私股）周洪元（原副支书）陈时鼎（私股）

三、新民机器厂

（一）原来人事情况

经理：胡厥文　协理：徐树动

（二）我们对合营后人事安排的意见

经理：胡厥文（私股）

副总经理兼厂长：黄冶平（公股）

第一副厂长：邓友仁（私股）第二副厂长：徐树动（私股）

附注：公私合营中华造船厂杨俊生与新民厂胡厥文都曾到中央一机船舶工业管理局去申请要求将新民并到中华。我们认为：可以同意新民并入中华造船厂，不单独进行合营，在人事安排上，让胡厥文做董事长。

四、上海水泥厂

（一）原来人事情况

董事长：李拔可（已于1952年去世）

常务董事：刘鸿生（现任董事长）

总经理：刘念礼

经理：奚安齐

厂长：刘公诚　副厂长：陈嘉臣

秘书：夏×熊

嵊与采石处主任：陈忠耀　副主任：蔡祖贻

（二）我们的意见

董事长：刘鸿生（私股）

副董事长兼总经理：张瑞安（公股）

第一副经理：刘念礼（私股）　第二副经理：奚安齐（私股）

厂长：刘公诚（私股）　第二副厂长：陈嘉臣（私股）

原秘书长夏×熊，为经济学博士……我们考虑仍在经理室任秘书。

五、大隆、泰利机器厂

(一) 原来人事情况

董事长：刘靖基

总经理：严庆禧

经理兼厂长：友达铨　副经理：戴麟书、吴次同、金燧章（兼供销科长）

(二) 我们意见

董事长：刘靖基（私股）

副董事长兼总经理：陈剑青（公股）　第一副经理：严庆禧（私股）

第二副经理兼大隆厂长：支达铨（私股）

第三副经理兼泰利厂长：宋永韬（公股）

第四副经理：俞燧章（私股）

第五副经理：戴麟书（私股）

大隆第一副厂长：潘志仁（原厂中党总支副书记）

第二副厂长：赵学能（原总工程师、中共候补党员）

泰利第一副厂长：张炳祥（私股）

第二副厂长：(由市考虑派任)

另一方案：

(1) 刘靖基在大隆、泰利厂股子很小，在安达的人事安排中已充分照顾，大隆、泰利董事长改为公股充任，刘靖基任副董事长。

(2) 大隆厂长以经理陈剑青（公股）兼任，友达铨任第二副经理兼大隆第一副厂长。

六、信谊药厂

(一) 原来人事情况

董事长兼总经理：陈铭珊

经理兼秘书长：张百萍

副经理兼人事科长：张共祥

业务副经理：唐熙治

(二) 我们对合营后人事安排的意见

董事长兼总经理：陈铭珊（私股）

董事长兼副总经理：郑仲芳（公股）

经理：张百萍（私股）　副经理：张芝祥（私股）

部主任：唐熙治（私股）

以上报告，当否，请市委批示。

中共上海市委工业生产工作委员会
一九五四年五月十八日

由上观之，这8个重点厂合营后的人事安排由上海市委直接掌控。8家企业中，除了大隆机器厂原董事长刘靖基已经担任合营后的达丰纱厂董事长，而大隆机器厂董事长由公股代表担任外，其他企业合营后的董事长几乎皆由原来的私股董事长担任。而安达纱厂、大丰纱厂、上海水泥厂、大隆机器厂5家工厂的正厂长也拟由资方人士担任。①

1953年，在14家扩展公私合营试点企业中，董事长基本上都是由公股代表担任，而总经理、厂长则多是由私股代表担任。但在1954年的扩展公私合营中，不仅是合营企业的董事长，即使是总经理、厂长这样的企业正职，公股代表的比例也在上升。在私方人员的职务安排中，有两个比较普遍的现象，一是私方人员的高管层安排一般多以副职为主，如副董事长、副厂长、副经理等；二是私方人员一般都尽可能地被安排为担任董监事或经理的职务，而不是厂长、副厂长的职务。这是因为企业的“董监事一般都是虚职，保留其原来职位，公司在目前仅付去一些车马费，但收得照顾资本家职位的美名，可以扩大政治影响”，“董事会人数多一些，好在不是权力机构”，“董事长是一虚职……这任务正副关系不大”，“厂长是企业中实权最大的一人，公股担任正的，可以有力地搞好企业”。②

在扩展公私合营时期，一方面公私合营大多是以单个企业进行；另一方面有关部门对自资方人员的人事安排，在条件许可的情况下也有意识地进行适当的照顾，故而企业资方实职人员在公私合营企业的人事安排中，出任副职较多已成为一种比较普遍的现象。但就其总体职级的变化而言，似乎还不是太大。表5－4为上海制笔行业1954年扩展公私合营中，8家公私合营企业资方实职人员的人事安排。

---

① 《中共上海市委工业生产工作委员会报告》，1954年5月18日，上海市档案馆馆藏档案：A38－2－104。

② 中共上海市榆林区恒丰总支委员会：《恒丰纺织厂有关合营谈判方案（草案）》，1954年5月7日，上海市档案馆馆藏档案：A38－2－222。

表 5－4　　1954 年扩展公私合营中上海制笔行业 8 家企业资方实职人员人事安排

单位：人

厂名	资方及代理人人数	原任职务			合营后安排职务				
		经理	厂长	其他	董事长	（总）正副经理	正副厂长	科长	工程师
金星	5	3	1	1	1	3	1		
金联	7	4	2	1	1	4	2		
博士	5	3	1	1		3	1		
文士	4	3	1				1	3	
绿宝	5	4	1			2	1	2	
大同	1	1				1			
长城	4		3	1		1	2	1	
上海	3	1	1	1		1	1	1	
合计	34	19	10	5	2	15	9	7	1

说明：博士金笔厂原任职务的资方及代理人为 5 人，合营后安排的名单中仅 4 人，原资料记载即是如此。在资方实职人员的人事安排中，也有因年老、身体不适等原因而不继续安排职务，而仍然享受工资待遇者。

资料来源：上海市制笔工业公司：《上海制笔工业社会主义改造资料初稿》，1959 年 2 月，油印本，上海市档案馆藏档案：B159－1－175。

由表 5－4 可见，在全部 34 名资方及代理人中，合营之前担任企业经理者 19 人，合营之后继续担任企业总经理及正、副经理者仍然有 15 人；合营前任企业厂长者 10 人，合营后继续任职正副厂长的也有 9 人。如果不论职务正、副之别，资方及其代理人在公私合营前与公私合营后担任企业经理、厂长的比重变化整体上显得还不是太明显。

1955 年的扩展公私合营中，对私方人事安排的基本原则与 1954 年相比，存在一些变化，主要体现在：一是企业治理结构变革相关的，“凡原企业未设管理处者，一般取消经理制，采取厂长制。如对个别资方安排有困难，可暂时保留经理名义，但不作为一级机构，主要是照顾资方代表人物在社会上活动和对旧企业年老资方中的主要统战人物。”这也就是为什么在 1955 年的扩展公私合营中，资方人士安排为经理的人数日趋递减的原因。二是在合营企业的人事安排，特别是厂一级职务的安排中，“一般以公股代表任正职，私股任正职，但行业中代表人物，政治清楚或确有技术者，也可个别考虑安排为正职。”① 但在1954年的扩展公私合营中，尤其是第一批扩展公私合营中，在对资方人士的安排中，强调的还是“合营初期，对原有经理制一般不予更动，但不宜再增加资方人员，对少数有条件的厂可适当简化机构，对个别有条件取消的厂可有步骤的取消。”②

而公私合营企业逐步取消“经理制”有其现实的原因。在公私合营时期，大部分私营工业企业，特别是一些大中型企业，在治理结构上一般都是在总管理处及总经理之下，设有经营与生产两大部门，因此在企业的科层设置上自然就有了“经理”和“厂长”两个系统。经理负责企业产品的经营、销售、原物料供应等，厂长则负责企业的产品的生产。通常的情况下，企业经理的地位往往要高于厂长。全行业公私合营后，企业的生产经营全部纳入国家计划，原物料通常情况下也由政府指令下的有关企业或部门供应，企业的产品也由国家制定的商业部门全部收购，企业与市场之间已经基本没有关系，企业原有的经营管理机构、营业部门，以及相应的管理人员自然而然就失去了继续存在的条件和理由。

以1955年扩展公私合营的上海卷烟行业为例，在最初的人事安排中，公方“拟将资方实职人员分为厂长、科长及办事员三级，厂长一级拟将私方一律安排为副职，正职由公方担任”。由此引起行业中的一些代表人物不满并产生消极情绪，使得卷烟行业资方的人事安排一度遭遇了困难。“四办”了解了这种情况后，除指示公方纠正这种做法外，并由市委统战部副部长亲自找资方主要代表人物谈话，征询意见，并稳定他们的情绪，然后通过这些资方主要代表人物与卷烟行业中其他代表人物多方面接触，并广泛收集资方在企业和工商联会议中反映出来的思想情况，报请市委研究。市委最后决定首先解决卷烟行业中资方主要代表人物的人事安排问题。即由上烟公司与资方代表人物多次协商，安排了二人担任经理，二人担任厂长，解决了资方主要代表人物的后顾之忧。接着由资方主要代表人物召集业内资本家会议，打通思想，收集各个资方对人事安排的意见。公方工作组根据他们收集的资料，分列情况，加以平衡，并适当地照顾被并小厂资本家的副厂长名额，拟定名单与私方工作组协商同意后，再由各厂公私双方代表分头进行具体协商，取得一致意见后，就由上烟公司报请上

---

① 上海市工商行政管理局：《上海私营卷烟工业社会主义改造资料（初稿）》，1958年3月，上海市档案馆馆藏档案：B182-1-1035。

② 中共上海市委工业生产委员会：《一九五四年第一批四十四个合营厂的一些情况和问题》，沪委（54）字0131号，上海市档案馆馆藏档案：A38-2-107。

级批准。由于行业资方上层代表人物的人事安排问题得到解决，因此这些代表人物在以后的人事安排中，起到了很好的作用。这个“作用”就是“使全业人事安排工作进行比较顺利，所有私方人员对于公方最后提出的名单，一般都感到满意。”①

由表5－5、表5－6可见，其中表5－5显示的全部69名资方实职人员中，合营前任经理者多达35人，任厂长者也有19人。公私合营后，名义上还担任经理的唯有前述作为统战对象保留下来的2人，担任厂长的也只是作为统战对象的2人。在资方人士的人事安排中，最集中的职位首先是科长，共计29人出任；其次是副厂长，共有15人出任，再次是办事员，也有11人出任。三者相计占了全部69名资方实职人员中的79.7％。

表5－5　上海卷烟行业各公私合营厂资方人员安排情况　　单位：人

厂名	按职务分类			安排情况												
				原职			合营后安排情况									
	实际资方人数	资方人数	资方代理人数	经理	厂长	其他	董事	经理	厂长	副厂长	技术顾问	科长	办事员	退休	不安排	顾问
华成	6	6		4	1	1	1	1		2		1	1			
华美	3	3		1	1	1				1		2				
裕华	3	2	1	2	1					1		2				
金蕾	5	4	1	3	2							4		1		
华星	5	2	3	3	2							1	2		2	
大东南	6	2	4	1	2	3			1	1		3			2	
友利	2	1	1	1		1						1	1			
大东	4	4		4			1			1		1				1
大华	4	4		2	2					1		3				
大运隆	4	1	3	1	1	2				1		1	2			
瑞伦	4	1	3	1		3					1	1	2			
国华	5	4	1	3	2							3	2			

① 上海市工商行政管理局：《上海私营卷烟工业社会主义改造资料（初稿）》，1958年3月，上海市档案馆馆藏档案：B182－1－1035。

续表

厂名	按职务分类			安排情况												
				原职			合营后安排情况									
	实际资方人数	资方人数	资方代理人数	经理	厂长	其他	董事	经理	厂长	副厂长	技术顾问	科长	办事员	退休	不安排	顾问
华明	5	3	2	2	1	2		1	1	1		1			1	
中孚	4	2	2	2	2					2		2				
元华	5	3	2	3	1	1				2		2	1			
锦华	4		4	2	1	1				2		1			1	
合计	69	42	27	35	19	15	2	2	2	15	1	29	11	1	5	1

说明：1、合营后各厂并不设立董事会，但原有董事，名义上仍予以保留。2、各厂不安排人员中，2人为非实职人员，1人为管制分子。

资料来源：上海市工商行政管理局：《上海私营卷烟工业社会主义改造资料（初稿）》，1958年3月，上海市档案馆馆藏档案：B182－1－1035。

表5－6　　上海卷烟行业资方代理人安排情况　　单位：人

厂名	原职				安排情况					备注
	人数	经理	厂长	其他	副厂长	科长	职员	退休	不安排	
裕华	1		1			1				
金蕾	1		1					1		
华星	3	1	2			1	2			
大东南	4		3	1	1	1	1		1	不安排反革命分子1人，已被捕
友利	1			1			1			
瑞伦	3			3		1	2			
大运隆	3		1	2		1	2			
华明	2			2		1			1	不安排反革命分子1人，已被捕
元华	2		1	1		1	1			
锦华	4	1	1	2	2	1			1	不安排反革命分子1人
中孚	2		2	1		2				
国华	1		1				1			
合计	27		13	13	3	10	10	1	3	

资料来源：上海市工商行政管理局：《上海私营卷烟工业社会主义改造资料（初稿）》，1958年3月，上海市档案馆馆藏档案：B182－1－1035。

表5－6显示的全部27名资方代理人员中，合营前担任经理的有2人，担任厂长的多达13人。公私合营后，担任副厂长的只有3人。在资方代理人士的人事安排中，最集中的职位是科长与职员，两者分别有10人出任，两者相计占了27名资方代理实职人员的74.1%。

需要指出的是，在扩展公私合营时期，合营企业对某些缺乏技术，又尚未担任企业实职，或年老多病等之类的私股股东以及私方人员的人事安排，还是比较照顾的。这不仅在正式合营之前召开的合营户资本家座谈会上存在集中的反映，而且在实际的合营过程中，不同的企业根据不同的情况对此大多有着不同的照顾办法和处理措施，整体上来说，有着上述情况的私方在公私合营中多数得到了相应的照顾。

第三节　全行业公私合营时期治理结构的变革

全行业公私合营后，企业治理机构的变革主要体现在企业内部科层结构之重构和企业治理结构的外在延伸两个方面。企业内部科层结构的重构包括企业管理层的遴选任命，原有股东会、董事会职能的演变，科层结构的统一性和党组织领导下的公方行政负责制的最终建立等。企业治理结构的外在延伸的核心内容是与企业产权上移相适应的专业公司的设立，以及以专业公司为中心的专业局—专业公司—中心厂（独立厂）—代管厂等企业外部科层结构的建立等。

一、企业内部科层机构的重构

（一）“公”“私”管理人员之配置

全行业公私合营后，企业内部科层结构重构的主要内容仍然是公股、私股高管人员的配置。但是与个别企业公私合营时期、扩展公私合营时期不同，全行业公私合营高潮中的公私合营，尽管中央早就有“所有的资方实职人员，应该全部安置”① 的精神，但是大量的中小私营工业企业以合并合营或者是合营合并的形式被纳入公私合营的，这就使得原有资方管理层的人事安排显得更加纷繁复杂。

事实上，在清产核资工作基本完成以后，资方人员的关注的焦点就转

① 陈云：《资本主义工商业改造的新形势和新任务》，1955年11月16日，《陈云文选》第二卷，人民出版社1984年版，第287页。

向了人事安排。他们认为“定股定息几年事，人事安排定终生”“定职就是定薪，定薪也就定心”。正如中共上海市委统战部关于资方人事安排的文献资料中描述的：“行业上层分子都尽力角逐专业公司经副理位置，二流角色也竭力争取安排为公司的顾问、专员。在整个提名过程中，斗争甚为尖锐，方式也多种多样，有的互相捧抬，皆大欢喜；有的毛遂自荐，当仁不让；有的以退为进，声东击西；有的荐举别人当董事长，以便自己乘虚而入，可以提为经理；等等。私私之间，有的组织宗派，钩心斗角，倾轧排挤；一般情绪都很紧张，有的面红耳赤，有的激昂慷慨，个别甚至当场晕厥。工商联、民建会的上层分子在与我们进行协商中，虽然他们提出的名单与我们内部排队出入不大，但斗争也很尖锐，表现为‘外松内紧’。他们在第一次协商时，因为没有摸到我们的意图，采取少提名额的办法，保持他们‘主动’。以后斗争的焦点集中到担任社会活动实际职务的资方人员（如工商联、民建会正副秘书长等）身上，他们担心自己‘前途’，亦想‘脚踏两头’，安排专业公司经副理。个别工商界头子还采取‘夹私’办法，安置亲信，对与他们关系较深的人，强调他们的长处和作用，竭力推荐；对于一些真才实干的而认为不能代表其利益的人选，则提出种种理由，竭力反对。”① 对于资方人员在人事安排上的种种争取自身利益的表现，党和政府“通过工商联、民建会适时地对他们进行了教育，使他们在思想上有‘破’有‘立’，即破除‘唯名是图’思想，破除不从有利于生产、改造和团结出发，乱提名、情面观点等等；树立起正确的政策思想和实事求是、全面考虑的态度。而对于与工商联、民建会上层分子反复协商中的各种分歧，我们采取了实事求是说服教育的办法，分别对待。对在工商联、民建会担任主要实际职务的进行个别打通思想，鼓励他们专心搞好社会工作；对他们提出的不合安排条件的人选，分析了不予安排的理由，使他们自动撤回提名；有些人我们考虑安排与否关系不大，也作了让步或作了其他安排。经过反复的细致的思想教育与斗争，最后取得了一致意见，他们对协商结果比较满意，认为政府是尊重他们的意见的，不是‘真主意、假商量’。”②

① 《上海市委统战部关于安排资方人员担任专业公司经理、副经理向上海市委的工作报告》，1957年3月18日，载中共上海市委统战部等：《中国资本主义工商业的社会主义改造》，上海卷（上），中共党史出版社1993年版，第829页。

② 《上海市委统战部关于安排资方人员担任专业公司经理、副经理向上海市委的工作报告》，1957年3月18日，载中共上海市委统战部等：《中国资本主义工商业的社会主义改造》，上海卷（上），中共党史出版社1993年版，第829—830页。

全行业合营后，私方人事安排是对资改造中的一件大事，是关系企业能否顺利进行“合营”的重要因素之一。中共上海市委对资改造十人小组为此还专门制定了专业公司私方人员各级职位的任职条件：①

一为总经理

1. 接受社会主义改造有积极表现，对国家、行业、企业有贡献；

2. 在业内有一定群众基础和威望、立场公正、作风正派；

3. 能正确贯彻政策；

4. 有一定的行政领导能力和技术能力；

5. 能熟悉行业情况或有经营管理经验。

二为顾问

1. 有相当政治认识及积极接受社会主义改造；

2. 在行业中有较长久历史，业内有一定声望，并对行业或企业有一定贡献；

3. 有丰富业务或技术经验。

三为总工程师或工程师

1. 有相当政治认识及积极接受社会主义改造；

2. 有科学理论基础及设计能力，符合国家鉴定标准；

3. 有实际经验及成绩而能适应发展需要，或对业内技术上能起辅导作用。

四为专员

1. 有相当政治认识及积极接受社会主义改造；

2. 工作积极负责，有一定办事能力；

3. 在生产技术或经营管理等方面有所专长；

4. 在业内能密切联系群众。

五为董事长

1. 接受社会主义改造有积极表现，对国家、行业、企业有贡献；

2. 具有比较大的代表性；

3. 在业内有一定群众基础和威望，立场公正，作风正派。

---

① 《中共上海市委对资改造十人小组关于专业公司私方人员各级职位的条件》，1956 年，上海市档案馆藏档案：B115 - 1 - 55 - 10。

根据政府对私方实职人员的人事安排，“是以‘量才使用’和辅以‘必要照顾’为原则。‘量才使用’和辅以‘必要照顾’是一个问题的两个方面，不能单独强调一方面，同时，也必须要从有利于生产，有利于改造出发”。① 在做法上，采取的是“私提公批，充分协商”的办法进行的。参照以上各级职位的任职条件，市工商联组织各同业公会按行业成立“提名小组”，酝酿提名。“各同业公会提出的名单经市工商联专业委员会研究平衡，常委会讨论，提出参考名单。市委统战部根据各专业局内部排队的名单和市工商联所提名单进行研究平衡，采纳工商联所提的正确的部分，对于不妥当地向他们充分地说明理由，并对统战部所提的名单进行反复协商，最后取得一致意见。”事实上，统战部与工商联、同业公会在协商的过程中也遇到了不少新问题，主要的是：公方干部与资方人员的平衡，企业职务与社会活动的平衡等等。这其中有的是属于政策问题，有的则是私私之间的矛盾，如果不好好解决，都会影响到整个资方人事安排工作的进展，进而影响到对资方人员的社会主义改造。因此，在这方面，统战部的解决方法是这样的：“在部分专业公司内安排两个以上正职的办法，解决公方干部与资方人员的平衡；采取按行业‘矮中取长’的办法，基本上解决行业与地区、大中小资本家之间的平衡；采取个别打通思想，明确少数上层资本家主要搞社会活动的办法，解决少数担任重要社会职务的资本家的安排问题。”对资方的人事安排采取“私提公批”的办法，其好处就在于：“一方面可以广泛听取意见，克服我们某些主观偏（片）面的想法，便于通盘考虑，全面平衡；另一方面，要资本家先提出意见，然后进行协商，使我们在协商中保持灵活与主动，安排工作得以顺利进行。”②

上海市第一工业局蓬莱区所属各中心厂干部配备、资本家人事安排方案如表 5 –7 所示。

---

① 《上海市工商业联合会关于安排专业公司私方人员提名办法的意见》，1956 年，上海市档案馆藏档案：B115 –1 –55 –10。

② 《上海市委统战部关于安排资方人员担任专业公司经理、副经理向上海市委的工作报告》，1957 年 3 月 18 日，载中共上海市委统战部等：《中国资本主义工商业的社会主义改造》，上海卷（上），中共党史出版社 1993 年版，第 831 页。

表 5-7　　上海市第一轻工业局蓬莱区所属各中心厂干部配备、资本家人事安排方案（草案）

专业公司	中心厂或独立厂数	厂长安排	
		正职	副职
毛刷公司	13	4 人，均为私方	24 人，17 人为私方
食品公司	5	1 人，为公方	9 人，5 人为私方
皮革公司	14	9 人，均为私方	19 人，13 人为私方
文教公司	1	1 人，为私方	1 人，为私方
印刷公司	22	10 人，5 人为私方	36 人，28 人为私方
体文公司	3	1 人，为私方	4 人，均为私方

资料来源：《上海市第一轻工业局关于本局所属中心厂干部配备、资本家人事安排方案（草案）》，1956 年，上海市档案馆藏档案：B163-2-131-20。

从上海公私合营工业企业整体来看，全行业公私合营后，私方的人事安排情况有 80% 左右的人员安排为企业的厂级或科室的领导职务，其中有 55% 左右的人员在合营后的企业中担任经理或者厂长的职务。具体见表 5-8。

表 5-8　　1956 年公私合营工业私方人员安排情况

项目	合计	科室人员					车间人员				
		小计	其中				小计	其中			
			经理	厂长	科长	组长		车间主任	工程技术人员	工段长	生产组长
总计（人）	25 847	21 041	5 636	8 617	599	295	4 806	1 451	75	62	171
比重（%）	100	81.4	21.8	33.3	2.3	1.1	18.6	5.6	0.3	0.2	0.7
第一重工业局（人）	4 147	2 869	884	369	—	—	1 278	—	26	—	—
第二重工业局（人）	6 158	4 768	1 174	1 345	—	—	1 390	—	20	—	—

续表

项目	合计	科室人员					车间人员				
		小计	其中				小计	其中			
			经理	厂长	科长	组长		车间主任	工程技术人员	工段长	生产组长
第一轻工业局（人）	7 223	5 644	309	3 690	—	—	1 579	—	21	—	—
第二轻工业局（人）	3 592	3 261	850	1 740	—	—	331	—	1	—	—
纺织工业局（人）	4 727	4 499	2 419	1 473	—	—	228	—	7	—	—

资料来源：中共上海市委统战部等：《中国资本主义工商业的社会主义改造》，上海卷（下），中共党史出版社 1993 年版，表 11。

到 1957 年 3 月 18 日，据上海市委统战部《关于安排资方人员担任专业公司经理、副经理向上海市委的工作报告》统计，“已经安排好的有 115 个专业公司，共安排了资方人员 204 人，其中安排为经理的 26 人，副经理的 178 人。此外，尚有 23 个专业公司正在进行安排，估计今年第一季度可以安排完毕”。“已经安排好的 204 个资方人员，从他们的政治地位来看，市人民代表、市政协委员、市工商联委员和民主党派市级委员 112 名，占 54.9%；同业公会正副主委 64 名，占 31.3%；同业公会委员、区级代表性人物 14 人，未担任区以上社会职务者 14 人，两者共占 13.8%。从他们的政治态度来看，进步分子 126 人，占 61.7%；中间分子 71 人，占 34.8%；落后分子 7 人，占 3.4%。”“安排以后，工商界一般都很兴奋。他们认为‘人事安排又是具体体现了和平改造的政策’，‘党的政策真是说到做到’，‘也是一次具体的前途教育’。这样就进一步消除了他们存在已久的‘共产党会不会过桥拔桥’等怀疑，增加了对党的信任，进一步靠拢党和政府。”在这种情况下，“得到安排的资方人员更是感激兴奋，积极性有了进一步的发挥。如动力设备公司副经理梁兴到新民机器厂检查工作时，发现该厂工程师与工人对发电机的安装有不同意见，经他主持会议进行研究后，支持了工人的正确意见，提高了马达的使用率；药材公司副经理张善章到职后，发现该公司药材黄精的收购计划达60万斤，而上海一年只销2万斤，他就主动地提出意见与公方经理研究修改计划，得到了解决。”① 此外，还有些资方人员则在协调公私关系，推动私方人员接受改造方面，也起了积极作用。

一部分私方人员在人事安排之后，“顾虑今后工作吃不消，恐与公方关系搞不好；也有个别人顿感身价十倍，骄傲自满，目中无人；也有的相互不服气，闹别扭，或相互捧场，大吃大喝，得意忘形。”② 因此，在此后一段长时间内，政府认为继续加强对资产阶级的改造工作是必要的。

对于全行业公私合营之后合营企业对资方的人事安排，李维汉曾有一个很好的诠释：“资本家搞了多少年，现在把企业交出来了，心上还是很痛的，……形式和名义上要让他们多一点，比如经理、副经理让他们多一点。一个企业里面有经理，底下又有厂长，这是什么原因呢？就是照顾。所谓照顾，主要是照顾他们原来的地位。所以，形式和名义不可简单地像国营企业那样办。专业公司里面可以设顾问，可以设专员。还有一个董事会……我看董事会就是安排资产阶级分子的文史馆。我们要好好地把这些人安排下来，对资本主义总应该比对封建主义优待一点。还有一个正职、副职的问题。他们当然是副职多了，但是正职是不是完全不可以？我看也要看条件：一个是政治情况，另一个是实际能力。如果他们有符合这两条的，可以当正职。”③

除了对资方人员的人事安排是合营企业治理结构变革的一个主要方面之外，另外一个主要方面的变化就是股东会、董事会、董监事成员机构及其职能的趋于消亡。

合营后企业股东会、董事会等机构及其职能的趋于消亡，是随着全行业公私合营后企业产权制度的变革和定息制度的确立所决定的。全行业公私合营的施行，使得不仅是单个企业，而是整个行业，甚至是全国的私人资本都与国家公有资本实现了合营。合营之后的企业公股、国有资本又是

---

① 《上海市委统战部关于安排资方人员担任专业公司经理、副经理向上海市委的工作报告》，1957年3月18日，载中共上海市委统战部等：《中国资本主义工商业的社会主义改造》，上海卷（上），中共党史出版社1993年版，第827—828页。

② 《上海市委统战部关于安排资方人员担任专业公司经理、副经理向上海市委的工作报告》，1957年3月18日，载中共上海市委统战部等：《中国资本主义工商业的社会主义改造》，上海卷（上），中共党史出版社1993年版，第827—833页。

③ 《在全国统战工作会议上关于一九五六年到一九六二年统一战线工作的方针（草案）的发言》，1956年2月28日，李维汉：《统一战线问题与民族问题》，人民出版社1981年版，第124—125页。

合营企业的领导力量，昔日私营企业的所有权、产权体现的实物资产（机器设备、厂房、原料、产成品等）都进行了大规模的重新组合，企业原有的资产边界也开始模糊和消失。再加上定息制度的实行，使得私营资本的权益仅剩下有时限条件的剩余索取权上。最重要的是，全行业公私合营之后，以行业为边界迅速组织起来的各类行业性公司，如上海制药工业行业的“上海制药工业公司”等，已经开始对制药行业所有的工业企业实行统一的领导和管理，成为行业层面最高的决策、领导与经营机构。在这样的情况下，此前各企业的股东会、董监事会就完全失却了其存在的理由和作用。

（二）公私合营高潮后的“公私共事”

企业治理结构一个重要的特征就是处理所有权和控制权的关系。在公私合营企业内部，公方通过执政党优势从私方手中获取了私营企业的所有权，而私方，从内心深处讲，交出企业产权是情非得已的。这种情况就决定了公私合营后仍留在企业工作的私方不免带着情绪与公方相处，而公方在经营管理公私合营企业方面仍需利用私方的管理经验与才能，此外，为了维护新政权的稳定和企业正常生产经营仍需要公、私方在企业内和平相处，这是关系到企业管理成败和经济效益的一个重要因素。因此，公私共事是企业治理结构中所有权和控制权关系从原私营企业转移到公私合营企业的继续。

公私合营高潮后，党和国家对资方进行人事安排之后，公私合营企业自然不再存在劳方与资方的关系，而变成公私合营企业内部公私合作共事的关系。公私共事关系既是共同工作关系又是阶级关系，包括公方代表和资产阶级为代表的私方以及工人阶级三类人员的相处。搞好公私共事关系不仅有利于发挥资方为社会主义服务的积极性，帮助他们逐步进行政治思想改造，也有利于提高公私合营企业的生产经营水平。

为什么要使用资方人员，吸收资方参加公私合营企业业务部门的工作，并尽力做到与私方和谐相处呢？这样做的好处有两个：“一个是把资本家拉进来‘唱对头戏’，一个是可以利用资本家的长处。”在公私合营企业里，公方要想把企业建设好，必须要善于发现自身的错误。“发现错误的一个重要方法，就是召集各方面的人来开会。要把资本家请来当‘反对派’，专门同我们‘抬杠；越‘抬杠’，工作就可能做得越好”。另外吸收资方在公私合营企业担任管理人员，因为资方掌握企业管理，生产经营，拥有技术特长等，能为我所用。总之，“吸收资本家是财富大，包袱小，好处多，坏处少”。①

全行业公私合营以后，在大量的公私合营企业中都要面对“公私共事”这个问题，陈云曾谈道：“公私双方的代表共事得好或者不好的问题，是关联到企业生产经营的一个大问题，也是关联到能否发挥资方人员在生产中的作用和能否有效地把资方人员改造成劳动者的重大问题。”② 在全行业公私合营高潮后的一段时间里，许多公私合营企业的公私共事关系还处于不正常的阶段。为此，政府在 1956 年下半年进行了调整公私关系的工作。此外，搞好公私共事，可以充分学习和利用中国私营企业的生产技术和经营管理经验的精华部分。“对于他们的生产技术和经营管理知识，应该进行分析，凡属于不合理的部分，应该逐步加以改变；凡属合理的部分，不但在公私合营企业中应该继续发挥它的作用，而且在国营企业中也应该充分加以运用。”③

从个别企业公私合营到扩展公私合营，再到全行业公私合营，都存在公私共事关系。然而，这种公私共事关系在合营高潮以后有了新的转变，可分为关系甚好，一般相安无事和不甚正常三种情况，根据各行业反映，一般相安无事的较多，而相处关系较差或甚好的比较少，同时关系较好的情况则又在逐步增加之中。尤其是关系较差的，都在逐步改善中。一般老合营厂，对于共事关系有了一定的经验，表现比较正常而关系较好，虽然过去有些不正常的情况也大多得以扭转，反而是中小型企业中公私共事关系的问题较多一些。下面对此进行分述。

一是公私双方共事关系较好。公私共事关系较好的主要表现为公方代表一般都能很好地关心私方，对私方的各项建议与工作都积极支持，热情帮助，遇事多与私方商量，提高私方的积极性。如中国炼气公司私方表示：“我们厂内公私共事关系搞得很好，相互之间没有什么不可谈的，公方对我鼓励和支持，使我工作的信心和劲头大大加强，主动性也有了，第一、二季度社会主义竞赛中都得了一等奖”。信谊制药厂私方反映，公方到厂后即组织私方人员进行学习，公方共同参加，所有思想问题都在学习时间加以解决，并适当开展批评与自我批评，这不仅对私方人员改造有帮助，更增进公私双方感情，而且每周建立碰头会，布置工作，商量问题，私方感到真正有职有权，而在工作上也做到心中有数，容易尽职尽责。正泰橡胶厂私方说：“合营后公私双方有了分工，但我所领导的科长，遇事

---

① 《陈云文选》，第二卷，人民出版社 1984 年版，第 336 页。

②③ 《陈云文选》，第二卷，人民出版社 1984 年版，第 312 页。

仍向公方经理请示汇报，弄得我有职无权，公方在发现这种情况后，就找我和那位科长谈话，首先要我关心所领导的科室，并嘱该科长今后有问题要和我联系，从此这位科长遇事就和我谈，使我做到有职有权。”六新搪瓷厂私方反映，该厂过去公方对私方的意见重视不够，曾有一次厂内拟定新产品面盆模子，未与私方商量就决定试制，私方提出具体意见，得到公方重视，重新召开车间技术共同研究，采取私方意见，从此公方也改善以往态度，有事与私方商量，私方也发挥了其积极作用。① 这种公私共事情况是工商业改造的理想状态，但是这种融洽、和谐的共事关系在众多公私合营企业里不是很多。

二是公私双方通常相安无事，但融洽仍感不够。公私双方在企业表面上一般呈现相安无事的状态，总的来说缺少交流与和谐。主要表现为公私双方彼此联系少，工作各搞各的。如有色金属工业慎昌无缝钢管厂私方说：“我们的公方代表是党的书记，一天忙到晚，哪里有机会和我谈心，何况不在一个办公室工作，我自己担任供销、财务工作，实在也忙得很，没有什么重要的事，我们就很少交谈”。仪器度量衡业普发厂私方说：“厂内公方代表是山东人，前一时期问我有无意见，有意见可以当面提，但是方式生硬，态度不自然。有一次叫我上他办公室去，说是谈谈心，结果坐了十多分钟，都是相对无言”。永新雨衣厂私方对于公私关系引用两句话：“落花有意随流水，流水无情恋落花”，② 这些状况说明公私间虽然表面相安无事，但实际上难以接近，不甚和谐的情况。这种情况在一般新合营厂比较普遍。

三是公私共事关系不甚和谐。作为资产阶级，对资本主义的美好自然存有回忆和不舍，对新公私合营企业存有芥蒂也在所难免。作为公方，在企业里表现对社会主义的优越感太强烈也导致公私共事关系不甚和谐。主要表现为：（1）公私之间缺乏商量态度。表现为“真主意，假商量”，甚至于“包办代替，独断独行”。一般反映公方的情况较多，但私方也有类似情况发生。如棉布织染工业大公染织厂反映，该厂公方代表遇到问题，事先与党、工会研究好，临时才与私方说一声，“你的意见怎样？”私方只好说：“很好，没有意见。”（2）公方对私方的工作与建议均不支持，形成私方有职无权，无事可做。如化工业慎昌盛石粉厂私方曾提出扩建仓库的建议，公方不加考虑，也未说明理由，他于是又拟订了增产计划，被公

---

①② 《上海市公私合营企业中公私共事关系的资料和意见》，1956 年，上海市档案馆藏档案：B4 - 2 - 127 - 86。

方批评为“多赚钱思想”。棉纺业达丰纱厂私方说：“经理有二大任务：吃饭，睡觉”。由于这种情况，形成私方不是无所适从，就是无事可做。（3）私方顾虑多，怕负责，有的与公方不合作，有的处处依赖公方。如中联染料三厂私方说：“公方代表确是大胆放手，把行政事务工作完全交给我，我又兼管财务，对整个工作不能很好地负起责任来，曾向公方谈过，但至今仍无改变。”说明怕负责任的思想。宇宙医疗厂私方说：“公方总是对的，否则怎样来代表国家领导企业”。顺风搪瓷厂私方说：“我们是私方人员，遇事总要让公方三分”。有的说“反正做好没有功，做坏吃批评，少做少错，不做不错”。（4）公方态度生硬，不能耐心分析问题，说明问题，对私方指责多，帮助少。砖瓦灰石工业上海石灰厂私方反映：“公方凌某独断，曾说‘不听我的话，就是不相信党和政府’，又说‘我们对资产阶级应该斗争到底，资产阶级在企业中是被领导的，被改造的分子。’”达丰纱厂私方反映：“有一次公方与私方谈话时曾经谈起私方人员只要安分守己就好，对厂里工作可以少问，少管。”① 这些状况均说明公私共事情况甚至在表面上都不甚和谐。

公私合营企业公私共事存在上述不够融洽和不够正常的现象是有多方面原因的。其中对于私方来说最根本的原因莫过于事实上人力资源个人产权的存在。虽然企业资源都归为公有，但是作为自身拥有的人力资源却具有自我支配的权利。对于公私双方都要面对的问题是：在合营企业产权已经发生根本变化后，合营企业内部的公私关系一方面是阶级关系，一方面也是共同工作关系。由于过去政治经济条件的不同，公私双方在思想、观点、处理问题的方式方法上有很大的区别。职工中存有“重公轻私”的情绪，对私方还有阶级的恶感，与公方接近较多，也是自然的。这些状况的存在首先是历史长期形成的原因。其次是由于双方对政策的认识不一致或缺乏合作共事的经验。

私方存在的原因主要有三个方面：（1）有些私方看不清自己在合营之后地位的改变，没有充分发挥积极主动的精神，而是存有一种消极自卑和依赖的心理。表现在工作中怕负责任，作旁观者，顾虑多，猜疑心重。有的把自己看作“私生子”“养媳妇”，认为遇事总要“让公方三分”。此外，一种不求有功，但求无过，“少做少错，不敢负责”的消极情绪，也是较为严重的。（2）有些私方看不起年纪轻轻，能力较差，特别是“土

---

① 《上海市公私合营企业中公私共事关系的资料和意见》，1956 年，上海市档案馆藏档案：B4－2－127－86。

生土长”的公方代表，不虚心接受公方领导和向职工学习，有的甚至对公方抱不合作或无所谓的态度。（3）私方的政治认识水平和经营管理水平跟不上工作的要求，也关系到公私共事相处。有些私方现在经营的厂比过去经营的厂大得多了，因而对业务不够熟悉，处处缩手缩脚。一般中小厂私方由于接受教育的机会少，对于为何和如何服从领导接受改造，守职尽责等道理认识不够，在日常工作中就容易与公方相处不和谐。此外，私私之间的不团结，也影响到公私关系，这种情况在合并吸收厂中比较多。①

公方存在的原因主要有两个方面：（1）有些公方代表由于对私方在社会主义建设中可能发挥的作用认识不足，对双重改造的艰巨性和复杂性认识不够，因而常常采取简单化的工作方法，遇事往往独断独行，包办代替，不重视私方的意见，不支持私方的工作，造成私方人员有职无权，无事可做等不正常现象。（2）个别公方作风生硬，主观强，也是增加公私间隔阂的原因。

工人方面的原因主要是由于部分企业有些职工对党的改造、私方人员的政策了解不够。同时，对企业中公方代表、职工、私方人员之间既是合作共事关系，又是阶级关系缺乏全面的认识，强调了阶级关系，忽视了合作共事关系，因而在工作中对私方人员在职务范围内的支持不够。

制度方面的原因也存在。一是业务文件的阅看制度，是造成公私隔阂的一种特别原因。二是公私双方商议厂内大事的各种会议制度不明确，因而形成分工不明，互不接头，一方面包办等不正常现象。三是工作中上下左右的请示汇报，检查总结以及经常性学习制度没有明确规定或规则，也易造成关系的不正常。

从经济上来说，人力资本天然属于个人的资产，诸如劳力，掌握和运用知识的技能，学习能力，以及努力、负责、创新、冒风险、对市场潜在机会的敏感等一切具有市场价值的人力资源，不但总是附在自然的个人身上，并且只归个人调用。因此，在个人产权得不到社会法权体系承认和保护的场合，个人可以凭借其事实上的控制“关闭”有效利用其人力资源的通道，从而增加别人利用其人力资源的成本，降低人力资源的价值。

可见，公私共事关系不够正常的根本原因是私方对于资深人力资源使用价值的一种接近关闭状态，这跟他们内心深处对被改造的不甘心，是消极对抗的一种体现。当然，这也跟公方代表、职工群众和私方在政策体会

---

① 《上海市公私合营企业中公私共事关系的资料和意见》，1956 年，上海市档案馆藏档案：B4 - 2 - 127 - 86。

上有别，一些公方与职工对私方在社会主义建设中发挥的作用认识不足，再加上有些私方缺乏积极主动的精神或产生消极、自卑、高傲的情绪，以及企业缺乏必要的制度保障和激励机制，因而在具体行动实施上造成与公方的距离。

由此观之，公私合营企业的公私共事关系存在较多问题。对此，当时负责经济工作的陈云清楚地认识到，这是“关联到企业生产经营的一个大问题，也是关联到能否发挥资方人员在生产中的作用和能否有效地把资方人员改造成劳动者的重要问题”。为解决这一问题，陈云认为应当从两方面入手：一是对于资方人员的生产技术和经营管理知识，“凡属于合理的部分，不但在公私合营企业中应该发挥它的作用，而且在国营企业中也应充分加以运用”；① 二是要经常总结双方共事经验，并根据这些经验，“逐步地定出公私双方共事的制度和办法”。上级业务部门规定的业务方针、政策和办法，“应该使企业中公私双方有关的管理人员，都能熟悉，并尽可能尊重私方代表提出的意见”。② 陈云从民族资产阶级属于人民的范畴，民族资产阶级与工农之间的矛盾属于人民内部矛盾这一前提出发，所提出的上述给予资方人员适当安排、量才使用的思想，无疑给公私共事政策的实施指明了方向，一定程度上有利于私方主观能动性的发挥。其主要的举措如下：

第一，对私方加强政策教育与统一思想认识。

私有企业实行公私合营以后，在合营企业里产生了公私共事关系，公私共事得好或者不好，不仅关系到企业生产经营，也是关系到能否发挥私方人员的积极性和能否有效地把私方人员改造成为自食其力的劳动者的重要问题。

在公私合营企业中，“社会主义成分居于领导地位，公私双方应坚决执行党和政府的政策，依靠职工群众贯彻‘集体领导，分工负责’的精神，按照社会主义原则搞好生产经营，在共事中必须真诚坦率，展开批评与自我批评，本着相互尊重、相互信任、相互学习、相互帮助，发扬民主、充分协商的精神，在工作上做到有职有权，守职尽责，贯彻改造企业，改造人的方针，加速国家社会主义建设。”③ 如上海市第一重工业局规定：在领导方面，“公私双方代表受国家和人民的委托共同负责企业的经营

① 《陈云文选》，第二卷，人民出版社 1984 年版，第 314 页。

② 《陈云文选》，第二卷，人民出版社 1984 年版，第 315 页。

③ 《上海市第一重工业局关于呈送公私共事暂行守则和公私合营企业建立生产管理委员会的试行办法的报告》，上海市档案馆藏档案：B4－2－127－2。

管理，公方人员应会同私方积极努力加强对企业的改造，依靠职工群众负起团结、教育、改造私方人员的责任，私方人员应发挥自己的积极作用，努力参加生产经营做出成绩，与公方代表密切合作，加强自我改造。”①

统一思想认识方面，公私双方做到建立共事感情，缩短思想上的距离。主要体现在：一是公方厂长下厂以后，首先做好关心人的工作，主动团结私方人员，消除和减少私方人员对公方代表下厂的疑虑和成见。如申新第五纺织厂公方代表下厂后，首先做关心人的工作，从生活细节上来关心私方人员，私方某副厂长合营前因病在家休养达半年之久，企业宣布合营后，公方代表一下厂，立即到该私方家探望，使他感动万分。公方又看到另一私方副厂长腿不方便，就设法借到车子送他，使私方感到公方的温暖，在思想上初步有了愿意和公方代表接近的思想，一定程度上减少或消除了原来存在的猜疑和隔阂。② 二是除了生活细节上的关心以外，更重要的是公方代表在日常工作中要注意关心私方人员的工作情况，应该善于发扬私方人员一点一滴的积极性。如中国炼气厂私方副经理在合营前不参加学习，在企业内也不大问事，对政策认识也很差，也不熟悉技术，有时还发发牢骚。公私合营后，公方除了在生活细节上予以关心外，更主要的是在日常工作中，具体地启发和帮助私方如何尽职尽责，对私方在工作中的点滴成就和积极性及时予以表扬和支持，因而改变了私方在合营初期对工作提不起劲的情况，该厂在当年社会主义竞赛评比时，第一、二季度中私方还连续获得一等奖。③ 三是私方人员明确接受公方领导，尽职尽责，认识到个人改造的重要意义。私方也要消除不必要的疑虑，克服消极自满情绪，争取公方与职工的帮助，在具体工作中学习和确立新的社会主义经营管理思想和作风，批判和克服旧的资本主义经营管理思想和作风，自觉地进行改造。

第二，实现权责明确与制度建立健全。

公私合营以后，国家为确保合营企业公私共事的正常秩序，制定了一些规则。如上海市第一重工业局规定：一是公私双方互相尊重，各司其职。公私双方应各按所长结合企业情况明确分工，对分工范围内的工作要大胆负责，做到守职尽责。在行使职权时应相互帮助和支持，职工应尊重公私双方人员的职权和意见。凡上级行政部门召集会议，公私双方应就会

---

① 《上海市第一重工业局关于呈送公私共事暂行守则和公私合营企业建立生产管理委员会的试行办法的报告》，上海市档案馆藏档案：B4-2-127-2。

②③ 《上海市公私合营企业中公私共事关系的资料和意见》，1956 年，上海市档案馆藏档案：B4-2-127-86。

议内容按照本身分工范围分别出席（但上级业务部门布置全面工作或问题较重要时，公私双方都应出席），会后应相互传达或及时研究安排贯彻上级领导的意图和决定。二是企业内部应按具体情况建立若干会议制度。如行政会议、生产调度会议、专题讨论会议等；会议应视性质按行政职务或分工范围，分头主持。私方人员亦可按其行政职务，分工范围参加科室、车间或生产小组的有关会议。公私双方可建立“碰头会”交流工作情况和意见，及时解决问题；建立定期公私座谈会制度，所有私方人员都应参加，主要讨论和解决公私关系上的问题；会议可由公私双方负责人轮流主持分批召开。上述会议必要时可邀请党工团负责人员参加。三是企业签发对外文件可按分工范围办理。无公私方之分，必要时可相互代签。但重大问题仍须经企业负责人共同协商后再行签发。规定公私合营企业应建立文件传阅制度，在企业负责人及其他指定人员间传阅经签阅后再行归档。①

在公私共事方面，公私合营上海正泰橡胶厂、玲奋电器机械制造厂、大东烟厂等企业在权责明确和建立制度保证等方面做得比较好，为其他公私合营企业提供了典范。他们的具体措施如下：

首先，按明确分工，划分职责范围。玲奋、正泰、申新第五厂等企业首先明确分工，根据公私双方特点和专长通过公私双方的民主协商进行恰当的分工，明确职责范围。基本上做到使私方人员能各尽所长。如上海沾水笔杆厂属于小厂并入大厂，私方人员多至52人，绝大多数文化水平较低，企业合并合营后即根据量才使用结合适当照顾的政策原则进行适当的分工，安排私方担任副厂长3人、科长9人、车间主任6人、一般科室人员10人，其余参加直接生产。事后私方反映安排合情合理，工作胜任愉快。②

其次，建立各种制度，健全企业组织，保障私方有职有权。

一是建立会议制度。中国炼气厂合营后即成立工厂民主管理委员会，公方担任主任委员、私方及工会主席担任副主任，尚有委员若干人组成、专门讨论厂内重大兴革项目，各项运动的开展，定息的发放等。另有厂务会议制度，每月举行2次，由公方主持，各专业组长、车间主任、统计人员、党支部书记、工会主席和私方都出席会议。会议主要内容是检查和总结上月计划执行情况，提出存在问题（相互配合中存在问题以及有关生产

---

① 《上海市第一重工业局关于呈送公私共事暂行守则和公私合营企业建立生产管理委员会的试行办法的报告》，1956年，上海市档案馆藏档案：B4－2－127－2。

② 《上海市工商业联合会办公室印发的〈工业公私合营情况反映〉——“公私共事关系”典型厂情况了解综合材料》，1956年，上海市档案馆藏档案：B4－2－127－82。

上存在的问题）布置和讨论下月份的生产计划。厂务会议开好后，即按分工范围负责贯彻。除了固定会议外，公私双方还有不拘形式的碰头会议，随时研究和交换意见。① 申新第五、玲奋、大东、上海沾水笔杆等厂，其会议制度大体与中国炼气厂相似，有固定的厂务会议和业报会议，亦有个别的碰头会议，这些会议制度使私方感觉企业合营后有关企业兴革的重要措施都能参与研究和提供意见，而且有职有权，增强了工作的信心和积极性。

二是建立请示汇报制度。这是具体支持私方在企业内有职有权的重要制度。玲奋厂明确分工后，在集体领导的原则下分头负责和贯彻。私方王某负责财务供销等科，这些科的有关工作就一定要王某签字同意后才能实施。私方范某负责生产技术科，有关生产技术问题要有范某的签字才能同意。中国炼气厂在合营时期个别职工对私方副经理不够尊重，有一次私方问一个技术员："这些修好的氧气瓶是哪里来的?"技术员没有据实回答，反以讽刺的语气批评他："你是经理，怎么厂内的事不知道还来问我。"事后公方了解后，在一次职工大会对个别职工对待私方不正确的态度进行了适当的批评。通过这次大会，职工对私方的态度有所转变。私方很感动，提高了工作积极性。当年防汛工作，私方从局里开会回来，看到公方不在厂内就主动召集有关职工开紧急会议进行布置，事后向公方汇报。因为这次工作布置得很及时，效果很好，得到了公方的赞许和鼓励。申新第五纺织厂公方在分工范围内放手让私方负责领导某些工作，如让私方布置工作，做动员报告，有的工作有了私方负责后就不正面过问而从旁随时注意工作的开展，使私方真正感觉有职有权。② 通过这些事例，鼓励了私方人员的工作信心，进一步加强了公私之间的团结。

三是建立文书批阅制度。正泰、玲奋、大东、上海沾水笔杆厂，中国炼气厂都建立了公文批阅制度。一般公文先由厂秘书收文后，分发各科室处理后呈厂长室阅后归档，重要公文和内部文件收文后交有关分工厂厂长研究或会同研究后再批复有关科室处理。私方人员反映相关文件都能看到，感到满意。

最后，公私方加强交流，实行民主监督。

公方与私方不能因为阶级关系而心存芥蒂，必须认识到私方属于人民的范畴，共同为企业的发展和国家的经济建设做贡献。因此工作当中应该加强交流，为企业出谋划策，同时互相监督并接受工人监督，共同致力于

---

①② 《上海市工商业联合会办公室印发的〈工业公私合营情况反映〉——"公私共事关系"典型厂情况了解综合材料》，1956 年，上海市档案馆藏档案：B4－2－127－82。

企业发展。

1956年上海市第一重工业局规定，公私双方对企业有关重大是非应该共同讨论，充分发扬民主，虚心倾听和考虑对方不同的意见，如双方意见不一致时，应继续协商求得解决，必要时请示上级决定。私方人员应按具体情况参加企业内部组织的政治理论、业务、技术、文化等方面的学习。职工举办的文娱体育等方面的活动，可以请私方人员参加。在监督方面，公私双方在关系上尚有不易解决的问题，任何一方可以直接向上级提出反映及要求，工商联、同业公会及民建会组织亦系改造资产阶级分子的辅佐力量，公方人员可主动和各项组织联系争取协助，以有利于人和企业的改造。①

另外，为了加强公私方的思想交流，缩短认识距离，还建立了学习制度。通过学习促使私方对具有比较一致的认识。在学习交流中，企业党组织和公方代表耐心地启发和帮助私方提高对和平改造的思想政策认识。如申新五厂就建立了经常性的学习会制度，公私双方混合编组（包括党、团、工会的负责同志）因私方副厂长水平较高，并有一定的政治认识，由私方担任学习组长，当时私方思想上有顾虑，认为理论学习应由党来掌握，公方强调学习是取长补短，仍由私方任组长，在学习中开诚布公的讨论研究，不但缩短了距离，而且提高私方人员的思想认识。该厂公方除了解关心了私方人员的理论学习外，而且在日常业务中亦随时关心提高私方人员的思想认识。如有一次公方在外开会，人事科外调干部表需要盖章，当时私方觉得左右为难，看还是不看，结果没有看就盖章送出，第二天私方跟公方说明了情况，公方就耐心地分析指出了这种思想的不正确，事后私方反映这种办法对改造思想很有帮助。② 公私方代表在长期的共事和共同学习中，通过互相交流、帮助、监督、批评与自我批评等举措推动私方实现个人改造。

由于公私共事措施的制定以及政策的保证，公私合营企业公私共事状况呈现好的态势。以上海市为例，1956年统战对象属于市级的65人，区级的352人，一般的4 613人。公私共事关系好、坏的变化以1956年第四季度前后为界，其各类的变化情况如表5－9所示（按户计算，以主要人员的主要作用衡量）。

---

①② 《上海市第一重工业局关于呈送公私共事暂行守则和公私合营企业建立生产管理委员会的试行办法的报告》，1956年，上海市档案馆藏档案：B4－2－127－2。

表 5－9　　**1956 年度公私共事情况**　　单位：户

<table>
<tr><td rowspan="3">共事类型</td><td colspan="2">市级</td><td colspan="2">区级</td><td colspan="2">一般</td><td colspan="4">总计</td></tr>
<tr><td rowspan="2">第四季度以前（户）</td><td rowspan="2">第四季度以后（户）</td><td rowspan="2">第四季度以前（户）</td><td rowspan="2">第四季度以后（户）</td><td rowspan="2">第四季度以前（户）</td><td rowspan="2">第四季度以后（户）</td><td colspan="2">第四季度以前</td><td colspan="2">第四季度以后</td></tr>
<tr><td>户数</td><td>占合计的百分比</td><td>户数</td><td>占合计的百分比</td></tr>
<tr><td>好</td><td>31</td><td>42</td><td>96</td><td>166</td><td>266</td><td>486</td><td>393</td><td>14.3%</td><td>694</td><td>33.8%</td></tr>
<tr><td>中</td><td>23</td><td>14</td><td>148</td><td>82</td><td>1 209</td><td>1 098</td><td>1 380</td><td>62.4%</td><td>1 194</td><td>58.2%</td></tr>
<tr><td>坏</td><td>3</td><td>1</td><td>10</td><td>6</td><td>271</td><td>162</td><td>284</td><td>23.3%</td><td>169</td><td>18.0%</td></tr>
<tr><td>合计</td><td>57</td><td>57</td><td>254</td><td>254</td><td>1 746</td><td>1 746</td><td>2 057</td><td>100%</td><td>2 057</td><td>100%</td></tr>
</table>

资料来源：《当前公私共事关系情况综合报告》，1956 年，上海市档案馆藏档案：B5－2－172－16。

从这一统计资料来看：公私共事关系向好的趋势明朗。市、区统战对象在公私共事上好的较多，一般的则共事关系较差。总的来看，1956 年公私共事关系情况大体是：公私双方能明确分工，做到私方人员有职有权，充分发挥他们的积极性，使他们在生产实践中得到改造。

公私合营后，公私共事虽然存有不和谐之音，但总体是逐渐走向融洽的。据统计，1956 年公私合营企业总产值比上年增加 32%。合营后，不少工厂出现一片新气象，公私双方与广大职工一道在提高劳动生产率、改善经营管理、提高质量、降低成本、增加产量、积累资金、扩大再生产，改善劳动保护和职工福利等方面都取得了不同程度的成效，出现了前所未有的新面貌。这说明，公私合营后，良好的公私共事关系确实在一定程度上促进企业生产效益的提高。

陈云在 1956 年 6 月 15—30 日第一届全国人民代表大会第三次会议上的发言指出："团结资方人员，发挥他们的长处，把他们改造成劳动者，是有利于工人阶级和全国人民的。"同时也指出了必须"使资方人员采取积极态度同公方代表进行合作，同职工群众加强团结"① 例如，在 1956 年 2 月开始的新合营企业广大职工为了庆祝全面合营，掀起了热火朝天的社会主义竞赛活动。在社会主义竞赛中越来越多的私方人员也投入了竞赛的热潮。根据 75 个工业行业的现有资料统计，在已经开展竞赛的公私合营企业中，近 85% 的工厂私方人员约 7 800 人参加了竞赛。很多私

① 《陈云文选》，第二卷，人民出版社 1984 年版，第 313 页。

方人员对社会主义事业贡献了才能，作出了成绩，因而和职工一样也获得了奖励和表扬。有的还获得了先进工作者和先进生产者的光荣称号。例如关勒铭金笔厂在第二季度社会主义竞赛中，有 13 个私方人员获得了先进生产者和先进工作者等称号。新安电机厂 23 个私方人员参加竞赛，得到奖励的有 6 人，其中 4 人获得了光荣称号。按得奖私方人员职务类型分，经福理中得奖者有 205 人，厂长得奖者 114 人，工程技术人员得奖者有 205 人，厂长得奖者 114 人，工程技术人员得奖者有 64 人，科室人员得奖的有 230 人，参加直接生产的有 281 人，其他私方人员得奖的有 54 人。①

在全行业公私合营之后，生产关系就发生了根本变化，自身所处的地位和工作性质也发生了根本变化，私方与工人群众的关系已经由资本主义劳资对立的关系，转变为合营企业的共事关系。虽然还存在着阶级区别，但是在推动企业、国家发展上的目标是一致的。正如 1956 年 9 月 21 日，上海市工商业联合会在全市开展社会主义竞赛运动中向全体工商者发出的号召中所言："通过竞赛可以加强团结，缩短距离，互相帮助，共同提高，如果私方人员积极参加竞赛，争取向工人学习，是会得到帮助的，为社会主义作出贡献，必然会受到各方面的重视和欢迎的。唯有在共同工作中才能增加信任、增加感情、缩短相互之间的距离，私私之间也没有两样，只要我们在竞赛中发挥相互帮助的精神，是可以消除成见，加强团结的，唯有这样我们才能化消极因素为积极力量，对国家有贡献，对生产有好处，对个人有帮助。"②

在公私合营企业里，使全体职工与公司管理人员团结起来，共同致力于发展生产和经营，这是公私合营企业追求的终极目标。但是也应该认识到，搞好公私合营企业的公私共事关系需要一个过程，"人事安排只是对资产阶级分子进一步进行改造的开始，不能满足于妥善的安排，……妥善的安排是为了更好地教育、改造资方人员。今后在企业内应该注意长期的深入细致的教育和改造工作，使这些人员真正成为社会主义企业的干部。这个任务是艰巨的。"③ 可见，公、私方与工人群众都需要深刻认识到这

---

①② 《上海市工商联关于行动起来，积极投入社会主义竞赛，争取立功的号召》，1956 年 9 月 21 日，载中共上海市委统战部等：《中国资本主义工商业的社会主义改造》，上海卷（上），中共党史出版社 1993 年版，第 807 页。

③ 《上海市委统战部关于安排资方人员担任专业公司经理、副经理向上海市委的工作报告》，1957 年 3 月 18 日，载中共上海市委统战部等：《中国资本主义工商业的社会主义改造》，上海卷（上），中共党史出版社 1993 年版，第 832—833 页。

一过程的存在，重要性和艰巨性。

（三）公私合营企业的激励约束机制

公私合营企业作为20世纪50年代的一种主流经济组织，最本质的属性是其在生产关系方面的属性。企业激励约束机制是调节企业中各层次生产关系的机制和决定企业运行效率的机制。因此，各级政府管理结构与公私合营企业之间必须把握和处理企业中各个层次上的生产关系，特别是其主要层面上的激励约束关系，才有可能在公私合营企业中形成保障企业高效运行的激励约束机制。作为计划经济体制下以公有制为基础的公私合营企业的激励约束机制与市场经济下以私有产权制度为基础的激励约束机制不同，它并非按照市场理论来遵守，在主要以精神激励为主的同时，还有着特殊的手段与方式，如对委托人和代理人进行入党激励、提升晋级、工作培训、特权消费等。

第一，对私营工商业者的安排和处理。这是公私合营企业激励约束机制体现最明显的一个方面。国家对私营工商业者最终的人事安排，正是依据其对共产党领导的这场对资改造运动的拥护程度来安排其工作岗位的。1956年，陈云在《公私合营后一些问题的解决办法》中表示政府的看法是："工商业者的技术和业务经验，对人民、对国家、对社会主义建设是很有用的。国家需要这些懂技术懂业务的人。国家对待资本家与对待地主是不同的。地主对发展社会生产有害无益。资本家懂得技术，能管理工厂，组织生产。工商界不要担心得不到安排"。"职务的高低，将根据每个人的技术、经验、能力等情况作适当安排，尽可能安排得合理。"另外，"政府的政策是不降低工商界的工资。全国几十万资方从业人员中，可能降低工资的只是极少数，因为这些人的工资很不合理，降低了，生活也不会发生问题，他自己也会同意降低的"。① 但是对资本家的约束机制也是必不可少的，那就是"对资本家也要进行改造，把他们改造成为自食其力的劳动者，改造成为社会主义企业的干部"。另外还有一条"就是工商界自己的工作态度好不好，积极不积极，这一条是最重要的"②，工作态度的问题，也决定着工商界者的工作安排限制问题以及待遇问题。因此，从这方面来说，这些相当于对资方人员的约束。总之，对资方人员的激励约束机制是比较明显的，对党和政府的政策积极配合得到的激励较多，反之则少。

---

① 《陈云文选》，第二卷，人民出版社1984年版，第300—302页。

② 《陈云文选》，第二卷，人民出版社1984年版，第301页。

第二，专业公司与合营企业职工的劳动报酬、待遇。在专业公司与公私合营企业中，职工的报酬一般由薪金、奖金构成。1956 年 10 月，各专业公司工作人员中的行政管理人员、工程技术人员及其他工作人员，均暂按国家机关工作人员的工资标准评定等级。新工资标准自 1956 年 4 月 1 日起实行，原工资低于新工资标准的，自 4 月 1 日起补发其差额，原工资高于新工资标准的，不予降低，其差额作为保留工资。派到新合营企业工作的人员，向企业单位包伙时，如该单位规定的伙食费超过每月 15 元，其超过部分由企业单位给予补贴。① 奖金则由上级政府部门视情况把握。

在公私合营企业中，企业管理者和员工都是按照国家规定的工薪标准，劳保福利制度严格执行，对基层员工的激励更多的是采用奖惩制度，而且精神激励远比物质激励为多。

1956 年，政府对干部调入新公私合营企业劳动保险的问题做了规定：（1）凡调到实行劳动保险条例或有劳动保险合同的单位工作的人员，不论原工作单位有没有劳动保险制度，一律按现在工作单位的制度享受。（2）凡从实行公费医疗制度的单位调到没有实行劳动保障制度，也没有实行公费医疗制度的单位中工作的人员，可仍照原工作单位的规定享受劳动保险待遇，所需费用由主管专业公司负担。（3）凡从实行公费医疗制度的单位调到没有实行劳动保障制度也没有实行公费医疗制度的单位中工作的人员，本人有病时仍按原有规定享受公费医疗待遇，所需费用由主管专业公司负担。（4）凡从没有劳动保险制度也没有公费医疗制度的单位，调到同样没有这两项制度的单位工作的人员，本人有病时的医药费，暂由专业公司，家属有病时，如经济困难，可以申请补助。② 上海市私营工厂的派员干部均可参加公费医疗，各工业局在接上派员领导关系后，可向市卫生局公共医疗办公室办理颁发公费医疗证，其所需的费用由各相关局支付。③

公私合营企业基层干部生活福利问题是这样的，“一般地，干部困难补助水平比工人要高一些，对干部的生活福利问题，由上海市区委工业部统一掌握核批，由公司发给。公费医疗方面，老合营厂调来干部原来享受范围大（包括家属），到新合营厂后只有‘小劳保’（不管家属），一般处理是仍按原单位享受，经费由公司报销。关于住房子问题，在与工人同等

①② 《上海市劳动局、上海市人委等关于干部工资待遇问题的规定、通知》，1956 年，上海市档案馆藏档案：B172 – 4 – 629。

③ 《中共上海市委组织部关于同意私营工厂的派员干部参加公费医疗的通知》，1956 年，上海市档案馆藏档案：B4 – 2 – 44 – 10。

标准的情况下，对干部应给以适当照顾，亦不应绝对平均。”①

第三，专业公司、合营企业内部干部的培养、选拔和输送。1956 年全行业公私合营的完成，预示着准公有制经济的全面到来。为确保各厂生产任务的完成，因而从各企业内部提拔和培养一批企业干部是首要的任务之一。如上海市第一重工业局通过有计划地培养教育干部，共提拔科长级以上的干部 230 名，其中包括党委正副书记 3 名、组宣传委员共 5 名、总支与支部正副书记 49 名、副厂长 4 名、正副科长 77 名、车间正副主任 79 名、工会政府主席 7 名、团委副书记 6 名。1956 年 3 月前又提拔车间支部书记 15 人、厂长 12 人、车间主任 37 名、科长 36 名、团委书记 4 人（总支）厂工会主席 1 人，共计 105 人。②

提拔干部的激励机制，使得无论是现有干部还是工人群众，甚至资方人员都踊跃地表现自己，一方面致力于国家建设需要，另一方面也是为了个人前途发展。“1955 年，根据 15 个厂的统计，行政部、局上调干部，其中科长以上的干部 92 名，市委上调 25 名（其中处长级 5 名），1956 年 1 月上海市委大力支援工商业改造又抽调科长以上干部 97 名（其中处长级 10 名），共计 214 个干部，基本上完成了上调的任务。1956 年部、局上调干部任务为：1 000 个职工以上的 18 个厂，平均每厂抽调 3 个厂长，共计 54 个干部。科长级干部、工程技术人员、技师根据行政计划上调任务仍以 18 个厂进行计算，平均每个厂上调 25 个干部，需要 450 个，而且要求 1956 年提拔群众干部（18 个厂）平均 10 名，共计 180 个，与行政合计共 630 人，比 1955 年多 220 名，增加了近 2 倍。”③

公私合营企业提拔干部的原则是贯彻上海市委大胆正确提拔干部的方针，打破了“资格论”的思想。例如上海科发药厂大胆提拔干部，并结合本厂实际情况推行“宁缺毋滥、宁弱毋缺”的原则，而且通过增产节约运动，要求培养提拔科长级干部 5 个，车间主任 5 个，党委委员 1 个。“在增产节约运动中，进一步考验每个培养对象，有建设性地分配一定的工作，参加一定的会议以及个别的受阻力教育；同时每月终来一次评比，评比过程中，发扬好的，批评坏的，树立正气，以便更多的积极分子充实到

① 《上海市人民委员会重工业办公室关于专业公司干部与厂的公方代表的工资待遇、生活福利问题及第一、二重工业局等单位干部来信报告》，1956 年，上海市档案馆藏档案：B4 -2 -131。

②③ 《中共上海市第一重工业委员会关于培养、提拔、输送干部问题的报告》，1956 年，上海市档案馆藏档案：1956 年，A43 -1 -42 -37。

领导岗位上来。"[①] 此外，了解培养对象的政治情况和社会关系等，争取尽早补足干部缺额。由此，一些背景清楚、有志于成为领导或者想成为干部培养对象的职工于是在企业生产运动中积极表现，力争成为积极分子和干部人选的后备力量。这也成为公私合营企业激励机制的一个突出措施。如科发药厂1954年从1月到11月6日不到一年的时间里，共提拔干部12人，其中党员7人、团员3人、群众2人，工人提拔为科长与车间主任以上的干部7人，工人提拔为一般干部的4人，一般干部提拔为科长的1人。[②] 信谊药厂公私合营以后，在组织机构改革中积极提拔新干部46人，其中工人占80.47%，党、团员占90.4%。"这批干部都熟悉生产，肯钻研业务，能联系群众，作风较踏实，工作很积极"。[③] 激励机制的积极作用由此可见一斑。

1954年公私合营天山化工厂按照上级指示以及"德才兼备"的标准，遵循本厂的实际情况，共提拔干部12人，其中科长3人、车间主任3人、工会主席1人、团支书1人、一般干部4人。在这些被提拔的人中，其中党员7人、团员3人、群众2人；工人提拔科长及车间主任以上的干部7人，工人提拔为一般干部的4人，一般干部提拔为科长的1人；其中工人出身1人、贫农出身6人、中农出身2人、职员出身1人、小资产阶级出身2人。[④]

公私合营企业的约束机制主要体现在对干部升迁的考察、奖惩等方面。如上海市第一轻工业局干部管理制度其中对干部的监督机制首先是对干部进行考察了解。其中规定：各管理部门制订出每季度考察了解计划，深入基层结合生产和工作的任务进行了解，在了解时应贯彻领导考察和群众相结合；并且每季度向有关业务部门了解，向区委了解、吸收区委反映，并对有关党政干部之间关系问题，及时向区委反映；各协助管理部门应及时反映汇报干部的工作表现，并把干部情况列入每月报告之内。此外，还对不法干部进行工资处分和奖惩。其中干部的工资奖惩由主管部门审批，如属区委监督的，应主动征求区委意见，各协助管理干部的部门，应协助审

---

①② 《公私合营科发药厂委员会关于1954年第4季度培养提拔干部计划》，上海市档案馆藏档案：A48－1－217－67。

③ 中共上海市委统战部等：《中国资本主义工商业的社会主义改造》，上海卷（下），中共党史出版社1993年版，第1404页。

④ 《公私合营天山化工厂人事保卫科关于提拔干部总结报告》，1956年，上海市档案馆藏档案：A51－1－127－80。

查提出意见。① 此外，企业领导人员和工程技术人员“如其中某一月份没有完成国家计划，而全季完成国家计划时，则应该酌情减发奖金”。②

第四，对合营企业的生产发展有实际贡献。1956 年，“为了鼓励职工的生产积极性和创造性，提高质量增加产量，降低成本，减少或消灭事故，以保证完成和超额完成国家计划”，上海市纺织工业局制定了《地方国营与公私合营厂职工奖励工资制暂行条例（草案）》。条例规定了奖励对象为“凡地方国营及合营企业内，管理人员，工程技术人员，生产工人，工场外部人员”。制定的奖励指标，“应以平均先进水平作为原则，不能过高或过低。尽可能实行个人奖励，不能实行个人奖励者，可采用小组集体奖励”。奖励率“在目前情况下，暂不采取按月推进，应以本人平均日工资率为不变基数比例计算之。各企业可根据实际情况制定奖励率。为防止平均主义，凡在生产中起主要作用的职工，其奖励率应较高，暂定工程技术人员、管理人员与计时工最高不得超过本人平均日工资率30%，计件工最高不得超过本人平均日工资率20%。奖金总额暂定一般以不超过实行奖励各类职工标准工资总和的10%。”奖金的计算及支付办法为“采用个人奖励者：个人奖金 = 本人日工资率 × 本月实际工作天数 × 应得奖励率；采用小组奖励者：个人奖金 = 本人日工资率 × 本月实际工作天数 × 小组应得奖励率。奖金每月结算发放一次，发放时间各企业自行决定，但决定后，必须及时支付，不得拖延或随意更动。”奖励办法的批准和奖金的处理方面，“各企业必须按照本条例原则，结合实际情况，制定各类职工奖励具体办法，经同级工会同意，呈本局（纺织工业局）批准先行试行，试行期最多不得超过半年。各厂在试行期间，不断总结经验，加以修改，俟条件成熟后，报本局批准正式执行之。”条例最后两条也是最有代表性的两条：一是规定获得奖励职工如有违反条例规定四项情形之一者，“厂长有权限取消奖金的一部或全部”；二是规定“奖励成绩纪录，可作为考工升级，或调动工作之参考”。③

同时，为了鼓励一切国营、公私合营、合作社经营及私营企业中的工人、工程技术人员和职员以及一切从事有关生产的科学与技术研究工作者

---

① 《上海市第一轻工业局干部管理制度》，1956 年，上海市档案馆藏档案：B163 – 1 – 270 – 14。

② 中国社会科学院、中央档案馆：《1953—1957 中华人民共和国经济档案资料选编．工业卷》，中国物价出版社 1998 年版，第 660 页。

③ 《上海市纺织工业局地方国营与公私合营厂职工奖励工资制暂行条例（草案）》，1956 年，上海市档案馆藏档案：B5 – 2 – 166 – 200。

的积极性和创造性，使得他们充分发挥自己的知识、经验和智慧，致力于发明、技术改进、合理化建议的工作，以促进国民经济的发展，1954 年 5 月，根据中央人民政府政务院“关于奖励有关生产的发明、技术改进与合理化建议的决定”制定了《政务院有关生产的发明、技术改进及合理化建议的奖励暂行条例》。其中第七条规定：发明、技术改进、合理化建议的奖金数额，按采用后 12 个月内所节约的价值计算，根据表 5－10 比例发给。

表 5－10　有关生产发明、技术改进及合理化建议的奖金数额发放比例

12 个月所节约的价值	发明		技术改进		合理化建议	
	提奖金百分比（%）	附加数（万元）	提奖金百分比（%）	附加数（万元）	提奖金百分比（%）	附加数（万元）
不满 100 万元	30	无	20	无	10	无
满 100 万元不满 200 万元	15	15	10	10	5	5
满 200 万元不满 500 万元	12	21	7	16	3.5	8
满 500 万元不满 1 000 万元	10	31	4	31	2	15.5
满 1 000 万元不满 5 000 万元	6	71	2.5	46	1.25	23
满 5 000 万元不满 1 亿元	5	121	2	71	1	35.5
满 1 亿元不满 5 亿元	4	221	1.5	121	0.75	65.5
满 5 亿元不满 10 亿元	3	721	1	371	0.5	185.5
10 亿元以上	2	1 721	0.5	871	0.25	435.5

说明：发明奖金每年最高额不得超过 5 亿元，最低额不得少于 20 万元；技术改进奖金最高额不得超过 2 亿元，最低额不得少于 10 万元；合理化建议奖金最高额不得超过 1 亿元，最低额不得少于 5 万元。

资料来源：中国社会科学院、中央档案馆：《1953—1957 中华人民共和国经济档案资料选编·工业卷》，中国物价出版社 1998 年版，第 336 页。

此外，根据国家第一个五年计划的要求，特别是为了实现全面节约的政治经济任务，鼓励职工节约原料、燃料、电，提高产品质量，加速新产品的试制工作，企业行政和工会组织特别应该积极建立和改进下列几种奖励制度。①

一是节约奖励。在使用大量的或贵重的原料、材料、燃料、电力、工

① 中国社会科学院、中央档案馆：《1953—1957 中华人民共和国经济档案资料选编·工业卷》，中国物价出版社 1998 年版，第 658—659 页。

具（特别是贵重金属）的工作中，直接有关的工人和职员都可以实行节约奖励。节约奖金应按节约价值计算，也可按工资的比例支付。在建立原材料节约奖励制度时，必须制定原材料的消耗定额，以便确定奖励指标和计算节约价值。

二是质量奖励。在一般情况下，产品的数量和质量应该是统一的。职工完成了生产任务，必须保证产品的质量规格。诸如容易产生废品的铸工工作，产品分有等级并需要提高一级品的生产部门，以及需要鼓励提高工作质量的维护、检修、检验的工作，都应该实行质量奖励。实行质量奖励必须规定质量指标（如提高成品率、一级品率或降低废品率、次品率、减少机器停工等），严格检验制度。

三是新产品试制奖励。根据经济建设的要求，各工业部门将进行试制多种新产品，并将列入计划。为从物质上鼓励职工按期或提前完成新产品试制任务，对从事新产品试制的直接有关的生产工人、技职人员都应该实行新产品试制奖励。按计划完成即可得奖，提前完成可以多奖。因为新产品能够按时或提前完成，就能够给国家带来很大的经济效果，因此新产品试制的奖励率应高于一般的奖励率。

四是领导人员和工程技术人员的奖励。为了从物质上鼓励领导人员和工程技术人员发挥更大的积极性和创造性，保证全面完成国家计划的各项指标，有必要建立和改进领导人员和工程技术人员的奖励制度。领导人员和工程技术人员在完成国家总产值计划、产品品种计划和降低成本计划时，就可以得奖；超产和超计划降低成本时，就可以得奖；超产和超计划降低成本时，可以加发奖金。建立这种奖励制度时，必须根据企业大小、工作的重要性和职责范围，划分不同的奖金等级。从当时的管理水平看来，奖励率不能过高，对个人实得奖金，并应该规定最高限额。这种奖励制度应该由工业部门统一制定。厂一级的领导人员和工程技术人员的奖金一般应按月计算、按季发放，这样就能鼓励领导人员和工程技术人员按月按季均衡地完成国家计划。

20 世纪 50 年代，那种全民昂扬奋斗、国民经济开始复苏并艰难走向发展的年代，党和政府更多的是以精神鼓励或者象征性的物质奖励为主，而且在当时的“一切为公”“全心全意为人民服务”等主流意识形态的熏陶和感染之下，精神方面的奖励似乎远比物质来得更加令人怦然心动。

（四）生产管理委员会的建立

全行业公私合营后，企业生产关系发生了根本变化。合营前，局属各厂除极少数厂直接派员对其进行监督生产外，大多数企业都没有很好地管起来。在高潮后合营的企业，绝大多数属于中小厂。因此按照原来的情况，各专业公司想把这些企业直接管理好是存在一定困难，进行经济改组似乎也是不可能的。为了把这些企业管起来，把生产抓起来，除部分进行裁并外，主要采取中心厂（独立厂）带管一般厂的做法。如上海市第一、第二重工业局共有中心厂677户（其中独立厂179户），最多的带18户，跨8个区，最少的带1户。[①] 值得一提的是，为了便于中心厂对一般厂的管理，中心厂系统成立了包括职工代表、公方、私方代表等人员参加的生产管理委员会，这种做法，便利了专业公司对中心厂（独立厂）的领导，也方便了中心厂（独立厂）带管一般厂。生产管理委员会详细试行细则如下：

新合营企业生产管理委员会试行细则（草稿）[②]

一、总则

1. 为了贯彻政府对合营企业改革改造的方针政策，发挥工人阶级的积极性与创造性，充分发扬民主，实行集体领导，保证完成国家生产任务与逐步完成企业改革改造而制定本细则。

2. 生产管理委员会是在专业公司的领导下，对一串厂进行管理的行政组织，是在中心厂公方代表领导下的权力，协商与执行机构。

二、组织

3. 生产管理委员会以中心厂系统成立，由中心厂的党、公方、私方、工会、青年团的代表与一连串的私方、职工代表共同组成。生产管理委员会主任一般由中心厂公方代表担任，中心厂的私方与工会代表担任副主任。

4. 生产管理委员会的决议，有关厂必须坚决贯彻。

5. 生产管理委员会的职工代表，由职工民主产生，工厂行政与各组织的人员协商产生，每届任期一年，连选者连任。

6. 生产管理委员会会议应定期召开，半月或一月召开一次，如有紧急事宜，应有主任临时召集之。

---

① 《上海市第一、二重工业局关于新公私合营企业建立生产管理委员会的试行办法与实施情况反映、经验总结》，1956年12月，上海市档案馆藏档案：B4－2－126。

② 《新合营企业生产管理委员会试行细则（草稿）》，1956年12月，上海市档案馆藏档案：B4－2－126。

三、职权范围

7. 有关生产、企业改造的重大问题（平衡生产、制度改革、裁并改合、人事任免、技术交流等）的协商、研究、讨论、决定，重要问题报专业公司批准。

8. 讨论专业公司的指示与研究贯彻执行办法。

9. 有关各项计划指标编制的审查核定。

10. 讨论解决各厂之间的实际困难问题，如资金调度、原物料的调剂、劳动力与设备的借调等。

11. 其他重大事项的协商。

12. 生产管理委员会讨论得出之决议与上级指示有抵触时，应把决议报告上级机关，待上级机关批示后执行。

又如上海汎华机器工程公司自合营以来，为了便于把中心厂、卫星厂的生产经营由民主管理的方式统一管理起来，在 1956 年 7 月下旬即着手筹备建立由党政工团、一般厂的私方及工会组织人员参加的生产管理筹备委员会，8 月中旬向全体职工群众宣布了正式成立生产管理委员会。① 可见，生产管理委员会是合营企业内部为方便集中统一领导而成立的一个机构。

二、企业治理结构的外在延伸

（一）专业公司的设立

为便于对众多公私合营企业的管理，党和国家在扩展公私合营时期就开始陆续设立专业公司作为公私合营企业的直接管理机构，全行业公私合营后，各行各业更是设立了一大批专业公司，对各个公私合营企业进行直接管理。

1955 年 11 月，中央召开的资本主义工商业社会主义改造问题会议上，陈云就提出在全行业公私合营中，关于组织专业公司的问题。“组织各行各业的专业公司，很有必要。这主要是因为有几十万户的私营工厂，有几百万户的私营商店，还有几百万户摊贩，只有把他们组织起来，才能把他们纳入计划。专业公司是政府组织私营工商业的一个重要方式。管私营企业的，中央有部，地方有局，但是像上海这样大的地方，十几万家工厂，

① 《汎华机器工程公司合营以来工作情况的汇总报告》，1956 年 12 月，上海市档案馆藏档案：B4－2－126。

靠一个局怎么管理？必须把他们组织起来，就是把头发丝编成小辫子，这就容易抓了。为了安排全行业的生产和进行行业内部的改组，以及实行全行业的公私合营，也需要有专业公司。”①

1956年2月8日，国务院通过的关于私营工商业社会主义改造的决定也指出：“各地国营工业、商业部门应迅速筹备建立各行各业的专业公司，尚未建立的应该首先成立筹备组织，已经建立的，应该加以充实，以便使社会主义改造工作和业务工作有分工管理的机关。”②

为充分发挥行业的技术和协作配套优势，上海轻工业系统于1954年12月建立了第一个专业公司——印刷工业公司。专业公司成立的标准比较灵活。陈云要求：“专业分工可以粗一点，也可以分细一点。有的是一个行业一个公司，有的是几个行业一个公司，主要看工厂多少，铺子多少。如果在小的地方，还可以只搞一个公司，叫企业公司，把各种行业都摆进去。这种专业公司，可以在合营以前组织，也可以在合营以后组织。专业公司有经济任务，也有政治任务。它主要的任务应该是：管理加工订货，管理生产，指导技术改进，负责进行社会主义改造。专业公司里应该设立政治机构，对职工和资本家进行教育。同资本家进行阶级斗争，在新的条件下要用新的方法。”按照这个标准，更多的专业公司陆续成立。1955年4月，制笔行业全行业公私合营后，经国务院批准，成立上海市第一轻工业局制笔公司，统一领导和管理全行业的企业，负责生产安排、经济改组、技术改造等工作。1955年4月到1957年4月，上海市第一轻工业局先后按行业组建了11个专业公司，1955年11月到1957年4月，上海市第二轻工业局相继按行业成立15个专业公司。③

上海市轻工系统的专业公司建立后，随着生产的发展和行业归口的需要，先后又经历了几次较大的调整和改组。1957年4月，上海市第一、第二轻工业局合并为上海轻工业局的同时，按行业归口的原则进行调整。1957年7月1日，根据市人民代表大会决议精神，撤销手工业管理局，市手工业联社牌子挂在轻工业局，皮革、五金、文化用品联社和水产公司划

---

① 陈云：《资本主义工商业改造的新形势和新任务》，《陈云文选》，第二卷，人民出版社1984年版，第290页。

② 《国务院关于目前私营工商业和手工业的社会主义改造中若干事项的决定》（一九五六年二月八日国务院全体会议通过），载中共中央文献研究室：《建国以来重要文献选编》，第八册，中央文献出版社1994年版，第122页。

③ 《上海轻工业志》编纂委员会：《上海轻工业志》，上海社会科学院出版社1996年版，第471页。

归轻工业局，此时上海轻工业系统的专业公司共22个。① 1956年初上海市第一重工业局开始筹建专业公司。到1956年底，相继建成13个专业公司。上海市第二重工业局也相继成立13个专业公司。②

专业公司是什么性质呢？陈云曾说过："资本家曾经想把专业公司变成私营工厂组织起来的托拉斯，其目的是大厂并小厂，'大鱼吃小鱼'。我们说的公司是领导公私合营工厂和私营工厂的一个机构，应该是国家的公司，不是资本家的托拉斯。为什么说它是国家的呢？因为，它将来要承担对地方国营工厂、公私合营工厂和私营工厂发放原料、分配任务、收购成品的责任。我对工商联的人讲，公司掌握的原料都是国家的，资金都是国家的，如果说这不是国家的公司，那是不合乎事实的。"③ 随着1956年全行业公私合营之后大批专业公司的设立，党和国家对专业公司的性质有了一个界定，即"专业公司是在专业管理局领导下的一级领导机构，它是管理企业的经济机关和行政机关。"而且还附带了一个说明，"目前，各个专业公司因为都管理若干公私合营企业，因此它不是一个经济核算单位；但它的发展前途是会成为经济核算单位的。"④

专业公司的经理阶层，除了公股代表之外，还有一定数量的资方代表。他们多为各行业中影响力比较大的人物，经过一定的协商程序推选后，由更上一级的部门批准任命。

以上海制笔工业公司为例，1956年，该行业的同业公会筹备委员会就曾多次召开会议，就进入专业公司的私方人员名单进行商讨。其中1956年6月6日召开的第九次筹备委员会会议，讨论的事项中就有"关于专业公司经理、顾问、专员级干部提名工作交市工商联与有关'办'协商的提名小组问题"。6月20日召开的第十次筹备委员会会议，报告的事项中有"传达工商联关于专业公司私方人员人事安排的办法及杜大公关于专业公司私方人员人事安排问题报告"，以及"宁（思宏）主委报告提名小组工

① 《上海轻工业志》编纂委员会：《上海轻工业志》，上海社会科学院出版社1996年版，第472页。

② 《上海机电工业志》编制委员会：《上海机电工业志》，上海社会科学院出版社1996年版，第501页。

③ 陈云：《资本主义工商业改造的新形势和新任务》，《陈云文选》，第二卷，人民出版社1984年版，第291页。

④ 《中华人民共和国轻工业部关于颁发部属上海几个专业公司的性质、任务和编制原则的命令》，上海市档案馆藏档案：B88－1－183－14。

作情况”。[1] 另如在1957年成立的上海棉纺工业公司中，私方人士的安排“除申新总经理荣毅仁任联合董事会董事长外，任公司正、副经理的有6人，总工程师1人，任室和委员会正、副主任的11人，任委员和顾问的18人”。[2]

关于设立专业公司的重要性，1956年陈云曾在《资本主义工商业改造的新形势和新任务》中谈道：“国家应该委托专业公司来管理私营工厂。因为加工订货要靠国家，零售店的货源也要靠国家，所以私营工厂虽然没有合营，国家也要管。像上海的申新、永安[3]这样企业的总管理处，一般应该暂时保存，在专业公司底下作为一个分支机构。单独一个厂有总管理处的，应该取消，把人员分到工厂里面去，或者分到专业公司里面来。专业公司都应该设立董事会。董事会开会，反映资方的意见，公方代表也可以参加。还可以安置一些人，有些老弱，当一个董事，可以拿一点钱。同业公会[4]的组织也应该保存，不要一下子取消，取消之后，那些人就没有饭吃了。资方的实职人员（不是挂名不做事情的股东），应该广泛地吸收他们参加各种各样的工作。每个行业的代表人物，都要给他们一定的地位。上海的三笔公司，经理是我们的，副经理一个是吴羹梅，另外一个是汤蒂因，女的，还是全国人民代表大会代表。副职将来还可以多设一点。党应该派许多有能力的干部到专业公司里面去工作。在一个时期里，这种公司的重要性并不下于国营企业，因为在那里要跟资本家斗争，既要改造企业，又要改造资本家，使他们从依靠剥削为生变成依靠自己劳动为生。这是很复杂很艰巨的任务。”[5]

要对为数众多的资本主义经济统一安排生产、全业合营和经济改组，就必须有组织保证。1955年3月，上海市第一轻工业局为了对金笔、钢笔、铅笔工业进行改造而设立的制笔工业公司的经验证明，各地成立各种专业公司来主管资本主义经济各行各业的改造，是一个非常必要的措施。

---

① 《上海市制笔工业工业工会筹备委员会会议记录》，1956年，上海市档案馆馆藏档案：S100－4－2。

② 上海市纺织管理局：《上海私营棉纺织工业的社会主义改造历程》，载中共上海市委统战部等：《中国资本主义工商业的社会主义改造》，上海卷（下），中共党史出版社1993年版，第985—986页。

③ 申新、永安是上海两个私营纺织公司，1955年10月实行公私合营。

④ 同业公会是工商业者所建立的地区性的同行业组织。在旧中国，多为同业内大户或封建把头操纵。中华人民共和国成立后，经过改组，成为工商业联合会领导下的专业性组织。

⑤ 陈云：《资本主义工商业改造的新形势和新任务》，《陈云文选》，第二卷，人民出版社，1984年版，第293页。

政府通过对专业公司的委托，专业公司行使对各公私合营企业的管理，这样政府可以把公私合营企业组织起来加以管理，统一安排生产，实行经济改组和企业改革，加强对资本家的教育和改造。

在全行业公私合营高潮中，政府为了加强对企业生产经营和合营工作的领导，又按行业继续成立了62个新的专业公司，并在专业公司的领导下组织公私合营工作委员会。公私合营工作委员会是由各专业局的专业处或专业公司干部、市工商业联合会、各同业公会以及职工代表共同组成的协商机构，其主要任务是根据民主协商的精神，研究和制定清产核资、人事安排、经济改组等方案，保证公私合营工作的顺利进行，推动企业搞好生产经营。

专业公司设立以后，“作为国家的经济机关和政治机关”① 这种政企合一双重性质的专业公司如何履行自身职责，这也是全行业合营后企业治理结构中要面对的新问题。

专业公司作为计划经济体制下，国家最基本的经济管理部门，各专业公司对工厂企业的职权首先表现在对企业资产的处置上。公私合营高潮之后，各工业行业的工厂裁并、整合，都是在专业公司的主持下进行的，专业公司拥有完全的权力，对各合营工厂企业管理层的任命有着重要的话语权，合营企业管理层的任命，必须先得到专业公司的认可和批准。其次，各专业公司对企业的生产经营负有完全的权限。各工厂企业的生产必须在专业公司安排的计划下进行。

全行业公私合营后，就国家的行政系统和经济管理系统来说，中央很早即设立了各工业部，是中央级公私合营企业的直接领导机构。在地方，在省市人民政府及各委员会、办公室之下，已经普遍设立了各工业局、专业公司等，成为公私合营企业治理结构的外在延伸部分。从中央政府—中央部委—地方政府—委员会、办公室—专业公司—中心厂—代管厂，这个高度集中统一的公私合营企业治理结构框架确保了国家在公私合营后“公有产权”得到真正落实和体现，是计划经济体制下中国企业制度转折的重要内容。

此外，专业公司的普遍设立还深刻体现了中国企业制度的重构。其主要体现就是，单个的公私合营企业经营管理权的最终决策权，包括人事权、分配权等，开始从私有产权制度下的企业内部，移到了企业外部，各

---

① 上海市制笔工业公司：《上海市制笔工业全业合营初步经济改组规划草案》，1956年3月24日，上海市档案馆藏档案：B159-1-22。

政企合一的专业公司。隶属于政府各专业局的专业公司，成为每个工业行业的唯一的业务主管机关，它们具有双重角色，既是政府的行政部门，承担政府管理机构的行业管理职能，同时也是行业中任何一个企业的上级业务领导机构，是国家和政府“公有产权”的实际体现者和实施者。它们凭借行政领导机构和业务领导机构的双重身份，承包了公私合营企业的一切事务。正如当时有的言论所说：“这样的专业公司，是一个国家对企业的管理机构，尽管它所管理的企业各种经济类型都有，公司本身则是社会主义性质的、国家的公司。这样的专业公司，他的任务是既要管理经济，又要管政治，从加工订货、安排生产、领导企业的技术和管理，一直到经济改组和社会主义改造，所有的工作都要一揽子包下来。”① 而此时的公私合营企业因为专业公司的设立，实质上已经不具备独立自主的生产经营能力。

专业公司对所辖各厂的领导和管理主要是通过各种会议、报表、文件往来等这样一系列的方式来进行，充分体现了政企合一的特征。这样的管理方式在全行业公私合营后很长一段时间内专业公司的主要领导方式和管理方式。正因为如此，在合营初期，一些公私合营企业有些不能适应，甚至还认为这种管理模式在一定程度上影响了企业正常的经营管理。

据资料显示，全行业公私合营之初的印染公司，“公司经理和技术科差不多每隔 1、2 天一个会议研究”。之后，下属各厂“差不多每天有 1 个到 2 个人甚至是 3、4 个人到印染公司开会。科室这些会议是为上面服务的，都是汇报或布置工作。这些工作也是限时限刻要完成，也要向上汇报的”。普陀区丰泰染织厂称，“我们每一季度共 92 天，约需 20 天来完成上面各项文书工作。其他还有大批的日报、双日报、三日报、五日报、周报、十日报、月报、二月对比报、季报、年报等大小几十种报表。我们计算了一下，3 个统计人员月需 60%—80% 的时间来完成这些报表，其余时间来做劳动竞赛的统计工作。”由此可见，公私合营企业对专业公司的这种治理模式还在适应阶段。

（二）专业公司—中心厂—代管厂科层结构的建立

全行业公私合营高潮之后，上海对公私合营企业进行了大规模的裁并和改组。这一产权制度的重新整合在工业企业治理结构上的重要表现之一，就是中心厂—代管厂制度的建立。

---

① 张风：《从统筹安排、经济改组到走向全业公私合营——记半年多来上海市私营制笔工业的变化》，1957 年，上海市档案馆藏档案：B159 - 1 - 4。

1956 年 2 月 4 日，中共上海市委在一份通知中，就明确地将全行业公私合营高潮后的公私合营工业企业按照其与专业公司的隶属关系，分别分成了独立厂、中心厂、代管厂（卫星厂）三类。详见表 5－11。

表 5－11　　1956 年工业企业改组情况

企业类型	企业单位数（户）				职工人数（人）			
	合计	独立厂	中心厂	卫星厂	合计	独立厂	中心厂	卫星厂
总计	17 096	2 581	2 557	11 958	975 174	592 272	208 446	174 476
中央企业	507	507	—	—	389 421	389 421	—	—
地方企业	16 589	2 074	2 557	11 958	585 773	202 851	208 446	174 476
重工业	7 550	858	1 264	5 428	332 684	179 521	88 750	64 413
轻工业	6 821	1 388	825	4 608	287 374	151 511	70 432	65 431
纺织工业	2 725	335	468	1 922	355 136	261 240	49 264	44 632

资料来源：中共上海市委统战部等：《中国资本主义工商业的社会主义改造》，上海卷（下），中共党史出版社 1993 年版，统计表，表 14 附表（一）。

关于中心厂的设立问题，《关于加强新公私合营工厂基层管理工作几个问题的通知》规定：（1）各工业行业按产品划分，设置中心厂，以便通过中心厂形式，将全部新公私合营企业管理起来，为便于统一管理，每一中心厂系统可成立生产管理委员会，由各厂公方负责人、私方负责人、职工代表和脱产的党团负责干部参加，以中心厂厂长为主任委员。（2）中心厂之划分，应以“产品相同，照顾地区”为原则，能照顾行政区划者，可以跨区管理。凡跨区工厂，在行政业务上，由专业公司通过中心厂系统建立组织，由中心厂所在区负责领导。①

“独立厂”即多具有相当的生产规模，以及较为稳定、独立的产品销售。如上海制药工业在全行业公私合营后，先是确定独立厂为 17 户，此后在行业改组中，独立厂被调整为 7 户。②

“中心厂”通常也具有一定的生产规模，而且一般技术力量都比较强，生产经营方面比较正常，通常员工规模在千人以上，有的规模小一些，但也多为行业中的骨干工厂。其最重要的职责就是要承担一定数量的其他中

① 《关于加强新公私合营工厂基层管理工作几个问题的通知》，1956 年，上海市档案馆藏档案：B4－1－94－15。

② 上海市制药工业公司筹备处：《中心厂调整计划表内容说明》，1957 年，上海市档案馆藏档案：B89－2－43。

小厂的相关管理事宜，它们是这些被纳入的中小厂的“中心”，故称之为“中心厂”。全行业公私合营后的江宁区，新合营重工业企业有1 219户，在1956年第一季度时，被初步确定的中心厂有60家。其中规模在千人以上的1户，500—1 000人的4户，300—500人的6户，300人以下的49户。①

而其余未列入独立厂、中心厂的工厂除了在行业整合中被裁并的之外，就成为隶属于或者说是归属于中心厂的代管厂，又称为“卫星厂”“代管厂”“关系厂”“有关厂”等等。这些归属于中心厂代管的工厂，在资产关系上并不是中心厂的分厂或者是中心厂的厂外生产空间，它们在形式上还保持着一个独立的工厂企业。但是在工厂的经营管理上，由中心厂来领导和安排。由此，一个似乎与企业产权关系不相关，但在企业治理关系上存在关联的新的企业治理结构得以建立。在这个科层架构下，独立厂或中心厂对专业公司负责，而代管厂等对中心厂负责。

以江宁区为例，其区1 219户新合营重工业企业中，除了60家中心厂之外，皆为代管厂。其中“9个中心厂的代管厂在40户以上（其中有一个中心厂代管65户），一般在10户至20户左右”。②

随着专业公司—中心厂—代管厂这种科层管理模式的施行，各种问题也开始出现。1956年下半年到1957年，上海公私合营工业企业各行业中的这种独立厂、中心厂、代管厂的调整一直在进行。到1956年6—7月间，上海已经按行业归口及“按同样产品把2万余户的工业户进行定点划片编组管理，建立了3 000多个中心厂，500多个独立厂”。③ 到8—9月间，据交通银行的报告，“根据经济改组裁并改合规划，初步了解上海市合营工业将调整为637个独立厂和2 936个中心厂，合营工业户将由25 835户调整为16 000至17 000户左右”。④ 到1956年底，上海“为了加强专业公司对27 000多个工业企业生产和改造工作的领导，采取‘分片管理，以点带面’的办法，建立了2 790个中心厂和840个独立厂。”⑤

---

①② 中国上海市江宁区委员会重工业部：《1956年第一季度工业生产改造工作情况和问题》，1956年5月4日，上海市档案馆藏档案：A38－2－489。

③ 《曹荻秋在中共上海第一次代表大会上关于私营工商业实行公私合营后的经济改组和公司关系问题的报告》，1956年7月18日，载中共上海市委统战部等：《中国资本主义工商业的社会主义改造》，上海卷（上），中共党史出版社1993年版，第777页。

④ 中国社会科学院、中央档案馆：《1953—1957中华人民共和国经济档案资料选编·工业卷》，中国物价出版社1998年版，第723页。

⑤ 《中共上海市委关于公私合营工业经济改组工作在1957年内一般应停止进行的通知》，1957年1月24日，载中共上海市委统战部等：《中国资本主义工商业的社会主义改造》，上海卷（上），中共党史出版社1993年版，第819页。

中心厂与卫星厂之间的关系，一开始并没有明确规定，而中心厂对于代管厂到底“管什么”以及“如何管”，也争论了一段时间。直到1956年5月29日，上海市工业生产委员会向上海市委递交了一份由市委重工业部办公室起草的《关于中心厂对卫星厂的试行管理办法（草案）》，请求在市委审查后，与资本家代表人物进一步协商。该《管理办法》对中心厂和卫星厂划分的好处与职责进行了若干规定：一是根据以同类产品为主适当照顾邻近地区的原则，划分中心厂和卫星厂。专业公司通过中心厂管理卫星厂的好处是：（1）有利于公司加强对各厂的领导；（2）对生产有利，便于产品相同、工艺相近的企业交流生产技术，安排生产，组织协作，更好地完成国家任务；（3）对社会主义改造有利，可以逐步克服原来的分散落后状况，逐步以现代的经营管理思想和经营管理制度，代替旧的经营管理思想和制度，教育改造私方人员，提高企业管理水平。二是中心厂管理有关卫星厂，必须贯彻“统一领导，分散生产”的方针。三是为了加强集体领导，试行民主管理，便于协商，在中心厂公方代表领导下，建立工厂管理委员会，由中心厂和卫星厂行政、党、工会和职工代表组成。工厂管理委员会的决定，除上级已有指示规定外，重大问题须报请公司批准，各厂对工管会的决议，均须保证贯彻，日常管理工作由中心厂按照规定组织执行。四是中心厂对卫星厂的管理，主要是管生产，管的范围和深度应视具体条件而定。目前至少要做到：检查督促工作，统一安排生产任务，组织技术经验交流，以及帮助卫星厂填写表报汇总上报等，但是财务独立。五是公司可通过中心厂管理卫星厂，亦可直接向卫星厂布置任务；中心厂应该积极协助公司做好对卫星厂的管理工作，更应充分发挥各卫星厂生产经营的积极性。①

可以看出，建立专业公司—中心厂—代管厂的治理结构模式首先是为了适应专业公司建立后，面对数量庞大的工厂企业而不得不采取的制度安排；其次，中心厂对代管厂的“代管”是专业公司的授权，或者说是“代行”专业公司的一部分职能；再次，即使是在“代为管理”的制度下，中心厂、卫星厂仍是彼此独立的经济单位，独立经营，各负盈亏。

而在此之前，在市产业工会组织对各专业公司的中心厂、代管厂调整方案的相关讨论中，也一些人提出部分中心厂不够格，有些代管厂对中心长有意见，不服气，认为列为代管厂是降一级，不体面。“中心厂的干部

---

① 《关于中心厂对卫星厂的试行管理办法》，1956年，上海市档案馆馆藏档案：B4－2－126。

对‘代管’的关系不明确，特别本厂基础差的怕管不了”，等等。①

针对专业公司—中心厂—代管厂的领导和管理方式，1956 年，在《对新合营企业加强管理的试行办法》中明确规定新合营企业管理的原则是：为了便于专业公司的领导和管理，专业公司得委托中心厂代为管理有关各厂，在生产方面实行统一管理，但在经营方面各自计算盈亏，独立经营。管理方式为：在中心厂的公方代表的领导下，成立生产管理委员会，由中心厂的党、公方、私方、工会、青年团的代表和有关各厂的私方、职工代表共同组成，协商、决定有关生产及其他重要事项，发挥共同负责的作用。生产管理委员会主任一般可由中心厂的公方担任，中心厂的私方和工会主席任副主席。生产管理委员会除专业公司指示和决定外，如有重大问题，应向专业公司请示报告。生产管理委员会的决定，中心厂与有关各厂必须认真贯彻，日常具体的指导、监督与检查，由中心厂负责执行。管理内容主要是管理生产。管理生产的角度与广度应根据各厂的实际情况而定，但至少要做到平衡，安排生产任务，相互交流生产技术和生产管理的经验，对完成生产任务和财务情况进行检查和督促，并对有关各厂填写各项报表加以业务指导与必要的汇总。如果条件可能，除管理生产外，亦应管理其他各项工作，并逐步提高，使管理的内容由粗到细、由局部到全面，发挥各厂的积极性。②

根据各行各业特点和各个中心厂与有关各厂的具体条件，在委托中心厂管理有关各厂的范围上，可以有所不同，由各专业公司自行规定。根据管理的要求，中心厂相应地调整管理组织，建立或健全管理制度，明确分工，加强责任制，充分发挥原有管理组织的作用，一般不应增加管理人员，个别非增加不行的，必须经生产管理委员会讨论，报专业公司审查，经主管局批准，并报市人民委员会工业办公室备案。有关各厂的管理组织，制度也须逐步健全、改进，做到与中心厂的管理要求相适应。③

中心厂的作用和任务，主要是通过中心厂的划分，主要是为了通过中心厂组织，把全部新公私合营工厂管理起来，原则上拟采取“统一管理、各计盈亏”。至于管理的内容和程度可从实际需要与可能出发，管理的要求和方法也是多种多样的，由各局、各公司按行业的不同情况，具体掌握。组织形式及职权：以每一中心厂系统为单位，组织生产管理委员会，

---

① 上海市工会联合会第三办公室：《基层干部在讨论中心厂、代管厂过程中的情况反映》，1956 年 6 月 6 日，上海市档案馆藏档案：A36－2－152。

②③ 《关于加强新公私合营工厂基层管理工作几个问题的通知》，1956 年，上海市档案馆藏档案：B4－1－94－15。

每厂由1—4人，即公方、私方、职工代表和专职的党、团负责干部参加，以中心厂厂长为主任委员，其具体职权为：各项有关生产、改造的重大问题的协商、研究、讨论、决定，重要问题报专业公司批准；讨论专业公司的重要指示和具体研究执行办法；有关各项计划招标编制的审查确定。还为便于通过中心厂加强对各厂的业务管理，应在中心厂原有职能机构的基础上，建立相应的组织，必要时，人员可由各厂调配，但机构的建立必须符合精简原则，不扩大原有非生产人员的数量和不削弱原有各厂的管理力量。中心厂的管理内容主要包括：生产安排、财务管理、其他有关计划管理事项三个方面。(1) 其中生产安排方面的主要工作是：属于商业部门加工订货的，由中心厂统一签订合同，并统一组织原材料的供应；属于协作生产的，产品固定，属于工序性质的，由各中心厂统一安排，但厂厂之间的协作关系，应予固定。产品不定，关系不定，变化性大者，仍保持各厂原有对外协作生产的直接关系，暂不通过中心厂作统一安排。属于自产自销的，仍维持原有产销状况，如产销商发生困难时，由中心厂协助解决。(2) 财务管理上，各中心厂在财务上应作为专业公司下面一个会计的统一综合单位，各个厂包括中心厂本身在内，均独立核算、独立计算盈亏。但中心厂除根据公司指示进行各项财务管理的指示工作以外，必要时可经公司批准后进行下列工作：厂厂之间进行资金调度，以便于解决困难厂在资金周转上的困难。劳动力的调整调配，以便于合理安排生产，利于好的设备和及时解决某些生产不足，劳动力多余的困难。另外还要解决家厂不分户的状况。主要是帮助建立账务，如私方人员原来薪金不定者，应按过去经营收入情况，适当协商核定。如家属在厂内吃饭者应将其家属伙食费计算在本人薪给之内。(3) 技术质量以及安全生产、劳动竞赛等，应根据厂的规模大小和客观需要，由粗到细，由浅到深，有区别有条件地逐步推行。[①] 如上海市重工业系统共有28个专业公司。1956年1月在全市私营工商业合营高潮中，27个专业公司所辖有12 045个企业实行公私合营。[②] 由此可见中心厂任务的艰巨。

专业公司与中心厂之间存在委托—代理关系。1956年6月上海市人民委员会重工业办公室《对新公私合营企业加强管理的试行办法》规定：(1) 管理的原则：为了便于专业公司的领导和管理，专业公司委托

---

① 《关于加强新公私合营工厂基层管理工作几个问题的通知》，1956年，上海市档案馆藏档案：B4-1-94-15。

② 《上海市私营重工业全业公私合营后进行清产核资的若干情况和问题》，1956年，上海市档案馆藏档案：B4-1-93-81。

中心厂代为管理有关各厂。在生产方面实行统一管理，在经营方面各自计算盈亏，独立经营。(2) 管理的方式：在中心厂的公方代表的领导下，成立生产管理委员会。生产管理委员会除会经专业公司指示和决定外，如有重大问题，应向专业公司请示报告。生产管理委员会的决定，中心厂与有关各厂必须认真贯彻，日常具体的指导、监督与检查，由中心厂负责执行。①

以搪瓷工业为例，其专业公司—中心厂—代管厂模式进行领导生产的组织形式经过了一段变迁过程。“在1955年以前，搪瓷业的公私合营厂是由轻工二局搪瓷处直接领导生产的，在1955年4季度才根据市委‘归口改造’的指示，成立了专业工业公司，在1956年2季度再根据搪瓷厂与协作厂相结合的原则，在专业公司下建立起中心厂管代管厂的生产管理系统。中心厂管理代管厂的方式是在中心厂的公方代表的领导下，由中心厂有关科室进行业务辅导，督促生产任务的完成。经过建立专业公司及设置中心厂以后，给领导中心厂的生产提供了组织基础，改变了各厂过去与商业部门订合同，根据商业部门要求来安排生产，而改由专业公司根据商业部门的要货计划，全面统一安排各厂的生产，并通过计划管理来领导各厂的生产。对于各厂的计划管理则是根据‘既符合社会主义管理生产的要求，又照顾到企业特点’的原则，采取‘区别对待，从无到有，由低到高，积极进行’的方针。”②

重工业办公室的《对新合营企业加强管理的试行办法（草案)》是在前《中心厂对卫星厂管理的试行办法（草案)》基础上修订而成的。在该试行办法草案中，对原来称之为“卫星厂”的称呼，全部改为“有关各厂”，其他内容基本上只进行了一些文字方面的变动。③ 该试行办法经过7月30日的再次修改，31日由市人委重工业办公室向下辖的第一重工业局、第二重工业局、建筑工业局和所属各专业公司正式下发，并要求在参考执行中，“将试行中的经验与问题及时总结告诉我们”。④ 由此，在全行业公私合营之后，作为企业治理结构外延的专业公司—中心厂—代管厂的科层

---

① 《关于加强新公私合营工厂基层管理工作几个问题的通知》，1956年，上海市档案馆藏档案：B4－1－94－15。

② 《上海私营搪瓷工业社会主义改造资料》，1959年2月，上海市档案馆藏档案：B157－1－173。

③ 上海市人民委员会重工业办公室：《对新合营企业加强管理的试行办法（草案)》，1956年6月4日，上海市档案馆藏档案：B4－1－94。

④ 上海市人民委员会重工业办公室：《通知》（56）沪会重办杂字第997号，1956年7月31日，上海市档案馆藏档案：B4－1－94。

结构，在上海工业行业中已经基本建立了起来。

基于专业公司难以实现对全行业所有公私合营企业进行直接、有效的管理，因而在专业公司与各企业之间在设立了一个科层结构——中心厂。但这个中心厂既不是一个独立的领导管理部门，同时与代管厂之间也不存在产权关系，它只能是作为在专业公司“委托”下，对代管厂实施“代管”的职责。因此，在当时的相关文件中，规定中心厂的任务一般包括两方面：一是做好本厂工作；二是协助专业公司对代管厂做好工作。而“中心厂在生产业务是受专业公司的统一领导。代管厂受中心厂的领导，专业公司一般应通过中心厂实现对代管厂的领导。”“中心厂必须严格执行请示报告制度，在工作中，有关方针、政策、计划、公私关系等重大原则性的问题及企业管理制度上的改革事项、劳动力、设备的调动等均事先请示专业公司，经领导机关讨论决定或批准后，始得执行。”①

1956年下半年始，中心厂—代管厂又开始采用“分片管理、以点带面”的管理模式，这种模式称为“串管”。以重工业行业为例，“所谓串得好的，在第二机床公司的机器制造、工具制造、零件修配三类七个业别29串191个厂中，有5串，约占17%左右。通用公司10串中有2串比较好。螺丝行业18串中大概有10%左右，算是好的。管不起来的，从三个公司调查的材料来看，大概也占到10%左右。而多少管理一些的约占70%—80%左右。”②

对此，市人委重工业办公室提出的关于“串管”的比较完善的办法是：“对为数众多分散、情况复杂的新合营企业，应按照不同行业、产品与企业特点，分别采用‘管多’‘少管’和基本上‘不管’的方针。除了一部分产品简单、相同（或是内部协作关系）的中心厂系统，在条件具备的时候，可以采取‘统一经营管理、统一计算盈亏、分散生产’的‘管多’方式外；另外一小部分自产自销与家厂不分户，是否可采取‘各厂独自经营、自负盈亏’的基本上‘不管’的方法，亦值得研究。大部分应该是在保持‘各厂独立分散经营、各自计算盈亏原则下’进行串管，这类厂的‘串管’总的应该‘少管’的方针，不应管多管死，既避免损害各关系厂独立经营的积极性与灵活性，又能督促、帮助各厂共同完成生产任务。”③ 这种串管形式的实施，最大的好处就是“对于专业公司来说，减

① 《中心厂的职责任务和工作关系（初稿）》，1957年，上海市档案馆藏档案：B4－1－94。

②③ 上海市人民委员会重工业办公室：《关于新合营企业中心厂与有关厂串管情况、问题和意见（草稿）》，1957年2月27日，上海市档案馆藏档案：B4－1－94。

轻了管理上的困难和减少了日常领导上的事务工作，这就有可能集中主要力量有重点地去做主要工作和管理一些产品较重要的企业。”而对于各公私合营企业来说，可能因此实现互相之间的经书经验交流，帮助调剂生产任务、原材料、资金、工具、设备、劳动力等方面的困难，改进必要和可能的企业管理制度等。①

专业公司委托中心厂代为管理一般厂，在全行业公私合营高潮后的初期阶段，绝大部分情况是“目前中心厂带一般厂有的是能管起来的，有的不少是管不起来”。为了便利中心厂对代管厂的管理，上海市第一、二重工业管理局下属中心厂主要通过以下集中办法进行管理：(1) 以中心厂系统成立生产管理委员会，定期召开会议，对各企业的重大问题进行研究讨论，并作出决议，各厂分头贯彻。(2) 除了生产管理委员会讨论决策一些重大问题外，对有关各厂日常工作与问题，采取串厂厂长（经理）会议，求得具体问题的解决，带厂多的中心厂可分批召开。(3) 以中心厂系统定期召开专业会议，加强业务指导，通过专业会议，交流工作经验，共同提高业务水平。上海市第一、二重工业管理局下属中心厂目前主要研究的有：一是生产技术方面，一些小厂产品的质量还存在着一定的问题，有的经不起检验，规格亦不一致，要经研究解决。二是管理方面，有的厂工人都不知道生产任务多少与交货日期，更谈不上生产计划，因此工人意见很多。因此，各厂应根据原有基础制订年度、季度、月度生产及财务计划，为了保证计划的执行以及使计划订得更加切合实际，在月中应进行检查，月底应进行总结。三是制度方面，建立一些起码的制度，如原始记录制度、材料与工具的保管制度等等。(4) 一般带管厂少的中心厂，可由中心厂召开科室会议，吸收一般厂有关人员参加，交流经验，及时联系，帮助解决一些具体问题。(5) 中心厂如有突击任务，而必须要统一完成的，中心厂可组织一般厂的有关人员实行临时集体工作的办法。(6) 组织各厂私方人员进行业务与政策学习，提高他们的认识，使企业逐步以社会主义原则来进行管理。②

简单地说，公司治理结构就是如何在企业内部划分权力。良好的公司治理结构，可解决企业各方利益分配问题，对企业能否高效运转、是否具有竞争力起到决定性的作用。在全行业公私合营高潮后建立起来的专业公

---

① 上海市人民委员会重工业办公室：《关于新合营企业中心厂与有关厂串管情况、问题和意见（草稿）》，1957 年 2 月 27 日，上海市档案馆藏档案：B4 – 1 – 94。

② 《上海市第一、二重工业局关于新公私合营企业建立生产管理委员会的试行办法与实施情况反映、经验总结》，1956 年 12 月，上海市档案馆藏档案：B4 – 2 – 126。

司—中心厂—代管厂的治理结构，作为中央部委—地方政府—专业局—专业公司—中心厂—代管厂这个公私合营企业总治理结构的一部分，处于公私合营企业外部科层结构的最末端。一般来说，越是基层的代理关系，与上级委托人之间就越存在着更多的信息不对称和更多的不确定风险，因而，在公有制为基础的计划经济体制下，公私合营企业和国有企业的企业治理结构如何做到更合理、更有效的发挥作用，这也是当时以至此后相当长的一段时间内，党和政府始终要面对、探讨和改进的一个复杂的体制性难题。

第六章　公私合营后企业经营管理制度之重塑

企业经营管理是对企业整个生产经营活动进行决策，计划、组织、控制、协调，并对企业成员进行激励，以实现其任务和目标一系列工作的总称。

私营工商业自个别公私合营、扩展公私合营再到全行业公私合营，企业生产关系已然发生了根本变化，但是许多企业在私营时期所遗留下来的经营管理不当、财务管理混乱、技术管理薄弱等缺点，依然阻碍着企业生产经营的发展，因此全行业公私合营之后，公私合营企业生产管理的主要目标是在控制企业各项成本的基础上提高经济效益，从而改变企业的生产面貌，建立社会主义生产管理制度，充分挥发企业潜力。本节主要从公私合营企业的产供销管理、计划管理、财务管理与监督等方面来探析公私合营企业社会主义经营管理制度的建立，及其在初期阶段经营效益的提高。

第一节　个别企业公私合营时期企业的经营管理

与个别企业公私合营时期治理结构变革的基本态势相适应，此时期公私合营企业的经营管理模式也发生了相应的变动，这些变动主要体现在经营管理模式基本上遵循国家计划，以及合营企业与市场之间联系的基本割断两大方面。

一、听命于国家计划的经营管理模式

通常来说，在个别公私合营阶段，政府对合营企业的领导主要通过工商局、财政局以及其他业务主管机关共同进行。尽管也有类似上海天原化

工厂的私方人员，从私有产权制度出发，认为“业务主管机关只能管公股比重”，但实际上公私合营之后，合营企业的产供销基本上已经是听命于政府的业务主管机关，也就是上级主管机关，企业自身并无自主经营的任何权力。

“以销定产”，新中国成立初期国营商业支配工业生产是当时公私合营企业生产经营的基本状况。其基本的理论依据和政策依据就是“国家计划”。国营商业部门依据国家计划对公私合营企业下达生产指令，这些指令包括生产的品种、收购的价格，以及原材料调拨的数量、调拨价格等等。至于这些指令以及所包含的品种、数量、价格，在多大程度上符合或者说基本符合生产企业的实际情况，以及按照指令生产后的实际效益，基本是计划不需要考虑过多的问题。

这种由自由市场主导向遵循国家计划的经营管理模式转变产生的问题主要有两个：

一是商业部门下达的产品计划是否与生产企业实际情况相符合，如企业生产设备的适用性，计划产品数量与生产能力的匹配问题等。如“华东纺管局合营企业联管处所属印染厂，一九五二年生产任务仅占生产能力30%—55%，四个印染厂每月能产色布四十万匹，而今年二月仅有加工任务十二万匹，设备、人力浪费闲散在三分之二以上”。对于一些公私合营的重工业工厂，由于其产品往往涉及国家重大建设或者是军工需要，政府有关部门在下达生产计划时，“工人的人事、财务、生产、计划，中央指示均应该保密，不好让资本家知道，不好在董事会里讨论”。有资料甚至称：“花纱布公司把合营厂作为调剂市场的机动力量，（合营厂）今年计划全被打乱，工作上很被动。”①

上海市人民政府商业局《关于1954年加工订货工作报告》也指出：“国营商业内部供应、要货之间计划性衔接不够。由于计划工作远跟不上形势发展要求，因此各地要货的计划性仍很不足，忽多忽少，时增时减，退补频繁。”例如1954年“各地地方工业发展以来，对上海要货已有很大变化。东北区在五三年向上海百货站要货15 598亿，占该站供应总额14.82%，五四年只要12 914亿，占供应总额的8.77%；而西北区五四年向上海要货达5 442亿，比五三年增加了1 741亿。由于各地要货情况的多变，我们主动研究分析也不够，往往跟着各地要货跑，因此某些商品加

---

① 中共上海市委私营工业部：《关于九个公私合营厂的情况汇报》，1954年，上海市档案馆藏档案：A36－1－1－113。

工订货任务忽增忽减现象较为严重。”又如上海交电站一季度电线铁管加工任务819 000支，二季度骤减为294 000支，三季度又增为470 000支，四季度又减为264 012支。此外，五金公司加工订货的八角榔头、医药站的针剂、医疗器械等也有类似的情况。这些“对工业生产安排的影响是很不利的。”①

二是价格问题。包括产品的收购价格以及原材料、燃料、辅料的调配价格问题。当产品收购价格明显低于生产价格，或者是原材料价格明显高于市场价格时，生产企业仍然必须无条件服从“计划”而不能与市场发生联系。如天原化工厂生产的烧碱，“中央规定烧碱的调拨价格每吨一百七十万元，由国营贸易公司收购，但市价是三百十万元，商业利润高达百分之八十，关于税收又得按市场收”。② 由此而出现的深层次问题是，计划经济下以原料及产品调拨价格为主要工具的企业间利润的隐形转移问题。上述天原、天利厂的主要产品由中央化工局以低于市场价格的调拨价收购，而作为生产企业的天原、天利厂生产所用的原料、燃料等却要以市场价格购进，收购产品的国营中国化工原料公司以调拨价购进，以市场价出售，被企业及有关部门普遍认为是“赚钱太多”。③

如前所述，由于公私合营企业实际上的“采用国营企业的经营管理办法”，因此在企业的货币、税收、财务等方面，合营企业一般也皆由主管银行、税务机关、财政局等实行类似于国营企业的管理。“人民银行对合营企业，一般是要求按国营办法实施货币管理。银行不允许长期贷款更不能发生其他任何信贷，但如有资金不足，国营企业可由上级拨款，私营企业可请董事会挪款，而合营企业形成‘借贷无路、呼吁无门’。且货币管理存息每月只有二厘四，而私营存款可有六厘，相差很大。货币管理又限制了资金的动支，各厂基本建设用款，照国营企业一样，须通过交通银行，而基建物资供应与国营企业不同，很多要向私商订购，但货币管理条例规定只能支付百分之二十五的定金，如新丰厂欲购买烘干机需付定金百分之八十，致无法购买。还有各厂基建用款要五天匡计一次，实在难以

---

① 上海市人民政府商业局：《关于一九五四年加工订货工作报告》，1955年2月8日，上海市档案馆藏档案：B4－2－69。

② 上海市工商行政管理局：《上海市公私合营企业的参考资料》，1953年4月，上海市档案馆藏档案：B182－1－520。

③ 中共上海市委私营工业部：《关于九个公私合营厂的情况汇报》，1954年，上海市档案馆藏档案：A36－1－1－113。

计划。”①

可见，在个别企业公私合营时期，公私合营企业在形式上参照私营企业，而实际经营管理上又按照国营企业进行。公私合营企业介乎于私营企业与国营企业之间，既不能像真正的国营企业那样完全归属于国家计划，又不能像私营企业那样相对自主进入市场。在没有相应法规的条件下，成为一种实实在在的“中间企业”。公私合营企业在企业章程上参照《私营企业暂行条例》，有关部门在具体管理上又按照国营企业对待；国家相关部门在银行贷款、税收标准等方面，往往前者以国营企业对待，后者又以私营企业对待，使得合营企业处理两难境地。如“银行（对合营企业）以国营看待，实行货币管理，存息只有二厘四，私营存款有六厘，相差很大。税务局按私营企业条例纳税，有的企业必须有两套对待不同的单位。”② 这种“不协调的情况，不但增加了处理账户上的困难，而且有时候造两套账册，浪费人力物力，以致破坏财经纪律。”③

同时，在实际上对公私合营企业的管理等同于国营企业的情况下，公私合营企业面对的是来自各个方面的上级主管部门。“如对工厂盈余处理，业务主管部门主张多扩大生产，交通银行主张多分红，为国家积累资金。交通银行对工厂财务制度要照国营厂做法，税务局的税收要照私营厂计算造成左右为难。”有的工厂甚至说，“厂中没事都不来，发生事情都来抓，如保卫工作就有七个头”。④

以上所言，反映了当时公私合营企业经营中的一个现实，或者说是有待如何妥善解决的问题。从总体上来看，相对于尚且依靠或基本依靠市场的大多数私营企业而言，遵循或听命于国家计划的公私合营企业在国家支持的羽翼下，通常来说原材料和燃料供应、资金提供、市场销售等都有相对充分的保证，这就使得合营后的企业相比合营前，或者尚未合营的私营企业，往往有着较好的经营业绩。这也就是现存档案资料中多有反映的，一般来说，“公私合营后在工厂生产、财务、管理和福利等方面，均取得很大成绩”。其具体表现是：各厂生产普遍提高，财务情况也普遍好转，

---

①③　上海市工商行政管理局：《上海市公私合营企业的参考资料》，1953 年 4 月，上海市档案馆藏档案：B182－1－520。

②　上海市人民政府工商局：《公私合营企业参考资料》，1953 年 10 月，上海市档案馆藏档案：B182－1－520。

④　中共上海市委私营工业部：《关于九个公私合营厂的情况汇报》，1954 年，上海市档案馆藏档案：A36－1－1－113。

经营管理有所改善，劳保福利也不同程度上有一定改善。①

二、与市场联系日趋减少

公私合营之前，国家向私营工业进行加工订货，一般是由国家供应原料或半成品。因此，国营商业掌握原材料，是扩大对私营工业进行加工订货的物质力量。以上海制药工业为例，国营商业对制药原料的掌握，主要是从进口原料和国产原料两个方面入手。新中国成立初期，由于进口原料减少，影响了制药工业的生产。国家为了解决原料进口，除国营商业进口一部分原料以供应市场支持生产外，还鼓励并组织私商进口。同时，国家大力扶持国产原料的生产，保证了市场供应和私营制药工业生产的需要。但在1953年上半年以前，国营商业对原料并未完全掌握，西药业的大批发商尚未进行改造，私营工业仍可向自由市场取得原料，再加以当时自由市场还相当广阔，许多私营工厂就竭力扩大自产自销，追求暴利，不愿接受国营经济的领导。为此，国营商业就加强了对制药原料的掌握。自1953年下半年起，除本身增加进口原料外，还与海关和人民银行配合，在进口核准和银行贷款方面予以适当的掌握，并由国营商业加强对进口原料的收购和国产原料的报销，从而进一步控制了制药原料。至1953年年底，国家掌握了制药原料的90%左右。②

在个别企业公私合营时期，一些公私合营企业产品也有在满足国营百货公司收购计划之外，适当适量直接销售市场的情况。如鼎丰仪器厂产品“百分之七十销售于百货公司，百分之三十销售于自由市场（包括私商及直接采购之公营机构）”。③ 但是在很多场合下，公私合营企业的这种自主经营还是受到多种条件的无形和有形限制。此外，如若国家计划有变动，由此产生的结果也只能由公私合营企业承担。

现存档案资料表明，当国家计划产量下达数低于企业的实际生产能力时，例如计划数只及企业生产能力的一半甚至更少时，企业仍然很难在国家计划之外，自行安排面向市场的生产，而只能任由生产能力的闲置和浪费。而即使国家计划更改而导致工厂生产能力过剩而致使产品大量积压

---

① 中共上海市委私营工业部：《关于九个公私合营厂的情况汇报》，1954年，上海市档案馆藏档案：A36－1－1－113。

② 上海市工商行政管理局：《上海私营卷烟工业社会主义改造资料（初稿）》，1958年3月，上海市档案馆馆藏档案：B182－1－1035。

③ 《公私合营鼎丰仪器厂股份有限公司第一次股东大会记录》，上海市档案馆馆藏档案：A37－1－137。

时，通常情况下公私合营企业一般也很难有权自行决定通过市场进行产品销售。“如新丰第一布厂，去年（1952 年）十二月由花纱布公司布置织造线哔叽，但本年一月又通知改织麻纱。因变更品种关系，车间织剩坯布四千八百锭及四二又二分之五原纱十八件，约值十四亿五千多万，又不能自行出售。积压的资金，占该厂全部流动资金百分之八十三。”①

由于原料供应以及产品销售都被上级主管部门控制，公私合营企业与市场间的联系日趋减少，甚至基本被切断。在市场机制及自身治理结构双重变革的影响下，合营企业已经基本上丧失了自主经营的条件，成为正在形成中的国家计划经济体系内的一个个生产部门或者说是生产机构。合营企业的生产由主管部门安排，而安排的生产计划又不能满足一些企业生产能力的发挥，但这些企业又不能自行寻找试产，只能是处于一种按照“计划”指令进行加工生产的境地。公私合营企业在经营管理体制上已经开始从自由市场经济体制下自主生产经营主体，逐渐向计划经济体制下一种单纯的生产单位过渡。正如 1953 年时上海市行政管理局在所称：“私营企业改为公私合营后，多退出自由市场，由国家加工订货，生产纳入国家计划之内，但是国家分配生产任务，又不能满足和适应各企业的生产能力和设备性能，且经常原材料供给不足，品种常变，销售几乎不定，致使生产计划难以推行。”② 在某种程度上可以说，公私合营企业已经日渐演变成为国家计划指导下的专门从事制造的工厂，而非独立经营的企业。企业逐渐地变成只有生产管理，而失去了企业的经营。

三、公私合营企业经济效益情况

需要指出的是，个别企业公私合营阶段，除了上述所述的情况，还有另外一种更为普遍的情况存在，这就是在这个阶段，绝大部分的公私合营企业由于得到了国家计划的照应，合营后的经济效益以及企业盈余总的来说都呈现出一派向好的气象。

如上海天山化工厂 1949 年 7 月合营，1951 年 12 月初核定资本额为 37.5 亿元（此处为旧币），至 1953 年底可盈余增至 178 亿元（此处为旧币）；全厂职工从 1949 年的五六十人增至 1953 年底的 207 人；1951 年厂的主要产品——电木粉的产量仅二三千千克，到 1953 年底不但提高了电

①② 上海市工商行政管理局：《上海市公私合营企业的参考资料》，1953 年 4 月，上海市档案馆藏档案：B182－1－520。

木粉的质量，而且产量是1949年的61倍。之所以取得如此成绩，是因为公私合营天山化工厂在改进技术，发挥工人生产积极性和创造性，加强管理和健全各项制度三个方面采取了措施，使得产品质量提高，成本降低。如在“加强管理和健全各项制度”方面，天山化工厂首先自1952年开始即重视成本制度与各项有关制度，如改进领料单，由一式两份改为一式三份，实行一料一单，留一份送财务股，便于分析汇总；并将车间用料簿，原材料产品明细账等加以整理，同时推行各车间用料、耗工、产品数量之统计，月终在车间进行盘点工作，建立半成品、成品入库单，以及转移单、退货单、退领、退修等制度，并进行原材料、产品、工号之编号工作，协作仓库进行整理，接着加强有关消耗定额的统计分析工作，1953年第二季度又采用账表合一的办法，这些措施使得成本计算比较正确。第二是供销方面，改变原来采购无计划的缺点，1953年第二季度起，所需主要原料石炭酸与锦西化工厂签订长期供应合同，主要是该厂能及时供应原料，不必再像过去一样为保证生产而存储较多原料导致资金积压，并且且原料价格较原来便宜了16%以上。第三是加强了检验制度。如推行电木粉、电木成品、电压及各种原材料、物料的检验，并对化工车间进行现场检验。第四是财务股结账工作。过去这项工作通常积压二三个月，影响资金管理工作，自1953年第二季度末，已克服了结账积压的缺点，每月五号做出主要产品的成本分析表，找出升降原因，对管理工作起了推动作用。第五是定时召开生产会议进行总结，指出和解决生产上存在的问题。推行交接班制度，交流生产经验；推行指示图表，主要车间每天有计划产量，做到均衡生产，保证质量。①

经过以上各项工作改进，公私合营天山化工厂在电木粉品质上存在的缺点，如耐电压不高，黏模型、黑模型、性硬、流动性差等基本上得到改进，产品质量有很大的提高，成本上，制造101特级粉的成本，每千克降低了9%，其他各级粉的成本也有了降低。如以不变价格来计算，今年第三季度各种电木粉总成本比1952年总成本降低了7%以上，以实际价格计算，电木粉成本降低的幅度很大。具体见表6－1。

① 上海市人民政府工业局：《公私合营天山化工厂提高质量降低成本情况》，1953年11月，上海市档案馆藏档案：A48－1－46－214。

表 6－1　　公私合营企业天山化工厂 1953 年 1—9 月与 1952 年实际（平均）成本比较　　单位：%

月份	降低率
1	11.9
2	15.3
3	16.5
4	23.4
5	28.7
6	33.8
7	31.5
8	37.3
9	36.9

资料来源：上海市人民政府工业局：《公私合营天山化工厂提高质量降低成本情况》，1953 年 11 月，上海市档案馆藏档案：A48－1－46－214。

公私合营企业的产量也普遍提高。如鼎丰仪器厂 1953 年比 1951 年增加了 131%，新生纱厂以 20 支纱为例，1949 年平均锭重为 0.626 磅，1951 年为 0.8618 磅，1954 年可能越过一磅，比 1949 年提高 60%，布机从 12 台增加到 15 台，锭也提高 50%—100%。① 这在随后的章节都会陆续展开具体探讨。

个别企业公私合营阶段经营管理制度的变革，诸如听命于国家计划的经营模式，与市场联系日趋减少等特点，都随着 1954 年 9 月《公私合营工业企业暂行条例》的颁行而产生了重大变化。如条例第三章“经营管理”第九条即规定：“合营企业受公方领导，由人民政府主管业务机关所派代表同私方代表负责经营管理。”② 由此可见，接下来扩展公私合营时期关于公私合营企业经营管理制度变革的主要变化就是实行计划管理，国家对销售市场的掌控以及公股领导地位正式在法规和实际工作中得以确立。

第二节　扩展公私合营时期企业的经营管理

一、国家计划管理加强

现存的档案资料显示，对于公私合营前企业管理和管理制度的评价和

① 《关于合营工作中的总结及有关材料》，1954 年，上海市档案馆藏档案：A36－1－11。
② 《公私合营工业企业暂行条例》，载《山西政报》1954 年第 17 期。

判断，大部分是“机构臃肿、人浮于事、管理混乱”等等。如中共中华铁工厂支部对合营前工厂管理的评价是：“私营中华铁工厂创设于1925年，有一定的设备规模，共有各种大小机床82台，全厂资产总值约250亿元，为目前上海较大的私营机器工厂之一。主要产品是造纸机、内燃机、各种工作母机等。新中国成立后大部分生产任务是国家加工订货，一般均能如期完工，很少脱期。财务情况较好，资金困难不多。由于过去长时期的资本主义经营方式，生产无计划，缺乏科学的管理制度，各部门职责分工不明，存在着不少落后的混乱的现象。”①

扩展公私合营以后，合营企业的计划经营管理开始加强。

在加强对产品原料的管理上，着重推动一些制度的建立。以公私合营企业的供料管理为例，供料制度主要包括进、出原料的制度建立及管理等。私营时期通常由专门的人员或组织进行原材料的采购或管理，这样中间环节多了，自然企业要付出比较多的成本。而公私合营后，企业的原材料管理都由国家统一调拨，少了很多中间环节。例如公私合营大新振染织一厂1955年在原材料方面得到了明显改善。原材料消耗定额由计划股按照技术股制定的工艺过程计划及有关资料核算单位产品消耗定额，提出建议数，各车间在技术股领导下，考虑回修及生产过程中的损耗数研究决定，供销股根据定额及生产任务填发各种原材料限额领料卡，各车间在限额内领用。另外还加强用料统计工作。如建立烧碱使用原始记录情况。核算方法为：每月月底盘存一次，根据月初结存量、领用量及月底结存量算出实际耗用量；根据处方及施工锭数核算退浆、煮炼、染色等工艺过程的耗用量；在总用量内减去退浆、煮炼、染色等工艺过程的耗用量；根据各种产品在丝光机上经过两道轧碱后测定的吸碱量，按比例分摊各种产品丝光耗用量。② 全面节约运动开展后，原材料消耗定额下车间，推动了定额管理工作，逐日统计公布单位产品原材料消耗量，使全厂职工了解原材料耗用情况，供销股建立限额领料卡，财务股对各部门提出费用控制数，因此，原材料消耗及费用都有降低。③ 以上海市纺织工业局为例，1955年大力推广节约原材料措施，取得了一定的成效：节约棉纺措施共有15条，其中染织业、毛巾被单业、内衣业各4条，针织业3条；节约用电措施8条；节约用煤措施6条；节约烧碱措施1条；节约原染料措施7条；节约

① 中共公私合营中华铁工厂支部：《中华铁工厂公私合营总结》，1954年6月20日，上海市档案馆藏档案：A38-2-228。

②③ 《上海市轻纺各业、各类专业专题会议》，1954年，上海市档案馆藏档案：B5-2-104。

工业用粮措施 3 条。①

此外，多数公私合营企业还制定了“领料、借料与退料工作暂行办法”，对企业生产所用生产资料的使用进行了规定。如公私合营中冠纺织机器制造厂领料制度规定：“车间工至供销科领用零星材料时，必须持有小组长审核的领料单，无领料单不得发料。”另外需用成批材料或特殊材料时，必须凭大组长审核的领料单才能进行领料，供销科送至工场指定地点，收料人要及时核对签收。修配工具组领料也需凭组长的领料单发料。借料制度规定：“凡车间、科室或修配工具组为了需要向供销科借料时，凭借条借用，用好后及时归还供销科。”退料制度规定凡领用的材料，在使用的过程中，如发现有多余材料时，不可将材料多余部分随地乱抛，或制作其他产品，应由大组长将多余材料汇集，开具退料单，向供销科办理退料手续。供销科收到退料时，应清点入库，并将退料单交记账处入账。②

在改善产品质量问题上，合营企业不仅重视产品质量的宣传，更重要的是通过开展质量检查运动，推动产品质量的改善和提升。如公私合营华通开关厂为改善产品质量，在 1954 年开展了质量检查运动。首先在厂党委统一领导及电工局下厂干部同志的具体指导下拟定了《开展质量检查运动初步方案》：一是传达上级关于质量检查的精神，并开展群众性的质量检查小组讨论。二是开展质量展览会，邀请全厂职工参观。“展览会是在一个 7 米 ×10 米的房间里举行的，一进门就陈列着一副‘百年大计—质量第一’的大幅标语，中间放置四张大台子，台子上陈列着展品，并用显著的标语及漫画说明造成废品的原因及损失的数字，墙壁四周用蓝布作底，上贴标语。”参观过后，很多同志对产品质量的重要性有了深刻的认识。有的说：“原来我伲厂里半年来由于加工（导致）的损失竟达四亿多呀”，还有的说“我伲厂里制造的华 332 油开关使用不到半年，瓷瓶开缝造成重要工厂的停电，影响生产”，还有一位同志说“为了要多拿超额奖金，工作上是存在着粗制滥造，今天我看到了展览会知道我们厂里产品的重要性，今后我在工作时必须注意质量。”三是举行质量座谈会与质量问题的进一步揭发。厂里召开了一次质量座谈会，被邀请参加的同志有技术人员、老年工人、先进工作者、劳动模范、检查员以及车间主任、工段长等，大家都畅所欲言，指出了厂里在技术管理、生产准备方面的混乱情况

---

① 《上海市纺织工业局 1955 年节约原材料措施》，1955 年，上海市档案馆藏档案：B133－1－64－22。

② 《公私合营中冠纺织机器制造厂行政工作暂行办法》，1954 年，上海市档案馆藏档案：B4－2－126。

以及存在的质量问题。第四是总结质量问题及拟定改进措施。措施有四个：一是关键性质量问题之改进措施；二是加强技术检查工作；三是加强质量管理，建立技术秩序；四是一般性质量问题之改进方案。通过这次质量检查运动，华通开关厂收获颇丰，“在基础建设工作上有了进一步的改善与提高，同时对厂里存在的质量问题有了一些改进的措施与办法，进一步提高了产品的质量”。①

再以上海新安电机厂为例来说明一下公私合营前后产品质量变化的情况。

1954 年 2 月，该厂被批准公私合营。厂里的主要产品是旋转电机、控制器、变压器、铁路信号等，生产上的特点是“产品复杂，规格特殊，老年工人多”。合营前，上海市南京西路最热闹的地段，曾出现过一块巨幅广告牌，上面写着：“快慢马达，新安首创，新安马达，品质第一”。但实际上根据用户的反映情况是：“快慢马达，坏得快，修得勤”，“封闭马达，浑身发烫，开了天窗，才能勉强使用”。此时资本家对产品质量的态度是：“嫁出女儿泼出水”“货物出门概不负责”，强调“运输过程中的毛病”“安装得不好的毛病”。厂长、职工对资本家“滥接订货”“偷工减料”有意见，机械副总工程师讲：“资本家一跑进工程师室，老是讲‘设计要尽量缩小，尽量缩小’”，工人群众的结论是“新安的资本家不是‘品质第一’，而是‘钞票第一’”。②

合营后，随着企业性质发生变化，用户对产品的质量有所期待，因此提高产品质量，就成为公私合营新安电机厂首当其冲面临的问题。新安工会于是在党支部的领导下，从检查质量着手，在企业内部发动了一场质量改造运动。首先，工会根据用户来信批评本厂质量低劣的情况，结合群众对产品质量低劣的情况进行举例说明：如国营上海第一印染厂，陆续购买了新安快慢马达 3 台，使用以来发生产品事故 13 次，每次修理时间要 3—9 个月之久。因此，该厂一直未敢将这些马达装置在重要产品的车间里。另外还有很多消费者揭发新安电机厂的产品质量低劣。工会针对群众揭发的品质事故，按照不同工种订立了保证质量的小组公约，合同行政依靠群众建立了次品与废品的原始记录；并组织技术人员下车间，与工人讨论研究做到劳技结合，制定了电工段“使用绝缘材料”的操作要点，同时在金

---

① 《公私合营上海华通开关厂质量检查运动总结报告》，1954 年 9 月，上海市档案馆藏档案：A32 – 2 – 81。

② 《新安电机厂公私合营后如何解决质量问题——整流子“铜牌跳出”的》，1954 年，上海市档案馆藏档案：B4 – 1 – 42。

工均推行了重点零部件的公差制，使产品质量提高了一步。①

开展质量运动之后，新安电机厂的产品质量有了提高，但马达中的主要部件——整流子退厂修理问题还是很严重，这个问题引起了党、工会和整流子车间全体工人的注意，工会在职工代表会上号召全体职工想办法来解决这个关键问题。最后经过职工的多次试验、讨论及个别职工的新发现，以及技术上的多次分析，采纳了新卡板的建议。此后，整流子的质量问题得到解决，不仅合格率达到90%以上，而且还提高了工作效率，用户436厂反映："新安厂能接受用户意见，改进整流子操作方法，使整流子火花由乙级标准达到甲级标准"，新安厂一领班说："过去我只重产量，只要完成任务，在资本家面前好交账，不依靠大家，现在我认识到老一套是行不通了，只有依靠大家的创造性才能全面完成生产计划"。工人通过新卡板建议成功的事例，看到工会支持工人先进合理的思想，生产积极性也得到提高，改进质量的建议增加了很多。企业先后解决了变压器漏油等重大问题。资本家也说："新卡板问题，使我受到一次深刻的教育，错了八年的技术问题在合营后，由于工人同志的发现而解决了"。②

新安电机厂改进产品，提高质量的做法，是党支部、工会、工人群众集思广益的结果。不仅节约了各种成本，发挥了工人的主观能动性，使他们认识到个人价值的存在，同时也给企业带来了全新的面貌，提高了产品质量和经济效益，实现了企业与消费者的"双赢"。

二、国家开始掌控产品销售市场

扩展公私合营时期的产品销售网络建设上，首先是对私营批发商业进行社会主义改造。从1954年下半年起，国家在系统地对私营批发商业进行改造的同时，还按照不同的类型和作用，集中对当时经营商品批发交易的市场进行了整顿和改组。当时的上海共有棉布、纸、新药、皮革、化工原料、颜料燃料、五金器材、家禽、进出口等9个交易所；米、面粉、杂粮油饼、糖、煤、绒线、绸缎、木材、络麻袋布、药材、石油、砖灰沙石、蔬菜地货、家禽、南北货、罐头食品、糖果、板箱、珠宝、鲜花、新衣等21个交易市场；在国家实施统购统销以及扩大加工订货以后，这些交易场所交易的商品有些已经全部或大部分都由国营商业部门直接购进或分配，交易所或交易市场的交易功能已经部分或全部丧失。在这样的情况

①② 《新安电机厂公私合营后如何解决质量问题——整流子"铜牌跳出"的》，1954年，上海市档案馆藏档案：B4-1-42。

下，上海工商行政管理局和国营商业部门先后撤销和停止了交易义务已经停顿或接近停顿的米、面粉、杂粮油饼、糖、煤、棉布等交易所和交易市场，撤销了大五金、钢铁五金、电机五金、旧纺织五金、汽车零件、铜锡、木材、卷烟原材料、百货、绸缎、花色布、皮毛等12个居间人联合会，将居间人固定组织在有关的交易所、市场内参加业务活动，并规定了居间人入场交易、委托买卖佣金、统一发票、统一佣金收据等制度，防止居间人偷税漏税、投机倒把。① 通过对内批发商的不断改造，到1955年底，私营批发商在上海商业批发中的地位已经急剧下降。

1955年，上海私营商业全面改造，上海有私营批发商91个行业，8 377户，从业人员44 183人，流动资金1.14亿元。其户数占全国同类批发商的1/6，从业人员占1/4，资金额及营业额均占1/2。全行业公私合营完成以后，不仅原有上海与内地在近百年经济往来中形成的商业网络全部被废止，代之而起的是国家通过行政地域建立的国营商业机构的流通网络；而且在“歇业清理”的改造方针下，商业家数、从业人员也大大减少。1955年，上海4 353户批发商在接受改造后，歇业者3 957户，专业者91户，继续维持的仅305户，只及总数的7.1%。在旧日上海的商品流转体系中，批发商业占有极为重要的地位。上海的私营批发商与内地的私营商业有着极为广泛、悠久的联系，一些较大的批发字号都在内地各城市设有各种类型的分支结构。通过这些密如蛛网的联系和机构，上海批发商可以自由地向内地及广大农村推销上海的机制工业品和进口商品、收购上海所需的各种工业原料和农副产品，在旧中国的商品流转网中处于领导和支配的地位。

其次是公私合营之后工业企业的产品销售都统一由国家控制。公私合营企业产品几乎都由国家代购包销，这样的政策持续了一段时间，带来了以下一些问题。首先是国营商业对资本主义工业实行加工订货、统购包销的办法，这在过去是必要的，在今后对于重要的轻工业产品也仍然是要统购包销的。但是，无区别地采取这种办法，就是一部分公私合营企业不像原来自产自销的时候那么关心产品的质量，因此，妨碍了一部分工业品质量的提高。其次是在实行加工订货、统购包销办法的情况下，公私合营批发公司的上下之间，也不能大部分实行自上而下的派货，向工厂订货的工作集中在少数批发公司，基层商店不能根据消费者的需要，直接从工厂进货。因此，商业部门向工厂进货的品种规格减少了。批发公司发到各地的

---

① 上海社会科学院《上海经济》编辑部：《上海经济1949—1982》，上海人民出版社1983年版，第62页。

商品的品种和数量，就难免发生一些不合当地需要的情况，因而发生一些这里积压、那里脱销的现象。

最后是市场管理办法限制了私商的采购和贩运，多数产品多由当地供销合作社或国营商业独家采购，而没有其他采购单位的竞争，不仅影响消费者的需求，更导致生产者的热情不高。鉴于以上销售缺陷，党和政府多次召开会议商讨解决办法。解决办法为：

第一，把由商业部门用加工订货、统购包销公私合营企业的办法，改变为由工业部门组织专业公司来管理这些企业的生产和购销。工业专业公司解决商业部门管理合营企业的生产和购销任务以后，商业部门与国营和公私合营工厂之间的加工订货关系，将采取下列三种形式：一是继续统购包销。人们需要的大宗商品，如布匹、油脂、食糖、纸张、火柴等，这些商品种类虽少，但数量很大，占全部商品产值的很大部分，花色品种又比较简单，所以应该也可以采取统购包销办法。二是商业部门按照质量好坏和市场需要情况，对工厂产品进行选购。如毛巾、袜子、香皂、牙膏、搪瓷、玻璃器皿和其他日用百货等零星商品，这些商品在全国商品总值中所占的比重并不大，但是品种十分复杂，共有3万多种，花色也经常变化。所谓货不对路，这里积压，那里脱销，绝大部分是这类商品。三是商业部门选购剩下的商品，工厂可以委托商业部门代销或者自销。商业部门代销时，应该用竞争性的较低的手续费来承担代销工作。不论包销或选购，商业部门只应得到一般的商业利润。工厂从加工订货改变为买进原料。销售成品以后，应该得到较多的工业利润。这种办法是工业生产的正常办法，无疑对发展工业是有利的。同时，实行选购的结果，可以使工厂注重产品质量，关心消费者的需要，从而减少生产的盲目性。

第二，由于降低了商业部门的批发利润，增加了工厂的利润，因此，商业部门批发机构的一部分上缴利润指标，应该移交给工业部门的各个工厂来承担。

第三，为督促落后工厂改进生产，采用选购产品的办法，这是必要的。但是要规定，暂时不在计划以外增加先进工厂的产量，是为了以便于目前在生产上还落后的工厂，在一定时期内有机会改进生产，降低成本，提高质量。首先是落后工厂有向先进工厂看齐的责任，同时，先进工厂也有帮助落后工厂改进的责任。因此，不论是沿海或内地，工厂增加生产和增加设备，都应该在计划的平衡范围内进行，而不应盲目从事。①

① 《陈云文选》，第二卷，人民出版社1984年版，第322—324页。

从上可以看出，批发商业社会主义改造的完成，彻底打破了旧日商品流转网络，切断了近百年内在社会经济发展过程中形成和发展起来的自然联系。取而代之的是在中央集中统一领导下，分地域的以国有物资系统、商业批发站系统为主导的物资、商品调配、调拨体系。其中生产资料主要由国家以及各级地方政府所属的物资系统掌管，生活资料则以中央掌管下的一级批发站为龙头，层层向下扩散。

扩展公私合营之后，随着公股领导地位的确定，以及企业新科层组织的建立，企业开始向着国家所希望的社会主义经营方向转变。这也就是我们经常在现存资料中看到的，对企业合营后经营管理“新气象”“新面貌”的论述。但与此同时，在现存的资料中，有不少企业在总结企业合营后出现新气象、新面貌的同时，也会相应谈到合营后的企业在经营管理上尚存在不少应该改进和值得注意的问题，其中有些甚至来自中共上海市委向华东局及中央的高层报告材料中。

1954 年 10 月，在上海市委上报华东局及中央的报告中我们可以看到，“9 月间我们检查总结了 10 个新合营厂的工作，各厂在合营后，生产管理上一般都有了改进，生产也有了一些发展……不少合营企业在经营管理上仍然处于一种相对落后的状态，个别厂在合营后甚至发生倒退的现象。……经过这一阶段工作，我们深感完成一个私营企业的合营筹备工作，还只是对私营企业进行社会主义改造的一个比较简易的第一步，企业合营后，如何进一步贯彻改造，则是一件更为复杂的工作。”① 这就明确地表明，公私合营企业在合营之后，如何实现新制度下企业经营管理上的飞跃，仍然还有很长的道路要走。

1955 年 2 月 24 日，中共上海市委国营工业部在给市委的一份调查报告中，对 1954 年第一批扩展公私合营中的大隆机器厂、华生电器厂、安达纺织厂、信谊制药厂、鼎新纺织厂等七家比较有代表性的大企业公私合营后的情况报告，在陈述了“各厂在合营后，都不同程度上进行了不少工作”，“在一定时期内，生产有了很显著的进步，产量一般都提高了”之后，还表现了忧心忡忡的一面：“目前各厂在生产上，产量和质量均很不稳定，有的还有下降趋势”，随后举了 7 家合营工厂中 5 家的例子。此外，报告还列举了“好几个厂进行组织改革不慎重，提拔了大批干部，造成管

---

① 《中共上海市委关于公私合营企业进一步改革改造工作的意见》，1954 年 10 月 25 日，载中共上海市委统战部等：《中国资本主义工商业的社会主义改造》，上海卷（上），中共党史出版社 1993 年版，第 371—375 页。

理机构臃肿”，“好几个厂不根据生产需要和群众接受水平，建立了很多制度，又不发动群众去贯彻，结果大部分流于形式，有的则遭到群众反对”的问题。更值得注意的问题是，在公私合营的企业公方中，原有的党组织、工会，与合营后新出现的公方行政领导以及新成立的工厂管理委员会等，互相之间的关系以及职能权限也变得重要和敏感。① 这也就是当时的上海市委国营工业部所说的，新公私合营企业“党、政、工、团的关系上也发生了问题”。②

另外，从公私合营安达纺织第一厂的生产情况也可看出，扩展公私合营时期企业的生产、质量等情况都很不稳定，非常亟待进一步的改善。下面以公私合营安达纺织第一厂 1954 年上半年的组织生产情况进行说明（见表 6－2、表 6－3、表 6－4）。

表 6－2　1954 年上半年公私合营安达纺织第一厂组织生产情况报告

项目		1 月	2 月	3 月	4 月	5 月	6 月
产量（码）		47 693	47 699	47 952	47 989	48 074	47 809
质量（%）	正布率	96.069	96.11	96.516	96.214	96.45	96.30
	次布率	0.548	0.85	0.585	0.641	0.59	0.82
	另布率	1.988	1.91	1.702	1.791	1.90	1.96
	洗油布率	1.395	1.13	1.197	1.354	1.06	0.93
用纱（支）	23 支	52 048	52 252	52 564	52 301	52 501	52 622
	21 支	55 422	55 662	55 994	55 714	55 927	56 056
	总用纱	10 747	107 914	108 558	108 015	108 428	108 678
用电（度）		48 046	48 988	48 228	45 702	44 878	46 368

说明：用电费项中包括力电、车间用电、喷雾与炉子用电。

资料来源：《公私合营安达纺织第一厂公私合营工作初步总结》，1954 年 7 月 11 日，上海市档案馆藏档案：A38－2－231。

① 中共上海市委国营工业部：《关于七个公私合营工厂的情况报告及改进意见》，1955 年 2 月 24 日，上海市档案馆藏档案：A36－1－18。

② 中共上海市委国营工业部：《关于对新公私合营工厂企业当前工作的意见（草稿）》，1955 年 3 月 23 日，上海市档案馆藏档案：A36－1－18。

表 6-3　　1954 年上半年公私合营安达纺织第一厂织布车间小组计划完成情况

月份	小组计划完成情况			总计划完成情况		
	产量（%）	次布（%）	油渍布（%）	产量（%）	次布（锭）	油渍布（锭）
1	30	90	40	99.83	-20.21	113.96
2	50	30	60	99.93	72.36	10.5
3	90	50	70	100.50	-3.64	38.32
4	90	50	80	100.61	15.75	95.88
5	100	60	60	100.61	-23.36	-14.82
6	100	80	100	100.34	59.61	-71.38

资料来源：《公私合营安达纺织第一厂公私合营工作初步总结》，1954 年 7 月 11 日，上海市档案馆藏档案：A38-2-231。

表 6-4　　1954 年上半年公私合营安达纺织第一厂事故分析　　单位：次

月份	工伤事故	机械事故	机械事故分析		
			政治	不明	责任
1	16	65			65
2	3	30			30
3	9	44		3	40
4	10	47		2	45
5	9	48		2	46
6	11	63		2	41

资料来源：《公私合营安达纺织第一厂公私合营工作初步总结》，1954 年 7 月 11 日，上海市档案馆藏档案：A38-2-231。

1954 年上半年公私合营安达纺织第一厂无论是从组织生产情况，还是从计划完成情况，企业事故情况等方面来看，都存在不稳定的情况。由此可见，扩展公私合营之后，合营企业在制度变革及经营管理上取得显著成绩的同时，确实还存在许多有待进一步研究和解决的问题，而这些到了全行业公私合营高潮之后，似乎具备了进一步缓解和改善的条件。

第三节　全行业公私合营后企业的经营管理

全行业公私合营后，公私合营企业实质上采用的是社会主义国营企业的经营管理模式。本节将从组织改革、生产与管理各种制度的建立、销售网络重建等方面阐述全行业合营后企业的经营管理模式的形成与确立。

一、组织改革

企业组织管理的内容主要包括明确分工，健全行政组织；各项管理规则的制定；各项实施计划、指标的制订等等。

上海各公私合营企业的组织改革一般是从健全组织机构和调整生产组织着手。资本主义企业原来的组织机构和生产组织极不合理。新中国成立以后虽然历经几次社会改革活动，特别是经过国家资本主义初级形式的改造，企业的组织机构和生产组织有了一定程度的改革，但是由于生产资料资本主义所有制没有改变，当时的改革不免存有局限性，许多企业的组织机构依然很不合理。诸如规模较大的工厂或商店大都机构重叠、人浮于事，非生产人员占了很大的比重；科室车间（商场）职责不清，分工不明；中小型工厂大都没有健全的职能科室，不少工厂仅有一个账房间，负责全厂的管理工作；中小型商店组织一般都十分落后，部分商店更盛行“家长制”的管理方式，没有科学的职能分工；生产组织方面，许多工厂的车间划分很不科学，有不少工厂还实行领班制或技师带班制，各班的领班或技师都各有一套管理方式，班与班之间缺乏必要的联系，生产情况混乱。可见，这种混乱的、不合理的组织机构同社会主义企业发展生产、改善经营的要求显然是不相适应的。为此，在各合营企业上级领导机构以及合营企业公方的领导和指导之下，进行了合营企业的组织机构改革，具体举措如下：

（1）合营企业管理机构的建立与健全。

首先是企业管理领导核心的建立。全行业公私合营后，企业管理的原则是民主集中制。按照民主集中制的原则，各企业建立了党委领导下的厂长负责制，从根本上改变了原来私营时期资本家大权独揽的局面。过去一些较大的企业曾设有总管理处以及事务所等厂外管理机构，合营后已没有存在的必要，基本上都予以撤销。原来作为私营企业最高管理机构的董事会，性质也已完全改变，只是作为对一些企业重大问题进行公私协商的机构。

以上海卷烟工业为例，全行业公私合营后，该行业“以学习国营厂为目标”，企业管理制度和组织机构开始陆续建立起来。各合营企业在上级党委和上烟公司的领导之下，开始建立了新的领导核心。主要是“由党委集中领导，工会和团组织配合，公方厂长则负责全厂行政的领导。一切企业的重大业务方针，由党委研究决定后，由公方厂长贯彻执行，通过行政会议或大会的形式，对全厂各车间科室进行布置。各车间在党的统一领导下，有党、政、工、团的集体领导制，私方厂长在公方厂长领导下分工负责，协助公方处理各车间科室工作。”①

上海搪瓷工业也跟卷烟工业一样，在全行业合营以后，除了老合营厂的益丰、华丰搪瓷厂个别保留私方经理的职位以外，其余合营厂均“由厂长全面负责，统一领导，废除资本主义时期盛行的经理决定一切的制度……厂长成为企业的全面领导者。”②

（2）合营企业生产组织和职能科室的调整和建立。

首先是生产组织机构的调整和建立。以上海搪瓷工业行业为例，在组织改革中，规定200人以上的工厂建立三级管理制，设立科室和车间；200人以下的工厂建立二级管理制，设立股室和生产小组。建立三级管理制的工厂以中华搪瓷厂为例，全厂282人，合营前分为二个车间，根据不同的工序及相连的工序划分为三个车间和二个直属生产小组。第一车间设主任一人，下属制坯工场、电焊工场、打铁工场；第二车间设正、副主任二人，下属搪瓷工厂、酸洗工场、烧油工场；第三车间设主任一人，下属喷花工场；厂长领导的直属小组为第一小组制粉工场，第二小组包装工场。实行二级管理制的工厂以光明搪瓷厂为例，全厂职工171人，是由四家小厂合并起来的。合营后根据二级管理制的形式进行调整和建立了11个生产小组：4个搪瓷生产小组以及包装组，做字组、烧油组、酸洗组、加煤组、制粉组、制坯组。每组设正、副组长2人。在三级管理制的工厂，工厂直接领导生产小组长，明确了各车间和小组的职责范围。③

上海卷烟工业行业全行业公私合营后，大中型工厂通常根据合理组织生产的要求，按照工种的工序，在生产组织方面进行了必要的调整。大型工厂一般采取厂部、车间、小组三级制。车间作为一级独立管理机构，设置职能人员，如计划员、调度员、材料员等。中型工厂则多数实行由厂部直接领导工段或小组的两级制，厂部下面设有调度员等职能人员直接管理生产。小型工厂和基层商店一般不设职能科室或车间，由中心厂和区店统一领导、管理和安排任务。公私合营后，各厂均改善了经营管理，扩大了厂的规模、不少工厂经过“三反”后即进行组织改革，如上海天原、天利

---

① 上海市工商行政管理局：《上海私营卷烟工业社会主义改造资料（初稿）》，1958年3月，上海市档案馆藏档案：B182－1－1035。

②③ 《上海私营搪瓷工业社会主义改造资料》。1959年2月，上海市档案馆藏资料：B157－1－173。

化工厂建立了7个车间，12个职能科，1个工程队。新生纱厂建立了三级制，提拔了28个干部，其中车间主任13人（11个2人，2个职员），6个正副科长，9个办事员，除试验、会计科外，其他科长均改由新提拔的技术工人担任。① 以上海新安电机厂进行组织改革为例，主要是将过去的工程、管理、制造三个部及领班制改为科室与车间，建立了八科一室一组一站，即计划、生产、会计、供应、总务、技术检验、设备、人事保卫科八科，监察室、业务组、保健站。另外，还将过去的13个车间改为5个车间一个工段。②

其次是科室的调整和建立。以搪瓷工业行业为例，该行业实行三级管理制的企业以“科”为单位，二级管理制的企业以“股”为单位，经过改革后的科室机构设置大致包含以下六块内容：一是人事、保卫、教育、劳动工资与福利机构；二是计划机构；三是财务、成本机构；四是生产技术机构；五是供销机构；六是总务机构。如中华搪瓷厂合营前原设有工务科、事务科、主计科、营业科、统计科，合营后调整和新建立的科室有人事科、计划科、财务科、生产技术科、供销科、总务科。锦隆搪瓷厂合营前原设有会计、总务、营业、统计等科，合营后调整和新建了人事股、技术股、财务股、供销股、总务股。③ 合营后搪瓷厂的一部分科室虽是在原来基础调整成立的，但性质上与私营时期有根本的区别。尤其是生产技术科、计划科等这些新科室的建立，一方面表明了全行业公私合营以后，公私合营企业参照国营企业经营管理制度，中国经济体制确立了高度集中统一的计划经济体制，体现了社会主义经营管理原则的性质；另一方面也说明了合营后与合营前企业制度变革的根本区别之所在。

仍以上海卷烟工业行业为例，“工厂和个别大型商店（公司）的职能科室，也根据生产经营的实际需要进行了调整、改建和新建工作，设置了必要的科室。”④ 其中一部分科室是在原来的基础上经过调整或改建成立的，但它们的性质同私营时期已有根本的区别。有一部分科室是新建立的，如计划、安全生产、劳保福利等科室。全行业合营之后，在上烟公司的领导下，各厂组织机构主要是从“加强生产管理为中心，实行生产区域

---

① 《关于合营工作中的总结及有关材料》，1956年，上海市档案馆藏档案：A36-1-11。

② 《上海市重工业管理局1954年合营厂——新安电机厂合营资料》，1954年，上海市档案馆藏档案：B173-1-331。

③ 《上海私营搪瓷工业社会主义改造资料》。1959年2月，上海市档案馆藏资料：B157-1-173。

④ 上海社科院经济研究所：《上海资本主义工商业的社会主义改造》，上海人民出版社1980年版，第272页。

管理制，以消灭管理上无人负责，以及职能科室多头领导的混乱现象。相应地建立计划管理和技术管理的组织机构，健全财务管理和人事管理，以便进一步对企业实行社会主义改造”为调整原则，“仿照国营厂的组织机构形式并与上烟公司的领导科室上下对口，进行调整，各厂一般均建立了四个车间及九科一室，只个别厂例外”，其中“四个车间是第一车间（烟叶烟丝），第二车间（卷烟），第三车间（包装），第四车间（修理）”，“九科一室是调度室及生产技术、检验、财务、计划、供销、总务、干部教育、劳动工资、保卫等科”。以卷烟行业的大东南烟厂为例，该厂早在1954年11月实行全行业包销时，企业的管理机构即进行了改组改革，建立了六科一室（计划、会计、生产综合、供销、人事、总务科和秘书室）与五个车间（配叶、烟丝、卷烟、包装四个基本车间和一个保全车间），并相应建立起了一些制度和明确了分工。合营后，该厂“根据上级的指示，及参照国营厂组织和机构的情况，结合该厂的原有基础”，经过党政工团的研究并经公私双方协商决定，组织机构由原“六科一室，五个车间”调整为“九科一室，四个车间”，即会计、计划、供销、劳动工资、技术、检验、调度、干部、保卫及总务等科以及一、二、三、四车间，其中一车间设两个工段。① 由于合营后上级部门加强了对企业的领导，以及建立和健全了科室管理机构，促进了全厂职工生产积极性的进一步发挥，由此也推动该厂“按照社会主义制度和原则，进一步改造企业，逐步做到了向规模相仿的国营企业看齐”，并且，由于上述各项条件的实行，对“企业生产和管理的改进，生产技术潜力的发挥，起了很大的作用”。具体产生的效果兹列如下：②

1. 编制六大计划（产品、劳动、供应、成本、财务、技术）的组织措施，加强了计划性，克服了以往经营的盲目性。

2. 建立和健全各项生产管理的制度，提高了工作效率。

3. 机器设备工艺操作的改进和劳动条件的改善，使生产进一步发展和提高。

4. 财务管理制度的健全，逐步发挥了财务上的监督作用。

5. 加强了科室车间的领导干部力量，提高了政治热情，发挥了工作效能。据该厂各科室与车间机构改革之后的反馈，其相互关系基

---

①② 上海市工商行政管理局：《上海私营卷烟工业社会主义改造资料（初稿）》，1958年3月，上海市档案馆藏档案：B182－1－1035。

本上是正常的。根据该厂各种计划指标完成情况来看，基本上实现了争取完成和超额完成，克服了以往各项工作没有专门机构负责的现象。

但是，另外一方面，虽然合营后企业进行了组织改革，确立了领导核心，但是这种局面并不是完美无缺的。仍以大东南烟厂为例，该厂直言不讳地称："无可否认的由此或多或少产生了一种本位主义，各科室强调本位计划重要，碰到具体问题合作精神不够，而由于强调本位，因此工作互相推诿，不负责任的现象也有所发生，因此形成科室与车间之间，科室与科室之间，以及车间与车间之间，存在矛盾。比较突出的是会计科与总务科在费用问题上的矛盾；劳动部门与车间调配上的矛盾；技术部门和辅助生产车间之间在措施与工程上的矛盾；供销部门与生产车间原材料供应问题等矛盾，这些或多或少地影响了生产的提高和职工工作的积极性。"而且，该厂还存在一个应该值得注意的问题，即"合营前非生产人员占13.92%，而合营后升占19.42%，虽然在当时管理上划细是必要的，但非生产人员增加是不合理的。"针对上述缺点，该厂也初步提出了一些改进意见：一是下放科室一部分干部到车间，健全车间机构和加强车间力量；二是精简一部分科室工作人员；三是工作关系密切的科室可以合并；四是调整各车间干部力量；五是干部科和保卫科也可以合并。① 由此可见，合营企业的组织机构在企业性质发生根本性转变后，其自身的组织构建和功能调整比合营前有了大大的改进。

（3）合营企业吸纳优秀工人担任各级组织负责人，建立民主管理机构。

建立民主管理机构，广泛吸收工人群众参加企业管理，实行管理民主化，是全行业公私合营之后企业组织改革的另一项重要内容。他不仅体现了工人群众在公私合营企业中当家做主的地位，而且也是在企业管理中贯彻民主集中制的重要措施。实行企业管理民主化，可以将领导的决策同广大工人群众的积极性和创造性密切结合起来，克服企业领导干部和管理干部的主观主义和官僚主义，提高企业管理工作的水平。在公私合营以前，私营企业的工人群众虽然通过工会组织、劳资协商委员会和增产节约委员会（经营管理委员会），也在一定程度上参与了企业管理，但是在生产资

---

① 上海市工商行政管理局：《上海私营卷烟工业社会主义改造资料（初稿）》，1958年3月，上海市档案馆馆藏档案：B182－1－1035。

料资本家所有制的条件下，工人在很大程度上还处于雇佣劳动者的地位，要实现企业管理民主化是不可能的。全行业公私合营后，生产资料已经基本上为社会主义国家所有，工人已经从雇佣劳动者变成企业的主人，这就为实行民主管理提供了条件。1956 年底和 1957 年初，上海各公私合营企业在企业党组织的领导下，以召开职工代表会议和店务会议等形式，吸收工人群众讨论企业生产经营上的重大问题和措施，开展批评和自我批评，有利于发挥工人群众的积极性和创造性，提高企业的经营管理水平，保证国家计划的完成，这是实行管理民主化的初步尝试，也是组织管理改革的必要过程。①

以搪瓷工业行业为例，全行业合营后搪瓷行业从工人中提拔起来的正副科长、股长的有 27 人，车间正、副主任 44 人。此外，还建立了企业内的民主管理机构，职工同志推选了自己的代表参加了企业的民主管理机构。②

再以卷烟工业行业的华成烟厂为例。华成烟厂为了在企业内实行民主管理，在合营后的 1956 年即建立了职工代表大会制度。职工代表均按照民主集中的组织原则，由群众选举产生，每一小组人数在 10 人以下者，产生代表一名，10 人以上者，产生代表 2 名。全厂在并厂之后，共计产生职工代表 305 名。职工代表大会原则上规定每季度召开一次，1957 年起开始按期召开。其基本任务就是“在党委统一领导下，根据上级领导机关指示的精神，发动群众积极投入社会主义劳动竞赛和企业的各项改革改造运动，并广泛吸收群众意见，讨论审查行政计划，检查计划执行情况，建议和督促企业行政改善领导，提高企业的管理水平。”在会议期间，为了更好地发扬民主，会议还邀请一部分列席代表参加，对象为党委，团总支委员，党支部书记，工会工厂委员，行政科长和车间主任以及私方负责人员。职工代表大会的一般程序分为五个部分：一是选出大会主席团，主持会议。二是听取行政领导所作的工作报告，自上而下地对行政工作进行全面的检查，并提出下一季度的工作计划，听取提案审查小组关于收到提案件数的报告以及检查小组关于提案处理情况的报告。三是分组讨论。全体代表本着当家做主的精神，对各项报告进行全面讨论，并根据会议前群众的意见及所发现的问题，自下而上地提出批评与自我批评。四是大会发

---

① 上海社科院经济研究所：《上海资本主义工商业的社会主义改造》，上海人民出版社 1980 年版，第 273 页。

② 《上海私营搪瓷工业社会主义改造资料》。1959 年 2 月，上海市档案馆藏资料：B157 - 1 - 173。

言。根据小组讨论情况，由小组指派代表在大会上进行发言，内容一般是在肯定成绩的基础上，进一步酝酿当前企业在生产和管理工作中所存在的问题和缺点，并提出改进意见。五是最后由党委致辞，大会主席团起草决议书，提请大会通过后，由职工代表贯彻到群众中去，广泛发动群众在各生产岗位上来作具体的措施，保证大会决议的实现。①

上海搪瓷工业各厂通过建立民主管理模式，还新建立了一些管理制度，如，交接班制度、请假制度、领料制度、成本制度、定期汇报制度、车间报表统计制度、小组记录制度等。“这些制度都得到了广大工人群众的拥护和支持”。② 华成烟厂在“对企业的改革改造和保证国家任务的完成和超额完成，充分发扬民主，改善领导作风，发挥职工群众积极性都起到了很大的作用。”其中最主要的就是充分发挥了职工群众的生产积极性，保证了国家各项计划的超额完成。如华成烟厂 1957 年上半年度各项计划均超额完成，见表 6 – 5。

表 6 – 5　　上海华成烟厂 1957 年上半年度各项计划完成情况

序号	项目	计划	实际	实际完成
1	总产值（元）	19 158 000	19 374 000.9	101 000.13（%）
2	主要产品质量（箱）	61 258	61 529	100.40（%）
3	劳动生产率（元）	8 814.6	8 961.6	101.67（%）
4	可比产品成本降低率（%）	2.63	4.15	157.79（%）
5	上缴利润（元）	—	209 000	—

资料来源：上海市工商行政管理局：《上海私营卷烟工业社会主义改造资料（初稿）》，1958 年 3 月，上海市档案馆藏档案：B182 – 1 – 1035。

二、各种生产与管理制度的建立

（一）生产计划制度的建立

以上海卷烟工业行业为例，全行业合营之后，各合营企业根据国家计划经济体制的要求，开始编制产品、劳动、供应、成本、财务、技术组织措施六大计划。在制度建立初期，首先在生产过程中，逐步建立各工序，

① 上海市工商行政管理局：《上海私营卷烟工业社会主义改造资料（初稿）》，1958 年 3 月，上海市档案馆馆藏档案：B182 – 1 – 1035。

② 《上海私营搪瓷工业社会主义改造资料》。1959 年 2 月，上海市档案馆藏资料：B157 – 1 – 173。

各机器的工作记录和在制品的产量、质量等统计报表；在科室车间，根据业务性质的不同，建立统计网，根据原始记录对各项主要指标，如当时的产量、质量、原材料消耗定额、成品率、设备利用率、劳动生产率等进行统计，初步为实行计划管理创造条件。接着正式实行编制计划。编制计划的依据，主要是根据上级颁发的控制数字，依据现有的统计资料，加以测算进行编排，并充分估计到有利和不利因素。① 实行计划管理后，合营企业的变化最主要体现在生产上和管理上。生产管理上的变化是，在没有实行计划管理以前，“劳动生产的潜力厂领导无法控制，均衡率相当差，生产时紧时松，有些加班加点现象经常出现，工时利用率低，浪费严重”。而实行计划管理后，“月度生产计划排定以后，基本上能够达到均衡生产，领导从被动应付事务，转变为主动思考问题……每个工人都了解自己的任务和责任，工时利用率、劳动生产率大大提高。”如大东烟厂实行计划管理后，卷烟厂生产每日 8 小时产量比实行计划管理前每日 9 小时的产量还高，中断率减少 50%。华成烟厂 1956 年实行计划管理后，各项计划均超额完成。②

（二）作业计划的推行

各合营企业在私营时期都不存在作业计划，车间生产只是根据专卖公司的调拨进度编制生产进度表来安排生产。仍以卷烟工业行业为例，其作业计划推行步骤如下：首先，1956 年 1 月，各厂学习了“哈尔滨烟厂作业计划”，并在企业内部进行了宣传教育，说明作业计划的重要意义以及企业计划和国家计划的关系。其次，通过国营厂带动各合营厂，多次组织两方面厂家的参观和交流，并重点帮助华美烟厂制订科室作业计划，通过培养典型，提高了华美烟厂的作业计划工作，然后将其经验推广到其他合营厂。再次，2 月起，卷烟各厂开始普遍推行作业计划，此后逐步加以充实。例如为了贯彻执行作业计划，各厂加强了调度管理，举行定期调度会议，及时解决生产上存在的问题，保证作业计划按质按量按期完成。合营企业通过推行作业计划，提高了工人的积极性，“工人们为了突破作业计划指标，能主动动脑筋，想办法提出合理化建议来提高技术，改进设备和操作，同时有了作业计划指标，评比奖励也有了依据，对于工人发挥创造性和积极性，积极提高管理水平，起到了一定的推动作用。”③

上海搪瓷工业企业作业计划的编制是有据可循的，一般来说，根据搪

---

①②③ 上海市工商行政管理局：《上海私营卷烟工业社会主义改造资料（初稿）》，1958 年 3 月，上海市档案馆藏档案：B182－1－1035。

瓷专业公司所提出的当月任务需要数，主要结合厂内近一个时期来的计划执行情况、生产趋势、供销关系、平衡生产能力后加以确定的。在编制作业计划时粗细差距很大，有些厂只排一个搪瓷车间的生产进度日程表，有些厂则按照车间分门别类详细编订，诸如搪烧作业计划表、喷花作业计划表、制坯作业计划表、制粉作业计划表、包装作业计划表等。各厂作业计划编制完毕后，一般都能按质、按量、按时加以贯彻执行，并能注意加强现场管理。①

（三）健全财务制度，加强经济核算

合营前，卷烟各厂在财务制度上非常混乱，核算组织和核算形式均杂乱无章，“大多数的厂都是账册不健全，成本不明确，财务人员水平低……这些情况与社会主义性质企业的财务管理的要求是不相符合的”。合营后，公私合营企业在财务成本制度管理，加强经济核算方面进行了改革，其措施主要分为两个方面。

一是组织学习社会主义核算的基本知识。全行业合营以后，由于各企业原来基础不同，因此财务制度、账册格式和核算的办法等均各有不同。合营以后，虽进行了一番整顿和统一，但到 1956 年 9 月底为止，已实行标准账户计划的厂（甲型）仅 21 户，未实行会计统一科目的厂有 112 户，记流水账的有 2 户，无账册者 2 户，有成本结算的仅 28 户。多数企业的结账时间多是按季度或按半年结账一次，没有做到按月结算，并及时上缴利润和折旧基金。为了改进这种状况，专业公司组织了各厂财会人员约 333 人进行了两个月关于社会主义经济核算的学习，通过这次学习，为建立新账，核算成本打下了基础。②

二是建立新账，健全制度。主要分两方面。一是自 1956 年 10 月起，企业在组织和学习社会主义的经济核算的基础上，开始了全面建账。在全面建账以后，实行标准账务计划的厂（甲型）增至 144 户，采用流水账的厂减为 29 户，除个体户 5 家（其中有 4 家当时即将裁并）以外，一般均已建立了新账。建账以后，基本上扭转了过去按季或按半年结账的情况，能按月结账的已达 166 户，建立了成本计算的也由 28 户增至 121 户。

此外，公私合营企业还健全了财务管理制度，这些制度主要有下列六种：一是记账凭单制；二是月份财务收支计划制度；三是成本核算制度；

---

① 《上海私营搪瓷工业社会主义改造资料》。1959 年 2 月，上海市档案馆藏档案：B157－1－173。

② 上海市医药公司：《上海市私营制药工业全行业公私合营前后的变化情况介绍》，1959 年，上海市档案馆藏档案：B76－1－345－104。

四是固定资产管理制度；五是原材料管理制度；六是低值易耗品管理制度。通过这些制度的建立，各厂的财务工作“不仅扭转了过去处于被动和事务现象，而逐步能够主动掌握资金运用情况和发挥财务、生产、经济活动分析与财务监督的作用，同时也配合了计划部门，使得成本计划的正确性大大提高和加强。”①

财务制度的建立和健全的过程是生产资料所有制改变以后，党和政府继续对公私合营企业进行深入改造的过程。正如中国药物建设公司一位主管财务的私方副厂长所说：“合营前，花钱大手大脚，浪费很大，对于如何节约想得少，办法也少，充其量做到宽打狭用。合营后，关于费用的审核，原料的领用与退回、在制品的盘点，成本核资与账务的统一，按月结算成本和盈亏等都建立了一系列的制度，对于节约开支，控制费用，降低成本，都起到了很大的作用。合营前，每月企业管理费用至少31 000元以上，合营后，虽然生产大幅度的增加（该厂1956年生产总值较1955年增加44.41%，1957年又较1956年增加59.06%），但企业费用的绝对数不但没有相应增加，反而降低到30 000元以下。”②

（四）建立检验制度

仍以卷烟工业行业为例，合营前，私营企业产品全部由专卖公司包销，专卖公司要求各企业按照一定的制造规格进行生产，各厂检验工作才初步建立起来，但是当时检验工作的覆盖面还不是很广，对进一步监督各生产工序与在制品的质量，并使其得到巩固和提高的作用尚不是很大。当时的检验项目有叶中带梗，梗中带叶，烟支重量、长短、粗细，钢印上下位置，爆烟，包装形态，空头，黄斑，油渍等11项。合营后，各企业都建立了专职机构检验科，负责全厂各生产工序在制品及成品的检验工作。根据食品工业部颁发的卷烟产品标准，各项在制品的规格都有了明确的规定，检验的面扩大很多，光检验项目就有26项，比合营前增加一半以上，具体检验项目为：一车间有梗中带叶、叶中带梗、蒸叶水分、润梗水分、切丝宽度、压梗厚度、烘丝水分、烘梗水分、烟丝纯度等11项；二车间有重量、空头、长度、圆周、外观5项；三车间有包内烟支、包装形状、条包、装箱4项；成品有燃烧性、含末量、烟支水分、油凌烟、黄斑烟、烟支松紧等6项。除了这些在制品和制成品的检验项目外，还建立了原材

---

① 上海市工商行政管理局：《上海私营卷烟工业社会主义改造资料（初稿）》，1958年3月，上海市档案馆藏档案：B182－1－1035。

② 上海市医药公司：《上海市私营制药工业全行业公私合营前后的变化情况介绍》，1959年，上海市档案馆藏档案：B76－1－345－104。

料的检验制度，检验项目有烟叶、包装纸类及纸圈等事项。检验项目比合营前有了显著的增加。在检验的方法上，采取了在制品水分快速测定等方法，并建立了统计员和检验员的联系合同等。① 卷烟行业由于建立了各项检验制度，使得产品检验工作大大提高，发挥了对产品质量的监督作用。

1956 年第一季度，上海市第二轻工业局属 14 个公司以现有统计的 60 种主要产品的质量较 1955 年季度的情况是：质量提高并较为稳定的有搪瓷等 38 种，质量波动较普遍和严重的有橡胶等 14 种，产品质量下降的有热水瓶等 8 种。在质量检验标准上，当时已有质量检验标准的有轮胎、鞋子等 31 项；正在制定检验标准的有玻璃杯、徽章、牌子等 10 项；其他产品质量标准正在草拟中。另外，药品、轮胎、鞋子、肥皂等虽曾拟定过操作规程，但除制药行业执行得比较严格以外，其他行业都还未能达到有一个完整的工艺规程的程度，虽然也有一些操作上的制度，然而“各凭经验操作的情况还相当普遍”。在检验方法上，除橡胶制品、药品和肥皂、牙膏的试验已根据中央规定进行试验之外，其他产品限于技术装备和技术人员的培养原因，因此已有中央标准的均尚未进行试验，没有中央标准的除“从外观质量上的检验外，更谈不上机械物理性能的试验了”。另外“在外观副次的检验上也因为检验的规范和尺度不一，没有一定的检验工具和法则，单凭眼看手摸作为鉴定，这不仅不能完全符合规定的要求，而且在验收人员主观意见的掺和中，如验收员甲认为不合格的产品送到乙的手里是合格了，验收员乙的手里是合格了，验收员乙认为不能收的产品甲却同意收下了的现象，矛盾很多，造成工商之间的意见和纷争。”②

1956 年第二季度，上海市第二轻工业局局属 21 个行业 80 种主要产品的质量比第一季度有了一些改进和提高，具体来说：13 种产品的质量有了显著的提高；49 种产品的质量比较稳定而其中多数产品的质量略有提高；11 种产品的质量存在波动；7 种产品质量下降。而这些成绩的取得与公私合营企业在加强产品质量管理上的举措分不开。一是产品的质量分析工作。例如从搪瓷、日用五金等主要产品入手，紧紧把握质量上的关口，使一些老牌产品的质量根本问题得到了克服。二是贯彻了技术三大制度，使质量得到稳定和提高。全局 21 个行业在二季度中共制定了 31 种产品的质量标准，58 种产品的操作要点，提高了产品的质量。如五洲药厂对安

---

① 上海市工商行政管理局：《上海私营卷烟工业社会主义改造资料（初稿）》，1958 年 3 月，上海市档案馆藏档案：B182 - 1 - 1035。

② 《上海市第二轻工业局 1956 年第一、二季度产品质量情况》，1956 年，上海市档案馆藏档案：B163 - 2 - 392。

乃近的操作规程作了全面的修订，并将生产关键要点、原料、半成品标准，用料依据等均编入规程，并相应贯彻了技术记录卡，使工人便于掌握，有问题容易找出原因，使产品质量得到了进一步的保证。三是初步拟定了产品的质量规划，把行业中的产品作了一次质量上的排队，通过排队共排出名牌产品 109 种，其中出国产品 56 种，有 15 种产品已达到国际水平。经过详细规划，多数产品明确了今后需要努力的目标和方向。如闹钟产品的目标是闹铃保用五年，快慢 24 小时公差 1.5 分钟，闹差 3 分钟。四是从厂际的竞赛逐步深入到同工种评比。二季度上海市第二轻工业局有 200 个厂开展了厂际竞赛，参加的职工共 32 432 人，经过此次厂际竞赛，企业合理化建议增多，提高了产品的质量和产量，推动了生产管理上的进步。如大中华、正泰、大孚三个厂在开展厂际竞赛的基础上组织了厂际互查，还签订了互助交谊合同以交流各厂的先进经验，达到了互相学习和共同提高的目的，厂与厂之间还展开了同产品同工种的评比，"通过评比清楚地照见了自己产品质量的面貌，替自己找到了今后提高产品质量的途径"。上海市第二轻工业局第二季度通过评比，得奖的厂数共计 26 户，发放了奖金 5 862 元（橡胶、制药二公司未统计在内）。①

（五）工艺规程制度的建立

工业规程的内容，即精确地规定企业生产上从原料加工到制成品为止的各项技术数据和必须遵守的技术规则。工艺规程所规定的是"工艺过程"，"工艺过程"是产品全部生产过程中的主要部分，是生产过程中直接改变原材料的形状、性质，使之由原料变为成品的整个过程。因此，工业规程又可以说是规定企业生产中直接改变原材料，使之成为合乎产品质量的规格标准要求的技术法规。

工艺规程制度的施行，哪怕是国营企业都开始得比较晚。合营企业就更晚了。仍以卷烟工业行业为例，到 1957 年上半年，上烟公司曾重点协助华成烟厂制定了一车间的工艺卡片，业绩如何尚待测定。华美烟厂工业卡片的制定是结合科学试验工作分阶段进行，采取边制定、边贯彻的方法。大东烟厂已初步制定好简单的以操作规则为主的工艺规程。大东南烟厂也在准备制定中。工业规程制定施行之后，要求合营企业一方面要经常进行修订；另一方面要建立执行情况的检查制度，这样促使工人重视，提高技术管理水平。总体来说，卷烟行业合营企业的工业规程采取的是"边制定，边贯彻，

① 《上海市第二轻工业局 1956 年第一、二季度产品质量情况》，1956 年，上海市档案馆藏档案：B163－2－392。

边学习的方法”，其目标是“逐步向国营厂和老合营南洋厂看齐”。①

（六）机器检修保养制度的建立

仍以上海卷烟业为例，其企业在合营之后，开始学习国营厂的经验，建立机器检修保养制度，把原来的修理部分定名为四车间，规定执掌范围，逐步建立设备和零件卡片。在检修方面，大修理制订年、季度计划，由四车间进行修理，中小修理月月订计划，由各生产车间自行修理。在机器保养方面，各厂都订有检查加油、清洁及交接班制度，一般在二车间都指定了专职保养员，三车间则由包装机台自行负责机器保养工作，检查制度规定在开车前和停车后以及每个周末举行。“加油”有“三定”，即定时、定量、定人。清洁机器规定每周六都要进行，以及在检修时附带做好清洁工作。车间有了保养员，各种机器都装置了防护罩防止发生事故。

以大东烟厂为例，合营前企业没有修理技工，合营后根据需要选拔了工人中懂得修理技术的充作修理工，原来没有房屋做修理车间，后设法挤出了房屋作四车间。该厂在1956年第一季度先是成立了修理组，10月成立了四车间，创造了对机器进行修理的条件，同时也开启了对各车间设备进行改进的工作。如一车间经四车间的努力，调整了工序之间的衔接，此外，抽梗润叶工段装置了传送带，便利了生产，提高了工作效率。华成烟厂，为了加强修理工作，提高修车效率，除四车间制造配件及担任重要修理任务之外，还充实了二车间的修理力量，增加车床、铇床、钻床，大中小修理均由二车间自行负责。②

卷烟业大部分厂除修理本厂设备外，还有能力对外加工，个别厂因修理设备不齐，兄弟厂还能互助协作，改变了过去互不联系，只有请业务修理厂加工修理的现象。在技术力量上，各厂均培养了许多艺徒，保证了后备力量。

（七）经济活动分析制度的建立

工业企业实行经济活动分析的目的，主要是检查各项计划执行情况，应用分析的方法，发现影响计划完成与完不成的原因，客观与主观因素，并利用核算资料与计划进行比较，研究出计划执行的过程和成果如何，它与计划的差异如何，从而发掘企业中存在的问题，加以讨论、研究和改进，如何巩固原有成绩并在此基础上进一步发挥和利用潜在力量，达到逐步提高的目的。因此，“经济活动分析，不是偶尔为之，而是正规的有系统的进行分析，内容不是单纯的客观的叙述，而是有目的，尖锐的和具有

①② 上海市工商行政管理局：《上海私营卷烟工业社会主义改造资料（初稿）》，1958年3月，上海市档案馆藏档案：B182－1－1035。

发现缺点与批评精神的具体分析和评论，只有这样才能使得企业的经营管理水平，得以不断提高。”①

卷烟工业行业各企业在合营前，都没有建立计划管理制度，因此也就没有经济活动分析制度。合营后，各企业先后都建立了计划管理制度，经济活动分析制度也就随之建立了起来。

三、供销网络重建

在私营批发商业被完全逐出流转领域的同时，零售商业也经历了撤、并、扩、迁的巨大变动。1956 年后，上海零售网点进行了大规模的调整，其中撤点 4 021 户，合并 1 295 户，遣至外地 168 户，增设、扩大、迁移的仅 284 户。同年，上海商业、饮食业改组后合并的公私合营和合作商店、摊位、私营零售商较以前减少了 12 250 户。②

上海自 20 世纪形成中国的工业中心后，上海的机制工业品就一直以国内市场为主要销售市场。50 年代以后，上海成为新中国的主要工业基地，上海的工业产品除了小部分供应上海本地市场之外，绝大部分还是经由国家商业系统，以调拨的形式向国内各地输出。上海的重工业产品、大型的成套设备是国内各工厂企业装备的主要来源，而质优价廉的上海轻纺工业产品更是国内日常生活消费品市场上最热销、最抢手的产品。在当时短缺经济时代，上海工业产品不仅是上海工业、上海人的骄傲，更代表了上海工业在当时中国经济中举足轻重的地位。

在第一个五年计划时期，上海的地方工业，除少数产品是当地生产、当地销售外，其余绝大多数产品都是原料来自各地，销售主要面向全国各地或者供应出口。1956 年，上海主要商品调拨外地的比重是卷烟 68%、胶鞋 68%、肥皂 62%、金笔 62%、火柴 62%、热水瓶 82%、铝锅 47%、棉布 85%、毛线 63%。③ 整个第一个五年计划时期，上海经国家商业系统调往各地的工业产品高达 190 亿元。

以上海制药工业行业为例，合营以后，药品购销之间已由合营前的公私关系转变为公公关系，因而在购进货的方式、手续制度等方面也相应地发生了一些变化。一是由加工逐步改变为订货。合营前，加工手续有购

---

① 上海市工商行政管理局：《上海私营卷烟工业社会主义改造资料（初稿）》，1958 年 3 月，上海市档案馆藏档案：B182－1－1035。

② 张忠民：《经济历史成长》，上海社会科学院出版社 1999 年版，第 345 页。

③ 孙怀仁：《上海社会主义经济建设发展简史（1945—1985 年）》，上海人民出版社 1990 年版，第 277 页。

料、发料、收回余料、处理余料等，1956 年第一季度以后，逐渐以订货形式代替加工形式，第一季度针剂、片剂加工品种共有 249 种，加工厂 49 家，加工金额占药品购进总金额 15.21%，第二季度起逐步减少，至第四季度就取消了加工形式。二是恢复各药厂使用本厂商标。过去采购站加工下乡成药都统一使用保健牌商标。全行业合营以后，下乡保健牌成药也随着加工品种的减少逐步减产，扩大对其他运销品种的订货，并使用各厂商标，这样各厂生产的积极性提高，并开始注意改进产品质量。三是改变违约罚则。全行业合营后，工业公司与采购站在相互约束和相互监督的基础上，重新协商制定了工业延迟交货，商业延迟付款的罚款办法，改变了过去只罚工厂的片面规定。同时，又统一了国营、合作社、合营工厂的罚款率，使合营厂罚款率逐步下降为 1% 和 0.5%。在处理违约事件时，事先均由工、商两系统协商研究，并做到只罚主观上安排不当的因素，不罚客观上原材料供应和协作关系等因素，使能更切合实际。四是改进验收工作。合营后对验收工作中发生争执的问题，都由采购站与工业公司研究处理，采购站一般都能将验收时发现的有关问题通知工业公司，促使工厂改进。五是生产安排改变以后，产销之间产生了新的问题。全行业合营后，生产任务改由工业部门安排后，产销之间产生了新的问题，即一方面是商业需要的灵活性与工业生产的计划性之间的矛盾；另一方面是物资的供应与产销平衡之间的矛盾。①

从上海制药业销售收入的变化来看，全行业合营后，销售收入有了显著变化，兹将 1952—1956 年制药工业中各种经济成分销售收入的变化情况如表 6 – 6 所示。

表 6 – 6　上海制药工业各种经济类型合营前后（1952—1956 年）销售收入变化情况

单位：元

企业性质	1952 年	1953 年	1954 年	1955 年	1956 年	备注
合计	70 678 162	128 865 492	125 559 232	151 976 996	245 902 924	
国营及中央合营		22 488 000	48 349 000	81 832 000	138 838 000	药品三厂等 6 户

① 上海市医药公司：《上海市私营制药工业全行业公私合营前后的变化情况介绍》，1959 年，上海市档案馆藏档案：B76 – 1 – 345 – 104。

续表

企业性质	1952 年	1953 年	1954 年	1955 年	1956 年	备注
老地方合营	7 561 930	7 481 840	30 815 597	28 692 331	43 583 000	1954 年以前仅中西药厂一户，1954 年后增加信谊等共 7 户
新地方合营					63 481 924	1956 年以前为私营厂
私营	63 116 232	98 955 652	46 394 635	41 452 665		1956 年以后为地方新合营厂

说明：制药业产品大体上可分为针剂、片剂、成药和原料药等四类，各类中又有不同产品，计量单位因而也不同，为了便于看出逐年销售变化的总趋势，先以销售收入来说明，这样就把全部销售情况统一成为一个单位——人民币“元”，以便说明全面变化的趋势。

资料来源：上海市医药公司：《上海市私营制药工业全行业公私合营前后的变化情况介绍》，1959 年，上海市档案馆藏档案：B76－1－345－104。

从表 6－6 可以看出，整个医药工业的销售情况，无论是从销售总收入的变化，还是从公私所占的比重与发展的趋势等方面来看，都各有其不同点，但又有其共同点，那就是 1956 年（全行业公私合营的第一年）是一个升降起伏的转折点。从销售收入的总额来看，在五年中，除 1954 年小有下降（约 300 余万元）外，基本上是逐年上升的，若以 1952 年为基数，则 1956 年上升为其 2.5 倍，而 1956 年为 1955 年的 161%，增长幅度超过以往的任何一年。从各种经济成分销售收入逐年发展的趋势和所占的比重来看，反映出国营和合营经济逐年壮大，而私营经济则逐年缩小，以致消灭。1952 年私营制药业的销售收入要占全业销售收入的 89%，但至 1955 年全业合营前夕时，仅占全业销售总收入的 27.2%，1956 年全业合营以后，随着企业性质的变化及销售总量的扩大，地方新合营企业（即 1955 年的私营企业）的销售收入又回升到 6 300 余万元，从绝对数来看，较 1955 年增加了 53%，从相对比重看，由 1955 年占全业销售总收入的 27.2% 升至 1956 年的 29.88%，是自 1953 年来的第一次回升。

由此可见，自 1952 年以来，上海制药工业的销售总收入是逐年上升的。其中，国营和合营企业的销售收入逐年增加，而私营企业的销售收入则逐年减少，一直到 1956 年全行业公私合营之后。地方新合营（即 1955

年的私营）销售收入的绝对额和相对比重才有所回升。所以从销售收入的变化也可以看出，在合营以前，社会主义因素在逐渐扩大，资本主义因素在逐渐缩小。全行业合营以后，一方面由于整个医疗事业的发展，使销售总量有所增加；另一方面，由于企业性质的改变，也推动了生产力的进一步提高，从而使得销售收入情况有了转折性的变化。

此外，从合营后制药原料供应情况来看，全行业合营以前，特别是新中国成立前后，制药业资本家都把原料当作筹码，只要有资金就囤进原料，其目的不在于提高生产，而在于投机牟利，随着对资改造的深入，国家在通过加工、订货、收购、包销的同时，也控制了原料的供应。自 1953 年以后，制药原料的供应起了很大的变化，逐渐由自由市场的供应纳入了国家计划供应的轨道。到 1955 年上半年，事实上私营制药业的原料，有绝大部分已是购自国营系统，只有部分材料如木箱、纸盒、玻瓶、稻草等是购自自由市场。全行业合营以后，除了进一步建立了工业物资供应系统以外，供应方面也发生了显著的变化。一是地方新合营厂开始获得“统配部管”物资的供应。物资供应系统一般可以分为四类，即国家统配部管物资、地方平衡物资、进口物资、一般物资。凡从部管物资取得供应的，可以享受“部配价格”，而“部配价格”远较商业价格为低。1957 年以前只有国营和老合营厂在 10 种主要药用原料上可以按计划申请部配物资。1956 年全行业合营后，各地方新合营厂的生产管理、财务制度逐渐健全，自 1957 年起通过公司的申请也开始享受“部配价格”，因而大大有利于成本的降低。二是密切了协作关系，加强了计划供应。合营前制药工业行业协作厂均各自为政，制药厂也自行采购，一旦供应紧张，大厂资金充足，库存大，可以继续生产，小厂则无法取得供应，只好停产。合营后，协作密切的行业都已归口医药工业公司，由公司统一管理，因而密切了协作关系，有利于计划供应和平衡工作。例如 1956 年第三、四季度和 1957 年的第一、二季度玻璃瓶的供应很紧张，根据过去情况，小药厂势必发生困难以致停产，但合营后在公司的统一平衡之下，仍维持了各厂的供应。三是由于专业公司的一条龙管理，掌握了各厂库存，对于处理呆滞物资，加强业内平衡起到了很大的作用。如 1956 年将上海玻璃厂的硼酸调拨给信谊药厂使用，解决了盐水瓶的生产；又如进口原料受战争影响就通过业内平衡相互调剂，保证了各药厂正常的生产。四是减少供应脱节，降低了成本。合营后企业性质改变，并由专业公司统一管理，减少了供应环节，对降低成本起了很大的作用。如氯磺酸的供应，合营前的供应程序是氯磺酸的生产厂（化工系统）—化工上海站—化工市公司—药厂—共四个环节，

1956 年开始减少了中间两个环节，不仅供应简捷，还有利于降低成本。1956 年以 1 520 吨计算可节约成本约 148 400 元。① 总的来说，制药行业的供应工作在合营以前，就已经基本纳入了国家计划通道。合营以后，由于设立了专业公司，实行行业归口和裁并改合，再加上制度逐渐健全，所以原料供应在原来的基础上有了很大的改进和提高，对于节约物资，保证生产方面发挥了作用。

除了大量的轻工业产品外，上海对全国各地工业产品的输出还体现在为建设中的各类重要工程提供重要的成套设备等方面。如第一个五年计划时期，上海重工业就在机械配件和设备等方面销往鞍钢、长春汽车厂、西北石油工业和佛子岭、梅山、官厅水库等重要工程项目，以及各地的轻纺工业基地。

计划经济体制下新的商业流转网络的重建，是通过对原有的流转网络的割断、取消、替代，有计划、有步骤地进行的。通过公私合营后的重建，一个历经百年，以市场为主体的流通网络被完全取消了，代之而起的是一个完全在国家行政力量控制下，以国家物资机构、国营商业和供销社为中心的、以计划调拨为主要形式的商品销售流通体制。在当时的历史条件下，新中国的领导者坚信新商品流通体制的建立不仅是对旧流通网络的一场历史性的革命，而且取消市场对资源的配置，代之以计划经济的集中统一分配，将建立起一个更为有效率、更为合理的流通销售网络，并将大大促进社会生产力的发展。

而事实上，市场经济环境下，企业通过自身的努力开拓市场，如提高产品质量，建立良好的信誉，做广告、高薪招聘销售人员等都是为了更多更快地销售出自己的产品，它必将要花很多的人力资源、资金以及一系列的经营管理成本等，即使如此，有时候还是要承受产品卖不出去的风险，而影响资金周转，甚至冒停止生产直至企业倒闭的风险。而公私合营后，企业生产的产品数量由国家计划，原料由国家统一调配，产品由国家统一统购包销，企业失去了事实上的经营自主权，在公私合营后的一段时间内，这种由国家力量控制下的商品销售流通体制为公私合营企业减少了各种经营管理成本，避免了产品囤积带来的多种风险，加快了流动资金的周转，节约了不少交易成本。

但是随着全行业公私合营的完成，这种私营经济时期市场化的产品销

① 上海市医药公司：《上海市私营制药工业全行业公私合营前后的变化情况介绍》，1959 年，上海市档案馆藏档案：B76－1－345－104。

售网络完全被抛弃，取而代之的是在高度集中统一的计划经济体制下，以国营工商业等企业和机构为主体，以国家物资统一调配为主要表现形式的商业、物资流转体系。

第四节　全行业公私合营后企业的财务管理和财务监督

财务部门是企业的理财结构，财务管理制度的建立是财务执行的准则。而各种财务报表则是公司资金运转和财务状况的定量描述，是公司好坏的“晴雨表”。全行业公私合营后，公私合营企业以国营企业为榜样，实行的是高度集中统一的计划经济体制，因而体现在经营管理上，计划特色就成为公私合营企业经营的主旨。鉴于财务管理与公私合营企业的经营管理密切相关，本节将从公私合营企业建立财务管理制度与银行对公私合营企业进行财务监督两方面阐述公私合营企业财务制度的形成、确立对中国企业制度转折的促进。

一、建立公私合营企业财务管理制度

首先，建立健全财务会计制度，逐步推行经济核算。私营工商业时期，企业的财务会计制度大都比较混乱，绝大多数企业账册不全，资金运用不合理，成本计算不正确，小型工商企业大多数没有账册。全行业公私合营后，通过清产核资查清了各企业资金财务的详细情况，为财务会计制度的改革提供了良好的条件。上海市各专业局根据所属行业的特点和各企业原有的财务管理情况，拟定了适应于不同企业的甲、乙、丙三种统一的会计制度，集中力量在各公私合营企业中进行全面的建账改账工作，基本上做到无账建账，有账健账、有账可查、有账可结，克服了账目混乱等现象。同时，在工业方面，各专业公司还逐步核定了所属各公私合营工厂的资金，并区别不同情况，在公私合营工厂中逐步推行了成本计算制度，以加强经济核算，使各厂都能合理地使用资金，核算出单位产品的成本，由此可以了解各企业的经济活动情况，及时发现生产经营中存在的问题，克服浪费现象，以便于国家进一步加强对公私合营企业的领导和管理。

上海搪瓷工业行业在局的领导下，于 1955 年 11 月组织各厂财务科负责人及职能人员进行了为期半个月的专职成本人才的短期培训，使参加学习人员基本上掌握了搪瓷业成本计算的一般方法。1956 年全业合营后，开始在全业所有的搪瓷厂都推行成本计算，使各厂都能够掌握各种产品的成

本情况，为有计划地降低成本开辟了道路。为了促使企业降低成本，1956年下半年展开了同产品成本评比工作，发现厂与厂之间先进与落后的情况，从而交流生产上的先进经验，推动各厂找出薄弱环节，达到先进带动落后，落后赶超先进的要求。如鸿福搪瓷厂通过评比后发现饭碗废料面积比新华厂多，研究节约原料方法后，使原来每张3尺×6尺铁皮开91只饭碗提高到开100只，节约原料10%。又如该厂学习了久新厂“磅重量厚”两者应用的先进拣铁皮方法后，使得铁皮超规格率由8%逐步降低到4.15%。另外，从1956年2月份起，搪瓷行业还在益丰等5户老合营厂中逐渐推行了班组经济核算制。益丰搪瓷厂在推行过程中建立了瑯粉发料制度，在工人群众配合和监督之下，扭转了1956年上半年以来瑯粉超量耗用的严重情况，在6—7月份内瑯粉耗用节约了2 200元。1957年搪瓷工业还普遍推行了成本分析工作，各厂建立成本分析会议制度，为企业进一步降低成本提供了前提。①

其次，逐步制定财务管理规则，建立健全财务管理制度。公私合营之前，私营企业的财务管理松散，并没有专门建立财务监督制度，导致资金短缺、流动资金周转困难的局面时有发生。公私合营之后，企业财务制度开始走向正规，第三方监管企业财务已成为一种公开的制度，这些措施都为公私合营企业正常生产经营秩序的建立奠定了基础。1956年3月，财政部公布《关于公私合营企业财务管理的暂行规定》。主要内容如下：公私合营企业的财务工作由主管业务机关（中央为主管部；省、区、市为主管厅、局；县、市为主管科、局）领导管理。由财政机关授权交通银行负责监督和具体收支工作；合营企业的利润，按月批准的财务收支计划或季度交款计划数扣除所得税、企业奖励基金和定额股息后的余额解缴交通银行经办行，并按照季度和年度的实际数进行结算和清算。合营企业的计划亏损，由经办行根据批准的财务收支计划核实拨付弥补；合营企业的流动资金定额，由主管企业机构会同经办行进行审核后报主管业务机关和交通银行共同核定；其资金由主管业务机关在批准的预算额度内进行分配后，由交通银行通知经办行按季核实拨付。流动资金如有多余，先由主管业务机关在其本系统内进行调剂，有余解缴经办行；如有不足，由企业申请中国人民银行贷款解决；合营企业定额以外的流动资金，由企业申请中国人民银行贷款解决。合营企业的积压物资，应当由企业订出处理计划，并由主

① 《上海私营搪瓷工业社会主义改造资料》。1959年2月，上海市档案馆藏资料：B157－1－173。

管业务机关督促积极处理。在处理以前所需资金，按照信贷规定，由企业申请中国人民银行贷款解决。①

1957 年 3 月，根据合营企业的改组改造情况和财务工作中存在的问题，并为积极发展企业生产，增加资金积累，以配合进一步加强对私改造工作；对合营企业财务收支采取归口管理分级列入预算，以适应国家体制的要求；以及为了充分动员企业内部资源挖掘潜力，以贯彻增产节约目标等，合营企业重新制订了《关于公私合营企业财务管理的暂行规定》。其中对关于财务管理的几个具体问题进行了规定：首先是关于流动资金问题。公私合营企业定额流动资金不足的情况在当时相当普遍，与企业历史遗留问题密切相关，因而只能根据国家财政力量，采取逐步解决的方针。因此，对于合营企业的定额流动资金不足的部分，应先由企业充分动员内部资源，再由国家预算拨付一部分弥补，如仍有不足，可由企业向中国人民银行贷款解决。这样不仅可减少国家的财政支出，而且更重要的是在满足流动资金合理需要的原则下，促使企业重视节约，合理运用资金。在动员企业内部资源方面，采取如下几种办法：一是流动资金有多余的合营企业，其多余部分可以由主管业务机关在其本系统内进行调剂；二是通过积极处理积压物资来进行弥补（如果因积压物资已向中国人民银行贷款的，则处理后应尽先归还人民银行贷款）；三是企业超计划利润中应上缴财政的部分，可以由财政部门和有关主管业务机关统一安排，用于弥补定额流动资金的不足。此外还有关于超计划利润的分成，企业奖励基金和工资附加费的提取和使用题，大修理资金的来源问题等，均要求结合合营企业的具体情况，参照国营企业的做法，商讨临时办法进行办理。②

最后，其他财务管理制度的建立。一是对公私合营企业简易账户计划及会计报表格式。削减了企业的账户，简化了报表格式，既减轻了财务人员的负担，又提高了财务工作水平。二是统一账簿使用种类。为及时有效反映经济活动成果，拟定了以借、贷、余为主的，总分类账、明细分类账、银行现金收支日报表等一套简易账册，以利账簿的及时记载。三是领退料制度。控制原材料是财务核算上的主要内容，为通过财务管理起到减少损失浪费，增产节约及降低成本的作用，根据企业的现有条件拟定材料入库单、领料单、材料卡片等 4 种表式，以促使企业财务上逐步掌握情

① 中国社会科学院、中央档案馆：《1953—1957 中华人民共和国经济档案资料选编 · 工业卷》，中国物价出版社 1998 年版，第 502—505 页。

② 中国社会科学院、中央档案馆：《1953—1957 中华人民共和国经济档案资料选编 · 工业卷》，中国物价出版社 1998 年版，第 505—507 页。

况，并在其监督下合理地使用材料。四是低值易耗品的管理制度。拟制了低值及易耗品计划及支领表，低值及易耗品卡片，低值易耗品报废及摊销计算表等3种表式，加强了企业的低值易耗品管理工作，为成本核算创造了有利的条件。五是建立月度财务收支计划。按月根据计划指标结合企业计划编制，增加企业月度收支工作的计划性，为实现年度计划准备了条件。

二、银行对公私合营企业的财务监督

银行作为第三方对公私合营企业的财务进行监督，为公私合营企业的流动资金周转提供了保障。1954年9月2日颁行的《公私合营工业企业暂行条例》第六章第二十五条规定："人民政府财政机关和所属的交通银行，负责监督合营企业的财务。"① 可见，交通银行上海市分行对上海的公私合营工业企业的财务负有严格监督的责任。

1956年，据交通银行上海市分行对上海市地方合营企业进行监管的汇总决算说明书显示：上海市地方合营企业，1956年底统计共有18 208户，分别隶属于11个主管局和78个专业公司。其中，老合营企业246户（内编制1956年年度财务计划的单位198户），新合营企业17 962户。办理1956年年度决算的共14 816户。其中，老合营企业224户，新合营企业14 592户。其余3 392户均系小厂，会计水平较差，主管部门办理决算汇编时，尚未办妥决算或未办理决算，故未汇总在内。根据14 816户决算汇总资料：期末全部自有资金81 144万元，其中公股股份11 842万元，占股份基金总额的16.26%，私股及其他股份61 012万元；固定资产总值为58 882万元；定额资产期末余存额为45 576万元，自有及视同自有流动资金29 341万元，缺流动资金16 235万元。全年生产总值（按不变价格计算）共491 251万元，较1955年增长41.50%；商品产品销售收入为269 559万元，较1955年增长40.68%；利润总额为22 338万元，较1955年增长116.67%。流动资金周转方面，根据4 177户统计：商品产品销售收入为133 998万元，全部流动资金周转天数为82.77天，较1955年加速0.95天；定额流动资金平均额为24 646万元，定额流动资金的周转天数为66.21天，较1955年迟缓6.41天。②

---

① 中国社会科学院、中央档案馆：《1953—1957中华人民共和国经济档案资料选编·工业卷》，中国物价出版社1998年版，第486页。

② 中国社会科学院、中央档案馆：《1953—1957中华人民共和国经济档案资料选编·工业卷》，中国物价出版社1998年版，第737页。

1956 年度交通银行上海市分行对公私合营企业进行监管汇总的主要项目一方面是各项指标的完成情况，如生产计划、销售计划、成本计划执行、利润计划完成、流动资金周转等；另一方面是对各种指标的完成情况进行分析，找出其中存在的问题，并提出改进的措施，以促进公私合营企业的发展，实现经济效益的提高。

上海市地方合营企业大部分是在 1956 年社会主义改造高潮中合营的，新合营企业一般会计基础较差，1956 年内均未编制财务计划，而它们在私营阶段亦未系统积累可供社会主义企业经营管理做参考用的资料，致使交通银行在审核汇编决策时，缺乏分析比较的依据。因此，只能仅就老合营企业中 5 个工业局所属的 163 个计划企业进行分析。从这些企业的分析资料中，大致可以说明上海市合营企业各项指标完成情况的概貌。

（一）生产计划完成情况

生产计划执行的结果，共超额 5.45%，较 1955 年增长 39.54%，各局完成情况如表 6 – 7。

表 6 – 7　　上海市各工业管理局 1955—1956 年生产计划完成情况

主管局	户数（户）	1955 年生产总值实际数（万元）	1956 年生产总值计划数（万元）	1956 年生产总值实际数（万元）	与 1955 年实际比较（%）	与 1956 年计划比较（%）
第一重工业局	79	15 617	29 334	27 917	178.77	95.17
第二重工业局	17	5 372	6 563	8 029	149.45	122.33
纺织工业局	25	20 808	25 048	27 049	129.99	107.99
第一轻工业局	10	3 218	3 336	3 476	108.01	104.20
第二轻工业局	32	30 842	36 094	39 378	126.78	109.09
合计	163	75 857	100 375	105 849	139.54	105.45

资料来源：中国社会科学院、中央档案馆：《1953—1957 中华人民共和国经济档案资料选编·工业卷》，中国物价出版社 1998 年版，第 738 页。

根据表 6 – 7 所列上海市工业局 163 户企业资料可见，第一重工业局虽没有达到计划指标，但与 1955 年比较仍增产很多，其不能完成计划的原因，主要是由于部分企业计划多变，实际生产未按计划进行，再加上原材料供应脱节又产生窝工现象等原因所造成，其余各局均超额完成任务，其超额完成的主要原因有：一是开展先进生产者运动，订立联系合同：如第二重工业局的扬子木材厂开展先进生产者运动以后，订立了计件工资奖励制度，大大提高了劳动生产率；纺织工业局内衣公司所属各厂，车间之间订立“供应联系合同”以后，消除了供应上的混乱现象，使生产有节奏地进行。二是加强了技术管理，改进了操作方法。如第二轻工业局中国铅笔一厂由于改进了机器设备，高质量地完成了计划任务，获得了良好的效果；纺织工业局内衣公司所属各厂进一步推行了车间流水作业法，加强了工段之间的衔接，增加了在产品的流转速度，缩短了生产时间，增加了产量。三是生产任务有变更，且企业产量有增加。如第二重工业局所属亚美造漆厂、中国炼气厂等开始时计划任务不足，但在实际执行过程中，又因市场需要增加了产量；纺织工业局各印染厂的花色品种增加和低档货改产高档货，也扩大了产值。此外，第二轻工业局所属各厂产值的增加，主要也是由于生产任务的变动所造成。四是经济改组和裁并改合。如第二重工业局的天山化工厂、惠工缝纫机厂在经济改组中并进了一些小厂，带进了一批生产任务，扩大了这些厂的生产总值。

（二）销售计划完成情况

销售方面，上海市各工业局所属各公私合营企业销售收入大部分都有增长，据统计，共计超额4.87%完成任务，具体各局情况如表6－8所示。

表6－8　　1956年上海市各工业管理局销售计划完成情况表

主管局	户数（户）	计划数（万元）	实际数（万元）	实际占计划的百分比（%）
第一重工业局	79	15 029	13 428	89.34
第二重工业局	17	3 721	4 657	125.15
纺织工业局	24	7 750	9 973	128.69
第一轻工业局	10	3 171	3 307	104.27
第二轻工业局	32	26 422	27 462	103.94
合计	162	56 093	58 827	104.87

资料来源：中国社会科学院、中央档案馆：《1953—1957中华人民共和国经济档案资料选编·工业卷》，中国物价出版社1998年版，第739页。

从表6－8可见，除第一重工业局由于质量差、返工多等原因未完成计划外，其余均超计划完成，其原因如下：一是超额完成生产任务，为扩大销售数量提供了前提。纺织、第二重、第一、二轻等四个工业局所属各企业均超额完成生产任务，为销售计划的超额完成奠定了基础。二是改变供销关系，增加了销售收入。轻纺工业在1956年第四季度以后，有一部分产品陆续改变供销关系，在产成品售价上有所提高，由此增加了各厂的销售收入。

（三）成本计划执行情况

全行业公私合营完成初期，公私合营企业成本计划执行情况并不理想。以上海市制袜工业公司所属三个工厂为例，1956 年鸿兴袜厂第一季度计划降低率为 2.69%，而实际成本超过计划 0.69%，剔除价格因素外，超支为 0.74%，比 1955 年实际成本水平降低 4.69%。镒大袜厂第一季度总成本超过计划 0.86%，剔除价格因素则超支 2.44%，与 1955 年实际成本水平比较降低 2.41%。光大袜厂第一季度总成本较计划降低 0.99%，剔除价格因素总成本超支 0.27%，与 1955 年实际成本水平比较则降低 2.51%。[①] 由此可见，成本计划虽较 1955 年实际水平有所降低，但完成情况总体上是不好的。

随着时间的推移，到 1956 年中后期，合营企业成本计划完成情况开始有所改观。这从 1956 年上海市各工业管理局所属 163 户公私合营企业成本计划执行一年的情况来看是有所降低的，具体来说，全部产品成本较计划数降低 1.76%，其中可比产品降低 1.64%；较 1955 年实际降低 8.67%，但各局情况略有不同，具体列表如表 6－9。

表 6－9　　1956 年上海市各工业管理局产品成本比较

项目	各主管局	按上年实际平均成本计算（万元）	按本期计划成本计算（万元）	按本期实际成本计算（万元）	比计划降低（万元）	比计划降低率（%）	比上年实际降低率（%）
全部商品产品			47 172	16 341	831	1.76	
	第一重工业局		9 864	9 594	270	2.74	
	第二重工业局		3 705	3 606	99	2.67	
	纺织工业局		8 948	8 906	42	0.47	
	第一轻工业局		2 414	2 481	－67	－2.78	
	第二轻工业局		22 241	21 754	487	2.19	
其中，可比产品		33 296	30 897	30 391	506	1.64	8.67
	第一重工业局	4 390	3 359	3 221	138	4.10	26.62
	第二重工业局	2 005	1 801	1 794	7	0.41	10.56

① 《上海市制袜工业公司老合营厂第一季度成本计划执行情况》，1956 年，上海市档案馆藏档案：B5－2－111。

续表

项目	各主管局	按上年实际平均成本计算（万元）	按本期计划成本计算（万元）	按本期实际成本计算（万元）	比计划降低（万元）	比计划降低率（%）	比上年实际降低率（%）
	纺织工业局	6 541	6 189	6 187	2	0.03	5.40
	第一轻工业局	1.906	1.663	1 723	-60	-3.57	8.64
	第二轻工业局	18 434	17 885	17 466	419	2.34	5.25

资料来源：中国社会科学院、中央档案馆：《1953—1957 中华人民共和国经济档案资料选编·工业卷》，中国物价出版社 1998 年版，第 741 页。

由表 6 -9 可见，除第一轻工业局由于原材料价钱提高，使用上又稍有浪费，产品质量差，发生产品交货迟滞而退货的罚金支出等导致成本增加之外，其余各局成本都有所降低，分析成本降低的原因，主要有下列几项：

一是开展社会主义劳动竞赛，劳动生产率普遍提高。由于实行劳动竞赛，第一重工业局中华铁工厂车工徐某把旋风切削机床转速提高 4 倍，铣工施某将洗烘缸口轴头——肖子槽提高效率 6 倍。由于劳动生产率的提高，产品成本得以显著降低。以上海市橡胶公司为例，1956 年的总产值为 417 129.73 千元，全部在册人数为 22 863 人，每人劳动生产率（产值）18 986 元，其中生产工人 17 589 人，每一工人劳动生产率（产值）23 715 元（按 1952 年不变价格计算）；1957 年总产值 375 089 千元，全部在册人数 25 919 人，每人劳动生产率（产值）14 471 元，其中生产工人 19 927 人，每一工人劳动生产率（产值）18 823 元（按 1957 年不变价格计算）；1958 年的总产值为 583 049 千元，全部在册人数为 28 102 人，每人劳动生产率（产值）20 748 元，比 1957 年提高 43.38%，其中生产工人 23 646 人，每一工人劳动生产率（产值）24 657 元，比 1957 年提高 31%。（按 1957 年不变价格计算）。①

二是利用废品，增加生产，节约原材料。如第一重工业局工兴机器造船厂三季度利用废料及备件，多生产了一台 12 匹柴油机，上海机床电器厂利用矽钢、铁皮角 5 万余斤，节约资金 34 000 元。

三是产品质量提高，废品损失和罚金支出均有减少。如第一重工业局

① 《上海市化学工业局合营处与有关单位关于整顿财务清产核资、劳资纠纷等问题的材料》，上海市档案馆藏档案：B76 -1 -116。

公兴造机器造船厂废品损失较计划降低 14.24%，因此罚金支出也相应减少，降低了成本。① 以橡胶公司为例，该公司（32 户）公私合营后所生产的胶鞋产量 1955 年为 42 369 819 双，1956 年 44 863 959 双，1957 年 57 173 060 双，1958 年 83 800 000 双。逐年质量情况如下：1956 年胶面鞋平均质量合格率为 98.93%，布面鞋为 99.24%；1957 年胶面鞋平均质量合格率为 98.60%，布面鞋为 99.63%；1958 年胶面鞋平均质量合格率为 98.61%，布面鞋为 99.14%。② 由此可见，公私合营后，橡胶公司的产量逐年上升，而且产品质量也稳中有升且维持在合格水平。

四是原材料价格降低，国家统配物资差价免于上缴。如第二轻工业局茂昌冷藏厂鲜蛋价格平均每吨降低 154 元；第一重工业局中华、安泰等厂计划价格偏高，在实际执行中价格偏低，成为成本降低的一个因素。此外，企业定息后国家统配物资差价免于上缴，也是使原料成本降低的因素之一。

（四）利润计划完成情况

上海市 5 个工业局所属公私合营企业的 1956 年度利润，共超额 20.56%，完成了计划指标，但是各局的完成情况并不一致，其中一重、二重、一轻、二轻共计 4 个工业局超额完成，只有纺织工业局没有达到计划数字，具体情况如表 6－10 所示。

表 6－10　　1956 年上海市各工业管理局利润计划完成情况

主管局	户数（户）	1956 年计划数（万元）	1956 年实际数（万元）	占计划的百分比（%）
第一重工业局	79	2 287	2 684	117.35
第二重工业局	17	308	558	181.41
纺织工业局	24	863	704	81.52
第一轻工业局	10	299	327	109.26
第二轻工业局	32	1 457	1 998	137.13
合计	162	5 214	6 271	120.26

资料来源：中国社会科学院、中央档案馆：《1953—1957 中华人民共和国经济档案资料选编·工业卷》，中国物价出版社 1998 年版，第 742 页。

---

① 中国社会科学院、中央档案馆：《1953—1957 中华人民共和国经济档案资料选编·工业卷》，中国物价出版社 1998 年版，第 741 页。

② 《上海市化学工业局合营处与有关单位关于整顿财务清产核资、劳资纠纷等问题的材料》，上海市档案馆藏档案：B76－1－116。

上海纺织工业局利润计划没有完成的原因，一是由于原计划所采用的工缴货价，在执行过程中经商业部门数度降低，但年度财务计划并未重行调整；二是工缴货价恢复1955年年底水平后，商业部门退利直接由财政部门上缴，未汇入年度决算之内。而其他四局均超额完成任务，其原因主要是产值扩大，销售收入增加以及成本降低等，这些因素已在以上各节分析中说明过，此处不再另行阐述。

再以上海市地方轻纺工业96个地方国营、公私合营企业的比照为例，1956年第三季度这96个企业利润总额12 601.91千元，比计划利润11 043.27千元增加了1 558.64千元，超额14.11%，其中地方国营超额2.77%，公私合营超额25.98%。从96个企业所属分局来看，第一轻工业局超计划14.52%，第二轻工业局超计划26.81%，市纺织工业局没有完成计划，仅完成85.85%。从单个企业来看，96个企业中，完成计划的59个，占61%，尚有37个企业没有完成计划。①

（五）流动资金周转情况

流动资产周转率指企业一定时期内主营业务收入净额同平均流动资产总额的比率，流动资产周转率是评价企业资产利用率的另一重要指标。流动资金周转率的表现方式有周转次数与周转天数两种。周转次数是指一定时期内流动资金完成的周转次数。周转天数是指流动资金周转一次所需天数。周转速度快，会相对节约流动资产，等于相对扩大资产投入，增强企业盈利能力；而周转速度慢，需要补充流动资产参加周转，形成资金浪费，降低企业盈利能力。本书讨论的流动资金周转主要指标是周转天数。

全行业公私合营前，一方面受私营企业治理结构的局限性，忽视企业流动资金管理；另一方面因为国家权力的控制，在原料、资金、供销渠道等方面受到限制，导致流动资金周转不畅。全行业公私合营以后，各企业加强对流动资金周转情况的治理和改善，取得了一定的成效，但由于还残留有私有企业时期的管理缺陷，流动资金周转还是存在一定的问题和困难。

企业生产经营过程的循环持续进行，企业的流动资金从货币资金形态开始，依次转变为储备资金、生产资金、成品资金和结算资金，再回到货币资金形态上，完成一轮资金周转的过程，以便满足下一轮生产经营过程的需要。因此，流动资金的各项组成形态必须保证在空间上合理并存，在

---

① 《上海市地方轻纺工业96个地方国营、公私合营企业1956年三季度利润计划执行情况》，1956年，上海市档案馆藏档案：B163－2－436。

时间上依次继起。否则，流动资金周转的正常维持对流动资金的告急或生产经营的中断便不可避免。政府依据流动资金的占用形态采取相应的对策进行了管理，具体举措如下：

第一，加强企业储备资金的管理。

一是制定合理的材料消耗定额，建立定额发料制度，减少原材料的库存储备量。原材料的灵活采购和合理使用是确保流动资金周转的首要条件之一。公私合营中冠纺织机器制造厂制定的行政工作暂行办法规定了领料、借料与退料工作暂行办法，其中领料规定：车间工至供销科领用零星材料时，必须持有小组长审核的领料单，无领料单不得发料；车间如需用成批材料或特殊材料时，应凭大组长审核的领用单至供销科领料，供销科应派人送至工场间指定地点，由收料人及时核对签收；修配工具组领料时，凭组长审批的领料单发料。①

二是原材料的供应方式科学合理，就近采购，小批分散进料，缩短供应间隔期。首先，原材料采购由物资部门根据生产计划编制采购计划，然后对所需采购的物资按产地进行分类，避免舍近求远的做法，尽量降低采购费用。其次，原材料采购实行“定价权与采购权”相分离的制度，坚持货比三家，比质比价，货到付款等原则，降低原材料采购成本。如1958年各公私合营企业在资金周转工作时，采取财权下放，资金归口，改善运用资金部门与管理资金部门之间的矛盾，使各厂采购和仓库管理人员对资金管理工作开始主动编减各种原材料的采购间隔期，改变了过去宁多毋少的思想，一定程度上促进了流动资金周转。②

三是加强库存管理，定时处理超储积压物资，盘活资金存量。首先对库存应实行日清日结，按时填写“收、付、存报表”，及时向主管物资信息科反映，使物流运动尽快以资金流动的形式表现出来。公私合营开始及其运作的相当长一段时期里，从中央到地方，各管理局都加强了对公私合营企业的财务管理，每年末每个企业都对本企业的财务情况进行上报，内容包括资产负债、流动资金周转率、销售收入及利润（亏损）、主要商品销售利润（亏损）、商品产品成本、主要商品产品成本等。管理当局据此及时了解企业的资金运作情况，从而作出相对正确的决策。其次，企业经常做好清仓查库工作，做到定期清查和及时处理，对遗留的积压、超储的

---

① 《公私合营中冠纺织机器制造厂行政工作暂行办法》，1956年，上海市档案馆藏档案：B4-2-126。

② 《上海市轻工业局财务工作情况报告》，1956年，上海市档案馆藏档案：B163-2-944。

原材料，其他材料的物资以适当降低处理，对少数长期积压，质量差的物资下决心作报废处理，这样就可以使死钱变活，增加资金的流动量。如1958年为贯彻上海市委资金会议加速资金周转工作的精神，各合营企业及时清理仓库，积极处理呆滞物资，缓和了部分原材料紧张。制笔公司清出历年积压零件。上烟一厂查出了账外烟叶10万余千克，老年工人还从地下挖掘出了废旧生铁水管50余吨等。

四是加强原材料的收发和保管工作。原材料的收发和保管与储备资金的高低也是息息相关的。入库时管理人员一定对入库材料的数量、质量进行验收，在入库的环节上财务账和库存的卡片数量金额一定要相符，验收凭证上面有符合条件的采购员和验收员的签章。发放凭据则要求由符合领料要求的人填写并加盖印章齐全的领料单进行发放，使库存物资合理有序地流动。保管上要根据储备物质的保管条件进行科学管理，不霉烂、不变质、不过期，充分发挥它的效用。

第二，加强企业生产资金的管理。

一是加强管理，缩短生产周期。产品生产周期的长短与产品和半成品资金占用量关系密切，缩短生产周期可以节约生产资金。如第二轻工业局中国铅笔一厂由于改进了机器设备，对产品产量和产品质量的完成获得良好的效果；纺织工业局内衣公司所属各厂进一步推行了车间流水作业法，加强了工段之间的衔接，增加了在产品的流转速度，缩短了生产时间，强化了流动资金的周转。①

二是采用先进的生产组织形式和先进工艺，努力提高生产率。上海各轻纺公司为掌握各厂的生产进度，建立了基层厂对中心厂二日一汇报制度、生产统计报告制度等。同时还建立了生产统计组，主要是统计月报表，并且五天一期小结生产量，掌握生产进度表，成立统计互助组，分块进行联系，及时了解各厂生产情况。② 这些做法不仅改善了生产管理，建立了必要的生产管理制度，而且一定程度上也确保了生产资金的顺利流通，加速流动资金的周转。

三是积极开展技术革新和技术管理，制定操作规程，建立检验制度，实现增产节约。如上海大中华橡胶厂合营后，为了提高产品质量，一方面大力宣传提高质量的在政治和经济上的意义，举办以质量问题为中心的展

---

① 中国社会科学院、中央档案馆：《1953—1957 中华人民共和国经济档案资料选编·工业卷》，中国物价出版社1998年版，第739页。

② 《上海市轻、纺各公司、企业管理情况》，1956年，上海市档案馆藏档案：B5-2-158。

览会，发动职工分析质量不好的原因，讨论和订立质量指标，制订技术组织措施计划，建立工艺操作规程和产品检验制度，教育技术人员贯彻“劳动与技术相结合”的方针，与工人合作解决技术关键问题；另一方面，广泛开展技术互学互助活动，组织同行业间的交流，主动向兄弟单位介绍配方、熬油等方法，也向别厂学习缝帮套楦法等先进生产方法，并大力推广苏联的先进经验，从而使得胶鞋合格率由83%提高到99.4%，轮胎合格率由98%提高到99.4%，各种机械、物理性能都达到或超过中央规定的指标标准。①

第三，加强企业成品资金的管理。

一是以销定产、及时发运和快速销售。销售部门应根据合同编制计划。生产部门按销售计划要求的品种、数量、质量组织生产。此外，发运中要组织好运输力量，搞好销售与运输的衔接，减少库存和发运时间。总之，力求做到各个环节的平衡和协调。

二是及时签开发货凭证，组织资金回笼。销售部门待货物发出后，要及时地将有关的发货证送交财务部门，财务部门根据结算方式要求办理好有关结算手续，并负责检查商品货款的收回情况，对逾期收回的贷款，督促有关人员进行催款，长期拖欠的安排专人催收。如1958年各公私合营企业在资金周转工作时，与商业部门协作，共同设法解决产品包装问题，使成品提早出厂，供应市场；推行银行托收先承付，使货币迅速回笼，加快结算；试办“工商仓库合一”，使产品减少中间环节，加速周转。以搪瓷工业为例，据统计，1956年12月中就有成品计250多万元资金处理出厂。②

三是重视产品销售，加快资金周转。产品销售收入是企业的主要资金来源。企业要想获得更多的收入，就必须使产品销得快、多，并缩短流通时间，使资金周转加快，“货不停留利自生”。要使产品畅销，坚持“增畅、限平、停滞”的原则，逐步形成面向市场追求的生产经营机制。如1956年第二重工业局，纺织工业局，第一、二轻工业局等四个工业局在销售方面均比前一年有所增长，共计超额4.87%完成任务。③

第四，银行协助政府主管部门对合营企业加强定额流动资金管理。

---

① 中共上海市委统战部等：《中国资本主义工商业的社会主义改造》，上海卷（下），中共党史出版社1993年版，第1343页。

② 《上海市轻工业局财务工作情况报告》，1956年，上海市档案馆藏档案：B163－2－944。

③ 中国社会科学院、中央档案馆：《1953—1957中华人民共和国经济档案资料选编·工业卷》，中国物价出版社1998年版，第739—740页。

为了加强公私合营企业资金管理，正确核定流动资金定额，以达到保证生产，节约资金使用，加速资金周转，提高企业经济核算水平的目的，银行作为第三方，开始在合营企业与政府管理部门之间，发挥其对公私合营企业流动资金管理和监督的独特作用。

1956 年，上海市对 1955 年年底前合营的企业有计划有步骤地核定企业流动资金计划定额，明确划分企业自有资金与银行信贷资金，以充分发挥财政监督与银行信贷监督的作用。同年第二季度在财政局领导下，会同有关主管部门及人民银行商订选择大隆机器厂、惠工缝纫机厂、大中华橡胶厂、金星金笔厂、大新振印染厂、画片出版社等 6 个老合营企业作为重点试行单位，以便获得经验后在公私合营企业全面展开。此项工作自 4 月中旬开始至 6 月上旬全部结束。整个工作的进行大体上可以分为以下三个阶段：

第一阶段为准备动员阶段。这一阶段主要是确定企业，熟悉资料并组织力量学习核算方法，统一核资认识。在工作进行之前，先由下厂同志就原有资料加以分析研究，掌握企业基本情况，然后在财政局统一领导下召开各主管部门财务负责人，重点厂厂长财务负责人座谈会，说明核资工作的目的和意义，并就企业中如何推行新放款办法的基本精神达成统一认识。第二阶段是核定资金，推行新放款办法。首先通过厂内有关职能部门介绍过去生产储备、供销等资金运用情况，然后下车间、仓库进行具体了解企业情况。第三阶段是总结阶段。在小结的基础上，办理资金缴拨与银行贷款手续，具体地划分企业自有资金与银行信贷资金。

核资工作的益处在于：（1）在保证生产原则下，加速了资金周转，降低了流动资金计划定额。6 个合营厂原计划定额 1 758 万元，周转期为 77.7 天，经核资后定额核减为 1 236 万元，周转期为 54.62 天，定额降低 522 万元，加速周转 29.7% 计 23.09 天，在资金缴拨方面，多余上缴 106 万元，不足下拨 798 万元。① （2）熟悉了企业情况，改进了企业产、供、销有关环节。如大中华橡胶厂通过老年工人座谈会后将第四车间鞋帮及打眼技术操作过程稍加改进后，生产周期由原生产科所提的 12 天核减为 8 天。金星金笔厂原为 3 天送货 1 次，其产品成品资金周转 1 次一般要 5—6 天，在核资后经与中国百货公司联系改为 2 天送 1 次货，资金周转加速

① 中国社会科学院、中央档案馆：《1953—1957 中华人民共和国经济档案资料选编 · 工业卷》，中国物价出版社 1998 年版，第 740 页。

1.89 天，成品资金降低 32 万元，降低率为 33.5%。[①] (3) 推动企业清查呆滞积压物资及超定额储备情况，进一步发掘了企业资金潜力。大中华橡胶厂通过核资使积压了 1 年半的 560 只超轮胎的处理问题得到了解决。[②] (4) 促进企业改善经营管理，加强了财务监督和经济核算水平。首先是建立并健全了有关制度，加强了物资采购管理与保管工作，进一步防止资金的积压与浪费。金星金笔厂以前认为材料存在仓库里与放在车间里没有两样，因此领料制度不健全，车间材料积压浪费亦造成采购工作的被动，通过核资，该厂已注意健全了限额领料制度。其次是摸清生产过程有关环节，掌握车间生产进度及合理库存量，为进一步健全企业生产管理，推行车间核算打下了基础。大隆机器厂核资后根据生产核定的定额作为指标下达各生产车间，并参照同类型厂定额资金管理办法结合本厂情况订出资金管理办法。[③] (5) 明确划分企业的自有资金与银行信贷资金，为加强对企业的财政监督与信贷监督打下了基础。金星金笔厂在核资前资金定额为 476 949 元，而定额资金实际数则为 589 929 元，其超定额部分由于资金有多余，怕贷款负担利息而影响成本，因此一直未向人民银行贷款。通过核资后明确划分了自有资金及信贷资金，其超定额部分由人民银行贷款加以解决，扭转了过去财务混乱的现象。[④]

自 1958 年起，上海地方公私合营企业所需的定额流动资金，按照年度平均约定，由财政拨付 70%，其余 30% 由人民银行办理定额贷款，利息由企业负担。人民银行需从下列各方面协助主管部门加强对企业流动资金的管理：(1) 参与主管部门和财政局对企业流动资金定额的核定；(2) 结合信贷，综合分析和核查企业的流动资金运用情况，发现并提出意见，协助企业研究解决，或通知有关部门督促处理；(3) 协助和督促企业处理呆滞积压物资，发掘物资潜力。企业呆滞和积压，一年以内能处理的，按照定额贷款办理；一年以来不能处理的，由银行办理特种积压物资贷款，贷款利率应酌予提高。[⑤] 与此同时，银行要求合营企业及时向银行提供相关报

① 中国社会科学院、中央档案馆：《1953—1957 中华人民共和国经济档案资料选编 · 工业卷》，中国物价出版社 1998 年版，第 540—541 页。

② 中国社会科学院、中央档案馆：《1953—1957 中华人民共和国经济档案资料选编 · 工业卷》，中国物价出版社 1998 年版，第 540 页。

③ 中国社会科学院、中央档案馆：《1953—1957 中华人民共和国经济档案资料选编 · 工业卷》，中国物价出版社 1998 年版，第 541 页。

④ 中国社会科学院、中央档案馆：《1953—1957 中华人民共和国经济档案资料选编 · 工业卷》，中国物价出版社 1998 年版，第 542 页。

⑤ 《上海市地方企业流动资金管理办法》，1956 年，上海市档案馆藏档案：B134-1-159。

表和资料。

由于银行作为第三方，加入对公私合营企业流动资金的管理，企业各项资金的运用及流动情况得到了更多更严格的管理和监督，各企业不仅要向管理当局汇报财务决算情况，还必须定期向银行递交财务情况汇报书，呈现出相当的透明度，这就给企业以相当压力，即必须处理好企业的储备资金、生产资金、成品资金等方面的管理和运用，从而确保流动资金周转率的逐渐提高，实现企业效益的提升和国家经济建设资金的积累。

可见，在加速资金周转上，积极扩大产品销售渠道，是加速流动资金周转的基本途径；压缩不合理的资金占用是必不可少的手段；缩短产品在途时间，减少产品在库停留时间是很关键的措施，把这几个方面的工作做好了，就可以释放出资金的活力，使其得到更佳配置，提高经济绩效。公私合营企业在经过财务管理的改善之后，尤其是第三方银行的加入，流动资金周转情况得到了提升，合营企业的面貌一定程度上得以改观。

据交通银行上海市分行统计，1956 年全市公私合营企业的全年利润情况，老合营企业系根据上半年预计完成情况推算，新合营企业根据各局统计推算，并参照市税局对全市合营工业所得额 62% 的 22 个行业调查推算，全年合营工业利润约为 26 500 万元，较 1955 年增长 27.23%，其中中央合营企业年度计划利润为 12 600 万元，上半年预计完成利润 5 578 万元，占年度计划的 44.17%，另外亏损 217 万元。①

由于生产和销售额的显著增长，产品成本和销售费用的不断下降，上海公私合营企业普遍出现了利润增长或扭亏为盈的现象。根据百货、橡胶等 13 个工商行业统计：1955 年只有 3 个行业有盈余，10 个行业亏损，共亏损 98 万元；1956 年全行业公私合营后，就有 12 个行业盈余，只有 1 个行业亏损；1957 年 13 个行业全部有盈余，共计盈余 116 万元。又据上海市第一商业局所属 56 个行业 8 290 家公私合营商店的统计，1956 年获净利 1 639 万元，扭转了私营时期大部分企业亏本的局面。1957 年更前进了一步，仅前三个季度的净利就达 1 632 万元，约等于 1956 年全年的净利。②

私营工商业实行全行业公私合营之后，生产关系已经从资本主义私有制转变成为社会主义公有制，因而，私营时期不合理的，阻碍生产经营发

---

① 中国社会科学院、中央档案馆：《1953—1957 中华人民共和国经济档案资料选编 · 工业卷》，中国物价出版社 1998 年版，第 725 页。

② 上海社科院经济研究所：《上海资本主义工商业的社会主义改造》，上海人民出版社 1980 年版，第 291 页。

展的经营管理制度也必定随着全行业合营之后的企业产权、治理结构以及分配制度的演变而变化，即根据社会主义经营管理原则进行企业经营管理制度的重塑。事实上，通过全行业合营后一段时间经营管理制度的改革，合营企业的设备、技术、资金等条件获得了充分的改善或利用，企业人员包括资方的生产积极性得到了提高，企业的经营管理制度也得到了根本的变革，一定程度上发掘了私营时期企业所不能发挥的潜力，因而，1956 年在实行全行业公私合营后的第一年，上海公私合营企业出现了前所未有的崭新面貌。然而，公私合营企业的这种面貌要在公有制及计划经济体制下得到长期且稳定的发展，是此后很长一段时间内困扰公私合营企业以及国有企业的一个体制性难题。

第七章　公私合营后企业分配制度之重建

收益分配是企业资本的提供者对收益总额进行的分割，即企业对一定时期内的生产要素所带来的利益总额在企业内外各利益主体之间分割的过程。广义上是企业收入的分配；狭义上是税后利润的分配。

公私合营企业的收益分配包括工资福利、盈余分配与定息的发付等。在企业剩余分配上，从个别企业公私合营到扩展公私合营，再到全行业公私合营，公私合营企业资本的分配也经历了一个与企业产权制度和企业治理结构变革相适应的、从依据私有企业章程自行分配到"四马分肥"再到"定息"制度的剩余分配制度变迁历程；企业员工的薪酬福利分配上，则经历了一个从私有产权及市场经济条件下分配的多元化到公私合营再到计划经济体制下统一薪酬福利制度逐步建立的过程。

第一节　个别企业公私合营时期企业的剩余分配

个别企业公私合营时期，由于公私合营工业企业在中国所有企业总量中只是占有一个比较小的比重，再加上适逢新中国成立初期，百废待兴，公私合营企业也缺乏专门的适用法律、法规。因此，此时期公私合营工业企业的盈余分配，可以说，一方面跟私营企业相比已经发生了一些变化；但另一方面跟后来扩展公私合营时期的工业企业相比也存在一定的差异，但总体上体现出来的还是存在个性化的盈余分配。正如上海市工商行政管理局在 1953 年 4 月的一份资料中显示的："公私合营企业中关于利润分配没有一个统一的做法"。①

1950 年 12 月，政务院第六十五次政务会议通过了《私营企业暂行条

① 上海市工商行政管理局：《上海市公私合营企业的参考资料》，1953 年 4 月，上海市档案馆藏档案：B182－1－520。

例》，其第二十五条规定："独资合伙企业的盈余分配，除法令另有规定者外，依契约或行业通例办理。具体来说，公司组织的企业在年度决算后，如有盈余，除缴纳所得税人弥补亏损外，先提百分之十以上作为公积，以为扩充事业及保障亏损之用。提存公积后的余额，先分派股息，股息最高不得超过年息百分之八。公司无盈余或有亏损时，其应发的股息，得于有盈余的年度弥补亏损后酌情补发。经过提存公积、分派股息后的余额得依下列各款分配：（一）股东红利及董事（或执行业务的股东）监察人经理人厂长等酬劳金（一般应不少于百分之六十）。（二）改善安全卫生设备基金（工矿企业一般应不少于百分之十五）。（三）职工福利基金及职工奖励金等（一般应不少于百分之十五）。（四）其他。前项各款百分比由股东会决定之。二、三两款的支配由劳资协商会议或劳资双方协商决定之。盈余分配以不影响经常生产及业务经营为原则。"①

较之于私营企业，此时期的公私合营企业在较多地受到政府部门直接干预的同时，也更能得到政府部门在原料供应、产品销售、企业经营等方面的支持和照应，因此大部分公私合营企业在合营之后的一段时间内，经营效益总体呈向好态势。1952 年，上海 58 家公私合营企业除去 6 家合营时间不长外，45 家企业盈余总额达 22 440 亿元（旧人民币，下同），7 家亏损企业亏损额仅 100 亿元。② 另据交通银行对 15 户公私合营工业企业的统计，1951 年度盈余 346 亿元，其中 8 户重工业企业平均利润率 40.2%，6 户轻工业企业 46%，1 户纺织企业 21.5%。公私合营各纺织厂在 1952 年实现盈余 202 亿元，1953 年上半年更是达到 300 亿元，其中公私合营纱厂纯收益率平均高达 24.5%，远在私营纱厂之上。③

企业有盈余就会产生盈余分配问题。在私有产权制度下，企业的盈余分配完全由企业股东会、董事会根据企业情况及股东要求自主决定。但如前所述，公私合营企业的产权制度及企业治理结构已经较私营企业时代发生了极大的变化，盈余分配制度当然也不例外。

个别企业公私合营时期，关于公私合营企业盈余分配的表现，主要有以下几个方面：

一是企业公私双方在对待盈余分配的态度上存有差异。公方人员因为

---

① 《私营企业暂行条例》，1950 年 12 月 29 日政务院第六十五次政务会议通过，1950 年 12 月 30 日公布，《中国资本主义工商业的社会主义改造》，中央卷（上），中共党史出版社 1993 年版，第 202 页。

②③ 上海市工商行政管理局：《上海市公私合营企业的参考资料》，1953 年 4 月，上海市档案馆藏档案：B182 - 1 - 520。

盈余分配无关其自身利益，一般多以扩大生产为由，主张不分配或者少分配。“盈余最好留着扩大再生产，私股拿去收不回，不愿发股息红利”。私方人员则往往以企业章程以及私营企业条例为依据，要求根据盈余状况，按时进行盈余分配。政府主管部门对私方人员盈余分配倾向的基本判断也是“表现为‘先要后争’‘得寸进尺’，先要发，后争多发，先要股息，后争红利。”① 在很大程度上，这种关于是否应该分配企业盈余以及怎样分配企业盈余的分歧，往往需要上级部门的介入才可得以实施。1953 年上半年，中财委专门发出“公私合营企业如有盈余，股息红利都应当发”的指示后，各公私合营企业才普遍得以参照私营企业条例的规定分配盈余。② 但即使如此，一些合营企业往往也会以各种借口，延宕派发。关勒铭金币厂剩余分配“已决定发，并登了解放报，但迟迟不发，上面问到则推说：厂里生产忙，任务多，不得空”。③

二是在个别企业公私合营阶段，合营企业盈余分配的依据是“参照私营企业条例”，但具体分配到什么程度，通常来说却“没有一个统一的做法”，或者也可以说，在当时的情况下，企业的盈余分配很大程度上是企业自己的事情，企业可以在自己公司的章程上对此做出相应的规定或依据公司已有章程进行相应分配。以公私合营天山化工业股份有限公司为例，公司章程规定，公司盈余在缴纳所在税及弥补亏损后，先提取 10% 为公积金；余额部分派发股东股息年息八厘；再有盈余，按照股东红利及高管层酬劳 60%，安全卫生设备基金 15%，职工福利及奖励金 15%，技术改进及研究基金 10% 分配。④ 其盈余分配的方式、途径以及分配比例，与私营企业时期相比并没有不同。

以公私合营中国铅笔一厂为例，该厂也按照章程规定对 1950—1953 年的盈余分配进行了分配。1950 年 7—12 月盈余总额共计 14 730.98 元（新人民币，下同），其中所得税 3 980.25 元，占 27%；公积金 2 150.04 元（已转入企业奖励金），占 14.6%；职工福利基金 883.25 元，占 6%；股息红利 7 716.94 元，占 52.4%。1951 年与 1952 年的盈余分配合在一起进行分配。这两年盈余总额共计 771 344.99 元。其中所得税 246 580.03 元，占 32%；公积金 104 952.99 元，占 13.6%；股息红利 105 600.00 元，占 13.7%；分配后余额还剩 314 211.97 元，占 40.7%。此后，对这个余

---

①②③ 上海市工商行政管理局：《上海市公私合营企业的参考资料》，1953 年 4 月，上海市档案馆藏档案：B182 – 1 – 520。

④ 《上海市公私合营天山化学工业股份有限公司章程》，1951 年，上海市档案馆藏档案：A38 – 1 – 123。

额按100%再行分配如下：其中特别公积金141 395.39元（基本建设）已转入公积金，占45%；工厂安全卫生设备基金62 842.39元，占20%；职工福利基金62 842.39元，占20%；职工奖励基金15 710.60元，占5%；改进生产技术研究基金15 710.60元已转入公积金，占5%；董监厂长、副厂长等酬劳金11 200.00元，占5%；特别公积金（实付酬劳按余额）4 510.60元。1953年盈余总额913 733.52元，其中所得税315 238.07元，占34.5%；公积金319 806.73元，占35%；职工福利基金95 942.02元，占10.5%；股息红利182 746.70元，占20%。①

再如信和纱厂、新丰印染厂、元通染织厂三家纺织企业，“在公司章程上明确规定：年终决算有盈余时，除缴所得税百分之三十四点五外，提公积金百分之二十，发六厘股息。余额中，红利及酬劳金占百分之六十，安全卫生设备占百分之二十，福利基金及奖励金占百分之二十。”而在1952年度的实际盈余分配中，信和纱厂、新丰印染厂、元通染织厂三家公私合营厂的资本股息、红利及酬劳金所得，分别达到盈余分配总额的44.38%、46.95%和34.66%。②

其他公私合营企业1952年的实际盈余分配，如上海钢铁厂按税收27.27%、公积金58.18%、股息红利12.41%、职工福利金2.41%实际分配。公积金比例明显甚高，职工福利金明显甚低，股息红利占比也明显偏低。而关勒铭金笔厂则按税收35.04%、公积金6.5%、股息红利39.47%、职工福利16.91%进行分配。其总体状况正好与前述上海钢铁厂的情况形成明显反差。③

三是在当时的公私合营工业企业中，虽然很多企业尚有盈余，但是碍于各种原因而使得盈余分配受到各种不同程度的阻碍。其中一个比较常见且普遍的问题就是企业章程关于盈余分配的规定难以得到真正的及时落实。以轻工业行业的公私合营企业为例，“在股息红利方面，主要的毛病是章程订的宽，实际执行的严。章程大多是参照私企条例订的，而且根据工商局的批示，把股息八厘，公积百分之十订死了。轻工业的利润很高，若照私企这种比例发放，股东所得常常超过纯利的半数。少数厂照原章程发了，资本家名义是拿到很多，但实际上大部分是拿去充作五反退补的。多数厂都经过说服，除股息外，大半红利移作了公积，在许多厂，原来设

① 《公私合营铅笔一厂关于历年盈余分配情况表》，1952年，上海市档案馆藏档案：A38-1-118-3。

②③ 上海市工商行政管理局：《上海市公私合营企业的参考资料》，1953年4月，上海市档案馆藏档案：B182-1-520。

备陈旧、房屋破漏，亟须修建迁移，多留一些公积以作基本建设和大修理之用是必要的，在一部分厂，利润特高，若照私企办法分配，也不合理，但过去的章程订宽了，现在重新说服，就引起资本家的反感，以为我们订了章程不算数。”① 1953 年 4 月，上海市工厂行政管理局对当时 60 户公私合营企业进行调查，报告中说：“在利润分配中最大的问题是大多数合营厂不发股息、红利。根据六十户中的统计，在一九五〇年已发股息红利的有四家，未发股息红利的有五十六户；在一九五一年中已发股红息的有十一户，未发股红息的有四十九户（其中可能有因亏本发不出的）；在一九五二年中发付股红利的只有一家（一般的尚未结算）。又如南洋兄弟烟草公司四年来共盈余一百三十亿（已缴所得税提存公积金后的余额），但股息、红利一个未发。发给股息的多采取暂支形式，如民谊药厂一九五〇年曾发八厘股息，天利、天原、三年来盈余二百余亿元，各暂付发了八亿到十亿的股息。只有中西药房三年来均按八厘分发股息。”② 1953 年 2 月 6 日，公私合营鼎丰仪器厂私方人员在一次座谈会上说：“私股方面的盈余分配问题，从合营以来至今股息未发过。”③

相对于红利，股息的发放似乎较为普遍一些，据 9 家公私合营企业 1953 年的资料显示，其中 5 家企业先后发放了 1951 年度和 1952 年度的股息，通常为八厘，少数六厘。④

企业盈余不按时分配之所以在个别公私合营时期成为一个非常普遍的问题，主要在于股息红利分配的决定权实际上已经转移到公股代表或上级主管部门，企业董事会对此已逐渐失却决定权。合营企业的“公股代表认为发了股息、红利资本家化掉，不想再投资，因此不发，多提公积和扩充基本建设”。如公私合营后的“中国铅笔厂基本建设计划为一百三十六亿，掌握该厂的公股干部除已将一九五〇年至一九五二年的盈余三十多亿列入计划外，并将一九五三年至一九五六年的盈余也预先匡入计划，作为全部

① 中共上海市轻工业委员会：《公私合营工作总结》，1953 年 12 月，上海市档案馆藏档案：A48 – 1 – 4。

② 上海市工商行政管理局：《上海市公私合营企业的参考资料》，1953 年 4 月，上海市档案馆藏档案：B182 – 1 – 520。

③ 《一九五三年二月六日召集本局公私合营厂私股代表座谈会记录》，1953 年 2 月 6 日，上海市档案馆藏档案：B182 – 1 – 520。

④ 中共上海市委私营工业部：《关于九个公私合营厂的情况汇报》，1953 年，上海市档案馆藏档案：A36 – 1 – 11 – 113。

基建资本来源”。①

公私合营明星家用化工厂，“1952 年股东会已召开，在股东会上主要责问为什么不发股息。目前也有小股东打电话询问何时发股息。但在厂领导上因基建用去 20 多亿，故董事会决定股息不发”。公私合营天山化工厂，历年盈利 5 亿元，但“自 1951 年度股息没有发”，原因据说是因为“感到股东分散，召开股东会不易，而规定必须召开股东会后，才可以发股息”。公私合营中国标准铅笔厂，“资方要求发股息，但厂需要基建”；公私合营华孚金笔厂私股股东也是“要求急于发股息”，等等。当然也有一些合营企业在盈余分配方面做得比较好的。如公私合营科学化工厂“公私合营后 1951 年度盈余已发，股东很满意，说这是从来未有过的事”。②因此可见，股息是否按时发放，主要的障碍并不在于国家的政策法令，而主要取决于掌控合营企业的公方是否能下决心去做这件事情。故而，总体上可以说，此时期合营企业的盈余分配，企业本身还是具有一定相对自主权的。

综上所述，在个别公私合营阶段，企业盈余分配呈现出三个主要特点，一是此时期企业的盈余分配还是以企业为主体的分配，分配的比例总体上还是取决于企业的盈余状况；二是尽管公私合营企业的公方一般不愿意进行盈余分配，但是在中央的政策下，有盈余的公私合营企业一般还是能够进行比较正常的盈余分配。三是在个别公私合营企业中，私方人员还可以就企业的股息红利分配与公方进行据理力争，讨价还价，以争取最大的利益。“如公信会计用品社，因为盈余不多，公股意见股息先发一半（原定八厘）并提 15% 职工福利金，私股则坚决要全部发，否则职工福利金不能提。”③ 这些都表明，在个别企业公私合营阶段，企业的盈余分配还有着自身的特点和特色。

随着 1954 年 9 月 2 日，政务院第二百二十三次政务会议通过了《公私合营工业企业暂行条例》。个别企业公私合营阶段分配制度的变革，诸如“私有企业制度”存留等特点，都随着《公私合营工业企业暂行条例》的颁行而产生了重大变化。条例第四章“盈余分配”第十七条规定：“合

① 上海市工商行政管理局：《上海市公私合营企业的参考资料》，1953 年 4 月，上海市档案馆藏档案：B182 - 1 - 520。

② 上海市工商行政管理局：《本局所属公私合营企业存在着的急需解决的问题》，1953 年 10 月，上海市档案馆藏档案：B182 - 1 - 520。

③ 上海市人民政府工商行政管理局：《上海市公私合营企业报告》，1953 年 10 月；上海市档案馆藏档案：B182 - 1 - 520。

营企业应当将全年盈余总额在缴纳所得税以后的余额就企业公积金、企业奖励金、股东股息红利三个方面……加以分配。”① 由此可见，接下来扩展公私合营时期关于公私合营企业分配制度变革的主要变化就是“四马分肥”制度在实际工作中得以确立。

第二节 扩展公私合营时期“四马分肥”的剩余分配

扩展公私合营之前，公私合营企业的盈余分配大多参照私营企业，无论是分配方式还是分配比例都比较多样化，有的企业分配比例较高，有的企业则较低，这种情况不光在上海，在全国其他地方合营企业的盈余分配也大致如此。

随着国家对资本主义工商业改造政策的形成，扩展公私合营工作开始推进，由此，个别企业合营阶段公私合营企业带有自身特点和个性的盈余分配方式越来越成为工作推进过程中的桎梏。1954 年 3 月，中共中央在转发天津市委的报告中称：“公私合营工业的利润分配问题，目前在地区、行业之间，分配的方法和分配的比例很不一致，存在着混乱和不合理的现象。”② 天津市工商局、工业局所属 16 个公私合营厂，利润分配办法就大概有四种：一是全部利润提去所得税及股息后作为 100%，再按公积金、红利及董监事酬劳金分配，结果资方分配所得占全部利润的 46.4%；二是全部利润提去所得税及股息后作为 100%，抽出 50% 作为公积金后再作为 100%，按职工奖金、红利、安全卫生基金分配；三是全部利润提去所得税后作为 100%，公私双方按照股本比例平均分配；四是每年付给资方一个固定息额，其余完全由国家支配。“因为分配办法不一，各项比例大小亦不一，不合理之处很多。”③ 扩展公私合营的目的之一就是要为全行业、全社会实行公私合营积累和准备统一可行的经验和做法。因此，在公私合营企业的盈余分配上，如何尽可能实现基本统一，就成为扩展公私合营企业盈余分配制度变革的主要内容。

---

① 《公私合营工业企业暂行条例》，《山西政报》，1954 年第 17 期。

② 《中共中央转发天津市委〈关于公私合营工厂利润分配和建立与健全董事会的报告〉的指示》，1954 年 3 月 3 日，载中共中央文献研究室：《建国以来重要文献选编》，第五册，中央文献出版社 1993 年版，第 132—134 页。

③ 《天津市委关于公私合营工厂利润分配和建立与健全董事会的报告》，1954 年 1 月 8 日，载中共中央文献研究室：《建国以来重要文献选编》，第五册，中央文献出版社 1993 年版，第 136 页。

其实，早在 1953 年 9 月 1 日，中共中央就已经发出通知，指出：“‘四马分肥’的比例是适合于多数资本主义工厂企业的，但是如果某些工厂资本家所得超过指示中所指出的比例，只要他们的所得部分是依靠正当经营而不是依靠五毒或者其他不法行为，也是可以允许的。资方所得不及此比例的工厂企业要达到此比例，须向工人说清楚取得工人同意后，方能实行。”①“四马分肥”的盈余分配，原来是针对私营企业的盈余分配所提出的。1953 年 9 月及 11 月，陈云和李维汉“曾先后在政协全国委员会常委扩大会上正式宣布‘四马分肥’的原则”。② 李维汉表示：“关于私营企业的利润分配，是大家关心的问题。陈云主任在最近向人民政协全国委员会常务委员会和中央人民政府委员会的报告中，对较大的企业的利润分配提出了一个大概的原则：即在企业的正当盈利中，按国家所得税、企业公积金、职工福利基金、资方的股息、红利（代理人酬劳金在内）等四方面分配，资方的股息、红利等可占到企业利润的百分之二十五左右”。③

当扩展公私合营在全国范围内全面铺开之时，就有地方提出公私合营企业的盈余分配，也可以按照“四马分肥”的原则执行。这也就是中共中央在批转天津市委报告中所提出的，在“中共对公私合营工业的利润分配尚未规定统一的办法前”，“合营工业的全部利润中，股东的股息、红利(包括董事、监事、经理、厂长等人的酬劳金)，可占到缴纳所得税前企业盈余总额的百分之二十五左右”，“合营工业中各业、各厂间的盈余有多有少，企业利润较高的，股息、红利的比例可略低于百分之二十五；企业利润较低的，股息、红利的比例可略高于百分之二十五。资本家所得部分，由其自由支配”。④ 由此可见，“四马分肥”即“在企业的正当盈利中，按国家所得税、企业公积金、职工福利奖金、资方的股息、红利（代理人酬劳金在内）等四方面分配，资方的股息、红利等可占到企业利润的百分之

---

① 《中共中央批发中华全国总工会〈关于加强资本主义工业中的工会工作的指示〉》，1953 年 9 月 1 日，载中共中央文献研究室：《建国以来重要文献选编》，第四册，中央文献出版社 1993 年版，第 329 页。

② 《中共中央统战部关于一九五三年度私营企业盈余分配情况给中央的报告》，1954 年 10 月 18 日，《中国资本主义工商业的社会主义改造》，中央卷（下），中共党史出版社 1992 年版，第 709—712 页。

③ 《在中华全国工商业联合会会员代表大会上的讲话》，1953 年 10 月 27 日，李维汉：《统一战线问题与民族问题》，人民出版社 1981 年版，第 75 页。

④ 《中共中央转发天津市委〈关于公私合营工厂利润分配和建立与健全董事会的报告〉的指示》，1954 年 3 月 3 日，载中共中央文献研究室：《建国以来重要文献选编》，第五册，中央文献出版社 1993 年版，第 132—133 页。

二十五左右。”①

可见，“四马分肥”主要有两层意思：一是企业盈余要在四个方面进行分配；二是分配的比例大致上各占1/4，即25%左右，但在实际操作过程中，因为具体情况各有不同，因此后者只是一个大致的概念。

毛泽东曾经说过：“‘四马分肥’的比例，是适合多数资本主义工厂企业的，但是如果某些工厂资本家所得超过指示中所指出的比例，只要他们所得部分是依靠正当经营而不是依靠五毒或其他不法行为，也是可以允许的。资方所得，不及此比例的工厂企业要达到此比例，须在向工人说清楚取得工人同意后，方能实行。”② 他还认为：“现在多数公私合营厂的缺点（主要是资方无权和不发红利）必须改正，否则将阻塞国家资本主义的道路。要学民生公司的榜样。”③

1954年3月2日，中财委（劳）、（资）发布《关于一九五三年度私营企业盈余分配问题的指示》。指示中这样写道：“一九五三年度私营企业的盈亏情况，根据若干城市反映：工业方面一般是盈余户增多，盈余额增大，亏损户减少；……部分资本家（特别是商业资本家）对社会主义改造抱有疑虑、抗拒情绪，因而经营消极，想借分红抽逃资金。因此，一九五三年度的盈亏分配已成为资本家和我们斗争的一个更形尖锐的问题，对此，我们一面既要严肃的处理，防止资本家借口分红抽走资金，一面又要依照中央已定的方针，使资本家能够得到适当的利润，以便结合总路线的宣传教育，责成他们积极地进行生产经营，接受社会主义的改造。”而到扩展公私合营时期，关于私营企业的年终盈余分配方法，《私营企业暂行条例》的有关规定与当时的情况已不适合，因此中财委（劳）、（资）特提出新时期的盈余分配意见：一是对较大企业的盈余分配，应根据“四马分肥”的原则，由劳资双方协商决定。除依法缴纳所得税外，盈余多者应适当提高公积，以利于积累资金；企业职工待遇差、资方所得少者，公积亦可酌量少提。资方所得（包括股息、红利、董监事或执行业务的合伙人及经理、厂长等酬劳金）可占到盈余总额的25%左右。资方所得部分由其自行处理。职工所得部分（包括职工集体福利补助金与职工奖励金），

---

① 李维汉：《在中华全国工商业联合会会员代表大会上的讲话》，1953年1月26日，载中共中央文献研究室：《建国以来重要文献选编》，第四册，中央文献出版社1993年版，第508页。

② 《对全国关于加强资本主义工业企业中工会工作的指示和中央批语稿的修改》，1953年7月，载中共中央文献研究室：《建国以来毛泽东文稿》，第四册，中央文献出版社1990年版，第279—280页。

③ 毛泽东：《经过国家资本主义完成由资本主义到社会主义的改造》，1953年9月7日，载中共中央文献室：《建国以来毛泽东文稿》，第四册，中央文献出版社1990年版，第325页。

应视企业的工资及福利设施等情况而定，一般应保持过去的水平，不要过分提高。集体福利补助金，一般不得作为个人分配。）二是不具备“四马分肥”条件分配盈余的小规模企业，仍可按惯例办理，无惯例或惯例不合理者，可通过该同业劳资双方协商行业的分配办法，报工商行政机关核准后实行。三是各地应在财委统一领导下，根据上述精神，结合当地情况，对1953年私营企业的盈余分配，拟定分配原则，作适当的处理。对处理原则，可邀集工商业联、工会及有关方面代表座谈，取得一致，并采取适当步骤公布和实施。四是某些地区如对当地私营工商业1953年度盈余分配办法已有规定，而与本指示所定原则不相抵触，仍可按照原规定办理。①

上海在扩展公私合营试点开始后不久，即1953年12月25日即颁行了关于私营企业盈余分配的七项规定。比中财委颁行的1953年盈余分配指示还要早。其基本精神主要有三点：一是“私营企业在年度决算后，如确有盈余，于缴纳所得税、抵除‘五反’退补、弥补亏损及提存公积金后，得分配股东股息、红利，包括代理人酬劳金在内与职工集体福利补助金及奖励金；如分配盈余可能影响生产经营上发生困难者，应暂缓分配，减少或不予分配”。二是各行业的盈余分配原则，应由行业的同业公会与行业产业工会协商，并取得协议；各企业的盈余分配方案，应经企业劳资双方协商，“取得同意后，方得进行分配”。三是“私营企业资方如有企图滥分盈余或利用盈余分配进行抽逃资金破坏生产经营者，应予严格批评与制止，情节严重恶劣者应加以惩处”。②

上海的私营企业对这一盈余分配规定，感到似乎过于严格了些。1954年10月，中央统战部就私营企业盈余分配问题给中央的报告中说：“上海市私营企业的盈余分配，现在还未解决。资本家对此非常不满，讲怪话，如说允许‘四马分肥’是‘北京话’（意指好听而不管用）。上海公私合营企业一九五三年度盈余已进行分配，私营企业赚了钱却不让分，是不是‘政府用限制私营企业分配利润来促进公私合营’”。对此，同年10月4日，李维汉为此专门召开了一次座谈会，会上上海市副市长潘汉年发表

---

① 《中财委（劳）、（资）关于一九五三年度私营企业盈余分配问题的指示》，1954年3月2日，《中国资本主义工商业的社会主义改造》，中央卷（上），中共党史出版社1993年版，第560—561页。

② 《上海市人民政府关于私营企业盈余分配的几项规定》，1953年12月25日，载中共上海市委统战部等：《中国资本主义工商业的社会主义改造》，上海卷（上），中共党史出版社1993年版，第248—249页。

讲话，他也指出，“上海市关于私营企业分配盈余的七项规定，精神上偏重于限制，如规定私营企业的盈利必须在抵除五反退补，弥补亏损后才能分配，分配盈余应有利于企业生产经营并结合认购公债，这样，能够分配的利润，特别是七项规定中有‘分配盈余应有利于企业的生产经营’，根据这一点解释起来，问题就很多。利润分配还规定应由企业劳资双方及行业公会与产业工会取得协议，如不能取得协议，自然也无法进行分配”。①

公私合营上海新中动力机厂自1952年11月份公私合营后，由于公私股份尚未核定，因此盈余无法及时分配。直到1955年8月，清产核资工作完成之后，经由上级部局正式批准。12月4日召开股东大会，会上报告了该厂的“清产定股方案”与“1953年及1954年盈余分配方案”，并决定在此日起发付股息。该厂1953年和1954年盈余共1 816 558. 14元，扣除因享受国家优待之材料差价111 046. 08元，其中核减材料差价所应负担的所得税29 934. 31元，已上缴81 111. 87元，实际盈余为1 708 512. 06元。根据“四马分肥”的精神分配如下：其中股息及红利占25%，计454 889. 53元，扣除基建工程尚未竣工转做公股投资前所应支付利息48 547. 59元，实际共分配406 341. 94元，扣除公私股董监事及厂长酬劳金8 000元后，公股股息红利及酬劳金已于1955年12月6日全部上缴231 861. 84元。私股股息及红利166 480. 30元，其中私股所得53年盈余之半数35 444. 18元作为私股；1954年度投资，其实际所得股息及红利131 036. 12元，加上补发1951年及1952年之股息一厘，共154 979. 72元。② 详见表7－1。

表7－1　公私合营上海新中动力机厂1953年、1954年盈余分配情况　单位：元

项目	1953年	占比	1954年	占比
实际盈余	720 851. 09	100%	1 095 707. 05	100%
股息红利及董监事厂长酬劳金	180 212. 77	25. 00%	274 676. 76	25. 00%

① 《中共中央统战部关于一九五三年度私营企业盈余分配情况给中央的报告》，1954年10月18日，《中国资本主义工商业的社会主义改造》，中央卷（下），中共党史出版社1992年版，第710—711页。

② 《公私合营上海新中动力机厂1953年及1954年盈余分配总结》，1955年12月11日，上海市档案馆藏档案：A43－1－36－15。

续表

项目	1953 年	占比	1954 年	占比
企业奖励金	71 790.00	9.96%	77 090.00	7.02%
实所得税缴	203 102.48	28.17%	318 549.37	28.99%
公积金	265 745.84	36.87%	428 390.92	38.99%

资料来源：《公私合营上海新中动力机厂 1953 年及 1954 年盈余分配总结》，1955 年 12 月 11 日，上海市档案馆藏档案：A43 - 1 - 36 - 15。

以上海搪瓷工业行业为例，顺风、益丰、义生、久新、华丰等 5 户老合营厂，先后在 1954 年 2—11 月间个别合营。这些厂除了在 1950 年分过一部分盈余外，其他各年都没有分过。上海市第二轻工业局在 1955 年根据“四马分肥”的原则，对以上五户老合营厂作了 1954 年合营后盈余分配工作的布置任务，经各厂董事会讨论提出分配的有益丰、顺风、华丰三个厂，其余二厂因资金关系，董事会决定通过转并入下年度一起分配。具体分配情况详见表 7 - 2。

表 7 - 2　　1954 年上海搪瓷工业合营企业三个厂的盈余分配情况

厂名	合营日期	资本额（元）	利润额（元）	利润占资本（%）	分配情况							
					所得税（元）	占比（%）	公积金（元）	占比（%）	企奖金（元）	占比（%）	股息红利（元）	占比（%）
益丰	1954 - 07 - 01	1 577.036	205 172	13.09	91 291	44.49	54 663	26.24	17 082	0.33	42 136	20.54
顺风	1954 - 02 - 16	495 943	250 343	50.04	117 964	47.11	62 774	25.06	250 030	10.00	44 635	17.83
华丰	1954 - 11 - 01	884 184	54 118	6.12	27 942	51.63	10 271	18.98	2 879	5.32	13 026	24.07

资料来源：《上海搪瓷工业社会主义改造资料》，1959 年 2 月，上海市档案馆藏档案：B157 - 1 - 173。

再以上海市化学工业局振华油漆厂为例，该厂是私营造漆厂中规模大、职工多、历史久、技术较好的一个工厂，于 1955 年 3 月合营。该厂新中国成立以来历年盈余情况见表 7 - 3。

表 7－3　**上海振华油漆厂 1949—1954 年盈亏情况**　单位：元

年份	年终决算账面盈余	查补后账面盈余	纳税盈余
1949 年 9—12 月	175 836 242	—	175 836 242
1950	2 569 756 932	2 581 044 830	2 665 975 635
1951	8 325 795 227	8 449 625 324	8 763 575 000
1952	2 119 754 042	2 297 071 562	2 349 980 151
1953	6 563 808 441	6 878 086 249	7 259 427 500
1954	236 317 165（亏损）	税务局尚未查定	税务局尚未查定

资料来源：《上海市化学工业局合营处振华油漆厂 1955 年实行公私合营的基本情况报告》，1955 年，上海市档案馆藏档案：B176－1－33。

振华油漆厂历年盈余分配情况如下：①

1949 年　所得税	48 800 842
抵补 1—8 月亏损	13 693 115
公积	92 342 285
股息（按股本额 105 000 万元 2%）	21 000 000
共计	175 836 242
1950 年　所得税	799 792 621
公积	1 572 252 209
股息（按股本额 105 000 万元 2%）	84 000 000
股东红利（按股本额 105 000 万元 6%）	63 000 000
董监红利	5 000 000
资方代理人红利	13 000 000
职工红利	44 000 000
共计	2 581 044 830

1951 年尚未分配，业已垫发股息，按股本额 5 920 000 000 元的 4% 算，计 236 800 000 元，自 1953 年 7 月起发给，1954 年截止已发出 234 197 600 元。

1952 年尚未分配。

1953 年　所得税	2 507 262 985
公积	3 618 322 164

① 《上海市化学工业局合营处振华油漆厂 1955 年实行公私合营的基本情况报告》，1955 年，上海市档案馆藏档案：B176－1－33。

股息红利	
股东（每股1.5元）	444 001 100（其中公积70%）
董监酬劳金	28 500 000（其中公积80%）
资方代理人酬劳金	48 000 000（其中公积2 800万元）
资方共计	520 501 100
职工集体福利补助金及奖励金	232 000 000（其中公积金5 200万元）
共计	6 878 086 249

根据上面资料进行统计，振华油漆厂从1949年到1953年，进行过完整盈余分配的有三个年份，分别为1949年、1950年、1953年。其中所得税占比分别是：1949年27.75%、1950年30.58%、1953年36.45%；公积金占比分别是：1949年52.51%、1950年60.01%、1953年52.61%；职工福利占比分别为：1949年无、1950年1.40%、1953年3.37%；资方所得占比分别为：1949年11.94%、1950年8.01%、1953年3.37%。

由此可见，扩展公私合营阶段的盈余分配有四个特点：一是各公私合营企业的盈余分配水平总体上取决于企业自身的盈利能力，但在实际的剩余分配中，由于各种原因的制约，资方的实际分配所得确实存在远低于“四马分肥”原则25%左右的。二是企业有盈余且进行盈余分配的不多，而且每年有盈余且每年进行盈余分配的企业则更少。三是即使实行了盈余分配的企业，其中企业公积金或公债占比较多且重，尤其是1953年及其以后更是如此。这与当时各企业内部的具体情况以及政府的政策不无关系。四是在此时期合营企业的剩余分配中，如何分配，分配多少，已经不是股东或者企业董事会自身所能自主决定的，它们不仅要与企业工会或公方协商并取得他们的同意，同时最后还必须得到合营企业上级主管部门的批准或者核准。

但是，不管如何，对于那些具有盈余分配条件的合营企业来说，能够对历年能够分配且尚未分配的企业盈余进行分配，无疑是一件值得高兴之事。因此一些资方在“盈余分配完毕后，一般都表示满意，特别是在利润较高而股息红利部分又占比例较大的厂，资本家更是非常满意。他们除表示衷心的拥护今年盈余分配的分配办法之外，并企图用‘拥护’的手法将今后股息红利部分的比例按此固定下来。”①

① 中共上海市委轻工业委员会：《关于十六个公私合营企业1953年盈余分配情况的报告》，1954年7月9日，上海市档案馆藏档案：A48-1-4。

第三节　全行业公私合营后企业剩余分配的了结

全行业公私合营高潮之后，企业剩余分配制度之再造的前提就是对老公私合营企业以及新公私合营企业所有应了和未了之盈余进行最后的了结。其内容主要包括历年盈余分配了结的政策和历年盈余分配之了结。

一、历年盈余分配了结的政策

全行业合营之后，在私营企业时期和此前即已公私合营的企业的盈余应如何分配和了结，方便后来“定息”制度的推行，就成为全行业公私合营后党和政府亟须解决的问题。针对当时中央工商行政管理局接到全国不少地方询问关于公私合营企业 1955 年度的盈余应如何掌握分配问题，为此，中央工商行政管理局对 1955 年度的盈余分配提出了几条意见：一是 1955 年以前已经公私合营的企业，它们在 1955 年的利润分配，可根据具体情况经过公私协商，来妥善处理。如私方积极要求实行定息办法，可以同意；如私方还有顾虑，可仍按“四马分肥”的原则或者惯例来分配私股股息；不要勉强他们实行定息。二是私营企业，1955 年当年实行公私合营的企业和 1956 年才实行公私合营的企业，他们在 1955 年度的利润，一般可按照“四马分肥”原则或惯例进行分配。有些企业需要弥补亏损的，可以在弥补亏损后再行分配。三是私营企业和公私合营企业自 1953 年以来的应分而未分配的盈余，应当根据“四马分肥”的原则或惯例，参酌企业的财务情况，适当进行分配。国务院同意此三条意见并转发全国各地参照办理。①

针对有些地方在分配 1955 年度私营企业盈余时，对资方的股息红利掌握得偏紧，中共中央认为“这是不妥当的”。为此，1956 年 4 月 16 日，中共中央再度发出《关于公私合营及私营企业 1955 年度盈余分配的指示》，指示的内容如下：一是 1955 年度私营企业及公私合营企业的盈余分配，应根据“四马分肥”的原则办理，其中资本家的股息一项，至少占到企业盈余总额的 20%；二是如果所得税所占企业盈余的比重过大，可以酌

① 国务院转发中央工商行政管理局《关于公私合营及私营企业 1955 年度盈余分配问题的意见》，1956 年 3 月 5 日，《中国资本主义工商业的社会主义改造》，中央卷（下），中共党史出版社 1993 年版，第 1068—1069 页。

减企业公积金的比例；三是1955年度的盈余已经进行分配的地方，要根据以上精神进行复查，如果资本家所得的股息红利低于盈余总额20%的，应适当调整；四是为了推销1956年公债，资本家应得的股息，有一部分须购买公债，但应根据企业情况，分给他们一定数量的现金，由他们自行支配。①

而上海市人民委员会则根据关于执行国务院关于私营企业实行公私合营的时候对财产清理估价几项主要问题规定的具体办法中有关盈余分配的规定，颁布了《上海市人委关于公私合营和原私营企业盈余分配的若干规定》，对本市公私合营和原私营企业1955年及1953年、1954年应分未分盈余的处理，作出了如下七个方面的指示：一是公私合营企业1955年度的盈余，按照“四马分肥”原则，结合企业的具体情况，在不影响生产经营的原则下，由公私双方协商分配；二是原私营企业1955年度的盈余按账面盈余，缴纳所得税后，应先弥补亏损，再参照清产核资中财务处理后的具体情况，在不影响生产经营的原则下进行分配。其中对规模较大，账册健全，具备“四马分肥”条件的企业，得按“四马分肥”原则分配，其分配比例以缴纳所得税弥补亏损后可能分配的金额作为100，其中企业公积金占46%左右，职工福利奖励金占16%左右，股东股息红利（包括董监、经理、厂长等酬劳金在内）占38%左右。对结算盈余基础较差的企业，得参照“四马分肥”的原则酌情分配。对账目不健全，结算盈余有困难的小作坊、小工厂及不雇用店员或仅雇用少数店员的小商店，按惯例办理。三是1955年实行公私合营的企业，其盈余分配，合营部分按第一条办理，私营部分按第二条办理，如已在清产核资时经公私双方协商确定处理办法者，得照原办法办理。四是原私营企业分配盈余后所提存的公积金（包括1955年实行公私合营的企业私营部分盈余中所提存的公积金），一般转为私股股份，如企业原有公股者，应按原来的公私股份比例，转为公私双方股份。如企业原有职工集体福利设施较差，可从公积金中适当提取一部分作为合营企业的职工集体福利基金。五是原私营企业职工福利金、奖励金的支配与使用，按工会的规定处理，私股所得由其自行处理。六是原私营企业1953年、1954年度应分未分盈余，如私方申请分配时，得参照上述规定和企业的财务情况适当分配。七是盈余分配应结合清产核资进行，由市工商行政管理局统一领导，各主管业务局具体掌握，市工联

① 《中共中央关于公私合营及私营企业1955年度盈余分配的指示》，1956年4月16日，《中国资本主义工商业的社会主义改造》，中央卷（下），中共党史出版社1993年版，第1100页。

及区办，市、区工商联应分别对职工、私方进行政策教育。公私合营企业，经公私协商提出分配方案，报请主管业务局或专业公司核定后执行。原私营企业由原企业负责人提出分配方案，经区工商联或同业公会进行辅导，提出意见，并经劳资双方协商后，按清产核资处理财务的组织系统，工业报专业公司转报主管业务局核备，商业报区人民委员会对资改造办公室核备。①

除此之外，上海市政府还公布了《关于本市公私合营和原私营企业盈余分配的若干规定的补充说明》，其中又有若干主要规定，一是关于清产估价财务处理后盈余的计算基础问题。二是弥补亏损问题。三是盈余特大问题。规定："盈余特大的原私营企业，资方所得一般不要超过资本额的17.5%，有特殊情况的，如资本额偏低或制造新产品等利润特高的可适当照顾。"四是1953年及1954年的盈余分配问题。规定"公私合营企业及原私营企业如在这两年确有盈余，过去并未分配，而目前又具备分配条件的，可以参照企业的财务情况适当分配。"② 其中心主旨就是对盈余分配比例过大的可能进行限制，尽量避免其影响公私合营企业的积累和生产经营。

二、历年盈余分配之了结

新中国成立前，除个别私营企业之外，大多数私营企业一般不进行盈余分配。新中国成立后到全行业公私合营之前私营企业和公私合营企业的盈余分配，很多企业亦未进行。全行业公私合营后，尤其是清产核资后，政府对私营企业的财务进行了清理，同时应资方的要求进行劳资协商对有盈余的年份进行盈余分配，但是在政府的调控和管理范围之内。

盈余分配中最主要的一项是奖金福利。在个别企业公私合营时期与扩展公私合营时期，私方一般认为根据《私营企业暂行条例》中的规定尚不够明确。"按照规定应首先提付股息，然后再按规定比例分配安全卫生设备基金，及奖金与集体福利基金。但实际上如何付出存在问题，同时安全卫生基金及奖金与集体福利基金应包括哪些项目划分均不够明确，而且私营企业盈余分配有两种方式，一为合伙及独资部分；一为公

---

① 《上海市人委关于公私合营和原私营企业盈余分配的若干规定》，1956年4月5日，载中共上海市委统战部等：《中国资本主义工商业的社会主义改造》，上海卷（上），中共党史出版社1993年版，第743—744页。

② 《上海市第二轻工业局关于企业清产核资、定股定息、盈余分配规定通知及财务处理报批单》，1956年，上海市档案馆藏档案：B163－1－537。

司组织部分。”鉴于以上种种原因，“资方对此已有顾虑怕影响企业。因此很少进行盈余分配，公私合营后则由政府统一进行分配。”① 由此，在全行业公私合营之后，众多中、小型私营企业以及公私合营企业都面临着如何尽快了结那些按规定应分以及自1953年以来应分而未分的盈余分配问题。

盈余分配工作，一般由上海市工商联合会领导布置，专业公司具体掌握，同业公会负责办理，工会和工商联分别对职工和私方进行政策教育，企业按要求进行盈余分配，首先由原企业的负责人（一般是资方或代理人）向本业同业公会索取盈余分配申请书，提出盈余分配方案，报同业公会；其次，经同业审查辅导，提出意见，报送专业公司审查；再次，专业公司向各基层企业合营工作组调查了解后，报局审批；最后，下达同业公会，转原劳资协商，进行分配（老合营厂例外）。

以制药行业为例，在全业156个厂中，自1950—1954年有账面盈余的有136个厂，占总户数87.18%，发生盈亏的有20个厂，占总户数12.82%，已进行分配的厂有99个，占盈余户72.77%，未进行盈余分配的厂计有57个，占盈余户27.23%。1955年账面有盈余的厂62家，金额1 265 800元。全行业公私合营之初，专业公司“抱着分就分，不分就算的态度”，而“同业公会的领导上对此一问题又抓的过紧”，以致“资本家感到1955年盈余数不大，1956年生产任务较往年重，为了保证资金的周转，不分也就算了，所以大家对盈余分配的兴趣，比开始大大冲淡了。”此后，“随着政策明确和深入，从上到下的都纠正了以前的做法，要求1955年盈余户，不管盈余数额是多是少，根据‘宽、了’精神和中央的指示精神，有条件分的，尽量动员分。如企业无现金，可分期付款。”于是，“填报申请书的厂，由开始冷冷落落，到后来就有些络绎不绝了。许多人都有盘算要分，不仅要分1955年，而且要分1954年和1953年的盈余。不仅有条件的要分，而且倒挂户和营不抵税户也要分。”② 结果，全行业有45户合营企业提出申请分配1955年度盈余。经专业公司根据实际情况进行审查，其盈余分配情况见表7-4。

---

① 《上海市工商业联合会关于劳资关系学习计划和劳资及公私关系情况报告》，1956年，上海市档案馆藏档案：C48-2-632。

② 上海市制药工业公司：《上海市制药工业全行业公私合营清产核资和定股定息调查报告（草稿）》，1959年2月，上海市档案馆藏档案：B76-1-345。

表 7－4　　上海制药行业 45 家合营企业 1955 年盈余分配情况

年度	户数	账面盈余（元）	当年要求所得税（元）	公积金（元）	职工集体福利（元）	资方所得（元）	资方所得占账面盈余（%）
1955	45	1 046 299	382 230	230 300	45 264	227 290	21.7

资料来源：上海市制药工业公司：《上海市制药工业全行业公私合营清产核资和定股定息调查报告（草稿）》，1959 年 2 月，上海市档案馆藏档案：B76－1－345。

而 1953 年和 1954 年盈余，根据市人委指示，“资方所得应按登记资本额的 17.5% 为标准”，除少数资本家认为过低外，大多数认为是合情合理。制药行业申请补分 1953 年和 1954 年度盈余的共有 13 家。最终经过专业公司审查，认为其中有些企业不具备盈余分配的条件，有些企业提出的分配数字超出了允许分配的限度，有的企业难于说服，政府对之进行了照顾，最终只批准了 5 家企业进行了 1954 年的盈余分配，7 家企业进行了 1953 年度的盈余分配。具体情况见表 7－5。

表 7－5　　上海制药行业 12 家合营企业 1954 年、1953 年盈余分配情况

年度	户数	当年要求所得税（元）	公积金（元）	职工集体福利（元）	资方所得（元）	资方所得（元）	资方所得转账面盈余（%）
1954	5	66 492	27 540	24 541	920	7 610	11.4
1953	7	753 571	267 567	193 251	9 829	43 788	0.06

资料来源：上海市制药工业公司：《上海市制药工业全行业公私合营清产核资和定股定息调查报告（草稿）》，1959 年 2 月，上海市档案馆藏档案：B76－1－345。

由于在“宽、了”政策的指导以及制药工业行业盈余分配工作的有序开展下，1956 年 6 月初开始的工作到同月底即基本上结束，切实做到了“户户有着落，个个都欢喜”。①

老公私合营企业在历年未分配盈余的处理中，问题比较复杂。如上海市电力设备制造工业共有 383 户，其中中央合营厂 2 户、老合营厂 5 户。根据 1955 年 196 户统计资料的盈余分配情况来看，1950—1955 年均有盈

① 上海市制药工业公司：《上海市制药工业全行业公私合营清产核资和定股定息调查报告（草稿）》，1959 年 2 月，上海市档案馆藏档案：B76－1－345。

余，但分配的厂不多。1950 年有盈余的 43 户，但只分配 23 户，资方分配金额占盈余总额 9.15%。1951 年盈余 77 户，分配 24 户，资方实得金额占盈余总额的 2.63%。1952 年盈余 87 户，分配 33 户，资方实得金额占盈余总额的 8.94%。1953 年盈余 152 户，分配 34 户，资方实得金额占盈余总额的 3.93%。1954 年盈余 104 户，分配 19 户，资方实得金额占盈余总额 4.27%。1955 年盈余 89 户，分配 5 户，资方实得金额占盈余总额 0.9%。总的来说，1950—1955 年平均未分配户占盈余总户数的 75%，其中电瓷业历年连一户都没有分配过。据调查，可分却未分盈余的原因主要如下：一是大部分厂虽有盈余，但资方由于“五反”退款未还清，提出进行盈余分配有顾虑；二是一般企业的账面盈余跟实际情况有很大出入，要进行事实上的盈余分配，财务上有困难；三是新中国成立后新设立的厂虽有盈余，但大部分盈余都投入了扩大再生产的用途；四是 1955 年由于处于全行业公私合营高潮期间，资方人员为了表现积极都不提盈余分配。①由此可见，老合营企业应分尤其是应分而未分的盈余，有着一定的复杂性，而且在时间安排上都要求应在定息之前了结。

再以上海钢铁公司为例，该公司三个厂新中国成立前是官僚资本与私人资本合营的企业，新中国成立后通过没收企业内部官僚资本部分股权，于 1949 年 6 月组成了公私合营企业。到 1955 年年底，公股为 640 多万元，占 84.18%，私股 120 多万元，占 15.79%。6 年来三个厂的生产发展很快，尤其是在国家经济恢复时期的三年里，生产发展出现跳跃式的飞跃，企业盈余从 1949 年亏损 4 万余元到 1952 年盈余 8 017 731 元，占到资本总额的 117.62%。具体盈余情况详见表 7－6—表 7－8。

表 7－6　　上海钢铁公司历年发展盈亏情况表

年度	盈余		盈亏	
	金额（元）	占资本额的百分比（%）	金额（元）	占资本额的百分比（%）
1949	—	—	43 229	1.73
1950	1 720 920	27.89	—	—
1951	4 448 218	65.25	—	—

① 《上海市电力设备制造公司合营科电力设备工业定息初步意见》，1956 年，上海市档案馆藏档案：B209－1－500。

续表

年度	盈余		盈亏	
	金额（元）	占资本额的百分比（%）	金额（元）	占资本额的百分比（%）
1952	8 017 731	117.62	—	—
1953	6 754 772	99.09	—	—
1954	3 031 177	39.61	—	—
1955	—	—	—	—

资料来源：《上海钢铁公司关于上钢三个厂采取定息办法方案》，1955 年 12 月 6 日，上海市档案馆藏档案：A44－1－13－7。

表 7－7　上海钢铁公司历年利润分配及利润实际情况

年度	利润	分配情况							
	实际金额（元）	所得税金额（元）	占比（%）	公积金（元）	占比（%）	企业奖励基金（元）	占比（%）	股息红利（元）	占比（%）
1950	1 720 992	377 378	21.93	1 120 250	65.10	64 026	3.72	116 038	6.74
1951	4 448 219	1 213 029	27.28	2 588 150	58.18	95 230	2.14	551 810	12.40
1952	8 017 731	1 985 199	24.76	4 826 026	60.19	559 548	6.98	646 958	8.07
1953	6 754 722	2 689 879	39.82	2 656 997	39.34	589 915	8.73	817 931	12.11
1954	3 031 177	120 000	39.59	843 542	27.83	38 400	12.78	606 235	20.00

资料来源：《上海钢铁公司关于上钢三个厂采取定息办法方案》，1955 年 12 月 6 日，上海市档案馆藏档案：A44－1－13－7。

表 7－8　上海钢铁公司公私股历年实际分配股息红利金额及年利率

年度	股息红利总额（元）	公股实际所得（元）	私股实际所得（元）	全年利率（%）
1950	116 038	94 927	21 110	1.78
1951	551 810	454 240	97 569	8.23
1952	646 958	35 729	111 288	9.42
1953	817 931	673 766	144 164	11.90
1954	606 235	—	—	7.92

资料来源：《上海钢铁公司关于上钢三个厂采取定息办法方案》，1955 年 12 月 6 日，上海市档案馆藏档案：A44－1－13－7。

从以上上海钢铁公司关于盈余分配的两个表格可以看出，随着生产的发展，企业所得利润在不断增加，企业盈余也在逐年上升。按照“四马分肥”原则，每年流入资本家的财富也越来越多。政府为了控制这个现象，1954 年以前即在分配盈余时，增加了公积金的比重，1951 年的公积金即占全部利润的 53. 18%，1952 年占到 60. 19%。尽管这样，由于企业利润的不断增长，股息和红利的数字还是逐年增加，由 1950 年的 11 万多元增加到 1953 年的 81 万多元，资本额的年利率由不到 1 厘增加到 1. 2 厘。这就是说，按照当时的说法，企业盈余有很大一部分被资本家拿走（1950—1954 年共有 47 万余元），因此，国家的积累和企业扩大再生产的资金就相对越来越少了。从另外一方面来看，资本家的实际所得逐年增多，而股息红利在全部利润中所占的比重却很小，1953 年只占 12. 11%，这与“四马分肥”原则中的 25% 比较相差还很远，如果按 25% 来分配盈余，即 1953 年的年利率就要高达 2. 5 厘左右，资本家的实际所得还要增加一倍多。

由此可见，一方面，就当时形势发展来说，“四马分肥”的盈余分配办法已经越来越阻碍公私合营企业内部生产力的发展，限制了企业经营管理的改善和经济绩效的增长。因而全行业公私合营后，改变盈余分配方式，采取在当时的社会情境下更合理、更有效的盈余分配的办法——定息政策逐渐浮出水面，成为大势所趋。另一方面，从企业变迁的视角来看，对新老合营企业历年盈余分配的了结，不仅仅是对私方的简单的利润分配问题，更重要的是对近代以来私有产权制度下企业原有剩余分配制度的终结。只有将全行业公私合营之前的私营企业时代所有未了之事，集中在一个短时期内，高效、平稳、快速地予以彻底解决，中国的私有企业制度才能得以真正的、事实上的终结，从而开启一个全方位的新时代。

第四节　“定息”制度的确立

个别企业公私合营时期和扩展公私合营时期，企业的剩余分配可以说和企业的盈余状况紧密相关。全行业公私合营之后，全国绝大部分私营工商业都实行了公私合营，如果不对过去公私合营时期的剩余分配办法进行变革，那么各地区、各行业甚至是各企业的剩余分配必然在分配金额、分配比例、分配方式等方面都造成极大的不统一，同时也不利于国家将公私合营企业的权力最终转移到国家手中，并按社会主义的原则来经营管理。① 于是，在此种形势下，和平赎买下最重要的剩余分配方式——“定息”制度诞生了。

一、定息息率出台之前的调研

在个别企业公私合营时期和扩展公私合营时期，企业的盈余分配主要是与企业的盈利状况息息相关。1956 年全行业公私合营高潮之后，可以说全国范围内几乎所有的资本主义工商业都实现了公私合营，生产关系有了实质性的改变，如果再按照过去公私合营时期实行“四马分肥”的盈余分配办法，不仅会阻碍生产力的发展，而且也不利于国家对公私合营企业实际权力的掌控，并按照社会主义原则来进行经营管理。因此，中央决定实行和平赎买下最重要的盈余分配方式，即“定息”制度。

1954 年 3 月，天津市委关于合营厂盈余分配给中央的报告中说到了合营企业的四种利润分配办法。其中最主要的一种是 1956 年全行业公私合营之前，绝大部分公私合营企业实行的“四马分肥”的盈余分配制度。还有一种就是建国电线厂，“每年给资方一固定的数额，其余完全由我们支配，等于付给资方一定租金，由我们永远租用”。所谓“给租方一固定的数额”，其实质就是“定息”。天津市委还提出：“建国电线厂的办法是否也可以作为分配的一种办法，是否也可作为国家资本主义中一种比公私合营更进一步的形式。”华北局对此，给出批示：“建国电线厂给私股定值、定息的办法可作为公私合营企业盈余分配的一种，可研究试行。”然而，中共中央在转发天津市委报告的批示中却并不以为然。中共中央明确指示：“合营工业的利润分配，除少数带有垄断性质、企业盈利特别高的，或者是企业生产涉及国家机密，在商得私股同意，企业的生产经营已全部由公股负责，私股不负企业盈亏的责任以外，一般不采用定值、定息（即天津市委报告中所提建国电线厂的分配办法）为宜。（华北局批示中此点应作适当修改。）因为定值、定息的办法，一般将定得较低，资本家虽然觉得私股利润已有保障，但合营工业生产提高、利润增加后，私股又将发生不满，特别是易使资本家认为：企业合营后，私股已被抛至一边，对企业无权过问，这在目前不仅不利于对资产阶级分子的改造，也将影响到私

① 参见张忠民：《“公私合营”研究（1949—1956）——以上海工业企业为中心的分析》，上海社会科学院出版社 2016 年版，第 409 页。

营工商业者对公私合营的积极性。”① 因此，在全行业公私合营以前，主要是极少量的私股比重较小的由国家经营管理的公私合营企业，以及一些公用事业和公私合营银行实行定息。②

1954 年以来，随着扩展公私合营的持续推进，特别是 1955 年下半年上海等地已经出现的部分轻纺、重工业行业的全行业公私合营。1955 年 11 月，陈云在中央资本主义工商业社会主义改造问题会议上，提出了在全行业公私合营中“应该推广定息的办法。定息就是把原来分给资本家的利润，改变为按照固定资产价值付给定额利息。实行定息有很大好处。实行定息以后，工厂的生产关系有了很大改变，国家对工厂的关系，资本家对工厂的关系，都改变了。定息就是保持私股在一定时期内的定额利润，而企业可以基本上由国家按照社会主义的原则来经营管理。这样，资本家得到了好处，我们得到了更大的好处。资本家暂时保存了他的资产价值，这个资产的所有权还是他的，是不能变卖的只能拿到定额利息。工厂企业管理的实际权力转到了国家手里。”③

就在全国性的全行业公私合营高潮后不久，即 1956 年 1 月 31 日，中共中央下达了《中共中央关于对公私合营企业私股推行定息办法的指示》，对全行业公私合营后实行定息制度的缘由以及基本原则都做了十分具体、明确的规定。关于为什么要实行定息制度，指示中明确指出：“对公私合营企业的私股推行定息办法，是国家进一步加强社会主义改造的一项重要政策措施。”关于定息率以及如何确定，提出“全国的年息总幅度定为一厘至六厘。起码定在一厘”，“各省市对各行业在定息的时候，要有适当的安排，使省、市之内一厘、二厘、五厘、六厘都有”。“在具体定息的时候一般应当根据实得（指一九五三年宣布‘四马分肥’以来的资方实际所得），参照应得（指按‘四马分肥’原则应当分配给资方的合理利润），在一厘至六厘的幅度内，实事求是地加以规定。”此外，指示还对定息工作开展过程中的实施程序、审核、确定办法等都做了明确的指示。④

---

① 《中共中央转发天津市委〈关于公私合营工厂利润分配和建立与健全董事会的报告〉的指示》，1954 年 3 月 3 日，载中共中央文献研究室：《建国以来重要文献选编》，第五册，中央文献出版社 1993 年版，第 133—134 页。

② 中国社会科学院经济研究所：《中国资本主义工商业的社会主义改造》，人民出版社 1978 年版，第 233 页。

③ 陈云：《资本主义工商业改造的新形势和新任务》，1955 年 11 月 16 日，《陈云文选》，第二卷，人民出版社 1984 年版，第 288 页。

④ 《中共中央关于对公私合营企业私股推行定息办法的指示》，1956 年 1 月 31 日，《中国资本主义工商业的社会主义改造》，中央卷（下），中共党史出版社 1992 年版，第 1033—1035 页。

1956 年 2 月 8 日，国务院第二十四次全体会议又据此通过了《国务院关于在公私合营企业中推行定息办法的规定》。主要对定息施行过程中的几个主要问题进行了具体的规定。一是定息的性质界定："定息，就是企业在公私合营时期，不论盈亏，依据息率，按季付给私股股东以股息。"由此可见，在此规定中，定息被界定为私股股东的股息，定息的支付方是"企业"，领取方是私股股东。二是定息的分配已经与企业的盈余状况没有直接紧密的关联。三是定息息率的区间范围。"对全国公私合营企业私股实行定息的息率，规定为年息一厘到六厘"。四是不同地区、不同行业可以实施不同或同一的息率。五是定息工作的实施在各省市人民委员会及当地业务主管机关和工商行政机关领导下，按行业协商进行。六是定息息率高于六厘，须经省市人民委员会核报国务院批准。七是暂不实行定息的公私合营企业，可继续按照《公私合营企业暂行条例》分配股息。①

上面这两个文件所共同体现出的一个最主要的问题就是国家对定息的息率范围只规定了一个一厘到六厘的区间，各地、各行业可根据自身的不同情况具体确定自身的定息率。由此，上海工商界各行各业自 1956 年 2 月份开始，即就各自行业定息率的确定，进行了大量的调查研究工作，并且在各行各业中进行了广泛而又热烈的关于定息问题的讨论，以及关于定息息率方案确定的协商。

根据中央的最新指示，各行各业确定定息息率最主要的依据是"实得"和"应得"，即行业历年来的盈利情况以及实际的利润分配率。因此，各行业关于定息息率确定的准备工作也首先由此发端。

1956 年，据上海市工商联对上海市重工业 3 个行业 68 户工业企业，其中染料 28 户、自行车 9 户、电器电讯 31 户；轻工业 11 个行业 253 家企业，其中金属制罐 24 户，制药 61 户、日用化学 13 户、皂烛 7 户、橡胶工业 54 户、造纸 17 户、卷烟工业 15 户、文教 10 户、玻璃 9 户、搪瓷 16 户、医疗器械 27 户；纺织业 3 个行业 166 户企业，其中棉纺 13 户、织染 115 户、制袜 38 户，共计 487 户的抽样调查。487 户工业企业虽然仅占全市工业户数 0.83%，但其职工人数却占到了 17.74%，工业生产总值 37.86%，资本额占 34.23%，1954 年账面盈余额占全市工业企业总盈余额 18.55%。几年来，这些企业生产比较正常，利润也较好，盈余分配也

① 《国务院关于在公私合营企业中推行定息办法的规定》，载中共中央文献研究室：《建国以来重要文献选编》，第八册，中央文献出版社 1994 年版，第 124—125 页。

比较普遍，但也有一些中小企业，历年来从未分配过盈余。① 这些工业企业历年盈余及分配状况见表 7 - 9、表 7 - 10。

表 7 - 9　　487 户工业企业“按照法令分配办法分配”历年资方各项应得情况综合

单位：万元

项目	1950 年	1951 年	1952 年	1953 年	1954 年
资本额（万元）	12 775	17 706	19 288	19 698	19 809
账面盈余（万元）	3 245	6 617	3 222	8 080	4 414
净值（万元）	26 028	37 894	36 119	42 336	43 680
“四马分肥” 总数（万元）	2 281	4 304	1 881	6 078	3 128
实缴所得税（万元）	1 031	2 903	1 306	3244	1 841
公积金（万元）	321	641	209	1 919	934
劳方所得（万元）	198	212	105	346	112
资方所得（万元）	731	548	261	569	241
资方所得为资本额的百分比（%）	5. 72	3. 09	1. 35	2. 89	1. 22
资方所得为账面盈余的百分比（%）	22. 53	8. 28	8. 10	7. 04	5. 46
资方所得为净值的百分比（%）	2. 81	1. 45	0. 72	1. 34	0. 55

资料来源：上海市工商业联合会：《上海市私营工商业历年负债变化及盈余分配典型户调查研究综合材料》，1956 年 2 月，上海市档案馆藏档案：C48 - 2 - 1653。

表 7 - 10　　487 户工业企业历年资方各项实际所得情况综合

项目	1950 年	1951 年	1952 年	1953 年	1954 年
资本额（万元）	12 775	17 706	19 288	19 698	19 809
账面盈余（万元）	3 245	6 617	3 222	8 080	4 414
资产净值（万元）	26 028	37 894	36 119	42 336	43 680
资方所得合计（万元）	820	693	375	971	3 128
股息红利（万元）	694	537	236	521	241
资方代理人酬劳（万元）	39	31	20	47	
超额奖金（万元）	3	10	14	13	4
年奖或年终双薪（万元）	46	58	63	57	44
其他津贴（万元）	16	22	12	11	11

① 上海市工商业联合会：《上海市私营工商业历年负债变化及盈余分配典型户调查研究综合材料》，1956 年 2 月，上海市档案馆藏档案：C48 - 2 - 1653。

续表

项目	1950 年	1951 年	1952 年	1953 年	1954 年
董监车马费（万元）	24	35	30	33	28
资方累欠未还金额（万元）	—	—	—	289	—
资方所得为资本额的百分比（%）	6.46	3.9	1.74	4.85	1.66
资方所得为账面盈余的百分比（%）	25.40	10.45	11.60	12.0	7.43
资方所得资产净值的百分比（%）	3.15	1.83	1.03	2.30	0.75

资料来源：上海市工商业联合会：《上海市私营工商业历年负债变化及盈余分配典型户调查研究综合材料》，1956 年 2 月，上海市档案馆藏档案：C48 - 2 - 1653。

由表 7 - 9、表 7 - 10 可以看出，这 478 家工业企业在 1950—1954 这五年的时间里，资方按照法定分配办法分配应得的利润最高时占资本额的 5.72%，最低时为 1.22%，五年间应分配的平均利润率为 2.85%。而资方实际分配的利润最高时占资本额的 6.46%，最低时仅为 1.66%。五年间实际分配的平均利润率为 3.72%。该调查还显示，478 户工业企业中历年来实现盈余分配的实际仅为 314 户，历年分配所得 2 350 万元，占分配企业账面盈余的 13.98%，占分配企业 1954 年资本额的 11.87%，以及企业资产净值的 5.4%。这跟以 478 户调查总户数相计的盈余分配比重相比，显然要高出很多。而且，历年实行盈余分配的企业数量呈递减趋势，1950 年比 1951 年多，1952 年又比 1953 年要少，1954 年最少，但是分配后 1953 年私方所得是最多的，1954 年最少。定息之前私方所得占年分配总数的比重也是不断变化的。从全部分配户“四马分肥”中私方所占账面盈余的比重来看：1950 年占 25.4%、1951 年占 10.45%、1952 年占 11.6%、1953 年占 12.0%、1954 年占 7.43%，五年来总平均占 13.38%。五年间私方整体所得呈逐年下降的趋势，虽然 1952 年由于税的比重减少，私方所得比重显得有所增加，但实际上私方分配所得的金额还是逐渐减少的。这主要是因为从 1953 年起实行了“四马分肥”的办法，私方所得比重与过去按照私企条例自行分配显然有所不同。“四马分肥”办法实行之前，私方内部分配首先分发股息，股息不足 8 厘时不进行盈余分配，私方代理人酬劳与劳方的福利奖金也都没有，故私方所得比较多。1953 年实行“四马分肥”办法以后，分息时照顾到私方、私方代理人与劳方等各方面的利益，因此私方所得的比重趋于减少。

从以上 478 户工业企业的调查中还可以看出，1950—1954 年上海私营工业企业的盈余分配中资方“应得”与“实得”还具有一些特点，主要体现在以下三个方面。

一是虽然企业盈余数字额较大，但分配后私方实得数额较小。如造纸工业全业22户工厂，1950—1954年共计62个盈余厂，盈余总额1 464万余元，但实际分配盈余的只有8个厂，私方实际盈余所得为9.75万元。再如棉布织染工业调查了115户工厂，其中1950—1954年共有428个盈余厂，盈余金额总数5 466万余元，但实际分配盈余的只有199个厂，资方实际盈余所得为535.6万余元。再如造漆工业调查了30户，其中1950—1954年共有104个盈余厂，盈余总额为911万余元，但实际分配盈余的只有33个厂，资方实际盈余分配所得为49.4万余元。这些有盈余的企业但却未实行分配的原因是多方面的，有的是因为企业是独资企业，盈余分配与否都是企业主自己所有；有的企业虽然历年都有盈余，积累了雄厚资金，但是因为盲目发展，大量添加固定资产等，导致流动资金不足而没有分配盈余；还有的则是因为企业主及其代理人顾虑盈余分配后会造成财务周转上的困难等。这些都说明了一个事实，那就是私营工商业时期的盈余分配大多没有统一的规则，具有随意性的特征。

二是分配股息的多，但分配股息兼分红利的较少。例如上海卷烟工业全业16户，1950—1954年共有40个盈余厂，但分配盈余的只有8个厂。其中，除大东南厂、元华厂于1953年度盈余分配中包括红利外，其余的只分配股息，与各厂资本额相比较，股息率最高的为4%（大东南厂），最低的为0.23%（华美厂）。盈余企业只分配私方所有的股息，少分配或不分配红利的原因主要是怕劳方分享了私方的“实惠”，这种现象在私营工商业时期很普遍。

三是分发现金较少，搭发公债较多。如棉纺工业全业25户，1950—1954年全业共计盈余12 274万余元，五年内私方分配所得股息红利包括酬劳金共计1 202万余元。其中大部分企业自1953年起搭发大量公债，一般采取按股权数额累进搭发公债的办法，少数发现金，多数发公债。如上海永安纺织厂1954年分发盈余搭发公债的百分比是：股额在1 000元内的不搭，5 000元内的搭发70%，10 000元内的搭发80%，10 000元以上的搭发90%。由此，该厂1954年分发的521 853元盈余中，搭发公债431 298元，分发现金90 555元，仅占发放盈余总额的1.73%。① 公私合营上海新中动力机厂1953年及1954年盈余分配所得股息红利及补发股息

① 上海市工商业联合会：《上海市私营工商业历年负债变化及盈余分配典型户调查研究综合材料》，1956年2月，上海市档案馆藏档案：C48-2-1653。

一厘，共实得 154 979.72 元，购买公债 150 000.00 元，由于现金不足，包括董监事、厂长的酬劳金以及大部分股息红利都直接购买了国家公债，实发现金只有 10 679.72 元。根据“大股东多买公债，小股东少买公债”的原则计算，其具体比例如下（每股人民币 10 元）：

表 7－11　公私合营上海新中动力机厂私股股息红利购买国家公债比例

单位：%

私股股数	发付现金比例	购买公债比例
300—1 000 股	10	90
150—300 股	15	85
100—150 股	20	80
3—100 股	50	50

资料来源：《公私合营上海新中动力机厂 1953 年及 1954 年盈余分配总结》，1955 年 12 月 11 日，上海市档案馆藏档案：A43－1－36－15。

由此可见，上海的公私合营企业有盈余且能进行盈余分配的企业不是很多，即使分了，也很少有及时分配的，而且发付股息红利的时候，多以搭发公债的形式进行，大股东要求多买公债，小股东则根据家庭具体情况，全部发现金或搭发公债的情况都有。如公私合营上海新中动力机厂“一小股东李某，本人已去世，家中有七十多岁的老太一位和十多岁的孙女一名，生活很困难，在（股东大）会上提出后，我们将她的 194 股全部发现金。”① 针对政府这种倡导私股将股息红利购买公债的情况，大部分私股股东“均一致拥护将红利购买公债，但也有不少资方感到公债买的太多”。②

搭发公债是新中国成立后，党和政府对私营工商业者收入分配进行调整的措施之一，此类举措一方面有利于政府从企业内部逐步影响私营工商企业，为后来的资本主义工商业改造提供方便；另一方面政府通过搭发公债汇集了部分私营工商者的股息红利，为国家积累资金进行社会主义建设创造了条件。

综上所述，这些来自各工业企业的调查数据，可以说为上海工业企业定息息率的确定提供了一个具有参考价值的基本前提和依据。

---

①② 《公私合营上海新中动力机厂 1953 年及 1954 年盈余分配总结》，1955 年 12 月 11 日，上海市档案馆藏档案：A43－1－36－15。

二、各行业商讨确定息率标准

要贯彻执行定息政策，首当其冲的问题便是确定息率标准。不同的行业利润有别，为国家经济建设所做的贡献也有大小，不同的企业经营效益更是不同，为此息率标准的确定必须慎重而尽量接近客观实际情况。鉴于此，党和政府决定先征求基层厂级领导、工人与私方的意见。

在工商联调查上海市各私营工业行业资方历年应得、所得的同时，上海市工商业联合会以及各工业行业的同业公会，也普遍对定息以及息率方案的确定展开了多次热烈的讨论。2 月 20 日，即《国务院关于在公私合营企业中推行定息办法的规定》下发后不久，上海市工商联工业处组织若干行业的资方，就定息的实施和定息息率的如何确定进行了商讨。其大概意见如下：有的认为定息是政府对资本家的一种照顾，“有十万资产，拿一厘满足了”；有的认为既是照顾，那就要“分别不同的情况具体的照顾”。对于定息率的高低，有些人认为，如果定息只有三年，那息率就应该高一些；大部分人认为应该根据行业的资产盈余或者行业的特点来计算息率的高低，如橡胶工业认为橡胶业的定息息率应该为 3—4 厘；医疗器械行业、印刷行业等大多认为 4 厘还是应该的。此外也“有行业认为过去情况不好，（盈余）分不到，现在不必计较”，“过去利润情况不好，‘四马分肥’分不到，现在低一点也可以”。①

上海工业各行各业在定息的讨论中，既有因为过去盈余分配少，或者资本额小，对定息感觉无所谓的；有的因为以前企业亏损实际并无盈余分配，实行定息则可以有盈余分配，或者是家庭负担重的，非常关心定息以及定息率的。对于定息的办法与标准，“各业意见分歧，业内意见也有不一致”，但是，“多数行业，多数工商业户认为一息一率为宜，以三厘、四厘意见较多”。如棉布行业认为可以突出全业统一的息率。其理由：一是便于经济改组，统一调配人力物力；二是定息后的利息支付，是国家对私营工商业的“赎买”，因此一业不应有几个息率；三是各厂私方原有厂房机器设备的优劣已反映在公私合营清产定股资本额的高低中，合营后各厂经营管理水平趋于平衡，各厂利润差额均已缩小。另外，该业建议息率为三厘。理由：一是股息应结合“赎买”政策，不应有过多要求；二是公债大都是人民以劳动所得赎买的，股息是剥削所得，不能相提并论；三是新

---

① 上海市工商业联合会工业处：《工业行业资本家对国务院关于在公私合营企业中推行定息办法的规定公布后的思想反映》，1956 年 2 月 20 日，上海市档案馆藏档案：C48 - 2 - 1655 - 1。

中国成立后，资本额已经经过重估财产和清产定股两次调高，息率不应定得过高。

上海“卷烟工业业内曾举行过三次座谈会，一致认为全业有条件也应该全业实行一个息率。”其原因：一是该业户数不多，情况比较简单，目前各厂利润率也趋向统一；二是工商户对定息还是剥削收入，将逐步走向放弃剥削有了较明确认识，清除了争多论少的心理；三是全业合营以后，资金充裕厂对资金困难厂相互投资，息率全业统一，可以减少计算上许多问题；四是根据全业进一步规划，将再并为五个厂，全业一息，更有其必要。此外，该业通过座谈会商榷，提出息率应在 3 厘左右。理由是“该业在解放以前是个盲目发展、过分集中的行业，几年来由于政府的扶助，已从亏损走向维持而有盈余，而且在改组改造过程中，能有盈余分配的也不多，因此，不能要求过高”。①

再以上海制药行业为例，自中央公布了年定息率 1%—6% 的幅度之后，专业公司自 1956 年 2 月份开始即组织了同业公会各级干部召开会议，进行了多次反复的研究和讨论。论题主要集中在两个方面，首先是研究是否统一息率问题。多数资方认为，制药行业各业别利润高低不一，定息率也有所不同，到底高的高多少，低的低多少，没有明确。哪些厂应该高，哪些厂应该低，各有其理，争论不休。大家争论了一阵，后来在讨论过程中发现了全业十多个息率行不通。如果按业别定息，第一，综合性及跨组厂（一个厂生产一种类型以上的产品）很多，制药业有 62 个厂生产非单一产品。“业的类型不易划分，定息无办法”；第二，产品类型以后可能根据国家计划发生变更，那时定息势必也要随着变动，因此也不恰当。最后，专业公司经过分析和总结，认为制药业定一个息率较为适宜。其依据是“多个定息率，在客观上限制了国家统一计划和安排工作，使以上改组工作很难进行。同时，多个定息率，各个资本家之间也不服帖，会造成不平均不团结现象。”其次是研究关于定息到底几厘的问题。制药行业统一一个息率，到底是 1%—6% 中的哪个数，是资方感兴趣的问题。大多数资方估计：“一厘二厘不止，五厘六厘拿不到，所以他们提出了三厘，希望四厘，这种提法，名为‘坐三望四’”。希望定四厘的原因是，一方面制药行业自新中国成立后发展迅速，1950—1955 年以来，资产净值增达三倍，因而专业公司认为息率的确定应“按照资方实得的年度平均数较为妥

① 上海市工商业联合会：《上海市私营工商业历年负债变化及盈余分配典型户调查研究综合材料（附工商界对定息的看法）》，1956 年 2 月，上海市档案馆藏档案：C48－2－1653。

善”，在这个基础上“照顾和鼓励其发展，考虑本业在国民经济中的生产地位，人民健康的需要，照顾其资方应得而未得（有盈余未分配）”。另一方面通过以下公式计算，定息的标准也接近4厘。采用以下公式的理由有三：一是赎买的是资方的登记资本，这个公式符合这个要求；二是赎买的是从中华人民共和国诞生那天起（为计算简便起见，公式中从1950年1月1日算起），所以应从登记资本中减去自开国后资方实得盈余额，这个公式也符合此要求；三是计算定息，发放定息，是以清估后资本额——私股、代管股、合营股为基础，此公式也满足这个要求。公式如下：

$$\text{年定息率}=\frac{\dfrac{\text{登记资本额}-\text{资方实得（1950—1955年）}}{\text{定息年限}}}{\text{清估后资本额（私股、代管股、合营股）}}$$

因此，依据上面公式计算，制药行业156户新合营厂定息率情况如下：

一是制药行业登记资本额（156个厂）10 426 432元（1950—1955年平均数）

二是资方实得（1950—1955年）5 238 688元

三是清估后资本额20 715 472元

以上三组数字代入公式计算得定息率为3.57%。综上，制药行业同业公会根据多数资方的意见，提出了定息四厘。专业公司则根据制药行业历年盈余情况，资方实得情况的分析，资方的意愿以及同业公会的意愿，初步意见也是同意四厘。①

也有行业认为一业内应有几个息率。如棉布织染工业认为“该业织布系统和印染系统过去盈亏情况各异，定息也应有所不同”。这是因为印染系统过去利润比较高，盈余面广，本轻利重，因此，定息应较织布系统高。在具体标准上，该业又认为应与棉纺工业的定息相平衡，棉纺工业3厘，则该业织布系统也应为3厘，而印染系统则在3厘以上，但也不应超过4厘，因为定息不应超过公债利息。一些工商户认为在一业中定几个息率的原因，有的是从大户照顾小户的理由出发；有的是从过去盈余情况出发，认为应该照顾一些过去一直有盈余而未进行分配的厂，“他们的定息

① 上海市医药工业公司：《关于上海市私营制药工业清产核资定股息的调查报告》，1959年2月，上海市档案馆藏档案：B89－1－195－48。

应该高一些”。①

1956年4月16日，中共中央发出通知，指定国务院第八办公室为中共中央对资改造十人小组定息平衡结构，同时要求各省市的定息方案也需由当地对资改造办公室综合平衡后，经党委批准上报。② 4月19日，上海市依次为依据，制定了《关于执行国务院“关于在公私合营企业中推行定息办法的规定”的具体办法》，对上海市推行定息工作的组织领导以及各行业定息率确定的基本原则作了大致的规定。

《关于执行国务院“关于在公私合营企业中推行定息办法的规定”的具体办法》规定，上海市定息工作的组织和领导是“在市对资十人小组统一领导下，由市人民委员会各主管办公室负责，领导各业务主管局及专业公司负责具体工作，工商行政管理局和统计局密切配合，还充分运用了工商联、同业公会的作用，做到企业上下级、内外环境密切结合，分层负责，逐级审查和平衡。”其原则是根据国计民生的需要，通过工商联、同业公会和行业合营工作委员会的协商，先进行业排队，挑选出一部分重要并有代表性的行业先行拟出定息方案草案，再进行行业平衡然后逐步推开。行业的定息方案由专业公司拟订，报告业务主管局审查和平衡后，再上报主管办公室作全面的审查和平衡。全市的定息方案由市委对资改造十人小组讨论后，最后上报国务院审批。整个定息工作计划在1956年6月底前完成。

定息息率的确定是资本主义工商业改造步骤最后阶段的关键环节。这项标准确定的合理与否，一方面关系到私方生活来源的稳定；另一方面也是对资本主义工商业改造能否顺利完成的重要所在。根据国务院“关于在公私合营企业中推行定息办法的规定”和上海市的具体情况，在公私合营企业中对私股推行定息的办法，商讨息率应遵循的基本原则具体规定如下：“在具体规定定息的时候，应视国计民生的需要，一般可以根据实际（指1953年实行“四马分肥”原则私股应得的合理利润），在1—6厘的幅度内，贯彻从宽的精神，实事求是地加以规定，对一般行业、企业的定息，应不低于私股过去的实得。对国计民生作用的大小，在过去实得的基础上，参照应得，分别适当提高一些；如果对国计民生作用较大，过去实得又偏低的，还应多提高一些。只有某些对国计民生作用不大，过去实得又偏高的，则应适当降低；少数对国计民生作用较大，产品质量特别好，

① 上海市工商业联合会：《上海市私营工商业历年负债变化及盈余分配典型户调查研究综合材料（附工商界对定息的看法）》，1956年2月，上海市档案馆藏档案：C48-2-1653。

② 《中国资本主义工商业的社会主义改造》，中央卷（下），中共党史出版社1992年版，第1302页。

在技艺上有较大贡献，过去的利润也较高的，或对国内政治影响和代表性较大的行业、企业，应该规定较高的息率，可定为5厘或6厘，其中个别对国计民生有特殊贡献的企业，还可高于6厘，以资鼓励。对于国计民生作用不大，过去盈余较少或亏损的行业、企业、可规定较低的息率，定息1厘的行业、企业应该是少数的。”另外，在公私合营企业中推行定息息率的商议办法规定：同行业的企业，一般可规定一个息率；如行业内因组别、类型、作用、过去利润等差异而导致一个息率难以平衡的，可以规定几个息率，但息率不宜太多，相差也不宜太大；同一个息率的行业中，个别企业的技术设备和产品质量特别好的，利润较高的，其息率也可高于同一行业的其他企业；另外行业之间可以规定不同的息率，一般遵循的原则是：工业高于商业，重工业高于轻工业，主要行业高于次要行业。同一系统内的行业及生产经营相类似的行业的息率，一般尽可能接近，相差不宜过大。①

上述文件相继下发后，上海市各行业关于定息方案的讨论、决策进入了最后的阶段。

尽管上级领导部门对息率的标准进行了规定，但是具体到各行业内部对息率标准的确定仍然众说纷纭，各执己见。有主张一个行业一个息率的，也有主张一个行业多个息率的。如上海造船业是交通运输中的重要行业之一，共计54户。其内部经过商讨，决定造船业的定息息率为一个，原因是同一行业内如有不同息率反而会影响资本家情绪，且该业小厂占多数，资本额在一万元以下的就有15户，只有一个息率还可方便照顾资金少的小厂。②

赞成一个行业内应有几个息率的行业也有一些。他们的理由有很多：有的认为大企业应该照顾小企业，如资金少的夫妻店的息率要高一些，以照顾其生活。有的认为应以各企业盈余情况作为确定息率的标准，如上海造纸工业光中造纸厂私方认为各厂盈亏不一，应根据过去盈亏情况定不同的息率。有的虽赞成定一个息率，但认为要照顾那些过去一直有盈余而未进行分配的厂，这些厂的定息应该高一些。③

---

① 《关于执行国务院“关于在公私合营企业中推行定息办法的规定”的具体办法》，1956年，上海市档案馆藏档案：B163－2－142。

② 《上海市人民委员会重工业办公室关于上海市第一重工业局所属汽车总成修配厂、造船业、旋转电机业、造漆、染料行业等合营定息方案》，1956年，上海市档案馆藏档案：B4－2－120。

③ 《上海市工商业联合会为配合定息问题对本市私营工商业历年资产负债变化及盈余分配典型户调查研究的综合材料（附工商界对定息的看法）》，1956年，上海市档案馆藏档案：C48－2－1653。

关于息率的幅度问题。同样以上海造船业为例。该业内部商定造船业息率幅度初步确定为4.5—5厘，这个息率幅度相比其他行业是比较高的，其原因一方面是因为造船业对国计民生有重大作用；另外一方面过去几年造船业盈余分配实得比应得少，故应给予适当的补给。补给的标准是这样考虑的：根据造船业过去历年盈余分配实得情况来考虑，1950—1952年利润很高，私方盈余分配实得和应得也较高，以此作为依据显然不合理；1953—1954年，由于1954年盈余分配少，因此也不合适。最后决定取1950—1954年历年盈余分配平均值较为合理。根据统计资料，这5年的盈余分配私方平均实得为3.45%，应得5.56%。① 这样既考虑到国计民生的需要，又平衡了历年私方盈余分配的实得与应得，以此标准来确定息率幅度是比较合理的。

1956年5月16日，上海市工商联合会召开执监委员与同业公会正副主任扩大会议，分组讨论有关定息问题。“根据工商业中66个行业所提出的息率幅度的初步意见来看，总的趋势是两头小，中间大，一般集中在2厘，提出2厘或5厘息率的仅七个行业。”“工业中，重2偏4，轻纺执中”。② 会上，主席委员对定息的看法主要集中在六个方面：一是对定息高低的看法。认为“按刘部长报告精神，斩头去尾，估计4厘可能性较大，一般地认为4厘比较恰当，可以皆大欢喜。”但也有的认为“三年内基本完成社会主义革命，定息多少何必计较。”二是关于同一行业定几个息率的问题。“绝大多数赞成一业统一息率。……有些委员要求全国一业一息，……对上海全市一个率问题，也有不同看法。有的主张全市一率，也有认为全市一率太简单，不切合实际。”三是“重工业认为对国计民生作用比轻纺工业大，定息望高，尤其对棉纺业认为过去盈余拿得多，更应定低些。相反棉纺业也认为应该低些。”四是具有国际声望的企业认为应考虑国际影响，定息不宜过低。五是中小行业与中小资方认为定息对自己关系不大，兴趣不高，最关心的还是今后工作安排、生活待遇以及家属工作问题。六是有些委员认为定息应该顾到资方生活问题。③

与此同时，上海市人民委员会第四办公室召开的定息工作会议上，传达了陈云对上海定息工作的最新指示：即从有利于改造的角度出发，定息

---

① 《上海市人民委员会重工业办公室关于上海市第一重工业局所属汽车总成修配厂、造船业、旋转电机业、造漆、染料行业等合营定息方案》，1956年，上海市档案馆藏档案：B4-2-120。

②③ 上海市工商业联合会：《公私合营企业反映定息问题》，1956年5月16日，上海市档案馆藏档案：C48-2-1655。

工作本着“宽”“简”精神处理；各行业对定息工作得根据行业对国计民生作用的大小，参照过去实得与应得；息率一般以四厘为准，对国计民生作用特别大的，可以高于四厘；具体做法是“行业协商，私提公批”；上海的息率底牌：商业3—3.5厘，轻纺3.5—4厘，重工业4—4.5厘。①

1956年5月16日，上海市工商联合会召开执监委员与同业公会正副主任扩大会议，出席会议的委员反映各工商行业要求息率幅度的排队情况如下：(1) 拟定息2厘的行业有3个，为房地产、旅游、毛巾业；(2) 拟定3厘的行业有10个，为机制煤球、造印、火柴、毛纺、印染、日化、棉布商、煤炭商、酒商、竹商；(3) 拟定3—4厘的行业有9个，为元钉、食品、丝绸、冷藏、造漆、建筑材料、砖石灰石、新药、茶叶业；(4) 拟定4厘的行业有32个，为制笔、纺织机、二机床、轻工业机械、制刷、制药、车木、电器电信、木材加工、有色金属、电镀螺丝、手帕、衬衫、内衣、体商、牙膏塑胶、仪表、制革、皮件、钟表、制鞋、铝印彩印五个业、南货、帽商、酒业饮食、机制缝纫、时装、木器业；(5) 拟定4—5厘的行业有7个，为仪器度量衡、纫场机器业、动力设备、造船、酿造、鞋商、照相业；(6) 拟定5厘的行业有4个，为电焊、通用机械、铸锻、电力设备业。② 由此可见，排队的息率从2—5厘的幅度，间隔为0.5—1厘，一共分为6档。如果最终实行这样的差别化定息息率，不同行业之间的定息还是存在很大差距的，其中定息息率最高的行业与最低的行业之间的落差高达3倍。

持续近半年的定息息率讨论中出现和反映的问题和情况，以及由于息率平衡、确定过程的艰难与漫长，给中央的决策起到了重要的参考作用。

1956年7月，中共中央正式下达了《关于公私合营企业定息办法的若干指示》。其中包括三个方面的内容，一是“中央同意陈云同志在对资改造十人小组汇报会议所做的总结，并由陈云同志在全国人民代表大会做了发言，不分工商，不分大小，不分盈户亏户，不分地区，不分行业，统一规定为年息五厘。”二是“对某些企业需要超过五厘定为六厘的，由省、自治区、直辖市党委审核决定后报中央对资改造十人小组备案；对个别合营企业定息需要超过年息六厘的，由省、自治区、直辖市党委报中央对资改造十人小组批准。请将需要超过年息六厘的合营企业，迅速上报，以便

---

① 上海市第二轻工业局：《出席“四办”定息工作会议汇报》，1956年，上海市档案馆藏档案：B163－1－537。

② 上海市工商业联合会：《公私合营企业反映定息问题》，1956年5月16日，上海市档案馆藏档案：C48－2－1655。

中央平衡决定。”三是“一定要在本年7月或者8月发息一次（上半年的定息）。定息一般自本年1月1日起计算。”① 此外，对于华侨投入国家经营的华侨投资公司的股金，政府继续采取优惠的办法，股息定为年息8厘。而在此之前，上海大部分资本家对息率的想法是：“定三厘稍低，四厘不好讲，五厘不敢想”，即所谓“坐三望四”。由此可见，党和政府对私股的股息定为年息5厘是从宽的，且高于资本家的预期，反映了党和国家一方面从大局考虑，安抚资本家阶级的情绪；另一方面也促使资本家阶级在生产资料所有制变革后进一步接受个人在政治、思想上的社会主义改造。

私方历年盈余分配实得额和应得额也有计算标准。私股实得额是以清产核资户在1953—1955年平均分配所得股息红利为标准；私股应得额是以清产核资户三年中账面盈余额的25%计算；私股实得息率均按行业内所有清产核资户三年的平均资本额计算；1955年底以前实行合营的企业，如过去清产定股明显太低的应在定息息率上予以照顾并适当提高，但原资本不予变更。② 可见，党和政府在平衡私方心理上所做出的举措调整，一定程度上缓和了资本家阶级的情绪，降低了资方对社会主义改造的阻力。

1956年11月28日，陈云在全国公私合营企业工会基层干部大会上解释了定息五厘的原因：“民族资产阶级经过了反帝、反国民党反动派战争的一关，这两关都过来了，他们又参加了抗美援朝和恢复经济的工作，在通过社会主义改造这一关，就是今年一月前后全行业施行公私合营的时期，我们能抛开他们吗？当然不能，而且更不应该采用没收企业的政策了。这就决定对他们的资产在一定时期内给以五厘定息，这样做，对资方、对国家和人民都是合情合理的。”③

全国统一定息五厘的通知发出后，资方的反映也是多种多样。上海的资方主要有以下六种反映：一是部分资方对此“表示感激”，因而表示“要在具体行动上积极搞好生产经营管理，以报答政府的关怀。”有的资方说“定息5厘，出乎意料，觉得非常兴奋”。还有的资方表示对定息5厘是“皆大欢喜，喜出望外”。二是认为定息以企业为主发放，“要影响企业上缴利润，压力很大，因此一则以喜，一则以惧”。三是小户认为“定

① 《中共中央关于公私合营企业定息办法的若干指示》，《中国资本主义工商业的社会主义改造》，中央卷（下），中共党史出版社1993年版，第1157页。

② 《关于执行国务院“关于在公私合营企业中推行定息办法的规定”的具体办法》，1956年，上海市档案馆藏档案：B163－2－142。

③ 《党的文献》编辑部：《共和国走过的路》，中央文献出版社1991年版，第143—144页。

息5厘虽高，对大户有利，对本身关系不大”。四是中型户认为定息5厘，也可以“贴补家用，感到满意”。五是认为“息率高，收入多，可以减少放弃剥削的顾虑”。六是认为“有国际意义”。七是“定息问题，有人认为是宽大，有人认为不是宽大，是关怀”。① 综上所述，至少从已开放资料来看，上海大多数工商户对中央统一规定定息为五厘的结果是感到兴奋和满意的。因为就全国来说，“在实行定息以前，全国公私合营工业企业私股所得的平均息率，1951年为4.9%，1952年4.9%，1953年为5.7%，1954年为3.6%，1955年为3.9%”。② 从这个息率水平来说，定息5厘无疑是比较合算的。

三、定息的发放

定息息率确定以后，上海各行业、各企业陆续开始私股股东定息的计算和确定。表7－12为上海搪瓷工业按年度计算的定息额情况。

由表7－12可见，除了公股之外，私股与合营股、代管股，都可以按照中央的规定，领取年息5厘的定息。对于上海搪瓷工业各公私合营企业而言，这三种股份每年总计能领到的定息额达到了34万余元。

定息率以及定息额确定后就是首期定息的发放。1956年7月24日，国务院批转中央工商行政管理局意见，指出“公私合营企业在清产核资实行定息以后，资本家要求有一个凭证。我们意见：可以由合营企业或专业公司发给他们一个领息的凭证，使他们明确知道核资以后，在他个人名下的股额及企业的息率”。具体意见如下：一是股东领息凭证的形式不必统一，由各地结合实际情况，自行确定。二是发给私股股东领息的凭证，在手续上应力求简便。三是私股股东领取股息或凭证的时候，如果本人不能亲自来办理，可以委托别人代办，但被委托人必须持有委托人的委托证件。四是需要发给私股股东一个凭证的企业或专业公司，如果在7月、8月发息前来不及做好发凭证的工作，可以先发息，以后再补办发凭证的手续。③

---

① 上海市工商业联合会：《对陈云副总理报告的思想反映》，1956年6月，上海市档案馆藏档案：C48－2－1655。

② 中国社会科学院经济研究所：《中国资本主义工商业的社会主义改造》，人民出版社1978年版，第233页。

③ 《国务院批转中央工商行政局关于公私合营企业清产定股以后，发给私股股东领息凭证的意见》，1956年7月24日，《中国资本主义工商业的社会主义改造》，中央卷（下），中共党史出版社1992年版，第1147页。

表 7-12

上海搪瓷工业按年度计算的定息额情况

单位：元

厂别	户数	股份基金总额	公股	私股	每年定息	合营股	每年定息	代管股	每年定息	全年定息总额合计
1954 年合营厂	5	4 312 196. 88	1 346 053. 80	2 884 610. 41	144 230. 52	80 949. 90	4 047. 50	582. 40	29. 12	148 307. 12
1955 年合营厂	14	768 952. 38	768 952. 38	3 202 879. 06	160 143. 95	474 842. 51	23 742. 12	1 234. 09	61. 70	183 947. 77
1956 年合营厂	29	43 681. 98	43 681. 98	239 714. 42	11 985. 72	8 569. 59	420. 48	—	—	12 414. 20
个体户及失救工伤	11	—	—	9 346. 77	467. 34	587. 69	39. 38	—	—	506. 72
合计	59	9 062 205. 08	2 158 688. 24	6 336 550. 56	318 827. 51	565 149. 69	28 257. 49	1 816. 49	90. 82	345 175. 81

资料来源：上海市搪瓷工业公司：《上海私营搪瓷工业社会主义改造资料（初稿）》，1959 年 2 月，上海市档案馆藏档案：B157-1-173。

1956年7月27日，上海市委对资改造十人小组办公室下发的《关于公私合营企业定股发息工作的通知》也规定："公私合营企业私股的凭证，可由专业公司或企业发给，凭证的形式不必统一。老合营企业已发股票的或在合营后已经发有凭证的，可以不必再发新的凭证。凭证在定息以前来不及发出的，可先发定息，再办凭证手续。"①

而早在1956年的7月16日，中央工商行政管理局以急件的形式通知各省区市工商局及对资改造办公室，要求至少在7月底之前，将本省区市发付定息的办法、工作情况及存在问题报告一次。上海市工商行政管理局在8月1日上呈的报告中称，截至7月底，上海已经在棉纺、毛纺、造漆、颜料、树脂、造纸、火柴、冷藏制冰、卷烟、第一机床、纺织机械、仪表、石油机械配件、缝纫机、粮食加工等15个工业行业中，先行发放了1956年上半年度定息。② 股息的发放从1956年1月1日开始算起。上海市各专业公司于1956年7月、8月间，即发放了公私合营企业1956年上半年私股股息。除个别企业因清产核资尚未结束没有发放股息外，发放股息的共有49 000多家，股息共2 788万元。其中，工业22 908家，计2 146万元。③ 此后，股息按季度发放，每季一次。

定息的发放也是有序进行的。从单个行业来看，如上海制药工业全业发息户数共计244户。全业股东为20 000人左右。其中新合营企业股东户数10 810人，老合营企业股东户数约8 000人，药剂瓶组股东户数不详。新合营企业半年发息为494 899.15元，其中私股18 518 577.66元，合营股1 282 388.34元；老合营企业发息369 769.02元，其中私股14 448 214.80元，合营股342 546.17元。药剂瓶组发息金额为47 000元。全业1956年上半年发放定息金额为912 000元左右。④ 上海制袜工业全业户数786户（包括个体户、倒挂户），股额为14 439 357元，半年发放定息360 984元，私股个人所得定息最高为12 800元，最低为0.35元。⑤

就局来看，如上海市第二轻工业局全部公私合营企业共计2 404户，私股金额总计137 285 828千元，1956年上半年（到8月31日止）私股应

---

① 上海市委对资改造十人小组办公室：《关于公私合营企业定股发息工作的通知》，1956年7月27日，上海市档案馆藏档案：B163－1－537。

② 上海市工商行政管理局：《上海市发付定息的工作情况》，1956年7月31日，上海市档案馆藏档案：B182－1－942。

③ 上海社会科学院经济研究所：《上海资本主义工商业的社会主义改造》，上海人民出版社1980年版，第254页。

④ 《制药工业发放定息报告》，1956年9月1日，上海市档案馆藏档案：C48－2－1654。

⑤ 《制袜工业发放定息简况》，1956年9月14日，上海市档案馆藏档案：C48－2－1654。

发股息 3 431 459 千元，实发股息 2 686 722 千元。其中中央公私合营企业 2 户，私股金额 30 530 千元，应发股息 763 千元；地方公私合营企业 2 402 户，公私合营企业私股金额 136 899 528 千元，应发股息 3 421 829 千元，实发股息 2 684 722 千元。① 棉纺业 1956 年共计 32 户，发息 31 户。1956 年应有私股 6 560 318. 78 元，1—3 季度全部定息 7 582 409. 02 元；实际私股 5 027 292. 28 元，实发定息 5 804 557. 55 元（到 11 月 15 日止）。②

另外，在定息发放的实际操作过程中，对"个别需要提高息率的企业，可以超过五厘"的案例很少。如上海老合营企业南洋烟草公司，1951 年公私合营时，一部分准备金及公积金并未转为资本，而 1955 年上海卷烟行业全业合营时，所有合营厂均将准备金及公积金转作资本。因此当国家规定所有公私合营企业统一规定年息为 5 厘时，南洋厂资方认为"老合营不如新合营"，提出要提高南洋厂资方定息率的要求。后经公私双方多次协商，正式向上级部门提出了将南洋厂资方的定息提高三厘至年息八厘的要求，但直到 1958 年仍是"尚未批准，上级仍在考虑中"。③

就全国范围内来看，据 1956 年 8 月、9 月份的调查，全国实行定息的工业资本实有资金 17. 82 亿元，1956 年上半年应付股息 4 453 万元，实付股息 3 777 万元，实付占应付数额的 84. 8%。今后国家将每年实付工业资本家股息 7 554 万元，其中上海每年将实付工业资本家股息 3 826. 6 万元，占到全国实付股息总额的 50. 65%。④

表 7－13　　　　全国公私合营工业定息情况

企业类型	户数	私股金额（千元）	1956 年上半年私股可得股息	
			应发股息（千元）	实发股息（千元）
总计	43 699	1 782 280	44 525	37 774
中央公私合营企业	2 461	442 242	11 067	8 711

① 《上海市第二轻工业局关于公私合营企业定息情况表》，1956 年，上海市档案馆藏档案：B163－2－359－5。

② 《上海市棉纺织工业公司关于合营厂分配 1955 年盈余的意见及发放 1956 年定息的规定》，1956 年，上海市档案馆藏档案：B190－1－674。

③ 上海市工商行政管理局：《上海私营卷烟工业社会主义改造》，1958 年 3 月，上海市档案馆藏档案：B182－1－1035。

④ 中国科学院、中央档案馆：《1953—1957 年中华人民共和国经济档案资料选编 · 工业卷》，中国物价出版社 1998 年版，第 343 页。

续表

企业类型	户数	私股金额（千元）	1956 年上半年私股可得股息	
			应发股息（千元）	实发股息（千元）
地方公私合营企业	41 208	1 296 401	32 369	28 136
并入国营地方工业私股	—	43 637	1 089	927
其中，年息 5 厘以上	92	6 223	188	185
年息 5 厘	43 577	1 776 057	44 337	37 589

说明：不实行定息的公私合营工业企业 4 383 户，私股金额 4 829 千元。

资料来源：中国科学院、中央档案馆编：《1953—1957 年中华人民共和国经济档案资料选编．工业卷》，中国物价出版社 1998 年版，第 348 页。

在上海工业企业的私股定股中，2 000 元以下股金的私营工商业主，占资本家的 80% 左右，其中有很多私方每年定息只有几十元或几元，甚至有的平均每个月的定息只够买几包香烟。1956 年第 7 月、8 月间，开始发放 1956 年第一、二季度的定息，工业户的定息有 15% 的金额未被领取，原因主要有：有的私方主动放弃（金额太少，有的半年只能领几毛钱的，也有想放弃看能否改变私方身份者）；有的私方想集中到年底一次性领取；也有私方因在境外无法领取（如申一纺织厂私方有 75 万元股息未领，其股东分布在中国香港、台湾等地）等。① 如上海毛纺工业在发息中反映普遍存在的一个问题就是“小股东尚未来领，少的几户，多的几十户”。②

私股的发息工作，主要由主管局布置专业公司或公司所委托的单位办理，规定每季的第一个月为发付上一季度股息的时间。如通用机械业定息的发放工作，“全部由通用机械制造公司办理，在 1956 年 7 月 30 日通告各厂，嘱各厂拿到通知书，即行按照中央定息政策规定，迅速办理发息事宜，具体发息事项则由各厂自行办理，直接由企业按规定计算发给。”③

定息发放的资金来源，在首次发放时基本上采取的是“有条件的由企

① 中央工商行政管理局、中国科学院经济研究所资本主义经济改造研究室：《资本主义工业的社会主义改造》，三联书店出版社 1960 年版，第 413 页。

② 《上海市毛纺织工业同业公会发放定息情况》，1956 年，上海市档案馆藏档案：C48－2－1654。

③ 《通用机械业发放定息情况汇报》，1956 年 8 月 20 日，上海市档案馆藏档案：C48－2－1654。

业自行发放，有困难的由公司或局作相互调节及银行贷款等方式予以解决”。① 以橡胶工业为例，发息资金来源，一般由原企业自行筹发，如原企业资金有困难，可向中心厂申请拨付，中心厂本身或因拨付片内厂应发股息有困难时，规定一概向专业公司财务科申请如数拨付。而且，为保证发息资金充足，专业公司还在清产核资总结大会上通知各厂除保留各厂自身范围发息需求外，统一将本企业内四项资金上缴专业公司集中调度：一是呆滞固定资产变卖所得；二是资产折旧的提存；三是1956年上半年度利润；四是多余的流动资金。② 再如上海市缝纫机器、消防器材行业发息的资金来源有以下几种：一是国营厂发私股股息，由国营厂在上缴利润中提出发给；二是老合营厂（计划单位）由老合营厂造具清册，款由交通银行在上缴利润中凭公司证明拨付发息；三是新合营厂由中心厂或独立厂负责发付，款由公司拨下。③ 可见，定息发放主要由专业公司负责。正如刘少奇在中共八大政治报告中所说：“在全行业公私合营以后，赎买的形式采取定息的制度，即在一定时期内，由国家经过专业公司支付资本家一定的利息。”④

定息发放的时间期限，在宣布实行定息政策的时候并没有具体规定，因此不少工商界人士对此不无忧虑，有的认为“可能也就是发放两、三年以后就取消了”，还有的担心“这是共产党和国家为改造顺利给的甜头，拿不了多久”。还“有人看到毛主席说大约在三年的时间内基本上完成社会主义革命的话，就问：‘是不是三年后定息就没有了？’”⑤

1956年12月5日，毛泽东在与陈叔通的谈话中，针对陈叔通提出的“资本家对定息很担心能拿多久，怕取消太快”的问题，毛泽东的回答是：“取消定息不要来个高潮。资本家拿定息如两个五年计划不能解决问题，拖到三个五年计划，带个尾巴进工会，你看怎么样？”12月8日，毛泽东在与全国工商联代表大会各省市代表团负责人座谈中，毛泽东再次强调：

---

① 八办政研组：《本市发付1956年上半年定息工作总结报告（初稿）》，1956年，上海市档案馆藏档案：B182－1－942。

② 《橡胶工业发放定息情况汇报》，1956年，上海市档案馆藏档案：C48－2－1654。

③ 《上海市缝纫机器、消防器材工业同业公会关于发放定息工作的汇报》，1956年，上海市档案馆藏档案：C48－2－1654。

④ 刘少奇：《在中国共产党第八次全国代表大会上的政治报告》，1956年9月17日，《中国资本主义工商业的社会主义改造》，中央卷（下），中共党史出版社1993年版，第1195页。

⑤ 《曹获秋在上海市工商联1956年会员代表大会上关于进一步做好企业改造和个人改造工作的报告》，1956年4月2日，载中共上海市委统战部等：《中国资本主义工商业的社会主义改造》，上海卷（上），中共党史出版社1993年版，第736页。

“赎买就是真赎买，不是欺骗的。以七年为期，从今年算起到第二个五年计划最后一年。我说过还可以拖一个尾巴，拖到第三个五年计划，总要天理人情过得去。”“急于取消定息是没有好处的。”12 月 24 日，毛泽东在给陈云的一则批示中再次谈到：“我在这里讲的是‘大约三年基本上完成社会主义革命’，并没有讲三年全部完成。所谓基本完成，在工商业就是公私合营，但不是三年而是半年即完成了，我多估计了两年半。所谓全部完成，就是国有化，即取消定息，那是至少需要七年的。”① 1957 年 1 月 18 日，毛泽东在省、自治区、直辖市党委书记会议的讲话中提道：“至于说城市政策右了，看起来也有点像，因为我们把资本家包了下来，还给他们七年的定息。七年后怎么办？到时候还要看。最好留个尾巴，还给点定息。出这么一点钱，就买了一个阶级。这个政策，中央是仔细考虑过的。”②

薄一波在其《若干重大决策与事件的回顾》一书中针对定息问题这样写道：“关于定息，毛主席的意见是除了小的（资本家）可以取消以外，大资本家继续维持定息，而且定息时间要延长，‘拖到三个五年计划，带个尾巴进工会’。全行业公私合营，谁也没料到这样快，下一步的国有化就不要这样快了。快了，对国家对民族都不利。大资本家拿了定息，也是‘楚弓楚得’，‘肥水不流外人田’，是国家的购买力，资本家也可以把定息作投资，继续开工厂。”③ 由此，改革开放之后，有些私方领取的定息不久即成为私营企业再度兴起的资本来源之一，它们重新出发，成为新时代民营企业的重要力量。1956 年 12 月，在全国工商联召开会议期间，时任国务院副总理陈云同志又传达了中央的决定：从 1956 年起，定息 7 年不变，如 7 年后工商业者在生活上还有困难，还可以拖个尾巴。④

由此，定息制度的实行时间最后被确定为自 1956 年 1 月 1 日起至 1963 年底，7 年不变。1962 年，国家又决定将定息实行时间延长至 10 年到 1966 年。1966 年 3 月，国务院又下达延长定息的通知，“为了有利于对工商界进行思想改造和照顾他们当中部分人的生活困难，中共中央决定，从 1966 年起再把定息延长一些时间，定息息率不变。延长多少时间，将

---

① 中共中央文献研究室：《毛泽东年谱》（一九四九—一九七六），第三卷，中央文献出版社 2013 年版，第 44、49、55 页。

② 李定：《中国资本主义工商业的社会主义改造》，当代中国出版社 1997 年版，第 427 页。

③ 薄一波：《若干重大决策与事件的回顾》，上卷，中共中央党校出版社 1991 年版，第 307 页。

④ 李维汉：《回忆与思考》，下册，中共党史资料出版社 1986 年版，第 768 页。

由全国人民代表大会常务委员会做出决定，在未做出决定之前，请你们（被下发的机构）转知所属部门照发定息。”① 3 月 15 日，上海市人民委员会据此转发了国务院关于延长定息的通知。② 同年 9 月 24 日，中共中央批转国务院财贸办公室和国家经济委员会关于财政贸易和手工业方面若干政策问题的报告，明确指出公私合营企业应当改为国营企业，资本家的定息一律取消，资方代表一律撤销，资方人员的工作另行安排。如此，到 1966 年 9 月，实行了近 10 年的定息制度终于在全国范围内全部取消。公私合营企业自然转变成为国有企业。自此，轰轰烈烈的资本主义工商业社会主义改造宣告彻底结束。

从全国范围来看实行定息的价值，有这么一段话可以完全体现出来：“从 1950—1955 年工业资本家所得的 6. 8 亿元（其中包括股息红利 4. 6 亿元，资方长支及酬劳金等 2. 2 亿元），加上资本家几年来抽逃资金及其他非法所得 2. 26 亿元，如果再加上今后七年内定息所得 5. 29 亿元，合计 14. 35 亿元，约相当于实行定息的私股金额的 80. 5%。即是说，国家为了赎买资产阶级占有的生产资料所付的代价，大约相当于资产阶级的实有资金的五分之四。”③ 定息制度实行之前，虽然说全行业公私合营都是资本家自愿申请提出的，但是无论从感情上还是利益上，要做到发自内心的真正自愿并不是一件容易的事情。然而定息制度的实行，使得资本家在交出企业产权以及经营权之后，在剩余分配的索取上获得了出乎大部分人意料之外的赎买性补偿。因而，可以说，定息制度在政治上取得的效果是显而易见的。“资本家在领取股息后，一般都表示满意，过去向来没有或很少有股息可拿的企业，以及原是倒挂户，在‘宽’‘了’处理后，仍留私股一定股金，因此拿到了股息更表示感激。”④

可以说，定息制度是在产权制度、企业治理结构及经营权的公有制变革下的“和平赎买”政策中最后一项也是最得人心的制度安排。定息制度是国家和平赎买政策支付的对价，从维护新政权的稳定，最大限度降低社会制度转型成本以及对资本主义工商业实行和平改造的全局来看，具有深

① 《上海市人民委员会转发国务院关于延长定息的通知》，1966 年 3 月 6 日，上海市档案馆藏档案：B200－1－347。

② 上海市人民委员会：《上海市人民委员会转发国务院关于延长定息的通知》，1966 年 3 月 15 日，上海市档案馆藏档案：B200－1－347。

③ 中国科学院、中央档案馆：《1953—1957 年中华人民共和国经济档案资料选编》，工业卷，中国物价出版社 1998 年版，第 344 页。

④ 八办政研组：《本市发付 1956 年上半年定息工作总结报告（初稿）》，1956 年，上海市档案馆藏档案：B182－1－942。

远的政治意义和经济意义，尤其是其政治意义远远高于经济意义。正如陈云所说："在全行业公私合营以后，采取定期定息制度，并对资方在职人员全部由国家分配工作。……国家要付多少定息呢？定息总额和资本家的资本额比较，数目不算很大。全国工商业资本家的资本总额估计为二十二亿元，定息五厘，一年付息一亿一千万到一亿二千万元。准备付几年呢？周恩来总理在中共八大上关于发展国民经济第二个五年计划的建议的报告中谈到，在第二个五年计划内完成社会主义改造，扩大全民所有制。究竟几年，还未定，要看各方面情况的发展。总之，几年期间，每年付一亿多，只有几亿元，为数不大。用这个办法，团结资本家和他们的知识分子积极参加社会主义建设，应该说是一个好的办法。……我们一年只花一亿多元的定息，使全国在社会主义改造中得到太平，这是重要的事情。如果不实行赎买，可能造成混乱和不安，损失将更大，对工人、对人民更不利。"①

从经济上看，定息制度的施行对国家也是十分有利的。李维汉在他的回忆录中写道："以上海为例，全市私股清产核资为十二亿元。从一九四五年（原文如此）到一九五三年合营前，私营企业共缴纳所得税十二亿元。合营后，在一九五六年到一九六六年间按私股核资部分估算（按一九七〇年不变价格）上交国家利润、所得税约六十亿元，两项合计为七十二亿元。十七年增加的财产为私人资产的六倍，为上海付出的定息总额（六亿四千五百万元）的十一倍多，为全国付出定息总额（十二亿元）的五倍多。正如马克思所说，这对工人阶级来说，'是最便宜不过的事情'。"由此可见，"在这场极其复杂、深刻的社会变革中，不但避免了通常难以避免的生产力下降和破坏，而且充分利用资本家的企业发展生产，活跃经济，积累资金，培训干部，有力地促进了整个国民经济的发展，壮大了社会主义的经济力量。"②

四、定息产生的效应

定息政策的实行及定息的如期发放，宣告公私合营企业的生产关系发生根本变化，资本家的生产资料已归国家所有，由国家统一使用、管理和支配，资本家失去了对企业的财产所有权、经营管理权、人事调配权，因此，这种企业基本上是社会主义性质的企业了。因而与定息相关的经济、

① 《为什么要对资本主义企业实行赎买政策》，1956年11月28日，《陈云文选》，第三卷，人民出版社1995年版，第35—40页。

② 李维汉：《回忆与研究》，下册，中共党史资料出版社1986年版，第779—780页。

政治等效应逐渐显现，主要体现在对资本家的改造、企业发展的历史性转折及国家经济建设三个主要方面。

1. 定息保障了资本家的生活来源，有利于对他们的社会主义改造。

实行定息以后，私方不论公私合营企业盈亏与否都能够得到稳定的股息，给私方提供了生活上的保证，私方体会到党的政策的优越性，倾向接受社会主义改造，积极投入社会主义建设的行动中。

实行定息政策之前，有盈余的企业，一般均按照企业事先制定的规则进行盈余分配。盈余分配多少跟企业的利润直接相关。定息实行之后，对于私方来说，某些企业私方的定息收入相比盈余分配是不相上下的，甚至定息还可能多于盈余分配。而且定息不受企业经营效益好坏的影响，私方旱涝保收，相比盈余分配具有更稳定的优越性。下面以上海橡胶业为例进行说明（见表7－14）。

表7－14　上海橡胶业历年盈余分配所得与定息所得比较　单位：元

厂名	1956年第一、二季度定息金额	历年盈余分配私方所得金额						历年盈余分配平均金额	分配收入较定息收入增减
		1950年	1951年	1952年	1953年	1954年	1955年		
永和	33 833	108 553	—	—	40 394	13 300	19 000	45 311	负
义生	22 663	44 800	44 800	—	—	—	24 964	38 188	负
实业	8 707	—	—	—	5 700	760	7 084	4 514	负
劳工	640	235	275	328	3 800	1 900	1 254	1 287	平
天华	10 028	33 940	47 742	16 451	53 144	5 250	2 434	25 660	正
广东	794	1 456	10 746	3 001	7 378	3 351	2 303	4 705	正
建业	1 058	—	—	2 563	6 600	2 052	2 660	3 468	正
合丰	805	—	3 289	2 005	1 900	—	—	2 398	正

资料来源：《上海市工商业联合会有关重、轻、纺工业系统公私合营企业发放定息情况的汇报》，1956年，上海市档案馆藏档案：C48－2－1654。

表7－14列举的各企业是规模倾向健全或经营管理比较好的企业，八个企业中，永和、义生、实业属于大、中型企业，其定息收入均比历年盈余分配高。从历年平均盈余分配所得数来看，各企业定息收入超过盈余分配所得数的企业有：永和超22 355元、义生超7 138元、实业超12 900元。天华、广东、劳工等企业逐年均有盈余分配，从历年平均数看，劳工厂的盈余分配与定息所得数趋于平衡。盈余分配所得均超过定息收入的有天华、广东二个企业，其中天华年超5 604元、广东年超3 117元，主要

是因为这两个企业都生产工业零件，而且天华的橡皮丝在上海是独家生产，企业利润都比较高，因而盈余分配高于定息也在情理之中。从天华1954年与1955年两年盈余来看，已显示出国营经济领导加强后，资本主义高额盈余分配的情况受到了一定的限制。建业、合丰厂虽然企业效益比较好，但建业厂历年盈余分配最高的年份也只有1953年，其他年份盈余分配超过定息的不多。合丰厂虽盈余较多，但盈余分配年份也只在公私合营之前的自产自销年代，其余年份则未进行盈余分配。可见，公私合营之后实行的定息政策，无论企业效益如何，都能定期发给私方股息，从国家政策、发付时间和数量等方面都给私方以稳定保障，一定程度上强于私营企业时期不太稳定的盈余分配。

从1955年橡胶业盈余分配的109户新公私合营企业的情况来看，资金总额与盈余分配所得总额相比，平均利润率为4.13%（不足5厘），其中109户占这次发息总户数444户的比重不到24%，且根据1955年盈余分配的原则精神为：（1）不弥补以往亏损；（2）不低于账面的20%；(3）先行分配实际已有的资金，同时不分配的335户中，更包括不少亏损户数。① 由此可见，橡胶行业总的定息收入，很大程度上超过"四马分肥"原则下的私方所得。很多企业因为亏损甚至盈余在定息之前不予分配的，在定息之后都能依据私股数目如期如量的发放定息，这一方面是党和政府对私营企业进行"赎买"应付的费用；另一方面也是考虑了大多数私方的实际情况，以确保私方稳定的生活来源。

再以上海市搪瓷行业为例，选择锦隆、中华、泰丰三个经营稳定、历年盈余分配正常的典型企业，将定息之前历年盈余分配所得与定息收入所得作比较，从中可见盈余分配与定息收入的相差无几（见表7－15）。

表7－15　上海市搪瓷业典型企业盈余分配与定息收入比较　单位：元

厂名	股份金额在企业中所占的比重	1953年所得股息红利	1954年所得股息红利	1955年所得股息红利	1956年所得股息红利（定息）
锦隆	8.5%	1 730	1 730	4 800	2 909
中华	0.25%	900（连酬劳金）	600（连酬劳金）	68.31	86.79
泰丰	67.08%	11 700	6 000	23 260	21 175

资料来源：《上海市工商业联合会有关重、轻、纺工业系统公私合营企业发放定息情况的汇报》，1956年，上海市档案馆藏档案：C48－2－1654。

① 上海市档案馆藏档案：《上海市工商业联合会有关重、轻、纺工业系统公私合营企业发放定息情况的汇报》，1956年，上海市档案馆藏档案：C48－2－1654。

可见，不论是从工商业整体还是从单个行业来看，定息的发放数量一般来说多于企业的盈余分配，但是同私方将整个企业交给公方相比，这些定息的发放对于公方来说是一件“便宜事”。私方的定息收入，在国家政策上具有保障性，在发放时间和数量上具有稳定性，不受企业内部经营效益好坏的影响，更不受国家经济、政治环境等各种外力的冲击，很大程度上稳定和补充了私方的生活来源，使其能够得以安心工作，妥善处理好企业公私共事关系，以积极的工作态度和行动投入合营企业的经营管理当中，为资本家从思想上、政治上更好地接受社会主义改造创造了条件。

2. 定息使得公私合营企业生产关系得以改变，有利于企业的发展。

定息是保持私股在一定时期内的定额利润，而企业从此由国家按照社会主义原则来经营管理。定息之后，公私合营企业内部的生产关系、国家与企业的关系等都开始发生转变。企业管理的实际权力转到了公方手中，私方虽然参加企业的一部分管理，但这种管理与普通的企业管理人员无异。由于生产关系的变革，公私合营企业大量采用国营企业的经营管理方法，加工订货时期那些阻碍企业进步的因素得以消除，对于企业来说，生产力得到了发展，企业各项成本得以降低，生产效益得到了提升。公私合营企业开始以全新的姿态步入良性发展轨道。

陈云曾经谈到定息息率高过资本家预期的原因。他说：“工商界已经有人提出，定息可以先定得高一点，以后慢慢减下来。我看可以采取这个办法。钱就是这么多，可以先多一点，后少一点。大资本家得的利息很多，怎么办呢？我们手里头的法宝很多，比如征收个人所得税和遗产税等。个人所得税和遗产税，过去我们都没有收，要收的话可以收得很重，把他们限制住，超过一定限度的为国家所得。这样一些办法，都可以成为政府手里的一种约束资本家收入过多和对他们实行社会主义改造的手段。对大的资本家现在搞定息，问题不大，因为他们每年所得的钱很多。小的资本家，情况不同，比如他有五百块钱的资金，年息百分之五，一年只有二十五元，一个月两元，意义不大。资本上万元的中等资本家，现在主要是注意工资的多少，要求安排好他们的职务，保持原工资；至于利息，他们知道靠不住，数量也不多，洋财早就发不了了。全国的资本家一共有多少资本？据估计，工业方面有 25 亿元，商业方面有 8 亿元，共计 33 亿元。定息 5%，一年就是 16 500 万元。用这点钱，便把中国的资本家统统包下来了。”① 可见，政府在定息之后对私方的改造，包括公私合营企业

① 《陈云文选》，第二卷，人民出版社 1984 年版，第 111 页。

的经营管理改善、经济效益的提高等已经有了计划和打算。

定息之后公私合营企业生产经营上的新气象，首先集中表现在劳动生产率的增长和商品流转额的扩大方面。1956 年上海公私合营工业的劳动生产率比 1955 年提高了 27.4%，总产值比 1955 年增长了 42.9%，许多主要产品的产量都有不同程度的增长。如钢铁行业 1956 年的总产值比 1955 年增加了 115%。其次表现在产品质量的提高、花色品种的增加和服务态度的改进等方面。如重工业的机器、钢铁、化工等行业，轻纺工业的棉织、针织、搪瓷、橡胶等行业，产品的合格率一般都达到 98% 左右，有些还经常保持 100%。最后是生产和销售额的显著增长、产品成本和销售费用的不断下降，公私合营企业普遍出现了利润增加或扭亏为盈的现象。根据百货、橡胶等 13 个工商行业统计：1955 年只有 3 个行业有盈余，10 个行业亏损，共亏损 98 万元；1956 年全行业公私合营后，就有 12 个行业盈余，只有 1 个行业亏损。①

不少资本家在拿到定息后，思想认识逐渐得到提高，党对资本家也不断地进行教育改造，部分资本家开始在不同程度上树立了社会主义的思想，资本家中积极工作、认真接受改造的人数有所增加，同时在遇到公私关系或企业生产经营上的重大问题时，鼓励私方人员充分发表意见，展开必要的讨论，既发挥私方人员在生产经营中的积极作用，又可以帮助他们逐步接受思想改造。例如上海市丝绸工业资方在首次发息的时候，连同 1955 年盈余分配一起发了，而且发的全部是现金，因此大大提高了私方的积极性，“过去他（资方）工作上半天在大德厂，下午到九昌厂，并且已写信给大德，公方同意他来搞九昌厂，（现在）每天早上七时就到厂办公，同时成立了私方人员读报小组。”② 搪瓷工业行业一位资方在拿到定息之后说：“政府这样的关怀我们，我们只有在生产上发挥能力来报答政府。”另一位资方说：“政府对我们这样照顾，我们充分体会政策，诚意接受改造，积极为社会主义建设发挥全部力量。”还有一位资方代理人说：“我虽然没有拿到（定息），但看到政府赎买政策和平改造的伟大，非常感动，我厂产品质量最差，我要提高品质搞好生产来为下次发放定息创造条件。”由此可见，“一般的股东拿到了这次定息都感到非常愉快和感谢政府的宽

① 上海社会科学院经济研究所：《上海资本主义工商业的社会主义改造》，上海人民出版社 1980 年版，第 291 页。

② 《丝绸工业发放定息情况》，1956 年 8 月 30 日，上海市档案馆藏档案：C48－2－1654。

大、照顾，发生感激的情绪。”①

定息之后，国家把企业的改造和人的改造结合起来，对于少要求或不要求股息的中、小资本家则重点安排好他们的工作以及处理好工资待遇、福利等问题，使他们在思想意识上吃下“定心丸”，形成对党和政府的信任，更加积极地接受社会主义改造，并积极投入到为公私合营企业的发展工作当中去。而对于关心股息的大资本家，则不仅要考虑他们的人事安排、工资福利等问题，更重要的是利用他们科学的企业经营管理知识、技术、经验等，合理安排其领导职务，发挥他们的才能，利用他们原来在私营工商业者中的影响力和号召力，引导和带动中小资产者早日接受社会主义改造，顺利推进社会主义改造的进程。

3. 部分私方放弃定息和国家宣传私方用定息购买公债等，为国家经济建设积累了资金。

因为私方领取定息，实质上与工人阶级还是有区别的，因而他们在政治身份上还受到一定的限制。一些私方经过改造和政治学习，思想意识得到提高，因而考虑决定放弃定息，加入工会，获得跟工人阶级相同的待遇。1958 年 2 月，申新九厂私方吴某在给上级的信中写道：“我这次通过了伟大的整风运动的教育，进一步认识了资产阶级必须脱胎换骨本质的改造自己，才能和全国人民一起进入繁荣富强美好的社会主义社会。亦认识了定息政策是为了使资产阶级能安心地接受改造。解放以来，党对我无微不至的培养教育和关怀照顾，我感到无限的感激，我过去的积蓄，已足够我安排好生活和安心地接受改造，绝不应该亦不愿意贪得无厌，留恋剥削，继续地拿定息。近来又学习了柯书记（柯庆施）的‘乘风破浪，建设社会主义新上海’的报告，回到厂内，看到申新九厂的职工同志们，在党的领导下，比先进，反浪费，向前跃进的干劲，鼓舞了我加速改造自己的决心。我决定从我国第二个五年计划开始的第一年（1958 年）起放弃定息和高额工资，为改造自己创造有利条件，今后决心在党的领导下，向工人阶级学习，踏实地工作，并参加体力劳动，在劳动完成中切实地改造自己，在祖国伟大的社会主义革命和社会主义建设高潮中，贡献沧海一粟菲薄的力量。”②

另外一部分定息拿得多的私方，国家鼓励他们购买公债，多数私方积

---

① 《上海市搪瓷工业同业公会发放定息情况汇报》，1956 年 9 月 7 日，上海市档案馆藏档案：C48 - 2 - 1654。

② 《关于放弃定息和高额工资的请求信》，1958 年 2 月，上海市档案馆藏档案：A36 - 2 - 212 - 36。

极响应，由此也增加了国家建设资金的积累。以上海橡胶业为例，全业已发上半年股息690 840.33元，其中公债占已发股息约为25%左右。[①] 中南橡胶厂大股东拿到股息10 000多元，用4 000元买了企业所认购的公债（总认购数1万元）。正泰橡胶厂私方领息4 000元，拿出1 000元购买公债。[②] 以上海市搪瓷工业为例，全业半年发放定息金额179 392.29元，其中私股所得162 533.48元，合营股所得16 856.78元，其他股所得2.03元。搭发1956年公债共45 982元，平均占全业定息总数的25.63%。搭发公债最高的是义生厂的几个大股东，大约搭发80%左右，顺风厂有几个也搭到70%左右，一般厂对20—30元以下的小户都不搭公债。但华丰厂因股东多至2 000人，5元以下才发现金，所以规定5—10元要搭50%，10—30元搭60%，30—50元搭70%，50元以上搭80%。[③] 他们购买公债的资金，支援了国家经济建设。还有部分私方因定息数额太少对生活并无多大改善也持放弃领取态度。

随着时间的推移，私方经过改造，思想观念逐渐发生转变，部分私方股东及其代理人放弃定息、高薪及酬劳金的现象开始出现，这也为国家经济建设积累了资金，推动了国家规模经济和范围经济的发展。1958年2月，公私合营安达棉纺织厂董事会成员刘某在给其所属专业公司的申请书中这样写道："为了尽快缩短本人与劳动人民的生产距离，养成艰苦奋斗，勤俭节约的习惯，加速改造成为一个自食其力的劳动人民，首先决心消除自己生活待遇特殊化，放弃不合理的高薪和董事费等。"同时，该公司私股股东王某也申请放弃定息和公费。他在给上级专业公司的申请书中写道："本人为争取早日做一个自食其力的劳动者，决心从现在起放弃所有定息，所有本人在贵厂（安达棉纺织厂）的股本所计算的定息，从本年（1958年）第一季度起全部放弃，请烦代为上缴。又本人担任董事每月所给公费，从现在起亦表示放弃，今后请勿送下。"[④]

综上所述，定息，这种从私有资产的占有，不经过劳动而有所得的收获，是赎买政策的具体化。国家实行定息办法，虽然还存在着从工人创造出来的价值中分一部分给工商业者，但比起"四马分肥"的办法，已前进

---

① 《橡胶工业发放定息情况汇报》，1956年，上海市档案馆藏档案：C48-2-1654。

② 《上海市工商业联合会有关重、轻、纺工业系统公私合营企业发放定息情况的汇报》，1956年，上海市档案馆藏档案：C48-2-1654。

③ 《上海市搪瓷工业同业公会发放定息情况汇报》，1956年9月7日，上海市档案馆藏档案：C48-2-1654。

④ 《公私合营安达棉纺织厂总管处放弃定息及董事车马费有关文件》，1956—1959年，上海市档案馆藏档案：Q196-1-477。

了一大步，因为定息以后，工商业者从企业所得的利润既有了保证，又不至于没有限制。定息以后，公私合营企业的私股股东不论企业盈亏，都能够得到稳定的股息，给投资人以最大程度的保障，工商业者体会到这种政策的深刻用意，也会积极配合接受社会主义改造，努力成为自食其力的劳动者。

定息政策的出台以及定息的如期发放，标志着资本主义工商业社会主义改造具体步骤——全行业公私合营的基本结束。绝大部分工商企业经历了从市场经济下的私人资本主义企业向名为“公私合营企业”、实与“全民所有制”的国有企业并无实质性区别的计划经济体制下的社会主义企业的历史性转变。同时，工商企业在党和政府的领导下有计划地进行生产和经营，中国企业制度由此实现了历史性的转折。

第五节　新公私合营企业的工资改革

全行业公私合营以后，企业产权制度、治理结构、生产管理以及剩余分配制度均发生了历史性的变革，与此同时，企业的工资福利必然也面临着计划经济体制下的一体化变革，其中最主要的体现就是全行业公私合营高潮之后，自 1956 年下半年开始实行的新公私合营企业的工资改革。

一、公私合营前企业的工资情况

1954 年以来，国家机关、国有企事业单位实行薪资改革，开始逐步建立全国统一的工资制度和工资标准。1956 年上半年，国家再次在全国范围内，对国营企业及老合营企业进行了一次较为全面的，以建立统一工资等级及工资制度为核心的工资改革，其结果是工资整体水平有所提高。1956 年初全行业公私合营以后，原来私营企业多元化的工资制度和工资标准与社会主义性质的公私合营企业制度以及集中统一的计划经济体制从根本上来说存在巨大差异，因此，1956 年下半年始，国务院决定对新公私合营并且已经定股定息的企业的工资制度进行一次改革。从上海来讲，就是对 1955 年 8 月 1 日以后实行公私合营并已定股定息的企业进行了一次工资改革，以适应高度集中统一的政治体制和计划经济体制。

新中国成立后到 1955 年 7 月之前，由于全国各地情况不同和通货膨胀等原因，全国各机关、企业、事业单位除了仍然沿用战争年代的供给制之外，普遍实行的是工资分制度。全国除西藏之外共有 312 个工资分区，有不同工资分值285 种。1955 年 3 月，新人民币（新旧人民币兑换率为1∶10 000）开始实行后不久，1955 年下半年国家决定在国家机关、国有企事业单位中统一实行货币工资制度。①

新公私合营企业里的工资制度是私营企业遗留下来的旧工资制度，它存在着极为混乱与不合理的状况，阻碍着生产效率的进一步提高和企业管理的深入改造。私营工商业工资制度的突出不合理主要表现在：

1. 工资水平偏高。基本上，私营工商企业工资除少数厂（轻工业系统如大华制针、永利五金、丽来化工、新亚卫生材料、金钱牌热水瓶、久新搪瓷厂、益丰搪瓷厂）低于国营厂外，一般偏高。此外，变相工资所占比重很大（占基本工资的 20%—50%，其中轻工业二局平均达 40%），因此，工资水平均高于国营厂。其中高于标准工资 20% 以下者有 11 个厂（轻工业一局 2 个，轻工业二局 9 个），高于标准工资 20% 以上 50% 以下者 18 个厂（一局 6 个，二局 12 个），高于标准工资 50% 以上，100% 以下者 16 个厂（其中一局 6 个，二局 10 个），高于标准工资 100% 以上者 2 个厂（金星笔厂、博士金笔厂）。②

2. 行业、企业之间标准不统一，企业内部各类人员工资关系不合理。主要表现在以下几个方面：

（1）工资高低悬殊。在一个厂里，职工工作差不多而工资相差很大，不同的厂，性质和规模相差不多，工人的工资高低区别很大。如金星钢笔厂做笔尖的工人，产品的数量和质量相差不多，在未改革前一个工人的工资是 254 元，另一个是 37 元，相差将近 7 倍。新华纱厂最高工资与最低工资竟然相差 31 倍之多。就行业来说，以金笔（平均 97. 58 元）、医药（平均 84. 54 元）为最高。其中金星金笔厂平均工资 129 元，而已改革的新华文具厂平均工资只有 56. 65 元，前者为后者的 230%，信谊药厂的平均工资为 123 元，工资已改革的九福药厂平均工资为 69 元，前者为后者 179%。③

（2）轻重倒置。技术差的比技术好的工资高；劳动少的比劳动多的工资拿的多；责任小的比责任大的工资高；一般企业的工人工资比重要企业高；轻工业工人工资比重工业高。如永安三厂卖饭票的勤杂工，拿 200 余元工资，而厂里生产工人的工资一般是 50—70 元，因此有的工人反映：

---

① 中国社会科学院、中央档案馆编：《1953—1957 中华人民共和国经济档案资料选编 · 劳动工资和职工保险福利卷》，中国物价出版社 1998 年版，第 419—458 页。

②③ 《上海市劳动局党组、二轻党委、普陀区委有关工资改革过程中的请示、情况报告》，1956 年，上海市档案馆藏档案：B5 – 2 – 16。

"青蛙跳一丈，肚皮饿得雪亮，癞蛤蟆懒洋洋，肚皮吃得发胀"。企业内部的矛盾主要表现在职员与生产工人水平高低悬殊（中央口琴厂职员工资高于工人3.16%，中铝三厂职员则高于生产工人60%），勤杂工高于生产工人（华光啤酒厂，生产工人工资88.12元，杂工工资103.5元），工种之间不合理（如中央口琴调音工平均工资122元，钉簧工平均工资68.30元，相差79%），件工高于时工（由于定额长期未修改，大中华二厂时工工资70元左右，件工工资平均为94元，后者比前者高74.45%，中央口琴调音工已超过定额81.46%—179%）等。①

（3）同工不同酬。做同样工作的员工却拿着相差很多的报酬。如，申新九厂一厂出纳员月工资347元，比做同样工作的员工工资高3倍，比出纳组长的工资要高4倍多。又如开美药厂包装女工，技术快慢相差不多，早进去的拿80多元，后进去的只有40多元，相差1倍。

（4）计件工资没有定额，更没有工资标准。一些私营企业生产任务多的时候，工资拿得很多，与计时工的工资相差很大。生产任务少的时候，工资就很低，工人生活发生困难。如大康印稠厂在工作繁忙的时候，工人工资拿230元，工作少的时候工资只有7—36元。协平织造厂丝织部有计时工也有计件工，计时工每人管三台电机车，每日生产300两丝布，工资低的28元，最高的只有50来元；计件工每人只管手摇车一台，每日生产120两丝布，工资却有200余元。计时工说："机器化产量高，但工资不及手工化"。"件工一个月的收入等于我们做几个月，这样的制度再不改，真要气煞人"。因为计件工资太高，使得工厂还有几架电机车一直闲置不用，既浪费了设备资源，又不能提高生产。直到1956年9月在不减少计件工收入的情况下，才把闲置的电机车使用起来。

（5）并厂之后，由于各厂原来工资水平高低不一，工资制度极不一致。因此使得工资更加混乱。如华美烟厂并进裕华、金蕾、华星三个厂，工人工资计算各不相同。

（6）变相工资名目繁多，享受面、享受金额均不相同，而在合并工厂中则更为混乱。如新华纱厂的变相工资：有米贴、年终奖、年考勤、布代金、星期升工、固定加点、七夜升半工、钢丝挡车到工、细沙落纱额工资、电机开车津贴、理发券、子女教育金、星期加班等15种之多，金额

---

① 市劳动委员会编印：《新公私合营企业工资改革宣传参考材料（原稿）》，1956年，上海市档案馆藏档案：A11-1-6。

一般占基本工资的45%。[①]

（7）工资计算不统一。有的底薪1.8个折实单位，有的折2个或2.2个折实单位。一部分工人工资过低，甚至连生活都难以维持。

总之，《新公私合营企业工资改革宣传参考材料》称："这种不合理的工资制度，严重影响了生产，工人的内部团结，职工生活和身体健康以及公私合营企业的进一步改造。"因此，全行业公私合营后进行工资改革势在必行。此外，全行业公私合营后六个月内工资制度冻结，但同时一部分新合营厂由于各种原因而实行并厂，使得各种工资纠纷、问题不断出现，仅上海市重工业系统新公私合营企业在1956年度就发生了近千件职工向工厂、公司、局提出工资、津贴、奖金、福利等突出问题的事件。[②]从整体上看，与国营企业和老公私合营企业相比，新公私合营企业职工的工资水平普遍偏高，这也是摆在国家面前迫切需要解决的最重要问题。1956年5月份，上海国营工业企业职工的月平均工资为68.4元，而16人以上新公私合营工业企业职工月平均工资为77.8元，后者比前者要高13.74%。[③]

1956年上半年，国家又再次对国家机关、国有企事业单位及老公私合营企业实行工资改革，其目的就是为了"进一步革除旧社会遗留下来的工资政策残余，实行统一的工资政策，建立起比较统一合理的工资制度"。[④]1956年6月16日，国务院公布了经国务院全体会议第32次会议通过、针对国家机关、国营及老合营企业事业单位的《国务院关于工资改革的决定》，虽然这个文件主要是针对国家机关及国有企事业单位的工资改革，但其中也明确指出："在全行业公私合营以前实行了公私合营的企业，一般的应该与国营企业同时进行工资改革，使他们的工资标准和工资制度与同一地区性质相同、规模相近的国营企业大致相同；现行工资标准高于当地同类性质国营企业的，一般不予降低。在全行业公私合营以后实行公私合营的企业和由私营直接转为国营的企业、事业单位的工资制度，由中央

① 市劳动委员会编印：《新公私合营企业工资改革宣传参考材料（原稿）》，1956年，上海市档案馆藏档案：A11－1－6。

② 上海市人民委员会重工业办公室：《关于新合营厂工资、津贴、奖金、福利等突出问题的处理意见的报告》，1956年，上海市档案馆藏档案：B5－2－166。

③ 上海市劳动局：《新公私合营企业、事业单位1956年各部门工资增长指标及工改前后平均工资变化情况表》，1956年8月1日，上海市档案馆藏档案：B123－3－299－17。

④ 李富春：《在全国工资会议上的报告》，1956年4月3日，载中国社会科学院、中央档案馆：《1953—1957中华人民共和国经济档案资料选编·劳动工资和职工保险福利卷》，中国物价出版社1998年版，第463页。

主管部门在今年下半年召开会议，研究和提出调整和改革方案，报告国务院批准实行。”① 根据国家的规定和安排，自1956年7月起，上海国营、老公私合营企事业和国家机关78万名职工参加了工资改革。②

新公私合营企业的工资改革就是在这样的背景和前提下开展起来。“通过工资改革，改革旧的不合理的工资制度，初步建立起符合社会主义原则的比较合理的工资制度；适当提高现行工资比较低的工人、职员和私方人员的工资，达到提高生产、改进企业，加强团结的目的。”③

二、公私合营后企业的工资改革

（一）工资改革的组织领导

新公私合营企业的工资改革的统一组织领导机构是中央及地方各级党组织和政府机构。工资改革中，中共中央和国务院都成立了专设的领导机构。上海的专设领导机构为中共上海市委劳动工资委员会，以及上海市人民委员会劳动工资委员会。各区区委都成立有专门的工资改革办公室或工资改革办公室，各专业局、专业公司，各企业也都设有相应的工资改革办公室或工资改革工作组。以上海市第一重工业局为例，局属机电等13个专业公司2 949户新公私合营企业在1956年第四季度进行工资改革时，局即抽调干部设立了工资改革办公室，并分设秘书、方案、技术标准、职员工资4个专业工作组。13个专业公司先后抽调253名干部成立工资改革工作组，下设方案、技术标准、职员工资、综合（秘书）4个组，技术标准组按各公司行业不同情况再分若干小组等等。④

工资改革的组织领导还体现在关于改革方案的制定、批准和实施上。工资改革初期，中共上海市委劳动工资委员会即专门制定有《关于新公私合营企业工资改革方案审批程序的规定》，各行业的工资改革方案由主管专业公司提出，征求有关产业工会意见，经主管局审查，报市委劳动工资委员会批准；各企业的工资改革方案由企业拟订，征求工会基层组织意见后，报请主管专业公司批准，并报区委工资改革办公室备案；各行业的工

---

① 中国社会科学院、中央档案馆：《1953—1957中华人民共和国经济档案资料选编·劳动工资和职工保险福利卷》，中国物价出版社1998年版，第470—472页。

② 上海市工会联合会工资部：《关于国营、老公私合营企业、事业和国家机关的工资改革工作总结（总结）》，1957年2月8日，上海市档案馆藏档案：A11－1－17－25。

③ 市劳委编印：《新公私合营企业工资改革宣传参考材料（原稿）》，1956年，上海市档案馆藏档案：A11－1－6。

④ 上海市第一重工业局工资改革办公室：《新合营厂工资改革初步计划》，1956年9月20日，上海市档案馆藏档案：B173－1－103－13。

资改革方案分批计划由专业公司提出，经主管局审查汇总，分送各区工资改革办公室，各区工资改革办公室根据各局提出的分批计划，结合本区具体情况，制订工资改革进度计划，报市委劳动工资委员会备案；工资改革中各项具体政策问题，凡已有处理原则规定者，各部门在规定原则范围内可以负责解答和处理；凡尚无原则规定的问题或规定原则执行有困难者，有关单位说明情况并提出意见后，逐级请示解决。① 而各企业工资改革的具体开展则明确规定为由所在区区委所属的劳动工资改革办公室“统一领导，统一布置，统一进行思想教育工作。各产业局、专业公司应该积极配合，负起应有的责任”。②

1956 年，新公私合营企业的工资制度主要根据下列标准来进行改革。一是新公私合营企业的工资标准和工资制度，应该逐步向同一地区、性质相同，规模相近的国营企业看齐。因为国营企业的工资标准和工资制度是比较合理的，并且经过二次改革，它是根据“按劳取酬”的原则制定的，能够鼓励职工积极劳动，促进生产，鼓励职工学习技术，提高技术。二是职工现行工资标准比国营企业低的，应该根据企业生产、营业情况和实际可能，分期逐步增加。三是工资比国营企业高的，在这次工资改革中不予减低，而是给他们保留，今后随着工资标准的提高、升级、升职、调离工作而逐步抵消。如新公私合营企业的工资一般都比国营高，有的是整个企业，有的是一部分职工，估计上海约有 50% 的职工工资比国营企业高。总之，工资高的人很多，如果减下来，会影响很大一部分职工及其家属的生活，对生产也不利，特别是在社会主义改造高潮中，大家都以极大的热情支持了全行业公私合营，而企业合营后，反而减工资，从情理上讲过不去，如果减下来，大家一定会说：“合营还不如私营”。这样，对调动一切力量，发挥全体职工的积极性来建设社会主义是很不利的，同时，为了有利于对私营企业进行和平改造，团结资本家走社会主义道路，对资本家的高工资不减，如果减少部分职工的工资，就更不公平了，职工生活会受到影响。因此，国务院照顾到上海的实际情况决定，工资高的不减，今后通过生产的逐步提高，工资低的逐步增加上去，就会逐步统一合理起来。③

---

① 中共上海市劳动工资委员会：《关于新公私合营企业工资改革方案审批程序的规定（修正稿）》，1956 年 10 月 29 日，上海市档案馆藏档案：B5 - 2 - 136 - 23。

② 上海市劳动工资委员会：《关于新公私合营企业工资改革若干问题的修正补充意见》，1957 年 7 月 3 日，上海市档案馆藏档案：B123 - 3 - 947 - 7。

③ 市劳委编印：《新公私合营企业工资改革宣传参考材料（原稿）》，1956 年，上海市档案馆藏档案：A11 - 1 - 6。

（二）工资改革中的几个问题

首先是工资增长指标。工资水平的提高与工资改革中的工资增长指标直接相关。在1956年8月召开的新合营企业工资会议上，各省区市都上报了对本地区新合营企业的增资数额匡算，上海的上报数字是1956年下半年6个月的增资总额2 630万元，月增工资总额438万元，68万名职工月平均工资从72.18元提高到78.56元，增资幅度8.84%。① 在具体工作的实施中，增资总额由市劳动工资委员会向各工业局及中央在沪工业公司下达，再由各局、公司经过各区工资改革办公室按行业平衡后，下达到各企业（工厂或区店）。② 各局、公司对企业的增资指标分配主要按照以下七条原则执行：一是保证不超过市劳动工资委员会分配的半年增资控制数字绝对数；二是由于取消某些变相工资和修改劳动定额调整计件工资单价等原因，而使今后工资水平下降的部分，不能作为这次工资改革的增资调剂数；三是对各企业增长控制数字的分配，应该考虑企业现行工资水平、劳动生产率和财务盈亏等情况；四是各局（中央公司）分配增资控制数字时，可以不必留下机动额；五是各公司对所属企业分配增资控制数字时，应该尽量做到企业之间的合理平衡；六是企业的增资控制数字应在全体人员中合理使用；七是增资控制数字下达后，如果企业外迁或大部分工人调出，增资控制数字中多余部分应该报告主管机关转到其他方面使用，原单位不得挪用。③ 就上海来说，其增资指标一般是向工资水平低的行业、企业倾斜。如上海工业企业的总增资幅度是4.15%，但工资水平较高的重工业一局、二局分别只有3.8%、3.4%，而工资水平相对较低的华东纺管局为6.8%。④

新公私合营企业工资改革的最终结果，大约一半的职工工资有所增加，一半左右的工资基本不变，极少数的职工工资有所减少。上海新公私合营企业工资改革后，月工资总额实际增长198.2万元，比国家下达的月增资指标206.5万元结余8.3万元，占指标总额的4.12%。人均月工资由原来的74.62元增至77.55元（包括低工资补贴），实际增长3.92%，平

---

① 上海市劳动局：《新公私合营企业事业单位1956年各部门工资增长指标及工改前后平均工资变化情况表》，1956年8月1日，上海市档案馆藏档案：B123-3-299-17。

② 上海市劳动工资委员会：《关于新公私合营企业工资改革增长指标分配与平衡问题的几点意见》，1957年3月17日，上海市档案馆藏档案：A11-1-19-9。

③ 《上海市劳动工资委员会通知》，1957年3页1日，上海市档案馆藏档案：A11-1-19-3。

④ 上海市劳动工资委员会：《关于分配新公私合营企业工资改革增长指标的通知》，1957年3月6日，上海市档案馆藏档案：A11-1-19-1。

均每人增资 2.93 元，增资人数约占总人数的 47.4%。① 同时，新公私合营企业与国营企业、老公私合营企业的工资差距得以缩小。据上海市劳动工资委员会的总结材料称，上海新公私合营企业工资改革前每月工资为 74.62 元，改革后为 77.55 元，国营、地方国营、老合营企业以及事业、机关等部门在 1956 年工资改革前月平均工资为 69.30 元，改革后为 75.50 元，两者差距，工资改革前为 5.32 元，工资改革后已缩小到 2.05 元。②

其次是新工资等级。新工资等级是工资改革的重要内容之一。根据 1956 年 10 月国务院的规定："新公私合营企业工人的工资等级制度原则上也应该向国营企业看齐，如果执行有困难的时候，可以根据需要在某些等级或者每级的中间附加半级。"③ 这就是说，新公私合营企业不仅要建立新的工资等级制度，而且这一制度应该与国营企业一致，如果在执行的时候遇到困难，可以将等级作更细的划分。但事实上，当新的工资等级在新公私合营试点企业开始推行时，很快就遇到了难以想象的困难。尤其是那些技术水平不高、技术能力不强的中小企业，以及工种和岗位来说，就更成为一大难题。主要体现在：一是技术等级的制定和实施上的困难；二是技术等级与非技术等级差别平衡上的困难；三是与技术等级相联系的等级工资制度与现有工资制度、工资水平落差太大，实行起来困难更大，甚至严重影响生产。以上海纺织器材工业公司为例，1956 年 10 月曾选择工作基础较好的勤丰纱管厂为试点，仿效国营上海纺织器材厂的工资等级，建立新的工资等级、工资标准和技术等级标准。尽管之前多次去国营厂进行了学习考察，但始终存在"劳动组织及分工与国营厂不同；技术标准不适合；评定等级时不能反映操作上的熟练程度；采取评级的办法，保留（工资）面较大"等诸多问题，最后不得不放弃原先计划，改为"调整、整顿为主的方针"。此后，整个纺织器材行业所有新公私合营企业的工资改革，最终没有一家是建立新的工资等级，而"全部以调整的方式进行了工资改革"。④

鉴于上述现象的普遍性发生，1956 年 12 月，中共中央关于新合营企

① 上海市劳动工资委员会：《上海市新公私合营企业工资改革工作总结（草稿）》，上海市档案馆藏档案：B134－6－100－1。

② 上海市劳动工资委员会：《上海市新公私合营企业工资改革工作总结（草稿）》，1958 年 2 月 22 日，上海市档案馆藏档案：B134－6－100－1。

③ 中国社会科学院、中央档案馆：《1953—1957 年中华人民共和国经济档案资料选编·劳动和职工保险福利卷》，中国物价出版社 1998 年版，第 594 页。

④ 《上海纺织器材工业公司所属新合营企业工资改革总结》，1958 年 5 月 8 日，上海市档案馆藏档案：B134－6－100。

业工资改革的指示，对此作了很大的调整，明确指出只有城市的大中型工业企业，可以根据企业的需要和可能，规定适当的工资标准和等级制度，但也不要机械地套用国营企业的8级工资制度。而小型企业则可以不实行工资等级制度。① 上海市经过一些重点企业的试点工作，更是感觉到了建立新的工资等级制度的重重阻力和难度。1957年7月，上海市劳动工资委员会下达《关于新公私合营企业工资改革若干问题的修正补充意见》时，明确指出："根据重点单位的经验，对于生产情况和工资情况都十分复杂的新合营企业，要在这次工资改革中建立适合生产特点的新的工资等级制度，一般是很困难的。"因此规定"除在个别有条件的单位可以建立符合生产管理特点，能为群众接受的新的工资等级制度外，一般地不再建立新的工资等级制度"。② 到工资改革接近尾声之时，上海新合营工业企业中仅有156户，80 582人实施了新的工资等级制度，仅占全部新合营工厂数的1.45%，职工数的16.30%。③ 大部分新公私合营的中小企业都没有在此次工资改革中建立新的工资等级或工资标准。④

下面对新公私合营企业分企业管理人员、普通工人与私方人员三类分别阐述工资改革后的工资变化情况。

1. 企业管理人员。

见表7-16—表7-18。

表7-16　上海市重工业一、二局管理人员工资标准与国家机关工作人员新、旧工资标准比较

类别	相当于新标准的级别	相当于旧标准的级别
厂长最高178元	相当于新标准的11级186元	旧标准的12级175.8元
厂长最低90.5元	相当于新标准的17级93.2元	旧标准的19级87.9元
科长最高127.8元	相当于新标准的14级128.3元	旧标准的16级119.8元
科长最低71.9元	相当于新标准的20级67.8元	旧标准的21级71.9元
工务长最高90.5元	相当于新标准的17级93.2元	旧标准的19级87.9元

① 中国社会科学院、中央档案馆：《1953—1957年中华人民共和国经济档案资料选编·劳动和职工保险福利卷》，中国物价出版社1998年版，第598—599页。

② 上海市劳动工资委员会：《关于新公私合营企业工资改革若干问题的修正补充意见》，1957年7月3日，上海市档案馆藏档案：B123-3-949-7。

③ 上海市劳动工资委员会：《上海市新公私合营企业工资改革工作总结（草稿）》，1958年2月22日，上海市档案馆藏档案：B134-6-100-1。

④ 《新合营企业工资改革总结》，1957年11月1日，上海市档案馆藏档案：B167-1-249-96。

续表

类别	相当于新标准的级别	相当于旧标准的级别
工务长最低 61.2 元	相当于新标准的 21 级 60.5 元	旧标准的 22 级 63.9 元
职员最高 90.5 元	相当于新标准的 17 级 93.2 元	旧标准的 19 级 87.9 元
职员最低 42.6 元	相当于新标准的 24 级 42.4 元	旧标准的 26 级 42.6 元

资料来源：《上海市劳动局党组、二轻党委、普陀区委有关工资改革过程中的请示、情况报告》，1957 年，上海市档案馆藏档案：B5－2－16。

表 7－17　　上海市轻工业二局管理人员工资标准与国家机关工作人员新旧、工资标准比较

类别	相当于新标准的级别	相当于旧标准的级别
厂长最高 186 元	相当于新标准的 11 级 180 元	旧标准的 11 级 191.7 元
厂长最低 80 元	相当于新标准的 18 级 82.4 元	旧标准的 20 级 80 元
科长、主任最高 122.5 元	相当于新标准的 15 级 116.2 元	旧标准的 16 级 119.8 元
科长、主任最低 71.9 元	相当于新标准的 20 级 67.8 元	旧标准的 21 级 71.9 元
股长、工务长最高 87.9 元	相当于新标准的 17 级 93.2 元	旧标准的 19 级 87.9 元
股长、工务长最低 61.3 元	相当于新标准的 21 级 60.5 元	旧标准的 22 级 63.9 元
职员最高 80 元	相当于新标准的 18 级 82.4 元	旧标准的 21 级 71.9 元
职员最低 42.6 元	相当于新标准的 24 级 42.4 元	旧标准的 26 级 42.6 元

资料来源：《上海市劳动局党组、二轻党委、普陀区委有关工资改革过程中的请示、情况报告》，1957 年，上海市档案馆藏档案：B5－2－16。

表 7－18　　上海市纺织管理人员工资标准与国家机关工作人员新、旧工资标准比较

类别	相当于新标准的级别	旧标准的级别
厂长最高 166.4 元	相当于新标准的 12 级 167 元	旧标准的 13 级 159.8 元
厂长最低 81.2 元	相当于新标准的 18 级 82.4 元	旧标准的 20 级 80 元
科长、车间主任最高 122.5 元	相当于新标准的 15 级 116.2 元	旧标准的 16 级 119.8 元
科长、车间主任最低 74.6 元	相当于新标准的 19 级 75 元	旧标准的 21 级 71.9 元
科员、车间管理员最高 87.9 元	相当于新标准的 17 级 93.17 元	旧标准的 19 级 89.9 元
科员、车间管理员最低 63.9 元	相当于新标准的 21 级 60.5 元	旧标准的 22 级 63.9 元

续表

类别	相当于新标准的级别	旧标准的级别
办事员、车间助理管理员最高69.2元	相当于新标准的20级67.8元	旧标准的21级71.9元
办事员、车间助理管理员最低42.6元	相当于新标准的24级42.4元	旧标准的26级42.6元

资料来源：《上海市劳动局党组、二轻党委、普陀区委有关工资改革过程中的请示、情况报告》，1957年，上海市档案馆藏档案：B5－2－16。

一般地，在重工业局、轻工业局、纺织工业局三个类别的大行业系统中，重工业工资标准分为20级，轻工业与纺织工业工资标准为18级。企业管理人员都分为三类。作为企业管理者，重工业的工资标准是最高的，轻工业次之，纺织业再次之。这表明三个系统在国民经济中的重要性有轻重之分，由于在旧中国，中国政府积贫积弱，国内产业经济发展备受内外压迫，民族资本主义只能在帝国主义与封建主义的夹缝中寻求生存，没有国家行政力量的支持，重工业产业发展步履维艰。在这种持续恶劣的社会环境下，民族资产阶级只能选择相对较易发展的轻工业、纺织工业等行业进行生产和发展，其中又以纺织业发展最为迅速，这种情况一直持续到新中国成立前。新中国成立后，党和政府认识到只有发展重工业，重视基础工业建设，才能改变旧中国工业布局，推动国民经济发展。鉴于这种情况，三个行业系统的工资标准自然按照行业发展艰难情况进行排名，由此也就不难理解三个行业系统工资标准为何不统一了。

从表7－16—表7－18中还可以看到，不论是重工业，还是轻工业或纺织业的工资，都远比国家机关工作人员的标准低，工业系统管理者工资的最高标准只相当于国家机关工作人员新工资标准的11级或12级，相比旧的工资标准来说就更低了。可以说，经过工资改革后，虽然新、旧工资标准有所调整，但是相比国家机关工作人员，新公私合营企业管理者的工资标准仍然存在很大差距。

2. 普通工人。

关于普通工人的工资问题，主要从以下六个方面进行了改革。

（1）技术等级制度安排。根据1956年10月国务院的规定：新公私合营企业工人的工资等级制度原则上也应该向国营企业看齐，如果执行确有困难的时候，可以根据需要在某些等级或者每级的中间附加半级。有些轻工业企业，某些工种内部技术差别不大，工种之间又没有直接升级关系，可以按工作规定工资（工种内部不再划分等级，即独立工资制）。各行业工资等级数目的多少和各等级之间差额的大小，主要应该根据技术复杂程度来确定。在规定各行业的工资等级制度的时候，应该区别机械化生产、半机械化生产和手工生产，因为技术复杂程度不同，工资等级的数目和各等级之间的差额也应该有所不同。技术等级标准一般应该参照国营企业，但必须切合实际。如果当地没有同类性质的国营企业，应该自行制定技术等级标准。如果这样做还有困难的时候，可以采取“技术站队”的办法来评定工人的工资等级。

（2）计件工资制和奖励工资制问题。旧的计件工资制应该加以改革。一般应该根据新定的工资标准和劳动定额，重新规定计件单价，并且建立定期审查和修改定额的制度。如果原来计件工资的收入高于新定计时工资标准较多的时候，可以参照同类性质的国营企业实行计件工资标准，或者从定额上给予适当照顾。对于各种不合理的奖励工资制度，应该积极地以合理的奖励制度来代替；不够完善的奖励制度，应该加以改进；奖励指标已经落后的，应该根据实际情况加以修改。至于实行提成或者拆账的少数工业企业，应该改行计件工资制或者计时奖励工资制。①

（3）学徒的转正和升级问题。对学徒应该普遍进行一次考工或者技术鉴定，凡具备转正和升级条件的，一律给予转正或者升级。今后对学徒应该建立每半年考评一次的制度。

（4）关于职员和工程技术人员的工资制度问题。企业职员和技术人员的工资标准应该根据他们所担任的职务来规定。各种职务的最低与最高工资标准，应该大体上向当地性质相同、规模相近的地方国营企业看齐。技术水平较高的技术人员，应该发给技术津贴；对企业有重要贡献的高级技术人员，应该发给特定津贴。

（5）关于变相工资问题。对于变相工资，应该区别性质、分别先后，并且根据各企业的实际情况具体办理。已经取消的不再恢复。属于福利性质的，应该保留，办法不合理的应该改进。有些变相工资待遇，可以逐步地建立合理的制度来代替，有些可以部分或全部并入工资标准。对于关系职工生活比较大的伙食项目，一般地应该并入工资标准，现行工资标准高的企业，可以部分或全部作为金额保留，制度取消。在全国范围内，变相工资最多的是上海市，达 19 种以上（包括伙食、升工、年奖、公记、回乡旅费、守岁费、人寿保险等），占标准工资总额的 38.1%，平均每人享受 17.7 元。②

---

① 中国社会科学院、中央档案馆：《1953—1957 年中华人民共和国经济档案资料选编 · 劳动和职工保险福利卷》，中国物价出版社 1998 年版，第 593—596 页。

② 中国社会科学院、中央档案馆：《1953—1957 年中华人民共和国经济档案资料选编 · 劳动和职工保险福利卷》，中国物价出版社 1998 年版，第 590 页。

（6）关于按新工资标准补发工资问题。为了鼓舞职工的生产积极性，新的工资方案不论在何时宣布，新定计时工资标准高于现行工资的部分，一律从1956年7月1日起补发。合营前经过工资改革的企业，在这次工资改革中，对职工升级应补发的工资从7月1日补发。早已胜任技术工人工作的学徒，因转正、升级应补发的工资从7月1日起补发。①

对于工资改革前工资过低的企业，改革后工资进行了相应增长，但也不是无止境的增长，表7－19即工资增长指标控制数标准。

表7－19　上海市新公私合营企业1956年7—12月工资改革增长指标控制数

单位：元

主管单位	从业人员（人）	工改前月平均工资（元）	工改后月平均工资（元）	每月增加工资			计算单位平均
				总额（元）	平均（元）	百分比（%）	半年增加工资总额（元）
总计	672 511	73.05	76.06	2 008.69	3.01	4.12	12 052.14
工业	495 252	75.98	79.13	1 558.29	3.15	4.15	9 349.74
重一局	58 856	82.34	85.47	184.16	3.13	3.8	1 104.96
重二局	84 460	79.50	82.2	228.29	2.7	3.4	1 369.74
轻一局	73 742	69.70	72.42	200.36	2.72	3.9	1 202.16
轻二局	30 388	76	78.74	192.86	2.34	3.6	1 157.16
市纺局	100 436	75.15	78.08	352.97	2.93	3.9	2 117.82
华纺局	71 648	73.71	78.72	359.10	5.01	6.8	2 154.60
烟草公司	7 130	77.34	80.04	19.30	2.71	3.5	115.80
造纸公司	4 897	76.71	79.32	12.75	2.61	3.4	36.5
芳香公司	1 052	121.57	122.78	1.28	1.22	1.0	7.68
油脂公司	505	69.35	72.11	1.40	2.76	4.0	8.4
钢铁公司	2 141	71.62	74.34	5.28	2.72	3.8	34.92

资料来源：《上海市劳委关于分配新公私合营企业工资改革增长指标的通知》，上海市档案馆藏档案：A11－1－19。

从表7－19可见，公私合营企业的主管单位统计工资增长指标中，重工业比轻工业高，轻工业其次，轻工业中纺织业增长的比率倾向高于其他轻工业行业，且每月增加工资的比率也较高。

从表7－19—表7－21可以看出，这次工资改革对于地区间、部门间、各类人员间的工资关系和工资制度，都有不少的改进。地区间的工资关

① 中国社会科学院、中央档案馆：《1953—1957年中华人民共和国经济档案资料选编·劳动和职工保险福利卷》，中国物价出版社1998年版，第596—597页。

系，在企业方面，有所区域侧重。部门和产业间的工资关系，不论从工资增长指标、工资标准和平均工资增长数看，一般都做到了重工业高于轻工业，重要行业高于次要行业，各类人员间的工资关系，对有些原来工资偏低的有了较多的提高，而对原来工资过高的企业，进行了稍微偏低点的调整，但总的来说，工资增加的企业占多数；熟练劳动和简单劳动之间的差别，有了适当的扩大，如十一个类别的国营企业八级工人比一级工人的工资倍数，平均扩大了0.2倍；缩小了国家机关高级工作人员与低级工作人员之间的工资距离，最高与最低之间由31倍缩小为25倍；防止了企业领导干部因增加工资过多而脱离群众，如限制厂长一级增加工资不得超过13%，科长一级不得超过20%。在制度方面，取消了工资分制度和地区物价津贴制度，全部采用了货币工资制度；按产业统一制定了工资标准；有些轻工业开始实行岗位工资制；按产业统一制定了技术等级标准，使得工人升级工作有标准可遵循等，这都是公私合营后工资改革方面的变革。这些变革一方面提高了工人群众劳动的积极性，使得广大工人团结一致，为企业发展奠定了意识形态方面的基础；另一方面促使新企业制度的加速建立，为公私合营后企业迅速发展，提升经济效益创造了条件。

表7-20　　华东纺营局附属12个厂工资改革前工资情况

厂名	人数	改革前平均基本工资（元）	代办米差三等不含津贴（元）	合计（元）
达丰一厂	2 470	69.02	8.61	77.63
统益	3 084	61.59	8.82	70.41
裕华	1 012	63.62	6.40	70.02
安达一厂	1 443	58.79	9.00	69.79
崇信	1 344	63.03	6.44	69.47
安乐二厂	753	60.05	8.84	68.89
恒丰	1 841	59.32	9.27	68.59
荣丰	1 170	59.51	9.06	68.57
新裕	2 186	59.73	8.22	67.95
华丰一厂	756	58.57	8.95	67.52
安达二厂	1 173	57.80	9.63	66.93
华阳二厂	718	54.72	9.46	64.18
全局	17 949	61.27	8.56	69.83

说明：原有基本工资按底薪、米差、夜班津贴，改革后的基本工资是指新标准工资，夜班津贴、职务工资与保留工资。

资料来源：《上海市劳动局党组、二轻党委、普陀区委有关工资改革过程中的请示、情况报告》，1957年，上海市档案馆藏档案：B5-2-16。

表 7－21 华东纺管局附属 12 个厂工资改革后增减资情况

单位：元

厂名	人数	原月工资加各种津贴（元）	工资改革后月收入（元）	增减（%）	增资人数					减资人数						不动人数	
					10 元以下（人）	10—30 元（人）	30 元以上（人）	小计（人）	百分比（%）	2 元以下（人）	2—10 元（人）	10—30 元（人）	30 元以上（人）	小计（人）	百分比（%）	人数	百分比（%）
达丰一厂	2 470	77. 63	72. 99	－5. 98	325	220	2	547	22. 14	648	649	536	76	1 909	77. 29	14	0. 57
统益	3 084	70. 41	69. 85	－0. 8 0	702	324	4	1 030	33. 41	1 127	674	170	48	2 019	65. 49	34	1. 10
裕华	1 012	70. 02	69. 95	－0. 10	232	298	8	538	53. 16	36	100	78	61	275	27. 17	199	19. 60
安达一厂	1 443	69. 79	69. 23	+2. 12	680	135	4	819	56. 76	246	233	133	2	614	42. 55	10	0. 69
崇信	1 344	69. 47	69. 32	－0. 22	438	130	—	568	42. 26	349	215	89	32	685	50. 97	91	6. 77
安乐二厂	753	68. 89	71. 47	+3. 76	179	413	8	600	79. 68	49	55	46	2	152	20. 19	1	0. 13
恒丰	1 841	68. 59	69. 95	－1. 99	387	441	11	839	45. 57	492	260	166	35	953	51. 77	49	2. 66
荣丰	1 170	68. 57	69. 30	+1. 07	417	130	9	556	47. 52	282	169	50	19	520	44. 44	94	2. 66
新裕	2 186	67. 95	69. 44	+2. 21	662	334	2	998	45. 65	694	309	128	32	1 163	53. 20	25	1. 14
华丰一厂	756	67. 52	68. 34	+1. 22	270	250	3	523	69. 20	100	75	20	9	204	26. 98	29	3. 82
安达二厂	1 173	66. 93	68. 70	+2. 64	366	159	2	529	44. 93	425	144	59	4	632	53. 88	14	1. 19
华阳二厂	718	64. 18	70. 49	+9. 84	178	486	10	674	93. 00	9	19	16	—	44	7. 00	—	—
全局	17 949	69. 83	70. 08	+0. 36	4 886	3 320	63	8 219	45. 20	4 457	2 902	1 491	3 209	170	15. 10	560	3. 70

资料来源：《上海市劳动局党组、二轻党委、普陀区委有关工资改革过程中的请示、情况报告》，1957 年，上海市档案馆藏档案：B5－2－16。

3. 私方人员。

为了促进私方更好地接受社会主义改造，因此，充分考虑私方的心态和照顾他们的客观条件是确保公私合营企业健康顺利发展的必要条件。因而私方人员的工资待遇，政府往往单独进行考虑。1956 年 10 月 12 日，国务院全体会议第 39 次会议通过的《国务院关于新公私合营企业工资改革中若干问题的规定》指出："私方人员的工资待遇，应该按照对职工工资的同样原则处理。在评定工资的时候，除了按照现任的职务和工作能力以外，还要充分考虑到他们的技术能力和经营管理的经验，并且适当照顾他们的现行工资水平。"①

对于原来没有固定工资的小业主，应该根据现任职务和工作能力，并且适当考虑他们原来的收入情况来评定工资。小厂店业主的家属，原来担任辅助劳动的，已经作为全劳动力参加劳动的，可以吸收为正式工作人员，按标准评定工资；只有部分时间参加劳动的，可以按月发给必要的生活费用，不列入在册人员。对于董事长、董事、监事等私方人员，如果没有兼任其他职务的，可以由企业发给薪金；如果兼有其他职务而原来有车马费的，可以继续由企业发给车马费。董事会的工作人员（如秘书、办事员、打字员等），应该按照企业同类工作人员的工资标准评定。②

1956 年，《关于公私合营企业中资方在职人员的工作安排和薪金待遇的几项规定》对私方人员的薪金、兼职兼薪和福利待遇进行了规定。

（1）原企业资方在职人员的薪金高于同类国营企业的标准者一律不加降低；低于同类国营企业的标准者，可以在职工提高工资时，跟着调整。

（2）资方在职人员在不同企业中兼任实际工作职务，可根据不同情况分别处理，能不兼就不兼，能少兼就少兼。有必要兼容许继续兼任。挂名性质的兼职（如董事），一般可以不动。

（3）兼职是否兼薪，应当以能否维持他们现有的生活水平为标准。原来兼职取消或减少后，如果他们现在的生活水平不能维持，可以将其原有兼薪的一部分或者全部，在现任职务的薪金中合并发给。

（4）在实行公私合营和定息以后，对资方人员的疾病医疗待遇，因工负伤、残疾待遇和因工死亡待遇，给以和职工相同的待遇，资方人员病假期间的工资待遇标准，酌予发给。资方人员在改变成分加入工会以后，可

---

① 《国务院关于新公私合营企业工资改革中若干问题的规定》，1956 年 10 月 12 日，上海市档案馆藏档案：A11－1－16－44。

② 中国社会科学院、中央档案馆：《1953—1957 年中华人民共和国经济档案资料选编·劳动和职工保险福利卷》，中国物价出版社 1998 年版，第 596—597 页。

以享受职工的劳保待遇。①

私方人员的工资福利，参考其过去在私营企业的工资待遇，如果高于现在的不予降低，低于现在的给予提升，党和政府并没有因为他们是资方人员而区别对待，这是处理好公私关系的前提，也是搞好企业内部人员关系的基础，为企业经营效益的提高准备了条件。

综上所述，企业员工的收入分配是企业制度变革中的一项主要内容。1956 年新公私合营企业工资改革的完成，可以说从根本上结束了私营企业时代自主性、多样化、多元化的工资制度，同时也标志着与国家计划经济体制相适应的高度集中统一的企业工资制度的全面确立，在收入分配环节上，最终完成了对公私合营企业从产权、治理结构、经营管理再到分配制度的重大制度变革。虽然全行业公私合营后的新公私合营企业的工资改革，被称之为“调整、整顿为主的不彻底改革”，但是这次改革也取得了一系列成果，主要体现在：一是全部废除了以折实单位和工资分等为工资计算单位的制度，统一实行了货币工资制；二是稍稍提高了平均工资水平，特别是提高了低工资者的工资收入；三是在少数企业中建立了新工资等级；四是对伙食制度作了比较统一的处理，对变相工资及保留工资作了尽可能地调整和整顿，并最终取消了“年奖”制度。②

此外，1956 年新公私合营企业的工资改革，使得公方管理人员、普通工人、私方的工资都得到了一定程度的均衡，提升了工人群众发展生产的积极性，也稳定了私方，使他们共同致力于公私合营企业的发展。但是这次工资改革也存在一些缺点：一是有的工资增加过多了一些，二是工资制度的某些方面还存在一些缺陷，因而留给未来的改善空间还有很大。这些问题的存在以及所带来的问题和效应，只有到了后来的“改革开放”时期，才重新被人们理性地思考和解决。

第六节　公私合营后企业福利制度之重造

全行业公私合营后，公私合营企业的福利问题也是剩余分配制度的重要内容之一。私营企业时期职工工资福利制度“极为混乱，各厂之间很不

① 《关于公私合营企业中资方在职人员的工作安排和薪金待遇的几项规定》，1957 年，上海市档案馆藏档案：B5－1－39－44。

② 上海市劳动工资委员会：《上海市新公私合营企业工资改革工作总结（草稿）》，1958 年 2 月 22 日，上海市档案馆藏档案：B134－6－100－1。

一致，悬殊甚大”，全行业公私合营后“若原封不动势必影响合营后职工的生产情绪，职工之间的团结和企业的改造工作。”因此，上海市在全业合营后关于职工福利方面的调整工作，在组织领导上，一般由各主管局所属专业公司，会同产业工会进行调查研究，依据政府精神拟定具体意见，经各主管局同意后贯彻实施，超出规定的重大福利问题，需征得市劳动局同意后报市人民委员会审批。其集体福利基金统一由上海市工会联合会进行管理，各企业基层工会对本企业的福利事业进行管理和执行。其处理职工福利遵循的基本原则是“照顾到绝大多数职工的实际利益，并应在取得绝大多数职工拥护的基础上进行。”①

一、私营期间积存的企业集体福利金的处理

全行业公私合营以后，原私营企业积存的集体福利金如何处理成了合营企业工会面临的首要问题。据统计，1957 年上海市公私合营企业积存的福利金有 2 175 万元，其中新公私合营企业有 700 余万元，涉及工厂 2 000 户、职工 10 万余人；老合营企业 1 475 万元，涉及工厂 280 户、职工 27 万人。其基金来源有这么几个方面，一是合营前企业的盈余分配与营业提成；二是企业中的废料下脚积累而来；三是职工津贴、生产超额奖金剩余等。私营企业时代，各私营企业福利金的保管也是不统一的，有的由工会保管，有的由行政保管，也有两者各管一部分的。而且，福利金在使用方面较为混乱，过分强调“集体性”“持久性”“群众性”，无形中限制了使用范围，造成不少基层基金积压不用，以致“群众不满，干部抱怨，工会组织脱离群众”。②

公私合营初期，各企业在积存福利金的使用和保管问题上，干部和职工意见不一，问题很多。基层干部有的感到“三性”很难掌握，认为“上级政策太原则，嚼勿烂”，还有的认为福利金“大事不好办，办事办不了”，以致无法处理，只好长期“冻结”。广大职工对福利金“积得多，用得少”也一直牢骚满腹。大部分要求工会用这笔钱修建工房、休养所、食堂、会场、浴室、家属招待所、职工子弟学校、购置交通车等，以改善职工福利。也有相当一部分职工认为既然不办福利，那就把福利金分掉，特别是正在并厂或即将并厂的职工这方面的要求很强烈。他们说：“并厂

① 《上海市劳动工资委员会关于全业合营时调整职工福利方面若干问题的意见（草稿）》，1956 年 1 月 5 日，上海市档案馆藏档案：B76 – 3 – 75 – 193。

② 《关于公私合营工厂处理积存集体福利金的意见》（草案），1957 年 8 月，上海市档案馆藏档案：B76 – 3 – 838 – 1。

不分（福利金），更待何时？四马分肥，三只马都分了，工人一只马为啥不好分？”元华烟厂职工感慨：“还是资本家、代理人没有组织的好，坐分红利，我们工人一把汗、一把血，付会费、救济费却连分红也分不到”。部分工人表示：“如果不分，每人要借30—50元”。金兰笔厂有30个工人竟把工会主席拉到虹口公园，包围了“讲斤头”（上海方言，即讲条件，讨价还价），硬要工会主席“点头”。①

鉴于上述情况，上海市工会联合会向中共上海市委汇报了这一情况，1956—1957年，上海市相继发布《关于新公私合营工厂、企业在私营期间积存的集体福利金的使用意见》《关于处理合营前的集体福利金的补充意见》《关于职工工资福利若干问题的规定》《关于公私合营工厂处理积存集体福利金的意见》等，做出关心职工生活的决议，以引起基层组织的普遍重视，并积极拟定规划，会同企业行政举办集体福利措施，改善职工生活。其中关于公私合营工厂积存集体福利金的处理意见是这样的：各级工会本着“充分地走群众路线，切实用好集体福利金”的原则，根据各单位的实际情况分别制定使用规划。首先是提取大部分用于改善职工物质文化生活福利所需的经费。集体福利基金积存较多的单位，应提取大部分用于举办职工集体福利事业的基本建设；规模较小的单位，如单独举办集体福利事业有困难的，可与邻近单位联合举办。其中改善职工日常物质、文化生活福利方面的部分经费，也可根据实际情况以实物或代金分期发给职工使用，但不得成为固定的制度。其次是剩下部分经费可作职工生活困难补助金、互助储金会基金，生产奖励金，或帮助行政改善劳动条件和环境卫生。②

针对上海市政府以及上海市工会联合会的指示，各公私合营企业对私营时期结存的集体福利金进行了处理。以上海市轻工业工会委员会所属的公私合营企业为例，据1957年统计，尚有62个厂集体福利金积存3 367 286元，职工人数34 571人。在这62个工厂中，已制定有福利金使用规划并经群众讨论同意的有29个工厂，占总数的47%；已订有使用规划但还没有交群众讨论的或正在拟定规划的有15个工厂，占总数的24%；还没有制定规划的有18个工厂。其中，62个工厂中已分发过奖金的有48个，占总数的77%；要使用福利金建造房屋的有30个，所用福利金共计

---

① 《上海市轻工业委员会关于合营企业积存集体福利金的情况报告》，1956年7月，上海市档案馆藏档案：C8－1－72－38。

② 《关于公私合营工厂处理积存集体福利金的意见》（草案），1957年8月，上海市档案馆藏档案：B76－3－838－1。

2 441 286 元，占总数的72.5%。[①] 由此可见，私营时期积累的集体福利金因为管理混乱，没有很好地进行规划和利用，到全行业公私合营后才得以真正投入使用。

二、"国家—企业"运行模式的职工福利制度正式确立

新中国成立初期，私营企业的职工福利主要由政府督促，资本家出资承办。这种福利举办方式不似国营企业，有国家财力支撑，它受企业生产效益好坏，即企业每年盈余数量的严重影响，因而其福利事业虽呈向好趋势，但存在不稳定因素。在全行业公私合营基本完成以后，上海大部分的工商企业从市场经济条件下的私人资本主义企业向名为"公私合营企业"，实与"全民所有制"的国有企业并无实质性区别的计划经济体制下的社会主义企业转变。原私营企业的职工福利也由市场经济条件下，自负盈亏的资本家承办转变为国家运用行政权力，对社会福利资源实行统一配置，成为福利制度供给的责任主体，而具体实施则主要依靠企业来完成的"国家—企业"的福利运行模式。职工福利作为新中国成立后社会福利制度最重要的组成部分，主要可以分为三类：

（1）为职工提供生活方便、减轻家务劳动负担而举办的各类集体福利设施，如职工食堂、浴室、宿舍、理发室、幼儿园、托儿所等。1953 年 1 月，劳动部公布的《劳动保险条例实施细则修正草案》规定：实行劳动保险的企业应根据工人职员的需要及企业经济情况，单独或联合其他企业设立疗养所、营养食堂、托儿所等，其房屋设备、工作人员的工资及一切经常费用，完全由企业行政方面或资方负担。1956 年，教育部、卫生部、内务部联合发出通知，指出"为了帮助母亲们解决照顾和教育自己的孩子的问题，托儿所和幼儿园必须有相应的增加。"此外，职工住房条件也得到了一定的改善。据统计，到 1956 年年底，上海市公私合营大型工业企业计 988 个，其全部职工住宅居住面积为 18 420 平方米（其中永久性房屋 107 975 平方米，临时性房屋 7 445 平方米），其中企业自有住宅居住面积为 59 925 平方米（其中永久性房屋 57 523 平方米，临时性房屋 2 402 平方米），1956 年新建住宅居住面积为 1 961 平方米。企业全部居住人数（包括家属）为 25 799 人。[②] 以上海市化学工业局为例，其地方合营企业共计

① 《上海市轻工业工会委员会关于目前各厂集体福利金的积存和处理情况》，1957 年，上海市档案馆藏档案：C11 – 2 – 244。

② 《1956 年年底国营、合作社营及公私合营大型工业企业住宅统计表》，1956 年，上海市档案馆藏档案：B4 – 2 – 174。

408 家，到 1957 年年底，其企业全部职工住宅居住面积达 98 720 平方米，其中 1957 年新建住宅居住面积为 14 539 平方米。① 大量职工从解放初居住的草棚、木板房搬进了工人新村，较快地改善了职工的住宅条件。②

（2）为丰富职工文化生活而设立的文化福利设施和组织的各类活动，如图书馆、阅览室、俱乐部、文化宫、球场、游泳池、业余学校，以及开展各种文娱体育活动等。1950 年 6 月 29 日，中央人民政府颁布的《中华人民共和国工会法》规定："工会有改善工人、职工群众的物质生活与文化生活的各种设施之责任"。"各级政府应拨给工会以必要的房屋与设备，作为工会办公、会议、教育、娱乐及举办集体事业之用。"③ 从表 7－22 可以看出，到 1957 年年底，上海市化学局国营与合营企业俱乐部增至 110 个，其中合营企业占了 94 个。工人图书馆从无到有，其中地方合营企业藏书达 229 249 册。企业文化福利事业的发展，丰富了广大职工的文化生活，提高了职工生活水平，也为职工学习科学文化知识，参加各种文体活动创造了良好的条件，在潜移默化中提升了职工队伍的素质。

表 7－22　上海市化学工业局大型工业企业文教福利设施

（截至 1957 年 12 月 31 日）

主管系统名称	企业个数	托儿所数	幼儿园数	各种附属学校	各种教员人数	图书馆和阅览室藏书数（册）	俱乐部数	附设食堂数	附设浴室可容人数	喂奶室		附设疗养医院或休养所床位	附设门诊室及医疗室数	企业医务人员
										可容人数	需要喂奶女职工人数			
总计	373	52	3	50	303	278 481	110	367	4 794	781	1 597	327	71	206
中央国营	4	2	1	2	33	10 726	5	7	469	56	75	—	4	12
地方国营	17	6	—	6	52	27 885	11	21	568	24	169	23	11	35
中央合营	4	1	—	2	13	10 621	3	5	128	100	58	8	4	16
地方合营	348	43	2	40	205	229 249	91	334	3 629	601	1 295	296	52	143

资料来源：《上海市化学工业局 1957 年统计年报综合报表》，1957 年 12 月，上海市档案馆藏档案：B176－1－173。

① 《1957 年 12 月 31 日大型工业企业职工住宅情况表》，1958 年，上海市档案馆藏档案：B76－1－173－115。

② 严忠勤：《当代中国的职工工资福利和社会保险》，中国社会科学出版社 1987 年版，第 195—196 页。

③ 《私营工商业的社会主义改造政策法令选编》（1949—1952），上辑，1957 年 12 月，第 235—236 页。

(3) 为满足职工的不同需要，减轻生活开支而建立的福利补贴，如交通费补助、生活困难补贴、幼儿入托费补贴、探亲往返车船费补贴、房贴、取暖费、清凉饮料以及疗养费等。1953 年 5 月，财政部、人事部发布《关于统一掌管多子女补助与家属福利等问题的联合通知》，初步确立了面向城镇居民家庭的津贴政策；1956 年，全国总工会向各级工会发出了《职工生活困难补助办法》，对有关职工困难补助的原则、补助对象、经费来源、补助办法等都进行了明确规定。1956 年 12 月，国务院发布《关于国家机关和事业、企业单位 1956 年职工冬季宿舍取暖补贴的通知》，确立了城镇职工家庭的冬季取暖福利政策。与此同时，上海市政府也发布了关于职工福利的一系列政策。1956—1957 年，上海市委等部门相继发布了《关于新公私合营企业年奖及春节前后其他几个工资福利问题的处理意见》《关于新合营厂合并生产中的职工生活福利问题的处理意见》《关于全业合营时调整职工工资福利方面若干问题的意见》《关于新公私合营工厂、企业在私营期间积存的集体福利金的使用意见》《关于职工工资福利若干问题的规定》《关于今后工资福利问题的几个意见》《关于交通补贴和托儿所问题的意见》《关于调整本市居住房屋租金的意见》等，对公私合营之后，企业职工的各类福利制度进行了详细规定，相比私营时期的混乱，公私合营企业福利制度有了一定的改进和提高。

三、公私合营企业福利标准与经费来源

1954 年 9 月 2 日，政务院通过《公私合营工业企业暂行条例》。其中第十四条规定："合营企业对于工资制度和福利设施，应当参酌企业原来的工资福利情况、合营企业的生产经营情况和国营企业的有关规定，逐步改进，逐步向相当的国营企业看齐。"① 这一方面说明除了国家财政补贴之外，公私合营企业未来的部分福利经费来源还要取决于企业自身的生产经营状况和福利基金积累；另一方面也表明公私合营企业的福利状况与国营企业存在差距，这种情况将会逐渐改善，但需要一个过程。

为了建立企业福利设施和发展福利事业，政府在经费上给予一定的保证。经费来源主要有五个方面：一是国家提供给企业的基本建设投资中，与职工基本生活有关的必要的非生产性建设费用。二是企业设有福利基金。职工生活困难补助以及企业单位职工食堂、托儿所、浴室、理发室等

---

① 《私营工商业的社会主义改造政策法令选编》(1953—1957)，下辑，法律出版社 1960 年版，第 233 页。

设施的经常性费用，均由企业福利基金开支。三是企业的行政管理费中开支的福利费用。四是工会经费中的一部分。1950 年，全国总工会规定基层组织工会会费收入的 2% 用作会员困难补助费。五是福利设施本身的营业收入。如电影、某些文艺演出和体育竞赛活动等所得的各类收入。

四、公私合营企业福利制度的评析

公私合营后企业福利制度是在新中国成立初期根据当时的国情建立起来的。它通过退休养老、劳保医疗、生活照顾、福利分房等一系列保障项目的资助和服务，在满足职工基本生活需求，改善职工生活待遇，安定社会秩序等方面发挥了重要作用，但同时也产生了很多问题，对生产力的进一步提高和经济、社会的发展带来了诸多障碍。因此，客观分析此时期的企业福利制度，探析其积极贡献和内在矛盾，挖掘其造成问题的缘由，对于深化当代中国社会福利改革，构建中国特色社会福利体系具有重要意义。

近年来，理论界对计划经济时代中国传统的企业福利制度与政策有不少否定意见，但笔者认为，从客观和整体来看，全行业公私合营后，即计划经济时代中国企业福利制度和政策在当时的社会环境下，一定程度上还是具有其历史意义的。

（一）在中国历史上首次建立起相对稳定的企业福利制度

国家通过公私合营的模式顺利接管了私营企业的产权，建立起高度集中统一的计划经济体制，中国历史上第一次建立起相对稳定和制度化的企业福利体系。即国家运用行政权力，对社会福利资源实行自上而下的指令性配置，成为福利制度供给的责任主体，而具体实施则主要依靠单位来完成，由此形成了“国家—单位”的福利运行模式。尽管这样的企业福利制度带有明显的计划经济体制的烙印，但它毕竟是中国历史上第一次建立起比较健全、合理、符合当时我国国情的，趋于制度化的企业福利制度。这种福利体制的建立和制度安排，关系到全体企业职工的切身利益，保证了他们基本的生活水平，对当时的社会稳定和经济发展都起到了一定的促进作用。

全行业公私合营后，职工的福利制度有了重大的转变。首先是劳动条件有了很大的改善。例如上海毛纺织工业企业通过经济改组，工人都搬进了车间较为宽敞的工厂进行生产，并安装了通风、降温、除尘、排雾和保暖等设备。其次是职工的生活福利普遍得到提高。上海毛纺织工业企业职工工作时间从 10 小时、12 小时，一律改为 8 小时工作制；再加上 1955 年工资改革后提高了职工的工资收入，平均工资增长了14.16%。[①] 多数厂还设有保健站、托儿所、幼儿园等集体福利，职工的居住条件也逐步得到改善。大隆机器厂公私合营后，新建了一幢3层楼房，其中一部分作为职工食堂，俱乐部和夜校教室。1954年8月到1958年8月，有1 486名职工到厂疗养所疗养，还有70余人赴杭州疗养。1956年企业投资34万元，建造了4幢3层楼的单身职工宿舍，面积4 000多平方米。同年还在卫星新村、中华新村自建公助住房117户，改善了职工的居住条件。1956年全面进行工资改革，对全厂职工评定级别，有1 105名职工增加了工资。合营前的1953年职工平均工资为75元，1957年增加到82元。在改善生活的同时，职工的文化素质也得到提高，到1956年，有500多名职工摆脱了文盲状态，300多名职工进业余中学学习。[②] 新生纱厂从合营后到1954年，初步统计花了3亿元改善了职工福利，建立了可容纳180个小孩的托儿所、男女浴室、营养食堂、休息所和会场，饭堂俱乐部、厕所等，此外，还新买了1辆救护车，增添了临时的病床，1个女医师和2个助产士。

（二）企业职工福利制度与计划经济体制相适应

全行业公私合营后，中国企业制度发生了重大历史性转折。社会的生产和消费等资源完全由国家统一配置，劳动者的就业和社会保障也由国家统包统管。一方面，这种由国家来统一行使资源配置职能的计划性体制，使国家得以作为福利的责任主体，通过政府主导和企业实施，让劳动者的福利得到保证；另一方面，这种对企业职工福利予以充分关注和重视的福利体制，对新中国的经济发展和职工的生活起到了一定的保障作用。同时，这种福利制度与政策也成为广大职工群众拥戴和依赖当时的经济体制的重要原因。可见，当时的福利体制是与计划经济体制相适应的，“是相对于当时经济体制的最优选择”。[③] 西方经济学家曾对公私合营后的中国企业福利制度这样描述：“（1）所有工人的工资都是相同的，很低的；（2）工资当中充满了慷慨的各种津贴，例如，养老保险、食物补贴、住房甚至取暖费，并且通常由企业来提供；（3）工作有保障，实际上职业是终生的。”这种说法充分表明当时的企业福利制度已成为国家经济体制的一

---

① 中共上海市委统战部、中共上海市委党史研究室、上海市档案馆：《中国资本主义工商业的社会主义改造》，上海卷（下），中共党史出版社1993年版，第1001页。

② 中共上海市委统战部、中共上海市委党史研究室、上海市档案馆：《中国资本主义工商业的社会主义改造》，上海卷（下），中共党史出版社1993年版，第1279—1280页。

③ 成海军：《计划经济时期中国福利制度的历史考察》，载《当代中国史研究》2008年第5期。

个重要组成部分，同时也说明当时的企业福利制度是与计划经济体制相适应的，是在当时“经济秩序下产生的具有系统性必然性的产物”。①

然而，公私合营后企业福利的新变化及其与社会发展的内在矛盾始终存在。公私合营初期，职工福利矛盾比较突出，主要表现在：

1. 职工对企业福利期望甚高，但实际情况并不太如意。

新中国成立以来，在职工生活福利方面虽有很大改善，但在公私合营企业中，职工居住条件一般较差，上下班交通费支出较大，生活并不宽裕。特别是工资低、人口多或疾病医疗费用支出较大，职工生活均有不同程度的困难。下面举例阐述。

一是职工居住条件很差，职工对宿舍问题迫切需要解决。集体宿舍地方狭小，阴暗潮湿，某些小厂根本没有集体宿舍，工人就睡在工场机器旁，特别是合营并厂后，人数增加，宿舍不足，或改成了三班制后，机声轰隆，寝不安席。1956 年，经调查公私合营上海新中动力机厂职工生活福利状况，表示“目前最困难最迫切的是单身职工的住宿问题”，职工反映：“住浴室、住饭间，警卫要来赶，总务科、人事科说进来时签好合同厂里不供住宿的，有话无法说。”而且，现有单身职工宿舍的职工也反映，因为“单身宿舍房间大，铺位多（三四十人）”，以致“青老年工人住在一起，日夜班住在一起，有肺病的住在一起，青年工人要吵要闹，影响老年工人睡觉，做第一班吵醒第三班，第二班吵醒第一班，睡不熟。”② 上海达丰印染二厂工人反映：“我们宿舍好像是只箱子，白天要开电灯”，“床头旁就是楼梯，又是自来水龙头。”达丰印刷厂宿舍小，工人夏天睡在车间里，无处放床就吊在梁上，下面紧靠刀架子，很是危险。③

二是职工上下班交通费负担很重。由于居住地分散又远，大部分工厂又无交通车，因此一些低工资、负担重的工人，只能起早步行，带小孩上班的女工更为困难。工人要求设置交通车或发给车贴。如启新纱厂没有交通车，粗纱女工唐小妹，踏自行车带小孩，曾在某个下雨天，路滑天黑，不小心连人带车冲到北新泾附近的苏州河里，幸有路人看见救起。该厂夜班工人下班时已无公共车辆，路远，三轮车费贵，只能靠两条腿，工人反

---

① ［英］尼古拉斯·巴尔著、郑秉文等译：《福利国家经济学》，中国劳动保障出版社 2003 年版，第 6 页。

② 《公私合营新中动力机厂关于职工生活福利问题的调查情况汇报》，1956 年，上海市档案馆藏档案：A43 – 1 – 25 – 54。

③ 《关于公私合营企业职工工资待遇及劳保福利方面存在的问题的综合资料》，1956 年，上海市档案馆藏档案：A36 – 2 – 102 – 49。

映：“上下班来回要两三个小时，已很疲劳，谁还有精力搞生产”。①

三是职工申请困难补助或借互助基金很困难。职工反映应该长期补助的困难户不补助。有些厂的工会干部对困难补助扣得很紧，如上海钢铁十厂二分厂，一工人因家庭困难补助了3次之后便不再补助了，原因为“救急不救穷”。天章造纸厂工会互助贷金一次最多只贷5元，工人反映“遇到急事，派不了用场”。②公私合营天丰造纸厂工人陈瑞康形容向工会借互助基金“不及时、等开会、手续多、看人头、互相推”，他借互助基金，小组通过后，拿到工会去盖章拖了一个月，等到工会批准，他在外面东借西借，早就用了。③

四是卫生福利情况糟糕。工厂卫生福利情况普遍很差，其中小厂比大厂更差。上海长宁区中工冶铸铁工厂，临近是牛奶棚，牛粪堆积，一遇天雨，牛粪就漂浮过来，臭气四溢。大东南烟厂是一个有1 200人的大厂，竟无一个食堂。北站区第一铁器生产合作社，工人就在车间吃饭，一个青年工人这样形容：“人多屋子小，既矮又肮脏，吃饭热气升，滴下酱油汤”(热气上升，带灰的汽水近似酱油汤的颜色)。大生织带厂，男女工只有一个小厕所，进出极不方便。④此外，还有工人浴室、托儿所等问题都很严重，工人意见很大，亟待改善。

2. 企业各种福利浪费现象极为严重。

公司合营初期，生产力低下，但是一些企业在举办福利方面不切合实际，未征求群众意见造成福利设施利用率低下，形成事实上的浪费。如上海华通开关厂未征得工人同意便花了8 000元组织了一支铜管乐队，仅是逢年过节吹打一下，利用率很低，职工意见很大。另外有些企业医药费开支浩大，浪费严重，尤其是中医开诊后，极大部分企业中药费迅速上涨，如上海电缆厂仅在1957年6月份中药费支出就达5 200元。各厂反映中医开药主要是补药多，帖数多，最少是5帖以上，有的开方甚至30帖。而且一些职工对药品不珍惜，浪费现象严重，有的职工向医生指定要开贵重药吃，很多企业均有职工认为反正吃药不要钱，在冬季多吃几副补药也好，有的指定要吃驴皮膏等贵重药，杨树浦发电厂就发现有工人将很多瓶煎好的中药不吃倒掉。④

---

①②④ 《关于公私合营企业职工工资待遇及劳保福利方面存在的问题的综合资料》，1956年，上海市档案馆藏档案：A36－2－102－49。

③ 《公私合营天丰造纸厂关于职工生活福利及各方面意见的情况汇报》，1956年，上海市档案馆藏档案：A49－1－132－18。

④ 《当前职工福利存在的问题》，1957年，上海市档案馆藏档案：B127－1－1014。

3. 企业福利制度安排存在着严重的梯次差异。

私营时期，企业职工福利制度较为混乱，各企业之间很不一致。公私合营之后，虽然政府对企业的福利制度进行了调整和改善，但主要还是在政府的领导下，各私营合营企业各自主导自己企业的职工福利。20 世纪 50 年代这种由国家担负福利保障制度的主体责任，由所在单位具体实施管理的社会福利制度，具有很大的封闭性，也增强了人对单位的依赖性。由于人们的各种福利待遇主要由单位来完成（国家划拨资源除外），企业效益的不同也造成了不同企业福利待遇的不平等。而且，在企业内部，干部与职工之间、国有企业职工与公私合营企业职工之间乃至同一所有制类型单位的职工之间，因所在单位性质和经济状况的不同，在福利保障权益及待遇方面也有很大的差距。如 1957 年国营，合营棉纺、印染等厂共有职工 169 322 人，已有家属宿舍居住的职工平均占总人数的 15%，其中国营厂占总人数 23%，合营厂占 6. 6%，这些有工房居住的职工除居住条件较里弄屋优越之外，房租支出又低，同样 16 平方米的房间，新工房只要 3. 6 元，老公房仅 1 元多。住工房的还可享受工房区的托儿所、浴室等福利设施，所以没有住工房的职工意见很多。①

分析公私合营企业福利制度存在的矛盾和问题，其主要成因有以下几个方面：

一是当时缺少类似西方机制性的社会保障制度，企业职业福利与社会福利相混淆，使得企业背上沉重的包袱。

这里需要明确两个概念：职业福利与社会福利。职业福利其作用在于刺激本企业从业人员的工作主动性和创造性，从而提高（企业）从业的经济效率。② 在市场经济发达的国家，职业福利主要表现为附加养老保险、附加医疗保险等由企业自定的福利或奖励政策，决定其给付水平的因素是市场竞争。而社会福利的基本功能是通过收入再分配和提供服务，保障社会成员无法从市场获得满足的社会需要，保护与生产力水平相适应的最低限度的社会公平，从而维持社会稳定。社会福利主要由社会保障、社会服务、社会救助三个部分组成，决定其给付水平的是该社会的基本生存条件和价值观念。即职业福利属于收入的第一次分配，而社会福利属于二次分配领域。前者操作依据效率原则，后者的运行遵循公平的理念。

而在全行业合营后的新中国，当时的社会条件和社会认知水平限制，

① 《当前职工福利存在的问题》，1957 年，上海市档案馆藏档案：B127 - 1 - 1014。
② 周弘：《福利的解析》，上海远东出版社 1996 年版，第 14 页。

并没有产生类似西方的机制性的社会保障制度，因此，企业职工的养老、医疗、失业保障等福利需求不能从社会中得到解决。再加上当时社会公共服务和第三产业极其落后，必然会带来很多社会问题，其中相当一部分是与人们日常生活密切相关的。为了弥补这个缺陷和体现社会主义的优越性，政府试图让企业在满足职工的生活需求方面承担更大的责任，为新中国成立初期加速资本积累，快速推进工业化创造条件。因而与企业职工及其家属相关的本应由社会承担的一切福利任务彻底推给了企业，企业日益走向“小而全”，从此背上了沉重的包袱。

二是政府急于体现社会主义的优越性，企业福利制度严重背离当时社会生产力发展水平。

全行业公私合营后，初步建成了以国家为责任主体，以企业为施行主体的企业福利制度。职工从集体福利事业中得到了生活的方便，享受了经济的实惠。职工在食堂就餐，基本上只收取食品的原料费；子女入托儿所，只交伙食费和少量杂费，管理费一般是免缴的；职工在本企业浴室洗澡，大部分是免费的；企业职工住单位宿舍，每间房仅收房租 0. 3 元；有的单位的单身职工住集体宿舍不仅不收费，还可享受一份房贴；职工免费享受基层文体组织的群众性文体活动，电影票约只相当社会上电影票价的 1/3。如此优厚的企业福利，是职工们在解放以前想都不敢想的，在新中国却变成了事实。这个由政府主导企业实施的“大包大揽”式的企业福利制度，既全面又慷慨，几乎可与最发达的福利国家相比拟，事实上，当时的政府为了维护新中国政权的稳定，体现社会主义的优越性，并没有深入考虑到当时中国落后的社会生产力水平并不能支撑如此庞大复杂全面的企业福利系统，它违背了社会福利成为劳动者普遍享受且稳定的保障机制应该建立在工业化高度发展的基础之上这个规律。虽然 1956 年 9 月，中共第八次全国代表大会在《关于政治报告的决议》中指出：“我们国内的主要矛盾，已经是人民对于建立先进的工业国的要求同落后的农业国的现实之间的矛盾，已经是人民对于经济文化迅速发展的需要同当前经济文化不能满足人民需要的状况之间的矛盾。这一矛盾的实质，在我国社会主义制度已经建立的情况下，也就是先进的社会主义制度同落后的社会生产力之间的矛盾。”决议接着指出：“党和全国人民的当前的主要任务，就是要集中力量来解决这个矛盾，把我国尽快地从落后的农业国变为先进的工业国。”① 然而，事实上，在具体实施社会福利制度的时候，当时国内的主

① 何沁：《中华人民共和国史》，高等教育出版社 1999 年版，第 123 页。

要矛盾并没有真正考虑进去，这种“国家—单位”模式的福利格局，开始表现出它的经济、社会阻碍效应。正如1957年12月26日，马天水在中共上海市第一届代表大会第二次会议上所做的报告《上海工资福利工作的情况和今后意见》中指出的：“几年来，我们举办了很多劳保福利事业，解决了职工生活当中很多问题，基本上是正确的。现有的劳保福利事业，如果从满足职工生活来看，当然还差得很远，但是从我国目前的生产力水平和六亿人口的生活水平来看，有些方面已不是办得少了，而是办得多了一些，走得快了一些。有一部分措施，已超过了我们国家现有的生产水平和生活水平，再加上很多方面不统一、不合理，这样就引起了城乡之间、职工和市民之间的矛盾，同时还存在着许多浪费现象。”① 可见，政府作为企业职工福利的责任主体确实认识到了当时企业福利制度与落后的社会生产力之间的矛盾，但这个认识显然还停留在表面层次。

三是企业产权虚置与行政主导型的治理机构，致使企业福利成本与生产效率成反比，职业福利与社会福利紧密黏合。

全业公私合营后，企业福利制度呈现出一个现象，这就是：一方面，企业负担急剧加重；另一方面，企业福利费用也在急剧膨胀。据统计，国民经济恢复时期上海在卫生福利事业上的投资为0.1亿元，第一个五年计划时期为0.2亿元，整整翻了一倍。② 企业管理者一面指出“企业办社会”使他们不堪重负，但却不能也不愿立即卸下这副重担，这其中最根本的一个原因就是公私合营企业产权虚置与行政主导型的治理机构所导致的利益分配问题。

公私合营企业作为实质上的国有企业，其目标是双重的，一方面它和一般性企业一样，要实现企业经营利润最大化；另一方面还要背负着政策性负担，要实现政府的政策性目标。据林毅夫的分析，国有企业的政策性负担可分为战略性政策负担和社会性政策负担两种。前者如“一五”期间优先发展重工业就属于国营企业的战略性政策负担；后者指企业承担社会目标而形成的负担。公私合营以来，企业职工的收入分配采取的是工资直接分配和保险福利间接分配的形式。这两种分配形式的结合，表现出来的就是“低工资、多就业、泛福利”的分配格局。在这种情况下，一方面是国家实行城镇居民全面就业政策，增加家庭就业人口，用以替代职工正常

---

① 马天水：《上海工资福利工作的情况和今后意见》，1957年12月，上海市档案馆藏档案：A24－1－21－97。

② 上海市统计局：《胜利十年》，上海人民出版社1959年版，第64页。

的增资机制，这样就导致公私合营企业吸收了超过其必需的劳动力，形成了大量冗员，降低了企业的经济效益；另一方面，为尽快积累工业化所需资本，国家没有积累社会保障基金，而是主要由企业自行负担，并加上国家财政补贴，以增加职工的隐性福利收入。同时由于国家降低了货币工资，公私合营企业还必须以非货币的形式为其职工提供基本的住房、医疗、子女教育等福利。企业提供的福利，既是职业性的，又是社会性的，即遵循公平原则的社会福利严重冲击着服务于效率规律的职业福利，从而使企业福利严重背离了其作为职业福利的本质和角色，以一种形式履行着两种不同机制的社会功能。使得企业领导人不得不花费大量的时间和精力来处理企业福利等非生产事务，降低了企业的生产效率。并且，企业负担不断加剧，严重影响企业的市场竞争力。由此可见，公私合营企业承担的两种政策性负担，给定国有企业要素投入和管理者努力水平，企业须在两个目标之间权衡，其结果一定是经营性目标受损害，即企业生产效率日益走低。

此外，企业在职工福利上投入的成本包括：福利本身的成本（如新建职工宿舍开支、职工食堂的开支等）和为了管理福利而付出的费用（如职工医疗费用报销人员的工资等），二者相加就是企业为举办职工福利付出的总成本。职工福利是一个庞大的系统工程，涵盖了从生老病死残到宿舍、幼儿园、伙食和交通津贴等许多项目。所有的福利项目都有一个共同的特点，就是必须花钱并且大多属于沉没成本，并且，福利标准还存在一个“上去了下不来”的问题，这在公私合营企业是个普遍的现象。如1957 年上海电机厂每月由劳保基金补贴营养食堂 1 200 元，享受营养食堂的人有些是长期生肺病的，有的甚至已享受了两三年，这些人胃口越吃越大还不感到这是国家的照顾，反而意见很多。另据 1957 年上海徐汇区工会办事处汇报，部分职工对困难补助的要求很高，甚至“要求一切生活问题由公家包下来”，具体要求如：（1）产假、病假中要求补助增加营养的费用；（2）家属生病，生育要求补助增加营养，雇佣保姆的费用；（3）要求补助赎当，取回高价的衣服；（4）冬令棉衣，夏令蚊帐都要补助；（5）子女到外地升学或工作，要求补助生活用品的费用；（6）婴儿要吃奶粉，申请补助；（7）同老婆离婚，要求工会补助赡养费；（8）家属来上海探亲，要求补助旅费、娱乐费；（9）回家探亲，要求补助路费；（10）增加了工资，不愿减少补助费，借口要提高一些生活。① 这种在如今看起来不可思

① 《当前职工福利方面存在的问题》，1957 年 11 月，上海市档案馆藏档案：B127 - 1 - 1014。

议的要求却在传统的企业福利制度中成为一种普遍性现象。企业福利本来是对工资分配的一种补充，但在“高就业、低工资、高福利”的就业与分配制度下，工资分配与福利分配相混淆甚至同等重要，地位被异化。企业福利最基本的功能是激励职工努力工作并使生产效率得以提高，而实际上它在公私合营企业却异化成滋生懒惰的温床，功能也被异化。[①] 致使职业福利与社会福利更加紧密地黏合在一起。

综上所述，一种社会福利制度模式的出现或发展，均离不开所处的特定时代背景和相应的政治、经济、社会环境。新中国成立初期，为促使国民经济的恢复和发展，在遵守国家政策法规和工会监督的前提下，私营企业福利制度自主自为自律。全行业公私合营之后，计划经济体制建立，本应作为社会福利制度框架主体的民政福利被企业职工福利所取代成为传统福利制度的核心内容，这种“以职工福利为主，民政福利为辅”的制度模式与社会福利社会化的基本原则相背离，社会福利成了企业（单位）福利，其制度缺陷和非持续性十分明显。

然而，在事实上，20 世纪 50 年代的企业福利制度，是当时社会一项非常重要的民生制度安排，更是党和政府对建立理想社会，满足人们对美好社会制度向往的一段实践历程，对于促进经济发展和保障人们生活起到了至关重要的作用。同时，它结束了基于私有产权及市场经济基础上的私营企业福利制度及体系，开始确立起国家计划经济下集中统一的企业福利制度，是一个重大的具有划时代意义的历史转折，也是计划经济制度全面确立的重大内容之一。

① 郑功成：《中国社会福利发展论纲——从传统福利模式到新型福利模式》，载《社会保障制度》2001 年第 1 期。

第八章　结语：公私合营与中国企业制度的历史性转折

20世纪50年代对资本主义工商业的社会主义改造是通过国家资本主义的途径来实现的。国家资本主义有初级、中级和高级三种实现形式，公私合营是国家资本主义三种形式中的高级形式，也是对资改造的终结形式。公私合营自1949年开始，前后花了7年时间，历经个别企业公私合营、扩展公私合营以及全行业公私合营三个发展阶段，到1956年基本完成。自此以后，可以说，中国（不含港澳台）以私有产权为基础的私营工商企业基本上宣告终结。

本书通过考察公私合营的三个阶段，分析了20世纪50年代公私合营后中国企业制度变革的四个主要基本方面。从中可以看出，首先，公私合营后中国企业制度在新中国成立初期中国新兴的社会政治架构下，在国家行政力量的强制操控下，比较顺利地走出了她伟大转折的轨迹。其次，从企业制度变迁的角度看，公私合营第一是产权制度本质上的变革，第二是企业治理结构的根本性重构，第三是企业经营管理不同于私营企业时期的变动，第四是剩余分配制度的历史性重建。最后，作为共产党人领导的这一新中国成立后社会政治、经济制度的重大变革在当时的社会背景之下所带来的深远影响，应给予合理的评价以及应有的历史地位。

从总体上看，20世纪50年代的中国企业制度的演进过程以及演进内容同世界各国企业制度发展演变的进程甚至近代中国企业制度的发展都明显不一致。这其中的原因主要跟新中国成立后，党和政府强大的权力以及表达政治经济发展趋势的强烈意图驱使着中国经济制度按照预先设定的目标前进，直至达到权力目标的初衷。因此从企业制度变迁的发生途径上看，50年代中国企业制度转折的发生和发展在中国这样一个十分特殊的国情以及强烈的政治意图下，无疑具有外生性的典型特征。即这种企业制度的变迁并不是制度本身自然的发展，而是在无与伦比的政治权力——这个外力作用的推动下，以难以预见的速度完成了它并不艰难的转折。它的转折使得党和政府的领导人相信并确信它能带给中国经济深远的有效率的影响。

第一节　公私合营与新政治架构下公私力量的博弈

新中国成立后的新政治架构是公方作为执政党，以建立社会主义全民所有制为目标，其意愿是要消灭资本主义制度及资产阶级。在这种新政治架构下，公方作为执政优势方与即将被改造的私方之间，是在不平等政治力量下的博弈，这就注定了私营经济和资产阶级要被消灭，但是私方作为一个阶级，要为阶级利益而博弈，而公方为了稳定政局起见，也必然从大局考虑，在博弈过程中最终达到博弈均衡。公私博弈最后以公方实现预定目标，私方以可以承受的代价退出历史舞台而告终，这个可以承受的代价即“和平赎买”。

在公私合营的过程中，公私双方围绕对企业内部的控制权力以及对交易市场的控制权力等等展开了一系列的博弈活动。其过程可分析如下：

（1）原材料来源及产品销售市场等实质上是公私双方都极力争取的资源，因为在产权转移与反转移的过程中，对双方而言，交易市场都是必不可少的，双方都依赖它来实现自己的目标。谁控制了交易市场，就控制了相互依赖性资源，就有可能控制对方（对公方而言）或摆脱对方的控制、减少对对方的依赖（对私方而言）。

（2）对资本家企业产权的剥夺是对一个完整权利束逐渐破坏、割裂的过程。其中，政府与工人对企业内部控制权力的侵蚀起了决定性的作用。此前，私营工商业对企业的产权体现在对人的权力（对雇佣劳动力的所有权、人事调配、生产指挥等），对物的控制（如生产资料、产品等），对企业组织形式、流程、程序的掌握等诸多方面。但是国家资本主义的阶段性进程使得资本家逐渐丧失了对人的支配权利，企业内部原有的社会关系也不复存在。

穷途末路的资本家是公私合营的经济社会基础，其实这也是一种无奈和精明的选择。缘何说他们穷途末路？事实上，强大的政治权力始终贯穿公私合营全过程。国家对行动情景的“定义”能力以及由此产生的可控结果使强制性暴力退居后台。当然，在改造中结构性权力的运用与惩罚性暴力的制约是同时并存的，并且前者的成功运用依赖于后者的威慑。一方面，直接的人身强制关系在震慑着被强制的一方，使之宁可采取表面上看来“心甘情愿”的行动以避免与暴力的对抗。实际上，资本家早在1952年的“五反”运动中就已经感受到新政权的威慑力。另一方面，这种强制性关系在不断地削弱着资本家赖以生存和发展的各种社会经济条件，国家在原料、税收、价格、经营范围等方面进行政策限制，并实现了对市场的彻底控制，私有企业的原料来源和产品销售都遭受巨大困难，企业内部工人与工会结合分享资本家的权利，私营工商业遭受内外夹击，并最终造成国家对资本家的巨大的非暴力优势，从而促成了结构性权力结构的重大变动。在此种情况下，政府为资本家敞开了“合营”的大门，资本家思前想后，认为接受改造，无论是在经济利益、社会地位还是工作安排等方面都会有更好的出路，最后不得已伤感地接受了合营。这是国家借助于强大的行政权力对弱小的资本权力为代表的私营工商业者设定的唯一可能的途径。资本家只能放弃企业产权，并在“大势所趋”“无路可走”的环境压力下，不得不接受改造。

博弈是双方互动的过程。政府所代表的公方在公私博弈过程中占据优势，并且始终掌握着私方的信息，始终坚持在博弈过程中迎战私方的策略，在经济和政治方面的优势日益发展，这样就造成博弈倾向公方的两方面的结果。一方面，资本主义经济所代表的私方越来越削弱，不得不逐渐依附于国营经济，最后甚至到了离开国营经济的帮助就不能维持企业的地步，此种状况下，私方不得不妥协和退让。另一方面，党的政权日益巩固，私方逐渐体会到党的政权的威力，使私方认识到在党的领导下，公然反抗或对抗的徒劳，只能在博弈过程中争取获得可能范围内的最大利益，即双方各取所需，达到相对博弈均衡。正是认识到这一点，1956年初，私营工商业顺势而为，提出全行业公私合营申请，全国范围内实现了公私合营的高潮。在公私博弈过程中，那些对社会主义改造有这样那样抵触的资本家，看到社会主义力量不断壮大，自身又得到适当照顾，认识到接受改造比抗拒有前途。因此，公方一方面迅速发展了社会主义的强大优势；另一方面又适当照顾了私方的合法利益，使私方在各种形势有利于公方的情况下，不太勉强地逐步接受了社会主义改造。这就是公私博弈的最终结果。

在公私关系中，双方如果采取不合作态度，通过博弈达成的均衡，往往不是最优的。相反，双方采取合作的态度，所达成的均衡一般对各方都有利，可实现双赢的目的。公私博弈长达数年，最后以双方达到相对均衡而结束，这个相对均衡应该属于后者。公私博弈的结果，其实质是一个不平等代价的交换，即牺牲少数人的利益（资产阶级）换取大多数人（工人、农民阶级）的利益，这是公方在博弈过程中一直处于优势的重要原因之所在。从资产阶级一方来看，采取合作态度实现博弈均衡，对处于不平等地位条件上的博弈来说，本身就是一种退而求其次的“赢”。

公私博弈造成的结果主要有两方面。一方面对于私方来说，即私方退出社会主义市场经济，社会主义公有制经济占据绝对优势地位，深刻体现了强大行政力量支配下极度弱化的资本权力。从此以后，除了资方分走合营企业一部分红利，几乎无人能与国家分享企业股权利润。因而在公私合营企业中，产权概念极度弱化。在公私博弈过程中，公方策略通过照顾私方的政策，主要是经济赎买、政治安排和工作安排。全行业公私合营以后，赎买主要采取了定息形式，即在一定时期内按照私股股额发给5%的年息，同时还保留了资本家的高薪。以后对于公私合营企业中在职私方，如果年老、体弱或者完全丧失劳动能力而符合退休条件的，政府也参照有关工人、职员退休处理的规定，给予妥善的安置。这时候继续给予私方一定的经济利益，可以调动私方的积极因素，有利于对他们进行改造，并鼓励他们为社会主义建设服务。定息这种赎买形式，不但进一步把资本家的剥削限制为一个固定的数量，更重要的是，它使公私合营企业中的私股脱离了对生产资料的支配权，失去了资本的职能，从而通过分配关系的变化巩固了企业原来所有制的根本改造。此外，新中国成立后，公方一直在各级统战组织和政府机关中安排资方职务，使他们有机会参加政治活动和政权工作。政府还安排资方及其代理人参加公私合营企业的管理工作或技术工作，以发挥他们管理和技术才能。党和政府通过这些安排，既适当照顾了私方的利益，同时又让他们在政治活动和工作实践中经常得到中共的思想意识形态教育，从而进一步推动对资本主义工商业和资本家的社会主义改造。

第二节　公私合营制度变迁的意义

一、公私合营与“对资改造”的路径选择

公私合营与“对资改造”的路径选择包涵多方面的内容，诸如：公私合营为什么会成为对资本主义工商业社会主义改造的最终形式；公私合营的全过程为什么分三步走，即从个别企业公私合营到扩展公私合营最后到全行业公私合营的实现形式；等等。

个别企业公私合营阶段，即1949—1953年的新中国成立初期，在没收官僚资本和敌产的过程中，一批企业成为公私合营企业。同时，由于一部分大型私营企业遇到困难，也希望国家投资（或将贷款转为投资）共同经营。针对这种情况，政务院总理周恩来指出："公私合营采取的是以国家为领导的国家资本主义经济，可以为社会主义创造条件。资本家也很希望合营，因为合营了，企业的原料供应等方面的问题就有保障了，并且还能得到贷款。但是，我们不得不有所选择，对那些与国计民生关系较重要而又对双方有利可图的企业，就可以先合营。总之，要分清轻重缓急，逐步发展。"① 按照此指示的精神，中央财政经济委员会专门发出通知，指出国家投资私营企业并与之合营，必须具备三个前提条件：一是符合国家经济建设发展计划；二是私营企业主完全自愿；三是企业有发展前景，投资效益高。因此，在国民经济恢复发展时期，国家对工商企业的公私合营采取的是谨慎发展的方针。之所以这么做，主要的原因有两个，一是当时国家资金紧张，不得不考虑资金的使用效益，二是尽量避免因公私合营引起民族资产阶级的猜疑和不安。据统计，从1949—1952年，全国范围内公私合营工业企业由193家增加到997家，增长4.2倍，产值增长5.2倍。②

1953年6月，时任中华人民共和国中央人民政府政务院秘书长的李维汉提出公私合营是改造资本主义工商业的好办法，并被中共中央所接受。武力认为主要是四个方面的原因促成的：一是毛泽东和中共中央正酝酿过渡时期的总路线，迫切需要寻找一种既适合中国国情，又不同于苏联东欧没收方式的渐进改造方式，而公私合营恰好满足了这个要求（特别是对人的改造和利用，如周恩来所说的"慈航普度，同登彼岸"）；二是企业内部由于"五反"运动，资本家已不敢管理（资本家又不能解雇工人），为国家通过参股形式接管企业创造了条件（可不必像过去那样，控制权取决于股份的多少）；三是从外部看，国家已经进入大规模经济建设时期，原料、资金短缺，必须由国家统筹安排，从内部控制公私合营企业，比加工订货等从外部调控更为有效，更易于将生产纳入国家计划，达到均衡生产；四是当时公私合营企业被置于国家的计划管理之下，国家又充分利用了资产阶级的资本和人才，并且合营后企业的经济效益明显提高，这是当时党和

① 周恩来：《周恩来统一战线文选》，人民出版社1984年版，第170—171页。

② 武力：《论50年代公私合营由经营方式转变为改造方式的原因》，载《教学与研究》1997年第7期。

政府之所以采取这种改造方式的决定性因素。①

1953年10月开始进入扩展公私合营阶段。到1954年，由于主要农副产品统购统销和国家完成了对私营批发商业的社会主义改造，同时由于农业因自然灾害未完成计划，工业原料不足，剩下的私营企业陷入困境。1954年底，私营企业面临原料缺乏、资金不足、供销渠道不畅、技术落后等困难，再加上1955年农业合作化高潮的推动，使得1955年下半年开始的工业部门的全行业公私合营高潮，对大型的私营企业而言，由于受政治和社会压力等因素的影响，存在着“早晚要合营，越早越主动”“早上船能有好座位”的心理。但是，对于那些规模很小、处境艰难的小企业主和资本家（这部分资产和产值虽不大，但人数众多）来说，由国家包下来的公私合营，可以说是一种经济上、政治上甚至上是心理上的解脱。事实上，这些私营企业遇到的发展困难，其实质与党制定的社会经济发展目标模式不相适应，与政府当时推行快速优先发展重工业战略相违背，阻碍了单一计划经济管理的实现，可以说，私营工业企业当时遇到的难题，固然有其产业机构过于轻型化，生产布局畸形（过分集中于沿海城市和内地大城市），以及大部分企业规模小、技术落后等原因，但其根本原因是与党的过渡时期总路线所制定的社会经济发展战略之间存在的矛盾。

由此可见，公私合营作为国家资本主义的高级形式，在国家经济发展处于不同的阶段以及国家政策的实施过程中，很明显地呈现出个别企业公私合营、扩展公私合营以及全行业公私合营先后不同的三个阶段，尤其是最后一个阶段全行业公私合营高潮，其来势之迅猛，时间之短促，令人始料未及且惊叹无比。

新中国成立后前三年的个别企业公私合营时期，私营工业企业的公私合营可以说是党和国家为顺应新政权建立之后，某些私营企业内部股权的变化，以及国家对某些私营工业企业的需要而采取的一种顺势而为的办法和措施。1953年之后，随着过渡时期路线的提出，关于“对资改造”的具体路径和实施方式的选择，显然成为首当其冲的战略问题。当党和国家最后选择公私合营作为“对资改造”的终结形式之后，从实施的效果上考虑，就随之产生了相应的先行试点、积累经验、逐步推进的战略设想，这就是1954—1955年的“扩展公私合营”。随着扩展公私

① 武力：《论50年代公私合营由经营方式转变为改造方式的原因》，载《教学与研究》1997年第7期。

合营的广泛且深入推进，各种因为扩展公私合营而产生的新的矛盾和问题的显露，以及统购统销、农业合作化高潮的出现等外部环境的有利变化，私营工商业者在总路线感召下，对形式发展的认识使其思想状态逐渐发生转变，致使更广范围、更快速公私合营的可能性渐趋增大，最终促使党和国家的决策层在 1955 年底推动和促成了全国范围内公私合营高潮的到来。

因此可以说，个别企业公私合营是新中国建立之初一种顺其自然的选择，但是扩展公私合营和全行业公私合营则是在党和国家通过一系列行之有效的政策制定，有计划、有步骤、有组织地精心部署和安排，自上而下、井然有序地逐步推进的。最终成就了过渡时期基本路线的一项重要内容，即顺利实现“对资改造”。

二、公私合营企业经济绩效评析

首先来谈谈公私合营后中国企业制度变革的积极方面。

公私合营的三个发展阶段对中国经济、企业制度来说是极为重要的历史转折时期，这一时期内，上海经历了从资本主义市场经济到社会主义计划经济的发展历程，上海经济始终在全国经济中保持着领先的地位，特别是在经济效益方面，长期以来更是一直雄踞全国榜首，这些成绩的取得，与公私合营后企业制度转折所产生的经济效应密切相关。

著名经济学家诺思在其所著的《制度、制度变迁与经济绩效》一书中谈到政治与经济之间极为复杂的内在联系，是我们理解任何一种经济绩效时都要考虑的。① 因此可见制度跟经济绩效的关系，制度的形成离不开政治因素，也建立在经济发展需要的基础之上，它们之间的关系千丝万缕，不可分割。制度约束界定了政治与经济之间的交换关系，从而决定了政治—经济系统的运行方式。政治不仅界定并实施着型塑一个经济体系基本激励结构的产权，而且政府在国民生产总值中的份额，以及政府无处不在的、时刻在变的管制，都是影响经济绩效的最关键因素。

制度通过其对交换与生产成本的影响来影响经济绩效，也决定了构成总成本的交易费用和转型（生产）成本。关于全行业公私合营政策的选择，陈云同志说，这是在实际工作中产生的，不是哪个人空想出来的，既然生产是整个行业安排的，整个行业的各个工厂要加以改组，那么整个行

---

① ［美］诺思：《制度、制度变迁与经济绩效》，格致出版社、上海三联书店、上海人民出版社 2008 年版，第 147 页。

业的合营就是不可避免的。如果不是全行业合营，那就无法安排生产，也无法改组这个行业。全行业合营同个别企业合营相比，是公私合营的高级形式，不仅速度快，而且两种合营企业也有质的区别：单个合营企业仍然单独计算盈亏，全行业合营后就全行业计算盈亏，这便于将来向全民所有制过渡。从这方面来说，政府实施全行业公私合营，是当时经济发展的需要，而且只有如此，才能节约经济成本，包括人力、财力、物力等资源都可以通过国家手段实现集中调控，实现企业制度转型时期经济成本花费减少到相对比较低的程度，这是当时国情之下政治和经济决策相对最优的选择。

公私合营的推进过程也说明了一些事实，一是自 1952 年“五反”以后，私营工业企业效益的确不高，生存发展存在不少困难，为此，上海市政府甚至在 1954 年底不得不对 1 700 多户工商业者发放过年救济金；二是形成鲜明对比的是，公私合营企业效益较好，某些企业的经济效益甚至超过了国营企业，这在当时的资料有所反映。

全行业公私合营后企业制度的历史性转折也带来了历史性的成果。据统计，1956 年公私合营企业总产值比上年增加 32%。合营后，不少工厂出现不同于私营企业时期的新面貌，广大职工（包括不少私方人员）热情很高，纷纷研制新产品、改进产品质量、提高劳动生产率、降低成本。如 1953—1957 年五年来工业新产品试制成功计有 16 950 种。其中钢铁、机电工业方面有 2 791 种。重要的有：12 000 瓦汽轮发电机、各种苏式磨床、600 匹柴油机、50 吨造纸机、40 吨锅炉、三轮卡、极普仪、半导体温差电偶发电器、半导体测温计。化学工业方面有 2 424 种。重要的有：有机玻璃、聚氯乙烯塑胶、1400 - 24 重型车胎、异烟腙、金霉素、聚四氟乙烯、环氧树脂；轻工业方面有 4 508 种。重要的有：耐酸搪瓷、15 占长三针夜光防水手表、计算机、电动羊毛轧刀、纸带录音纸。纺织工业方面有 7 227 种。重要的有：高级玻璃纤维纱、1 支纱、120 支纱、80 支、100 支高级府绸、提花印花布、杂色罗纹、羊毛尼龙袜、兔毛羊毛混纺纱。① 由表 8 - 1 可见，全行业公私合营后的初期阶段由于劳动生产率提高、工人人数增加等因素，上海公私合营工业企业总产值增长额及比重基本都保持增长趋势。

---

① 《上海市工业生产情况（1952—1957 年）》，1958 年，上海市档案馆藏档案：A36 - 2 - 255 - 17。

表 8－1　　1952—1957 年工业企业总产值增长因素　　单位：万元

项目	1952 年	1953 年	1954 年	1955 年	1956 年	1957 年
工业总产值增长额	117 492	228 684	48 039	－33 734	309 673	57 453
由于劳动生产率提高	64 364	159 700	234	－14 196	212 713	－20 313
由于工人人数增加	53 128	68 984	47 805	－19 538	96 960	77 766
工业总产值增长额	100	100	100	100	100	100
由于劳动生产率提高的百分比（%）	54. 8	69. 8	0. 5	－57. 9	66. 4	－35. 4
由于工人人数增长的百分比（%）	45. 2	30. 2	99. 5	－42. 1	31. 3	135. 4

说明：在第一个五年计划期间里工业产值增长了 61 亿元。其中，由于提高劳动生产率而增加的就有 38. 5 亿元。

资料来源：《上海市工业生产情况（1952—1957 年）》，1958 年，上海市档案馆藏档案：A36－2－255－17。

表 8－2、表 8－3 则对 1949—1956（1957）年以来，分别从合营时期与私营时期人均劳动生产率，以及产值增长的逐年对比中，可以发现其增长速度是飞跃的，当然新中国成立时期私营工业发展水平极端低下凸显和强调了共产党所领导的对资改造的业绩也是必须要考虑的因素。

表 8－2　　1949—1957 年公私合营与私营工业全员劳动生产率比较

项目	1949 年	1950 年	1951 年	1952 年	1953 年	1954 年	1955 年	1956 年	1957 年
公私合营工业平均每人劳动生产率（元）	3 662	6 837	11 424	12 982	14 342	15 924	13 693	12 004	11 979
与 1949 年比较（%）	100	186. 7	312. 0	354. 5	391. 6	434. 8	373. 9	327. 8	327. 1
私营工业平均每人劳动生产率（元）	6 291	5 780	7 741	8 134	10 208	8 728	7 733	6 067	—
与 1949 年比较（%）	100	91. 9	123. 0	129. 3	162. 3	138. 7	122. 9	96. 4	—

说明：全员劳动生产率按 1952 年不变价格计算。

资料来源：中共上海市委统战部等：《中国资本主义工商业的社会主义改造》，上海卷（下），中共党史出版社 1993 年版，表 15。

表 8－3　1949—1956 年公私合营及私营工业户数与产值增长情况

项目		1949 年	1950 年	1951 年	1952 年	1953 年	1954 年	1955 年	1956 年
公私合营工业	户数	15	24	59	65	68	244	375	16 768
	与 1949 年比较（%）	100	160.0	393.3	433.3	453.3	1 626.7	2 500.0	111 786.7
	总产值（万元）	1 171	4 135	22 006	35 405	49 509	185 127	265 090	795 366
	与 1949 年比较（%）	100	353.1	1 879.2	3 023.5	4 227.5	15 809.3	22 673.9	67 921.9
私营工业	户数	20 149	20 707	24 673	25 548	29 485	27 983	22 602	6
	与 1949 年比较（%）	100	102.8	122.5	126.8	146.3	138.9	112.2	0.03
	总产值（万元）	267 352	248 698	380 251	421 879	567 672	422 744	305 040	668
	与 1949 年比较（%）	100	93.0	142.2	157.8	212.3	158.1	114.1	0.2

说明：总产值按 1952 年不变价格计算。

资料来源：中共上海市委统战部等：《中国资本主义工商业的社会主义改造》，上海卷（下），中共党史出版社 1993 年版，表 15。

由表 8－4 可见，除了跟私营企业相比，公私合营企业取得发展之外，上海的工业企业（公私合营占了绝大部分）从 1952—1957 年，工业企业总产值在全国与沿海地区呈逐年增长趋势。所占比重从整体上看，在公私合营的前段时间呈逐步增长态势，在公私合营后的一段时间内则保持稳定的比例。由此可见，公私合营还使上海的经济功能与地位开始发生转变。这主要体现在 1956 年全行业公私合营后，国家实际上已经完成了对社会经济从宏观到微观的全面的计划控制。上海经济的发展方向、市场联系再也不是如同以前那样，按市场经济法则自由生成和发展，而是上海的经济必须服从于国家经济全局，服从于中央计划。在日益形成的计划经济体制下，国家最需要上海做的是凭借已经形成的工业存量，大力发展工业生产、特别是重工业的生产，以支援正在开展中的全国大规模的经济建设。上海的工业地位也已经从旧日中国的工业中心被调整为中国主要的工业基地。在社会主义计划经济下，上海由此也开始新一轮的发展和成长。

表 8-4　1952—1957 年上海工业企业总产值占全国及沿海地区比重

项目	1952 年	1953 年	1954 年	1955 年	1956 年	1957 年
全国工业企业总产值（万元）	27 014	35 577	41 513	44 748	58 661	60 340
沿海地区工业企业总产值（万元）	19 730	—	—	30 464	40 281	—
上海市工业企业总产值（万元）	6 321	8 613	9 102	8 764	11 963	12 528
占全国的百分比（%）	23.4	24.2	21.9	19.6	20.4	20.8
占沿海地区的百分比（%）	32.0	—	—	28.8	29.7	—

说明：1. 按 1952 年不变价格计算。

2. 沿海地区指北京、天津、上海、辽宁、河北、山东、江苏、浙江、福建、广东等三市七省的总和。

资料来源：《上海市工业生产情况（1952—1957 年）》，1958 年，上海市档案馆藏档案：A36-2-255-17。

全行业公私合营后企业制度的转折，使得大多数现存资料显示当时的企业经济效益得到提升。要理解这个历史事实，一方面必须理解在当时社会主义取代资本主义确实是人心所向。“资本主义虽然迄今为止是人类历史上最能促进生产力发展的一种剥削制度，但是民众仍然对消灭资本主义拍手称快，主要因为广大民众是在受剥削、受压迫、被奴役、被侵略的痛苦记忆中认识和感受资本主义的。而对于社会主义却能迅速地贴近和向往，有着崭新亲近的感情，这不仅因为当时在世界范围内的确是‘东风压倒西风’，更重要的是，国营企业的设备、管理、经营等方面，特别是职工内部关系方面，尽管现在看来存有许多不合理乃至落后现象，但是比当时的私营企业明显先进和人性化很多。加上新中国成立六七年来，国内各方面的蓬勃发展给广大民众展现了美好的蓝图和诱人的前景。1955 年冬天，全国上下敲锣打鼓，申请公私合营的滚滚人流中，虽然心情复杂，各种滋味难以一概而论，但是对于大多数民众而言，希望社会主义取代资本主义却是不争的共识。”① 人力资源是生产力与生产关系组成的重要因素之一，一切社会变革，只要符合民心所向，使人感觉和谐，并且充满和平与希望，在企业的制度变革中发挥主导作用和配合作用，就会在一定时期和一定程度上推动生产发展。如此，就不难理解在当时的时代，为何抹杀

① 《关于合营工作中的总结及有关材料》，1956 年，上海市档案馆藏档案：A36-1-11。

多种所有制经济并存的资本主义经济，建立民众向往的公有制经济，这是一个新生政权稳定统治，争取民心的重要且必需的举措。理解了政府的初衷和民众的需要，那么就能领悟全行业公私合营为什么进展顺利，合营后企业制度实现全新变革，企业实现经济效益提高的事实了。公私合营后各企业取得的成绩斐然，不但为干部群众所承认，而且也为资方所承认。老中厂资方曾说："公私合营有三个好处：（1）生产可搞好；（2）工厂从亏本到赚钱，有股息可分；（3）劳资关系缓和了，发生问题有公股干部参与处理，私股责任减轻了。"① 由此看出，无论私方所言是出自真心还是迫不得已说出的表面言语，有一个共识就是公私合营后一段时间内确实改善了企业的面貌。

另一方面是国家强大的行政力量推动私营工商业社会主义改造的顺利实现。公私合营后，国家获得公私合营企业的产权。公私合营企业摇身一变为政企合一的超大型等级组织并非必然是低效率的，问题在于这种体制所处环境的性质。当不存在市场，或市场力量微弱，以大机器生产为技术基础的现代企业尚未大批建立，而新企业不得由政府创立并主持，特别当政府直接管理企业的数量尚在其理性边界之内时，这种体制就是相对有效率的。这一点可以解释为什么公私合营后刚开始的一段时间内新中国在高度集中统一的计划经济体制下能够取得经济建设成就的重要原因之所在。

其次来谈谈公私合营后中国企业制度变革的消极方面。

国家经济发展战略固然是经济发展要求的客观反映，是经济发展要求的一部分。但是经济发展本身就是人的经济活动，体现人的经济发展要求，但它毕竟是人的思维产物，即主观的东西，受到人的认识能力的限制，因而它与客观经济发展运行规律总是存在一定差距的。1953 年党制定的过渡时期的总路线和"一五"计划固然反映了新中国成立以后中国经济发展的客观要求和人们的愿望，是符合当时国际国内环境的，但它在具体实施方案和步骤上，受经验和认识能力所限，有明显急于求成和简单化的倾向。主要表现在：

第一，计划管理是必要的，因为在资源短缺、资金匮乏，国家经济百废待兴的条件下，要维持经济高速增长和社会安定，没有政府对国民经济的计划管理是不行的，但由此忽视经济发展客观规律和当时的国情，完全排斥市场调节，将其视为必须消灭的东西，则是主观认识水平有限所致。

① 《关于合营工作中的总结及有关材料》，1956 年，上海市档案馆藏档案：A36－1－11。

第二，进行社会主义改造在20世纪50年代是国家形势发展需要，但是，将改造私营和个体经济的这种客观要求夸大到在很短的时间内，甚至在工业化前就完全消灭私有制，实行单一的公有制，可以说，既不符合当时经济发展的客观规律，也违背了马克思主义的基本原理。

后来几十年的发展事实更是充分地证明，单一的公有制经济制度使得政府管理经济职责与管理国有企业职责发生较大交叉，导致政府错位，政企不分；在效率与公平上，由于受各种因素影响，单一公有制缺少效率，本应该维护公平，但是公平也没有保障，或者导致更大的不公平、隐形的不公平；单一的公有制还致使经济体制发展不健全，导致部门利益法律化和逃避外部监督；等等。

三、公私合营的制度变迁意义

对资本主义工商业的社会主义改造是新中国成立后社会政治、经济制度的重大转折。而公私合营则是对资改造的终结方式和核心问题。

因此，综合本书来看，20世纪50年代新中国的公私合营，是中国共产党及其领导的国家政权，在马克思列宁主义的信仰和理论指导下，动员全社会的资源和力量，有步骤、有计划地实行的中国企业制度的巨大变革。公私合营不仅使中国经历了近百年来中国企业制度旷古未有的重大变革，而且还完成了从资本主义自由竞争的市场经济向高度集中统一的社会主义计划经济的转变。从社会变迁和社会进步的角度来看，一种社会形态替代另一种社会形态，一种社会制度代替另一种社会制度，本来就是人类社会前进的必然历史现象。因此可以说，公私合营标志着一个时代和一种制度的终结，同时宣告一个新的时代和一种新的制度的开始，这是人类历史发展进程中社会变迁的一个组成部分。

本书论述了公私合营后，企业在产权制度、治理结构、经营管理和剩余分配方面的制度变革。从企业制度变迁的视角来看，公私合营后一是产权制度的根本变革；二是企业治理结构的重构；三是经营管理制度的重塑；四是薪资及剩余分配制度的重建。这四方面的革命性变化最终奠定了中国企业制度的划时代转折。

个别公私合营时期与扩展公私合营时期，前者在产权制度方面还存留有私有企业制度的痕迹，产权界定比较模糊。后者却通过《公私合营工业企业暂行条例》的颁布明确了公股的绝对领导地位，以及公私股协商形势下被领导的公私合营。这两段时期的大多数公私合营企业在形式上还存在“公私协商”，如《公私合营公信会计用品社股份有限公司章程》中还规定“董事会在讨论有关公私关系问题时，公私双方董事应尽量采取公司协商方式。”① 私股和私方虽然在企业中处于被领导地位，但他们基本上还能以一定的“私股”“私方”形态存在，正是因为这个原因，不少私方还习惯性地从私有产权意识出发去理解公私合营即为公股与私股共同经营管理企业。但事实上，新中国的公私合营自开始之日起，其最基本的产权理念就是，在公私合营企业中，社会主义公股占有绝对的领导地位，私股的合法权益得到保障。对此，公私合营为何由经营方式转变成为新中国“对资改造”的终结方式，当代学者武力对此有一个解读。“50 年代我国工业企业的公私合营，之所以由经营方式转变为改造方式，固然有私营企业当时面临种种困难而难于发展的客观原因，如企业内部存在着较尖锐的劳资矛盾，企业外部的生存环境严峻，原料、资金短缺，开工不足等，但主要原因是私营企业的发展状况不利于政府推行优先发展重工业的战略，与党当时制定的社会经济发展目标存在矛盾。”②

全行业公私合营后，公私合营企业产权制度的变革，使得此时的公私合营企业事实上已成为国家所有，完全按照社会主义原则经营。“私股”和“私方”也完全退出了公私合营企业的产权制度。国家在取得公私合营企业产权的所有权和支配权后，可以按照自己的理解和需要对企业重新进行组合与改造，这就是全行业公私合营之后紧接着进行的“经济改组与企业改革”。公私合营企业的产权已经从根本上完全纳入国营经济和计划经济的体系，私有产权从形式到内容都已从不复存在。这正如李维汉所说的，全行业公私合营后，“资本主义的生产关系起了决定性的变化。可以不可以说起了决定性的变化？我个人看是可以这样说的。因为现在国家资本主义的高级形式——公私合营加上定息制度，这两个东西就使资本家丧失了三个权利：一个是失掉了对企业的生产资料支配权。对企业生产资料的支配权是很重要的，能够支配生产资料，就可以支配其他的东西。因为失掉了对生产资料支配权，就又失掉了对企业管理的统治权。由于丧失了统治权，又失掉了对企业利润的分配权”。③

公私合营企业治理结构之重构主要是通过合营企业公私双方的人事安

① 《公私合营公信会计用品社股份有限公司章程》，1951 年，上海市档案馆藏档案：A38－1－123。

② 武力：《论 50 年代公私合营由经营方式转变为改造方式的原因》，载《教学与研究》1997 年第 7 期。

③ 《在全国统战工作会议上关于一九五六年到一九六二年统一战线工作的方针（草案）的发言》，1956 年 2 月 28 日，李维汉：《统一战线与民族问题》，人民出版社 1981 年版，第 121 页。

排和企业科层结构的重构来实现的。

1952年的“五反”运动不仅清除了私营工商业者的“五毒”，更为重要的是强有力地打退了资本家阶级的猖狂气焰，并且将工作组、工作队、工人监督、公私协商等全新的科层机构临时或长久地嵌入私营企业的治理机构，为后来的公私合营和“对资改造”奠定了牢固的基础。正如何沁主编的《中华人民共和国史》中所述：五反运动“它打击了不法资本家的严重违法行为，在工商业者中普遍进行了一次守法经营的教育，推动了在私营企业中建立工人监督和实行民主改革，开始造成我们国家有可能完全控制私营工商业的局面，为后来的社会主义改造创造了条件。”①

个别企业公私合营时期，基于现实情况的考虑，在私方的人事安排中，还有一定数量的私方担任合营企业的董事长、厂长等职。而在企业科层结构的重构中，合营企业的董事会开始从私营企业时期的决策领导机构，向合营企业中的公私协商机构转化，此时期的科层结构重构中始终强调“公私共事”。个别公私合营工业企业中甚至在形式上还保留私营企业时期的经理制。

扩展公私合营时期，私方担任合营企业正职，特别是正职厂长的比重大大降低，私营企业时期的经理制逐步取消。全行业公私合营后，企业原有的董事会和经理制等私有企业时期的决策领导机制完全失去了存在的必要，即使予以保留的，也只是一个形式而已。私营企业时期的企业科层结构已经基本消亡殆尽。与之相对应的就是公私合营企业新科层结构的建立。这一科层结构在公私合营企业内部是以党组织为领导核心，公方厂长为行政首长，工厂管理委员会、职工代表大会等职能机构的相继设立，和企业科层结构的上级部门任免制等。而在企业外部的延伸则是在计划经济体制下，“政企合一”的专业公司、工业局等多级委托—代理链的建立，以及计划经济体制下，自上而下统一治理机构的全面确立。所有这一切企业治理结构的重构，宣告了私有企业治理结构从形式到内容的彻底结束，而公私合营企业则重构了一套与国营企业并无实质性区别的企业治理结构。

公私合营后企业经营管理制度的重塑，主要包括逐步切断私营企业与自由市场的联系，重塑计划经济体制下的原料、生产、销售、财务管理等一系列制度。

个别企业公私合营时期和扩展公私合营时期，国家对公私合营企业的领导基本上是通过政府的业务主管机关，对企业的产供销进行统一计划管

---

① 何沁：《中华人民共和国史》，高等教育出版社2000年版，第53页。

理，这两个时期合营企业经营管理模式的基本特征，一是主要听命于国家计划；二是与市场的联系日趋减少，合营企业开始由私营企业时期市场经济条件下独立自主的经营主体逐渐向计划经济体制下的单一的生产单位过渡。

全行业公私合营后，企业生产经营管理制度的重塑主要是以国营企业为参照，建立了计划经济体制下企业的组织、各种生产与管理制度、供销网络以及财务管理与财务监督等一系列社会主义企业经营管理制度。在高度集中统一的计划经济体制下，企业的生产经营管理，基本上都是在国家计划的统一安排下，由各级不同的主管部门指挥实行。企业的利润和折旧基金全部上缴，企业在生产经营中所需的任何费用投入，如固定资产更新和技术措施费、新产品试制费、劳动保护费等，均由企业向主管部门提出申请并得到批准，列入计划后，由财政统一拨款解决。企业维持日常生产经营所需要的流动资金，也由财政按定额拨款。企业的生产计划也由各自的上级主管部门下达，生产出来的产品由商业部门和物资部门统一收购。可以说，此时期的公私合营企业已经完全由市场经济条件下的自主经营、自负盈亏的经济主体转变为计划经济体制下国家工业的一个制造工厂。

公私合营后企业经营管理制度的重塑产生了一定的效果。《中国共产党历史》第二卷给出了正面的评价："经过生产改组和企业的初步改造，大多数公私合营企业合理调整了劳动力，集中了技术力量，平衡了机器设备，提高了设备利用率，解决了部分行业过去在生产经营上的困难，使企业得以充分发挥生产潜力。企业中包括资方人员在内的广大职工，主人翁思想得到提高，劳动热情高涨。他们积极改进产品质量，降低生产成本，努力提高劳动生产率。据统计，全行业公私合营后，1956 年全国公私合营工业总产值达 191.1 亿元，较 1955 年这些企业的总产值增加了 32%，1957 年又比 1956 年增加 8%。……另外，1956 年全国公私合营工业的劳动生产率比 1955 年提高了 20%—30%。"①

公私合营企业剩余分配制度之重建，主要包括从"四马分肥"到"定息"制度，企业工资、福利制度的重建。

个别企业公私合营时期与扩展合营时期企业的剩余分配方式主要是"四马分肥"。由于一方面企业的剩余分配与股本多少紧密联系；另一方面剩余分配与企业的经营效益直接相关，企业经营效益好，自然剩余分配效

---

① 中共中央党史研究室：《中国共产党历史》，第二卷（1949—1978），上册，中共党史出版社 2011 年版，第 358 页。

益高，反之则低。因此可以说，“四马分肥”时期企业的剩余分配基本上还是私有产权时期剩余索取权的形式体现。

全行业公私合营时期，企业的剩余分配表现形式是“定息”。它已经不是单个或若干个企业，一个行业或若干个行业，一个地区或若干个地区的私股的剩余索取，而是在党和国家的统一领导和安排下，对私有企业产权统一的“赎买”对价。因此，这对私有资本与私有资本的持有者而言，企业的经营与经营效益的好坏完全没有任何形式或内容上的联系。可以说，“定息”实质上已经不是真正意义上的资本“剩余索取”，而是对“赎买”的分期支付，是将私有产权所有者的未来预期收益，购买私有产权所有者的所有权，这就是“赎买”的真正含义之所在。

在公私合营的剩余分配制度重建中，从“四马分肥”到“定息”的制度安排，在当时产生的效果是十分有效的。正如李维汉所评价的：“我们对资产阶级的赎买，不是由于国家拿出一笔钱一下子购买资本家的企业，而是采取‘四马分肥’和定息的方式，逐步地加以赎买。从新中国成立起到一九六六年采取定息的十七年间，国家以‘四马分肥’和定息的方式，付给资本家的利润共达三十多亿元，作为赎买的代价，超过了他们原有的企业资产。显然，这不是什么半赎买，而是十足的、完全意义的赎买。此外，对企业原有的人员，国家采取包下来、包到底的方针，在人事安排上，量才适用，适当照顾，在工资福利方面，原有的高薪不动，生老病死予以照顾。所有这些，也是一种赎买。党的这些政策，有力地推进了企业和对人的改造。”①

综上所述，以资本主义工商业社会主义改造的基本完成为标志，上海绝大部分的工商企业经历了从市场经济下的私人资本主义企业向名为“公私合营企业”、实为与“全民所有制”的国有企业并无实质性区别的计划经济体制下的社会主义企业的历史性转变。

从理论上讲，即使在对资本主义工商业的社会主义改造基本完成以后，那些实行了公私合营的工商企业，表面上仍然是一种国家和私人合营的、属于混合所有制形式的企业。但实际上，此时期的公私合营企业，除了还有一定数量、名义上的私方管理人员，企业的名称以及定息的分配上还留有“公私合营”的痕迹之外，其实自实行合营之日起，就已经与全民所有制的国有企业没有实质上的差别。一个明显的例证是，在 1957 年以后的国民经济统计中，公私合营企业已经从“其他经济类型”项下移到了

① 李维汉：《回忆与研究》，下册，中共党史资料出版社 1986 年版，第 777 页。

"全民所有制"项下。① 公私合营企业，特别是公私合营企业的工业企业已经与全民所有制的国营工业企业合而为一，成为同一种经济类型。从这个意义上来说，本来按照原定的步骤，国家对于资本主义工商业的社会主义改造将分成先后两个步骤，第一步是将私营的资本主义工商业转变为国家资本主义，第二步再把国家资本主义转变为社会主义全民所有制。实际上当对资改造的基本完成之日起，已经是两步并一步地一起完成了。从合营企业的领导、管理体制上看，合营以后的企业，不仅都纳入被称之为上级主管部门的行政性公司的垂直领导，而且企业在治理体制上皆实行中国共产党领导下的厂长（经理）负责制，厂长（经理）等企业主要负责人均由国家有关部门委派、任命，公方代表作为党和国家的派出人员，在企业中处于绝对的领导地位。企业的生产、经营皆听命于国家主管机关的指令性计划，企业利润上交国家，企业的生产、经营所需的资金、设备、原料、物资皆由国家按计划调拨。国家可以通过各级行政公司，自由调动企业的生产设备、生产人员，可以自由地决定企业的归并、裁撤等等。原有的私营工业企业已经从原来市场经济体制下独立自主的经营法人完全转变成为计划经济下的国家生产、供应和物资分配部门，这是中国企业制度发展中意义极为深远的历史性转折。

第三节　定息用途与中国企业制度的历史走向

1956 年全行业公私合营以后，国家对所有公私合营企业发放了定息，时间自 1956 年 1 月 1 日起持续到 1966 年 9 月。私营工商业者不仅用这些定息来储蓄、消费、还债、购买公债等，而且最值得一提的是这些定息中的一部分成为改革开放之后私营工商业再度兴起的资本来源之一。

1966 年 9 月，定息发放结束，"文化大革命"开始。在"文化大革命"期间，私营工商界"很多人被抄家，以致'扫地出门'；存款被冻结，生活资料被没收，遣送农村，进行劳动改造……"②

中共十一届三中全会以后，1979 年 1 月 17 日，邓小平在同胡厥文、胡子昂、荣毅仁、古耕虞、周叔弢等工商界的几位著名人物谈话时，明确

① 国家统计局综合司：《全国各省、自治区、直辖市历史统计资料汇编》，中国统计出版社 1990 年版，第 323 页。

② 李定：《中国资本主义工商业的社会主义改造》，当代中国出版社 1997 年版，第 346 页。

指出搞经济建设要调动原工商界人士的积极性，发挥其作用，鼓励工商界投资办厂。“要落实对原工商业者的政策，这也包括他们的子孙后辈。他们早已不拿定息了，只要没有继续剥削，资本家的帽子为什么不摘掉？落实政策以后，工商界还有钱，有的人可以搞一两个工厂，也可以投资到旅游业赚取外汇，手里的钱闲起来不好。你们可以有选择地搞。总之，钱要用起来，人要用起来。”①

邓小平所说的这个“钱”的来源就是1979年1月22—24日中共中央统战部在北京召开大型座谈会，会上传达的中共中央关于《落实党对民族资产阶级的若干政策的决定》，其中与钱财相关的规定包括：发还资产阶级工商业者在“文化大革命”期间被查抄的银行存款（大部分是定息）、公债、金银和其他财物，并且按照银行的规定，发给利息；“文化大革命”期间被扣减的高薪予以恢复，并补发过去被扣减的部分；房屋被占用的，设法发还；1966年定息结束之前，应领而未领的定息，可以领取。② 其中最后一条至关重要，之前很多私营工商业者为了摘帽，宣布放弃定息或者从未领过定息的人，基本上仍然可以领回。后来还是有人仍执意不领或领取后捐献出去。③ 据统计，从1957—1960年间，曾先后担任上海工商联执行委员的291位私营工商业者中，就有106人曾表示放弃定息，当然这其中有些人后来因为各种原因又继续领取。④

1977年10月，中共中央同意上海市委建议发还“文化大革命”期间上海市工商界被冻结的存款与被查抄的财物。经过调查，上海地区被查抄的银行存款共3.8亿余元（4.8万余户），公债、金银等折价1亿元，被扣减工资估计为2.8亿元，被占用私房5 304户（共58 700多平方公尺）。考虑上海的做法对全国造成的影响，中共中央在对更多城市、地区进行调查，并召开座谈听取各方意见后，1978年12月26日决定依照上海市委的建议，如数发还。这就为全国范围内的全面落实对私营工商业者的政策铺平了道路。据不完全统计，到1987年，共退还私营工商业者“文化大革

---

① 邓小平：《搞建设要利用外资和发挥原工商业者的作用》，《邓小平文选》，第2卷，人民出版社1994年版，第156—157页。

② 《在落实党对民族资产阶级政策问题的座谈会上中央统战部乌兰夫部长的讲话》，载《文汇报》1979年1月26日，第2版。

③ 《父亲捐献巨款四名子女不服　这一百六十万元该归谁　市中级人民法院上午作出判决：父亲胜诉》，载《新民晚报》1988年4月9日，第4版。

④ 统计数字系根据上海市档案馆藏档案：《上海市工商界联合会市执委登记表（一）》，C48－1－145；《上海市工商界联合会市执委登记表（二）》，C48－1－146；《上海市民建、工商联1959年大事记》，C48－1－174资料统计。

命”时期间查抄的存款4亿元，补发扣减的工资约3.5亿元，补发定息1亿元，查抄的其他财物凡入库保管或流失追回的也已全部退还。[①]

1979年6月15日，邓小平在五届政协第二次会议上致闭幕词时表示：“我国的资本家阶级原来占有的生产资料早已转到国家手中，定息也已停止十三年之久。他们中有劳动能力的绝大多数已经改造成为社会主义社会中的自食其力的劳动者”。[②] 6月18日，华国锋在全国人大五届二次会议《政府工作报告》中指出：“在我们国家里（除台湾外）由于采取了为全国绝大多数人民所拥护的正确的合理的步骤，已经消灭了封建剥削制度和资本主义剥削制度，改造了小生产制度，社会主义制度已经经历了严峻的考验而确立了自己的稳定的统治。作为阶级的地主阶级、富农阶级已经消灭。资本家阶级在我国的历史条件下是中华人民共和国人民的一部分，我国政府对他们采取了正确的赎买政策，顺利地改造了资本主义工商业，作为阶级的资本家阶级也已经不再存在。”[③] 这是政府对中国已不存在“资产阶级”的正式宣告。

另外，从1979年11月起，开始把小商、小贩、小手工业者及其他劳动者从原工商业者中区别开来。到1981年，原86万工商业者中的70万人恢复了劳动者身份。接着，又明确肯定，原工商业者已经成为社会主义社会中的劳动者，其成分一律改为干部或工人。[④] 这是中国政府官方文件正式为工商业者正名。

落实政策并发还原私营工商业者的银行存款、定息等资金之后，在国家改革开放新政策的鼓励和感召之下，原工商业者开始了利用手头的资金再次开始了兴办企业的历程。20世纪五六十年代公私合营企业的剩余资本再次出发，开始了新时代里新的征程。

据1956年8月、9月份的调查，全国投资于工业内的股东人数共53.37万人，投资金额共16.93亿元。如果把投资在1万元以下的划为小资本家，把投资在1万—10万元的划为中等资本家，把投资在10万元以上的划为大资本家时，则在53万多个股东人数中，小资本家占94.8%，中等资本家占4.8%，大资本家仅占0.4%。但从资金的集中情况来看，

---

① 李定：《中国资本主义工商业的社会主义改造》，当代中国出版社1997年版，第357—363页。

② 邓小平：《新时期的统一战线和人民政协的任务》，《邓小平文选》，第2卷，人民出版社1994年版，第185—188页。

③ 华国锋：《政府工作报告——一九七九年六月十八日在第五届全国人民代表大会第二次会议上》，载《人民日报》，1979年6月26日，第1版。

④ 胡绳：《中国共产党的七十年》，中共党史出版社1991年版，第573页。

大资本家人数虽少，但他们积累的财富却是很大的。即在全部工业投资16.93亿元中，大资本家的投资金额占32.4%，中等资本家占38.6%，小资本家占29%。① 即大、中资本家所占的定息占到全国发放定息总额的71%。按照大概的估算，如果取大、中资本家定息收入的一半，那就有占比35%左右的定息成为改革开放之后大大小小私营企业重新出发的资本。按照李维汉所言10年间全国付给私营工商业者定息总额12亿元，再结合后来私营企业再度起航之后的发展状况进行粗略估计，那么定息成为私营企业资本的可能就有4亿元左右。当然，这只是一个大概的推算，定息究竟占到改革开放之后民营企业再度兴起资本来源的多少比例，由于受现有资料、本书的研究范围以及篇幅限制，笔者认为应该另辟专文进行探讨。

1979年初，中国近代上海棉纺工业巨头刘靖基以开拓的精神，带头以民间集资的方式创办了上海市工商界爱国建设公司（简称爱建公司）并担任董事长，创立之初，公司性质是“在上海市政府领导下，集资经营的社会主义性质的企业”。并“以爱国建设为唯一宗旨，不以私人盈利为目的”。主要业务是“向本市未能纳入国家计划而又属于急需的住房建筑进行投资和对引进的补偿贸易项目提供资金，和举办其他有利于四化建设和服务的项目”。还规定“公司经营业务所获得的利润除依法缴纳国家税金外，全部作为公积金，继续用于发展祖国的社会主义现代化事业”。因此，“凡上海原工商业者及其家属，均可向公司提供资金，海外工商业者也可以向公司提供资金”。② 初创期上海爱建有股东1 000余人，其中排在前列的大股东都是公私合营之前上海私营工商界的著名人物：刘靖基（150万元）、陈元钦（200万元）、严庆祥（150万元）、荣鸿仁（100万元）等。这其中还包括境外股东将他们的“国内定息”参与投资，创立之初资本大约5 700万元人民币。③ 在刘靖基的领导下，经过多年探索经营，爱建公司逐步壮大成为集房地产、金融信托、实业投资、对外经贸四大主营业务一体的外向型、综合性企业。1992年改制为“上海爱建股份有限公司”，于1993年在上海证交所挂牌上市，当时资本额1.5亿元人民币，从此成为典型的私营股份制企业，它也是改革开放后以“爱国建设”为创业宗旨

① 中国社会科学院、中央档案馆：《1953—1957中华人民共和国经济档案资料选编·工业卷》，中国物价出版社1998年版，第344—345页。

② 《上海市工商界爱国建设公司章程（草稿）》，1979年7月，上海市档案馆藏档案：A33－7－168。

③ 《中国上海市委统一战线工作部关于筹建上海市工商界爱国建设公司的请示报告》，1979年7月，上海市档案馆藏档案：A33－7－168。

而创办的国内第一家民间企业。[①] 根据爱建股份公司1995年报，当时排名前三的自然人股东依次是刘靖基（3 774 840股）、荣智丰（1 969 200股）、严庆禧（978 492股）。他们大多仍是当时创建公司时投资最多的几位。其中刘靖基是20世纪50年代常州大成纱厂、上海安达纱厂的大股东，1956年起每年可领20万元定息；荣智丰是荣鸿仁（荣毅仁的小弟）的女儿；严庆禧是上海大隆机器厂、苏州苏纶纱厂的大股东。这些大股东在1979年都领回了大量定息及银行存款等财物。

无锡荣家是近现代工商界最大的民营资本家族，1949年之后留在上海的代表人物是荣毅仁，其名下（包含其父亲荣德生）股票近2 000万元，一年可得93.8万元定息（即每天可得2 570元）且其从未曾表示过要放弃定息，荣鸿三一年可得50.2万元，荣鸿元一年可得50.2万元，荣鸿庆一年可得40.7万元。[②] 1978年6月，中共十一届三中全会前夕，荣毅仁的儿子荣智健凭着其家族多年实业经营积累的“海外关系”和其父亲提供的百万港币资金，只身前往香港投靠伯父荣伟仁的儿子荣智谦和荣智鑫，三人共同经营爱卡电子公司，生产集成电路和其他电子产品，效益相当不错，赚到了人生的第一桶金。不久他又在美国创建了从事电子技术开发的企业——加州自动设计公司（CADI），卓有收获。到此时，他已经积累了人生第二桶金。[③] 1979年，荣毅仁担任国务院设立的中国国际信托投资有限公司董事长，1986年，中国国际信托投资设立香港分公司，荣智健进入中信香港任董事兼总经理，此后进行了一连串收购，最后发展成为荣智健个人持股占相当比重的中信泰富集团。自2002年起，荣智健被美国财经杂志《福布斯》评为中国首富。不可否认，荣智健的成功，除了个人独到的经营眼光和才能之外，荣家家族多年的原始积累，包括荣氏家族在香港的原始积累以及其父亲提供的定息资金等，荣家经营多年实业所积累的海内外关系，以及和政府的密切关系等都是非比寻常的重要因素。

1979年到20世纪90年代中期，全国各级工商联共自办企业1 200多个，经营范围从商业服务发展到加工制造、维修装配、资源开发等行业，沿海城市工商联还办有同“三胞”合资或来料加工等外向型企业。这些企业，已拥有固定资产5 800万元，流动资金2亿元，安置待业青年15 000

① 《爱建大业纵横谈》，载《文汇报》1994年9月22日，第八版。

② 中国社会科学院、中央档案馆：《1953—1957中华人民共和国经济档案资料选编·工业卷》，中国物价出版社1998年版，第345页。

③ 华峰：《荣智健谢幕》，新华出版社2009年版，第37—42页。

人，全年产值18亿元，上交国家税收7 000万元，税后利润6 000万元。①而这些企业背后的原始资本来源，不排除有白手起家，但是大多数企业或多或少都存在利用发还的定息或储蓄资金进行创业的可能。这些企业，在繁荣城乡经济、促进劳动就业、保持社会稳定等方面发挥了重要作用。它们在中国经济体制改革和社会主义市场经济渐进发展中，成为中国经济高速发展的生力军。

1981年10月，中共中央、国务院发布《关于广开门路，搞活经济，解决城镇就业问题的若干决定》，强调“在社会主义公有制经济占优势的根本前提下，实行多种经济形式和多种经营方式长期并存，是党的一项战略决策，绝不是权宜之计。”② 这是在1953—1956年通过对资改造基本消灭资本主义私有制以后，国家又允许私营经济和个体经济一定程度的存在和发展。同时，这也是改革开放之后中国新确立的经济改革理论。这一方面说明了中国共产党经过长期的探索和实践的检验，关于社会主义经济体制改革的理论在不断丰富和发展，并探索出了一条有中国特色的社会主义经济发展道路；另一方面也体现了中国私营工商业和私营工商业者为中国经济发展所做出的贡献。

第四节　对中国企业制度变迁路径的重新审视

一、关于“对资改造”的评价及“对资改造”基本完成以后的新问题

（一）20世纪五六十年代关于“公私合营”与“对资改造”的评价

全行业公私合营的完成，标志着资本主义工商业改造的最终完成和计划经济体制的确立。这种体制对于集中全国有限的资源，恢复国民经济、巩固新生的政权、进行重点建设都起到了重要作用。

20世纪五六十年代，学术界对公私合营和对资改造的评价都是正面的积极肯定。其主要原因就是，在当时的历史条件下，党和国家发动对资本主义工商业的社会主义改造，直至完成此项历史性的企业制度变迁，完全是因为坚信以公私合营为终结形式建立起来的国家资本主义，绝对优于以私有产权为基础的私营资本主义。这不仅在当时党和国家有关的政策文

① 李定：《中国资本主义工商业的社会主义改造》，当代中国出版社1997年版，第384页。
② 何沁：《中华人民共和国史》，高等教育出版社1999年版，第281页。

件、宣传材料中，而且也集中体现在当时学者的各类有关著述中。前者如1956年6月，陈云在第一届全国人大三次会议上评价说：“企业的私有制向社会主义所有制的改变，这在世界上早已出现过，但是采用这样一种和平方法使全国工商界如此兴高采烈地来接受这种改变，则是史无前例的。”① 后者如薛暮桥在其所著的《中国国民经济的社会主义改造》一书中如此评价：“中华人民共和国成立以后，我国革命已经由民主主义革命阶段转入到社会主义革命阶段。这个时候，同社会主义经济比较起来，民族资本主义的经济已经不是一种先进的经济成分，而是一种落后的经济成分了，并且是同社会主义经济对立的。”②

在公私合营企业的经营方法方式上，由于国家通过“对资改造”，极为成功地实现了对社会经济资源的全面控制和垄断，因此本来是面向市场、作为自主机体的工业企业，现在已经都成了计划经济体制下，不需要自主意识和自主需要、而只是在国家统一计划下各自分工不同、但都是按国家计划指令运行的一个经济部门。工业企业最大的任务、也是唯一的任务就是按照国家通过各自的上级部门下达的计划，完成分配给各自的任务。至于为完成任务所必需的各项资源，国家也会通过计划体系而以分配的形式拨给企业；企业只要完成任务，至于这一任务是否最后为社会所认可、为市场所接受，或者为社会所需要，统统都不需要企业操心劳神。在这样的制度安排下，国家对于经济的控制、驾驭得到了极大的加强，但是作为社会经济细胞的企业却完全离开了市场。企业并不需要真正关心市场，企业要关心的只是上级主管部门的国家计划，以及自身在上级主管部门和国家计划中的地位，因为只有上级主管部门、只有计划，才是企业生存、发展的唯一理由，企业只有通过上级主管部门和计划才能得到自身所需要的资源配置，才能实现自身的存在价值。

正是在这种由中央实行集中统一领导的计划经济管理体制的架构下，中国得以在“一五”计划末期初步建立了新中国独立的、比较完整的工业体系。主要体现在：（1）生产能力大幅度提高，工业产品产量成倍增加。1958—1965年期间，用于工业方面的基本建设投资高达938亿元，建成了531个大中型项目，新建、扩建了大批重要的工矿企业。随着大批重要工矿企业的建成，工业生产能力大幅度提高，工业产品产量成倍增加。③ 同

---

① 陈云：《在第一届全国人民代表大会第三次会议上的发言》，1956年6月18日，《陈云文选》，第二卷，人民出版社1995年版，第309—310页。

② 薛暮桥：《中国国民经济的社会主义改造》人民出版社1959年版，第114页。

③ 《中国统计年鉴》（1983年），中国统计出版社1983年版，第242页。

1957年相比，1966年工业总产值为1 686.1亿元（按1957年不变价格计算），增长1.4倍。同时，工业经济效益显著提高，质量、消耗、劳动生产率等技术经济指标大为改善。1965年生铁合格率达到99.85%，钢材合格率达到98.5%，棉布一等品率达到97.4%。[①] 机械工业有些产品的性能和质量已经接近或达到世界先进水平。中国工业主要技术经济指标的历史最高水平，相当大的一部分是在1965年前后创造的。1965年每百元固定资产原值实现的利润为20.9元，比1962年增长134.8%，接近1957年的水平（23.8元）；每百元资金实现的利润、税金为29.8元，比1962年增长97.4%，也接近1957年的水平（34.8元）；每百元工业产值实现利润21.3元，比1962年增长70.4%，超过1957年的水平（17.1元）。[②] （2）新产品、新品种不断增加，新兴工业迅速成长，我国已初步形成了一个门类比较齐全、有相当规模和一定技术水平的工业体系。能源工业、冶金工业、机械工业等成为行业的“领头羊”。新兴的电子工业、原子能工业、航天工业也是这期间从无到有、从小到大逐步发展起来，成为国民经济的重要部门。建材工业、轻纺工业和纺织工业等，也增添了很多门类和品种。（3）工业布局有所改善。原有的沿海工业基地得到进一步充实和加强，原来基础薄弱的广大内地和边疆各省区都建立了不同规模的现代工业。

公私合营后一段时间内社会主义建设成就的取得，从宏观方面来说归功于国家经济政策，从微观方面来说归功于公私合营后建立了社会主义企业制度。实质上公私合营企业是“政府的企业”，这种在国家经济基础较弱的时代所产出的经济价值，虽然体现出很多的经济绩效，但是它是建立在国家积贫积弱的基础上的，因此具有突出的效益。

（二）“对资改造”基本完成之后的新问题与新政策

1956年上半年，中国共产党领导的对资本主义工商业的社会主义改造基本完成。以毛泽东为代表的中央领导集体在中共第八次全国代表大会前后，以苏联为鉴戒，总结中国自身的经验教训，对中国社会主义建设道路进行了一系列新的探索。八大的一系列决策，就是这些探索的积极成果。具体来说，到1956年9月八大召开之前，中国资本主义工商业社会主义改造已经过去了半年多时间，这其中给中国经济体制带来了一些弊病和问题，有的是公私合营过程中产生的问题，有的是改造完成之后产生的新问题，对此，毛泽东、周恩来、刘少奇、陈云等中央领导人，在理论与实践

① 汪海波：《新中国工业经济史》，经济管理出版社1986年版，第312页。
② 《中国统计年鉴》（1984年），中国统计出版社1984年版，第263页。

相结合的基础上，提出了一系列新的理论观点和相应的方针、政策及措施。

1956年9月，陈云在中共第八次代表大会发言中，系统分析了社会主义改造基本完成以后，由于“大量的原来的非社会主义的经济成分如此迅速地转变为社会主义经济成分”，因此带来一些新的问题和新的任务，提出了著名的、带有原则意义的“三个主体、三个补充”的方针、政策。

陈云指出，过去为限制资本主义工商业采取的一些措施，如加工订货、统购统销、国营商业自上而下的派货制度，以及限制私商采购和贩运的市场管理办法等，“在当时是必要的，收到了成效的”。但即使“在当时也不是没有缺点的，目前如果继续采取这些措施就必然会妨碍国家经济的进一步发展。”因为采取这些措施以后，“妨碍了一部分工业品质量的提高”；使“商业部门向工厂订货的品种减少了”，发生了一些“这里积压、那里脱销的现象”；一些“农产品和农业副产品就会减产”。又指出，由于在资本主义工商业与手工业的社会主义改造高潮中过多地实行了合并与统一经营，以致发生了质量下降、品种减少、服务不便、供应不足等现象。又由于“农业在合作化过程中对于应该由社员家庭经营的副业注意不够，再加上其他方面的影响，一部分农业副产品的生产有些下降”。为了改变以上情况和纠正一些不合理的做法，陈云提出了以下五项措施。

一是改变工商企业之间的购销关系，把商业部门对工厂实行加工订货、统购统销的办法，改为向工厂购进原料、销售商品的办法。商业部门除了对有关国计民生和规格简单的产品，继续实行统购统销外，对品种繁多的日用百货，逐步停止统购统销而改用选购办法，这就是在新的社会主义经济基础上大体恢复1953年冬季以前的办法。目的是使工厂关心产品的销路而提高质量，增加品种，为了使商店适应顾客的需要而不减少商品的花色品种。

二是工业、手工业、农业副产品和商业的很大一部分必须分散生产，分散经营，纠正从片面观点出发的盲目的集中生产，集中经营的现象。

三是在市场管理中，除对于粮食、经济作物、重要的农副产品仍然需要由国家收购或者委托供销合作社统一收购外，对于一部分农副产品，例如小土产，由当地供销合作社独家统一收购改为允许各地国营商店、合作商店、合作小组和供销合作社自由收购、自由贩运。

四是国家实行有利生产的价格政策，不要害怕价格方面一时的一定程度的上涨。

五是变更国家对某些产品的计划管理办法，允许生产日用百货的工厂，按照市场情况，进行生产。

陈云提出的这些主张，旨在将市场搞活，经济搞活。采取这些举措的目的，“就是要把我国资本主义工商业和个体农业、手工业改造成为这样一种有利于人民的社会主义经济”，即“消费品质量提高，品种增加，工农业产值扩大，服务行业服务周到”的社会主义经济。他还指出，“我们的社会主义经济的情况是这样：在工商业经营方面，国家经营和集体经营是工商业的主体，但是附有一定数量的个体经营。这种个体经营是国家经营和集体经营的补充。至于生产计划方面，全国工农业产品的主要部分是按照计划生产的，但是同时有一部分产品按照市场变化而在国家计划许可范围内自由生产的。计划生产是工农业生产的主体，按照市场变化而在国家计划许可范围内的自有生产是计划生产的补充。因此，我国的市场，绝不会是资本主义的自由市场，而是社会主义的统一市场。在社会主义的统一市场里，国家市场是它的主体，但是附有一定范围内国家领导的自由市场。这种自由市场，是在国家领导之下，作为国家市场的补充，因而它是社会主义统一市场的组成部分。”① 实际上，陈云在此处说明了社会主义改造基本完成以后，中国要建成一个何种所有制结构、经济运行的调节机制和市场结构的社会主义经济体制。他设想了多种经济成分并存，计划经济与市场调节相结合的模式，突破了传统社会主义政治经济学理论的局限性，成为后来经济体制改革的理论和政策的先导。

陈云的这些主张，为八大所接受，八大的决议如是写道：“为了适应新的经济情况和人民的需要，这种社会主义的统一市场应以国家市场为主体，同时附有在一定范围内国家领导下的自由市场，作为国家市场的补充。为此，必须采取相应措施改进购销关系和市场管理办法，并且合理地调整物价，以利商品流通的扩大和工农业生产的发展。”“随着社会主义改造的胜利，全国工农产品的主要部分都将列入国家计划，由生产单位按照计划进行生产。但是为了适应社会的多方面需要，在国家计划许可的范围内，有一部分产品将不列入计划，而由生产单位直接按照原料和市场的情况进行生产，作为计划生产的补充。……同样，社会主义经济的主体是实行集中经营的，但是也需要有一定范围的分散经营作为补充。”②

中共八大以后，党的领导人毛泽东、刘少奇都针对社会主义改造基本

① 陈云：《社会主义改造基本完成以后的新问题》，1956 年 9 月 20 日，《陈云文选》，第三卷，人民出版社 1995 年版，第 1—13 页。

② 《中国共产党第八次全国代表大会关于政治报告的决议》，《中国共产党第八次全国代表大会文献》，人民出版社 1957 年版，第 821—914 页。

完成以后出现的新问题，提出一系列解决这些问题的思想观点和方针政策。

社会主义改造基本完成以后，市场上不少物资供应紧张，品种减少，价格上涨。随着自由市场的开放，个体工商业开始活跃起来，除了高潮期间遗留下来的以外，又自发地出现了一些新的个体户，其中个体手工业的发展最为显著，其中一部分已发展成为资本主义企业。1956 年 11 月，黄炎培给毛泽东写了一封信，说："全行业公私合营，工商业者的表现是好的。这几个月，有少数人表现了消极作用，流行着定息万岁的口号，白天是社会主义，夜里是资本主义，还出现地下工厂、地下商店。可以看出，资本主义工商业的改造任务还是很艰巨的。"①

上述情况，引起了毛泽东等中央领导的重视。毛泽东在全国工商联召开第二次会员代表大会之时，于 1956 年 12 月 5 日、7 日、8 日接见了各地工商联、民建会负责人。在 5 日接见时，陈叔通又提出了三个问题：资本家对定息能拿多久心里没底，怕取消太快；资本家现在还给安排工作，怕再过几年会不会被一脚踢开；合营以后，如何进行自我改造?② 在三次接见与会谈中，毛泽东就几个问题作了明确表示。毛泽东说：

> "现在我国的自由市场，基本性质仍是资本主义的，虽然已经没有资本家，它与国家市场成双成对。上海地下工厂同合营企业也是对立物。因为社会有需要，就发展起来。要使它成为地上，合法化，可以雇工。现在做衣服要三个月，合作工厂做的衣服一长一短，扣子没有眼，质量差。最好开私营工厂，同地上的作对，还可以开夫妻店，请工也可以。这叫新经济政策。我怀疑俄国新经济政策结束得早了，只搞两年，退却就转为进攻，到现在社会物资还不足。我们保留了私营工商业职工二百五十万人（工业一百六十万，商业九十万），俄国只保留了八九万人。还可以考虑，只要社会需要，地下工厂还可以增加。可以开私营大厂，订条约，十年、二十年不没收。可以开投资公司，还本付息。可以搞国营，也可以搞私营。可以消灭了资本主义，又搞资本主义。当然要看条件，只要有原料，有销路，就可以搞。……这样定息也有出路。"③

① 薄一波：《若干重大决策与事件的回顾》，上册，中共党史出版社 2008 年版，第 305 页。

② 薄一波：《若干重大决策与事件的回顾》，上册，中共党史出版社 2008 年版，第 305—306 页。

③ 薄一波：《若干重大决策与事件的回顾》，上册，中共党史出版社 2008 年版，第 306 页。

在此处，毛泽东认为，在发展社会主义公有制经济的同时，可以适当保存和发展一些个体经济和私营经济，并引进华侨投资。总体上消灭资本主义之后，可以搞一部分资本主义。这样做，可以使国营经济和合作社经济有个“对立面”，保留一定的竞争机制。毛泽东的这一席话，“在所有制结构方面，显露了有关中国特色的社会主义经济的一束可贵的火花”。①由此，一些新的方针、政策出台，主要体现在三个方面：

一是关于改变工商之间的购销关系的政策措施。这项措施从1956年下半年开始实行，对于发展国民经济和发展公私合营企业的潜力起到了一定的作用。

以上海食品工业为例，其产品由商业部门包销时，一方面因为切断了工厂和市场的联系，而商业批发公司收购产品又是自上而下的派货，因此普遍发生货不对路的问题，造成上海食品在这一个地区积压，而在另一个地区脱销的情况时有发生。另一方面也是因为商业批发的自上而下地大批调拨，收购的品种简单，其结果是糖果厂亏本。1956年春季，糖果厂普遍减产，有的工厂依靠政府救济，1956年4月给停工的工厂救济就发放了5万多元。

1956年8月，上海食品工业开始改变购销关系，除个别供不应求的产品如奶粉仍然实行包销之外，其他产品如味精、乳儿糕等由商业选购；糖果、饼干等则全部由工厂自销。工厂组织访问，携带样品到过去上海糖果的主要销售地区去访问。这些地区的基层商店看到样品后异常惊喜。他们说，过去还不知道上海能生产这么好的糖果。在产销直接见面的5个月中，上海糖果有20多种停产的品种恢复了生产并且成为热销品，又有42种新产品投产供应市场。②

可是，这种产销直接见面关系很快就终止了。1957年1月6日，国务院发出《关于工商之间业务关系仍按现行办法执行的通知》，决定在1957年内，关于商业部门和公私合营工业以及某些国营工业、合作社工业之间原有的加工订货、统购包销关系，一律维持原办法，暂不变更。同年10月3日，国务院批转工商行政管理局《关于当前城市市场管理工作若干问题的报告》中明确指出，“由于主要工业品供不应求的情况在短时间内还不能改变，在这种情况下，工业品基本上仍应由商业部门继续采取统购、包销、订货的方式”。这个为限制资本主义而采用的以商管工的管理生产

① 薄一波：《若干重大决策与事件的回顾》，上册，中共党史出版社2008年版，第307页。

② 李定：《中国资本主义工商业的社会主义改造》，当代中国出版社1997年版，第316页。

的特殊办法一直沿用了下来。

二是关于开放自由市场。开放自由市场，对生产也起了促进作用。自1953年以来，国家实行重要农产品和其他物资的计划收购和统一收购以来，城乡重要物资的交流是畅通的，但是也出现过农村中的一部分小土产无人收购，城市中的一部分工业、手工业产品无人贩运下乡的“大通小塞”的现象。1956年下半年开放自由市场以后，过去农民停止生产的一部分土产恢复了生产，活跃了城乡交流，增加了商品供应，消费者满意，农民更满意。

当然，开放自由市场后，一些新问题也随之出现。主要是有些地方的供销社放弃了统一收购，故而有些农民把统购物资在没有完成统购任务以前就拿到自由市场上出售。一些工厂和手工业合作社不愿意接受商业部门的订货，也想在自由市场上出售获得更为有利的价格。这样，国家对市场和管理很快就严格起来了。1957年8月，国务院发布《关于国家计划收购和统一收购的农产品和其他物资不准进入市场的规定》：凡属国家统购物资，必须卖给国家委托的收购商店，不是国家委托的商店、商贩一律不准收购；在国家收购任务完成以后农民自己留用的部分，如果要出卖的时候，也不准在市场上出售，必须卖给国家的收购商店。这样，自由市场也就基本上被取消了，以后也是时开时关，在开放的时候实行严格管理。自由市场对国家市场的补充作用是微不足道的。

三是允许个体经济和私营经济存在的问题。1956年下半年到1957年上半年这段时期内，社会各方面都认为个体户有补充社会主义经济的积极作用，因此是实行允许它们存在的政策。1957年2月28日，国务院转发中央工商行政管理局《关于工商行政部门1957年主要工作安排的报告》中支持，“中央确定七年内不取消资产阶级分子的定息，并允许他们把定息再投资。这说明对资本主义工商业和资产阶级分子的改造并不是一项短期、简单的工作”。由此可见，对于对个体工商户的政策更要放宽一些，“对新开业或高潮后遗留下来的个体户和资本主义户”，只要产销问题不大而又为社会所需要的可以允许登记，对它们实行利用、限制、改造政策，但不急于实行公私合营或合作化。①

这项政策实施后的结果，据1957年初的不完全统计，天津、上海、广州、济南、成都、西安、哈尔滨七个城市中，主要是由无业人员经营的

---

① 李定：《中国资本主义工商业的社会主义改造》，当代中国出版社1997年版，第318—319页。

个体手工业有18 000多户，2万余人。其中一部分已发展成为资本主义企业，如天津的建筑工业社，1955年11月只有2人，1956年9月增加到189人，12月又增加到960人。它的业务由油漆粉刷发展到盖大楼。摊贩数量的增加也很可观，有的已发展成为资本主义企业。一些行商也逐渐活跃起来，许多歇业多年的人又重操旧业。[①] 这对满足人民生活需要，增加市场商品种类供应，扩充城市就业人员，提升国家的税收都是有利的。

然而，1957年下半年开展反右派斗争和全民整风的社会主义运动之后，国家的政策又发生了很大变化，党和政府对个体经济和私营经济开始进行清理整顿和取缔"左"的做法，这样，"三个主体，三个补充"的方针、政策，在社会主义公有制占优势的情况下允许多种经济成分存在的社会主义经济模式，被1957年以后"左"的错误政策所打断了。此后，个体经济、私营经济直到20世纪70年代末80年代初期改革开放之后才得以再度出现在中国大地上。

二、对中国企业制度变迁路径的重新审视

1956年对资本主义工商业实行社会主义改造完成后建立了计划经济体制。事实上，随着时间的推移，这种计划经济体制对经济统得过死，严重束缚地方和企业积极性的弊端日益显露出来。1956年4月，毛泽东发表《论十大关系》，在关于改进经济管理体制方面，曾提到扩大一点地方的权力，给地方更多的独立性。毛泽东指出："中央和地方的关系也是一个矛盾，解决这个矛盾，目前要注意的是，应当在巩固中央统一领导的前提下，扩大一点地方的权力，给地方更多的独立性，让地方办更多的事情。这对我们建设强大的社会主义国家比较有利，我们的国家这样大，人口这样多，情况这样复杂，有中央和地方两个积极性，比只有一个积极性好得多。我们不能像苏联那样，把什么都集中到中央，把地方卡得死死的，一点机动权都没有"。[②] 毛泽东还特别强调处理好国家与企业的关系问题，"这里还要谈一下工厂在统一领导下的独立性问题。把什么东西统统集中在中央或省市，不给工厂一点权力，一点机动余地，一点利益，恐怕不妥。"[③] 中共八届三中全会基本上通过了陈云在"五人小组"调查研究的基础上，代国务院起草《关于改进工业管理体制的规定》《关于改进商业

---

① 李定：《中国资本主义工商业的社会主义改造》，当代中国出版社1997年版，第319页。

② 董辅礽：《中华人民共和国经济史》，经济科学出版社1999年版，第260页。

③ 董辅礽：《中华人民共和国经济史》，经济科学出版社1999年版，第261页。

管理体制的规定》《关于改进财政管理体制的规定》。这三个文件于1957年11月8日经国务院第61次全会会议通过，并自1958年起施行。可以看出，我国在高度集中统一的计划经济体制建立不久就逐渐认识到这种体制存在着弊端，力图探索适合中国实际情况的社会主义建设道路，这些主观愿望是好的。但是，当时中央对经济管理体制弊端的认识主要停留在中央与地方的权力划分上。在下放权力时，也要坚持“必须有中央的强有力的统一领导，必须有全国的统一计划和统一纪律，破坏这种必要的统一，是不被允许的”。[①] 即是说，经济管理体制的改革必须是在计划经济的框架内进行，其基本前提不是对计划体制的削弱，而是加强了。

而地方作为利益主体，在得到权力之后，往往从有利于本地利益出发，不是从全国角度出发配置资源，因此，很容易发生经济的比例失调。在发生比例失调以后，中央又很自然地认为集中统一是解决困难的唯一选择，又再次收回已经下放的权利，甚至集中的程度更高。由此造成的“放权”与“收权”的循环，即后来人们的总结的“一统就死，一死就放，一放就乱，一乱就收”的循环。

因此，20世纪70年代末之后，当中国面临改革开放的形势时，对二十多年前中国企业制度的这一重大变革，开始出现一分为二的评价。其中较有代表性的如薄一波所言，他说：“在实行全行业公私合营的进程中，也有缺点和偏差。……我认为，这一工作的缺点和偏差有三：第一，时间过于急促。……我想，假使当时不搞得那样匆忙，多花一点时间探讨社会主义改造的多种形式，情况可能会要好些。第二，对于一部分原工商业者的使用和处理也不很适当。……据国务院四办1956年8月间召开的一次会议反映，在公私合营企业中，公私双方人员能够明确分工，做到私方人员有职有权，充分发挥他们的积极性，使他们从生产实践中得到改造而显有成效的，是少数；公私共事关系很不好的，也是极个别的现象；绝大多数的工厂，公私双方人员是表面上相敬如宾，实际上貌合神离，关系不够正常。……第三，大批个体手工业者和小商小贩卷入了全行业公私合营。……全行业合营时，大批个体手工业者和小商小贩按行业卷入了公私合营，拿了很少的定息。没有想到，他们从此就戴上了资本家的帽子，不少人在后来的政治运动中受到歧视，有的还受到过不应有的打击，吃了不

① 毛泽东：《毛泽东著作选读》，下册，人民出版社1986年版，第730—731页。

少苦头。"①"据统计，1956 年参加全行业合营和以前单个合营的工商业者，共计为 86 万人。1979 年 11 月 12 日，中央批准了中央统战部等六单位《关于把原工商业者中的劳动者区别出来的请示报告》。根据报告规定：共有 70 万人被摘掉'资本家'帽子，恢复劳动人民的身份"。② 对此，《中国共产党历史》第二卷也曾有所评价："在充分肯定我国社会主义改造的伟大胜利的基础上，还需要深入地总结历史经验。我国是在 20 世纪 50 年代的国际环境和社会历史条件下，实现从新民主主义到社会主义转变的。基于那时中国共产党对社会主义的认识，尤其是各社会主义国家都普遍接受的苏联社会主义模式的影响，我国社会主义改造后期也出现不少缺点和偏差。……1956 年资本主义工商业改造基本完成以后，对一部分原工商业者的使用和处理也不很恰当。"③ 上海社会科学院研究所编著的《上海资本主义工商业的社会主义改造》一书也对"对资改造"进行了评价，"农业的社会主义改造的迅猛进展，使某些同志滋长了急于完成资本主义经济的社会主义改造的思想。他们忽视了生产关系一定要适合生产力发展的规律，在生产力并没有进一步发展的情况下，就凭借上层建筑的力量，采取全行业公私合营的方式，过快而又过于彻底地把资本主义企业变为实行定息办法的公私合营企业，这就不可避免地产生了以下的缺点：第一，对于私营企业，不管大小，不论已经改造的程度如何，在管理干部不足的条件下，一律由政府包下来经营管理；而在企业中担任职务的资本家实际上有职无权，不能对企业的经营管理发挥应有的作用。因此，合营以后，某些企业在一段时间内管理和生产经营不同程度地产生了不正常的现象。第二，当时有些私营小工业、特别是小商业（包括那些名为'公私合营'实则自负盈亏的企业）生产和经营国营企业无法顾及的小商品，还有积极作用，过早地把它们、甚至连个体的工商业户一起合并合营，造成了小商品的花色品种减少，商业网点缩小，经营特点丧失，服务态度变坏，给居民的生活带来不便。……经验证明：按照改造资本主义企业的原定计划，在一定时期内允许私营小企业存在，有计划、有步骤地分期分批实行公私合营和定息的办法，以保持城市工商业一定的多样性和灵活性是有好处的，太快、太彻底地合并合营或者通通过渡到全民所有制，对发展生产

---

① 薄一波：《若干重大决策与事件的回顾》，上卷，中共党史出版社 2008 年版，第 303—305 页。

② 薄一波：《若干重大决策与事件的回顾》，上卷，中共党史出版社 2008 年版，第 308 页。

③ 中共中央党史研究室：《中国共产党历史》，第二卷（1949—1978），上册，中共党史出版社 2011 年版，第 366 页。

和方便人民生活都是不利的。”①

世界著名经济学家诺思曾经说过：评判制度的标准是效率。企业制度的变迁要以增进经济绩效为度量标准。作为企业制度本身，它本身不是一成不变的，必须随着社会环境的变化而变化，体现在国家经济体制中的制度更是要灵活运用，而不是越管越死。这也就是公私合营后中国企业制度的发展路径。

公私合营后，中国企业制度实现了私营工业企业私有产权制度下的“公司制”向计划经济下的“工厂制”的历史性转化。一方面，在私有产权的公司制形态下，企业产权、治理结构的顶层是股东会、董事会，企业的基本经营形态是经理部门、生产部门、销售部门等并列存在，且自主经营、自负盈亏。而在社会主义公有制下，由于各级主管部门以及计划经济体制的存在，企业事实上已经成为计划经济体制下的一个生产部门，而非一个独立自主面对市场的生产经营机构。另外一方面，公私合营后企业治理结构产生了变革，主要有两个特征，一是存在多重委托—代理关系，使得企业产权主体缺位。无论是专业公司还是专业局，甚至是政府委办、中央政府的工业部，对于下一级机构来说，他们都是公有企业产权的代理人；但对于上一级机构来说，它们却是公有企业产权的委托人。公私合营企业这种代理人与委托权合二为一的特殊地位，不仅使得公有企业产权的委托—代理链逐级伸展，无限冗长，更为重要的是使得在此委托—代理链上的任何一个委托者兼代理者，始终只是负有产权主体一定的义务和权利，而最终的产权主体自然就成为一个难解之题。二是公有企业产权制度所决定的企业治理结构外延，使得任何一个企业在企业治理上，都有以专业公司为主要形式的、政企合一的上级主管部门。这一上级主管部门不仅形成对行业的绝对垄断（一个行业就一个专业公司）。而且最终实现了对企业的党、政、企合一的叠合式、全覆盖领导。②

20 世纪 50 年代中国企业制度变迁和演进的历史进程表明，公私合营后中国企业制度的变化是与中国国情密切结合的有中国特色的伟大转折。它在中国强大的行政权力的支持下开始了企业制度的演进，并且是按照国家意志逐步进行的。在形式上为公私合营，实质上为国有、国营的制度安排下，国家如何寻找和安排代表国家的代理人，国家的所有权如何得到最

---

① 上海社会科学院研究所：《上海资本主义工商业的社会主义改造》，上海人民出版社 1980 年版，第 344—345 页。

② 张忠民：《“公私合营”研究（1949—1956）——以上海工业企业为中心的分析》，上海社会科学院出版社 2016 年版，第 477 页。

终的保证和体现，国有企业的治理结构如何安排，国有企业内部公私矛盾如何处理等，国家都凭借它的强大的政权力量逐步得以解决。但是随着实践的逐步铺开，这种有中国特色的公有制度所体现出的根本局限性并没有真正得到解决，而是随着历史的进程逐渐明显体现出来，后来的经济发展就深刻体现了这一点。但是囿于当时中国整体经济发展水平和社会变革水平的制约，中国企业制度的伟大变革也会留下些许遗憾。也正是因为这一点，改革开放后几十年在我国对公有制经济的实现形式进行了各种有益的探索。有的失败了，但留下了十分有价值的经验教训；有的成功了，并且在进一步的完善和发展；也有的今天仍然在试验之中，成败得失有待历史裁决。正是在不断探索的充满挫折的历程之中，公有企业的面貌已经并正在继续发生着根本的变化。这一变化的实质是：随着我国经济从计划经济体制向市场经济体制的转变，国有企业必须迈进市场竞争的大海，并且在市场竞争的过程中实现自身的制度创新，以适应不断变化的生存环境。

因此，公私合营后中国企业制度的发展路径，也可以说是历史走向就是对上述所分析的企业制度的症结进行解决。对于解决的途径，在变革刚刚起步的年代基本上只能是观察、研究、展望，并且在实践的过程中努力去调整、修正一些偏差等。而要真正对这一发展路径或历史走向有深刻的理解、认识和实践，还有待未来经历一段或者相当长的时期之后。但是这并不能因此简单地否认 20 世纪 50 年代公私合营后中国企业制度变革所带来的一定程度上的经济绩效。我们的依据应当是以制度及制度变迁是否能提高经济绩效为衡量标准。政策随时代而变，不变的是不管在任何时代，任何企业制度，只要这种企业制度能够最大限度提高企业的经济绩效，促进生产力的发展，那么这个制度选择在当时的时代就存在一定的合理性。

公私合营在终结私有产权制度、私营经济时代的同时，开启了社会主义公有制和高度集中统一领导下的计划经济时代。它们是公私合营后中国企业制度的发展路径和历史走向，给中国经济发展带来了深远的影响。至于这一发展路径和历史走向所产生的是非功过如何，已然超出本书的研究范围。但是社会环境是不断变化发展的，这实质上也就是给中华民族的后裔留下了一个划时代的经济大课题，即在社会主义市场经济的框架下，真正实现企业及企业制度的改制、改组和改造，真正完成中国经济制度创新的历史性转折。

参考文献

一、档案

[1] 中共上海市委劳动工资委员会、上海市人委劳动工资委员会［Z］. 上海市档案馆藏. 全宗号 A11.

[2] 中共上海市委工业政治部［Z］上海市档案馆藏. 全宗号 A36.

[3] 中共上海市工业局委员会［Z］上海市档案馆藏. 全宗号 A37.

[4] 中共上海市委工业生产委员会［Z］上海市档案馆藏. 全宗号 A38.

[5] 中共上海市重工业委员会［Z］上海市档案馆藏. 全宗号 A42.

[6] 中共上海市第一重工业委员会［Z］上海市档案馆藏. 全宗号 A43.

[7] 中共上海市第三重工业委员会［Z］上海市档案馆藏. 全宗号 A44.

[8] 中共上海市钢铁工业委员会［Z］上海市档案馆藏. 全宗号 A46.

[9] 中共上海市轻工业委员会［Z］上海市档案馆藏. 全宗号 A48.

[10] 中共上海市第一轻工业委员会［Z］上海市档案馆藏. 全宗号 A49.

[11] 中国上海市委私营工业调查委员会［Z］上海市档案馆藏. 全宗号 A66.

[12] 上海市人民政府、上海市军事管制委员会［Z］上海市档案馆藏. 全宗号 B1.

[13] 上海市人民委员会重工业办公室［Z］上海市档案馆藏. 全宗号 B4.

[14] 上海市人民委员会轻工业办公室［Z］上海市档案馆藏. 全宗号 B5.

[15] 上海市化学工业局［Z］上海市档案馆藏. 全宗号 B7.

[16] 上海市增产节约委员会［Z］上海市档案馆藏．全宗号 B13.
[17] 中共上海市委财政经济委员会、上海市财政经济委员会［Z］上海市档案馆藏．全宗号 B28.
[18] 上海市经济计划委员会［Z］上海市档案馆藏．全宗号 B29.
[19] 上海市统计局［Z］上海市档案馆藏．全宗号 B31.
[20] 上海市人民政府工业生产委员会［Z］上海市档案馆藏．全宗号 B41.
[21] 上海市化学工业局［Z］上海市档案馆藏．全宗号 B76.
[22] 上海市橡胶工业公司［Z］上海市档案馆藏．全宗号 B82.
[23] 上海市医药工业公司［Z］上海市档案馆藏．全宗号 B89.
[24] 上海市财政局［Z］上海市档案馆藏．全宗号 B104.
[25] 上海市第一商业局［Z］上海市档案馆藏．全宗号 B123.
[26] 上海市劳动局［Z］上海市档案馆藏．全宗号 B127.
[27] 上海市劳动争议仲裁委员会［Z］上海市档案馆藏．全宗号 B128.
[28] 上海市人民政府纺织工业局［Z］上海市档案馆藏．全宗号 B133.
[29] 上海市纺织工业局［Z］上海市档案馆藏．全宗号 B134.
[30] 上海市旋转电机公司［Z］上海市档案馆藏．全宗号 B145.
[31] 上海市第二轻工业局［Z］上海市档案馆藏．全宗号 B158.
[32] 上海市制笔工业同业公会［Z］上海市档案馆藏．全宗号 B159.
[33] 上海市人民政府工业局、上海市轻工业局、上海市第一轻工业局［Z］上海市档案馆藏．全宗号 B163.
[34] 上海市机电工业管理局［Z］上海市档案馆藏．全宗号 B173.
[35] 上海市工商行政管理局［Z］上海市档案馆藏．全宗号 B182.
[36] 上海市棉纺织工业公司［Z］上海市档案馆藏．全宗号 B190.
[37] 上海市总工会［Z］上海市档案馆藏．全宗号 C1.
[38] 上海市工商业联合会［Z］上海市档案馆藏．全宗号 C48.
[39] 华东纺织管理局［Z］上海市档案馆藏．全宗号 E40.
[40] 上海化工系统（八十三个单位）全总汇集［Z］上海市档案馆藏．全宗号 Q38.
[41] 上海纺织系统各厂全总汇集［Z］上海市档案馆藏．全宗号 Q199.
[42] 华成电器厂［Z］上海市档案馆藏．全宗号 Q455.

［43］上海市机器工业同业公会［Z］上海市档案馆藏．全宗号 S1.
［44］上海市棉纺织业同业工会［Z］上海市档案馆藏．全宗号 S30.
［45］上海市内衣织造工业同业公会［Z］上海市档案馆藏．全宗号 S45.
［46］上海市卷烟工业同业公会［Z］上海市档案馆藏．全宗号 S68.
［47］上海市搪瓷工业同业公会［Z］上海市档案馆藏．全宗号 S71.
［48］上海市医疗器械工业公司［Z］上海市档案馆藏．全宗号 S90.
［49］上海市制笔工业同业公会［Z］上海市档案馆藏．全宗号 S100.

二、文献资料

［1］中国人民政治协商会议全国委员会、文史资料研究委员会．工商史料（1，2）［M］. 北京：文史资料出版社，1980.
［2］解放初期上海私营工商业情况，档案与史学［J］. 2001（4）.
［3］上海资本主义工商业的社会主义改造史料选辑：上［J］. 档案与史学，1996（2）.
［4］上海资本主义工商业的社会主义改造史料选辑：中［J］. 档案与史学，1996（3）.
［5］上海资本主义工商业的社会主义改造史料选辑：下［J］. 档案与史学，1996（4）.
［6］上海解放前后工资问题史料：上［J］. 档案与史学，2003（3）.
［7］上海解放前后工资问题史料：下［J］. 档案与史学，2003（4）.
［8］上海市党史研究室，上海市档案馆．上海资本主义工商业的社会主义改造文献资料选编（内部本）［M］. 上海，1994.
［9］中共上海市委统战部，等．中国资本主义工商业的社会主义改造：上海卷（上、下）［M］. 中共党史出版社，1993.
［10］政务院财政经济委员会．中央财经政策法令汇编：第 2 辑［M］. 新华书店，1951.
［11］中国人民政治协商会议全国委员会文史资料委员会．工商经济史料丛刊：第 1—4 辑［M］. 文史资料出版社，1983，1984.
［12］中国人民政治协商会议上海市委员会文史资料工作委员会．上海解放三十五周年（文史资料纪念专辑）［M］. 上海人民出版社，1984.
［13］上海市统计局．新上海工业统计资料（1949—1990）［M］. 中国统计出版社，1992.

[14] 商业部商管局．私营商业社会主义改造文件选编［M］．中国商业出版社，1982.
[15] 上海市统计局．上海市国民经济统计 1949—1956 年［Z］. 1957—10.
[16] 财政部综合计划司．中国财政统计（1950—1985）［M］．中国财政经济出版社，1987.
[17] 中共工商行政管理局秘书处．私营工商业的社会主义改造政策法令选编：上、下辑［M］．财政经济出版社，1957、1960.
[18] 上海文化史馆，上海市人民政府参事室文史资料工作委员会．上海地方史资料［M］．上海社会科学院出版社，1983，1984.
[19] 上海社会科学院经济研究所编．南洋兄弟烟草公司史料［M］．上海人民出版社，1958.
[20] 中国人民政治协商会议上海市委员会文史资料工作委员会．上海文史资料［M］．上海人民出版社，1980.
[21] 中国社会科学院，中央档案馆．1953—1957 中华人民共和国经济档案资料选编·工商体制卷［M］．中国物价出版社，1998.
[22] 中国社会科学院，中央档案馆．1953—1957 中华人民共和国经济档案资料选编·综合卷［M］．中国物价出版社，1998.
[23] 中国社会科学院，中央档案馆．1953—1957 中华人民共和国经济档案资料选编·工业卷［M］．中国物价出版社，1998.
[24] 中国社会科学院，中央档案馆．1953—1957 中华人民共和国经济档案资料选编·商业卷［M］．中国物价出版社，2000.
[25] 中国社会科学院，中央档案馆．1949—1952 中华人民共和国经济档案资料选编·综合卷［M］．中国物价出版社，1990.
[26] 中国社会科学院，中央档案馆．1949—1952 中华人民共和国经济档案资料选编·工业卷［M］．中国物价出版社，1996.
[27] 中国社会科学院，中央档案馆．1949—1952 中华人民共和国经济档案资料选编·财政卷［M］．中国物价出版社，1995.
[28] 中国社会科学院，中央档案馆．1949—1952 中华人民共和国经济档案资料选编·工商体制卷［M］．中国物价出版社，1993.
[29] 苏星，杨秋宝．新中国经济史资料选编［M］．中共中央党校出版社，2000.
[30] 傅筑夫．中国经济史资料［M］．中国社会科学出版社，1982.
[31] 中共中央党校中共党史教研室．中共党史专题讲义：基本完成

社会主义改造时期［M］. 中共中央党校出版社，1987.
［32］中共中央党校中共党史教研室. 中共党史参考资料八：生产资料所有制的社会主义改造和国民经济第一个五年计划时期［M］. 人民出版社，1980.
［33］中共中央文献研究室. 建国以来重要文献选编：第二册［M］. 中央文献出版社，1992.
［34］中共中央文献研究室. 建国以来重要文献选编：第三册［M］. 中央文献出版社，1992.
［35］中共中央文献研究室. 建国以来重要文献选编：第四册［M］. 中央文献出版社，1993.
［36］中共中央文献研究室. 建国以来重要文献选编：第五册［M］. 中央文献出版社，1993.
［37］中共中央文献研究室. 建国以来重要文献选编：第六册［M］. 中央文献出版社，1993.
［38］中共中央文献研究室. 建国以来重要文献选编：第七册［M］. 中央文献出版社，1993.
［39］中共中央文献研究室. 建国以来重要文献选编：第八册［M］. 中央文献出版社，1994.
［40］中共中央文献研究室. 建国以来重要文献选编：第九册［M］. 中央文献出版社，1994.
［41］中共中央文献研究室. 建国以来重要文献选编：第十册［M］. 中央文献出版社，1994.
［42］中共中央文献研究室. 建国以来重要文献选编：第十一册［M］. 中央文献出版社，1995.

三、著作

［1］Alford C F. Whistleblowers. Broken Lives and Organizational Power［M］. Ithaca：Cornell University.
［2］Arendt H. Eichmann In Jerusalem. A Report on the Banality of Evil［M］. New York：Yiking press，1964.
［3］Boward R. Social Responsibility of the Businessman［M］. New York：Harper & Row，1953.
［4］Weiner B. Judgements of Responsibility. A Foundation for a Theory of Social Conduct［M］. New York：Guilford press，1995.

［5］［日］久保亨．现代中国の歴史［M］．東京大学出版会，2008.
［6］［日］久保亨．進化する中国の資本主義［M］．岩波书店，2009.
［7］［法］夏旺斯 B（Chavance B），吴波龙．东方的经济改革：从 50 年代到 90 年代［M］．社会科学文献出版社，1999.
［8］［美］麦克法夸尔，费正清．剑桥中华人民共和国史：上卷．革命的中国的兴起 1949—1965 年［M］．谢亮生，等译．中国社会科学出版社，1990.
［9］［美］科斯，等．财产权利与制度变迁——产权学派与新制度学派译文集［M］．上海三联、上海人民出版社，1991.
［10］［美］诺思．制度、制度变迁与经济绩效［M］．上海三联、上海人民出版社，1994.
［11］［美］哈罗德·德姆塞茨．所有权、控制与企业——论经济活动的组织［M］．经济科学出版社，1999.
［12］盛洪．现代制度经济学．上下卷［M］．北京大学出版社，2004.
［13］张维迎．企业的企业家——契约理论［M］．上海人民出版社，1995.
［14］张维迎．企业理论与中国企业改革［M］．北京大学出版社，1999.
［15］张维迎．产权·激励与公司治理［M］．经济科学出版社，2005.
［16］陈郁．所有权、控制与激励——代理经济学文选［M］．上海三联、上海人民出版社，1998.
［17］埃瑞克·G. 菲吕博顿．新制度经济学［M］．孙经纬，译．上海财经大学出版社，1998.
［18］朱巧玲．产权制度变迁的多层次分析［M］．人民出版社，2007.
［19］鲁照旺．产权制度与企业治理［M］．中国政法大学出版社，2006.
［20］王国平．公有产权论［M］．立信会计出版社，1994.
［21］刘志国．政府权力与产权制度变迁：公有产权及其转型的政治经济学分析［M］．中国财政经济出版社，2007.
［22］周子学．经济制度与国家竞争力：基于中国经济制度变迁视角［M］．上海三联书店，2008.

［23］赵冈．中国经济制度史论［M］．新星出版社，2006.
［24］顾龙生．毛泽东经济年谱［M］．中共中央党校出版社，1996.
［25］中共中央文献研究室．毛泽东文集：第五卷［M］．人民出版社，1996.
［26］中共中央文献研究室．毛泽东文集：第六卷［M］．人民出版社，1999.
［27］中共中央文献研究室．毛泽东文集：第七卷［M］．人民出版社，1999.
［28］中共中央文献研究室．建国以来毛泽东文稿：第一册［M］．中央文献出版社，1987.
［29］中共中央文献研究室．建国以来毛泽东文稿：第二册［M］．中央文献出版社，1988.
［30］中共中央文献研究室．建国以来毛泽东文稿：第三册［M］．中央文献出版社，1989.
［31］中共中央文献研究室．建国以来毛泽东文稿：第四册［M］．中央文献出版社，1990.
［32］中共中央文献研究室．建国以来毛泽东文稿：第五册［M］．中央文献出版社，1990.
［33］中共中央文献研究室．建国以来刘少奇文稿：第一册［M］．中央文献出版社，2005.
［34］中共中央文献研究室．建国以来刘少奇文稿：第二册［M］．中央文献出版社，2005.
［35］中共中央文献研究室．建国以来刘少奇文稿：第三册［M］．中央文献出版社，2005.
［36］中共中央文献研究室．建国以来刘少奇文稿：第四册［M］．中央文献出版社，2005.
［37］中共中央文献研究室．建国以来刘少奇文稿：第五册［M］．中央文献出版社，2008.
［38］中共中央文献研究室．建国以来刘少奇文稿：第六册［M］．中央文献出版社，2008.
［39］中共中央文献研究室．建国以来刘少奇文稿：第七册［M］．中央文献出版社，2008.
［40］中共中央文献研究室．毛泽东年谱（1949—1976）：1—6卷［M］．中央文献出版社，2013.

[41] 中共中央文献研究室．周恩来经济文选［M］. 中央文献出版社出版，1993.
[42] 李维汉．回忆与研究：上、下册．［M］. 中共党史资料出版社，1986.
[43] 李维汉．统一战线与民族问题［M］. 财政经济出版社，1956.
[44] 刘少奇．刘少奇论新中国经济建设［M］. 中央文献出版社，1993.
[45] 中央文献编辑委员会．刘少奇选集：上卷［M］. 人民出版社，1981.
[46] 中央文献编辑委员会．刘少奇选集：下卷［M］. 人民出版社，1985.
[47] 薄一波．若干重大决策与事件的回顾：上卷［M］. 中共中央党校出版社，1991.
[48] 陈云文选：第二卷［M］. 人民出版社，1984.
[49] 陈云文选：第三卷［M］. 人民出版社，1986.
[50] 中共中央文献研究室，中央档案馆．共和国走过的路：建国以来重要文献专题选集 1953—1956［M］. 中央文献出版社，1991.
[51] 中共中央文献研究室．共和国走过的路（1949—1952）［M］. 中央文献出版社，1991.
[52] 中共中央党史研究室．中国共产党历史：第二卷（1949—1978），上册［M］. 中共党史出版社，2011.
[53] 中共中央文献研究室．关于建国以来党的若干历史问题的决议：注释本（修订）［M］. 人民出版社，1985.
[54] 朱剑农．我国过渡时期的生产资料所有制［M］. 湖北人民出版社，1955.
[55] 中央工商行政局，中国科学院经济研究所资本主义经济改造研究室．中国资本主义工商业的社会主义改造［M］. 人民出版社，1962.
[56] 李定．中国资本主义工商业的社会主义改造［M］. 当代中国出版社，1997.
[57] 上海社会科学院研究所．上海资本主义工商业的社会主义改造［M］. 上海人民出版社，1980.
[58] 薛暮桥，等．中国国民经济的社会主义改造［M］. 人民出版

社，1959.
[59] 景池. 资本主义工商业的社会主义改造［M］. 上海人民出版社，1976.
[60] 吴江. 中国资本主义经济改造问题［M］. 人民出版社，1982.
[61] 寿充一. 走在社会主义大道上：原私营工商业者社会主义改造纪实［M］. 中国文史出版社，1988.
[62] 许涤新. 我国过渡时期国民经济的分析［M］. 经济科学出版社，1957.
[63] 许涤新. 我国过渡时期国民经济的分析［M］. 经济科学出版社，1959.
[64] 漆琪生. 社会主义基本经济规律在我国过渡时期的作用［M］. 上海人民出版社，1956.
[65] 倩华，等. 七年来我国私营工商业的变化 1949—1956 年［M］. 财政经济出版社，1957.
[66] 汝仁. 赎买政策的几个问题［M］. 上海人民出版社，1958.
[67] 胡锡奎. 我国对资本主义工商业的和平改造与阶级斗争［M］. 人民出版社，1956.
[68] 纪衡. 我国对资本主义工商业的和平改造［M］. 财政经济出版社，1956.
[69] 骆耕漠. 从资本主义到共产主义的三个过渡问题［M］. 上海人民出版社，1959.
[70] 管大同. 我国和平改造资本主义工商业的若干问题［M］. 财政经济出版社，1957.
[71] 黄汉民，等. 近代上海工业企业发展史论［M］. 上海财经大学出版社，2000.
[72] 张忠民. 艰难的变迁——近代中国公司制度研究［M］. 上海社会科学院出版社，2002.
[73] 张忠民. “公私合营”研究（1949—1956）——以上海工业企业为中心的分析［M］. 上海社会科学院出版社，2016.
[74] 张忠民. 企业发展中的制度变迁［M］. 上海社会科学院出版社，2003.
[75] 张忠民. 经济历史成长［M］. 上海社会科学出版社，1999.
[76] 桂勇. 私有产权的社会基础——城市企业产权的政治重构（1949—1956）［M］. 立信会计出版社，2006.

[77] 李志宁．大工业与中国：至20世纪50年代［M］．江西人民出版社，1997.
[78] 武力．中华人民共和国经济史（1949—1966）［M］．中国经济出版社，1999.
[79] 赵德馨．中华人民共和国经济史：1949—1966［M］．河南人民出版社，1989.
[80] 赵德馨．中华人民共和国经济专题大事记（1949—1966）［M］．河南人民出版社，1989.
[81] 赵德馨．中华人民共和国经济史纲要［M］．湖北人民出版社，1988.
[82] 杨德才．中国经济史新论1949—2009［M］．经济科学出版社，2009.
[83] 杨奎松．中华人民共和国建国史研究［M］．江西人民出版社，2009.
[84] 董辅礽．中华人民共和国经济史：上卷［M］．经济科学出版社，1999.
[85] 董志凯，等．中华人民共和国经济史（1953—1957）（上、下）［M］．社会科学文献出版社，2011.
[86] 郭德宏，等．中华人民共和国专题史稿：五卷本，修订版［M］．四川人民出版社，2009.
[87] 郭德宏，等．中华人民共和国国民经济和社会发展“一五”计划至“十一五”规划要览（1953—2010）［M］．中共党史出版社，2006.
[88] 曾璧钧，林木西．新中国经济史（1949—1989）［M］．经济日报出版社，1990.
[89] 苏星．新中国经济史［M］．中共中央党校出版社，2007.
[90] 李德彬．中华人民共和国经济史简编：1949—1985［M］．湖南人民出版社，1987.
[91] 高尚全．中国经济制度的创新：从计划经济走向社会主义市场经济［M］．人民出版社，1993.
[92]《中国资本主义工商业的社会主义改造》资料丛书编辑部．伟大的历史创举：中国资本主义工商业社会主义改造学术论文集［M］．中共党史出版社，1992.
[93] 高宝栓．中国历史上最伟大最深刻的社会变革：社会主义改造

四论［M］. 中央文献出版社，2007.
［94］上海财经大学课题组．中国经济发展史（1949—2005）［M］. 上海财经大学出版社，2007.
［95］翟昌民．回首建国初：从新民主主义向社会主义过渡的回顾与思考［M］. 中共中央党校出版社，2005.
［96］江平．当代中国的统一战线［M］. 当代中国出版社，1996.
［97］钱之光．当代中国的纺织工业［M］. 中国社会科学出版社，1984.
［98］周太和．当代中国的经济体制改革［M］. 中国社会科学出版社，1984.
［99］中华人民共和国国家经济贸易委员会．中国工业五十年［M］. 中国经济出版社，2000.
［100］李普．开国前后的信息［M］. 新华出版社，1982.
［101］王杰．陈云经济论著研究［M］. 河南人民出版社，1988.
［102］林蕴晖，等．凯歌行进的时期［M］. 人民出版社，2009.
［103］孙怀仁．上海社会主义经济建设发展简史（1949—1958）［M］. 上海人民出版社，1990.
［104］金冲及．二十世纪中国史纲——百年中国的复兴之路：第二、三卷［M］. 社会科学文献出版社，2009.
［105］当代中国的计划工作办公室．中华人民共和国国民经济和社会发展计划大事辑要 1949—1985［M］. 红旗出版社，1987.
［106］徐之河，等．上海经济（1949—1982）（内部本）［M］. 上海社会科学院出版社，1984.
［107］熊月之．上海通史（当代经济、当代社会卷）［M］. 上海人民出版社，1999.
［108］王相钦．中国民族工商业发展史［M］. 河北人民出版社，1997.
［109］徐新吾，黄汉民．上海近代工业史［M］. 上海社会科学出版社，1998.
［110］王顺生，李军．“三反”运动研究［M］. 中共党史出版社，2006.
［111］何永红．“五反”运动研究［M］. 中共党史出版社，2006.
［112］陈立英，陈雪洁．社会主义改造与沈阳资本主义工业的历史变迁［M］. 东北大学出版社，2008.

[113] 沈智，李涛．上海劳动志［M］．上海社会科学院出版社，1998.
[114]《上海轻工业志》编纂委员会．上海轻工业志［M］．上海社会科学院出版社，1996.
[115]《上海机电工业志》编纂委员会．上海机电工业志［M］．上海社会科学院出版社，1996.
[116]《上海烟草志》编纂委员会．上海烟草志［M］．上海社会科学院出版社，1998.

四、论文

[1]［法］萧小红．赎买二十年与资产阶级身份：1957 年有关私营工商业改造的一场争论［M］//周武．上海学：第二辑．上海人民出版社，2015.
[2] 陈安丽．试论我国社会主义改造理论的形成、发展和完善［J］．首都师范大学学报，2006（4）.
[3] 陈安丽，等．沈阳资本主义工商业社会主义改造的回顾与思考［J］．辽宁大学学报，2007（4）.
[4] 陈奇勇．毛泽东关于和平赎买民族资本主义工商业思想的演进［J］．毛泽东思想研究，1993（1）.
[5] 陈飞．1945—1956 年中国共产党对私人资本主义剥削认识的演变研究［D］．北京：中共中央党校，2007.
[6] 崔跃峰．北京市私营商业与社会主义改造［D］．北京：北京大学，2006.
[7] 董宝训．和平赎买与民族资产阶级的社会心态［J］．文史哲，2004（4）.
[8] 董志凯．对“三大改造”后我国经济工作的科学分析［J］．当代中国史研究，1996（5）.
[9] 范守信．光辉的篇章——毛泽东对资本主义工商业社会主义改造的思想［J］．党史研究与教学，1992（5）.
[10] 范守信．全行业合营中清产核资、定息、人事安排和改革改组述评［J］．当代中国史研究，1998（3）.
[11] 范守信．试论 1955 年部分地区资本主义工商业的全行业公私合营［J］．党史研究与教学，1990（5）.
[12] 冯筱才．社会主义的边缘人：1956 年前后的小商小贩改造问题

[C] //韩刚．中国当代史研究（三）．九州出版社，2011.
[13] 冯筱才．政治生存与经济生存：上海商人如何走上公私合营之路 [G] //谢国兴．改革与改造：冷战初期两岸的历史、土地与工商业变革．台北"中央研究院近代史研究所"，2009.
[14] 高化民．全行业公私合营高潮评析 [J]．当代中国史研究，1999（5，6）.
[15] 高明，等．效率与利益：上海电力工业的公私合营（1953—1955）[J]．开放时代，2014（2）.
[16] 高晓林．上海私营工商业研究（1949—1956）[D]．上海：复旦大学，2004.
[17] 高晓林．上海私营工商业的"四反"运动 [J]．中共党史研究，2005（5）.
[18] 高晓林．上海私营工商业与人民胜利折实公债 [J]．当代中国史研究，2005（6）.
[19] 高晓林，等．对建国初期私营工商业研究的思考——兼论上海私营工商业研究的重要性 [J]．学术交流，2005（1）.
[20] 管大同．关于对资改造调研工作的几个问题 [J]．经济研究，1958（6）.
[21] 管大同．我国和平改造资本主义工商业的若干问题 [J]．经济研究，1956（2）.
[22] 黄如桐．评我国资本主义工商业的社会主义改造运动 [J]．党史纵横，1988（5）.
[23] 黄如桐．资本主义工商业社会主义改造的历史回顾 [J]．当代中国史研究，1994（2）.
[24] 黄如桐．最光辉的胜利之一：50 年代我国资本主义工商业的社会主义改造 [J]．真理的追求，1999（10）.
[25] 剧锦文．国外中华人民共和国经济史研究概述 [J]．中国经济史研究，2000（2）.
[26] 柯育芳．论 1949 年至 1956 年间党对私人资本主义政策的理论依据 [J]．中央社会主义学院学报，2007（2）.
[27] 柯育芳．1949—1956 年党对私人资本主义政策研究 [D]．武汉：武汉大学，2004.
[28] 董辉、李海涛．建国初期党对私人资本主义经济政策依据刍议 [J]．河北大学学报，2007（1）.

[29] 李晓勇. 论毛泽东关于资本主义工商业社会主义改造的政策 [J]. 天中学刊, 2007 (4).
[30] 张旭东. 国民经济恢复时期对资本主义经济的政策 [J]. 当代中国史研究, 2008 (2).
[31] 武力. 新中国工业化起步阶段的国有经济 [J]. 当代中国史研究, 2006 (8).
[32] 赵凌云. 1949—1956 年间中国经济市场化中断过程的历史考察 [J]. 教学与研究, 1998 (4).
[33] 姚会元. 试论中国资本主义金融业的社会主义改造 [J]. 经济问题探索, 1985 (6).
[34] 陈泽华. 建国初期民营经济被改造分析 [J]. 武汉科技大学学报, 2003 (4).
[35] 綦军. 对"三大改造"历史必然性的思考 [J]. 内蒙古民族大学学报, 2004 (3).
[36] 张欣. 论中国社会主义改造的误区 [J]. 台州师专学报, 2000 (2).
[37] 苏少之. "一化"滞后、"三改"超前原因简析 [J]. 中共党史研究, 1997 (1).
[38] 周含华、曾长秋. 论改造资本主义工商业和发展私营经济 [J]. 湖南师范大学社会科学学报, 2003 (2).
[39] 马树功. 再论社会主义改造的必要性 [J]. 新乡师范高等专科学校学报, 2006 (1).
[40] 马骏杰. 公私合营形式探源 [J]. 党史博采, 1996 (4).
[41] 陈娆. 关于社会主义改造的三个问题 [J]. 思想理论教育导刊, 2003 (7).
[42] 武力. 论 50 年代公私合营由经营方式转变为改造方式的原因 [J]. 教学与研究, 1997 (7).
[43] 胡国平. 论国民经济恢复时期的公私关系 [J]. 党史研究与教学, 1992 (6).
[44] 樊弘. 定息是剩余价值临终的形态 [J]. 经济研究, 1957 (3).
[45] 宋则行. 论定息是剩余价值的特殊形态 [J]. 经济研究, 1957 (1).
[46] 江诗永. 关于定息的性质问题 [J]. 经济研究, 1957 (1).
[47] 张忠修, 朱增明. 我们对定息性质争论问题上的意见 [J]. 兰

州大学学报，1957.
[48] 刘明钢．关于对资改造中“定息”问题的初步探讨 [J]．湖北大学学报，2001 (5).
[49] 岳从欣．社会主义改造的几个问题 [D]．天津：南开大学，2003.
[50] 马新晓．建国以来所有制变迁的历程及其经验教训 [D]．西安：陕西师范大学，2007.
[51] 郭巧东．我国私营经济发展与制度变迁问题研究 [D]．福州：福建师范大学，2007.
[52] 师金吉．1949—1956 年中国民族资产阶级心理之变化安 [J]．徽师范大学学报，2004 (1).
[53] 陆和健．社会主义改造中上海资本家阶级的思想动态 [J]．华中师范大学学报，2007 (2).
[54] 黄如桐．关于资本主义工商业社会主义改造的评价问题 [J]．党的文献，1989 (3).
[55] 高化民．全行业公私合营高潮评析 [J]．当代中国史研究，1999 (5-6).
[56] 沙健孙．关于社会主义改造问题的再评价 [J]．当代中国史研究，2005 (1).
[57] 沙健孙．对资本主义工商业进行社会主义改造的基本经验 [J]．思想理论教育导刊，2004.
[58] 李亚东．对资本主义工商业改造的评价 [J]．资料月刊，1990 (5).
[59] 路江．重新认识三大改造 [J]．经济学周报，1988 (6).
[60] 李彩华，苏少之．国民经济恢复时期劳资关系的调整与经验教训 [J]．中共党史研究，2007 (4).
[61] 李彩华．“五反”运动后的政策调整对私营工商业的影响 [J]．当代中国史研究，2009 (3).
[62] 李占才．社会主义改造运动中的社会思潮及民众因应心态 [J]．历史教学，1997 (2).
[63] 李占才．20 世纪 50 年代中国对社会主义建设道路的初步探索 [J]．中国经济史研究，2006 (3).
[64] 李齐吾．太原市资本主义工商业社会主义改造概忆 [J]．文史月刊，1997 (5).

[65] 李仲元. 对资本主义工商业社会主义改造的再思考 [J]. 湖北社会科学，2006 (2).

[66] 李方祥. “五反”运动后国家对劳资关系调整的经济史分析 [J]. 中国经济史研究，2008 (1).

[67] 李丽萍. 李维汉对资本主义工商业改造的理论贡献 [J]. 华南理工大学学报，2003 (1).

[68] 李丹莹. 济南市资本主义工商业的社会主义改造研究 [D]. 济南：山东大学，2006 年.

[69] 李敏昌. 历史与现实的审视：中国资本主义工商业的社会主义改造研究——以湖北为实证 [D]. 武汉：华中师范大学，2009.

[70] 李平. 建国初期南昌私营商业的发展与社会主义改造 [D]. 南昌：南昌大学，2007.

[71] 李洪涛. 对资本主义工商业社会主义改造的反思与历史启示 [D]. 上海：上海财经大学，2010.

[72] 马俊杰. 公私合营形式探源 [J]. 党史博采，1996 (4).

[73] 马荣久. “五反”前后毛泽东对待私人资本主义的思想演变 [J]. 北京党史，2001 (5).

[74] 马树功. 再论社会主义改造的必要性 [J]. 新乡师范高等专科学校学报，2006 (1).

[75] 马慧芳，等. 近五年来国内关于社会主义改造研究综述 [J]. 历史教学，2006 (6).

[76] 马家驹. 论我国国家资本主义经济中的剩余价值剥削——兼论全行业公私合营阶段上私股和股息的性质 [J]. 经济研究，1956 (6).

[77] 彭积东. 解放初期北京市东城区的私营工商业社会主义改造 [J]. 北京党史，2007 (2).

[78] 彭思铸. 社会历史发展的“综合结果”——1956 年我国实现私营工商业社会主义改造的历史动因 [J]. 唯实，1991 (1).

[79] 彭士森. 上海工商业者家属改造研究 (1952—1960) [D]. 上海：上海师范大学，2010.

[80] 黄建洪. 论社会主义改造的遗留问题及其解决 [J]. 西安交通大学学报，2005 (5).

[81] 刘岸冰. 从“高管层”变动看公私合营企业权力的转移 [J].

当代中国史研究，2009（4）.
[82] 刘岸冰．上海市公私合营企业定息研究［J］．当代中国史研究，2013（2）.
[83] 刘岸冰．公私合营后中国企业制度的历史性转折：上海工业企业的产权、治理结构与经营［D］．上海：上海社会科学院，2011.
[84] 刘岸冰．公私合营高潮中上海私营工商业者的增资研究［J］．当代中国史研究，2017（5）.
[85] 刘岸冰．全行业公私合营后上海工业企业的定息及其用途研究［J］．中国经济史研究，2019（1）.
[86] 刘福军，等．中国20世纪50年代社会主义改造的必然性［J］．中共天津市委党校学报，2006（4）.
[87] 刘胜男．中国共产党民营经济政策研究（1949—1976）［D］．北京：首都师范大学，2007.
[88] 刘红红．公私合营：我国私有制改造的成功形式——以永济裕民铁工厂为例［J］．运城学院学报，2006（4）.
[89] 刘娟．兰州资本主义工商业全行业公私合营高潮原因［J］．山东工商学院学报，2011（4）.
[90] 刘秀萍．三大改造的偏失与对社会主义本质的认识［J］．河北学刊，2001（3）.
[91] 苏少之．“一化”滞后、“三改”超前原因简析［J］．中共党史研究，1997（1）.
[92] 苏少之．关于“五反”运动几个问题的研究［J］．中国经济史研究，1996（3）.
[93] 王员，等．简论我国资本主义工商业社会主义改造缺点产生的认识根源［J］．北京党史，2004（5）.
[94] 王永君．毛泽东在建国前后关于利用资本主义经济成分的思想［J］．北京党史，2004（5）.
[95] 王永恒．建国初期“三反”运动的历史经验及启示［J］．理论学刊，2001（6）.
[96] 王善中．建国初期三反五反运动述评［J］．中共党史研究，1993（1）.
[97] 王榕，等．深谙国情实事求是的范例——记陈云同志领导新公私合营企业的工资改革［J］．中共党史研究，2003（2）.

[98] 王家杰. 论建国初期的两种企业领导体制 [J]. 党史教学与研究, 1988 (2).
[99] 王光荣. 关于建国后对资改造之我见 [J]. 中共党史研究, 1994 (4).
[100] 王冬梅. 国民经济恢复时期党对民族资本主义经济的政策 [J]. 当代中国史研究, 1999 (3).
[101] 王敦琴. 公私合营中资本家积极心态之缘由探析 [J]. 党史文苑, 2009 (22).
[102] 王敦琴. 建国初期私营企业走公私合营之路的历史必然性 [J]. 社会科学家, 2009 (11).
[103] 王作懋. 国家权力与公私合营——以裕大华纺织资本集团为中心的研究 [D]. 武汉: 武汉理工大学, 2006.
[104] 王育英. 建国初期中国共产党的私人资本主义政策评析 [D]. 西安: 陕西师范大学, 2006.
[105] 王晋. 关于中国私营经济发展研究 [D]. 南昌: 南昌大学, 2005.
[106] 王国栋. 关于青岛工业公私合营问题研究 [D]. 济南: 山东大学, 2008.
[107] 王长流. "五反" 运动的原因及其影响探析 [D]. 上海: 华东师范大学, 2007.
[108] 孙芹丽. 对建国后党的民族资产阶级政策演变的思考 [D]. 上海: 上海交通大学, 2005.
[109] 孙其明. 论中国社会主义改造的条件 [J]. 同济大学学报, 2002 (1).
[110] 孙淑珍, 闫永珍. 唐山资本主义工商业社会主义改造的历程 [J]. 唐山高等专科学校学报, 2002 (2).
[111] 宋紫. 毛泽东与中国私人资本主义问题研究 [D]. 长沙: 湖南师范大学, 2005.
[112] 宋艳娜. 论社会主义改造时期党的资本主义经济政策 [D]. 长春: 东北师范大学, 2008.
[113] 史长瑞. 裕大华纺织资本集团社会主义改造研究 [D]. 武汉: 华中科技大学, 2008.
[114] 吴承明. 资本主义工商业的社会主义改造是马克思主义在中国的胜利 [J]. 商业文化, 2009 (8).

［115］吴江．国家资本主义在我国过渡时期初期的发展［J］．经济研究，1956（1）．
［116］吴江．从资本主义经济转变到国家资本主义经济［J］．经济研究，1956（2）．
［117］吴晓璇．试析资本主义工商业改造过程中的政治动员方式［J］．四川省社会主义学院学报，2009（1）．
［118］吴晓璇．刘少奇对资本主义工商业改造的贡献探析［J］．四川省社会主义学院学报，2008（2）．
［119］吴长春．关于如何评价社会主义改造意义的几点思考［J］．辽宁师范大学学报，2006（4）．
［120］吴云俊．对资改造的伟大胜利［J］．求实，1981（7）．
［121］杨奎松．1952年上海"五反"运动始末［J］．社会科学，2006（4）．
［122］杨奎松．建国前后中国共产党对资产阶级政策的演变［J］．近代史研究，2006（2）．
［123］杨奎松．毛泽东与"三反"运动［J］．史林，2006（4）．
［124］杨凤城，等．全行业合营中经济改组的制度分析．以北京市工业为例［J］．中共党史研究，2010（1）．
［125］杨生博．对资本主义工商业改造的深层反思［J］．近代史研究，2006（2）．
［126］袁森．1949—1956年民生公司的"公私合营"［D］．上海：复旦大学，2011．
［127］袁征．列宁的国家资本主义理论与中国的对资改造［J］．赣南师专学报，1984（1）．
［128］袁振武．对毛泽东关于资本主义工商业进行社会主义改造理论的探析［J］．陕西教育学院学报，1997（1）．
［129］桂勇，邹旻，刘豪兴．产权制度的政治重构：以H厂的改造为例［J］．广西民族学院学报，2003（4）．
［130］张家芳．社会主义改造决策形成的阶级阶层因素初探［J］．党史研究与教学，2003（2）．
［131］连玲玲．上海百货公司的社会主义改造：1949—1956［G］．谢国兴．改革与改造：冷战初期两岸的历史、土地与工商业变革．台北"中央研究院近代史研究所"，2009．
［132］官翠娥．中朝社会主义改造之比较［J］．湖北省社会主义学院

学报，2005（2）.

［133］谢国兴．工商业联合会与社会主义改造高潮（1953—1956）［M］//近代国家的应变与图新．台北唐山出版社，2006.

［134］谢国兴．政治正确与经济理性：1950 年代社会主义改造前后的毛泽东与陈云［C］．“近世中国经济发展模式选择与实践”国际学术研讨会，南昌：中国社会科学院经济研究所，2005.

［135］解瑞平．桂林市资本主义工商业的社会主义改造研究［D］．桂林：广西师范大学，2006.

［136］张忠民．1949—1953 年上海市公私合营工业企业的制度变革［J］．当代中国史研究，2014（3）.

［137］张忠民．1954 年上海私营工业企业的扩展“公私合营”研究［J］．中国经济史研究，2014（3）.

［138］张忠民．1953 年上海十四家私营工业企业扩展“公私合营”研究［J］．社会科学，2013（12）.

［139］张忠民．20 世纪 50 年代上海新公私合营企业的工资改革［J］．当代中国史研究，2011（5）.

［140］张忠民．扩展公私合营下的企业制度变革——以上海 1954 年扩展公私合营为例［J］．史林，2014（3）.

［141］张旭东．国民经济恢复时期对资本主义经济的政策［J］．当代中国史研究，2008（2）.

［142］张继卫．河北省对资本主义工商业的社会主义改造述要［J］．档案天地，2001 年增刊．

［143］张家芳．社会主义改造决策形成的阶级阶层因素初探［J］．党史研究与教学，2003（2）.

［144］张金平．上海解放初期是如何实施“劳资两利”政策的［J］．上海党史研究，1995（2）.

［145］张钦康，等．解放初期上海工厂的劳资状况与公私合营［J］．史林，2010（增）.

［146］张淑智．谈谈全行业公私合营后生产关系的根本变化［J］．财经研究，1957（2）.

［147］张德鹏．我国对资本主义工商业改造过程中的主要教训研究［D］．武汉：华中科技大学，2003.

［148］赵凌云．1949—1956 年间中国经济市场化中断过程的历史考察［J］．教学与研究，1998（4）.

［149］赵凌云 . 1949—1956 年间中国经济体制中市场因素消亡过程的历史考察与启示［J］. 中国经济史研究，1994（2）.
［150］赵志勇 . 对资本主义工商业社会主义改造的再认识［D］. 天津：天津师范大学，2000.
［151］赵学军 . 建国初期的投资公司初探［J］. 中国经济史研究，1998（1）.
［152］周利生 . 析毛泽东加速改造资本主义工商业的认识原因［J］. 江西社会科学，2002（5）.
［153］周尚全，等 . 对社会主义改造必然性的再认识［J］. 社会主义研究，2006（6）.
［154］邹铁力 . 中国共产党的私营经济理论与政策研究［D］. 长春：东北师范大学，2002.
［155］郑东升 . 中国共产党的私营经济理论与政策研究［D］. 武汉：武汉大学，2005.
［156］钟新民 . 党在建国前后对资本主义经济的科学认识［J］. 成都师专学报，1994（2）.
［157］叶扬兵 . 私营工商业改造中资本家“摘帽子”问题初探［J］. 中共党史研究，2016（9）.
［158］慕安 . 建国初期我国批准建立的第一个公私合营企业——民生轮船公司［J］. 内蒙古统战理论研究，2015（4）.
［159］韩町咚 . 潍坊市资本主义工商业社会主义改造初探——以潍坊印染厂为例［J］. 潍坊学院学报，2016（5）.
［160］刘恩云 . 贵州资本主义工商业社会主义改造的历史考察［J］. 贵州商学院学报，2016（1）.
［161］郑宇丹 . 建国初期报纸行业的公私合营与股息分配［J］. 新闻与传播研究，2016（4）.
［162］华君夫，赵思渊 . 政治与技术：从重庆大新药厂看新中国成立初期医药企业的公私合营［J］. 科学与管理，2016（5）.
［163］赵晋 . 私营工商业的公私合营——以上海刘鸿生章华毛纺公司为个案的考察［J］. 史林，2015（4）.
［164］赵晋 . 落日余晖：新中国初期的私营工商业（1949—1954）［D］. 上海：华东师范大学，2014.
［165］赵晋 . 1952 年“五反”运动前后的私营工商业——以上海刘鸿生家族及其章华毛纺公司为中心［J］. 近代史研究，2015（4）.

[166] 赵晋. 新中国初期私营工商业的变革与生存——以刘鸿生家族上海章华毛纺公司为例 [J]. 中共党史研究，2014（11）.
[167] 赵学军. 经济体制变革中的“混合所有制”——20 世纪 50 年代私营工业企业“公私合营”再探讨 [J]. 中国经济史研究，2016（6）.

后　　记

《“公私合营”与中国企业制度变革研究（1949—1957）——以上海工业企业为中心的分析》一书的研究和写作，缘起于2008年9月至2011年7月，笔者在上海社会科学院经济研究所经济史专业博士研究生学习阶段。在此期间，在导师张忠民研究员的精心指导下，笔者披阅和挖掘了大量原始档案史料，写成了博士论文《公私合营后中国企业制度的历史性转折——上海工业企业的产权治、治理结构与经营》。论文答辩中，承蒙上海财经大学杜恂诚、曹均伟教授，复旦大学朱荫贵、戴鞍钢教授以及上海市档案馆马长林研究员提出了不少中肯有益的意见，并指出这是当代中国史上的一项意义重大且充满挑战性的大课题，鼓励笔者将此课题继续深入研究下去。

然而，由于笔者对20世纪50年代“公私合营”这段历史事实上的敬畏，尤其是要从当时的政治生态、经济基础、文化传统等方面对这段历史进行全方位的认识与把握，并运用不同种类的学科知识和方法去分析、解读这段历史。而所有的这一切，都需要时间的沉淀和岁月的积累，故而该文被搁置了一段时间。但在此期间，笔者不断收集和阅读相关资料，并始终关注学术前沿和动态，吸收相关专家的意见，以博士论文为参考基础，重新搭建研究框架，继续从事相关研究和写作。终于，2017年该课题得以成功申报国家社科基金项目。

十余年之前，命运的机缘巧合，让笔者有幸进入上海社会科学院经济研究所攻读博士学位。在这里，有幸认识了笔者的恩师——张忠民研究员。是他，将笔者引入了企业史与企业制度史研究的大门；是他，在博士生入学面试的时候即告诫笔者做学术不是靠小聪明，更多地是靠坚持不懈地努力和勤于思考；是他，每次见面畅谈，那开阔的学术视野，敏锐的问题意识，严谨的治学态度，奋发的学术精神，都使笔者受益匪浅并深受启发，激励笔者不忘初心，在经济史学研究的道路上砥砺前行至今。“于世沧海一粟，不论此身轻重，踽踽前行，不知始终”，这大概就是笔者这一路的心情与感受吧！

在这里，还要感谢笔者的硕士导师马长林研究员。他将笔者带入学术研究殿堂，并经常提醒笔者对待学术要有严谨和勤勉之心。十六年来，他始终关心笔者的学业、工作与生活，一如既往在学术研究上给予笔者鼓励与支持，让笔者永志难忘。

囿于本人的研究能力和认知水平，本书只是构建了20世纪50年代中国企业制度转折的一个宏观框架，提供了企业制度研究的一种思路和视角，很多微观方面的研究还有待深入和拓展，尤其是一些案例分析、资料运用、语言修饰等细节方面可能还存在诸多纰漏，姑且以残缺之美聊以自慰。一切效果如何，留待学界评判吧。

本书即将付梓出版，不免感慨良多，其中所经历的酸甜苦辣，都已成过眼云烟。“十年弹指一挥间”，随着年龄渐长，深切体会到顺利完成一件事的不容易，需要感谢的实在太多。此书的出版离不开学界前辈的指点、同事的理解、同学的鼓励、家人的支持，在此感谢他们的鼎力相助。此外，还要特别感谢经济科学出版社的责任编辑周国强先生为本书的出版和编校所付出的辛勤劳动。

刘岸冰

2019年1月于上海寓所

图书在版编目（CIP）数据

“公私合营”与中国企业制度变革研究（1949—1957）：以上海工业企业为中心的分析/刘岸冰著．—北京：经济科学出版社，2019.2

ISBN 978-7-5141-9993-2

Ⅰ．①公… Ⅱ．①刘… Ⅲ．①企业制度-经济体制改革-研究-中国-1949-1957 Ⅳ．①F279.21

中国版本图书馆CIP数据核字（2018）第270161号

责任编辑：周国强
责任校对：王肖楠
责任印制：邱 天

“公私合营”与中国企业制度变革研究（1949—1957）：
以上海工业企业为中心的分析
刘岸冰 著
经济科学出版社出版、发行 新华书店经销
社址：北京市海淀区阜成路甲28号 邮编：100142
总编部电话：010-88191217 发行部电话：010-88191522
网址：www.esp.com.cn
电子邮件：esp@esp.com.cn
天猫网店：经济科学出版社旗舰店
网址：http://jjkxcbs.tmall.com
固安华明印业有限公司印装
710×1000 16开 30.25印张 530000字
2019年2月第1版 2019年2月第1次印刷
ISBN 978-7-5141-9993-2 定价：138.00元
（图书出现印装问题，本社负责调换。电话：010-88191510）
（版权所有 侵权必究 打击盗版 举报热线：010-88191661
QQ：2242791300 营销中心电话：010-88191537
电子邮箱：dbts@esp.com.cn）